WISSENSCHAFTLICHE BEITRÄGE
AUS DEM TECTUM VERLAG

Reihe Literaturwissenschaft

Wissenschaftliche Beiträge aus dem Tectum Verlag

Reihe Literaturwissenschaft

Band 27

Rosa Pérez Zancas

Den Holocaust (weiter) schreiben:

Intertextualität und Ko-Autorschaft bei Ruth Klüger

Tectum Verlag

Rosa Pérez Zancas

Den Holocaust (weiter) schreiben:. Intertextualität und Ko-Autorschaft bei Ruth Klüger
Wissenschaftliche Beiträge aus dem Tectum Verlag:
Reihe: Literaturwissenschaft; Bd. 27

Zugl. Diss. Univ. Barcelona 2010
ISBN: 978-3-8288-3111-7
ISSN: 1867-772X

Printed in Germany

Besuchen Sie uns im Internet
www.tectum-verlag.de

Bibliografische Informationen der Deutschen Nationalbibliothek
Die Deutsche Nationalbibliothek verzeichnet diese Publikation in der Deutschen Nationalbibliografie; detaillierte bibliografische Angaben sind im Internet über http://dnb.ddb.de abrufbar.

A quién si no a mis padres, Francisca y Félix,
por creer en mí.

INHALT

Dankesworte

Die vorliegende Arbeit ist die überarbeitete Fassung meiner Dissertation, die im Mai 2010 an der Philologischen Fakultät der Universitat de Barcelona vorgelegt wurde. Sie kündigt einen wichtigen Abschnitt in meinem Leben an. Dies möchte ich als Anlass nutzen, um mich bei den Menschen zu bedanken, die mir ihr Vertrauen und ihren Beistand schenkten und zur Entstehung meiner Arbeit auf die eine andere oder Weise beigetragen haben.

Mein größter Dank geht an meine Doktormutter, Prof. Dr. Marisa Siguan Boehmer, Professorin für deutsche Literatur im Departament de Filologia Anglesa i Alemanya an der Universitat de Barcelona, für ihre langjährige Betreuung meines Promotionsvorhabens. Ohne ihre uneingeschränkte Unterstützung, die oft auch über den Rahmen der Arbeit hinausging, ihre hilfreichen Ratschläge und ihren motivierenden Antrieb wäre diese Dissertation nicht entstanden. Besonders ihre Herzlichkeit und Menschlichkeit gaben mir viel Kraft für die Vollendung dieser Arbeit.

Mein nächster Dank geht an meine KollegInnen aus der Secció d'Alemany im Departament de Filologia Anglesa i Alemanya, die mir während des Schreibprozesses und Reflektierens zur Seite standen. Für seine langjährige persönliche Unterstützung möchte ich Prof. Dr. Javier Orduña sehr herzlich danken. Ein besonderer Dank geht auch an Prof. Dr. Loreto Vilar für die konstruktiven Gespräche und ihren moralischen Beistand.

Mein Dank geht weiter an Werner Renz, Leiter des Archivs des Fritz Bauer Instituts in Frankfurt am Main, für die großzügige Versorgung mit Sekundärliteratur, die hilfreichen Gespräche und seine herzliche Einsatzbereitschaft. Ein weiterer Dank geht an Frau Dr. Ursula Seebers, Leiterin des Exilarchivs des Literaturhauses in Wien, für ihre Betreuung während meines Aufenthaltes am Exilarchiv.

Herrn Prof. Dr. Klaus Berghahn, Professor an der University of Wisconsin-Madison in den USA, möchte ich für die anregenden und ermutigenden Gespräche und für seine Zeit, die er mir während seiner Besuche in Barcelona schenkte, meinen allerherzlichsten Dank aussprechen.

Ein großer Dank geht an meine lieben Freunde aus Deutschland und Spanien, die mir beständig den Rücken gestärkt haben.

Meinen Eltern habe ich die Kraft und Beständigkeit zu verdanken, das Verständnis und die Geduld, die sie während dieser Jahre für mich aufbrachten, und ganz besonders die bedingungslose Liebe, die sie mir entgegenbringen.

Diese Dissertation wurde unterstützt durch das Spanische Ministerium für Bildung (Ministerio de Educación) mit einem Forschungsstipendium FPU (Beca del Programa de Formación del Profesorado Universitario).

Barcelona, im Dezember 2012

1. Einleitung: Den Holocaust (weiter) schreiben. Intertextualität und Ko-Autorschaft bei Ruth Klüger

Über 40 Jahre waren vergangen, als Ruth Klüger ihre Erinnerungen an den Holocaust und die aus dieser Erfahrung entstandenen Spätfolgen niederschrieb, die als „deutsches" Erinnerungsbuch 1992 mit dem Titel *weiter leben. Eine Jugend* beim Wallstein Verlag erschienen. Sie berichtete über die ersten Kindheitsjahre als jüdisches Mädchen in Wien, die anschließende Deportation in die Konzentrationslager Theresienstadt, Auschwitz-Birkenau und Christianstadt (Groß-Rosen) sowie über das Leben nach dem Holocaust in Deutschland und in den USA. Zum Zeitpunkt der Publikation war sie keine Unbekannte mehr in Deutschland, hatte sie doch als Literaturwissenschaftlerin bereits einige deutsch- und englischsprachige Essays veröffentlicht und sich als Kleist-Spezialistin im deutschen Sprachraum einen Namen errungen.[1] Für ein breiteres Leserpublikum zugänglich wurden ihre Studien als Essaysammlungen wie ihr erstes Buch *Katastrophen. Über deutsche Literatur* (1994), in dem sie die jüdischen Figuren und den Antisemitismus in Texten von beispielsweise Heinrich von Kleist, Thomas Mann oder Adalbert Stifter einer kritischen Relektüre unterzog, und in ihrem Band *Frauen lesen anders* (1996) analysierte sie aus einer feministischen Perspektive die deutschen Klassiker. So beschäftigte sie sich in ihrem Essayband *Gelesene Wirklichkeit. Fakten und Fiktionen in der Literatur* (2006) mit der Frage, ob, wie und wann ein „historischer Stoff" verändert werden darf, und in *Gemalte Fensterscheiben* (2007) veröffentlichte sie eine Sammlung von Gedichteinterpretationen. Der zuletzt erschienene Band *Was Frauen schreiben* (2010) vereint eine Auswahl an Rezensionen, in denen sie Bücher von Frauen aus der ganzen Welt bespricht.

Die im Mittelpunkt dieser Arbeit stehende Autobiographie *weiter leben* repräsentiert nicht nur exemplarisch ein dem Genre Holocaustliteratur zugehörendes Buch der 90er Jahre. Darüber hinaus wurde es von einer renommierten Literaturwissenschaftlerin geschrieben, die sowohl ihr persönliches Bildungsgut als auch ihr literarisches Wissen in ihr Werk einfließen ließ. Die Literatur stützt ihre bruchstückhafte Erinnerung und verleiht ihr eine narrative Einheit.

1 So betonte Sigrid Löffler Klügers Einfluss auf den Theaterregisseur Claus Peymann: „Ihr Aufsatz über Kleists ‚Hermannsschlacht' hat Claus Peymanns Inszenierung, die 1984 Theatergeschichte machte, ganz entscheidend beeinflußt. Wenn dieses unmögliche Stück, dieses peinliche vaterländische Propaganda-Drama mit seinem unerträglichen nationalsozialistischen Rumgedröhne plötzlich lesbar wurde als ein atemberaubend moderner politischer Diskurs über Fremdherrschaft, Befreiungskampf und Guerilla-Krieg, so ist dies nicht zuletzt Ruth Klügers Verdienst. Nur dank ihrem Kleist-Essay wurde für den Regisseur in der Gestalt des Volksaufrührers Hermann, der moderne Terrorist und Guerilla-Anführer' sichtbar." (Löffler, Sigrid: Ruth Klüger, die Vertriebene. In: dies.: *Kritiken, Portraits, Glossen.* Wien: Deuticke, 1995. Löffler bezieht sich auf Klügers Essay: ‚Freiheit, die ich meine: Fremdherrschaft in Kleists ‚Hermannsschlacht' und ‚Verlobung in St. Domingo'. In: Klüger, Ruth: *Katastrophen. Über deutsche Literatur*. München: DTV, 1997 (1. Aufl. 1994), 133-162. Zuvor in englischer Sprache erschienen als R. K. Angress: Kleist's Treatment of Imperialism: Die Hermannsschlacht and Die Verlobung in St. Domingo. In: *Monatshefte* 69 (1977), 16-33.)

Ihr besonderes Augenmerk gilt einer Leserschaft, der eine besondere Aufgabe übertragen wird und die aus einem deutschen, intellektuellen Publikum besteht, dessen Stimme in ihren Schreibprozess eingeflochten und somit zum Ko-Autor des Textes erhoben wird.

2001, neun Jahre nach *weiter leben*, erschien die amerikanische Version unter dem Titel *Still Alive. A Holocaust Girlhood Remembered*, die eigenhändig von der Autorin ins Englische übersetzt und mit zahlreichen Modifikationen versehen worden war. Die Voraussetzung für die amerikanische Veröffentlichung war der Tod ihrer Mutter: „Ich wollt's zu Lebzeiten meiner Mutter nicht veröffentlichen."[2] Das dichte intertextuelle Netz wurde gezielt für eine amerikanische Audienz umgeschrieben, indem die literarischen Referenzen entweder erneuert wurden oder ganz entfielen. Der Epilog wurde nahezu vollständig umgeschrieben. Es war zwar nicht ein neues Buch entstanden, doch eine neue (amerikanische) leserorientierte Version, die auch gleichzeitig eine Art Folgebuch zu *weiter leben* repräsentierte, mit dem sie sich an ihre amerikanischen Studenten, Kollegen und Verwandten wandte.

Die deutsche Fortsetzung ihrer Erinnerungen erschien 2008 unter dem Titel *unterwegs verloren. Erinnerungen*. Erneut hatte sich die Autorin, angeregt durch ein Gedicht von Herta Müller, für einen zusammengesetzten und kleingeschriebenen Titel entschieden.[3] Die amerikanische Version *Still Alive* sowie das zuletzt erschienene Buch *unterwegs verloren*[4] waren in meiner Arbeit kein direkter Forschungsgegenstand, sondern dienten vielmehr zur Kontrastierung oder Fundierung von Forschungsschritten und Schlussfolgerungen. Klügers Werk setzt einen wichtigen Meilenstein in der Folge der Holocaustliteratur fest, indem sie den Diskurs über den Holocaust autobiographisch aufnimmt und sich mit ihm kritisch auseinandersetzt, denn nicht nur als Literaturwissenschaftlerin fordert sie eine merkliche Stimme, sondern ausdrücklich als Frau.[5] Sie „vertritt" provokativ „einen bewußt weiblichen Standpunkt und

---

2 Nüchtern, Klaus/Omasta, Michael: Wurschtigkeit ist mir sympathisch. Ruth Klüger spricht über ihr Verhältnis zu Wien, über Ohrfeigen und kinderwagenschiebende Väter. In: *Falter* 42/2008, 15.10.2008, 28. Ein Auszug erscheint bereits im Jahr 2000 in: Kluger, Ruth: Growing Up in the Eye of the Firestorm: A Jewish Childhood under the Nazis. In: Frederiksen, Elke P./Kaarsberg Wallach, Martha (Hrsg.): *Facing fascism and confronting the past*. German Women Writers from Weimar to the Present. New York: State University of New York Press, 2000, 3-19.

3 Auf die Frage, warum sich Klüger für den Titel *unterwegs verloren* entschieden hatte, antwortete sie: „Das ist eine Stelle aus einem Collagen-Gedicht von Herta Müller: ‚einmal ging ich unterwegs verloren/einmal kam ich an wo ich nicht war'." (Kospach, Julia: ‚Ein Brocken, der mir im Magen liegt'. Interview mit Autorin Ruth Klüger. In: *Frankfurter Rundschau*, 13.02.2009. Siehe dazu Müller, Herta: *Die blassen Herren mit den Mokkatassen*. München: Hanser, 2005, 21.)

4 Klüger, Ruth: *unterwegs verloren. Erinnerungen*. Wien: Zsolnay, 2008. Alle Zitate beziehen sich auf diese Ausgabe und werden fortan abgekürzt dargestellt mit (uv).

5 In einem Gespräch antwortet Klüger auf die Frage, ob sie das Schreiben ihrer Autobiographie als „Befreiung von der geschichtlichen Last empfunden" habe: „Nein, die geschichtliche Last bleibt. Es war eine Befreiung aus der Sprachlosigkeit, daß ich jahrelang, wenn von der Schoa die Rede war, mir gedacht oder auch laut gesagt habe: ‚So stimmt das nicht ganz, das war nicht so, das ist unrichtig'. Meistens hat man mir gar nicht zu-

setzt sich mit Krieg und KZ als einer Männerangelegenheit auseinander."[6] Thematisiert sie erstmals in einer Autobiographie über den Holocaust die patriarchalische Gesellschaft als Unterdrücker der Frau, so spricht sie insbesondere mit einem wechselnden Blick auf Gegenwart und Vergangenheit und rekonstruiert ihre Erinnerung so, dass auch die vergangenen 40 Jahre der historischen, literarischen und gesellschaftlichen Auseinandersetzung mit dem Holocaust ihre Berücksichtigung in *weiter leben* finden. Es ist ein Diskurs, der sich analytisch hinsichtlich des Holocaustdiskurses positioniert. Auch ihre essayistischen Publikationen, die zudem als Vervollständigung ihrer Autobiographie gelesen werden können, blieben nicht ohne Resonanz. In ihnen konzentrierte sie ihre kritische Positionierung zur Diskriminierung und Herabwürdigung der Frauen in der Literatur und in der Gesellschaft des 20. Jahrhunderts.

1.1 Untersuchungsmethode und Aufbau der Arbeit

Die Zielsetzung dieser Arbeit setzt sich aus zwei analytischen Schwerpunkten zusammen:

1. Klügers Erinnerungskonstrukt erschließt sich auch aus einem kontinuierlichen Rückgriff auf literarische Quellen, so dass Erinnerung und Fiktion sich meist einen engen Interpretationsraum teilen. Das Ziel dieser Studie ist, das intertextuelle Konglomerat in *weiter leben* zu beleuchten und Klügers Funktionalisierung der Literatur zu erörtern. Zu diesem Zweck sollen vor allem die folgenden Leitfragen richtungweisend sein: Welche intertextuellen Rückgriffe lassen sich in *weiter leben* ableiten (Autoren, Texte, literarische Figuren)? Wie sind sie markiert? Wann erscheinen die intertextuellen Verweise und an wen appellieren sie (Zielleserschaft)? Inwieweit beeinflusst der hohe Intertextualitätsgehalt die literarische Identitätskonstruktion der Erzählerin? Hierbei wird sich zeigen, dass sie anhand der Funktionalisierung von Literatur kritische Schreibsituationen durch den Einsatz von Intertexten überbrückt, während die dafür herangezogene Literatur als gemeinsamer Konnektionspunkt zwischen ihr und ihrem deutschen Publikum dient.

Die Fragen nach einer Wiederholung von Erzählmustern, wann die Autorin welche narrativen Mittel einsetzt und inwieweit sie die Literatur für die Niederschrift ihrer Erinnerungen funktionalisiert, sollen durch die Erkennung und anschließende Klassifizierung des Prätextes im analysierten Textfragment

---

gehört, wollte es gar nicht wissen, und jetzt, wo ich das Buch geschrieben habe, muß ich eigentlich nichts mehr dazu sagen. In diesem Sinne ist es eine Befreiung gewesen, aber nicht so, als ob ich nun die Toten begraben hätte." (Anonym: Die Staatspreisträgerin Ruth Klüger: Irgendwo muß jeder leben dürfen. In: *Die Furche*, Nr. 44, 30.10.1997, 7.)

6 Finne, Rainer: ‚Leute wie ich führen ein gespaltenes Leben'. In: *Allgemeines Sonntagsblatt*, 11.09.1992, 28.

Aufschluss verschaffen. Da sich Literatur jedoch ungern einer Einstufung, Bewertung und Abmessung unterzieht, sollen diese zwei Klassifikationsmodelle lediglich als methodologische Grundlage dienen.

Der erste Teil meiner Studie (Kapitel 3) analysiert die intertextuellen Referenzen in Klügers Autobiographie. Kapitel 3.1 behandelt die paratextuellen Elemente in *weiter leben* und beruht auf Gérard Genettes entwickeltem Paratextkonzept. Paratexte, wie beispielsweise Buchtitel oder Epilog, implizieren eine intertextuelle Referenz, die es zu kennzeichnen und kommentieren gilt. Mit der Analyse der Funktionalisierung einer literarischen Strömung, um Erinnerungslücken zu überbrücken, beschäftigt sich das Kapitel „3.2 Klügers Familie: Ein literarisches Familienportrait der Wiener Jahrhundertwende". Als Literaturwissenschaftlerin ist Klüger eine Kennerin der literarischen Moderne und rekurriert immer dann auf sie, wenn die Erinnerung an die Verwandtschaft nicht greifbar wird. Das Resultat ist die Rekonstruktion von prototypischen Verhältnissen einer in Wien ansässigen Familie während der Jahrhundertwende. Gebraucht Klüger meist intertextuelle Referenzen männlicher Autoren, beruft sie sich in ihren wichtigsten Punkten ihres Zeugnisses auf zwei Philosophinnen, die als literarische Wahlverwandte in *weiter leben* vernetzt werden: Simone Weil und Hannah Arendt. Um die Parallelismen zwischen diesen drei Frauen (Klüger – Arendt – Weil) ins Blickfeld zu rücken, habe ich Kapitel „3.3 Literarische Wahlverwandtschaften: Simone Weil und Hannah Arendt" in vier Kapitelabschnitte geteilt, die sich explizit mit den Autorinnen und ihren Werken in Verbindung setzen lassen.

Doch nicht nur für die Rekonstruktion des Familienbildes greift Klüger in den literarischen Werkzeugkasten, denn auch für die Beschreibung von jüdischen Bräuchen und biblischen Szenen setzt sie intertextuelle Verweise ein, die in dieser Arbeit in Kapitel „3.4 Religion und Judentum" behandelt werden. In Kapitel „3.5 Die *Schneewittchen*-Episode" habe ich die Verbindung des traumatischen Kinobesuchs mit dem Schneewittchenfilm aufgerollt. Kapitel „3.6 Intertextuelle Identitätskonstrukte" widmet sich abschließend einer Auswahl von intertextuellen Referenzen, auf die Klüger zurückgreift, wenn sie sich entweder bezüglich eines Themas zu positionieren versucht oder um ihre Verbundenheit mit der Literatur zu unterstreichen. Autoren wie Franz Kafka, Paul Celan oder Hugo von Hofmannsthal werden meist implizit zitiert, so dass sich besonders an diesen intertextuellen Referenzen die hohen Erwartungen an die Leser belegen lassen.

2. Im zweiten Teil (Kapitel 4) sollen die konzentriert auftretenden Stimmen im Text identifiziert und nach ihrer Funktion hinterfragt werden. Da sich *weiter leben* aus einem sehr dichten polyphon angelegten Netz von Stimmen und intertextuellen Referenzen zusammensetzt, habe ich diesen Teil der Arbeit an ausgewählten Textfragmenten vorgenommen und sie gemäß sozialen oder familiären Kontexten zusammengefasst. Diese meist autonomen Figurenstimmen zeichnen einen bedeutenden Beitrag zum Konstrukt der Autobiographie auf.

Die Isolierung und anschließende Identifikation der im Text auftretenden dialogisch korrespondieren Stimmen ließen eine erste Schlussfolgerung zu: Klüger verflechtet in ihr Zeugnis stereotypische Figuren, die in ihrem Text eine appellative Funktion ausüben. Die Leitfragen dieses zweiten Teils lassen sich wie folgt konkretisieren: Welche Stimmen tauchen in *weiter leben* auf, die eine stereotypische Rolle einnehmen? Welche Funktion haben diese Stimmen? Wie gelingt es der Autorin, Stimmen mit Orts- und Zeitebenen zu verknüpfen? Welche Methoden wendet sie dafür an? Ist der Appell an die Leser tatsächlich eine Einladung zum Dialog? Die stereotypischen Figuren, wie beispielsweise die Figur der Gisela, die typische Nachkriegsdeutsche, oder die Figur des Christoph, der deutsche Nachkriegsintellektuelle, verleihen den eigenen Erinnerungen einen stärkeren kontrastierten Ausdruck. Diesen Figuren tritt sie eine Stimme ab, die parallel zu ihrer eigenen in Erscheinung tritt und meist ein Gegengewicht zu ihren Standpunkten bildet. Dafür wurde das Stimmenkonglomerat, das sich aus Freunden, Bekannten, Verwandten, Amerikanern, Deutschen zusammensetzt, erfasst, um es anschließend in Untergruppen zu klassifizieren, die den gesamten Aufbau des Textes mitbestimmen: 1. Fremd- und Eigengedächtnis für die Rekonstruktion[7] von Kindheits- und Jugenderinnerungen[8] sowie Zeugnisablegung[9]; 2. Appell durch leserori-

---

7 In Anlehnung an Aleida Assmann verhält sich „[d]as Erinnern [...] grundsätzlich rekonstruktiv; es geht stets von der Gegenwart aus, und damit kommt es unweigerlich zu einer Verschiebung, Verformung, Entstellung, Umwertung, Erneuerung des Erinnerten zum Zeitpunkt seiner Rückrufung." (Assmann, Aleida: *Erinnerungsräume: Formen und Wandlungen des kulturellen Gedächtnisses.* München: Beck, 2006a, 29.)

8 Assmann hebt vier Eigenschaften für die individuelle Erinnerung hervor, die mit Klügers Methodik zur Niederschrift von Erinnerung übereinstimmt:

„1. Sie sind grundsätzlich perspektivisch, das heißt standortgebunden und darin unaustauschbar und unübertragbar.

2. Sie existieren nicht isoliert, sondern sind mit den Erinnerungen anderer vernetzt sowie mit den im kulturellen Archiv gespeicherten Bildern und Daten. Durch ihre auf Kreuzung, Überlappung und Anschlussfähigkeit angelegte Struktur bestätigen sie sich gegenseitig. Damit gewinnen sie nicht nur Kohärenz und Glaubwürdigkeit, sondern sie wirken auch verbindend und gemeinschaftbildend.

3. Für sich genommen sind sie fragmentarisch, begrenzt und ungeformt. Was als Erinnerung aufblitzt, sind in der Regel isolierte Szenen ohne Vorher und Nachher. Erst durch Erzählungen erhalten sie eine Form und Struktur, durch die sie zugleich ergänzt und stabilisiert werden.

4. Sie sind flüchtig und labil. Manche Erinnerungen ändern sich im Lauf der Zeit und mit der Veränderung der Person und ihrer Lebensumstände, andere verblassen oder gehen ganz verloren. Insbesondere verändern sich die Relevanzstrukturen und Bewertungsmuster im Laufe des Lebens, so daß ehemals Wichtiges nach und nach unwichtig und ehemals Unwichtiges in der Rückschau wichtig werden kann. Die in Erzählungen gebundenen und oft wiederholten Erinnerungen sind am besten konserviert, allerdings verlieren sie durch Routinisierung viel von ihrer ursprünglichen Erfahrungsqualität und können auch zu Deckerinnerungen werden, die den Zugang zu einer vorausgegangenen Erfahrung gänzlich versperren." (Assmann, Aleida: *Wir wahr sind Erinnerungen?* In: Welzer, Harald (Hrsg.): Das soziale Gedächtnis. Hamburg: Hamburger Edition, 2001, 103-122, hier: 117f. Siehe dazu auch Assmann, Aleida: *Der lange Schatten der Vergangenheit. Erinnerungskultur und Geschichtspolitik.* München: Beck, 2006, 24f.)

9 Hiermit ist besonders das Kapitel „4.1 Erinnerungen an frühe Familienszenen" gemeint.

entierte Ko-Konstruktion des Textes[10]; 3. Kritik an den Diskurs über die deutsch-jüdische Vergangenheit[11]; 4. Fortdauer der Diskriminierung, Außenseitertum und Konflikte unter Nicht-Deutschen und Juden in der neuen Heimat sowie amerikanische Geschichtsnaivität[12] und 5. Identitätsaufbau durch Außenperspektiven[13].

Die Arbeit setzt sich aus den folgenden Kapitelabschnitten zusammen: Das Kapitel „4.1 Erinnerungen an frühe Familienszenen" geht der Frage nach der Funktion der „sprechenden" Verwandten nach und wie das Stimmennetz von der Erzählerin verlegt wird. Andererseits kommen auch die „Deutschen" zu Wort (Kapitel 4.2), manche von ihnen stereotypisiert, wie die Deutsche Gisela (4.2.1) oder „Christoph, der Nachkriegsintellektuelle" (Kapitel 4.2.2), wie ihn Klüger nennt. Auch ihrem Publikum, Studenten oder Bekannten überträgt sie eine Stimmenrolle. Diese Stimmen wurden in Kapitel „4.2.3 Deutsche Stimmen: Polyphonie und Appell" in einem weiteren Abschnitt erfasst. Da es sich hierbei um eine Autobiographie handelt, die aus den 90er Jahren auf den sozialen, geschichtlichen und literarischen Diskurs über den Holocaust seit 1945 zurückblickt, versucht Klüger sich gegenüber der intellektuellen Öffentlichkeit zu positionieren. Diese intertextuellen Referenzen wurden als „4.4 Ein Wort an die ‚Experten in Sachen Ethik, Literatur und Wirklichkeit'" aufgenommen. Auch die amerikanischen und jüdischen Stimmen in Amerika verarbeitet sie in ihrem Buch. Da sie meist explizit eine Grenze zwischen den jüdischen und nicht-jüdischen amerikanischen Stimmen zieht, entspringen zwei getrennte Kapitel (4.5.1 und 4.5.2), die ich als Überkapitel „4.5 Unverständnisse und Missverständnisse in der ‚Neuen Welt'" analysiert habe. Die Frage nach einer Identitätskonstruktion kann nur unter Einbeziehung der Stimmen ihrer Freundinnen in Amerika beantwortet werden. Durch die Außenperspektive der Freundinnen kann sie persönliche Charakterschwächen beschreiben. Auch Ditha spielt hierbei eine wichtige Rolle. Sie ist die einzige Zeugin aus Wien, die Auschwitz und Christianstadt gemeinsam mit ihr durchlitten hat. Hierzu entstanden zwei Kapitelabschnitte, „4.6.1 Ruth Klügers Freundinnen in Amerika" und „4.6.2 Ditha: Adoptivschwester und Zeugin" mit der Übertitelung „4.6 Wahlverwandtschaften".

Eine strikte Trennung von literarischer Intertextualität und Ko-Autorschaft war jedoch aufgrund des dichten intertextuellen Netzes nicht immer möglich. Aus diesem Grund beinhalten einige Textfragmente auch intertextuelle Referenzen, die sowohl einer Untersuchung der Ko-Autorschaft bzw. Polyphonie als auch der Intertextualität bedürfen.

Die Ausarbeitung und Definition der auftretenden Stimmen, für die Klüger als Sprachrohr fungiert, die jedoch als Gegengewicht zu ihren Standpunkten auftreten, beruht auf dem Bachtinschen Konzept der „Dialogizität", das im

[10] Vgl. beispielsweise Kapitel „4.2 Vergangenheitsbewältigung: eine Erfindung der Deutschen, Klügers Adressaten".

[11] Vgl. „4.4 Ein Wort an die ‚Experten in Sachen Ethik, Literatur und Wirklichkeit'".

[12] Vgl. „4.5 Unverständnisse und Missverständnisse in der ‚Neuen Welt'".

[13] Vgl. „4.6 Wahlverwandtschaften".

Kapitel „2.5 Michail M. Bachtins Definition von *Dialogizität*" ausführlicher dargelegt wird.

Für die Analyse des Modus' der Darstellung der Textsequenzen wurde auf das Werk von Matías Martínez und Michael Scheffel *Einführung in die Erzähltheorie*[14] zurückgegriffen, das sich zum Teil auf Gérard Genettes Werk *Die Erzählung* stützt und zwei Arten von „Präsentation von ‚Worten' in einer Erzählung" (Martínez/Scheffel 2003: 51) unterscheidet. 1. Der mittelbare „narrative Modus": die „erzählte Rede", die sich in „Erwähnung des sprachlichen Akts" und „Gesprächsbericht" untergliedert; und 2. der unmittelbare „dramatische Modus, die „zitierte Rede", die ihrerseits zwei Formen unterscheidet: die „direkte Rede" (mit verba dicendi) und die „autonome direkte Rede" (ohne verba dicendi). Dazwischen befindet sich die „transponierte Rede", die auch in zwei unterschiedlichen Formen auftritt: in der „indirekten Rede" (mit verba dicendi) und in der „erlebten Rede" (ohne verba dicendi). Auch die „Präsentation von Gedankenrede" kann als „erzählte Rede" („Bewusstseinsbericht") auftreten und die „transponierte Rede", die sich in indirekte Rede" und „erlebte Rede" teilt sowie die „zitierte Rede", die als „Gedankenzitat" und „autonomer innerer Monolog" auftreten kann. Die Übergänge vom dramatischen zum narrativen Modus bewirken eine Ab- oder Zunahme an Intensivierung der exponierten Erzählung. Die Klassifizierung der ausgewählten Textsequenzen wird direkt nach jeder Aussage im Zitat in eckigen Klammern eingefügt.

1.2 Forschungsstand

Unmittelbar nach seinem Erscheinen begann die Rezeption Klügers Erinnerungsbuch zu rezensieren, so dass es unverzüglich Gegenstand literaturwissenschaftlicher Studien wurde. Richteten die ersten Studien ihr Augenmerk auf das autobiographische Schreiben im Kontext mit dem Holocaust, so wurde dabei ferner zwischen Autobiographien von Frauen und von Männern unterschieden. Ein Teilaspekt der Autobiographie, der für die Forschung entscheidend war und *weiter leben* in ein differenziertes Licht der Erinnerungsliteratur rückte, war die Kindheitsautobiographik. Meist wurden in den Studien Themen wie die Mutter-Tochter-Beziehung behandelt; ihre hybride Identitätskonstruktion als Jüdin, Atheistin, Österreicherin und Amerikanerin; oder die feministische Perspektive auf den Holocaust. Die Frage nach der Rekonstruktion von Erinnerung und der Brückenschlag bzw. der Aufbau eines Dialogs mit den Deutschen waren weitere Punkte, die in nahezu allen Forschungsarbeiten durchleuchtet wurden. Stephan Braese und Holger Gehle stellten Ende

[14] Martínez, Matías/Scheffel, Michael: *Einführung in die Erzähltheorie*. München: Beck, 2003.

1993 unter dem Titel *Ruth Klüger in Deutschland*[15] eine erste Bilanz der Reaktion des deutschen Publikums und der Literaturkritik auf. Bereits im Vorwort wurde die völlig unerwartete Wirkung des Buches in Deutschland hervorgehoben und seine kritiklose „Kanonisierung" befürchtet. Holger Gehle wies auf die Rezeption hin, die sich in ihrer Deskription und Auseinandersetzung mit *weiter leben* deutlich überschneidet:

> Ein besonders auffälliger metasprachlicher Mechanismus der Rezensionen läuft so: Das Buch wird als Dialogangebot qualifiziert. Das ist der überhaupt häufigste Topos. Er bezieht sich oft auf jene Stelle im Buch, wo die Autorin ihr Publikum auffordert, sich reizen zu lassen, ‚streitsüchtig' zu werden. Dies löst eine regelrechte Zitierflut aus, an der das Deklamatorische auffällt.[16]

Doch stellte Gehle gleichzeitig fest, dass sich niemand auf einen Disput eingelassen hatte: „Es *streitet* überhaupt keine einzige Rezension mit der Autorin" (Gehle 1994: 17). Außer einer Beanstandung in der *Deutschen Tagespost*, Barbara Distels Kritik in der *Tageszeitung* oder Daniela Macks Vorwurf, Klüger werde „leider sentimental", sei der Autorin nicht widersprochen worden. (Vgl. Gehle 1994: 17.) Das „einzige offizielle negative deutsche Kritikmuster" blieb bis zu diesem Zeitpunkt der „ablehnende Suhrkamp-Antwortbrief" (Gehle 1994: 21). Eine der ersten „öffentlichen" Reaktionen zu Klügers Buch nach seiner Veröffentlich war die von Martin Walser. Er begrüßte die in die deutsche Sprache zurückgekehrte Autorin mit „Welcome back!" und hob besonders die „nimmermüde Erinnerungskritik" hervor, aus der ihr Buch bestehe:

> Sie erzählt nicht ihre Geschichte, sie schildert nicht Auschwitz, sie stellt uns nicht die vielen Amerikas vor. Ausschlaggebend ist immer das Bedürfnis, dem Gedächtnis nicht einfach zu glauben, was es aufbewahrt hat und, fragt man es, jetzt als das Geschehene wiedergeben will.[17]

Doch hauptsächlich Marcel Reich-Ranicki hat das Buch einen großen Teil seines Erfolges zu verdanken, als er es im Literarischen Quartett am 14. Januar 1993 in den höchsten Tönen lobte.[18]

Die erste und umfassendere Studie zu Klüger und ihrem Buch entstand 1996 in der Reihe der Oldenbourg-Interpretationen, die Irene Heidelberger-Leonard

---

15 Braese, Stephan/Gehle, Holger: Ruth Klüger in Deutschland. In: *Kassiber, Texte zur politischen Philologie 1*, Bonn: Selbstverlag, 1994.

16 Gehle, Holger: ‚weiter leben' in der deutschen Buchkritik. In: Braese/Gehle 1994, 17.

17 Walser, Martin: Ruth Klüger zur Begrüßung. Bayerischer Rundfunk. Das Kulturjournal vom 27.09.1992. Zitiert nach Braese/Gehle 1994, 32f.

18 „Das literarische Quartett" vom 14. Januar 1993. ZDF, eingeführt von Marcel Reich-Ranicki; an der anschließenden Diskussion beteiligten sich Hellmuth Karasek, Sigrid Löffler und Barbara Sichtermann. S. dazu auch: Reichenberger, Stephan/Heyne, Wilhelm: Ruth Klüger, Weiter leben. In: *‚... und alle Fragen offen.' Das Beste aus dem Literarischen Quartett.* München: Heyne, 2000, 248-251.

verfasste.[19] Zwölf Jahre nach der Erstpublikation verfasste Sascha Feuchert für den Reclam-Verlag die „Erläuterungen und Dokumente", in denen er in der Vorbemerkung das Werk ausdrücklich als einen „Wendepunkt im deutschen Holocaust-Diskurs" determinierte und auf das „dicht[e] intertextuelle Netz" (Feuchert 2004: 5) hinwies. *weiter leben* entwickelte sich zum beliebten Untersuchungsgegenstand von Diplomarbeiten, Dissertationen und Aufsätzen. Eine der jüngsten Arbeiten zu Klüger, die im Juni 2009 an die Öffentlichkeit gelangte, stammt von Katharina Glöckel. Sie analysierte, „welchen Bedingungen die Transformation eines autobiographischen Gedächtnisinhalts in die Form eines literarischen Textes unterliegt."[20] Karolin Machtans veröffentlichte ihre Forschungsergebnisse im selben Jahr. In ihnen vergleicht sie Saul Friedländers und Ruth Klügers autobiographische Werke mit ihren wissenschaftlichen Texten.[21] Yujung Seo erforschte die „Kindheit-Autobiographik deutschsprachiger Autorinnen im 20. Jahrhundert", unter der sich auch Klügers Autobiographie befand. Sie sieht Klügers Positionierung vielmehr als die einer Rebellin und nicht die eines Opfers.[22] Auch Eva Lezzi setzte sich in ihrer Dissertation mit Klügers Kindheitserinnerungen im Holocaust auseinander. Sie untersuchte die autobiographische Konstruktion in *weiter leben* und sah in Klügers Buch eine „literarische Geste des Handreichens" und deshalb ein „Dialogangebot" an die Deutschen.[23] Heidelberger-Leonard schrieb 1998 den in der Klügerforschung vielzitierten Aufsatz „Ruth Klüger *weiter leben* – ein Grundstein zu einem neuen Auschwitz-‚Kanon'?". Dort formulierte sie, warum „Klügers Poetik" sich von der restlichen Holocaustliteratur unterscheidet. Dies liege „[n]icht nur" am

> Ton, Stil und [an der] historiographische[n] Deutung, selbst in ihren Inhalten unterscheidet sich Klüger. Ein Buch über Auschwitz hat notwendigerweise die bösen Taten der SS zum Gegenstand. Den Kern von Klügers Autobiographie – nicht zufällig genau in der Mitte des Buches situiert – bildet die gute Tat einer Jüdin […].[24]

Damit lamentierte sie das Versagen einer kritischen Rezeption des „Novum[s] in der jüdischen Auschwitzliteratur" und forderte eine „individuelle Rezepti-

---

19 Heidelberger-Leonard, Irene: *Ruth Klüger, weiter leben. Eine Jugend: Interpretationen*. München: Oldenbourg, 1996.

20 Glöckel, Katharina: *Erinnern, Zeugen, Fortschreiben: zu Ruth Klügers weiter leben*. Saarbrücken: VDM, 2009.

21 Machtans, Karolin: *Zwischen Wissenschaft und autobiographischem Projekt: Saul Friedländer und Ruth Klüger*. Tübingen: Conditio Judaica, Niemeyer, 2009.

22 Seo, Yujung: *Aspekte der Kindheit-Autobiographik deutschsprachiger Autorinnen im 20. Jahrhundert*. Universität, Diss., Bonn, 2008. Die Dissertation kann unter hss.ulb.unibonn.de/2008/1504/1504.pdf, Stand: 24.07.2012, abgerufen werden.

23 Lezzi, Eva: *Zerstörte Kindheit. Literarische Autobiographien zur Shoah*. Köln: Böhlau, 2001, 280.

24 Heidelberger-Leonard, Irene: Ruth Klüger weiter leben – ein Grundstein zu einem neuen Auschwitz-‚Kanon'? In: Braese, Stephan u.a. (Hrsg.): *Deutsche Nachkriegsliteratur und der Holocaust*. Frankfurt/New York: Campus, 1998a, 157-169, hier: 163.

on", die durch „Klügers Aufruf an Deutsche" die „Debatte in ein helleres Licht" (Heidelberger-Leonard 1998: 168) rücken könne. Einen Vergleich zwischen Klügers Autobiographie und Martin Walsers autobiographischem Roman *Ein springender Brunnen,* der sieben Jahre später erschien, unternahm Joanna Jablkowska[25], auf die einige Jahre später die Studie von Helmut J. Schneider aufbaute.[26] Einen Vergleich zwischen Cordelia Edvardsons autobiographischen Roman *Gebranntes Kind sucht das Feuer* und Klügers *weiter leben* zieht Carmel Finnan. Sie erschließt, dass beide Texte den Versuch wagen, „das jetzige Ich mit dem vergangenen zu versöhnen und dadurch das fragmentierte Selbst wiederherzustellen."[27] Edvardsons und Klügers Autobiographien gelinge der Aufbruch des „von männlichen Erfahrungen geprägte[n] Bild[es] der Shoah durch bislang ausgeschlossene Erfahrungen und Erinnerungen" durch „die Perspektive, den Riß zwischen Nazi-Genozid und Geschlecht" abzuschaffen. Irmela von der Lühe setzte sich in ihrem Artikel *Das Gefängnis der Erinnerung* mit Ruth Klügers dialogischer Erzählstrategie auseinander.[28]

Auch in der amerikanischen Auslandsgermanistik wurde Klügers Erstling rezipiert. Jennifer Taylor schrieb in den 90er Jahren zwei Artikel zu *weiter leben.* 1994 erschien in einem deutschen Sammelband eine Studie, die die weibliche Zeugnisablegung beleuchtete[29] und 1997 analysierte Taylor die Mutter-Tochter-Beziehung, indem sie das Buch als „Letter to Her Mother" auslegte.[30] Im selben Jahr erschien Dagmar C. G. Lorenz' Arbeit *Keepers of the motherland*[31], eine Studie über deutsche Literatur von jüdischen Frauen, die auch zu Klügers Buch im Kapitel „Memory and Autobiography (Ruth Klüger)" Stellung

25 Jablkoswska, Joanna: Zwei Autobiographien auf zwei Polen ‚der Jahrhunderteerfahrung': Martin Walsers ‚Ein springender Brunnen' und Ruth Klügers ‚weiter leben'. In: Sellmer, Izabela (Hrsg.): *Die biographische Illusion im 20. Jahrhundert. (Auto-) Biographien unter Legitimierungszwang.* Frankfurt/M. u.a.: Peter Lang, 2003, 45-58.

26 Schneider, Helmut J.: Reflexion oder Evokation: Erinnerungskonstruktion in Ruth Klügers ‚Weiter leben' und Martin Walsers ‚Der springende Brunnen'. In: Allkemper, Alo/Eke, Otto (Hrsg.): *Zeitschrift für Deutsche Philologie. 125.* Sonderheft: Das Gedächtnis der Literatur. Konstitutionsformen des Vergangenen in der Literatur des 20. Jahrhunderts, 2006, 160-175. Siehe auch: Pérez Zancas, Rosa: Springbrunnen und Teufelskreis: Die Autobiographien von Ruth Klüger und Martin Walser als entgegensetzt erlebte Kindheiten. In: Seidler, Miriam: *Wörter für die Katz. Martin Walser im Kontext der Literatur nach 1945* (Reihe Ästhetische Signaturen – Band 1). Frankfurt/M. u.a. 2012, 103-118.

27 Finnan, Carmel: ‚Ein Leben in Scherben': Geschlechterdifferenz als Erinnerungsform bei Cordelia Edvardson und Ruth Klüger. In: Günter 2002, 155-175.

28 von der Lühe, Irmela: Das Gefängnis der Erinnerung. Erzählstrategien gegen den Konsum des Schreckens in Ruth Klügers ‚weiter leben'. In: Manuel Köppen/Klaus R. Scherpe (Hrsg.): *Bilder des Holocaust: Literatur-Film-Bildende Kunst.* Köln/Weimar/Wien: Böhlau, 1997, 29-45.

29 Taylor, Jennifer: Ruth Klügers ‚Weiter leben' als weibliche Rekonstruktion der Holocaust-Erfahrung. In: Schreier, Helmut/Heyl, Matthias (Hrsg.): *Die Gegenwart der Schoah. Zur Aktualität des Mordes an den europäischen Juden.* Hamburg: Krämer, 1994, 33-49.

30 Taylor, Jennifer: Ruth Klüger's *weiter leben: eine Jugend*: A Jewish Woman's ‚Letter to Her Mother'. In: Lamb-Faffelberger, Margarete (Hrsg.): *Out of the Shadows: Essays on Contemporary Austrian Women Writers and Filmmakers.* Riverside: Ariadne, 1997, 77-87.

31 Lorenz, Dagmar C. G.: *Keepers of the motherland. German Texts by Jewish Women Writers.* Lincoln and London: University of Nebraska Press, 1997.

nimmt. So wie Heidelberger-Leonard sieht sie in *weiter leben* eine Zäsur „in the tradition of survivors' correspondences, memoirs, and Holocaust scholarship, and a new beginning in that it documents a Jewish émigrée's return to the German language to discuss Jewish concerns." (Lorenz 1997: 292.)

Weitere Studien zu *weiter leben* folgten. Die vielleicht bekannteste unter ihnen ist die Arbeit von Pascale R. Bos, in der sie den „Politics of Address" von Grete Weil und Ruth Klüger nachgeht. Dabei unterstreicht sie die Besonderheit von Klügers Autobiographie im Vergleich mit der bisher erschienenen Erinnerungsliteratur des Holocausts:

> *Weiter leben* is not a conventional memoir by any means whereby from the vantage point of the present the events of the past (the Holocaust) are recounted. More „typical" Holocaust memoirs tend to contain a brief section that describes (positive) memories of life before Hitler (in which family and community life form the focus, though they are generally only sketched), and then narrate the (either gradual or sudden) deterioration of life under the Nazis, leading eventually to a complete family's (or even community's) destruction.[32]

Auch Erin McGlothlin beschäftigte sich in ihrem Artikel „Autobiographical Re-vision: Ruth Klüger's *weiter leben* and *Still Alive*" mit der autobiographischen Darstellung, wobei sie jedoch die amerikanische Fassung, *Still Alive*, zum Vergleich hinzuzog und, wie Bos, die Novität von *weiter leben* betonte:

> Klüger designates her audience in terms that are less common to traditional autobiographical projects. Rather than defining her audience as merely passive (and potentially shamed) recipients of her life narrative, she invites and incites them to become, in a sense, co-producers of a narrative that in her view is still in the making.[33]

Caroline Schaumann von der Emory University in Atlanta, USA, untersuchte in ihrem Artikel im *German Quarterly* ebenfalls die Veränderungen zwischen der deutschen und der amerikanischen Fassung. Klügers Buch komme in den USA zu einem Zeitpunkt, in dem in den amerikanischen Universitäten über eine „Amerikanisierung des Holocaust" debattiert werde: „Klüger's texts respond to calls for more comprehensive and comparative perspectives in Holocaust studies. Yet, Klüger's way of Americanizing the Holocaust certainly does not domesticate it."[34] Eine äußerst ausgiebige und akribische Studie über

---

[32] Bos, Pascale R.: *German-Jewish Literature in the Wake of the Holocaust: Grete Weil, Ruth Klüger, and the Politics of Address.* New York: Palgrave Macmillan, 2005, 73.

[33] McGlothlin, Erin: Autobiographical Re-vision: Ruth Klüger's weiter leben and Still Alive. In: Lützeler, Paul Michael/Schindler, Stephan K. (Hrsg.): *Gegenwartsliteratur. Ein germanistisches Jahrbuch.* Tübingen: Stauffenburg, 3/2004, 46-70, hier: 57.

[34] Schaumann, Caroline: From ‚weiter leben' (1992) to ‚Still Alive' (2001): Ruth Klüger's Cultural Translation of Her „German Book" for an American Audience. In: *The German Quarterly* 77.3, Summer 2004, 324-339, hier: 332-333.

die Gedichte in *weiter leben* legte Sandra Alfers in ihrem Artikel „Voices from a Haunting Past: Ghosts, Memory, and Poetry in Ruth Klüger's ‚weiter leben. Eine Jugend' (1992)" vor.[35] Zuletzt sei noch ein Artikel von Andrea Reiter genannt, der sich insbesondere mit *weiter leben* als feministischem Überlebensbericht beschäftigte und sowohl in englischer[36] als auch deutscher[37] Sprache erschien.

Ferner wurde in der spanischen Auslandsgermanistik *weiter leben* reichlich rezipiert. So entstanden Beiträge wie beispielsweise der Artikel von Marisa Siguan „Literatur als Lebenshilfe: Ruth Klügers Beschwörungsformeln", in dem sie *weiter leben* im Vergleich zu anderen Holocaustzeugnissen, wie *Die Atempause* von Primo Levi, Jorge Sempruns *Algarabía* und *La escritura o la vida* oder Jean Amérys Essaysammlung *Jenseits von Schuld und Sühne*, als „die lebensbejahendste, zukunftsbezogenste Autobiografie von allen"[38] bewertete. Sie schließe „die Zukunftsbezogenheit in den Titel mit ein und wähle gleichwohl eine Erzählperspektive, die offene Fragen an die Leserinnen oder an die Leser einschließe und die mit Möglichkeiten des Erzählens und des Interpretierens arbeite." (Siguan 2007: 143.) Die in Barcelona lehrende Camila Loew wurde im Jahr 2004 mit einer Arbeit über die Berichte von Frauen im Holocaust promoviert. Unter den vier analysierten Autorinnen befand sich auch Ruth Klüger.[39] Auf dem im Jahr 2007 veranstalteten Kongress der Goethe-Gesellschaft in Spanien gab es insgesamt drei Beiträge zu *weiter leben*.[40] Trotz des wohlwollenden Vorwortes von Jorge Semprún blieb die spanische Übersetzung *Seguir viviendo*[41] hingegen nahezu unbeachtet und ist seit ihrer Erstveröffentlichung im Jahre 1997 nicht mehr aufgelegt worden.

---

35 Alfers, Sandra: Voices from a Haunting Past: Ghosts, Memory, and Poetry in Ruth Klüger's weiter leben. Eine Jugend (1992). In: *Monatshefte für deutschsprachige Literatur und Kultur*. Vol. 100, Nr. 4, 2008, 519-533.

36 Reiter, Andrea: ‚Ich wollte, es wäre ein Roman.' Ruth Klüger's feminist survival report. In: *Forum for Modern Language Studies*, Vol. xxxviii Nr. 3, 2002, 326-340.

37 Reiter, Andrea: ‚Ich wollte, es wäre ein Roman'. Ruth Klügers Entwurf vom Überleben. In: *Literatur für Leser*, 22, Nr. 4, 2000, 214-230.

38 Siguan, Marisa: Literatur als Lebenshilfe. Ruth Klügers Beschwörungsformeln. In: Bascoy, Montserrat/Gómez, Rosa Marta/Feijóo,Jaime/Sabaté, Dolors (Hrsg.): *Gender und Macht in der deutschsprachigen Literatur*. Frankfurt/M.: Peter Lang, 2007, 139-156, hier: 143.

39 Loew, Camila: *La memoria del dolor: Testimonios de mujeres sobre el Holocausto*. Barcelona: Universidad Pompeu Fabra, 2004.

40 Vinardell Puig, Teresa: Ungetrennt. Zur Mutter-Tochter-Beziehung in Ruth Klügers *weiter leben*. In: Siguan, Marisa et al.: ‚Erzählen müssen, um zu überwinden'. Literatura y Supervivencia. Barcelona: Sociedad Goethe en España, 2009, 97-110.

Loew, Camila: La tradición literaria del dolor en los testimonios de Marguerite Duras y Ruth Klüger. In: Siguan, Marisa et al., 2009, 85-96.

Pérez Zancas, Rosa: ‚... und jedes Gedicht wird zum Zauberspruch.' Literatur im Konzentrationslager am Beispiel von Ruth Klügers *weiter leben. Eine Jugend*. In: Siguan, Marisa et al., 2009, 111-118.

41 Klüger, Ruth: *Seguir viviendo*. Ins Spanische von Carmen Gauger, Barcelona: Galaxia Gutenberg, 1997b.

Eine Reihe weiterer Untersuchungen zu *weiter leben* und Erwähnungen in Studien der Werke Klügers, die hier nicht genannt worden sind, haben ihre Autobiographie nahezu zu einem Standardwerk erhoben, das aus heutiger Sicht einen bedeutenden und nicht mehr wegzudenkenden Platz in der Holocaustliteratur besetzt hat. In meiner Arbeit werde ich Themen wie die Mutter-Tochter-Neurose, das autobiographische Schreiben oder den feministischen Blick in *weiter leben* zwar während meiner Analyse in Betracht ziehen, sie jedoch nicht tiefer ausarbeiten, da sie in der Klüger-Forschung reichlich untersucht worden sind. Eine Analyse der Intertextualität und der Ko-Autorschaft (Polyphonie) in ihrem Werk ist ein Desiderat geblieben. Deshalb ist das Ziel dieser Dissertation, diese Lücke zu schließen.

1.3 Begriffsbestimmung

1.3.1 Der Terminus *Holocaust*

Um für den Massenmord an den europäischen Juden durch das nationalsozialistische Terrorregime Hitlers, der bis in die späten 50er Jahre nahezu namenlos geblieben war, einen adäquaten Namen zu finden, ist bis in die Gegenwart hinein ausgiebig diskutiert worden. Die Metaphorisierung, wie „Jüdische Tragödie", „Churban"[42], „Shoah"[43], „Holocaust"[44], oder auch „Auschwitz",

---

[42] Der hebräische Ausdruck „Churban" (=Vernichtung) wurde zunächst für „weit zurückliegende konkrete historische Katastrophen" verwendet. Schon 1940 gaben jüdische Autoren der „Katastrophe des europäischen Judentums" diesen Namen, die bereits zu diesem Zeitpunkt „die Entwicklung hin zum Massenmord in Europa" schilderten. (Young, James E.: *Beschreiben des Holocaust*. Aus dem Amerikanischen von Christa Schuenke. Frankfurt/M.: Suhrkamp, 1997 (1. Aufl. 1992), 142f.) Doch aufgrund seiner religiösen Konnotation sträubten sich viele, die Ereignisse in Europa den „dritten *Churban*" zu nennen. „Denn", so Young, „das hätte auf einen göttlichen Plan von Sünde und Vergeltung schließen lassen, mit dem jeder *Churban* erklärbar wäre." (Young 1997: 144.)

[43] In Palästina wurde im Jahr 1940 eine „Sammlung von Augenzeugenberichten über die Massenmorde" veröffentlicht, die den Titel „*Sho'at Jehudei Polin* (Shoah der polnischen Juden)" trug. Nach Young gibt es noch weitere Beispiele für die Benutzung dieser Metapher in den frühen 40er Jahren für den Genozid an den europäischen Juden. 1942 „verabschiedete eine Konferenz von vierhundert Rabbinern eine Erklärung, in der es hieß, daß ‚die *Shoah*, die an den europäischen Juden begangen wird, beispiellos in der Geschichte' sei." (Young 1997: 143.) Der hebräische Begriff *Shoah* (=große Katastrophe) hatte zwar auch eine religiöse Konnotation, „doch war er weniger spezifisch und folglich flexibler als Churban und schien daher eher geeignet, mit neuen Bedeutungen versehen zu werden." (Young 1997: 144.)

[44] Der aus dem Griechischen stammende Begriff „Holocaust" (von *holokauston*) bedeutet wörtlich übersetzt „ganz verbrannt". Er bezeichnet in der „Septuaginta [=die altgriech. Bibelübersetzung] eine spezielle Art des Brandopfers und ist überdies assonant mit *ola*, dem hebräischen Wort für das heilige Opfer. Viele jüdische Autoren und Theologen sind sich der im Wort Holocaust mitschwingenden urchristlichen Idee eines jüdischen

war eine Dringlichkeit, die je nach Disziplin eingesetzt wurde und wird, um das nationalsozialistische Verbrechen an der Menschheit zu benennen. Für Klüger war die mehrfache Namensvergabe eindeutig ein Symptom, dass die Worte dafür „sehr schnell im Munde faulen."[45] Bei einer genaueren Betrachtung offenbart dies nach James E. Young jedoch auch, „wie die Namen, die wir dieser Periode geben, die Ereignisse automatisch metaphorisieren und einem Kontext sowie bestimmten historischen, literarischen und interpretatorischen Traditionen zuordnen." (Young 1997: 142.)

Diese Arbeit verwendet den Terminus „Holocaust" – trotz der Polemik bezüglich seines religiösen Gehaltes, der dem Massenmord als „Brandopfer" einen Sinn unterlegt –, da es der Begriff ist, der sich international durchgesetzt hat. Klügers indifferente Einstellung zur Namensgebung bekräftigt die Entscheidung:

> Ob das hebräische ‚Shoah' ein geeignetes Wort sei, wie neuerdings behauptet wird, kümmert mich nicht: Solang es nur irgendein Wort gibt, das sich ohne Umschweife und Nebensätze gebrauchen läßt. Denn Wörter, einfache Wörter, wie sie mit Definitionen im Wörterbuch stehen, nicht einmal die hochtrabenderen Worte, grenzen ab und schaffen umfriedetes Gedankengelände; sonst muß man jedesmal erklären, wovon die Rede ist, und der andere hört womöglich nicht hin ...(wl, 234f.)

1.3.2 Die Autobiographie

Philippe Lejeune definierte die literarische Gattung „Autobiographie" als eine „[r]ückblickende Prosaerzählung einer tatsächlichen Person über ihre eigene Existenz, wenn sie den Nachdruck auf ihr persönliches Leben und insbesondere auf die Geschichte ihrer Persönlichkeit legt."[46] Demnach bilden sich vier determinierende Eigenschaften heraus, die der Autobiographie angehören: 1. Die Autobiographie ist eine „in Prosa" geschriebene „Erzählung" („Sprachliche Form") 2. Erzählt wird aus dem „individuelle[n] Leben" die „Geschichte einer Persönlichkeit"; („Behandeltes Thema"); 3. Der Autor, „dessen Nam[e] auf eine tatsächliche Person verweist", und der „Erzähler" sind identisch („Die Situation des Autors"); 4. Der „Erzähler" ist wiederum identisch mit der „Hauptfigur" und erzählt aus einer „rückblickende[n] Erzählperspektive" („Position des Erzählers"). (Lejeune 1994: 14.)

Martyriums sehr wohl bewußt und lehnen es daher nach wie vor entschieden ab." (Young 1997: 145.)

45 Klüger, Ruth: *weiter leben. Eine Jugend.* Göttingen: Wallstein, 1992. Hier zitierte Ausgabe: München: DTV, 1999, 148. Alle Zitate beziehen sich auf diese Ausgabe und werden fortan abgekürzt dargestellt mit (wl).

46 Lejeune, Philippe: *Der autobiographische Pakt.* Aus dem Französischen von Wolfram Bayer und Dieter Hornig. Frankfurt/M.: Suhrkamp, 1994 (1. franz. Aufl. 1975), 14.

Inwiefern unterscheidet sich jedoch die Autobiographie von der Biographie? Michaela Holdenried legt den Schwerpunkt der Schwierigkeit einer angemessenen Definition auf ihre „hybride Form".[47] „Autobiographik als eigenständige Gattung anzusehen," postuliert sie, „hat tatsächlich nur dann einen Sinn, wenn in einem Netz kontrastiver Verortungen die Distanz und Nähe zu anderen Gattungen bemessen werden können, um zu einer annährungsweisen Kontur zu gelangen." (Holdenried 2000: 25.) Klüger hat hierfür eine überaus zufriedenstellende Definition gefunden: „Zwischen dem Geschichtswerk und dem Roman stehen Biographie und Autobiographie, erstere, die Biographie, ein wenig näher an der Geschichte, letztere, die Autobiographie, ein Stückchen weiter in Richtung Roman."[48] Mit dieser Eingrenzung stimmt sie mit Martina Wagner-Egelhaaf überein, die in der Autobiographie eine „doppelt[e] Perspektive" erkennt, „insofern die Autorin oder der Autor die Chronik des eigenen Lebens" schreiben und gleichzeitig „Subjekt und Objekt der Darstellung" seien.[49] Weiter heißt es:

> Ihre zweifache Lesbarkeit als historisches Zeugnis und als literarisches Kunstwerk, ihr Grenzgängertum zwischen Geschichte und Literatur scheint die Autobiographie an eine Randposition des genuin literaturwissenschaftlichen Feldes zu verweisen – und doch betrifft sie aus ebendenselben systematischen Gründen den Kernbereich allgemeinliteraturwissenschaftlichen Fragens und Erkennens. (Wagner-Egelhaaf 2005: 1.)

Klüger ergänzt ihre Definition durch die folgenden Betrachtungen, die sowohl mit Lejeune[50] als auch mit Wagner-Egelhaaf konvergieren:

> Die Autobiographie ist ein Werk, in dem Erzähler und Autor zusammenfallen, eins sind. In der Autobiographie sagt uns die Autorin ausdrücklich, daß keine Distanz sie (oder ihn) von der erzählenden Hauptperson trennt. Im autobiographischen Roman ist es schon anders. Da wird Distanz hergestellt durch Fiktionalisierung und sei sie auch noch so gering. Wenn Christa Wolf in ‚Kindheitsmuster' die Heldin Nelly nennt, so lese ich das als Signal von Seiten der Autorin: Gebt acht. Diese Figur hat zwar eventuell manches mit mir gemeinsam, doch ich erkläre sie ausdrücklich als nicht mit mir identisch. (ZWA, 407.)

Die Konzeption einer geeigneten Definition des Autobiographiebegriffs ist für Klüger äußerst wichtig, um sie insbesondere von angrenzenden Gattungen zu

---

47 Holdenried, Michaela: *Autobiographie.* Stuttgart: Reclam, 2000, 24.

48 Klüger, Ruth: Zum Wahrheitsbegriff in der Autobiographie. In: Heuser, Magdalena (Hrsg.): *Autobiographien von Frauen: Beiträge zu ihrer Geschichte.* Tübingen: Niemeyer. 1996, 405-410, hier: 407. Alle Zitate beziehen sich auf diese Ausgabe und werden fortan abgekürzt dargestellt mit (ZWA).

49 Wagner-Egelhaaf, Martina: *Autobiographie.* Stuttgart: Metzler, 2005.

50 Für Lejeune sind Memoiren, Biographien, Ich-Romane, autobiographische Gedichte, Tagebücher sowie Selbstportraits und Essays lediglich „Nachbargattungen der Autobiographie". (Lejeune 1994: 14.)

unterscheiden. „Autobiographie" sei für sie „Geschichte in der Ich-Form", denn „dank ihrer Subjektivität" enthalte „sie Dinge [...] die nicht nachprüfbar" seien, wie „Gefühle und Gedanken"[51]. Aus diesem Grund werde „sie öfters und leicht mit dem Roman verwechselt". (FF, 86.) Versucht man sie räumlich zu orten, sei sie

> sicherlich in einem Grenzdorf angesiedelt, wo man beide Sprachen spricht, die der Geschichte und die der Belletristik. Aber jedes Grenzdorf gehört dem einen oder dem anderen Staat an: und die Autobiographie gehört eindeutig zur Geschichte. Auf der anderen Seite liegen der autobiographische Roman sowie der historische Roman und das historische Drama. Man kann zu Fuß von einem Dorf ins andere spazieren, sehr weit ist es nicht, und doch geht man von einem Land ins andere, und die Bewohner haben unterschiedliche Ausweise. (FF, 86.)

In Anlehnung an Aleida Assmann steht es dem Historiker nicht zu, persönliches Erfahrungsgut aus seinen Arbeiten auszugrenzen, da sonst „im Falle des Holocaust" seine Beschreibung zu einer „Abstraktion" verkäme, „die vom damaligen Erleben ebenso abgeschnitten ist wie von der Chance des gegenwärtigen persönlichen Nachvollzugs." (Assmann 2006: 50.) Sie zählt drei Eigenschaften auf, die die Geschichtsschreibung „aus der Perspektive des Gedächtnisses" (Assmann 2006: 50) vervollständigen:

- die Betonung der Dimension der Emotionalität und des individuellen Erlebens,
- die Betonung der memorialen Funktion von Geschichte als Gedächtnis,
- die Betonung einer ethischen Orientierung. (Assmann 2006: 50.)

Klüger hat sich in ihren literaturwissenschaftlichen Texten intensiv mit der Autobiographie als literarische Gattung beschäftigt, die für sie stärker als andere Gattungen einen „Wahrheitsanspruch" an den Autor stellt. Auch wenn für Heidelberger-Leonard „keine Autobiographie" mit *weiter leben* „im herkömmlichen Sinne vorliegt" (Heidelberger-Leonard 1996: 34), bezeichnet sich Klüger selbst als „Autorin einer Autobiographie" (ZWA, 405). Deshalb sträubt sie sich gegen eine ihrer Meinung nach falsche Definition ihres Erinnerungsbuches:

> Mein Buch wird manchmal als Roman vorgestellt, und zwar immer von Leuten, die es gut mit mir meinen [Reich-Ranicki].[52] Ich sage dann etwa: ‚Ich wollte, es

[51] Klüger, Ruth: Fakten und Fiktionen. In: dies.: *Gelesene Wirklichkeit. Fakten und Fiktionen in der Literatur*. Göttingen: Wallstein, 2006, 68-93, hier: 86. Alle Zitate beziehen sich auf diese Ausgabe und werden fortan abgekürzt dargestellt mit (FF).

[52] Der Literaturkritiker Reich-Ranicki bezeichnete ihr Buch als einen „Roman": „Ein Bericht, eine Reportage, eine Autobiographie, Gedanken und Erinnerungen, Episoden und Reflexionen? Wenn sich so viele Vokabeln aufdrängen, jede ihre Berichtigung [sic] haben mag und allesamt doch nicht ausreichen, dann behelfen wir uns gern mit dem Hinweis auf eine mittlerweile kaum definierbare und nicht zuletzt deshalb nach wie vor

wäre ein Roman', d. h. ich wollte, ich hätte eine andere Jugend gehabt und hätte diese nur erfunden. Meine wohlwollenden Leser meinen mit Roman einfach ein interessantes oder gut geschriebenes Buch, sie meinen es sei Literatur, Belletristik. Es hätte einen Allgemeinwert. Der Wahrheitsanspruch, und schon gar der Wirklichkeitsanspruch, fällt bei solchem Lob unter den Tisch. (ZWA, 406.)

Überlebendenzeugnisse des Holocausts unterscheiden sich von der herkömmlichen Autobiographie, weil sie grundsätzlich Zeugnisse von unbekannten Menschen sind, die aufgrund eines einzigartigen Erlebnisses, an dem sie als Opfer und Überlebende (der Ermordung der europäischen Juden) beteiligt waren, eine Motivation zum Schreiben fanden.[53] Lejeune hingegen versucht die Autorität des Autors so zu definieren, dass dieser erst ab seiner zweiten Buchpublikation ein „wirklicher Autor" ist,

> wenn der Eigenname auf dem Umschlag zum ‚gemeinsamen Faktor' mindestens zweier verschiedener Texte wird und somit die Vorstellung einer Person erweckt, die sich auf keinen ihrer Texte im einzelnen einschränken läßt, sondern noch andere hervorbringen kann und über allen ihren Texten steht. Dies ist [...] für die Lektüre sehr wichtig. Ist die Autobiographie ein erstes Buch, so ist der Autor, selbst wenn er sich in diesem Buch selbst schildert, ein Unbekannter: Es fehlt ihm in den Augen des Lesers dieses Signum der Realität, nämlich die vorangegangene Produktion *anderer* (nicht autobiographischer) *Texte*, die für das, was wir als ‚autobiographischen Raum' bezeichnen werden, unabdingbar ist. (Lejeune 1994: 24.)

Selbst wenn Lejeune an eine dem potentiellen Leser bekannte Persönlichkeit dachte, der seine Autobiographie schreibt, kann es auch ein anderes „Signum der Realität" im „autobiographischen Raum" geben. Denn der Grund zum autobiographischen Schreiben über den Holocaust differenziert sich von anderen Autobiographien hinsichtlich der historischen Ereignisse, die sich bei allen Opfern überschneiden: Eine konkrete Zeitspanne (30er und 40er Jahre des 20. Jahrhunderts), die bis in die Gegenwart hineinreicht; der Ort des Geschehens (Europa); und die „Kulisse" (Untergrund, Ghetto oder Konzentrationslager). Dies ist der „Raum", in dem sich die meisten Autobiographien verorten lassen. Die Autoren sind unbekannt, doch kennen die Leser die historischen Hintergründe und ihre Motivation[54] zur Niederschrift. Ein weiteres Unter-

---

äußerst beliebte Mischform – auf den Roman also." (Reich-Ranicki, Marcel: Vom Trotz getrieben, vom Stil beglaubigt. Rede auf Ruth Klüger aus Anlaß der Verleihung des Grimmelshausen-Preises. In: *Frankfurter Allgemeine Zeitung*, 16.10.1993.)

53 Dies ist der einzige Punkt, der mit Lejeunes Definition der Autobiographie divergiert, da es sich hierbei nicht um eine Persönlichkeit handelt, die rückblickend ihr Leben erzählt.

54 In Anlehnung an Monika Schmitz-Emans wird bei Klüger außerdem „[d]ie Nichtabgeschlossenheit des Vergangenen [...] zum Motiv des Schreibens." (Schmitz-Emans, Monika: Erzählen als Selbstbehauptung und Gespensterbeschwörung. Ruth Klügers autobiographisches Buch ‚weiter leben'. In: Heinritz, Charlotte et al. (Hrsg.): *BIOS Zeitschrift*

scheidungsmerkmal ist die Verpflichtung zur Zeugnisablage, die als Appellativ über der jüdischen Religion hängt. Für Klüger ist

> Autobiographie [...] eine Art Zeugenaussage. Gewiß ist dieses lapidare Bekenntnis stark geprägt von meinen eigenen Absichten und Umständen. Diese Umstände waren die enormen Wirklichkeiten des Holocaust, in dem sich ein Teil meiner Kindheit abspielte; und die Absicht war, die Wahrnehmung des Kindes aus der Sicht der Erwachsenen aufleben zu lassen. (ZWA, 409.)

Die Exklusivität dieser autobiographischen Zeugenaussage wird nur denen gewährt, die überlebt haben. Klüger fordert dies ausdrücklich: „Ich kann über KZs nur autobiographisch schreiben, wenn ich tatsächlich dort gewesen bin." (ZWA, 407.) Es handelt sich um einen sehr strengen – vielleicht den strengsten – Pakt mit dem Leser. Denn, so heißt es weiter:

> Eine Autobiographie muß vom Anspruch, nicht vom Inhalt her, definiert werden, als ein Buch, in dem Autor und Erzähler nicht zu unterscheiden sind. Eine Autobiographie, in der Lügen stehen, ist noch immer eine Autobiographie, wenn auch eine verlogene, und kein Roman. (ZWA, 408.)

Der Autobiograph verpflichtet sich gegenüber seinem Publikum, als Zeuge auszusagen und von den historischen Daten nicht abzuweichen. Wird diese Abmachung gebrochen und die Autobiographie entpuppt sich als Betrug, da der Protagonist nicht Autor und Erzähler ist, dann entstehe daraus, so Klüger, „Kitsch".[55] Als sich Binjamin Wilkomirskis Autobiographie *Bruchstücke*[56] als Lüge enthüllte, war dies ein Skandal. In Wirklichkeit hieß der literarische Betrüger Bruno Dösseker, er war kein Jude und hatte als Kind den Holocaust nicht miterlebt. Durch den „Wechsel" jedoch, so Klüger, „von einer Gattung zur anderen" (zum Roman) hatte sich „auch der ästhetische Wert" geändert.

---

für Biographieforschung, Oral History und Lebensverlaufsanalysen 1988-2008. Heft 1/1996, 1-29, hier: 5.)

55 Auf die Frage, was sie mit „Kitsch" meine, antwortet sie in einem Interview: „Kitsch ist eine Selbstreflexion. Man denkt mehr an sich und wie viel Sympathie man hat, und das ist verlogen. Da wird etwas ausgelassen oder verfälscht oder verschönert, das nicht so behandelt werden sollte. Man sucht das eine kleine Kind, mit dem man Sympathie haben will, oder man sucht den einen, der entkommen ist, identifiziert sich – und vergisst darüber, dass die Schoah ja mit sechs Millionen Menschen zu tun hat, die umgekommen sind, nicht mit so ein paar Leuten, die entkommen sind." (Wulf, Jan-Hendrik: ‚Manchmal schiere Wut'. Eine Gespräch mit der Germanistin und Auschwitz-Überlebenden Ruth Klüger über Erinnerungskitsch, Gespenster und die Schwierigkeiten, emotionale Beziehungen zu Gedenkstätten zu entwickeln. In: *Die Tageszeitung*, 27.04.2005, 15. Siehe dazu auch Kluger, Ruth: Kitsch and Art: Broch's Essay ‚Das Böse im Wertsystem der Kunst'. In: Lützeler, Paul Michael: *Hermann Broch, Visionary in Exile. The 2001 Yale Symposium*. New York: Candem House, 2003, 13-20.)

56 Wilkomirski, Binjamin: *Bruchstücke. Aus einer Kindheit 1939-1948*. Frankfurt/M.: Jüdischer Verlag, 1995. Vgl. dazu Diekmann, Irene/Schoeps, Julius H. (Hrsg.): *Das Wilkomirski-Syndrom. Eingebildete Erinnerungen oder Von der Sehnsucht, Opfer zu sein*. Zürich/München: Pendo, 2002.

„Die Vorspiegelung falscher Tatsachen wird nicht zur Literatur, wenn das Publikum gutgläubig ist." (FF, 91.) Denn Kitsch sei „immer plausibel, bis man ihn durchschaut und die Wahrheit ihn in seiner Lächerlichkeit entlarvt." (FF, 91.) Trotz des hohen Wahrheitsgehaltes der Autobiographie und ihres thematischen Schwerpunkts darf nicht außer Acht gelassen werden, dass sie als literarischer Text auch Konstruktion ist und somit ihr fiktionaler Gehalt nicht ignoriert werden darf.

„Die Autobiographie ist [...] durch ihre strukturelle Offenheit zum Ende hin gekennzeichnet" (Holdenried 2000: 30), vollendet Holdenried ihre Definition. Besonders Autobiographien des Holocausts sind chronologisch stark abgesteckt. Sie enden meist nach der Befreiung der Konzentrationslager oder einige Jahre nach Kriegsende. Vorwiegend zum Ende hin erweitert sich das chronologische Resümee durch einen Rückblick auf die Jahre zwischen dem Erzählten und der Gegenwart, doch Hauptgegenstand der Erzählung bleiben die Erinnerungen an die Jahre 1933-1945.[57] Ruth Klüger bildet eine Ausnahme. Sie hat nicht nur einen großen Teil des Holocaustdiskurses, der Holocaustliteratur und der deutschen Vergangenheitsarbeit kondensiert in ihr Werk mit eingearbeitet, sondern einige Jahre nach dem Erscheinen von *weiter leben* auch eine Fortsetzung geschrieben. Sowohl *Still Alive* als auch *unterwegs verloren* tragen zur Vervollständigung von *weiter leben* bei, deshalb können sie in der Forschung von Klügers Erstling nicht unberücksichtigt bleiben.

In Bezug auf die Unterschiede zwischen einer herkömmlichen Autobiographie und einer Autobiographie des Holocausts darf ein weiterer Punkt nicht außer Acht gelassen werden. Wie diese Dissertation noch erläutern wird, legen die Überlebenden nicht nur für sich selbst Zeugnis ab, sondern meist auch für ermordete oder sogar noch lebende Opfer – dies können Verwandte, Freunde oder lediglich Inhaftierte im selben KZ sein, in dem sich auch der Autobiograph befand. Willi Huntemann fasst dieses Merkmal folgendermaßen zusammen:

> Die Autobiographie ist aber mehr als ein bloßes Lebenszeugnis, sondern der Autor, der zugleich Erzähler und Hauptfigur ist, liefert auch eine Sinndeutung seines Lebens. Das autobiographische Interesse am eigenen Leben in seiner Subjektivität und Einzigartigkeit gerät nun in Konflikt mit dem Holocaust als Kollektivschicksal; die Erinnerungen eines Überlebenden müssen unwillkürlich auch immer Zeugnis ablegen vom Schicksal der unzähligen andern, wovon nur

57 Siehe beispielsweise Autobiographien wie: Deutschkron, Inge: *Ich trug den gelben Stern.* München: DTV, 1995 (1. Aufl. 1978); Lasker-Wallfisch, Anita: *Ihr sollt die Wahrheit erben. Die Cellistin von Auschwitz. Erinnerungen.* Reinbek bei Hamburg: Rowohlt, 2005 (1. Aufl. 1996); Hart-Moxon, Kitty: *Wo die Hoffnung erfriert. Überleben in Auschwitz.* Aus dem Englischen von Gisela Bunge. Leipzig: Evangelische Verlagsanstalt, 2001; Fénelon, Fania: *Das Mädchenorchester in Auschwitz.* Aus dem Französischen von Sigi Loritz. München: DTV, 2005 (1. Aufl. 1981); Elias, Ruth: *Die Hoffnung erhielt mich am Leben. Mein Weg von Theresienstadt und Auschwitz nach Israel.* München: Piper, 2006 (1. Aufl. 1988); oder Friedländer, Saul: *Wenn die Erinnerung kommt.* München: Beck, 2007 (1. Aufl. 1979).

der kleinste Teil überlebt hat. Indem er von sich schreibt, schreibt er auch über andere.[58]

Zwar kann nicht von Biographie innerhalb der Autobiographie die Rede sein, doch kristallisieren sich immer wieder Anekdoten oder Beschreibungen von anderen Menschen heraus, durch die die eigene Autobiographie eine weitere Funktion erlangen kann. Zusammenfassend lässt sich feststellen, und hier schließe ich mich, indem ich sie zitiere, dem Ergebnis von Holdenried an, „[e]ine Idealform der Autobiographie im Sinne ‚eigentlicher' oder ‚echter' Autobiographie gibt es nicht." Es gebe lediglich „das Skelett einer lebensgeschichtlichen Konstruktion". (Holdenried 2000: 50) Zu dieser Folgerung gelangt auch Wagner-Egelhaaf. Der „Anspruch auf die sog. ‚Wirklichkeit' macht die Autobiographie zu einem referenziellen Text." (Wagner-Egelhaaf 2005: 2.) Dieser „Anspruch" könne vom Autobiographen nicht eingelöst werden, da „objektive Berichterstattung" und „subjektive Autorposition" nicht kompatibel seien:

> Es liegt auf der Hand, dass niemand in der Lage ist, die subjektive Wahrnehmungsperspektive hinter sich zu lassen. Wünsche und Illusionen leiten die Selbst- wie die Fremdwahrnehmung; nicht ohne Grund beschreibt die Psychoanalyse die menschliche Selbst*er*kennung als Selbst*ver*kennung. Allerdings erweist sich bei genauerem Zusehen das Kriterium der Objektivität als ein höchst problematisches, stellt sich doch die grundsätzliche Frage ihrer Verifizierbarkeit. (Wagner-Egelhaaf 2005: 2.)

Ruth Klüger thematisiert diesen Anspruch auf Wahrheit in ihrer Autobiographie, so dass sich einerseits eine metatextuelle Linie hinsichtlich der Problematik des autobiographischen Schreibens erkennen lässt, die sich andererseits sowohl durch das Stimmengewebe als auch durch den Rückgriff auf die Literatur (was in ihrem Text durch Intertextualität zustande kommt) und die Einflechtung ihrer autobiographischen Gedichte erfolgreich aufheben lässt.

---

[58] Huntemann, Willi: Zwischen Dokument und Fiktion. Zur Erzählpoetik von Holocaust-Texten. In: *Arcadia. Zeitschrift für Allgemeine und Vergleichende Literaturwissenschaft* 36 (2001) 30-34. Zitiert nach Feuchert, Sascha: *Ruth Klüger. weiter leben. Erläuterungen und Dokumente.* Stuttgart: Reclam, 2004, 167.

2. Theoretische Grundlagen

2.1 Zur Intertextualitätstheorie

> *Die Theorie der Intertextualität ist die Theorie der Beziehungen zwischen Texten. Dies ist unumstritten.*[59]

Unter Intertextualität[60] versteht man in erster Linie die Präsenz eines fremden Textes in einem Text und die gegenseitige Beeinflussung beider oder, um es mit Karlheinz Stierles Worten zu sagen, das „Verhältnis, das zwischen einen Text und seinen Bezugstext gesetzt ist."[61] Kurz: Die Verbindung zwischen Texten. Die „Bastelei" der „Off-Stimmen"[62] lässt sich auffinden

> als Zitat eines Schon-Gesagten, das man affirmiert nach Art einer einfachen direkten Rede [...]; als Klischees oder Stereotype, die bewußtlos das eigene Sprechen organisieren und ihm eine falsche Evidenz verleihen; als ein ‚In-Gänsefüßchen-Reden', das durch ein verbales oder graphisches Zeichen die Abnutzung des Zitierten markiert, sei es ironisch oder kommentierend, assimilatorisch oder distanzierend, vielleicht auch als Signal dafür, daß man kein eigenes Wort mehr hat oder den sprachlichen Kontakt mit der Welt verloren hat. (Geier 1985: 10.)

Dies kann explizit oder aber auch implizit im Text auftreten. Die Quellen können vom Autor ausgelassen werden. Dem Leser bleibt es freigestellt, die Referenzen zu erkennen und zu deuten. Dadurch entwickeln sich „gewisse gehaltliche Beziehungen zwischen dem Zitierten und dem neuen Sinnzusammenhang, in den es aufgenommen wird."[63] In diesem Sinne kann Intertextualität auf zweifache Weise verstanden werden: Einerseits „als eine dem Text inhärente Eigenschaft", wenn der Text „explizite Intertextualitätsmarkierungen" aufweist, und andererseits als „eine dem Text nicht inhärente Eigen-

---

[59] Pfister, Manfred: Konzepte der Intertextualität. In: Broich, Ulrich/ders.: *Intertextualität. Formen, Funktionen, anglistische Fallstudien.* Tübingen: Max Niemeyer, 1985, 1-30, hier: 11.

[60] Eine allgemeingültige Begriffsdefinition des Terminus „Intertextualität" ist aufgrund der kontrovers diskutierten theoretischen Ansätze und dem geradezu unüberschaubaren Ausmaß an Diskussionen unmöglich. Deshalb soll versucht werden, eine für die Analyse zweckmäßige und ausreichende Definition zu finden.

[61] Stierle, Karlheinz: Werk und Intertextualität. In: Kimmich u.a. 2004, 349-359, hier: 355.

[62] Geier, Manfred: *Die Schrift und die Tradition. Studien zur Intertextualität.* München: Wilhelm Fink, 1985, 11.

[63] Meyer, Herman: *Das Zitat in der Erzählkunst.* Stuttgart: Metzler, 1967, 9.

schaft; dies betrifft die Relation zwischen Text und Rezipienten, die im Rezeptionsprozeß, also der Textinterpretation, entsteht."[64]

Die Vernetzung von Texten ist jedoch keine Innovation. Das „Phänomen der generellen Vernetztheit von Texten ist uralt und notwendig für das Überleben jeder Gesellschaft."[65] Goethes Romanfigur Werther[66] las die Grabgesänge des „Ossian"[67] und hatte Lessings *Emilia Gallotti*[68] auf seinem Tisch stehen, als er sich erschoss. Man denke auch an die Fensterszene auf dem Fest, wo nur das Wort „Klopstock"[69] ausreichte, mit der sich eine ganze Welt von Empfindungen öffnete. Die Verwebung von Texten, also die Einfügung von Literatur in Literatur und ihre Verknüpfung zwischen den Texten, ist seit vielen Jahrhunderten nicht ausschließlich eine schriftstellerische Tätigkeit.

In der Literatur lässt sich eine deutliche Intertextualitätsintensivierung im letzten Jahrhundert nachzeichnen, die sich in eine unübersichtliche Vernetzung von Texten gesteigert hat und einen immer weiteren literarischen Horizont beim Rezipienten voraussetzt. In Anlehnung an Günter Weise beschränkt sich die „Rezeption dieser Literatur [...] auf eine intellektuelle Elite, die den Polylog einander widerstreitender Standpunkte verstehen und genießen kann."[70] Durch die Verarbeitung von intertextuellen Referenzen in den eigenen Text kann sich der Autor „hinter seinem Werk und seinen Quellen" verstecken und wird demzufolge „unverbindlich", indem er seine Verantwortung an andere (Autoren oder Texte) überträgt. (Weise 1997: 7.)

2.2 Gérard Genette: *Transtextualität*

In seinem 1982 in Frankreich[71] und 1993 in Deutschland erstmals erschienenen Buch *Palimpseste. Die Literatur auf zweiter Stufe*[72] versuchte der Literaturtheore-

64 Sager, Sven F.: Intertextualität und Interaktivität von Hypertexten. In: Klein, Josef/Fix, Ulla (Hrsg.): *Textbeziehungen. Linguistische und literaturwissenschaftliche Beiträge zur Intertextualität*. Tübingen: Stauffenburg, 1997, 109-123, 111.

65 Heinemann, Wolfgang: Zur Eingrenzung des Intertextualitätsbegriffs aus textlinguistischer Sicht. In: Klein/Fix 1997, 21-37, hier: 22.

66 Goethe, Johann Wolfgang: *Die Leiden des jungen Werther*. Stuttgart: Reclam, 2000.

67 „Ossian hat in meinem Herzen den Homer verdrängt." (Goethe 2000: 98.)

68 „Von dem Weine hatte er nur ein Glas getrunken. ‚Emilia Galotti' lag auf dem Pulte aufgeschlagen." (Goethe 2000: 151.)

69 „Sie stand, auf ihren Ellenbogen gestützt, ihr Blick durchdrang die Gegend, sie sah gen Himmel und auf mich, ich sah ihr Auge tränenvoll, sie legte ihre Hand auf die meinige, und sagte – Klopstock! – Ich erinnerte mich sogleich der herrlichen Ode, die ihr in Gedanken lag, und versank in dem Strome von Empfindungen, den sie in dieser Losung über mich ausgoß." (Goethe 2000: 30.)

70 Weise, Günter: Zur Spezifik der Intertextualität in literarischen Texten. In: Klein/Fix 1997, 47.

71 Originaltitel: *Palimpsestes. La littérature au second degré*, 1982.

tiker Gérard Genette eine für die Forschung explizitere Intertextualitätstheorie und Klassifizierung von Relationen zwischen literarischen Texten aufzustellen. Mit dem Terminus „Transtextualität" (Genette 2008: 9) oder „textuelle Transzendenz des Textes", bezeichnete er, „‚was ihn in eine manifeste oder geheime Beziehung zu anderen Texten bringt'. Die Transtextualität geht also über die Architextualität, sie einschließend, und über andere Arten transtextueller Beziehungen hinaus." (Genette 2008: 9.) Er kennzeichnete fünf Typen von „transtextuellen Beziehungen", die in „zunehmender Abstraktion, Implikation und Globalität" (Genette 2008: 10) im Folgenden verdeutlicht werden:

1. Intertextualität
Auch wenn Genette Kristevas Begriff der Intertextualität aufgreift und für sein Modell einsetzt, grenzt er ihn folgendermaßen ein: „als Beziehung der Kopräsenz zweier oder mehrerer Texte, d.h. in den meisten Fällen, eidetisch gesprochen, als effektive Präsenz eines Textes in einem anderen Text." (Genette 2008: 10.) Die üblichste und sichtbarste Form sei das Zitat „(unter Anführungszeichen, mit oder ohne genauen Quellenangabe)". Als eine weitere, jedoch „weniger explizit[e] und auch weniger kanonisch[e] Form" nennt Genette das *Plagiat*,

> das eine nicht deklarierte, aber immer noch wörtliche Entlehnung darstellt; und in einer noch weniger expliziten und weniger wörtlichen Form die der *Anspielung*, d.h. einer Aussage, deren volles Verständnis das Erkennen einer Beziehung zwischen ihr und einer anderen voraussetzt, auf die sich diese oder jene Wendung des Textes bezieht, der ja sonst nicht ganz verständlich wäre. (Genette 2008: 10. Hervorhebungen im Original.)

2. Paratext
Dieser Typus betreffe, so Genette, die im allgemeinen weniger explizite und weniger enge Beziehung, „die der eigentliche Text im Rahmen des von einem literarischen Werk gebildeten Ganzen mit dem unterhält, was man wohl seinen Paratext nennen muß: Titel, Untertitel, Zwischentitel; Vorworte, Nachworte, Hinweise an den Leser, Einleitungen usw.; Marginalien, Fußnoten, Anmerkungen; Motti; Illustrationen; Waschzettel; Schleifen, Umschlag und viele andere Arten zusätzlicher, auto- oder allographer Signale, die den Text mit einer (variablen) Umgebung ausstatten..." (Genette 2008: 12.) Graham Allen interpretiert diese paratextuellen Elemente auch als eine gewisse Stütze für den Leser: „Such paratextual elements also help to establish the text's intentions: how it should be read, how it should be not read."[73]

3. Metatextualität
Für den dritten Typ der „transzendentellen Textualität" verwendet Genette den Begriff „Metatextualität", die dann vorhanden ist, wenn der Text einen anderen Text (kritisch) kommentiert oder „sich mit ihm auseinandersetzt,

---

[72] Genette, Gérard: *Palimpseste. Die Literatur auf zweiter Stufe.* Aus dem Französischem von Wolfram Bayer und Dieter Hornig. Frankfurt/M.: Suhrkamp, 2008 (1. Aufl. 1993).

[73] Allen, Graham: *Intertextuality.* London/New York: Routledge, 2002, 104.

ohne ihn unbedingt zu zitieren (anzuführen) oder auch nur zu erwähnen" (Genette 2008: 13). Hierbei handelt es sich jedoch immer um eine literarisch immanente Kritik.

4. Hypertextualität
Der vierte Typ, den Genette jedoch zuletzt nennt, ist die „Hypertextualität". Darunter versteht er die Verbindung eines Textes B (den er als Hypertext bezeichnet) zu einem vorigen Text A (den er als Hypotext bezeichnet). (Vgl. Genette 2008: 14f.) Der Hypotext[74] wird jedoch nicht kommentiert, wie in der „Metatextualität", sondern transformiert[75] (Parodie, Travestie) oder nachgeahmt (Persiflage, Pastiche). (Vgl. Martínez 1996: 443.) Hierbei ist nicht zu vergessen, dass das Erkennen von Hypertexten von den Kenntnissen der Hypotexte des Lesers abhängt.

5. Architextualität
Der letzte und vielleicht „abstrakteste und impliziteste Typus", den Genette jedoch an vierter Stelle erwähnt, ist die Architextualität. „Hier handelt es sich um eine latente Beziehung, die bestenfalls in einem paratextuellen Hinweis auf die taxonomische Zugehörigkeit des Textes zum Ausdruck kommt (in Form eines Titels wie *Gedichte, Essays* oder *Der Rosenroman* usw. oder, was häufiger der Fall ist, eines Untertitels, der den Titel auf dem Umschlag ergänzt, etwa Hinweise wie Roman, Erzählung, Gedichte usw.)." (Genette 2008: 13f.)
Der Unterschied zwischen „Architextualität" und „Hypertextualität" ist evident: „pastiche, parody, travesty and caricature are essentially and intentionally hypertextual, tragedy, comedy, the novel and the lyric are based on the notion of the imitation of generic models rather than specific hypotexts." (Allen 2002: 108.)

Auf einer strengen Trennung dieser fünf Typen von „Transtextualität" besteht Genette nicht, da die internen Verbindungen der einzelnen Typen zum Teil auch in Verbindungen anderer Typen Berührungspunkte aufweisen können. (Vgl. Genette 2008: 18.) Architextualität entstehe zum Beispiel als Zugehörigkeit zu einer Gattung historisch fast immer durch Nachahmung, also als Hypertextualität. Während es sich beispielsweise ganz klar um Hypertextualität handeln kann, heißt das jedoch nicht, dass an dem Hypotext keine Kritik beispielsweise durch Ironie geübt wird, wobei es sich daraufhin auch um „Metatextualität" handele.

[74] Genette benutzt in seiner Analyse die Begriffe „Hypertext" für den referierenden Text und „Hypotext" für den referierten Text.

[75] Genette spricht von „Transformation". (Genette 2008: 18.)

2.2.2 Gérard Genette: *Paratexte*

Ziel dieses Kapitels ist, die Analyse und Aufgliederung der erscheinenden Begleittexte des Buches, von nun an auch „Paratexte" genannt, auszulegen. Zur Erforschung und Bestimmung dieser prätextuellen Anhaltspunkte diente das Buch *Paratexte* von Gérard Genette, das als Begleitbuch[76] zur Intertextualitätsstudie der *Palimpseste* erschien. Nach Genette wird ein Paratextelement definiert „durch die Bestimmung seiner Stellung (Frage *wo?*), seiner verbalen oder nichtverbalen Existenzweise (*wie?*), der Eigenschaften seiner Kommunikationsinstanz, Adressant und Adressat (*von wem? an wen?*), und der Funktionen, die hinter seiner Botschaft stecken: *wozu?*" (Genette 1989: 12f.)

Weiter sind für die Bestimmung eines Paratextes folgende Statuselemente in Betracht zu ziehen: Um eine „*zeitliche* Situierung des Paratextes" (Genette 1989: 13) festzulegen, ist es vorerst notwendig, das Erscheinungsdatum des Textes, auf dem er beruht, zu fixieren. Daraufhin lassen sich frühe oder nachträgliche Paratexte[77] von originalen (zeitgleich erschienenen) Paratexten unterscheiden (gemeint sind etwa Titel oder Untertitel, die gleichzeitig mit dem Originaltext erscheinen). (Vgl. Genette 1989: 13.) Ein weiteres Definitionselement ist die „Frage nach dem *stofflichen* Status". Hierzu gehören „bildliche (Illustrationen)" Erscheinungsformen, „materielle (alles, was zu den typographischen Entscheidungen gehört, die bei der Herstellung eines Buches mitunter sehr bedeutsam sind) oder rein faktische." (Genette 1989: 14.) Mit „faktische" meint Genette einen „Paratext, der nicht aus einer ausdrücklichen (verbalen oder nichtverbalen) Mitteilung besteht, sondern aus einem Faktum, dessen bloße Existenz, wenn diese der Öffentlichkeit bekannt ist, dem Text irgendeinen Kommentar hinzufügt oder auf seiner Rezeption lastet." (Genette 1989: 14.) Im Falle von Klüger wäre dies beispielsweise ihre Herkunft (in Wien geboren, heute in den USA lebend), dass sie Jüdin, Literaturwissenschaftlerin, Auslandsgermanistin oder gar eine Frau oder Feministin ist. Je nachdem, welche Information bereits vor der Lektüre über das Buch oder den Autor dem Leser zur Verfügung steht, wird er es auf eine andere Weise rezipieren als jemand, der überhaupt keine Information über das Buch und den Autor hat. (Vgl. Genette 1989: 15.)

Ein weiterer Punkt ist die Frage nach dem „*pragmatische[n]* Status eines paratextuellen Elementes" wie dem „Wesen von Adressant" (Autor oder Verleger) „und Adressat" („*öffentliche* Paratexte" sind gerichtet an: Publikum, Kritiker oder Buchhändler; „*private* Paratexte", wie beispielsweise ein Tagebuch oder ein Brief, sind [vorerst] nicht für das Publikum vorgesehen), „das Maß an Autorität und Verantwortung des ersteren" oder „die illokutive Wirkung seiner Mitteilung" (Genette 1989: 16.) Das „letzt[e] Charakteristikum des Para-

[76] Genette, Gérard: *Paratexte: Das Buch vom Beiwerk des Buches.* Aus dem Französischem von Dieter Hornig. Frankfurt/M.: Campus, 1989.

[77] Hiermit sind beispielsweise Vorankündigungen oder Rezensionen über den Text gemeint.

textes" ist die „*illokutorische Wirkung* seiner Mitteilung". Dieses „paratextuelle Element kann eine reine *Information* mitteilen" (z. B. das Erscheinungsdatum), „eine Absicht oder eine auktoriale und/oder verlegerische Interpretation bekanntgeben" (im Vorwort oder in der Gattungsangabe), über „eine richtiggehende Entscheidung" informieren (z. B. in Interviews, wie es zum Titel gekommen ist) oder „eine *Verpflichtung*" (eine Autobiographie hat beispielsweise einen „zwingenderen Vertragswert" als ein Roman). (Genette 1989: 17f.)

Des Weiteren lassen sich Paratexte in zwei Untergruppen gliedern: Peritext und Epitext. Sie unterscheiden sich im Grunde „durch ein im Prinzip rein räumliches Kriterium." (Genette 1989: 328.) Der Epitext erscheint „im freien Raum", „in einem virtuell unbegrenzten physikalischen oder sozialen Raum. Der Ort des Epitextes ist also [...] irgendwo außerhalb des Buches". (Genette 1989: 328.) Zu den wichtigsten Epitexten gehören: „Originalinterviews", „Zeitungen und Zeitschriften, Rundfunk- oder Fernsehsendungen, Vorträge und Tagungen" sowie „Interviews und Gespräche" (Genette 1989: 329), usw. Der Epitext kann vor der Erscheinung des Textes verbreitet werden[78]; er kann zeitgleich mit dem Originaltext erscheinen (zum Beispiel ein Gespräch oder Interview anlässlich der Publikation eines neuen Buches, wie das zwischen Klüger und Tina Mendelsohn während der Frankfurter Buchmesse 2008[79]); sowie „nachträglich oder spät" (Genette 1989: 329) geführte Gespräche, Kolloquien, spontane und selbstständige Selbstkommentare jeglicher Art (wie das erwähnte Gespräch, in dem sie sich auch zu *weiter leben* äußerte). „Der Adressat" des Epitextes ist „niemals der bloße Leser (des Textes) [...], sondern irgendeine Form von Publikum, das eventuell keine Leserschaft zu sein braucht: das Publikum einer Zeitung oder eines Mediums, die Zuhörerschaft eines Vortrags" oder „die Teilnehmer eines Kolloquiums" (Genette 1989: 329). Eine Erfassung und Analyse der Epitexte von *weiter leben* erweist sich aus diesen Gründen als undurchführbar, da diese nicht innerhalb des Buches zu finden sind und ihre Streuung sich täglich vermehrt. Deshalb wird sich die Analyse der Paratexte ausschließlich auf die Peritexte beschränken.

---

[78] Wie beispielsweise, als der Mitherausgeber der *Frankfurter Allgemeinen Zeitung*, Frank Schirrmacher, Martin Walser mit einem „offenen Brief" die Absage des Vorabdruckes seines neuen Romans *Tod eines Kritikers* verkündete, bevor dieser überhaupt erschienen war. (Siehe Schirrmacher, Frank: Lieber Martin Walser, Ihr Buch werden wir nicht drucken. In: *Frankfurter Allgemeine Zeitung*, 29.05.2002, Nr. 122, 49.) Ein weiteres Beispiel wäre Martin Walsers Empfehlung von Ruth Klügers *weiter leben* an den Suhrkamp-Verlag oder die Absage des Suhrkamp-Verlegers, Sieg-fried Unseld, der das Buch in seinem Verlag nicht drucken wollte.

[79] Vgl. Ruth Klüger im Gespräch mit Tina Mendelsohn am 17.10.2008 auf der Buchmesse Frankfurt. Buchmesse 2008: Ruth Klüger. In: www.3sat.de/mediathek/mediathek.php?obj=10012&mode=play, abgerufen am 24.07.2012.

2.3 Das deutsche Intertextualitätskonzept

Kristevas Intertextualitätskonzept entpuppte sich relativ schnell als eine extrem ausgeweitete Begriffsdefinition:

> [J]eder Text baut sich als Mosaik von Zitaten auf, jeder Text ist Absorption und Transformation eines anderen Textes. An die Stelle des Begriffs der Intersubjektivität tritt der Begriff der *Intertextualität,* und die poetische Sprache läßt sich zumindest als eine *doppelte* lesen.[80]

Dieser Textbegriff war „im Sinn einer allgemeinen Kultursemiotik so radikal generalisiert, dass letztendlich *alles,* oder doch zumindest jedes kulturelle System und jede kulturelle Struktur, Text sein soll[te]." (Pfister 1985: 7.) Da diese universelle Definition nicht für eine literatur- bzw. sprachwissenschaftliche Analyse anwendbar war, suchten deutsche Literaturwissenschaftler und Textlinguisten eine neue und präzisere Definition von Intertextualität.[81] Ein „enger gefaßte(r) Begriff" sollte es ermöglichen, „Intertextualität von Nicht-Intertextualität zu unterscheiden sowie historisch und typologisch unterschiedliche Formen der Intertextualität voneinander abzuheben." (Broich/ Pfister 1985: X.)

Die Slawistin Renate Lachmann, die für Holthuis als die „profilierteste Intertextualitätsforscherin im deutschsprachigen Raum gilt"[82], näherte sich erstmals einer engeren Eingrenzung. Sie versuchte den Intertextualitätsbegriff „nicht als allgemeine, sondern als spezifische Eigenschaft von Texten festzulegen und im Text als spezifische Strategie zu verorten." (Holthuis 1993: 16.) Dem Dialogizitätsbegriff räumte sie drei Aspekte ein:

> 1. ein[en] textontologisch[en], 2. ein[en] textdeskriptiv[en] und 3. ein[en] textfunktional[en]. Der erste, der mit den stärksten Vorbehalten zu rechnen hat, meint eine generelle Dimension von Texten überhaupt (der Text als Bestandteil eines ‚Universums' miteinander korrespondierender Texte, als Summierung textueller ‚Erfahrung'), die man als deren implikative Struktur, als umgreifende Textimmanenz bezeichnen könnte. Der zweite Aspekt bietet, bei noch zu präzisierendem Instrumentarium, die Möglichkeit, Dialogizität als spezifische Form der Sinnkonstitution von Texten zu beschreiben, das heißt den Dialog mit fremden Texten (Intertextualität), den Dialog mit verschiedenen in einem kultu-

---

80 Kristeva, Julia: Bachtin, das Wort, der Dialog und der Roman. In: Kimmich, Dorothee/Renner, Rolf Günter/Stiegler, Bernd: *Texte zur Literaturtheorie der Gegenwart.* Stuttgart: Reclam, 2004, 334-348, 337. (Die französische Erstpublikation des Textes erschien unter: Bakhtine, le mot, le dialogue et le roman. In: Critique 23, 1967, 438-465.)

81 Vgl. Tegtmeyer, Henning: Der Begriff der Intertextualität und seine Fassungen. In: Klein, Josef/Fix, Ulla (Hrsg.): *Textbeziehungen. Linguistische und literaturwissenschaftliche Beiträge zur Intertextualität.* Tübingen: Stauffenburg, 1997, 49-81, 52ff.

82 Holthuis, Susanne: *Intertextualität. Aspekte einer rezeptionsorientierten Konzeption.* Tübingen: Stauffenburg 1993, 24.

> rellen Kontext konkurrierenden ‚sozialen Dialekten' (Redevielfalt) oder den Dialog mit einer fremden Sinnposition, die im ‚zweistimmigen Wort', das zwei interferierende Redeinstanzen errichten, aufgezeichnet ist (Dialogizität im primären Sinne). Als ein spezifisches Dialogizitätskriterium wurde unter diesem Aspekt die ‚Doppelkodierung' herausgearbeitet, die in der Analyse von ‚Doppelstrukturen' (wie Parodie, Kontrafaktur, Travestie, Stilisierung, Anagramm usw. in bezug auf Texte, und Zitat, Replik in bezug auf Textelemente) eine Rolle spielen kann. [...] Der dritte Aspekt betrifft das kritische Potential des Begriffs, das sich aus seiner Relevanz in den 20er Jahren, der Zeit seiner ersten Formulierung, aber auch aus seiner neugewonnenen Subversivität im sowjetischen und polnischen Kontext der Gegenwart ergibt. Kritisches Potential meint hier die Wertung monologischer als monovalenter und dialogischer als ambivalenter, gegen die verordnete Kultur der ‚einen Wahrheit' gerichteter Texte, die Konsens verweigern und den Raum des Inoffiziellen anpeilen. Ein so dimensionierter kritischer Textbegriff, der seinen Platz neben dem textontologischen und dem textdeskriptiven behaupten kann, ermöglicht die Frage nach der Funktion von Texten in bestimmten konkreten Kommunikationsräumen.[83]

Lediglich die markierten intertextuellen und metatextuellen Stellen „als Thematisierung des intertextuellen Verfahrens" (Holthuis 1993: 25) eines Textes seien analysierbar.[84] Besonders in Deutschland hat sich die Intertextualitätsforschung auf die „strukturelle Organisation" (Holthuis 1993: 22) des Textes und auf den Leser konzentriert. Dadurch „verlagert sich die Diskussion", laut Holthuis, schließlich

> auf den Bereich text- und rezeptionsorientierter Intertextualität, verstanden nicht als universales Prinzip ästhetischer Textproduktion oder Textrezeption im allgemeinen, 'sondern als eine Möglichkeit, eine Alternative, ein Verfahren des Bedeutungsaufbaus literarischer Texte.' (Holthuis 1993: 22.)[85]

Wichtig bleibt hierbei die Belegbarkeit einer tatsächlichen intertextuellen Relation.

Unter dem Gesichtspunkt einer Eingrenzung und Erschließung „bewußte[r], intendierte[r] und markierte[r] Bezüge zwischen einem Text und vorliegenden Texten oder Textgruppen" gelang es den Literaturwissenschaftlern Ulrich Broich und Manfred Pfister in ihrer „Skalierung der Intertextualität" durch „ein Bündel von Kriterien", zwischen qualitativen und quantitativen Kriterien – die „als heuristische Konstrukte zur typologischen Differenzierung unterschiedlicher intertextueller Bezüge" zu verstehen sind – zu unterscheiden.

---

83 Lachmann, Renate: Vorwort. In: Lachmann, Renate: *Dialogizität*. München: Fink, 1982, 8f.

84 Holthuis knüpft an das Intertextualitätsverständnis von Renate Lachmann an.

85 Holthuis zitiert hier Preisendanz, Wolfgang: Zum Beitrag von Renate Lachmann: ‚Dialogizität und poetische Sprache'. In: Lachmann 1982, 25-28, hier: 26.

(Pfister 1985: 25ff.) Dieser „erstmals systematisch ausformulierte hermeneutische Intertextualitätsansatz“[86], das sogenannte „Vermittlungsmodell“, stuft die qualitativen Kriterien in fünf Grade intertextueller Referenzen ein:

1. Das Kriterium der *Referentialität*: Wie wird ein Prätext in einem Folgetext verwendet? Dabei wird zwischen „use“ und „mention“ bzw. „refer to“ unterschieden. Je mehr ein Text von einem anderen Text (intertextuell) thematisiert wird, indem er seine Eigenart beschreibt, umso intensiver ist die Beziehung beider zueinander. Dabei wird der Folgetext zum „Metatext des Prätextes – Metatext hier nicht im bloßen chronologischen Sinn des ‚Später', sondern darüber hinaus im semiotischen Sinn des ‚Über'. Daraus ergibt sich eine „Metatextualität, die den Prätext kommentiert, perspektiviert und interpretiert und damit die Anknüpfung an ihn bzw. die Distanznahme zu ihm thematisiert.“ (Pfister 1985: 26f.)

2. Das Kriterium der *Kommunikativität*: Je nach „Grad der Bewußtheit des intertextuellen Bezugs beim Autor wie beim Rezipienten, der Intentionalität und der Deutlichkeit der Markierung im Text selbst“ werden hierbei die intertextuellen Bezüge gemessen. Besonders Literatur des Kanons oder „gerade aktuelle und breit rezipierte und diskutierte Texte“ werden als Prätexte bevorzugt. (Pfister 1985: 27.)

3. Das Kriterium der *Autoreflexivität*: Hierbei handelt es sich um eine Steigerung des Intensitätsgrades bezüglich der ersten beiden Kriterien, indem „ein Autor in einem Text nicht nur bewußte und deutlich markierte intertextuelle Verweise setzt, sondern über die intertextuelle Bedingtheit und Bezogenheit seines Textes in diesem selbst reflektiert, d.h. die Intertextualität nicht nur markiert, sondern sie thematisiert, ihre Voraussetzungen und Leistungen rechtfertigt oder problematisiert. [...] Das Kriterium der Autoreflexivität läßt sich weiter danach abstufen, wie explizit bzw. implizit diese Metakommunikation über die Intertextualität erfolgt.“ (Pfister 1985: 27f.)

4. Das Kriterium der *Strukturalität*: Der Autor integriert den Prätext in die syntagmatische Struktur des Textes. „Nach diesem Kriterium ergibt das bloß punktuelle und beiläufige Anzitieren von Prätexten einen nur geringen Intensitätsgrad der Intertextualität [...].“ (Pfister 1985: 28.)

5. Das Kriterium der *Selektivität*: Hier geht es darum, „wie pointiert ein bestimmtes Element aus einem Prätext als Bezugsfolie ausgewählt und hervorgehoben wird und wie exklusiv oder inklusiv der Prätext gefaßt ist, d.h. auf welchem Abstraktionsniveau er sich konstituiert. [...] Mit dem ausgewählten Detail wird der Gesamtkontext abgerufen, dem es entstammt, mit dem knappen Zitat wird der ganze Prätext in die neue Sinnkonstitution einbezogen.“ (Pfister 1985: 28f.)

---

86 Scheiding, Oliver: Intertextualität. In: Erll, Astrid/Nünning, Ansgar: *Gedächtniskonzepte der Literaturwissenschaft: Theoretische Grundlegung und Anwendungsperspektiven*. Berlin: de Gruyter, 2005, 53-72, hier: 56.

6. Das Kriterium der (Bachtinschen) *Dialogizität*: Die Intertextualität ist in diesen Fällen äußerst intensiv: Eine Textverarbeitung gegen den Strich des Originals, ein Anzitieren eines Textes, das diesen ironisch relativiert und seine ideologischen Voraussetzungen unterminiert, ein distanzierendes Ausspielen der Differenz zwischen dem alten Kontext des fremden Worts und seiner neuen Kontextualisierung." (Pfister 1985: 29.)

Unter das zweite Kriterium fallen zwei wichtige Faktoren: „zum einen die Dichte und Häufigkeit der intertextuellen Bezüge, zum anderen die Zahl und Streubreite der ins Spiel gebrachten Prätexte." Broich legt mit diesem Modell das Intertextualitätskonzept expliziter fest, indem er sagt:

> Intertextualität [liegt] dann vor, wenn ein Autor bei der Abfassung seines Textes sich nicht nur der Verwendung anderer Texte bewußt ist, sondern auch vom Rezipienten erwartet, daß er diese Beziehung zwischen seinem Text und anderen Texten als vom Autor intendiert und als wichtig für das Verständnis seines Textes erkennt. Intertextualität in diesem engeren Sinn setzt also das Gelingen eines ganz bestimmten Kommunikationsprozesses voraus, bei dem nicht nur Autor und Leser sich der Intertextualität eines Textes bewußt sind, sondern bei dem jeder der beiden Partner des Kommunikationsvorgangs darüber hinaus auch das Intertextualitätsbewußtsein seines Partners miteinkalkuliert.[87]

Broich betont weiter, eine Markierung der intertextuellen Referenzen durch den Autor sei empfehlenswert, damit der Rezipient die intertextuelle Intention erkenne und interpretieren könne, wobei dies jedoch nicht „ein notwendiges Konstituens von Intertextualität" sein müsse, wenn sein Textverweis von einem weiten Leserkreis wahrgenommen wird. (Broich 1985: 31f.)

Ein transparentes und für die Analyse der Signalisierungs- oder Markierungsform von Intertextualität im Text anwendbares Modell schlägt Jörg Helbig in seinem 1996 erschienenen Buch *Intertextualität und Markierung. Untersuchung zur Systematik und Funktion der Signalisierung von Intertextualität* vor. Wenn die intertextuelle Markierung intentioniert sei, so Helbig, wird es folglich „als Mittel der Rezeptionslenkung durch einen absichtsvoll agierenden Autor"[88] erfasst. Für den „Prozeß intertextueller Kommunikation" nennt er folgende „konstitutive Faktoren". Dies sind „(1) Autor, (2) Rezipient, (3) manifester Text, (4) Referenztext und (5) Einschreibung." (Helbig 1996: 80.) Es gebe noch einen „sechste[n] Paramater", in den „Mechanismen der Fokussierung einer Einschreibung" in sein Modell eingingen, „die zur Klärung der intertextuellen Bedingtheit des Fremdtextsegments beitragen sollen." (Helbig 1996: 80.) Helbig weist jedoch darauf hin, dass diese „*Markierung* im Gegensatz zu den

---

87 Broich, Ulrich: Formen der Markierung von Intertextualität. In: ders./Pfister, Manfred (Hrsg.): *Intertextualität. Formen, Funktionen, anglistische Fallstudien*. Tübingen: Niemeyer, 1985, 31-47, hier: 31.

88 Helbig, Jörg: *Intertextualität und Markierung: Untersuchung zur Systematik und Funktion der Signalisierung von Intertextualität*. Heidelberg: Winter, 1996, 58.

bisher genannten Faktoren" einen „fakultativen Charakter" (Helbig 1996: 80) habe.

Die intertextuelle Markierung kann anhand von Anführungszeichen explizit deutlich gemacht werden. Dies wäre die eindeutigste Form der Markierung eines Prätextes. Des Weiteren kann der intertextuelle Verweis durch Kursivdruck oder ganz einfach durch die Erwähnung des Prätexttitels oder Autors geschehen. Eine weitere Art der Markierung, die jedoch nicht optisch im Schriftbild zu erkennen ist, kann der Bekanntheitsgrad des Intertextes sein. Bei dieser impliziten Markierung hängt die Interpretierbarkeit des Textes ausschließlich vom Rezipienten ab. Um die intertextuellen Markierungen bestimmen zu können, schlägt Helbig die Unterscheidung von vier Markierungsstufen vor:

1. „Nullstufe: Unmarkierte Intertextualität"[89]: Diese erste Stufe „bildet zugleich den neutralen Ausgangspunkt" seiner „Progressionsskala der Markierungsdeutlichkeit" (Helbig 1996: 90). Der intertextuelle Verweis ist nicht markiert. Eine „unmarkiert[e] Intertextualität" kann das Verfehlen der „intendierten Wirkung" zur Folge haben. (Helbig 1996: 90.)

2. „Reduktionsstufe: Implizit markierte Intertextualität" (Helbig 1996: 91)[90]: Der Intertext ist nur schwach bzw. implizit markiert. Diese Markierungen „sind generell polyvalenter Natur, so daß sie trotz einer möglicherweise stark ausgeprägten Konventionalisierung immer nur als Indiz für Intertextualität fungieren, niemals jedoch als eindeutiger Beweis." (Helbig 1996: 95.) Helbig sucht die Begründung dieses intertextuellen Verweises in einem „kompetente[n] Publikum mit adäquatem literarischen Vorwissen", bei dem der Autor „unaufdringlich auf das Vorhandensein eines intertextuellen Bezugs aufmerksam zu machen" versucht. (Helbig 1996: 95.)[91]

3. „Vollstufe: Explizit markierte Intertextualität" (Helbig 1996: 111): Der Intertext ist erkennbar bzw. explizit markiert. „Im Rahmen dieser Vollstufe intertextueller Markierung wird im Gegensatz zu *Null-* und *Reduktionsstufe* nicht nur die Deutlichkeit einer Referenz, sondern auch ihre Transparenz verstärkt." (Helbig 1996: 111.) Die *Vollstufe* wird durch „explizite Markierungsverfahren", wie „onomastische Signale", „linguistische Codewechsel" oder „graphemische Interferenzen" erkennbar gemacht. (Helbig 1996: 112.)[92]

---

[89] Beispiel: „So kam ich unter die Deutschen." (wl, 182.) Der Prätext stammt aus Hölderlins *Hyperion*: „So kam ich unter die Deutschen. Ich forderte nicht viel und war gefaßt, noch weniger zu finden." In: Hölderlin, Friedrich: *Hyperion oder der Eremit in Griechenland*. Frankfurt/M.: Fischer, 1962, 123.

[90] Beispiel: „Damit hat sie allerdings ein Wutgeheul bei den Männern ausgelöst, die ganz richtig, wenn auch nicht unbedingt bewußt, begriffen, daß eine solche Entlarvung willkürlicher Gewalt das Patriarchat in Frage stellt." (wl, 133.) Das „Wutgeheul" fungiert als Referenz auf die Rezeption des Eichmann-Buches von Hannah Arendt.

[91] Beispiel: „Aber es klingt nach Werfel." (wl, 64.)

[92] Beispiel: „Und was war überhaupt Schlimmes daran, ‚Des Sängers Fluch' und andere Balladen von Uhland und Schiller auf der Straße aufzusagen." (wl, 13.)

4. „Potenzierungsstufe: Thematisierte Intertextualität" (Helbig 1996: 131): Der intertextuelle Bezug ist explizit thematisiert. Hierbei unterscheidet Helbig zwischen der „Markierung durch Thematisierung literarischer Produktion und Rezeption" (Helbig 1996: 131)[93] und „Markierung durch Identifizierung des Referenztextes" (Helbig 1996: 135)[94].

2.4 Rezeptionsorientierte Intertextualität

> *Längst haben wir von der Rezeptionsästhetik gelernt, daß das Wort, der Text, der Roman oder das Gedicht kein Ding an sich ist, dessen werkimmanenter Sinn sich den vertrauensvoll Lesenden bedingungslos erschließt und immer gleichbleibt. Jeder und jede von uns liest anders, wie kein Leben mit einem anderen identisch ist und sich jedermanns und jeder Frau Weltverständnis von jedem anderen unterscheidet.*[95]

Eine maßgebliche Funktion während des gewöhnlichen Leseaktes schlägt sich in der Rezeption durch die Vervollständigung des Textes nieder. Erst durch die „Verschmelzung von Autorhorizont und Leserhorizont" wird der Text „belebt".[96] In Anlehnung an den Literaturtheoretiker Wolfgang Iser ist „das Lesen als Prozeß einer dynamischen Wechselwirkung von Text und Leser"[97] zu verstehen. „Denn", so heißt es weiter, „die Sprachzeichen des Textes bzw. seine Strukturen gewinnen dadurch ihre Finalität, daß sie Akte auszulösen vermögen, in deren Entwicklung eine Übersetzbarkeit des Textes in das Bewußtsein des Lesers erfolgt." (Iser 1990: 176.) Ist Intertextualität in einem Text rezeptionsorientiert? Diese Frage muss zunächst bejaht werden, denn Intertextualität kann nur rezeptionsorientiert sein und leserabhängig erfolgen. Es ist vielleicht der intimste und nachhaltigste Kontakt zwischen Autor, Text und Leser. Iser beschreibt das Rezipieren von literarischen Werken als „eine Interaktion, in deren Verlauf der Leser den Sinn des Textes dadurch ‚empfängt', daß er ihn konstituiert." (Iser 1990: 39.) So unterstreicht er, dass „das Lesen [...] erst dort zum Vergnügen [wird], wo unsere Produktivität ins Spiel

---

93 Beispiel: „Mein Bruder, das Kind dieser Schnitzlernovelle mit Werfelschem oder Zweigschem Einschlag, kam also von Prag nach Wien mit unserer Mutter, [...]." (wl, 21.)

94 Beispiel: „Taudeusz Borowski, ein genialer junger Pole, der nach dem Krieg den Kopf in den Gasofen steckte, nachdem er den Gaskammern entgangen war, meinte, daß nur die Verzweiflung mutig macht, die Hoffnung aber feig. Zum Thema Hoffnung in Auschwitz schrieb er: ‚*Die Hoffnung ist es, die den Menschen befiehlt, gleichgültig in die Gaskammer zu gehen...*'" Mit einer Fußnote versehen: „‚Bei uns in Auschwitz', München 1982, 160f." (wl, 106f.)

95 Klüger, Ruth: Frauen lesen anders. In: dies.: *Frauen lesen anders*. München: DTV, 2002 (1. Aufl. 1996), 83-104, hier: 83. Alle Zitate beziehen sich auf diese Ausgabe und werden fortan abgekürzt dargestellt mit (Fla).

96 Simon, Tina: *Rezeptionstheorie. Einführungs- und Arbeitsbuch*. Frankfurt/M.: Peter Lang, 2003 (Leipziger Skripten. Einführungs- und Übungsbücher, 3), 50.

97 Iser, Wolfgang: *Der Akt des Lesens. Theorie ästhetischer Wirkung*. München: Fink, 1990 (1. Aufl. 1976), 176.

kommt, und das heißt, wo Texte eine Chance bieten, unsere Vermögen zu betätigen." (Iser 1990: 176.)

Besonders während der Identifikation von Intertexten in einem literarischen Text spielt die Interpretation des Rezipienten eine große Rolle. „Sie ist individuell und abhängig von Präsuppositionen, Kenntnisstand und Vorverständnis des jeweiligen Lesers." (Tegtmeyer 1997: 67.) Die Problematik besteht darin, dass besonders in der Literaturwissenschaft die Deutung von intertextuellen Bezügen sehr unterschiedlich ausfallen kann, denn nicht immer sind die Absichten des Autors evident. Unter diesem Gesichtspunkt zählt Tegtmeyer drei Streitpunkte auf: „Es läßt sich nicht verbindlich entscheiden, 1) ob überhaupt Intertextualität vorliegt, 2) welcher Typ von Intertextualität vorliegt (Zitat, Allusion, Paraphrase etc.), 3) welcher Art die Referenz ist, ob auf einen Einzeltext oder auf einen Texttyp." (Tegtmeyer 1997: 68.) Der Grund für diese Schwierigkeit liege in der Geisteswissenschaft, die es mit menschlichen Handlungen und deren Resultaten zu tun habe und nicht mit „Naturobjekten". (Tegtmeyer 1997: 68.) Die Rezeption von Paul Celans Dichtung hat sich beispielsweise noch nicht auf eine allgemeingültige Interpretation seiner Texte einigen können.[98] Es liegt also in der Kapazität des intellektuellen und literarischen Hintergrundwissens des Rezipienten, „welche kommunikative Funktion er ihm [dem literarischen Text] zuschreibt. Er ordnet den Text einer Textsorte zu, und zwar je nach Kenntnissen und Lektüregewohnheiten." (Tegtmeyer 1997: 77.)

Holthuis fragt sich in ihrer Einleitung zu ihrem Buch *Intertextualität. Aspekte einer rezeptionsorientierten Konzeption*, ob „diese ‚Spurenelemente' in der Identifikation und in ihrer spezifischen Funktionalisierung als Intertextualitätssignale ausschließlich leserabhängig" sind, oder vielleicht auch „textgelenkt". (Holthuis 1993: 5.) Um diese Frage zu klären, schlägt sie vor „die besonderen Funktionen und Funktionsdifferenzen intertextueller Relationen zu erfassen", um anschließend erdenkliche Lösungen zu finden, was „der Leser mit der intertextuellen Relation ‚macht'." (Holthuis 1993: 5f.) Für Holthuis

> konstituiert sich Intertextualität als Relation zwischen Texten erst im Kontinuum der Rezeption und nicht, wie von ausschließlich textimmanent verfahrenden Konzeptionen angenommen, im und durch den Text selbst. Auch wenn davon auszugehen ist, daß intertextuelle Organisationsstrukturen explizit im Text manifest sein können, müssen sie vom Leser als solche erkannt und verarbeitet werden, damit der ‚Dialog der Texte' (Schmid/Stempel) überhaupt erfaßt bzw. in Gang gesetzt werden kann. (Holthuis 1993: 32.)

Der Semiotiker Michael Riffaterre erforschte in den 70er Jahren die Rolle des Lesers. Er stellte fest, dass der Leser „[is] the only one who makes the connections between text, interpretant, and intertext, the one in whose mind the

[98] Vgl. dazu Klügers Aussage (wl, 128).

semiotic transfer from sign to sign takes place."[99] Darum sei das literarische Phänomen eine Dialektik zwischen Text und Leser. (Vgl. Riffaterre 1978: 2.) Die Bedeutung von unterschiedlichen Rezeptionsformen eines Textes wird besonders in der Rezeptionsanalyse von Texten im Ausland deutlich. Die spanische Rezeption der deutschen Romantik unterscheidet sich beispielsweise in wesentlichen Zügen von der deutschen. Die Voraussetzung für Intertextualität kann also nur in der Lektüre bestehen, „als Erlebnis des ‚déjà-lu'." (Holthuis 1993: 26f.)

So wie Klüger im einführenden Zitat die Selbstverständlichkeit einer heterogenen Rezeption von Texten unterstreicht und das persönliche Weltverständnis davon abhängt, wie ein literarisches Werk gelesen wird, so hängt dies auch größtenteils vom Rezipienten ab, nämlich davon, welchen literarischen Wissenshorizont er aufweist, um intertextuelle Referenzen zu erkennen.

2.5 Michail M. Bachtins Definition von *Dialogizität*

> *Jedes Wort (jedes Zeichen) eines Textes führt über seine Grenzen hinaus. Es ist unzulässig, die Analyse (von Erkenntnis und Verständnis) allein auf den jeweiligen Text zu beschränken. Jedes Verstehen ist das In-Beziehung-Setzen des jeweiligen Textes mit anderen Texten und die Umdeutung im neuen Kontext (in meinem, im gegenwärtigen, im künftigen). […] Der Text lebt nur, indem er sich mit einem anderen Text (dem Kontext) berührt. Nur im Punkt dieses Kontaktes von Texten erstrahlt jenes Licht, das nach vorn und nach hinten leuchtet, das den jeweiligen Text am Dialog teilnehmen läßt.*[100]

In seinen Studien zu Rabelais und Dostojevski aus den 20er Jahren des letzten Jahrhunderts verwendete der Literaturtheoretiker und Semiologe Michail M. Bachtin erstmals die Begriffe der „Polyphonie"[101] und „Dialogizität", um sich auf die Vielstimmigkeit – eine simultane Kombination von verschiedenen Stimmen (vgl. Allen 2002: 22f.) – und die Nicht-Dominanz der Autorstimme in einem Romantext zu beziehen. Susanne Holthuis kommentierte Bachtins Dialogizitätskonzept, als würden „viele und teilweise einander widersprechende Stimmen gleichberechtigt nebeneinander erklingen", die wiederum die „kritische Kompetenz des Lesers" fördern sollten. (Holthuis 1993: 12.) Poly-

---

99 Riffaterre, Michael: *Semiotics of Poetry*. Bloomington: Indiana University Press, 1978, 164.

100 Bachtin, Michail M: *Die Ästhetik des Wortes*. Hrsg. v. Rainer Grübel. Frankfurt/M.: Suhrkamp, 2005 (1. dt. Aufl. 1979), 352f.

101 Dieser Begriff stammt ursprünglich aus der Musik. Eine weitere „Metapher" aus der Musik, die Bachtin benutzt, um die Methoden der Polyphonie im Roman zu beschreiben, ist der Begriff „orchestrieren". „Orchestriert" werden die verschiedenen Figurenstimmen durch den polyphonen Autor, der die künstlerische Wahrheit ausdrückt und komponiert. (Bachtin 2005: 183, 190; vgl. auch Martínez, Matias: Dialogizität, Intertextualität, Gedächtnis. In: Arnold, Heinz Ludwig/Detering, Heinrich: *Grundzüge der Literaturwissenschaft*. München: DTV, 1996, 430-445, hier: 438.)

phonie konstituiere sich in der „Ambivalenz und Dissonanz der Stimmen, der Text ist damit offen." (Holthuis 1993: 12f.)[102] Monologische Texte hingegen, in denen die autoritäre Stimme des Autors dominiere und die ein „Konstituens der poetischen Sprache" (Holthuis 1993: 13) seien, das sich ausschließlich des gehobenen Stils bediene, erachte Bachtin als humorlos.[103] Diese sich in einer Erzählung entfaltenden und zusammenlaufenden dialogischen Erzähler-, Autor- oder Figurenstimmen verleihen dem literarischen Text einen mehrstimmigen oder dialogischen Charakter, der zu einem vieldimensionalen Diskurs beiträgt.[104] Durch die multiple Perspektive des polyphonen Romans wird eine Welt erzeugt, in der kein individueller Diskurs objektiv neben einem anderen Diskurs stehen kann. Alle Diskurse sind lediglich Interpretationen der Welt, beantworten und beziehen sich wiederum auf andere Diskurse. (Vgl. Allen 2002: 23.) Der polyphone Roman kämpft gegen jede Weltansicht, die als einzig richtige gelten möchte oder, wie es Graham Allen nennt, „one ‚official' point-of-view, one ideological position, and thus one discourse, above all others" (Allen 2002: 24). Bachtin spricht in dieser Hinsicht auch von einer „hybriden Konstruktion"[105], die durch zwei oder mehrere „Sprachen" noch erkennbar ist:

> Wir nennen diejenige Äußerung eine hybride Konstruktion, die ihren grammatischen (syntaktischen) und kompositorischen Merkmalen nach zu einem einzigen Sprecher gehört, in der sich in Wirklichkeit aber zwei Äußerungen, zwei Redeweisen, zwei Stile, zwei ‚Sprachen', zwei Horizonte von Sinn und Wertung vermischen. Zwischen diesen Äußerungen, Stilen, Sprachen und Horizonten gibt es, wie wir wiederholen, keine formale – kompositorische und syntaktische – Grenze; die Unterteilung der Stimmen und Sprachen verläuft innerhalb eines syntaktischen Ganzen, oft innerhalb eines einfachen Satzes, oft gehört sogar ein und dasselbe Wort gleichzeitig zwei Sprachen und zwei Horizonten an, die sich in einer hybriden Konstruktion kreuzen, und sie hat folglich einen doppelten in der Rede differenzierten Sinn [Wörtlich: zwei rededifferenzierte Dinge...] und zwei Akzente [...].[106]

Bachtins Analyse der Dialogizität im Roman geht von zwei grundlegenden Unterscheidungen aus: „[d]as Wort darin ist zweifach gerichtet: auf den Gegenstand der Rede als ein gewöhnliches Wort (die sogenannte „Erzählerrede")

---

102 Vgl. u. a. auch Tegtmeyer 1997: 51f.

103 Vgl. hierzu Holthuis 1993: 13 und Tegtmeyer 1997: 52.

104 Vgl. Estébanez Calderón, Demetrio: *Diccionario de términos literarios*, Madrid: Alianza, 1999, 284f.

105 Zu einer ausführlichen Definition des Begriffs „Hybridität" als Identitätsmerkmal siehe: Hein, Kerstin: *Hybride Identitäten. Bastelbiographien im Spannungsverhältnis zwischen Lateinamerika und Europa*. Bielefeld: Transcript, 2006; insbesondere das Kapitel „Der Begriff der Hybridität", 54-66.

106 Bachtin, Michail M: Das Wort im Roman: III. Die Redevielfalt im Roman. In: Bachtin 2005, 195.

und auf das andere Wort: die fremde Rede“[107] (die sogenannte eingesetzte Figurenrede), die vom Rezipienten oder Leser des Textes als solche erkannt werden muss, um „das Wesen dieser Phänomene“ (Bachtin 1969: 107; Pfister 1985: 3) nicht zu verfehlen. Es entstehen drei Typen: Der erste „Worttyp“ ist das „direkt und unmittelbar gegenständlich gerichtete Wort, das eine benennende, mitteilende, ausdrückende oder darstellende Funktion“ besetzt. Es ist das Wort, „das auf unmittelbares gegenständliches Verständnis gerichtet ist“. (Bachtin 1969: 109.) Der zweite „Worttyp“ ist das „dargestellt[e] oder objekthaft[e] Wort“, zu dem die direkte Figurenrede des Protagonisten als üblichste und häufigste Art gilt. Nach Bachtin hat sie „eine unmittelbare gegenständliche Bedeutung, befindet sich indessen nicht auf der gleichen Ebene wie die Autorenrede, sondern gleichsam in perspektivischer Distanz.“ (Bachtin 1969: 109.) Dieser Worttyp besitzt immer „zwei Rede-Zentren und zwei Rede-Einheiten“: die des Autors und die „Äußerung des Helden.“ (Bachtin 1969: 109.) Matías Martínez kommentiert seinen zweiten Differenzierungspunkt folgendermaßen:

> Indem der Sprecher sich eines kollektiven Sprachgebrauchs bedient, bezieht er sich auf den Gegenstand seiner Äußerung stets in einer sozialtypischen Färbung. Die verwendete Sprache ist nur eine unter mehreren, in denen man den intendierten Aussagegegenstand ausdrücken könnte. (Martínez 1996: 432.)

Der dritte Worttyp ist die Aneignung des Autors eines „fremde[n] Wort[es], um es für „seine Zwecke dienstbar [zu] machen“, sodass „er eine neue bedeutungsmäßige Gerichtetheit in ein Wort hineinlegt, das bereits seine eigene Gerichtetheit besitzt und sie behält.“ (Bachtin 1969: 113.) Wichtig für den dritten Worttyp sei, dass er „als ein fremdes“ Wort „empfunden“ werde. (Bachtin 1969: 113) So komme es zu „zwei bedeutungsmäßige Gerichtetheiten, zwei Stimmen“, die „in einem Wort koexistieren.“ (Bachtin 1969: 113.) Der Autor könne sich des „fremden Wortes“ bedienen, „um seine eigenen Intentionen auszudrücken“, er könne es aber auch „jenseits der Grenzen“ seiner Rede lassen. „Hier wird“, so Bachtin, „das fremde Wort nicht mit neuer Sinngebung reproduziert, doch es wirkt von außen her auf das Wort des Autors ein und bestimmt es in gewissem Maße.“ (Bachtin 1969: 121.) „Die Semantik“ dieses Wortes wird

> dadurch von Grund auf verändert. Neben die gegenständliche Bedeutung tritt eine zweite Bedeutung: die Gerichtetheit auf das fremde Wort. Ein solches Wort kann man nicht völlig und wesentlich verstehen, wenn man nur die direkte gegenständliche Bedeutung berücksichtigt. Die polemische Färbung des Wortes macht sich auch in anderen rein sprachlichen Merkmalen geltend: in der Betonung und in der syntaktischen Konstruktion. (Bachtin 1969: 122.)

---

[107] Bachtin, Michail M.: Typen des Prosaworts. In: *Literatur und Karneval. Zur Romantheorie und Lachkultur*. München: Hanser, 1969, 107-131, hier: 107.

Die Schwierigkeit dieser Wörter liegt in der Erkennung und Deutung von Seiten des Rezipienten, da eine „eindeutige Grenzziehung zwischen versteckter und offener Polemik [...] im konkreten Einzelfall nicht immer möglich" sei. (Bachtin 1969: 122.) Das „Phänomen der versteckten Dialogizität" deckt sich zwar nicht „mit dem Phänomen der versteckten Polemik", doch in beiden wirkt im Vergleich zu den ersten zwei Worttypen „das fremde Wort im Gegenteil aktiv auf die Rede des Autors ein und nötigt ihr Veränderungen auf". (Bachtin 1969: 124f.)

Eine beachtliche Rezeption erfahren die Termini „Polyphonie" und „Dialogizität", die in einer französischen poststrukturalistischen literaturtheoretischen Diskussion durch Todorov[108], Ducrot[109] und vor allem durch Kristeva entstanden Diese Diskussion griff Bachtins Theorie gegen Ende der 60er Jahre (vgl. Kristeva 2004: 337ff.) auf und prägte damit den Begriff der „Intertextualität".

108 Vgl. Todorov, Tzvetan: *Mikhaïl Bakhtine. Le principe dialogique*. Paris: Seuil, 1981.

109 Vgl. Ducrot, Oswald: *Le dire et le dit*. Paris: Minuit, 1984.

3. Intertextualität zum (weiter) Schreiben

3.1 Paratexte in *weiter leben*

3.1.1 Der erste Kontakt: Name, Titel und Untertitel

Der Akt der Wiedererkennung eines Buches erfolgt grundsätzlich über Titel und Autorennamen. Nach Genette ist der Autorenname die fundamentale Informationsquelle für den ersten Kontakt zwischen Buch und (potentiellem) Leser. Seine

> paratextuelle Stellung ist heute gleichermaßen äußerst diffus und fest umrissen. Diffus: Er schwärmt mitsamt dem Titel in den gesamten Epitext aus, in Annoncen, Prospekte, Kataloge, Artikel, Interviews, Gespräche, Echos oder Tratsch. Umrissen: Sein kanonischer und offizieller Ort beschränkt sich auf die Titelseite und den Umschlag (erste Seite, mit eventueller Wiederholung auf dem Rücken und der Umschlagseite vier). (Genette 1989: 42.)

Während er die Leseentscheidung eines Buches zu beeinflussen vermag, lassen sich durch ihn bestimmte Informationen abrufen. Ruth Klügers Name kann im potentiellen Leser eine direkte Verbindung zum Holocaust hervorrufen, wenn er bereits etwas über die Autorin erfahren hat, gleichwohl verrät er, dass das Buch von einer Frau geschrieben wurde. Während Klüger diese primäre Informationsquelle in *weiter leben* mit dem minderwertigen Interesse an ihrem Erinnerungsbuch von Seiten männlicher Leser thematisch aufgreift, appelliert sie als erfahrene Literaturwissenschaftlerin an sie und fragt demonstrativ: „(wer rechnet schon mit männlichen Lesern? Die lesen nur von anderen Männern Geschriebenes)" (wl, 82). Einige Seiten zuvor bittet sie weibliche und männliche Leser getrennt um aktive Hilfestellung: „Wenn es mir gelingt, zusammen mit Leserinnen, die mitdenken, und vielleicht sogar ein paar Leser dazu, dann könnten wir Beschwörungsformeln wie Kochrezepte austauschen". (wl, 79.) Ein potentieller Leser, der sich noch für eine Lektüre entscheiden muss, wird mit diesem direkten Leserappell noch nicht konfrontiert. Klüger greift damit ein altes Thema auf: die Autorität der Frau als Schriftstellerin.[110] Es kommt aber auch vor, dass der Name des Autors im Laufe der Zeit variiert oder als Pseudonym erscheint. Diese Information bedingt jedoch nicht die Lektüre, wenn sie auch viel von der Identität des Autors zu offenbaren vermag. „Ruth Klüger" ist der Name, unter dem die Autorin im deutschen Sprachraum bekannt wurde. In der 2001 herausgegebenen amerikanischen Fassung ihres Erinnerungsbuches *Still Alive* lautet er „Ruth Kluger", demnach ohne „u"-Umlaut. Während diese geringfügige Änderung vermutlich aus phonetischen Gründen stattfand, war die in der Kindheit gefällte

[110] Vgl. hierzu auch: Klügers Essay „Frauen lesen anders".

Entscheidung, ihren Rufnahmen Susi abzulegen und ihren zweiten Vornamen Ruth anzunehmen, aus reinem Protest und als Kundgebung ihrer jüdischen Zugehörigkeit geschehen, denn ihr „ungefestigter Glaube an Österreich nach dem „Anschluss“ war 1938 ins Schwanken“ geraten. (wl, 41.)

Bei Genette heißt es

> Adressat des Textes [ist] durchaus der Leser, der Adressat des Titels aber ist das Publikum im eben präzisierten oder eher erweiterten Sinn. Der Titel richtet sich an weitaus mehr Menschen, die ihn auf dem einen oder anderen Weg rezipieren und weitergeben und dadurch an seiner Zirkulation teilhaben. (Genette 1989: 77.)

Klügers Autobiographie sollte anfangs einen anderen Titel erhalten: „Ich wollte meine Erinnerungen ‚Stationen‘ nennen und ganz unbefangen an Ortsnamen knüpfen. Erst jetzt, an dieser Stelle, frage ich mich, wieso Orte, wenn ich doch eine bin, die nirgendwo lange war und wohnt.“ (wl, 79.) Sie entschied sich schließlich für einen Titel mit Untertitel. In einem Gespräch mit Tina Mendelsohn auf der Frankfurter Buchmesse (2008) bewertete sie den Titel als „ambivalent“. Er sei von Leserinnen oft als optimistisch beurteilt worden, doch vielmehr sollte er als ein „schulterzuckendes Ereignis“ verstanden werden, denn wenn „jemand dich umbringen will, dann lebst du weiter“. Der Titel sei jedoch kein Triumph, sondern absichtlich gewählt, „als Formulierung sich über Wasser“ halten zu können. (Klüger/Mendelsohn 2008.) Denn der als Hoffnungssignal rezipierte Titel sei „absichtlich klein und getrennt geschrieben, was ja eigentlich laut Duden nicht richtig“ sei, erklärte sie in einem Gespräch mit Klaus Naumann, „um anzudeuten, daß es sich nicht um einen Imperativ – Weiter! Du sollst weiterleben!“ handele.[111] Es sei vielmehr so, „daß eben ein Tag dem andern folgt und man lebt weiter, wenn man noch nicht gestorben ist. Also eine Reihung, eine Häufung.“ (Naumann 1993: 40.)

Desgleichen verhalten sich Titel und Untertitel als entgegengesetzt. Sie fassen simultan die Erinnerungen Klügers zusammen, indem Reflexion, Essay und Autobiographie verwebt sind: Der Titel *weiter leben* bezieht sich auf die erlebte Zeit nach dem Holocaust. Diese Erinnerungen werden mit Reflexionen und Publikumsgesprächen sowie Unterhaltungen mit Freunden, Studenten oder Professoren verwebt. Dieser essayistisch-dialogische Teil ihres Buches repräsentiert die Rahmenhandlung ihrer Kindheitserinnerungen, die wiederum die Binnenhandlung bilden. Eine resignative Lebenseinstellung und das Versagen des Weiterlebens werden durch das absichtlich getrennte Wort markiert. Die bestimmende Zäsur, der Einschnitt Auschwitz, beansprucht eine Fortsetzung des Lebens mit den traumatischen Erinnerungen an Kindheit und Jugend. Der Untertitel *Eine Jugend* (die Binnenhandlung) steht für die Stationen, durch die das Buch gegliedert wurde: die Kindheitsjahre in Wien, Theresienstadt,

---

111 Naumann, Klaus: *Ich komm nicht von Auschwitz her, ich stamm aus Wien.* In: *Mittelweg* 36, 6/1993, 37-45, hier: 40.

Auschwitz, Christianstadt, Deutschland und die ersten Jahre nach ihrer Ankunft in den USA. Titel und Untertitel stehen sich als Gegensätze gegenüber, insofern *weiter leben* an erster Stelle steht. Denn nur durch das Weitergehen des Lebens kann eine Erinnerung an „Eine Jugend" stattfinden. Alfred Bodenheimer verknüpft Titel und Untertitel folgendermaßen:

> Der Titel ‚weiter leben' würde sich dann nicht mehr primär auf die Vergangenheit, das Überleben der Lager, beziehen, sondern vielmehr auf die Perspektive zur Zeit der Niederschrift. Der Untertitel ‚Eine Jugend' würde demgegenüber das zu Erzählende umfassen, dessen Bewältigung, im erwachten Bewusstsein seiner chaotischen, neurotisierenden Konsistenz, es erstmals erlaubt, im zunächst fremd und unordentlich gewordenen Haus zu bleiben und symbolisches wie physisches Weiterziehen auf der Flucht vor der Sprengung der künstlich zurechtgelegten Ordnung zu unterlassen. Die Authentizität dieses Narrativs würde darin bestehen, die eigene Jugend aus dem Wust des eigenen Lebens gegraben zu haben.[112]

Wie eingangs erwähnt, umfasst der Titel die Reflexionen und essayistischen Überlegungen, die Klüger in ihrem Buch manifestiert. Damit lässt sich, wenn auch eine schwache, eine intertextuelle Verbindungslinie zu Jean Amérys Aufsatz aus dem Jahre 1970 *Weiterleben – aber wie?*[113] ziehen. Da das zusammengeschriebene „Weiterleben" als zuversichtlicher Zukunftsglaube gedeutet werden kann, schreibt sie es als Antwort auf Amérys rhetorische Frage getrennt und unterstreicht dadurch das Leben, das fortgehend weitergeht, wenn man sich nicht umbringen lässt. Jennifer Taylors Interpretation des Titels *weiter leben* wirft eine Erweiterung auf. Sie sieht eine intertextuelle Verbindung in Klügers Engpässen zu Celans Vers in der *Todesfuge*[114], „wir schaufeln ein Grab in den Lüften da liegt man nicht eng", als sie sich mit Göttinger Kollegen über klaustrophobische Erfahrungen unterhält. (Vgl. Taylor 1997: 79.) Ihre „Engpass"-Erfahrung sei nicht „salonfähig" gewesen, da sie „den Rahmen dermaßen gesprengt" habe, dass sie sich für eine andere Geschichte entscheiden musste. (wl, 110.) Durch die Verknüpfung mit Celans „Todesfuge" stehe Klügers Werk in der Folge der jüdisch-deutschen literarischen Tradition: „Celan writes in his poem of the smoke of the burning, murdered Jewish victims rising up into the air where ‚da liegt man nicht eng.'" (Taylor 1997: 85.) Taylor erkennt im Titel nicht nur das weitergehende Leben, sondern auch das räumlich weitere Leben – „living more widely, with more room" (Taylor 1997: 84) –

---

112 Bodenheimer, Alfred: ‚Ich hab den Verstand nicht verloren, ich hab Reime gemacht.' Ruth Klügers Jugendautobiographie ‚weiter leben'. In: Gillis-Carlebach, Miriam/Vogel, Barbara (Hrsg.): *‚So spricht der Ewige: ...Und die Straßen der Stadt Jerusalem werden voll sein mit Knaben und Mädchen, die in ihren Straßen spielen' (gemäß Sacharjah 8, 4-5). Die Siebte Joseph Carlebach-Konferenz. Das jüdische Kind zwischen hoffnungsloser Vergangenheit und hoffnungsvoller Zukunft.* Hamburg: Dölling und Galitz, 2008, 278-291, hier: 289.

113 Améry, Jean: Weiterleben – aber wie? (1970). In: Heidelberger-Leonard, Irene/Scheit, Gerhard (Hrsg.): *Werke. Band 6.* Stuttgart: Klett-Cotta, 2004, 511-525.

114 Celan, Paul: *Mohn und Gedächtnis: Gedichte.* Stuttgart: DVA, 1994 (1. Aufl. 1952), 36ff.

das sie in Kalifornien führe: „[...] where all is spatially wider (,weiter') and, (at least apparently), more open." (Taylor 1997: 84.) Die Niederschrift erfolge nach den Erlebnissen der Konzentrationslager, die in ihr „Todesangst" und ein „Käfiggefühl" wachriefen, und New York. Der Gegensatz hierzu sei die Weiträumigkeit der Autobahnen, ihr neues Zuhause sowie weite Landschaften, die wie ein Schock gewirkt hätten. (Taylor 1997: 84f.)

Der Untertitel *Eine Jugend* lässt sich mit zwei Autobiographien in Verbindung bringen: Einerseits in der Nachfolge ihres „Ahnherrn" (wl, 21)[115], Arthur Schnitzlers, zu seiner Autobiographie *Jugend in Wien*[116], die er zwischen 1915 und 1920 niederschrieb und die von den Jahren seiner Jugend in Wien (1862 bis 1889) handelt; andererseits als „jüdisches Korrelat zu anderen weiblichen Erinnerungsschriften", so Heidelberger-Leonard, „wie etwa zu Ingeborg Bachmanns *Jugend in einer österreichischen Stadt*[117] oder auch zu Christa Wolfs autobiographischen Roman *Kindheitsmuster*." (Heidelberger-Leonard 1996: 44.) Klügers „Jugend" riss mit der erzwungenen Unterbrechung durch die Deportation in Wien gewaltsam ab. Es entstand „Eine Jugend" in Wien, in Theresienstadt, in Auschwitz, in Theresienstadt und in den USA. Es wäre „Eine Jugend in Wien" geblieben, wenn die Nazis sie nicht gewaltsam unterbrochen hätten. Für die Autobiographin sind Jugend und Kindheit durch eine Zeit gekennzeichnet, die sie nicht leben durfte. Der Untertitel enthüllt die Gattungszugehörigkeit (Autobiographie), die jedoch auch Verwirrung stiften kann, da eine Autobiographie gewöhnlich eine begrenzte Zeit umspannt und nicht wie in *weiter leben* eine bis in die unmittelbare Erzählgegenwart reichende Zeitspanne. Der intertextuelle Verweis auf die erwähnten Prätexte ist äußerst schwach, denn während zwar Indizien dafür vorhanden sind, lässt sich der Titel (*weiter leben*) nicht eindeutig als Antwort auf Amérys Essay einstufen, auch wenn der resignative und unpathetische Charakter ihrer Erinnerungen und das Gespräch mit Christoph über das *Prinzip Hoffnung*[118] dazu beitragen, eine denkbare intertextuelle Verbindung[119] herzustellen. Die Antwort auf

115 In einem Interview expliziert sie Schnitzlers Erbe: „Er hat mir dieses Wiener Judentum vermacht, von dem ich gerade noch so einen Zipfel mitbekommen habe und in dem er drinnen gesteckt ist, mit dieser einen Generation, die so produktiv war (ich meine eben diese Schnitzler-Freud-Generation, Wittgenstein und wer da noch alles dabei war). Ich bin ja zu spät geboren dafür, aber irgendwie habe ich noch ein Gefühl dafür – ich denke, das ist Schnitzlers Erbe." (Müller-Kampel, Beatrix: ,Man lernt sich irgendwie ausbreiten in der eigenen Sprache'. Interview mit Ruth Klüger am 10. Juni 1997. In: dies.: *Lebenswege und Lektüren. Österreichische NS-Vertriebene in den USA und Kanada.* Tübingen: Niemeyer, 2000, 276-301, hier: 287.)

116 Schnitzler, Arthur: *Jugend in Wien. Eine Autobiographie*. Hrsg. v. Therese Nickl und Heinrich Schnitzler. Frankfurt/M.: Fischer, 1981 (1. Aufl. 1968).

117 Bachmann, Ingeborg: Jugend in einer österreichischen Stadt. In: dies.: *Werke 2: Erzählungen*. Hrsg. v. Christine Koschel u.a. München: Piper, 1993 (1. Aufl. 1978), 84-93.

118 Ich werde hierauf in Kapitel „4.2.2 Christoph, der Nachkriegsintellektuelle" eingehen.

119 Eine weitere intertextuelle Referenz zu Hans Mayer alias Jean Améry, die jedoch einen ebenso geringen Intensitätsgrad aufweist wie der Titel, ist die Anspielung auf den Cousin ihrer Mutter, für den sie den Vornamen Hans wählt. Hans wird während seiner Internierung in Buchenwald gefoltert und wieder nach Hause geschickt. Als Kind erfährt sie davon eines Abends, als sie den Frauen heimlich zuhört, doch zu diesem Zeitpunkt

Améry ist das Buch, das nicht von einer Zukunftsvision spricht, sondern von der Präsenz von Auschwitz in ihrem Leben und mit seiner unablässigen Konfrontation.

Nicht alle ausländischen Übersetzungen von *weiter leben* hielten sich an den authentischen Namen der Autorin, wie das vorige Beispiel der amerikanischen Fassung belegt. Auch der Originaltitel wurde in den Übersetzungen meist modifiziert. In den USA entstand für die neue Version ein neuer Titel, der nicht mehr den Akt des resignativen Weiterlebens betont, sondern das rückblickende Leben aus der Gegenwart: *Still Alive. A Holocaust Girlhood Remembered*, in das ein Vorwort von Lore Segal hinzugefügt wurde. Der Londoner Verlag Bloomsburry übernahm 2003 die amerikanische Fassung, wandelte jedoch den Titel in *Landscapes of Memory: A Holocaust Girlhood Remembered*[120] ab, indem die Betonung auf das Erinnern gestärkt wurde. In Frankreich erschien *weiter leben* erstmalig 1997. Klüger behielt zwar ihren richtigen Namen, das Buch wiederum erschien unter dem Titel ihres letzten Gedichtes, ‚Aussageverweigerung'[121], das sich im Epilog befindet: *Refus de témoigner. Une jeunes-*

bleiben noch viele Fragen unbeantwortet. Erst als sie ihn nach dem Krieg in England besucht, nutzt sie den Besuch, um ihn auszufragen (vgl. wl, 9f.): „Und Hans erzählt. [...] und er erzählt es genau, nicht ohne eine gewisse ächzende Umständlichkeit, wie das war, die Verrenkungen der Glieder, er kann das erklären, sogar zeigen. Und die Rückenbeschwerden, die er noch heute hat, die von damals datieren. Und doch ebnen seine Einzelheiten diese Qual ein, und nur aus dem Tonfall hört man das Anders-, Fremd- und Bösartige heraus. Denn die Folter verläßt den Gefolterten nicht, niemals, das ganze Leben lang nicht. Während die großen Geburtsschmerzen die Mütter in wenigen Tagen verlassen, so daß sie sich auf ihr nächstes Kind freuen. Es ist schon wichtig, welcher Art, und nicht nur wie heftig die Schmerzen sind, die man erleidet." (wl, 11.) Auch Améry beschreibt in seinem Essay *Die Tortur*, wie er in der Festung Breendonk (Belgien) von der Gestapo gefoltert wird. Die Foltermethode, durch die er das Schlüsselbein ausgerenkt bekommt, überschneidet sich mit der von Hans. Er beschreibt die Erfahrung der Folter als „das fürchterlichste Ereignis, das ein Mensch in sich bewahren kann." (Améry, Jean: Die Tortur. In: ders.: *Jenseits von Schuld und Sühne. Bewältigungsversuche eines Überwältigten*. Stuttgart: Klett-Cotta, 2000b (1. Aufl. 1966). 46-73, 48.) Für ihn ist die Folter ebenso wie für Klügers Cousin eine Erfahrung, von der sich das Opfer nie wieder trennen wird, die „man [...] so wenig los [wird] wie die Frage nach den Möglichkeiten und Grenzen der Widerstandskraft" (Améry 2000b: 68.): „Es war für einmal vorbei. Es ist noch immer nicht vorbei. Ich baumele noch immer, zweiundzwanzig Jahre danach, an ausgerenkten Armen über dem Boden, keuche und bezichtige mich. Da gibt es kein ‚Verdrängen'. Verdrängt man denn ein Feuermal? Man mag es vom kosmetischen Chirurgen wegoperieren lassen, aber die an seine Stelle verpflanzte Haut ist nicht die Haut, in der einem Menschen wohl sein kann." (Améry 2000b: 68.) Deshalb, schreibt Amery weiter, „[w]er gefoltert wurde, bleibt gefoltert. Unauslöschlich ist die Folter in ihn eingebrannt, auch dann, wenn keine klinisch objektiven Spuren nachzuweisen sind." (Améry 2000b: 64.)

120 Kluger, Ruth: *Landscapes of Memory. A Holocaust Girlhood Remembered*. London: Bloomsburry Publishing PLC, 2003.

121 Einige Jahre nach dem Erscheinen ihres Buches erklärte sie, wie sie sich beinahe für diesen Buchtitel entschieden hätte: „Am Ende meines Buches steht ein Gedicht, das ich ‚Aussageverweigerung' nannte und beinahe hätte ich dieses Wort auch als Buchtitel gewählt. Er sollte das Problem, das Tauziehen zwischen Erinnern und Verdrängen, zwischen Überforderung des Lesers und Verstummen, ins Licht rücken. Falsches, inadäquates, von der Subjektivität geprägtes Erinnern ist ein Thema in meinem Buch." (ZWA, 410.)

se[122]. Im selben Jahr erschien das Buch in Spanien. Die Übersetzerin entschied sich lediglich für den ersten Teil des deutschen Titels: *Seguir viviendo*, für das Jorge Semprún das Vorwort schrieb. Auch die italienische Übersetzung versuchte dem Original treu zu bleiben und betitelte das 1995 erschienene Buch *Vivere ancora*[123]. In Schweden wurde der deutsche Titel nur partiell übernommen. *Leva Vidare. En sann berättelse*[124]. In Brasilien hielt man sich wiederum an das englische Konzept, das Buch wurde als *Paisagens da Memória: Autobiografia de uma Sobrevivente do Holocausto*[125] herausgegeben. Der deutsche Titel wurde hingegen in der polnischen Übersetzung beibehalten: *Żyć Dalej...*[126], das erstmals im Jahr 2009 erschien. Hieraus lässt sich folgende Bilanz ziehen: In den USA, Großbritannien, Brasilien und in Frankreich blieb der ursprüngliche Titel des Buches unberücksichtigt und ein auf die Autobiographie zielender Titel wurde gefunden. Andere Länder, wie Polen, Spanien oder Schweden übernahmen zwar den Originaltitel, übersahen jedoch seine beabsichtigte Getrenntschreibung und somit seine resignative Konnotation.

3.1.2 Die Widmung

Gérard Genette unterscheidet zwischen zwei Widmungstypen: Die erste richtet sich nach der „stoffliche[n] Wirklichkeit eines einzelnen Exemplars, das dabei im Prinzip als Gabe überreicht oder auch verkauft wird, die andere hingegen auf die ideelle Wirklichkeit des Werks selbst, dessen Besitz [...] natürlich nur symbolisch sein kann." (Genette 1989: 115.) Um sie zu unterscheiden, verwendet er die Begriffe „*zueignen* für die Widmung eines Werks, *widmen* für die Widmung eines Exemplars." (Genette 1989: 115.) Die „kanonische Formulierung" der Widmung mit dem „Namen des Adressaten" (Genette 1989: 136), „*Den Göttinger Freunden... ein deutsches Buch*", manifestiert sich in Klügers Erinnerungsbuch zunächst nach dem Haupttitelblatt in Kursivschrift und dann zwischen dem Epilog und der Datierung mit dem Ort des Abschlusses des Epilogs: „Den Göttinger Freunden – ein deutsches Buch." (wl, 284.) Dadurch erhält die Autobiographie eine Umrahmung. Die Personengruppe, der Klüger ihr Buch zueignet, wird explizit determiniert: Es sind die nicht-

---

122 Klüger, Ruth: *Refus de témoigner. Une jeunesse*. Ins Französische von Jeanne Étoré. Paris: Viviane Hamy, 1997a.

123 Klüger, Ruth: *Vivere ancora*. Ins Italienische von Lavagetto A. Torino: Einaudi, 1995.

124 Klüger, Ruth: *Leva Vidare. En sann berättelse*. Ins Schwedische von Ulrika Jannert Kallenberg. Stockholm: Wahlström&Widstrand, 2002.

125 Kluger, Ruth: *Paisagens da Memória: Autobiografia de uma Sobrevivente do Holocausto*. Ins Brasilianische von Irene Aron. São Paolo: Editora 34, 2005.

126 Klüger, Ruth: *Żyć Dalej...* Ins Polnische von Mariusz Lubyk. Warschau: Ossolineum, 2009.

jüdischen Göttinger Kollegen, aus denen nun Freunde geworden sind.[127] Daraus lässt sich eine symbolische Versöhnung mit den Deutschen herauslesen, die aufgrund des Unfalls und der langen Monate im Krankenhaus stattgefunden hat. Eine „Metapher, die sie für die Deutschen wählt", so Heidelberger-Leonard.[128] Die Stimmen dieser Freunde, die ihr Manuskript gelesen haben, webte sie im Nachhinein in ihren Text ein.[129] Schwieriger ist der Zusatz „ein deutsches Buch". Heidelberger-Leonard sieht hinter „dieser scheinbar einträchtigen Formulierung" den verdeckten „Unterschied, auf den Klüger besteht, de[n] Bruch nämlich zwischen Deutschen und Juden nach 1945." (Heidelberger-Leonard 1996: 43.) Weiter deutet sie „hinter der ausgestreckten Hand die Kampfansage, denn", so heißt es weiter, „dieses Buch, dessen explizit geschichtlicher Inhalt sich als deutsch bezeichnen läßt, ist implizit von seiner Perspektive her ein jüdisches Buch." (Heidelberger-Leonard 1996: 43.) Die Motivation der Niederschrift entstand erst durch die Gespräche mit Deutschen, die sie in Göttingen kennenlernte und die ihr zurieten, ihre Erinnerungen aufzuschreiben. Das Argument für die Entscheidung ihrer Adressaten liefert sie in den Schlussworten vor der Widmung:

> Zuletzt noch eine Adresse, zum Abschicken. An wen sonst als an Euch, die Ihr diese Aussagen mitbegonnen habt, als ich lahm im Bett lag, und dann in Stücken mitgelesen und mitgeredet und hier und da mitgelebt habt? Möge es gut bei Euch ankommen:
> Den Göttinger Freunden – ein deutsches Buch.
> Irvine, California, Juli 1991 (wl, 284.)

Einen wichtigen Anhaltspunkt auf die örtliche Distanz des Epilogs enthüllen Ort und Datum: Nicht in Göttingen wurde das Buch zu Ende geschrieben, sondern in Irvine, in ihrer neuen Heimat und somit aus einer sicheren physischen und emotionalen Distanz zu den Aufzeichnungen und zu den deutschen Freunden, an die sie es abschickt.

---

127 Vgl. Benning-Creanga, Corinna: Prof. Dr. Ruth Klüger, Literaturwissenschaftlerin und Autorin im Gespräch. In: *Alpha Forum,* Sendetag: 13.05.1998: www.br-online.de /download/pdf/alpha/k/klueger.pdf, abgerufen am 24.07.2012.

128 Heidelberger-Leonard, Irene: Eine weibliche Autobiographie nach Auschwitz? Zu ‚weiter leben. Eine Jugend' von Ruth Klüger. In: Müller, Heidy Margrit (Hrsg.): *Das erdichtete Ich – eine echte Erfindung. Studien zu autobiographischer Literatur von Schriftstellerinnen.* Aarau: Sauerländer, 1998a, 187-200, hier: 188.

129 Klüger beschreibt die Entstehung ihres Buches folgendermaßen: „Ich hatte ihnen schon das Manuskript gegeben: Ich hatte da sehr freizügig mit der Zeit meiner Freunde gerechnet und habe ihnen fortwährend etwas zu lesen gegeben. Sie hatten dann alle möglichen Einwände und Fragen. Anstatt daß ich aufgrund dieser Einwände manche Stellen in diesem Buch geändert hätte, habe ich es anders gemacht: Ich habe diese Einwände eingebaut, so daß das Buch voll ist von Stellen, an denen jemand sagt: ‚Aber du hättest doch...' und ‚Wie soll ich das verstehen?' Manche Leser denken, ich hätte diese Gespräche erfunden, ich habe sie aber nicht erfunden, denn das sind die Gespräche mit meinen Göttinger Freunden, die es schon deshalb verdienen, daß ihnen dieses Buch gewidmet ist." (Benning-Creanga 1998.)

Hinter diesem Textfragment verbirgt sich außerdem eine intertextuelle Anspielung auf zwei Prätexte, die aufgrund ihrer schwachen Markierung nur von Klügers elitärem Publikum erfasst werden können. Es handelt sich hierbei um eine unmarkierte Intertextualität (vgl. Helbig 1996: 90), besonders weil zwei Intertexte auf das Fragment zutreffen. Zum einen prätextualisiert die Literaturwissenschaftlerin die Frage „An wen sonst als an Euch" mit Friedrich Hölderlins persönlicher und handgeschriebener Widmung des zweiten Bandes des *Hyperion* an seine Freundin Susette Gontard: „Wem sonst als Dir".[130] Der Prätext wird lediglich anzitiert, jedoch nicht weiter thematisiert oder mit dem Autor in Verbindung gebracht.[131] Die Literaturwissenschaftlerin kennt Hölderlins Werk, so dass sie sogar ganz gezielt auf die handschriftliche Widmung, die nur in der Stuttgarter Hölderlin-Ausgabe zu finden ist, hinzielt. Bereits in seiner Vorrede zum Hyperion beschreibt Hölderlin, wem er sein Buch zueignet: „Ich verspräche gerne diesem Buche die Liebe der Deutschen. Aber ich fürchte, die einen werden es lesen, wie ein Kompendium, und um das fabula docet sich zu sehr zu bekümmern, indes die andern gar zu leicht es nehmen, und beede Teile verstehen es nicht." (Hölderlin 1951: 5.) Durch den Wunsch von Hölderlins Zueignung und mit Klügers Widmung schließt sich der intertextuelle Kreis, durch die sie einen fiktiven Dialog mit den Deutschen intentioniert, um Missverständnisse und Fehlinterpretationen zu meiden, etwas, das ihr jedoch anfangs misslang.

Der zweite Prätext, der mit Klügers Widmung „An wen sonst als an Euch" übereinkommt, ist eine Passage aus Friedrich Schillers *Don Carlos. Infant von Spanien*. In diesem Stück befindet sich die rhetorische Frage, als „Don Carlos" seinen Freund, den „Marquis von Posa" wiedertrifft, die, wie die vorige, eine Liebesbotschaft trägt:

> **Carlos.** Und was
> Bringt dich so unverhofft aus Brüssel wieder?
> Wem dank ich diese Überraschung? Wem?
> Ich frage noch? Verzeih dem Freudestrunknen,
> Erhabne Vorsicht, diese Lästerung!
> Wem sonst als dir, Allgütigste? Du wußtest,
> Daß Carlos ohne Engel war, du sandtest

130 Hölderlin, Friedrich: *Sämtliche Werke. Zweiter Band.* Stuttgarter Hölderlin Ausgabe. Hrsg. v. Friedrich Beissner. Stuttgart: Kohlhammer, 1951, 359.

131 Eine weitere implizite und unmarkierte intertextuelle Referenz zum Hyperion erscheint in *weiter leben*, als dem Mädchen gemeinsam mit ihrer Mutter und Ditha die Flucht gelang. In einem „Eisenbahnzug, der deutsche Flüchtlinge nach Süddeutschland brachte", wurde sie von einer deutschen Frau mit einer Decke liebevoll zugedeckt. So fragte sie sich: „Nehm ich mir etwas aus List oder wird mir etwas gegeben? Wer konnte sich da zurechtfinden?" Sie beendet das Kapitel mit den Worten: „So kam ich unter die Deutschen." (wl, 182.) Ein Indiz für die intertextuelle Verbindung zu Hölderlins Hyperion, in dem es heißt: „So kam ich unter die Deutschen. Ich forderte nicht viel und war gefaßt, noch weniger zu finden." (Hölderlin 1962: 123.)

Mir diesen, und ich frage noch?[132]

Hierbei handelt es sich zwar nicht um eine Widmung, doch um einen Dank. Auch Klügers Widmung an die deutschen Freunde schließt den Dank für die Fürsorge und Gespräche im Krankenhaus ein. Die intertextuelle Markierung ist jedoch auch zu diesem Werk äußerst schwach. Einen eindeutigen Hinweis erhält das Publikum nicht, doch erscheint der *Don Carlos* im Epilog gleich am Anfang, den sie mit „Göttingen" untertitelt. Dabei beschreibt sie ihre Gedankengänge, die sie einige Minuten vor dem Zusammenstoß mit dem Fahrradfahrer hat.[133] Ihre vielschichtige Autobiographie zielt besonders auf die Lesergruppe, der sie das Erinnerungsbuch widmet: den Freunden aus Göttingen. Ein Jahr nach dem Unfall wird sie in Göttingen den geplanten Vortrag über den Schillerschen Text halten.

Die amerikanische Fassung, *Still Alive*, die, wie schon erwähnt, neun Jahre später veröffentlicht und von Klüger selbst übersetzt und abgeändert wurde, widmete sie ihrer Mutter:

In memory of my mother
Alma Hirschel
1903-2000[134]

Das Publikum ist kein deutsches mehr, sondern ein amerikanisches, für das sie das Buch umgearbeitet hat. Wichtig für sie scheint die eingerückte Angabe des Namens der Mutter zu sein, der bis zu diesem Zeitpunkt nahezu unbekannt war. Das unter dem Namen stehende Geburts- und Sterbejahr vollenden die Dedikation zu einer grabstein- oder denkmalähnlichen Zueignung.

---

132 Schiller, Friedrich: *Don Carlos. Infant von Spanien, ein dramatisches Gedicht*. Stuttgart: Reclam, 1962, 11.

133 „Am Abend des 4. November 1988 ging ich in Göttingens Fußgängerzone die Rote Straße entlang, um eine Studentin abzuholen, mit der ich ins Deutsche Theater zum ‚Don Carlos' wollte. [...] An dem Abend, als ich im begriff war, diese Straße zu überqueren, war ich in Gedanken bei meinem Vortrag und gleichzeitig beim ‚Don Carlos', und das Bindeglied war Dostojewski, sein Gefängnisbuch, „Aufzeichnungen aus einem Totenhaus", und ich überlegte, was dieses klassische Werk der Gefängnis- und daher auch Lagerliteratur mit den Berichten und Fiktionen unserer Zeit, der sogenannten Holocaust-Literatur, gemeinsam hat. Als ich an der Ecke Rote Straße den Fuß auf die Jüdenstraße setzte, hatte ich einen Gedankensprung zu den ‚Brüdern Karamasow' gemacht, zu Dostojewskis Antichrist, seinem Großinquisitor, der bekanntlich vom ‚Don Carlos' inspiriert war, und als ich einige Schritte nördlich vom Nudelhaus auf den gegenüberliegenden Bürgersteig zusteuerte, legte ich mir ein paar Bemerkungen über dieses Schillersche und der deutschen Aufklärung entsprungene Phantom der Menschenfeindlichkeit und die Ironien des letzten Aktes zurecht, mit denen ich Amy, die kalifornische Studentin, in der Pause unterhalten wollte." (wl, 269ff.)

134 Kluger, Ruth: *Still Alive. A Holocaust Girlhood Remembered*. New York: The Feminist Press, 2001, 5. Alle Zitate beziehen sich auf diese Ausgabe und werden fortan abgekürzt dargestellt mit (SA).

3.1.3 Das Motto

Das Motto ist „ein Zitat, das im allgemeinen an den Beginn eines Werkes oder Werkabschnittes gesetzt wird." (Genette 1989: 141.) Als identifikatorischen Anhaltspunkt eines Mottos wirft Genette für „seine Zuschreibung zwei gänzlich unterschiedliche Fragen" auf: „Wer ist der wirkliche oder putative Autor des zitierten Textes? Wer wählt dieses Zitat aus und schlägt es vor?" (Genette 1989: 147.) Daraus gehen folgende Antworten hervor: „Ersteren bezeichne ich als den Zitierten und zweiteren als den Adressanten des Mottos (dessen Adressat zweifellos der Leser des Textes ist)." (Genette 1989: 147.) Das Motto wird demzufolge nicht dem Autor des Buches zugeschrieben. Auch in *weiter leben* befindet sich auf der Seite zwischen dem Inhaltsverzeichnis und dem ersten Kapitel ein Motto: ein Zitat von Simone Weil aus ihrem Werk *Schwerkraft und Gnade* (*La pesanteur et la grâce*)[135], ohne jedoch die Quelle[136] anzugeben:

> Das Mißverhältnis zwischen der
> Einbildung und dem Sachverhalt ertragen.
> ‚Ich leide.' Das ist besser als:
> ‚Diese Landschaft ist häßlich.'
> Simone Weil (wl, 7.)

Das Zitat appelliert bereits an die Diskussion über die Enttabuisierung des Schmerzes und steht repräsentativ für Klügers Auffassung über Gedächtnis und Zeugnisablegung. Für Heidelberger-Leonard stellt das Motto in *weiter leben*

> die Weichen, indem es den falschen vom weniger falschen Weg unterscheidet. ‚Diese Landschaft ist häßlich', in Klügers Kontext zu lesen als ‚Diese deutsche Landschaft ist häßlich', wäre der Weg der Verschanzung, der sich über eine Pseudoobjektivität legitimiert. ‚Ich leide', hier zu verstehen, als ‚Ich leide an Deutschland', legt die Wunde offen, ist der Weg der ungeschützten Subjektivität, der gar nicht erst versucht, Objektivität vorzuspielen. In *weiter leben* filtert Klüger die schäbigen geschichtlichen ‚Sachverhalte' durch ihre höchst persönliche ‚Einbildung' und produziert ein Bild von immer wieder neu überraschender Authentizität, das alle bisherigen Auschwitz-Schablonen aus den Angeln hebt. (Heidelberger-Leonard 1996: 44.)

---

135 „Supporter le désaccord entre l'imagination et le fait. Ne pas se refaire un autre système imaginaire adapté au fait nouveau. ‚Je souffre.' Cela vaut mieux que: ‚Ce paysage est laid.'" (Weil, Simone: *La pesanteur et la grâce*. Paris: Plon, 1951, 165.)

136 Auch in ihrer amerikanischen Fassung wird die Quelle nicht genannt, doch fügt sie hier das französische Originalzitat hinzu.

Mit der Landschaft ist demgemäß die deutsche Landschaft gemeint. Um den „sprachlichen ‚Mißverhältnisse[n]' zwischen subjektiver Wahrnehmung und objektivem Sachverhalt nachzugehen ist", so Heidelberger-Leonard, „Klügers Buch geradazu als Programm eingeschrieben."[137] Doch ergänzend kann als „diese Landschaft ist hässlich" auch die Unfähigkeit der Mitteilung des Erlebten aufgefasst werden. Die Suche nach einer entsprechenden Erinnerung und nach den genauen Worten für eine Zeugnisablegung, die bei vielen Opfern die Empfindung des Scheiterns erweckt. So wie beispielsweise in den autobiographischen Werken von Grete Weil. Sie thematisiert kontinuierlich ihre nicht zufriedenstellende Zeugenaussage, metatextualisiert sie und verbindet die tägliche Präsenz von Auschwitz in ihrem Leben mit der „hässlichen Landschaft", in der sie lebt.[138] Ihre Zeugenschaft stellt sie durch die Thematisierung von Gedächtnislücken selbst in Frage:

> Tiefes Misstrauen gegen meine Zeugenschaft. Der Sinn meines Lebens nach dem Krieg, Zeugnis abzulegen gegen den Feind, ist in Frage gestellt. [...] Ein Schreibender braucht Erinnerung. Sie gehört zu seinem Handwerkszeug, ebenso wie Phantasie und Wunsch zu gestalten. Ohne Erinnerung kein Schreiben.
> Hohes Gericht, ich habe geschrieben und ich schreibe weiter. Die Wahrheit? Ich hoffe es. Die ganze Wahrheit, nichts als die Wahrheit? Ich muß den Eid verweigern.[139]

Auch Klüger thematisiert ihre Gedächtnislücken und das Dilemma der Zeugenschaft[140]:

> So verführen gerade die genauesten Erinnerungen zur Unwahrheit, weil sie sich auf nichts einlassen, was außerhalb ihrer selbst liegt, und den auf ein später entwickeltes Urteil und weiteres Wissen gegründeten Gedanken stur ihre eige-

---

137 Heidelberger-Leonard, Irene: Jüdische und deutsche Nicht-Identität? Zu Ruth Klügers *weiter leben*. In: Jäger, Ludwig (Hrsg.): *Germanistik: disziplinäre Identität und kulturelle Leistung*. Weinheim: Beltz Athenäum, 1995, 339-345, hier: 340.

138 Grete Weil spricht in ihrem autobiographischen Roman *Meine Schwester Antigone* über die Landschaft bzw. die hässlichen Straßen Frankfurts:
Die Leute fragen, wie es mir geht, wie ich es aushalte in der Stadt, allein. Ich habe wenig Lust, anderen von mir zu erzählen. Soll ich schreiben: Liebe X – denn meistens sind es doch Frauen, die sich um mein Wohlergehen sorgen –, du fragst, was ich treibe. Nun ja, nichts Nennenswertes, ich lebe, bin gesund, gehe spazieren, fast immer in der City, die Parks langweilen mich ohne Hund. Die Häßlichkeit? Ja, weißt du, durch häßliche Straßen gehe ich besonders gern. Übrigens tue ich mir da sehr leicht, denn es gibt viele. Ich möchte sagen, beinahe alle sind häßlich. Die notorisch schönen, wie die Champs-Elysées, kotzen mich an. (Weil, Grete: *Meine Schwester Antigone*. Frankfurt/M.: Fischer, 1982 (1. Aufl. 1980), 8.)

139 Weil, Grete: *Generationen*. Frankfurt/M.: Fischer, 1989 (1. Aufl. 1983), 95f.

140 Als „[b]ewährtes literarisches Verfahren" wurden, nach Holdenried, die „Lücken kindlicher Amnesie durch ‚Interpolation'" geschlossen. Dies hieße „nichts anderes", „als dass ‚erfunden' wird. Autorinnen wie Klüger oder Weil thematisieren nun diese Amnesie in ihren Autobiographien." (Holdenried 2000: 31.)

ne Beschränktheit entgegensetzen und daher auch keine kommensurablen Gefühle aufkommen lassen. (wl, 30.)

Erzählgegenwart und metatextuelle Reflexionen spannen sich lückenfüllend über die Vergangenheit, die der Autorin als chronologische Grundstruktur dient. Schwer beschreibbare Szenen aus der Vergangenheit vernetzt sie mit reflexiven Metatexten. Während sie beispielsweise von einer letzten ärztlichen Untersuchung in Auschwitz berichtet, die nur auf Spott und Kränkung abgezielt hatte, textualisiert sie ihren unmittelbaren Schreibprozess. Somit gelingt es ihr, dem Rezipienten die erniedrigende und dadurch unangenehme Situation des „Nacktseins" näherzubringen:

> Mir fällt es schwer, diese an sich keineswegs traumatische Erinnerung aufzuschreiben, und ich merke, daß ich es mit umständlichen Worten getan habe, daß mir auch keine besseren einfallen. Ähnlich habe ich uns in einer ersten Niederschrift der Selektion Unterwäsche angedichtet, was mich beim Durchlesen sehr erstaunt hat, denn wir waren ja nackt.
> Ich bin nicht prüde, der Grund für solche Fehlleistungen muß anderswo liegen und hat wohl mit dem seelischen Stellenwert von Nacktheit und Kleidung zu tun. (wl, 143.)

Auf diese Weise schreibt Klüger, wie es Marisa Siguan formuliert, „gegen eine Tabuisierung an" und versucht, „die Grenzen des Sagbaren zu erweitern". (Siguan 2007: 147.) Dies kündigt bereits das ausgewählte Motto an. Es resümiert einerseits die Schwierigkeiten, die Erinnerung faktisch zu erfassen, und andererseits die Verkündigung ihres Leidens als Aufforderung zur Auseinandersetzung zwischen Juden und Deutschen. Dass sich der Drang nach Authentizität eines „unverfälschten Erinnerungsstrom[es]" durch literarische Konstruktion jedoch nicht vermeiden lässt und sich der Genauigkeit entzieht,[141] manifestiert sie in ihrem Mahnruf: „Ehre den Toten, den Lebenden eher Mißtrauen." (wl, 196.)

3.1.4 Der Epilog

Ruth Klüger hat zwar für ihr deutsches Buch auf einen Prolog verzichtet, jedoch nicht auf einen Epilog, den sie „Göttingen" betitelt. Für Genette ist der

---

141 Siehe Langer, Phil C.: *Schreiben gegen die Erinnerung? Autobiographien von Überlebenden der Shoah.* Hamburg: Krämer, 2002, 43f. Langer situiert die „Shoah-Autobiographien im Spannungsfeld von ‚Faktizität' (dem ‚Ereignis', der ‚Vernichtung') und ‚Fiktion' (dem ‚Text', der ‚Erzählung')", so dass er das Problem in der „Verschriftlichung – und damit tendenzielle Fiktionalisierung – des faktisch Erlebten und der Rückbindung der so entstandenen Erzählung an die zu bezeugende Vernichtung mittels Authentisierungsstrategien" erkennt.

Epilog oder das „Nachwort, das am Ende des Buches steht und sich nicht mehr an einen potentiellen, sondern an den tatsächlichen Leser richtet", eine Gewährleistung einer „logischere[n] und tiefgehendere[n] Lektüre." (Genette 1989: 229.) Bis zum Epilog, der nach Heidelberger-Leonard „an die Widmung des Anfangs anknüpft" (Heidelberger-Leonard 1996: 44), erfährt der Leser von *weiter leben* nicht, welche Motivationen die Autobiographin dazu bewegten, schließlich doch noch Zeugnis abzulegen.

Auch von dem schweren Unfall mit dem Radfahrer in Göttingen, dem langen Aufenthalt in der Klinik und der langsamen Genesung, die dazu führten, verdrängte Erinnerungen wieder aufstoßen zu lassen und sich ihnen nicht mehr „entziehen" zu können[142], erfährt der Leser erst am Ende des Buches. Der Erinnerungsprozess erfolgt unkontrolliert und schubhaft:

> Jeder Tag ist wie ein Tor, das sich hinter mir schließt und mich ausstößt. Die Vergangenheit suchen, wenn sie vernagelt ist.
> Die Gedanken dachten sich von alleine, im Kreis oder in einer Spirale, in den wunderlichsten geometrischen Figuren, nur nicht linear. Und hingen im Raum der sich wiederholenden Krankenhaustage. Die Zeit war zersplittert, ich erlebte sie nicht als Kontinuum, sondern als Glasscherben, die die Hand verletzen, wenn man versucht, sie zusammenzufügen. (wl, 277.)

Auch ihr Buch beruht auf einer zersplitterten Erinnerung, die sich unmöglich linear erzählen lässt. Sie vergleicht den langsamen Rückgewinnungsprozess der Erinnerung mit einem Einbruch im eigenen Haus, in dem die Einbrecher alles durcheinandergeworfen und Kisten geöffnet haben, die versperrt zu sein schienen. Im folgenden Fragment thematisiert sie die Erinnerung, die sie nur langsam und fragmentarisch wiedergewinnt. Durch den langen Wiederherstellungsprozess werden auch verdrängte und lang abgelegte Erfahrungen ins Gedächtnis gerufen. Dieser Entwicklungsgang verläuft völlig unkontrolliert: „Die Gedanken dachten sich im Kreis oder in einer Spirale, in den wunderlichsten geometrischen Figuren, nur nicht linear. Und hingen im Raum der sich wiederholenden Krankenhaustage." (wl, 277.) Sie erfährt die Vergangenheit nicht „als Kontinuum, sondern als Glasscherben, die die Hand verletzen, wenn man versucht, sie zusammenzufügen." (wl, 277.) Die schmerzlichen „Glasscherben" fungieren als Metapher für die verbannte Erinnerung an schmerzliche Erfahrungen, die nun in ihrem Gedächtnis unkontrolliert auftauchen:

> Es war, als hätten Einbrecher alles durcheinandergeworfen, die sorgfältig verpackten alten Papiere aus hinterster Ecke hervorgeholt, sie dann aus Wut, weil sie unbrauchbar und wertlos waren, im Haus verstreut, alle Schubladen aufgerissen, Kleider zerschnitten […], und die Schränke sperrangelweit offen; und

---

142 Pletter, Marita: Der Pazifik hat die richtige Farbe. Ein Gespräch mit der Schriftstellerin Ruth Klüger über Auschwitz, über das Judentum, über das Schreiben. In: *Die Zeit*, 10.03.1995, 67.

> uralte Gegenstände, von denen man glaubt, man hätte sie längst in den Müll geworfen, wieder ans Tageslicht gezerrt. Man kommt sich enteignet vor, weil das Haus selbst durch die gewaltsame Störung so geschädigt und auch fremd erscheint. Nach und nach merkt man, daß in dem anscheinend heillosen Chaos mehr vom eigenen Ich steckt als in den früheren, scheinbar geordneten Verhältnissen. (wl, 276.)

Auch wenn sich die Ich-Erzählerin zu diesem Zeitpunkt bereits mit dem Holocaust als Literaturwissenschaftlerin und Opfer öffentlich auseinandergesetzt hatte, scheint es bis zu diesem Zeitpunkt immer eine Angelegenheit gewesen zu sein, die sie mit einer sicheren emotionalen Distanz behandelte. Erst im Krankenhaus beginnt sie sich mit ihren eigenen „Gespenstern" „auseinanderzusetzen". (wl, 279.) Aus dieser Distanz zum Gedächtnis und zu Deutschland kann sie ihr Zeugnis in ihrer Heimat Orange County in Südkalifornien, in der sie „gerne" lebt, beenden. (wl, 280f.)

Der Epilog, das einzige Kapitel, das sie zuhause in Kalifornien schreibt, versetzt den Leser in die unmittelbare Erzählgegenwart. Sie berichtet von der plötzlichen Aussöhnung der Mutter mit Ditha und von der ständigen Anwesenheit des Holocausts, durch albtraumartige „Ressentiments, Haß, Selbstmitleid" (wl, 282f.). Doch auch hier geht sie zurück in die Vergangenheit. Sie „kramt" „ein altes Gedicht heraus", das sie in den 60ern schrieb, als sie „zum ersten oder zweiten Mal wieder in Deutschland war". (wl, 283.) Das Gedicht mit dem Titel „Aussageverweigerung" erzählt von ihrer damaligen Unfähigkeit, Zeugnis abzulegen, der sie durch eine ständige Flucht entkommen konnte, bis die Gespenster sie letztendlich doch zum Reden brachten: „Schließlich haben sie mir ein Bein gestellt, so daß ich auf den Kopf fiel, und was mir danach einfiel, oder was dabei herausfiel, hab ich ausgesagt. Jetzt könnten sie mich in Ruhe lassen und mir weiteres Umziehen ersparen." (wl, 284.) Die Zeugnisablegung wird noch nicht die Versöhnung mit ihren Gespenstern bewirken, wie sie es sich erhofft hatte. Erst als sie nach dem Tod ihrer Mutter die amerikanische Fassung schreibt, macht sich in ihr eine gewisse Aussöhnung bemerkbar. Dies wird die Entfernung ihrer eintätowierten Auschwitz-Nummer mit sich bringen. Den Vorgang und die Entscheidung dieser verspäteten Entfernung illustriert sie in *unterwegs verloren*. (Vgl. uv, 11-29.)

3.1.5 Die Anmerkungen

Genette definiert eine Anmerkung als „eine Aussage unterschiedlicher Länge (ein Wort genügt), die sich auf ein mehr oder weniger bestimmtes Segment des Textes bezieht und so angeordnet ist, daß es auf dieses Segment verweist oder in dessen Umfeld angesiedelt ist." (Genette 1989: 305.) Das „formale Merkmal" und somit das, wodurch es sich von anderen Paratexten unterscheidet, ist der „immer partielle Charakter des Bezugstextes, und folglich auch der immer lokale Charakter der angemerkten Aussage". (Genette 1989: 305.) Der Anlass des Auftauchens einer Anmerkung kann jederzeit „im Leben eines Textes" sein, „insofern eine Ausgabe Gelegenheit dazu bietet." (Genette 1989: 307.) Genette unterscheidet zwischen drei verschiedenen „Gelegenheiten": 1. „Originalanmerkungen in der Erstausgabe"; 2. „nachträgliche Anmerkungen in der Zweitausgabe"; 3. „späte Anmerkungen". (Genette 1989: 307.)

Wie diese Arbeit noch belegen wird, weist *weiter leben* ein dichtes intertextuelles Netz auf. Doch oft ist die Markierung der intertextuellen Referenz so schwach, dass ihre Erkennung scheitern kann. Auch für die intertextuellen Verweise, in denen die Autobiographin die Quelle und den Autor zitiert, wird in nahezu allen Fällen auf eine Fußnote für die Quellenangaben verzichtet. Lediglich ein Zitat mit Quellenangabe findet der Leser in *weiter leben*: Es ist das Zitat aus Tadeusz Borowskis Erzählband *Bei uns in Auschwitz,* das anhand einer Fußnote, oder nach Genette einer „Originalanmerkung in der Erstausgabe", mit einem Sternchen markiert ist: „* ›Bei uns in Auschwitz‹, München 1982, S. 160-161." (wl, 107.) In der „Zweitausgabe" von *weiter leben* befindet sich jedoch eine Anmerkung, die von der Erzählerin nachträglich hinzugefügt wurde, da sie auf einer Reaktion beruht, die durch die Erstausgabe hervorgerufen wurde:

> *Nachdem dieses Buch erschienen war, erhielt ich Nachricht von der auf S. 153 erwähnten Vera. Sie hatte eine Rezension gelesen und hoffte, ich sei's. Telephonate, Briefe, ein Besuch in Prag. Vera war mit den anderen Frauen von Christianstadt nach einem langen, qualvollen Marsch in überfüllte Züge verfrachtet und nach Bergen-Belsen transportiert worden. (Nicht Flossenbürg, wie ich, einem unverläßlichen Nachschlagewerk folgend, irrtümlich angenommen hatte, s. S. 76f.) Dort wurden die Überlebenden schließlich von den Engländern befreit.* (wl, 169.)

Um diese Anmerkung vom restlichen Erzähltext abzuheben, wurde eine Kursivschrift gewählt. Ein deutlicher Absatz markiert diesen Zusatz. (Vgl. Genette 1989: 307.) Wer die Bemerkung zu ihrer Freundin Vera in der amerikanischen Version sucht, wird sie nicht finden, denn, so bemerkt Genette, eine Anmerkung kann auch wieder herausgenommen werden, wie dieses Beispiel belegt. Dafür fügt sie in das Kapitel „Part One: Vienna" den Unterpunkt „6" hinzu, wo sie erneut eine Leserreaktion in ihre Autobiographie aufnimmt. Diesmal ist es eine Französin, die die Übersetzung der deutschen Fassung las. Als die Autorin ihre Trauer um ihren Vater ins Englische überträgt, erhält sie eine E-Mail mit der Information über den Transport ihres Vaters, der nicht nach Auschwitz ging, sondern nach Litauen und Estland. Was mit diesen 900 Männern dort geschah, bleibt im Dunkeln. Für die Tochter bedeutet dies jedoch den Beginn einer neuen Auseinandersetzung mit den Todesumständen ihres ermordeten Vaters, denn die Frage nach der Todesart bleibt ungelöst:

> These stories have no end. As long as we live and care, they have no end. Why did they send these men to the Baltic states? It makes no sense [...]. So here are

the two versions, the one with which I have lived for more than half a century, and the other still new and undigested. (SA, 39f.)

Dies ist jedoch nicht die einzige Veränderung, die Klüger in *Still Alive* vornimmt. Umfassende Kontrastierungen der beiden Versionen sind vor allem in den letzten Jahren entstanden, die u.a. die Versöhnung mit der Mutter als deutliches Unterscheidungsmerkmal hervorheben.[143]

3.2 Klügers Familie: Ein literarisches Familienportrait der Wiener Jahrhundertwende

Wien entwickelte sich in der Jahrhundertwende zu einer kulturellen Metropole Europas. Österreich-Ungarn war ein Vielvölkerstaat und die Hauptstadt Wien „ein Schmelztiegel, in dem neben den tonangebenden Deutschen die Angehörigen vieler anderer Nationalitäten lebten und der Stadt ihr Gepräge gaben."[144] Zu dieser Zeit „formulieren die politischen, wissenschaftlichen und ästhetischen Diskurse den Geist einer Wendezeit besonders deutlich. Es formieren sich jene Codes und Strukturen der ‚Moderne', die bis zum Ende des 20. Jahrhunderts die Identität jedenfalls der westlichen Gesellschaften bestimmen."[145] Die wichtigsten Eigenschaften, die das „intellektuelle Programm" der Wiener Moderne kennzeichnen, sind:

> Aufklärung überkommener Formen; Ablehnung des Überflüssigen; Primat des Funktionellen und Effizienten; Kritik feudaler Lebensformen und Schnörkel zwischen Korsett und Krinoline, Etikette und Fassadenschmuck; Kritik aristokratischer Gesten, Lebensformen und hierarchischer Attitüden; Kritik des repräsentativen Habitus; Schlichtheit und Einfachheit als Postulat; Herausbildung eines neuen Körperbewusstseins und einer freieren Haltung zur Sexualität; Erkenntnis der Komplexität des psychischen Geschehens und Forderung nach einer Ausleuchtung der Seelenlandschaft; Forderung einer rationalen Erklärung und Bewältigung der Welt durch die Wissenschaften. (Ehalt 2001: 15f.)

Wie Klüger in ihrem Essay *Erlesenes Wien: wie seine Dichter es sahen und sehen* unterstreicht, muss, wenn von „Wien und die Literatur" die Rede ist, „über Wien und seine Juden" gesprochen werden, da die jüdischen Autoren mit

143 Zu den Studien über *weiter leben* und *Still Alive* siehe Schaumann 2004, 324-339; McGlothlin 2004, 46-70; Pérez Zancas, Rosa: Von ‚weiter leben' zu ‚Still Alive': Ruth Klügers fortgesetzte Unvollständigkeit. In: *Revista de Filología Alemana* 2008, 16 (3-4), 211-228.

144 Bauer, Arnold: *Stefan Zweig*. Berlin: Morgenbuch, 1996, 7.

145 Ehalt, Hubert Christian: Arthur Schnitzler und sein Tagebuch. Vorwort. In: Klüger, Ruth: *Schnitzlers Damen, Weiber, Mädeln, Frauen*. Wiener Vorlesungen. Wien: Picus, 2001, 11-21, hier: 15.

ihrer Literatur „eine geistige Hinterlassenschaft" zurückließen, sei es zum Zeitpunkt der Wiener Jahrhundertwende gewesen oder „in den beiden Jahrzehnten danach."[146] Bezeichnend „für diese Generation berühmter Juden" sei, „daß ihre Großeltern noch anderswo im Habsburger Kaiserreich geboren" worden waren[147] und ihre „Kinder und Enkel nicht mehr in Wien" wohnten. (EW, 125.) So wie Helmut Kiesel die Mitbestimmung jüdischer Autoren über den Charakter der Moderne unterstreicht,[148] konstatiert auch Viktor Žmegač, dass „ohne zahlreiche Gelehrte, Künstler, Schriftsteller und Journalisten jüdischer Herkunft [...] das öffentliche Leben in der Monarchie um die Jahrhundertwende schwer vorstellbar" sei.[149]

Als Klügers Familie „zersplitterte", war sie noch ein Kind, das noch „im Begriff war, sie [Wien] kennenzulernen". (wl, 12.) Dies sei der ausschlaggebende Grund gewesen, warum sie nie das Gefühl gehabt habe, in eine solche „Großfamilie" „eingebettet" zu sein, und immer eine gewisse „Gleichgültigkeit für familiäre Beziehungen" (wl, 12.) verspürte. Trotzdem war es für ihren Schreibprozess äußerst wichtig, den Versuch einer Rekonstruktion ihres Familienbildes über die Wiener Literatur der Jahrhundertwende einzuleiten und sie auf diese Weise neu zum Leben zu erwecken.[150] Die meisten Details erfuhr sie von ihrer Mutter. Besonders die Zeit vor ihrer Geburt besteht aus den wenigen und meist unzusammenhängenden Bruchstücken.

Die österreichische Literatur der Jahrhundertwende zeichnet sich besonders durch ihre gesellschaftlichen und individuellen Introspektiven aus, die sich für die Autorin als eine äußerst aufschlussreiche Informationsquelle zur Erforschung ihrer eigenen Familienumstände und zur späteren Zusammenfügung der Zäsuren dieser Zeit als ein hilfreiches Instrument erweisen. Die Geschichten von jüdischen Autoren wie Joseph Roth, Stefan Zweig, dem Prager Dichter Franz Werfel und Arthur Schnitzler, dem Vertreter des sogenannten „Jungen

---

146 Klüger, Ruth: Erlesenes Wien: wie seine Dichter es sahen und sehen. In: dies.: *Gelesene Wirklichkeit. Fakten und Fiktionen in der Literatur*. Göttingen: Wallstein, 2006, 104-135, hier: 125. Alle Zitate beziehen sich auf diese Ausgabe und werden fortan abgekürzt dargestellt mit (EW).

147 Schnitzlers Vater kam beispielsweise aus Budapest.

148 Kiesel, Helmuth: *Geschichte der literarischen Moderne: Sprache, Ästhetik, Dichtung im zwanzigsten Jahrhundert*. München: Beck, 2004, 80.

149 Žmegač, Viktor: Die Wiener Moderne. In: Žmegač, Viktor (Hrsg.): *Geschichte der deutschen Literatur vom 18. Jahrhundert bis zur Gegenwart. Band 2*. Königstein im Taunus: Athenäum, 1985, 256-302, hier: 260.

150 Über Louis Begleys autobiographischen Roman *Lügen in Zeiten des Krieges* schreibt sie: „Die Erinnerung an die Kindheit überwindet die Unerträglichkeit dieser Kindheit, indem sie sich eine Kindheit zurechtbastelt. Es ist das Paradox dieses Romans, daß er fiktive Elemente gebraucht und braucht, um dem Gedächtnis einen Weg zum Ausdruck zu bahnen. Solche Bastler sind im Grunde alle geworden, die über die Vergangenheit nachdenken. Man erfindet Neues mit Hilfe des Gewesenen. Begley erinnert uns daran, daß diese Produkte der Erinnerung nicht mit der Vergangenheit identisch sind und sein können, weil sie, die Erinnerungsprodukte, ja in unseren Köpfen verankert sind." (FF, 57.)

Wiens“[151], werden als Referenztexte eingesetzt. Sie vervollständigen das Bild ihrer Familie, die, wie auch die Kunst der Wiener Moderne nach dem Anschluss, von den Faschisten und Nationalsozialisten ausgelöscht wurde und demnach kein „natürliches Ende“ fand. Besonders durch die Literatur ihres selbsternannten „Ahnherrn“ (wl, 21), Arthur Schnitzler, konzipiert Klüger die familiären Umstände der Jahre vor ihrer Geburt und die unmittelbar darauffolgende Zeit.

Der aus einem jüdischen Elternhaus stammende und in Wien geborene Arthur Schnitzler ist als Erzähler und Dramatiker einer der wichtigsten Vertreter der Wiener Moderne. Er selbst sah sich jedoch als der „durch das Gekläff des Antisemitengesindels seit der Erfindung der Buchdruckerkunst [...] am meisten beschimpfte Dichter in deutscher Sprache“.[152] Mit seiner 1901 erschienenen Novelle *Leutnant Gustl* gelang es ihm, die deutschsprachige Prosa fortschrittlich zu verändern. Der innere Monolog wurde „zum einzigen Ausdrucksmittel der erzählenden Prosa und erreicht mit ihm – auf wahrhaft überwältigende Weise – alle angestrebten Wirkungen“[153], so der Literaturkritiker Marcel Reich-Ranicki. Besonders in den USA, in die zahlreiche deutschsprachige Literaturwissenschaftler und Interessierte der europäischen Moderne exiliert waren, brach die Beschäftigung mit diesem Schriftsteller nie ab, der bereits in seinem Todesjahr (1931) durch den Einfluss der wachsenden Macht der Nazis im deutschen Sprachraum zur Vergessenheit verdammt worden war, später verboten wurde und dessen Bücher in der Nacht der Bücherverbrennung kurz nach der nationalsozialistischen Machtergreifung verbrannt worden waren.[154] Sein Werk gilt als „exemplarischer Ausdruck des österreichischen Fin de siècle“ und setzt „mit dem ‚Reigen‘ und ‚Leutnant Gustl‘ [...] ein Signal für die Moderne des 20. Jahrhunderts.“[155]

Schnitzlers „psychologische Erzählkunst“ (Nürnberger 1989: 332) spiegelt insbesondere die Doppelmoral des Wiener Bürgertums der Jahrhundertwende wider. Bereits mit seinem Erstlingswerk *Anatol* gelang es ihm, „den für das

---

151 Zu dieser Vereinigung, die sich selbst auch „Jung-Wien“ oder „Das junge Österreich“ nannte, zählten unter anderem: Hermann Bahr, Freiherr von Torresani, Arthur Schnitzler, Hugo von Hofmannsthal, Felix Dörmann, Heinrich von Korff, Richard Specht und Paul Fischer. (Vgl. Wunberg, Gotthart/Brankenburg, Johannes J.: Die *Wiener Moderne. Literatur, Kunst und Musik zwischen 1890 und 1910.* Stuttgart: Reclam, 1981, 14 und Lorenz, Dagmar: *Wiener Moderne.* Stuttgart/Weimar: Metzler, 1995, 77f.) Nicht die jüdische Herkunft, sondern die Zugehörigkeit zu einer „gewissen Sozial- und Bildungsschicht“ war ihr gemeinsames Merkmal. (Vgl. Lorenz 1995: 86.) Trotzdem sei hier zu bemerken, dass Schnitzler in einer Liste 23 Mitglieder nannte, von denen 16 jüdischer Herkunft waren. (Vgl. Kiesel 2004: 78.)

152 Schnitzler, Arthur: *Tagebuch: 1917-1919.* Wien: Österreichische Akademie des Wissenschaften, 1995 (1. Aufl. 1985), 97.

153 Reich-Ranicki, Marcel: *Sieben Wegbereiter. Schriftsteller des Zwanzigsten Jahrhunderts.* München: DTV, 2004, 10.

154 Vgl. Nürnberger, Helmuth: Arthur Schnitzler. In: Grimm, Gunter E./Max, Frank Reiner: *Deutsche Dichter: Realismus, Naturalismus und Jugendstil. Band 6.* Stuttgart: Reclam, 1989, 318-336, hier: 332f.

155 Wiegmann, Hermann: *Die deutsche Literatur des 20. Jahrhunderts.* Würzburg: Königshausen& Neumann, 2005, 49.

literarische Wiener Fin de Siècle charakteristischen" Menschen zu gestalten.[156] Das „Liebesmotiv", besonders die außereheliche Liebe, und das „Motiv des Todes" in Verbindung mit der Gesellschaftskritik tauchen thematisch in annähernd allen seinen Werken auf. (Sørensen 2002: 149f.) Die Figur des „Dandy" (*Anatol*, 1888) oder junge Frauen (*Liebelei*, 1895 oder *Therese. Chronik eines Frauenlebens*, 1928) – den Frauentyp des „Wiener süßen Mädels"[157] führte Schnitzler in die Literatur ein – stehen im Mittelpunkt seiner Werke. Nach Dagmar Lorenz „stülpen" sich seine Protagonisten „Masken über, täuschen sich selbst und ihre Umwelt zum Zwecke der eigenen Selbstbehauptung." (Lorenz 1995: 139.) So sind ihre „Lebensäußerungen gewissermaßen nur geliehen, ihre sprachlichen Wendungen sind Äußerungen eines anderen, das durch sie hindurch spricht". (Lorenz 1995: 139.) In vielen seiner Werke (*Paracelsus, Anatol, Professor Bernhardi* oder *Traumnovelle*) übt der Mann den Beruf des Arztes aus, dem „die Charakterlosigkeit des Literaten und Künstlers" gegenübergestellt wird, „der [die Figur des Arztes] sich, im Gegensatz zu seinem Spätwerk, in den Frühwerken und in denen der mittleren Schaffensperiode durch Mut, Selbstsicherheit und Einsicht in menschliche Probleme auszeichnet" (Fla, 49), wie Klüger in ihrer Analyse zu Schnitzlers *Therese* in diagnostizierte.

Die Figur der Ärztin hingegen kommt, so Klüger, in seinen Geschichten nicht vor. Die Frauen sind dabei die bevorzugten Patientinnen. (Vgl. SDWMF, 28.) Sie üben in den meisten Fällen gar keinen Beruf aus, es sei denn den der Schauspielerin[158], die dann jedoch meist mehr „mit ihren männlichen Partnern als mit ihrer Kunst" „beschäftigt" ist. (SDWMF, 5.) Weitere Berufe der weiblichen Figuren, wie die der „Prostituierte[n], Stubenmädel, Näherinnen, auch Gouvernanten und eine gelegentliche Klavierlehrerin", werden nur ausgeübt, „um ein paar extra Schillinge zu verdienen". (SDWMF, 46f.) Die Faszination seiner Geschichten liegt jedoch nicht, wie Klüger weiter bemerkt, in der Entlarvung des Geschlechtstriebes „hinter der gesellschaftlichen Fassade", „sondern dass er im Gegenteil die Geschlechtlichkeit in jeder Form, Prostitution, Tändelei, Liebe, Ehe auf die gesellschaftlichen Bedingungen" zurückführe, was besonders auf den *Reigen* zutreffe. (SDWMF, 37.) „Man konnte und wollte im Reigen nicht das sehen, was er zumindest auch war", behauptet Franz Baumer in seiner Schnitzler-Biografie,

> die illusionslose Bilanzierung einer ritualisierten Scheinmoral, deren längst abgestorbene Inhalte sich in den entscheidenden zwischenmenschlichen Beziehungen als bloße mechanische Triebbefriedigung isoliert bleibender Einzelwesen manifestierte.[159]

---

156 Sørensen, Bengt Algot (Hrsg.): *Geschichte der deutschen Literatur 2. Vom 19. Jahrhundert bis zur Gegenwart. Band II.* München: Beck, 2002, 148.

157 Sørensen beschreibt die jungen Frauen als „einfach[e] Mädchen aus der Wiener Vorstadt, unbemittelt, ungebildet und lebensfroh", bei denen „die galanten jungen Herren der besseren Gesellschaft" sich „angenehm ‚erholen'" konnten. (Sørensen 2002: 150.)

158 Eine Ausnahme wäre Thereses Mutter, Frau Fabiani. Sie übt den Beruf der Schriftstellerin aus.

159 Baumer, Franz: *Arthur Schnitzler.* Berlin: Colloquium, 1992, 6.

Schnitzler war der erste Dichter, der mit seiner Novelle *Leutnant Gustl* in die deutschsprachige Literatur den inneren Monolog einführte. In seinem 1924 erschienenen Werk *Fräulein Else* konnte er dieses literarische Neugebiet fortsetzen und ausarbeiten, aus dem sich, nach Klüger, durch die Aneinaneinanderreihung „von Episoden an die nächste", sogar ein verspäteter Schelmenroman herauslesen ließe. (Fla, 35.) Die Stadt Wien, die in seinen Werken beschrieben wird, ist eine Stadt der Décadence, eine kranke, antisemitische Gesellschaft (*Professor Bernhardi*) ohne Zukunftsperspektive. Es ist, wie auch in anderen Werken der österreichischen Moderne (Joseph Roth), das Krankheitsbild eines zerfallenden Bürgertums und Adels, das er manchmal bis ins Groteske führt (*Der grüne Kakadu*).

Klüger fühlt sich dem Wiener Autor stark verbunden. Nicht nur, dass er „zehn Tage vor ihrer Geburt" (wl, 21) in Wien starb. Auch er lebte in ihrer Geburtsstadt, der Stadt ihrer Eltern, und war, wie die Protagonistin, Jude. Dieses Gefühl der Verbundenheit überträgt sich in ihrem Erinnerungsbuch auf ihr spärliches Wissen über das Leben ihrer Eltern. Zwar erinnert sie sich anekdotisch an ihre Verwandten und ihren Vater, doch das meiste stammt vom „Hörensagen" (wl, 30), womit vorherrschend das Erinnerungsvermögen ihrer Mutter gemeint ist, der einzigen Überlebenden ihrer Familie, abgesehen von ihrem Cousin Hans. Die Geschichten Schnitzlers eignen sich zur mosaikartigen Zusammenstellung einer Vergangenheit, über die sie gerne mehr wissen wollte. Sie erwähnt lediglich den Namen des Autors, durch dessen Geschichten der Leser die Geschichte ihrer Eltern auslegen und sich ein Gesamtbild machen kann. Doch beschränkt sie sich nicht auf ein bestimmtes Werk, sondern stellt es nun dem Rezipienten frei, sich sein individuelles Portrait dieses jungen Paares zu konstruieren:

> Aus den Büchern von Arthur Schnitzler, der zehn Tage vor meiner Geburt in Wien gestorben ist (das ist mir wichtig, er ist ein Ahnherr, ich denk mir, der hat mir sein Wien vermacht), weiß ich gewissermaßen mehr über meine Eltern als aus der Erinnerung. (wl, 21.)

Der Intensitätsgrad der Markierung hängt in diesem Fragment besonders vom Rezipienten ab, davon, wie gut er die Literatur von Arthur Schnitzler kennt. Keineswegs vereinfacht Klüger das familiäre Bild. Wie in bereits zuvor analysierten Textsequenzen deutlich geworden ist, zielt sie erneut auf ein elitäres Publikum, dem die Wiener Gesellschaft der Jahrhundertwende durch ihr Schriftgut wohl bekannt ist. Somit werden die familiären Verhältnisse der Klügers für beide Seiten gleichgesetzt: Leser und Erzählerin rekonstruieren ein gemeinsam geknüpftes Familienportrait, in dem der Vater der typischen und beliebten Figur des Arztes in den Werken Schnitzlers entspricht. In der Zeit, als er um ihre Mutter wirbt, ist er noch „ein mittelloser Medizinstudent, in einer Stadt, wo es zu viele Ärzte" gibt, „und sie die Tochter eines wohlhabenden Ingenieurs und Fabrikdirektors." (wl, 21.) Die perfekte Voraussetzung für die Geschichte eines Paares aus einer Schnitzlerschen Geschichte. Das Wenige, was sie weiß, wird nun in diesen literarischen Rahmen eingefügt, indem sie eine von Schnitzlers Kurzgeschichten für ihre Beschreibung einsetzt:

> Der ‚andere' war ein Langweiler, ein Pedant und geizig, so die Familientradition. Meine Eltern, junge Menschen aus Arthur Schnitzlers Welt, der Student und die Frau des geizigen Pedanten, hatten eine Liebesaffäre, die sich zwischen Wien und Prag abspielte, zwei Städte, zwischen denen man damals leicht hin- und herpendeln konnte, und nachher nicht mehr, und erst sozusagen seit vorgestern wieder. (wl, 21)

Die Liebesgeschichte der Eltern wird durch die intertextuelle Referenz ergänzt und „Der ‚andere'" lediglich in den Text integriert, womit ein sehr geringer intertextueller Intensitätsgrad erreicht wird. Ein einziger Hinweis auf die Existenz eines fremden Textes sind die Anführungszeichen. Es entsteht ein Wissenshorizont, der sich aus Schnitzlers Kurzgeschichte *Der Andere. Aus dem Tagebuch eines Hinterbliebenen*[160], einer der ersten psychologischen Studien aus dem Jahr 1889 und Klügers Beschreibungen zusammensetzt. Die äußerst schwache Markierung auf den Schnitzlerschen Prätext zieht ihn in eine neue Sinnkonstitution – die Liebesgeschichte der Eltern – hinein, wobei die Erzählung nur geringfügig auf die Geschichte der Eltern zutrifft. Den ersten Mann ihrer Mutter und Vater ihres Halbbruders Schorschi kann sie nur mit den Worten ihrer Mutter beschreiben. Auch hier fungiert sie als Sprachrohr für die Mutter, wobei das autobiographische Ich aus der Perspektive der Literaturwissenschaftlerin eingeblendet wird, die sowohl als Tochter auftritt als auch als Kollegin ihrer „deutschen Freunde", die größtenteils, wie sie, Literaturwissenschaftler sind und deshalb die Beschreibungen auf Anhieb nachvollziehen können. Die Rekonstruktion dieser Liebesbeziehung bekommt durch die literarischen Referenzen und durch die Schnitzlerschen Figurenbeschreibung eine Sinnkonstitution, die in jedem (Schnitzler-)Leser aufgrund der offen gelassenen Auswahl an Werken leicht divergieren kann. So kann die Mutter einerseits als Opfer der jüdischen Bräuche und Gesellschaft gedeutet werden – „Ihr Vater gab sie dann auch einem anderen, einer besseren Partie." (wl, 21.), – die in eine gut situierte Familie hineingeheiratet wurde, aufgrund ihres gehobenen familiären Status jedoch eine zweite Ehe eingehen konnte. Sie ist aber auch eine handelnde Figur, da sie sich letztendlich von dieser erzwungenen Ehe lösen konnte und sich für eine Scheidung entschied, um ihren Geliebten zu heiraten. Durch diesen abnormen Schritt brach sie mit der „Scheingesellschaft", auch wenn ihr Vater, der Familienpatriarch, durch seine finanzielle Unterstützung das letzte Wort hatte: „Meine Mutter ließ sich scheiden, ein ungewöhnlicher Schritt, ihr Vater verzieh ihr und versorgte sie noch für die zweite Ehe." (wl, 21.)

---

[160] Schnitzler, Arthur: Der Andere. Aus dem Tagebuch eines Hinterbliebenen. In: ders.: *Die Erzählenden Schriften. Band 1.* Frankfurt/M.: Fischer, 1970a, 40-46.

Das Glück des nun endlich vereinten Liebespaares hielt jedoch nicht lange. Die Perspektive des Vaters tritt nun in den Vordergrund: „Er, mein Vater, das siebte Kind und der einzige, der studiert hatte, war inzwischen Arzt geworden, jetzt bekam er noch eine Frau mit Mitgift dazu, nach einem Jahr ein Kind. Zwar ein Mädchen, aber immerhin. Es ging ihnen gut."[161] (wl, 21.) Die Figur des Vaters verändert sich jedoch. Die von Klüger analysierte Wandlung der Ärzte in Schnitzlers Werken weist Parallelismen mit der Wandlung ihres Vaters auf. Anfangs war er der Arzt, den Schnitzler in seinen Frühwerken als vertrauenswürdig und fürsorglich beschrieb. Später entwickelte er sich zu einem Menschen, den die Tochter fürchtete und der seine Familie schließlich, wenn auch aus Not, verließ. Das Gefühl von Verrat begleitete sie ein Leben lang. Eine „Familienlegende" trägt nicht dazu bei, diese Empfindung zu mindern, da sie ihren geringen Wahrscheinlichkeitsgrad durchschaut:

> Es gab oder gibt aber auch eine Familienlegende, daß mein Vater in Frankreich eine Freundin hatte, daß beide vor der bevorstehenden Verhaftung gewarnt worden waren und nicht schnell genug aus der Wohnung gekommen sind, weil die Freundin noch ihre Hüte einpacken wollte. Möglich ist alles. Aber es klingt nach Werfel. (wl, 64.)

Für die Literaturwissenschaftlerin ist diese Geschichte ausschließlich in der Literatur möglich. Dies begründet sie, wie bereits in der Anzitierung Schnitzlers, mit der Literatur eines jüdischen Schriftstellers: Franz Werfel. Erneut wird das Gesamtwerk eines Dichters aufgerufen, um Literatur mit der Wirklichkeit zu verweben. Wer Werfels Werke kennt, versteht auf Anhieb, auf welche Geschichte sich Klüger bezieht, wenn sie sagt, diese „Familienlegende" klinge nach Werfel. Als der Autor nach seiner geglückten Flucht vor den Nazis in den USA Fuß fassen konnte, verarbeitete er literarisch die Flucht aus dem besetzten Frankreich, wie beispielsweise in seinem Drama *Jakobowsky und der Oberst*, das zwischen 1941 und 1942 in englischer Sprache entstand und 1944 ins Deutsche übersetzt wurde.[162] In diesem Stück verzögert sich die Flucht vor den Nazis, weil die französische Geliebte des Oberst Stjerbinsky vorher noch Koffer und Hüte einpacken muss:

> MARIANNE Nein, nein, so geht das nicht! Wir müssen zuerst das Gepäck holen und Coco und Mignon, die Ärmsten, und das Gas abstellen und die Wasserlei-

---

161 Nach Rachel Monika Herweg waren Söhne in jüdischen Familien „wichtig für die Männer, für die Frauen, die sie gebaren, für die Hebammen – also für die israelitische Gesellschaft schlechthin. Sie galten als Geschenk Gottes, und an ihnen wurde Gotteslohn gemessen". (Herweg, Rachel Monika: *Die jüdische Mutter: Das verborgene Matriarchat*. Darmstadt: Wissenschaftliche Buchgesellschaft, 1995, 30.)

162 Vgl. Jungk, Peter Stephan: *Franz Werfel. Eine Lebensgeschichte*. Frankfurt/M.: Fischer, 1992, 320 und 350.

tung und alle Schränke zuschließen und das Haus versperren! Und ich muß mich umkleiden! ... Schnell! Helfen Sie! *Rasch ab ins Haus.*[163]

In den Hutschachteln befinden sich die Geheimpapiere des Oberst: „MARIANNE *pocht auf die Hutschachtel* Geschah es vielleicht zu meinem Komfort, daß ich Ihre schrecklichen polnischen Dokumente in dieser unschuldigen Hutschachtel versteckte, als wir die deutschen Tanks am Horizont sahen?" (Werfel 1979: 94.) Die Hutschachteln werden den drei Flüchtenden – Jacobowsky, Oberst Stjerbinsky und Marianne – beinahe, wie in der Familienlegende von Klüger, zum Verhängnis, als sie auf einen „Tourist der Gestapo" treffen:

TOURIST [...] *Bemerkt die sarkastische Maske des Oberleutnants, wird verlegen und zeigt ärgerlich auf die Hutschachtel* Was ist das?
MARIANNE *mit höchster Ruhe* Das ist eine Hutschachtel.
TOURIST Und was ist in der Hutschachtel?
MARIANNE Was kann in der Hutschachtel einer Frau sein? Hüte! *Blickt den Oberleutnant starr ins Auge* Soll ich öffnen, Monsieur? (Werfel 1979: 116.)

Es wird lediglich die Glaubhaftigkeit dieser Familienlegende widerlegt, indem sie als Literaturwissenschaftlerin argumentiert, dass sie aufgrund der Literarisierung äußerst unwahrscheinlich ist. Der Name des Stückes wird jedoch nicht erwähnt, den setzt sie von ihrem Publikum voraus. Die Literatur dieser Epoche fließt demzufolge in die Spekulationen über die letzten Tage des Vaters in Frankreich ein. Um diesen Bezug auf das Werk von Franz Werfel zu verstehen, muss der Leser auch die Werke Werfels kennen, der besonders wegen seiner expressionistischen Gedichte, Theaterstücke und Romane im deutschen Sprachraum sehr beliebt war und 1926 in der deutschen Zeitschrift *Die schöne Literatur* zum beliebtesten „Schriftsteller der Gegenwart" gewählt wurde. (Vgl. Jungk 1992: 169.)

Die Stadt Prag[164] wird an diesem Punkt erstmals erwähnt. Wichtig scheint der Erzählerin die gute Verbindung zwischen beiden Städten zu sein. Denn auch Prag war zu dieser Zeit eine Stadt, in der die deutschsprachige Literatur besonders von jüdischen Schriftstellern gepflegt wurde. Die gute Bahnverbindung zwischen Prag und Wien wird später für die Deportationen der Wiener Juden genutzt. Auch die Protagonistin wird mit ihrer Mutter nach Theresien-

[163] Werfel, Franz: *Jacobwsky und der Oberst*. Frankfurt/M.: Fischer, 1979 (1. Aufl. 1959), 76. Die Hutschachteln tauchen erstmals auf S. 84 auf.

[164] Um 1900 betrug in Prag der Anteil an deutschsprachiger Bevölkerung 7,5 Prozent, die überwiegend Deutsch sprach und von der tschechischen Gesellschaft immer mehr weggedrängt und isoliert wurde. (Vgl. Foltin, Lore B.: *Franz Werfel*. Stuttgart: Metzler, 1972, 20.) Viele von ihnen übten einen schriftstellerischen Beruf aus. Die neben Wien „bedeutendste Stadt der nördlichen Donaumonarchie" blühte besonders während der Jahrhundertwende in Hinsicht auf die deutschsprachige Literatur regelrecht auf. Rainer Maria Rilke oder Franz Kafka lebten in Prag als deutschsprachige Schriftsteller, so wie Franz Werfel, der dem „engeren ‚Prager Kreis' angehörte. (Vgl. Arens, Detlev: *Prag. Kultur und Geschichte der ‚Goldenen Stadt'*. Köln: DuMont, 2003, 60ff.; Žmegač 1985: 325.)

stadt deportiert – Theresienstadt liegt circa 60 km von Prag entfernt –, als ihr Todesurteil von den Nazis ausgesprochen wird. Aus der heutigen Perspektive wird die Entfernung zwischen Prag und Wien relativiert. Klüger setzt dafür drei adverbiale Bestimmungen der Zeit ein – „damals", „nachher" und „seit vorgestern". Die politischen Umstände sind entscheidend für die Nähe bzw. Entfernung dieser Städte, die paradigmatisch auch für andere Städte einsetzbar ist, wenn man beispielsweise an Berlin vor und nach dem Zweiten Weltkrieg denkt. Erst nach dem Krieg wird die Nähe zwischen den zwei europäischen Metropolen aufgelöst, so dass die Tochter heute aus unterschiedlichen Zeitpunkten die Nähe zwischen ihnen begreifen kann:

> Eine unerreichbare Stadt schien mir Prag, einige Jahre später, nur von den Beschreibungen meiner Mutter bekannt, als es galt, ihren Sohn, meinen Halbbruder Jiři, auf deutsch Georg, auf österreichisch Schorschi, von Wien aus in Prag abzuholen. Was nicht gelang. (wl, 21.)

Das Opfer dieser Entfernung während der 30er Jahre war ihr Halbbruder Schorschi, der nach den Ferien nicht mehr nach Wien zurückkehrte, da das Prager Gericht dem Vater das Sorgerecht übertragen hatte. (Vgl. wl, 22.) Erst dann, aufgrund ihres politischen Wandels, begriff die Mutter die tatsächliche Entfernung zwischen den Städten. Die Rechtfertigung, die das Mädchen nach dem Krieg von ihrer Mutter hörte, wird mit dieser Distanz verbunden, die die Tochter mit dem misslungenen Versuch, ihren Bruder nach Wien zu holen, in Verbindung bringt. „Frauen sind machtlos bei Schnitzler, wenn sie nicht durch die Hintertüre ihrer erotischen Attraktivität Einfluss auf die eigentlichen Machthaber ausüben" (SDWMF, 33), konstatiert Klüger. Auch ihre Mutter ist ihrem Prager Ex-Mann und den Prager Gerichtsentscheidungen gegenüber machtlos: „Meine Mutter ging mit verweinten Augen herum und schimpfte auf ihren Verflossenen, „den Mendel", der den Buben von den Ferien nicht hatte zurückkommen lassen." (wl, 22.) Das Kind wird auch ein Opfer der politischen Veränderungen in Prag, als dort die Abneigung gegen Deutsche immer größer wird. Die Beschreibung des ersten Ehemannes der Mutter ist äußerst spärlich und negativ konnotiert. Abgesehen von der kurzen Charakterisierung und seinem jüdischen Namen „Mendel" scheint selbst die Erzählerin nicht viel von ihm zu wissen, auch nicht, ob er den Holocaust überlebte.

Bevor es jedoch zu einer räumlichen Trennung zwischen Mutter und Sohn kommt, zieht der sechs Jahre ältere Schorschi mit seiner Mutter nach Wien. Auch in seiner Personenbeschreibung verwebt Klüger literarische Figuren der Jahrhundertwende mit der realen Gestalt ihres Bruders, des Kindes aus erster Ehe, als die Mutter noch in Prag lebte:

> Mein Bruder, das Kind dieser Schnitzlernovelle mit Werfelschem oder Zweigschem Einschlag, kam also von Prag nach Wien mit unserer Mutter, die nun endlich ein paar Jahre lang das haben sollte, was sie sich gewünscht hatte, den

feschen Medizinstudenten aus armer Familie, diese eher von Joseph Roth, neun Kinder, die Mutter Witwe. (wl, 21.)

Die Textsequenz konzentriert einen hohen intertextuellen Referenzgrad. Klüger fügt lediglich den intertextuellen Hinweis in den syntagmatischen Aufbau des Textes ein. Zwar ist durch den Einsatz von Autorennamen der Intensitätsgrad stärker als an anderen Stellen, an denen sie nur Textfragmente prätextualisiert, doch handelt es sich hierbei um eine bloße Aufzählung von Schriftstellern. Trotzdem öffnet sie eine Bezugsfolie, mit der ein neuer Verständnishorizont abgerufen wird. Klüger arbeitet mit Dichtern der Jahrhundertwende, die zum literarischen Kanon der deutschsprachigen Literatur zählen. Sie setzt das Verständnis dieser Texte beim Leser voraus, der sich durch diese Literatur ein Bild der politischen und sozialen Umstände der untergehenden Donaumonarchie konstruieren kann. Um die intertextuelle Intentionalität bei der Erzählerin in ihrem den „Göttinger Freunden" gewidmeten „deutsche[n] Buch" (wl, 2; 284) intensiver zu beleuchten, kann der Vergleich mit der amerikanischen Version *Still Alive* eine aufschlussreiche Auskunft verschaffen, in der sie die intertextuellen Referenzen auf Arthur Schnitzler, Franz Werfel, Joseph Roth oder Stefan Zweig gestrichen hat. (Vgl. SA, 27.)

Die Rekonstruktion ihrer Erinnerung mit Hilfe von intertextuellen Referenzen erfordert, wie schon erwähnt, das selbstständige Abrufen eines literarischen Horizontes. Der Leser konzipiert aus der Prätextualisierung ein Familienportrait, das je nach Textwahl oder -kenntnis anders gestaltet sein kann, in seiner Grundstruktur jedoch dieselbe Basis aufweist: Soziale und familiäre Familienverhältnisse, wie man sie aus der Literatur dieser Epoche zu Genüge kennt. Hierbei macht Klüger die erste Einschränkung: Lediglich aus dem erzählerischen Werk von Schnitzler setzt sich die Geschichte ihrer Eltern zusammen, dem Paar aus der „Schnitzlernovelle". Mit dem Blick der Literaturwissenschaftlerin verpackt sie die Eltern in einen literarischen „Einschlag", um das Bild zu vollenden. Der „Werfelsche Einschlag" wird durch die Familienlegende begründet, die für die Ich-Erzählerin nicht glaubhaft und deshalb nur ein Gerücht sein kann, doch verbindet sie mit ihm einen weiteren Punkt mit einem zweiten Wiener Zeitgenossen und seiner Literatur: Stefan Zweig. Nach Arnold Bauer nähere sich Zweig in „der Wahl seiner novellistischen Motive, mit ihren speziellen erotischen atmosphärischen Stimmungen" Schnitzlers Prosa. (Bauer 1996: 31.) Auch die Freudschen Texte, die zu dieser Zeit noch kein Allgemeingut waren, sollen auf sein Werk gewirkt haben. (Vgl. Bauer 1996: 31.) So war er, laut Bauer, einer der ersten Schriftsteller im deutschen Sprachraum, „die sich frühzeitig zur Lehre Freuds bekannten und das Verhältnis von Künstler und Psychoanalyse in ihren Publikationen behandelten." (Bauer 1996: 55.)

Klüger verknüpft innerhalb eines Satzes erneut zwei sprachliche Horizonte – den deutschen und den österreichischen –, indem sie dem „Medizinstudenten" eine attributive Eigenschaft hinzufügt: das österreichische Wort für attraktiv: „fesch". Sie hebt somit ihre Herkunft hervor und fungiert gleichzeitig als Sprachrohr für ihre Mutter. Doch bei dieser Beschreibung bleibt es nicht. Auch seine Herkunft wird mit dem literarischen Horizont eines österreichischen Dichters eingeblendet. Aus Joseph Roths Romanen und Erzählungen kann sich der Leser das familiäre Bild seiner Eltern zusammenstellen. So wie in den vorigen intertextuellen Referenzen bedarf es für ein Verständnis einer ausreichenden Lektüre, womit die anspruchsvolle Ich-Erzählerin erneut ihr Publikum intellektuell provoziert. Anders als beim intertextuellen Verweis auf Zweig oder sogar auf Werfel („das Kind dieser Schnitzlernovelle mit Werfelschem oder Zweigschem Einschlag") expliziert sie in ihrem Verweis auf Roth die Gemeinsamkeiten der Familie ihres Vaters mit den Figuren der Rothschen Geschichten: Ihr Vater stammt aus armen Verhältnissen. Seine Mutter ist früh verwitwet und muss nun allein die neun Kinder großziehen. Klügers Vater war der einzige in seiner Familie, der studieren durfte. (Vgl. wl, 21.) Auch Joseph Roth wächst ohne Vater auf. Dieser frühe Todesfall wird in vielen seiner Texte autobiographisch thematisiert und taucht oft auch als metaphorischer Verlust des Heimatlandes auf, der Österreichisch-Ungarischen Monarchie (*Radetzkymarsch, Hotel Savoy* oder *Die Kapuzinergruft*). Seine Romane haben, anders als bei Schnitzler beispielsweise, keine geographischen Begrenzungen. Sie spielen in Russland, Österreich, Frankreich, aber auch in den USA. Seine Figuren reisen, flüchten oder wandern aus, auch dies eine Eigenschaft, die auf Klügers Familie zutrifft.

Die kontinuierliche Überdeckung der familiären Verhältnisse mit einer intertextuellen Rekonstruktion ermöglicht ihr einerseits, eine detailliertere Beschreibung ihrer Verwandtschaft zu umgehen, und andererseits deutet sie auf die Verarbeitung ihres Gedächtnisses hin, das sich durch diese Literatur der Jahrhundertwende ein eigenständiges Familienbild konstituiert hat, das ihr sonst entgangen wäre. Sie öffnet durch die zahlreichen, jedoch sehr sorgfältig ausgewählten, intertextuellen Referenzen einen neuen und gemeinsamen literarischen Horizont, vor dem sie ihre eigene Geschichte aufbaut. Doch erreicht sie mit ihrer Methode noch eine weitere Wirkung: Die aufgewiesenen Ähnlichkeiten des Lebens ihrer Eltern und ihres Bruders mit den Figuren und Geschichten der literarischen Moderne Wiens bewirken einen gewissen Distanzierungseffekt, durch den sie der Gefahr einer Trivialisierung ihrer Familiengeschichte entgeht.[165]

---

165 Franz Werfel thematisiert in *Jacobowsy und der Oberst* die Balkonszene zwischen Marianne und dem Oberst Stjerbinsky und vermeidet auf diese Weise die Trivialisierung seines Stückes:

„OBERST STJERBINSKY *mit heller Stimme, als wolle er ein Wunder in einer Kamera festhalten* Bitte gehorsamst, sich nicht zu rühren, Marianne! Bleiben Sie so! Es ist der herrlichste Anblick meines Lebens. Ich komme durch die versperrte Tür... *Er stemmt sich fest gegen die Haustür, die jedoch leicht aufgeht, wodurch er ein wenig stolpernd ins Haus tritt.*/JACOBOWSKY *der alles das mit wachsendem Erstaunen beobachtet, monologisiert* Ich war immer ein Theaternarr. Ich liebe diese Balkonszenen: Don Giovanni, Romeo und Julia, Cyrano de Bergerac. Freilich, die große Schlachtszene dahinten ist zu nahe der Balkonszene hier! Ein Regiefehler..." (Werfel 1979: 71f.)

Ein auf die zeitgleich entstandene Literatur aufgebautes Familienportrait würde ohne den Begründer der Psychoanalyse, Sigmund Freud, und seine Abhandlungen, die ebenfalls während der Wiener Jahrhundertwende erschienen, nicht vollständig sein. Auch diese Figur hat die Autobiographin in ihre Rekonstruktion mit eingewebt. In einem Gespräch über ihr neues Buch *unterwegs verloren* manifestiert sie, wie Sigmund Freud sie als Denker beeinflusst hat. Auf die Frage, ob sie „ein Impuls getrieben" habe, ein „ Wunsch, sich von unliebsamen Erinnerungen zu befreien, „wie bei der Entstehung von ‚weiter leben'", antwortet sie:

> Es ist weniger Befreiung als ein Sich-Rechenschaft-Geben; ich habe alles Mögliche gelernt dabei, über mich. Zum Beispiel, dass ich eigentlich überzeugt bin davon, dass man von der Kindheit nicht loskommt, dass es keinen Neuanfang gibt, nur Fortsetzungen. Das hätte ich, bevor ich das Buch geschrieben habe, nicht so deutlich sagen können. Es hat mich zu Sigmund Freud zurückgeführt, ich bin draufgekommen, dass er mich mehr beeinflusst hat als irgendein anderer Denker.[166]

Im folgenden Textfragment wird das Spiel unter der Decke zwischen Bruder und Schwester mit der doppeldeutigen Moral der Wiener Gesellschaft verbunden, die besonders in der Literatur von Arthur Schnitzler durch die geistigen Introspektiven seiner Figuren enthüllt und zum Ausdruck gebracht wird:

> Mein Halbbruder, der sechs Jahre älter war, hat eine Taschenlampe gehabt, die konnte man unter der Decke anschalten, da wurde es hell unter der Decke, so daß man alle Gegenstände genau sehen konnte, obwohl im Zimmer das große Licht aus war (ein strafbares Spiel, wohl weil man es in Sigmund Freuds Stadt nicht gern sah, wenn Bruder und Schwester kuschelten); [...]. (wl, 21f.)

Freud ist einer der ersten Ärzte und Wissenschaftler, der sich mit dem Inzest und seinen Tabus in der Psychoanalyse als Forschungsgegenstand auseinandergesetzt hat.[167] Die Ich-Erzählerin verbindet diese Szene, eine ihrer spärlichen Erinnerungen an ihren Bruder, mit den Schriften Freuds, die in den 30er Jahren aufgrund seiner innovativen Thesen, bereits weltweit an Bedeutung und Anerkennung gewonnen hatten und in andere Sprachen übersetzt worden waren.[168] Auf diese Weise kann Klüger ihre Nähe und Bindung zum Halbbruder beschreiben. Für die kleine Schwester war er ihr „erstes Vorbild

166 Simon, Anne-Catherine: Ruth Klüger: ‚Ressentiments sind etwas sehr gutes'. In: diepresse.com/home/kultur/literatur/420369/, abgerufen am 24.07.2012.

167 Schoene, Anja Elisabeth: *‚Ach, wäre fern, was ich liebe!' Studien zur Inzestthematik in der Literatur der Jahrhundertwende (von Ibsen bis Musil).* Würzburg: Königshausen&Neumann, 1997, 16.

168 Vgl. Strachey, James: Sigmund Freud – Eine Skizze seines Lebens und Denkens. In: Mitscherlich, Alexander u.a. (Hrsg.): *Freud, Sigmund. Vorlesungen zur Einführung in die Psychoanalyse. Und Neue Folge. Studienausgabe. Band 1.* Frankfurt/M.: Fischer, 2000 (1. Aufl. 1969), 7-18, hier: 11f.

und wohl das einzige uneingeschränkte." (wl, 22.) Dass die Schriften Freuds nur einem geringen Kreis von Ärzten, Intellektuellen und Schriftstellern (wie beispielsweise Stefan Zweig, der schon relativ früh Freud gelesen hatte) bekannt waren, scheint sie nicht zu stören. Sie setzt erneut den Kenntnishorizont der Schriften dieses breit diskutierten und vielleicht einflussreichsten Denkers des 20. Jahrhunderts beim Leser voraus. Auch die schwierige Beziehung zu ihrer Mutter, die „blühende Mutter-Tochter-Neurose", und die fehlende Nähe zu ihr, die sie in ihrem Buch detailliert beschreibt, versucht sie mit der Freudschen Psychoanalyse in Verbindung zu bringen. Die „Erkenntnis" führt bei beiden Frauen jedoch nicht zur Genesung:

> Die Symptome dieser blühenden Mutter-Tochter-Neurose sind perfekt, und man kann nur staunen, daß nicht nur die Neurose selbst, sondern auch die Symptome so weit zurückreichen. Doch hilft die Erkenntnis keineswegs darüber hinweg, *pace* Sigmund Freud. (wl, 59.)

Die bis in die frühe Kindheit der Tochter reichende Neurose und ihre „musterhaften" Symptome werden nochmals mit der Anspielung auf Freud verbunden. Wiederholt arbeitet die Autorin mit einem Prätext einer bis in unsere Tage hinein hoch diskutierten und erforschten Persönlichkeit. Das Resultat ist das schwierige Verhältnis zur Mutter[169] und die Einsicht, dass eine Heilung nicht stattfand. Die aus der Perspektive der Tochter neurotisch paranoide Persönlichkeit der Mutter, die bereits vor dem Anschluss Österreichs bestand, erweist sich in Auschwitz jedoch als lebensrettend. Als sich ihr „Verfolgungswahn, der schon immer in ihr saß", in „den Hitlerjahren mit einer mörderischen Wirklichkeit" deckte, „die alle Phantasien übertraf" (wl, 156), habe sie „von Anfang an" „richtig reagiert" (wl, 129). Klüger muss deshalb die These von Bruno Bettelheim, einem amerikanischen Psychoanalytiker, Schüler von Sigmund Freud und Holocaustüberlebenden[170], zurückweisen, der in ihrem Text lediglich als „Psycholog[e]" definiert wird. Aus eigener Erfahrung bestätigt sie: „Ich glaube, daß Zwangsneurotiker, die von Paranoia gefährdet waren, in Auschwitz am ehesten zurechtkamen, denn sie waren dort gelandet, wo die gesellschaftliche Ordnung, oder Unordnung, ihre Wahnvorstellungen eingeholt hatte." (wl, 129.) Wie sehr die Mutter dem Freudschen Patiententyp entspricht, wird durch die Darstellung eines Traumes deutlich. Sie gesteht ihr, „daß sie in Träumen oft eine bettlägerige Tochter hat, an deren Seite sie sitzt."

---

169 Anna Callenholm sieht in Klügers Autobiographie die Einführung eines neuen „Thema[s] in die Holocaustdiskussion", da sie „ihr eigenes Verhältnis zu ihrer Mutter sowie die Veränderungen dieser Beziehung durch die gemeinsame Holocaust-Erfahrung beschreibt." (Callenholm, Anna: Die Mutter-Tochter-Beziehung in Ruth Klügers ‚weiter leben. Eine Jugend'. In: Bareis, J. Alexander (Hrsg.): *Text im Kontext 6. Arbeitstagung Schwedischer Germanisten.* Göteborg: Acta Univ. Gothoburgensis, 2004, 233-240, hier: 233.)

170 Der Psychologe Bruno Bettelheim wurde 1938 nach Dachau deportiert und von dort aus nach Buchenwald, wo er 1939 wieder entlassen wurde. (Vgl. Fisher, David James/Kaufhold, Roland/Löffelholz, Michael: *Psychoanalytische Kulturkritik und die Seele des Menschen. Essays über Bruno Bettelheim.* Gießen: Psychozial, 2003, 77.)

(wl, 60.) Für Klüger sei dies jedoch kein „Angsttraum", sondern vielmehr ein „Wunschtraum" und sie kritisiert die Einseitigkeit des „psychiatrische[n] Jargon" Freuds:

> Diese Erziehung zur Abhängigkeit hat der psychiatrische Jargon bei Söhnen Kastration genannt, ein einseitiger und daher schädlicher Ausdruck, in dem nicht vorgesehen ist, daß Töchter durch dieselben Manöver genauso entmündigt und entmächtigt werden können. (wl, 60.)

Der Prätext wird resümiert und auf die eigenen Erfahrungen mit der Mutter als Tochter perspektivisiert. Hierbei bleiben Textquelle und Autor anonym. Auch wenn die intertextuelle Markierung äußerst schwach ist, handelt es sich um breit rezipierte und äußerst bekannte Texte von Freud. Als Frau und Tochter beanstandet sie jedoch das Freudsche Modell als unzulänglich, das für das Mädchen keine ähnliche Entwicklung wie die des Jungen vorsah. (Vgl. Schoene 1997: 19.)

Durch die Rekonstruktion der Vergangenheit ihrer Eltern mit Hilfe der Literatur der Wiener Jahrhundertwende, die exemplarisch für die Wiener Gesellschaft steht, überlässt sie es nicht nur dem Leser, sich ein Bild von ihrer Familie zu formen. Sie steht paradigmatisch für viele Geschichten junger Menschen, die im Wien der 20er und 30er Jahre lebten und angesichts der nationalsozialistischen Verbrechen jedoch keinen Verwandten als Sprachrohr hatten, der als Zeuge ihres Lebens ihre Geschichte erzählen kann. So fließt das Leben der Wiener Juden in der Literatur ihrer Glaubensgenossen zusammen und blüht lediglich in der literarischen Nostalgie einer Zeit auf, die durch die Nazis ausgelöscht wurde. In seiner Studie über das Jahrhundert Schnitzlers bezeichnet Peter Gay den Autor als den interessantesten österreichischen Dramaturgen, Romancier und Erzähler seiner Zeit, weil er ein glaubhafter Zeuge seiner Zeit war und mit vielen unterschiedlichen Quellen der gesellschaftlichen Mittelschicht arbeitete.[171] Sicherlich mag das auch bei Klüger der Grund sein, warum sie durch Schnitzlers Werke ihre Familie besser zu kennen glaubt. Aus seinen Figuren werden die Kindheitserinnerungen und -phantasien mosaikartig rekonstruiert. Werfel, Zweig und Roth vervollständigen das Familienportrait. Das psychische Krankheitsbild ihrer Mutter, das bis in die Erzählgegenwart hineinreicht, wird indessen mit den psychoanalytischen Schriften Freuds illustriert, die sich jedoch für die Mutter-Tochter-Neurose als unvollständig herausstellen. Dieses typische Krankheitsphänomen der Wiener Jahrhundertwende wird durch den Filter Freuds – als Therapeuten – und Schnitzler – als Dichter – zusammengefügt. Die traumatischen Erfahrungen im Konzentrationslager tragen dazu bei, Ereignisse zu tabuisieren (wie beispielsweise der Vorschlag der Mutter, nach ihrer Ankunft in Auschwitz gemeinsam Selbstmord zu begehen, über den nie wieder gesprochen wurde), die zu einem konfliktiven Zusammenleben zwischen Mutter und Tochter führen. Die Fami-

---

171 Gay, Peter: *Schnitzler y su tiempo. Retrato cultural de la Viena del siglo XIX*. Barcelona: Paidós, 2002, 13.

lie entspricht nicht nur der idealen Familienkonstellation der Wiener Jahrhundertwende, es gelingt der Autorin sogar, sich hinter dem Intertextualitätskonstrukt zeitweise zu verbergen, um eine Distanz zu bewirken, die ihre Eltern und Verwandten ins Rampenlicht stellt.

3.3 Literarische Wahlverwandtschaften: Simone Weil und Hannah Arendt

3.3.1 Berührungspunkte zwischen Simone Weil und Hannah Arendt

Simone Weil und Hannah Arendt sind zweifellos die bedeutsamsten Denkerinnen des 20. Jahrhunderts. Beide kamen aus jüdischen Elternhäusern, beide wuchsen in Europa auf, Weil – drei Jahre jünger – in Paris, Arendt in Königsberg. Als Jüdinnen im Dritten Reich wurden sie verfolgt und sahen sich gezwungen, ihre Heimat zu verlassen. Weil, die sich in Frankreich politisch aktiv als Kommunistin engagierte, floh zunächst nach New York und lebte bis zu ihrem Tod in London. Arendt ging über Frankreich nach New York ins Exil, wo sie 1951 amerikanische Staatsbürgerin wurde. Sie erhielt – wie Weil in Frankreich[172] – einen Lehrauftrag an einer amerikanischen Universität. (Vgl. Wimmer 1990: 263.) 1954 und 1955 folgen für Arendt weitere Gastvorlesungen und Seminare an den Universitäten von Notre Dame und Berkeley[173], wo sie sogar mit Rosa Luxemburg verglichen wurde. (Vgl. Wimmer 1990: 270.) Auch Simone Weils Schriften werden mit Rosa Luxemburg in Verbindung gebracht, die sie mehrfach in ihren Schriften zitiert. (Vgl. Wimmer 1990: 119f.) Sie gilt, nachdem ihr Artikel *Gehen wir einer proletarischen Revolution entgegen?* „heftige Reaktionen auslöste" und Trotzki dazu Stellung nahm, als „‚eine zweite Rosa Luxemburg'". (Wimmer 1990: 119.)

Nach Roberto Esposito befindet sich der entfernteste Punkt zwischen Arendt und Weil im Verhältnis zwischen Handlung und Arbeit, in der „Praxis" und der „Poiesis", dem politischen und sozialen Rahmen.[174] Trotz dieser konzeptuellen Distanz existiere zwischen beiden eine unmerkliche Verbindung, ein unsichtbarer Berührungspunkt. (Vgl. Esposito 1999: 11.) Zur Präzisierung des Angelpunkts argumentiert Esposito im Besonderen:

> La una reflexiona en el envés del pensamiento de la otra, a la sombra de su luz, en el silencio de su voz, en el vacío de su plenitud. Medita lo que el pensamien-

---

172 Weil wird Gymnasiallehrerin und unterrichtet unter anderem Philosophie. (Vgl. Wimmer, Reiner: *Vier jüdische Philosophinnen: Rosa Luxemburg, Simone Weil, Edith Stein, Hannah Arendt*. Tübingen: Attempto, 1990, 106 und 121.)

173 Ruth Klüger studierte 1962 in Berkeley Germanistik. (Vgl. wl, 67.)

174 Esposito, Roberto: *El origen de la pólitica. ¿Hannah Arendt o Simone Weil?* Ins Spanische von Rosa Rius Gatell. Barcelona: Paídos, 1999, 12.

to de la otra excluye no como lo que le es ajeno, sino, antes bien, como lo que se manifiesta impensable y, por eso mismo, queda por pensar.

Es exactamente ese ‚resto', ese ‚confín', ese ‚compartimiento' – que divide uniendo y separa juntando – el objeto de un análisis que desea sustraerse a las mudanzas del simple cotejo tipológico por asonancias y disonancias. [...] Lo que cuenta más bien es su implicación recíproca, esto es, las brechas del sentido, las desviaciones conceptuales y los puntos de fuga a través de los cuales se generan unas a partir de las otras. (Esposito 1999: 12.)

Bemerkenswert an ihnen ist daher ihre gegenseitige Vervollständigung. Bei Esposito heißt es weiter:

[...] mientras toda la obra arendtiana puede adscribirse al intento de defender la contingencia de la acción política de la repetitividad instrumental de trabajo, la de Weil coincibe este último como la única acción capaz de escapar del arbitrio de una pura elección subjetiva y de hallar lo real. El contraste parece traducirse en la antítesis entre libertad y necesidad. (Esposito 1999: 13.)

Für Weil ist demnach die menschliche Handlung absolut frei. Sie erlaube dem Menschen, spontan etwas auszuwählen, zu dem ihn das Bedürfnis zwinge. (Vgl. Esposito 1999: 13.) Arendt hingegen vertritt den Standpunkt, dass der freie Wille „nicht nur möglich auslöschbar, sondern schon wirklich ausgelöscht worden"[175] ist. „Das Gute ist laut der Moraltheorie im einzelnen Menschen anwesend über die Schuld, die es in diesem hervorruft." (Blanke 2006: 20.) Eichmann habe keine empfunden, bis sie ihm von höherer Seite befohlen worden sei. Erst vor einem Richter habe er das Bedürfnis verspürt, „sich zu rechtfertigen." (Blanke 2006: 20.) Blanke präzisiert:

Wo aber das Gute fehlt, ist laut Moral auch keine Freiheit zu finden, mithin hat Eichmann für sich die Freiheit verabschiedet und da er ein Exemplar einer ganzen Gattung von Menschen gewesen ist, ist er Anzeichen dafür, dass die Freiheit tatsächlich enden kann. (Blanke 2006: 20.)

Während Klügers Erlebnis in Auschwitz-Birkenau[176] einer völlig freien Entscheidung entsprang, fordert Arendt hingegen „eine Freiheit, die nicht individuell, sondern im ‚Miteinanderhandeln' der Menschen gegründet ist" (Blanke 2006: 20). Blanke erklärt in seiner Studie:

Das moralische Gesetz kann auch unter unmoralischen Bedingungen fortexistieren, wenn man es vor allem als Gesetz und nicht als Grund der Freiheit an-

175 Blanke, Tobias: *Das Böse in der politischen Theorie*. Bielefeld: Transcript, 2006, 20.

176 Gemeint ist hiermit die Passage der Selektion in Auschwitz-Birkenau, als die Schreiberin sie auffordert, sie solle sagen, sie sei fünfzehn. (Vgl. wl, 131.)

> sieht. Hannah Arendt hat anhand der Figur Eichmanns die Gegenwart des Bösen in der Moderne geschildert. Ihre Wahrnehmung demonstriert, dass das Böse selbst historischen Transformationen unterliegt. Was als Böses wahrgenommen wird und wie es sich äußert, ist geschichtlich unterschieden. Die ausgehende Moderne kennt nach Arendt das Böse in der Gestalt der Sozialtechnokraten wie Eichmann, dem das Einzelschicksal hinter die Entwicklung des Ganzen der Nation zurücktreten muss, eine äußerst nüchterne, ‚profane' Figur, vergleicht man deren Ausstrahlung mit den Reizen, die ein Teufel einsetzt, um zum Bösen zu verführen. (Blanke 2006: 20.)

Die Absicht ist im Folgenden, die komplementären Eigenschaften zwischen Arendt, Weil und Klüger zu erläutern, um sie anschließend mit Klügers Text zu kontrastieren. Denn Parallelen zwischen der Ich-Erzählerin und Simone Weil sowie zu Hannah Arendt lassen sich hinreichend deduzieren. Aufgrund mehrerer Aspekte – erstaunlicherweise sind Simone Weil, Hannah Arendt und Anna Seghers die einzigen Autorinnen, die in ihrem Buch erwähnt werden[177] – und ihrer außergewöhnlichen Kindheiten erweist es sich als lohnenswert, das Leben Klügers und dieser beiden Frauen kurz gegenüberzustellen. Da es sich in diesem Kapitel nicht um eine literarisch-philosophische Wahlverwandtschaft handelt, wird es von Kapitel „4.6.1 Ruth Klügers Freundinnen in Amerika" getrennt behandelt, in dem die Freundschaft zwischen der Autoren und ihren Freundinnen Simone, Anneliese und Marge analysiert wird.

3.3.2 Berührungspunkte zwischen Ruth Klüger und Simone Weil

Simone Weil kam 1909 in Paris auf die Welt. Beide Elternteile entstammten zwar einer jüdischen Familie, doch wuchs sie ohne jüdische Traditionen auf, so dass ihr die jüdische Religion immer fremd blieb. (Vgl. Wimmer 1990: 99.) Sie selbst legte mehr Wert auf „geistig[e] Ahnenreihen" als auf Stammbäume.[178] Bei Klüger verhält es sich ähnlich.[179] In ihrem Hause wurden die jüdischen Sitten nur nach außen hin respektiert, wobei sie lediglich um Respekt ihren anderen Verwandten gegenüber gebeten wurde.[180] Weil, die jahrelang Atheistin gewesen war, entfaltete sich in ihren letzten Lebensjahren als unge-

---

177 Vgl. dazu auch Lezzi 2001, 258.

178 Vgl. Rohr, Barbara: *Verwurzelt im Ortlosen. Einblicke in Leben und Werk von Simone Weil.* Berlin-Hamburg-Münster: Lit, 2000, 12.

179 „Ich muß gestehen, daß ich tatsächlich eine sehr schlechte Jüdin bin." (wl, 44.) Vgl. dazu auch Rohr 2000: 12.

180 „Bei uns gab es Schweinefleisch und Schinken, aber bitte zeig Respekt für die vielen Juden, auch in der eigenen Familie, die das nicht essen, und tu mir den Gefallen und friß bitte nicht Schinken auf Matzeh vor Leuten, die daran Anstoß nehmen könnten." (wl, 43.)

taufte Katholikin zur christlichen Mystikerin.[181] Ob sie tatsächlich kurz vor ihrem Tod noch getauft wurde, ist nicht nachweisbar.[182]

Weil besuchte „erst spät und zunächst unregelmäßig die Schule", da der Vater Arzt war und „mit Beginn des Ersten Weltkrieges in Lazaretten arbeitet[e]", sodass die Familie, die die jüdischen Traditionen nicht mehr pflegte, „von einem Standort zum nächsten" zog. (Rohr 2000: 11f.) Rohr konstatiert: „Selbstbildung und die Selbstorganisation von Lernprozessen – unterstützt durch liberale und geistig anregende Eltern – wurden zu kindlichen Grundhaltungen." (Rohr 2000: 12.) Weiter heißt es:

> Dokumentiert sind intellektuelle Wettkämpfe zwischen Bruder und Schwester: Beide lernen Gedichte und dramatische Szenen französischer Klassiker auswendig, tragen sie sich gegenseitig vor und wer steckenbleibt, bekommt eine Ohrfeige! (Rohr 2000: 12.)

Weil bewunderte ihren Bruder sehr und soll sogar gesagt haben, „ihre Mutter hätte besser daran getan, sie als Knaben auf die Welt zu bringen" (Rohr 2000: 12). Ein weiteres Merkmal, das sich mit Klüger überschneidet. Diese wünscht sich in ihrem Erinnerungsbuch nämlich: „Ich wäre gerne ein Mann gewesen und womöglich kein Jude." (wl, 239.)

So wie Klüger, deren Lieblingsbuch die vom Vater geschenkten „Jüdischen Sagen" (wl, 27.) waren, entwickelte Weil eine sehr frühe Liebe zur Literatur. Die Märchen der Gebrüder Grimm, „Märchen, Mythen und Sagen anderer europäischer und ‚überseeischer' Völker sollen die ‚Seelennahrung' ihrer Kindheit gewesen sein." (wl, 12.) Klüger berichtet, wie sie als Kind für „ein Heimatgefühl sehr empfänglich gewesen" (wl, 41) war, erst durch die Nazis in Österreich „jüdisch in Abwehr" (wl, 41) wurde und „aufs selbstbewußte Judentum" setzte. (wl, 17.) Desgleichen empfand Weil einen starken Patriotismus für ihr Land, bis sie feststellen musste, wie Frankreich die Kriegsverlierer demütigte.[183]

Als Jugendliche pflegten beide nicht ihr Äußeres – Klüger in den ersten Jahren in New York, Weil bereits im Mädchenlyzeum – und legten keinen Wert auf

---

181 Auch wenn sie, wie sie angibt, „in ihrer Jugend das Evangelium ‚noch nicht gelesen' hatte", war sie sich „wohl bewußt, daß meine Lebensauffassung christlich war. Darum ist es mir niemals in den Sinn gekommen, ich könnte *in* das Christentum *ein*treten. Ich hatte den Eindruck, darin geboren zu sein." (Zitiert nach Wimmer 1990: 102.)

182 Vgl. Feldhay Brenner, Rachel: *Writing as Resistance. Four Women confronting the Holocaust: Edith Stein, Simone Weil, Anne Frank and Etty Hillesum*. Pennsylvania: Penn State Press, 2003, 9 und 67.

183 „Bis zu diesem Augenblick war ich, wie alle Kinder in Kriegszeiten, übertrieben patriotisch gewesen. Der Wille, den besiegten Gegner zu demütigen, jene widerliche Haltung, die man damals (und in der Folgezeit) überall zur Schau trug, heilte mich für immer von dieser naiven Form des Patriotismus. Ich leide mehr unter den Demütigungen, die mein Vaterland anderen zufügt, als unter denen, die es selbst erleidet." (Zitiert nach Wimmer 1990: 100. Wimmer zitiert aus: Cabaud, Jacques: *Simone Weil. Die Logik der Liebe*. Freiburg/München 1968, 23f.)

moderne Kleidung. Dies führte dazu, dass Gleichaltrige nur spärlichen Kontakt zu ihnen suchten. (Vgl. Rohr 2000: 15.) Klüger war zu „Skepsis und Widerspruch erzogen worden", hatte einen „liberal aufgeklärten Background" (wl, 249), durch den sich bei ihr Vorurteile bildeten, die sie bereits bei der ersten Begegnung mit den drei Freundinnen (Simone, Marge und Anneliese) aus ihrer Jugendzeit abstreifte. Sehr früh entwickelte Weil ein Interesse für das Politische. Sie wirkte auf ihre Mitschülerinnen und Lehrer „befremdend". „Denn sie sei in politischen Fragen bereits sehr früh ‚extrem' gewesen, was ‚affektiert' gewirkt habe." (Rohr 2000: 15.) Ihre „politischen Wißbegierden und ihre eigenständigen Meinungen und Urteile" (Rohr 2000: 15) sollen in der Meinung ihrer Lehrer den „Rahmen schulischer Studien gesprengt haben" (Rohr 2000: 15). Auch sie trat, wie Klüger und Arendt, das Philosophiestudium sehr früh als Achtzehnjährige in Paris an. (Vgl. Wimmer 1990: 99.) Nachdem sie einige Jahre – mit Unterbrechungen aufgrund ihrer Krankheiten und freiwilliger Arbeiten in Fabriken – an verschiedenen französischen Lyzeen unterrichtete, musste sie das besetzte Frankreich verlassen. Sie floh 1942 vor den Nazis nach New York und kehrte im selben Jahr nach London zurück, um dort bei den Truppen der französischen Exilregierung „Forces Francaises libres", den Freien französischen Streitkräften, zu arbeiten.[184] Weil starb ein Jahr später in Ashton an den Folgen von Unterernährung und einer Lungentuberkulose. (Vgl. Rohr 2000: 127.)

Auch wenn die kommentierten Gemeinsamkeiten zwischen Weil und Klüger auf die Niederschrift von *weiter leben* keinen Einfluss zu haben schienen, darf an diesem Punkt nicht außer Acht gelassen werden, dass Klüger Simone Weil zitiert und sich mit ihr so stark identifiziert, dass sie sogar eine Freundin in diesem Buch nach ihr benennt. Klüger greift immer wieder auf die Literatur zurück, um die „psychologischen Schwierigkeiten der Erinnerung zum Thema" (Langer 2002: 57) zu machen und um unausgesprochene (vielleicht auch traumatische) Ereignisse auf diese Weise zu überwinden. Ihre Entscheidung für das wichtigste Moment ihres Buches – im „Herzstück" (Heidelberger-Leonard 1998a: 193), dem zweiten Wendepunkt[185] – gerade diese Philosophin zu erwähnen, hat eindeutige Hintergründe und beweist, dass sie Weils Schriften sehr gut kennen muss.

---

184 Vgl. Grotendiek, Sven: Ironie des Absturzes. Camus' literarisches Konzept einer vorrechtlichen Voraussetzung für die Lebensfähigkeit demokratisch verfasster Gesellschaften. In: Camus, Albert: *Der Fall: Roman (1956).* Berlin: Berliner Wissenschafts-Verlag, 2008, 89-105, hier: 93.

185 Der erste Wendepunkt in *weiter leben* erfolgt während der Schneewittchen-Episode. Der zweite entspricht der Selektionszene in Auschwitz-Birkenau, in der sie nur knapp dem Tod entgeht.

3.3.3 Berührungspunkte zwischen Ruth Klüger und Hannah Arendt

Auch bei Hannah Arendt, die „sich nicht als Deutsche, höchstens bis zu ihrer Aberkennung der deutschen Staatsangehörigkeit durch die Nazis 1937 als deutsche und danach zwangsweise als staatenlose Jüdin"[186] empfand, lassen sich Parallelen zu Klügers Leben nachweisen. Beide wuchsen in einer jüdischen Familie auf, die sich mit ihrem Herkunftsland identifiziert fühlte und in dem die Muttersprache Deutsch war. Arendts Verwandtschaft empfand deutsch und „betrachtete sich als deutsch" (Wimmer 1990: 240), auch wenn sie selbst sich nie als Deutsche fühlte, wie sie in einem Fernsehinterview mit Günter Gaus im Jahr 1964 bekannte.[187] Ihre Eltern verkehrten mit „Ärzten, Rechtsanwälten, Erziehern und Musikern." (Wimmer 1990: 240.) Klüger hingegen wuchs in einer emanzipierten, aber nicht assimilierten[188] sozialdemokratischen Familie (vgl. wl, 39ff.) auf: Der Vater ein „eingefleischter Wiener" (wl, 24), sie selbst als Kind noch stark heimatliebend. (Vgl. wl, 41.) Klügers Erziehung war „weltlich" und „nicht gläubig". (Pletter 1995: 67.) Beiden Frauen fehlte es an Musikalität[189], doch war dafür die intellektuelle Wissbegierde umso größer und sie entwickelten sehr früh eine Liebe zur Literatur. (Vgl. Wimmer 1990: 241.) Hierzu Arendt in einem Gespräch mit Günter Gaus: „Das Bedürfnis zu verstehn, das war sehr früh schon da. Sehen Sie, die Bücher gab's alle zu Hause, die zog man aus der Bibliothek." (Gaus 1965: 21.) Auch Klüger nahm sich die Bücher aus der Bibliothek der Eltern und stillte somit ihre Lesesucht. (Vgl. wl, 53.)

---

186 Schönherr-Mann, Hans-Martin: *Hannah Arendt: Wahrheit, Macht, Moral*. München: Beck, 2006, 8.

187 „Ich, zum Beispiel, glaube nicht, daß ich mich je als Deutsche – im Sinne der Volkszugehörigkeit, nicht der Staatsangehörigkeit, wenn ich mal den Unterschied machen darf – betrachtet habe." (Gaus, Günter: *Zur Person. Portraits in Frage und Antwort*. München: DTV, 1965, 20.)

188 Zur Begriffserklärung Emanzipation und Assimilation: „Den Prozeß, in dessen Verlauf Juden in den verschiedenen europäischen Ländern in die bürgerliche Gesellschaft eintraten und politische Rechte erhielten, nennt man üblicherweise ‚Emanzipation'." Dieser Begriff umfasst „jetzt nicht mehr nur den Kampf für gleiche Rechte, sondern den gesamten Prozeß der sozialen, wirtschaftlichen und kulturellen Transformation des Judentums im 19. Jahrhundert." (Volkov, Shulamit: Die *Juden in Deutschland 1780-1918*. Enzyklopädie deutscher Geschichte. Aus dem Englischen von Simone Gundi. München: Oldenbourg, 2000, 102.)

„Zur Beschreibung des Umbruchprozesses in der jüdischen Gesellschaft wird häufig das Begriffspaar Emanzipation – Assimilation gebraucht. Der erste Begriff bezeichnet eher die rechtliche Dimension der bürgerlichen Gleichstellung, der andere die soziale Einpassung der Juden in die bürgerliche Gesellschaft." (Liepach, Martin: *Das Wahlverhalten der jüdischen Bevölkerung zur politischen Orientierung der Juden in der Weimarer Republik*. Tübingen: Mohr Siebeck, 1996, 32.)

189 Klüger deutet in Interviews mehrmals an, dass sie völlig unmusikalisch sei. (Vgl. Nüchtern/Omasta 2008.) Als Klüger in der Schule im Singen geprüft wurde, haperte es nicht am Text, den sie schnell auswendig lernte, sondern an der Melodie. (wl, 38.)

Die Mutter von Hannah Arendt stellt in ihrem detailliert geführten Buch über ihre Entwicklung fest, dass sie völlig unmusikalisch sei. (Vgl. Young-Bruehl 1991: 51.)

Arendts Kindheit wurde zwar nicht vom Nationalsozialismus überschattet, doch verlor sie, wie Klüger, relativ früh ihren Vater, der 1913 starb, als sie sieben Jahre alt war.[190] Klüger setzte sich mit der Ermordung ihres Vaters als Jugendliche nach dem Krieg in Form von Gedichten auseinander. Das Gefühl von Verrat und des Verlassenwordenseins begleitete sie ein Leben lang.[191] Das Verhältnis zwischen Mutter und Tochter scheint jedoch bei diesen Frauen in ihrer Kindheit zu divergieren. Während Klügers Mutter sich gegen den Wunsch der Tochter, sie mit einem Kindertransport nach Palästina zu schicken, entschied („‚Nein. Man trennt kein Kind von der Mutter.'" (wl, 63.)), suchte die vierjährige Hannah, die, als die Krankheit ihres Vaters ausbrach, zu ihren Großeltern gebracht wurde, die Nähe ihrer Mutter und manifestierte„‚Ein Kind gehört zu seiner Mutter'" (Young-Bruehl 1991: 61) Bei Arendt zeigten sich wahrnehmbare Frakturen erst vier Jahre nach dem Tod des Vaters. Wie häufig bei derartigen Kindheitserfahrungen, reagierte das Kind mit Gefühlen tiefen Verlassen- und Betrogenseins, wofür sie nicht nur die Toten verantwortlich machte. (Vgl. Young-Bruehl 1991: 64.) Ihre Aggressivität und Rebellion habe sich auch gegen den überlebenden Teil, die Mutter, gewendet. (Vgl. Young-Bruehl 1991: 62f.; Wimmer 1990: 242f.) Den schweren Verlust der Vaters versuchte sie in einer ihrer ersten Aufzeichnungen, „Die Schatten", in Worte zu fassen. Klüger schrieb in New York ihre ersten englischsprachigen Gedichte auf, in denen sie den Verlust von Vater und Bruder zu verarbeiten versuchte.[192] Ähnlich wie bei Arendt herrschte auch bei ihr ein gespanntes Mutter-Tochter-Verhältnis, das sich jedoch sehr früh entwickelte. Als Jugendliche in New York erreichte es seinen Höhepunkt: Mutter und Tochter fanden nicht einmal mehr „eine gemeinsame Sprache."(wl, 59 und 255.) Ihr schwieriges Verhältnis machte sich Klüger nach dem Tod der Mutter nicht zum Vorwurf. Doch der Verlustschmerz war bei beiden Frauen ähnlich.[193]

---

190 Vgl. Young-Bruehl, Elisabeth: *Hannah Arendt. Leben, Werk und Zeit.* Frankfurt/M.: Fischer, 1991, 57.

191 „Und so gaben wir dem Neugeborenen einen für uns unbedeutenden englischen Namen. Manchmal kommt mir das wie ein Verrat vor. Und vielleicht wollte ich ihm tatsächlich den an mir begangenen Verrat heimzahlen, nämlich daß er wegfuhr und mich nicht mitnahm und nicht zurückgekommen ist, indem ich ihm ein Weiterleben in den Enkeln verweigerte." (wl, 26.)

192 Dort heißt es: „Ich schrieb jetzt englische Gedichte. Das waren teils Formexperimente, und teils war es Trauerarbeit, ein Wort, das ich noch nicht kannte." (wl, 233.)

193 In einem Brief an ihren Mann schreibt Arendt über die Todesnachricht der Mutter: „Ich bin natürlich zugleich traurig und erleichtert. Vielleicht habe ich nichts in meinem Leben so schlecht gemacht wie diese Angelegenheit. Ich konnte die Forderung nicht einfach ablehnen, weil sie aus Liebe kam und aus einer Unbedingtheit, die mir immer großen Eindruck gemacht hat. Ich konnte sie natürlich auch nie erfüllen, weil diese Radikalität der Zerstörung meiner selbst und aller meiner Instinkte entsprochen hätte. Ich habe meine ganze Kindheit und meine halbe Jugend aber doch mehr oder weniger so getan, als ob es für mich das Leichteste und Selbstverständlichste auf der Welt sein würde, sozusagen das Natürliche, allen Erwartungen zu entsprechen. Vielleicht aus Schwäche, vielleicht aus Mitleid, aber ganz sicher, weil ich mir nicht zu helfen wußte." (Arendt, Hannah/Blücher, Heinrich. *Briefe: 1936-1968.* Hrsg. v. Lotte Köhler. München: Piper, 1996, 156f.)

Die jüdische Identität kommt bei vielen deutschen Juden erst im antisemitischen Deutschland und später im Dritten Reich zu Bewusstsein. Als Arendt beispielsweise 1933 mit ihrer Mutter nach Paris floh, „organisier[t]en" sie sich zum ersten Mal, und das bei den Zionisten. Davor war sie in Berlin verhaftet worden und musste acht Tage im Gefängnis verbringen. Klüger wurde schon als Kind, als ihr „ungefestigter Glaube an Österreich ins Schwanken" geriet, „jüdisch in Abwehr." (wl, 41.) Beide Frauen legten sehr viel Wert auf Freundschaft. Bei Klüger bewährte sich besonders die Freundschaft zu ihren drei Freundinnen bis ins Alter hinein. Als Arendt 1975 starb, nannte sie Hans Jonas in seiner Bestattungsrede ein „Genie für die Freundschaft." (Young-Bruehl 1991: 15.)

Eine weitere Gemeinsamkeit ist die Schulbildung und das von beiden „extern" abgelegte Abitur. Klüger legt im Nachkriegsdeutschland durch Privatunterricht eine „Art Notabitur" (wl, 207) am Straubinger Gymnasium ab. Arendt besteht aufgrund eines Schulverweises sogar ein Jahr früher als geplant das Abitur.[194] Auch in ihrem Aussehen scheint sie (auch mit Weil) eine Gemeinsamkeit zu verbinden: Sie sehen „jüdisch" aus. (Wimmer 1990: 165.) Klüger spricht dieses Merkmal an, als sie von ihrer Flucht berichtet:

> Mich versuchte man ohnehin im Hintergrund zu halten, wenn nicht gar zu verstecken, weil ich so unverkennbar jüdisch aussähe, wie Ditha und meine Mutter mir unentwegt vorhielten. Von uns dreien entsprach ich dem landläufigen Bild vom Juden am ehesten, nicht nur dem Aussehen nach, auch weil ich in Christianstadt viel Jiddisch gelernt hatte und, wenn ich nicht scharf aufpaßte, leicht eine jiddische Redewendung gebrauchte. Zudem kritisierten die beiden mit Vorliebe meine Körperhaltung, meine Bewegungen und meine Art zu gehen, zum Beispiel mit den Händen auf dem Rücken. Wie ein Bocher im Cheder (ein Schüler in einer orthodoxen Schule), spotteten sie, was mich nicht wenig ärgerte. (wl, 178.)

Arendt fühlte sich nie als Deutsche. In einem Brief an Martin Heidegger vom 9. Februar 1950 schrieb sie: „Ich habe mich nie als deutsche Frau gefühlt und seit langem aufgehört, mich als jüdische Frau zu fühlen. Ich fühle mich als das, was ich nun eben einmal bin, das Mädchen aus der Fremde."[195] Sie war sich ihres jüdischen Aussehens sehr bewußt:

> Ich wußte zum Beispiel als Kind – als etwas älteres Kind jetzt –, daß ich jüdisch aussehe. Das heißt, daß ich anders aussehe als die andern. Das war mir sehr bewußt. Aber nicht in Form einer Minderwertigkeit; sondern das war eben so.

---

194 Vgl. Gleichauf, Ingeborg: *Hannah Arendt*. München: DTV, 2000, 13.

195 Arendt, Hannah: *Briefe 1925 bis 1975 und andere Zeugnisse*. Frankfurt/M.: Klostermann, 1998, 76.
Der Ausdruck „Mädchen aus der Fremde" ist ein intertextueller Verweis auf ein Gedicht von Friedrich Schiller mit gleichnamigem Titel.

> Und dann, meine Mutter, mein Elternhaus sozusagen, war ein bißchen anders, als es gewöhnlich ist. (Gaus 1965: 19.)

Beide, Arendt und Klüger, begannen das Philosophiestudium[196] – Arendt studierte außerdem Theologie und klassische Philologie – früher als die übrigen Studenten. Klüger war gerade einmal fünfzehn Jahre alt (vgl. wl, 210), Arendt, die ein Jahr vor ihren Mitschülern das Abitur abgelegt hatte, achtzehn. Sie wurde in Marburg Heideggers Schülerin (vgl. Wimmer 1990: 246), Klüger hingegen brach das Philosophiestudium ab, um mit ihrer Mutter nach New York auszureisen. Als Hitler an die Macht kam, war Arendt 26 Jahre alt und seit einigen Jahren mit Günther Anders (Stern) verheiratet. (Vgl. Young-Bruehl 1991: 130.) Noch im selben Jahr flüchtete sie als „Staatenlose" nach Paris, wo ihr Mann, der sich bereits in Paris aufhielt, auf sie wartete. Doch wie Klügers Ehe, sollte auch diese nicht von langer Dauer sein. (Vgl. Young-Bruehl 1991: 165ff.)

Arendt konnte zwar einer Deportation in ein deutsches KZ entkommen, doch verbrachte sie fünf Wochen in einem französischen Internierungslager im „Camp du Gurs", das sich in den französischen Pyrenäen befand. Im Mai 1940 gelang ihr mit einigen Freunden die Flucht. (Vgl. Young-Bruehl 1991, 223ff.)[197] Arendts gescheiterte Ehe wurde 1937 geschieden. 1940 heiratete sie Heinrich Blücher, mit dem sie im Mai 1941 über Lissabon mit „amerikanische[n] Sondervisa" (Young-Bruehl 1991: 173) in die Vereinigten Staaten exilieren konnte. Ihre Mutter kam im Juni nach. (Vgl. Young-Bruehl 1991: 238.) Klüger erreichte erst nach dem Zweiten Weltkrieg, 1947, New York. 1951 erschien Arendts erstes großes Werk *The Origins of Totalitarism,* an dem sie vier Jahre gearbeitet hatte und zu dem Karl Jaspers, bei dem sie promovierte, das Geleitwort zur deutschen, 1955 erschienenen, Übersetzung schrieb.[198] Es folgten noch weitere Veröffentlichungen, darunter Arendts umstrittenes Buch *Eichmann in Jerusalem.* Sie wurde von 1948 bis 1952 Geschäftsführerin des „Jewish Cultural Reconstruction" und reiste im November 1949 zum ersten Mal wieder nach Deutschland. (Vgl. Young-Bruehl 1991: 343.) Klüger reiste indessen erst 16 Jahre nach ihrer Emigration nach Europa (England, Deutschland und Österreich). Beide Frauen fühlten sich fremd in ihrer ehemaligen Heimat. Klüger „stolperte" durch Wien mit ihren „Eindrücken an eine düstere Stadt", die sie

---

196 Ruth Klüger immatrikulierte sich nur für das Sommersemester 1947 an der Philosophisch-Theologischen Hochschule Regensburg. (wl, 210.)

197 Vgl. hierzu auch: Gerlach, Stefanie/Weber, Frank: *„...es geschah am hellichten Tag!" Die Deportation der badischen, pfälzer und saarländischen Juden in das Lager Gurs/Pyrenäen.* Stuttgart: Landeszentrale für politische Bildung Baden-Württemberg, 2005, 14. Gurs war bis April 1939 für „spanische Flüchtlinge und Angehörige der Internationalen Brigade benutzt worden" (Young-Bruehl 1991: 224.)

198 Arendt, Hannah: *The Origins of Totalitarism. Harcout, Brace and Co.,* New York: Harcourt Brace and Company, 1951. In Deutschland erschienen unter dem Titel *Elemente und Ursprünge totaler Herrschaft. Antisemitismus, Imperialismus, totale Herrschaft.* Frankfurt/M.: Europäische Verlagsanstalt, 1955. In meiner Arbeit verwende ich folgende Ausgabe: Arendt, Hannah: *Elemente und Ursprünge totaler Herrschaft. Antisemitismus, Imperialismus, totale Herrschaft.* München: Piper, 2005.

„zuerst eingeengt und dann ausgestoßen hatte" und „war unfähig, die Stadt durch diesen Schleier, wie sie jetzt war, wahrzunehmen" (uv, 100): „Ich blieb eine Fremde, kannte niemanden und war froh, wieder nach England zu fahren" (uv, 100). Auch Arendt fühlte sich nicht heimisch in ihrem Geburtsland. Ihrem Mann schrieb sie am 14. Dezember 1949: „Wenn ich müde bin, fühle ich mich ganz verloren. Dabei diese täuschende Vertrautheit von allem – Landschaft [...], Städte, die man plötzlich wieder erinnert, weil die Füße so gut Bescheid wissen [...]." (Arendt/Blücher 1996: 175) Arendt war zwar nicht wie Klüger Professorin in Princeton, trotzdem sollte auch sie an dieser Universität 1959 mit einer Gastprofessur für kurze Zeit unterrichten.[199] Klüger, die sechs Jahre lang dort Ordinaria war (1980-1986), versucht in ihrem Buch *unterwegs verloren,* dies richtigzustellen: „Man hört öfters, Hannah Arendt sei dort Professorin gewesen, doch das ist reine Erfindung. Es gab zu ihrer Zeit keine Professorinnen in Princeton. Auch keine Studentinnen." (wl, 60.)

Aus den Darlegungen lassen sich deutliche Parallelen zwischen Klüger und Arendt in ihren frühen Jahren ziehen. Arendt trat später in New York eine politisch-philosophische Laufbahn an, Klüger hingegen, die bei ihrer Ankunft in New York deutlich jünger war (Klüger war 15, Arendt hingegen 35 Jahre alt), entschied sich zunächst für ein Anglistik-Studium. Beide Frauen litten unter der Enttäuschung eines deutschen Freundes: Die Freundschaft zwischen Arendt, die 1933 nach Paris flüchten muss, und Martin Heidegger wurde mit seinem Eintritt in die NSDAP getrübt und brach über 20 Jahre ab.[200] Der Kontakt zwischen Martin Walser und Klüger, den sie aus der Regensburger Zeit als Studentin kannte, hat sich seit dem offenen Brief bezüglich seines Buches *Tod eines Kritikers* aufgehoben.[201] Klüger greift durch im Text implizite und explizite Reflexionen immer wieder auf Weils und Arendts Schriften zurück. Aus diesem Grund sollen im nächsten Kapitel die intertextuellen Referenzen zu ihren Schriften analysiert und die Verknüpfungen beleuchtet werden.

---

199 Auch Arendt versucht eine Situation zu verhindern, „in der man sie aufgrund ihrer Bildung von den ‚gewöhnlichen' Frauen unterschied, für ‚fremdartig und aufregend', unterhaltsam anders, eine einmalige Persönlichkeit". Arendt forderte von Frauen „die Auseinandersetzung mit der politischen und rechtlichen Diskriminierung, und zwar eine Auseinandersetzung, die breit genug angelegt war, um die politischen und rechtlichen Probleme der Frauen auf die aller Gruppen zu beziehen, denen die Gleichheit verwehrt wurde. Sie empfand immer ein Unbehagen, wenn sie sah, daß das ‚Frauenproblem' entweder eine von anderen getrennte politische Bewegung auslöste oder zu einer Konzentration auf psychologische Probleme führte. Ihre Reaktion auf den Ruf nach Princeton war jedoch keine politische; anstatt sich zu fragen, warum die Universität noch nie eine Frau zur ordentlichen Professorin ernannt hatte, betonte sie die psychologische Dimension: ‚Mich stört es überhaupt nicht, als Frau Professor zu sein', sagte Arendt in einem Interview, ‚weil ich mich an das Frausein ganz gut gewöhnt habe.'" (Young-Bruehl 1991: 380.)

200 Vgl. Brunkhorst, Hauke: *Hannah Arendt*. München: Beck, 1999: 49.
In einem Brief an Jaspers nennt sie Heidegger sogar „einen potentiellen Mörder". (Arendt/Jaspers 2001: 84.)

201 Klüger fühlte sich „betroffen, gekränkt, beleidigt." (Offener Brief von Ruth Klüger an Martin Walser: Siehe doch Deutschland. Martin Walser ‚Tod eines Kritikers'. In: *Frankfurter Rundschau*, 27.06.2002.) Alle Zitate beziehen sich auf diese Ausgabe und werden fortan abgekürzt dargestellt mit (SdD).

3.3.4 Weilsche und Arendtsche Einflüsse in Klügers Werk

Übereinstimmungen im Leben von Klüger, Weil und Arendt lassen sich ohne Weiteres veranschaulichen, wie die vorigen Kapitel hervorgehoben haben, auch wenn Weil als Mystikerin ihrem Glauben näher stand als Arendt oder Klüger, die vom Jenseits nicht viel hält (vgl. uv, 15.), wie sie selbst bekanntgab. In *weiter leben* verleiht Klüger einer der drei Freundinnen den Namen Simone (von Simone Weil), selbst wenn sie nicht an einen Gott glaubt. Gleichwohl öffnet dieser Referenzpunkt einen neuen Raum: „Ich hab ihr den Namen von Simone Weil gegeben, obwohl sie mit dem Herrgott so wenig anfangen kann wie ich." (wl, 254.) Denn die wahre Simone Weil würde sie gerne „entchristianisieren" und „die Jüdin in ihr finden, die sie verdrängte, und behalten möchte ich die Verquickung von Politik und selbstentfremdender Reflexion." (wl, 254.) Klüger kann sich mit der christlich-religiösen Entwicklung und Weils Abwendung vom Judentum nicht abfinden. Ihr widersprüchlicher und unvereinbarer Wandel von der Widerstandskämpferin und gleichzeitig pazifistischen Denkerin zur Christin bleibt Klüger fremd. Es ist vielmehr ihre Auseinandersetzung mit der Politik als Frau und nicht als Feministin, die ihre Weiblichkeit zu ignorieren versucht, und ihre harten und frei gewählten Arbeitseinsätze als Fließbandarbeiterin in Fabriken, mit denen sich Klüger identifiziert.

Die mystisch-christliche Seite von Simone Weil ist nicht der Grund, warum sie ihren Namen auswählt. Es soll sich vielmehr durch diese Schlüsselfigur ein Identifikationskreis herausbilden. Die Protagonistin setzt sich mit der Person gleich, der Trägerin des Namens der Freundin und gleichzeitig mit der Freundin, auch wenn diese nie die Verfolgung der Nazis als Opfer erfuhr. Als praktizierende Literaturwissenschaftlerin interessiert sich Klüger für Simone Weils kritischen weiblichen Blick auf die Literatur und ihren Standpunkt über das Gute und Böse:

> Der Simone Weil war fast die ganze Belletristik verdächtig, weil darin fast immer das Gute langweilig und das Böse interessant ist, eine genaue Umkehrung der Wirklichkeit, meinte sie.[202] Vielleicht wissen Frauen mehr über das Gute als Männer, die es so gern trivialisieren. Simone Weil hatte recht, ich weiß es von damals, das Gute ist unvergleichlich und auch unerklärlich, weil es keine rechte Ursache hat als sich selbst und auch nichts will als sich selbst. (wl, 132f.)

Diese explizite intertextuelle Referenz auf die Verfasserin der Texte markiert nicht nur Weils Namen, sondern thematisiert auch ihre Schriften, indem je-

---

202 „Littérature et morale. Le mal imaginaire est romantique, varié, le mal réel morne, monotone, désertique, ennuyeux. Le bien imaginaire est ennuyeux; le bien réel est toujours nouveau, merveilleux, enivrant. Donc la 'littérature d'imagination' est ou ennuyeuse ou immorale (ou un mélange des deux). Elle n'échappe à cette alternative qu'en passant en quelque sorte, à force d'art, du côte de la réalité – ce que le génie seul peut faire." (Weil, Simone: *La pesanteure et la grâce*. Paris: Plon, 1951, 81.)

doch die genauen Referenztexte nicht gekennzeichnet werden. Diffus wirkt demnach, auf welche konkreten Schriften sich Klüger bezieht. Nur ein geringer Hinweis verrät, um welche Texte es sich handeln könnte: „Die letzten Essays und Briefe[203] der Philosophin liegen gerade bei mir auf dem Nachttisch, die sie schrieb, als sie aus New York wiederkehrte, in London herumirrte und nicht ins besetzte Paris durfte." (wl, 254.) In dieser Passage dominiert eine explizite Metakommunikation, die nicht einen konkreten Prätext zur Vorlage hat, sondern eine Positionierung anhand einer Auswahl von Weils erschienenen Briefen und Schriften.[204] Klüger spricht eindeutig als Germanistin und Kennerin der Weltliteratur. Sie kommentiert, fasst zusammen und positioniert sich hinsichtlich der Arbeiten von Weil, die nicht zitiert, sondern mit dem Blick der Literaturwissenschaftlerin metatextualisiert werden. Durch die Zusammenfassung ihres Standpunktes und ihren analytischen Erzählgestus kann sie ihr eigenes Erlebnis einführen, indem Weils Schriften ihre Zustimmung finden. Doch als charakteristisch für Klügers Erzählform erweist sich auch, dass nur ein sehr elitäres Publikum angesprochen wird und erfassen kann, was die Erzählerin beabsichtigt. Die Begründung der Tatsache, warum fast die ganze Belletristik der Mystikerin verdächtig erscheint[205], kann darin liegen, dass sie zu einem äußerst beträchtlichen Teil aus Literatur von Männern besteht. Die Anklage, die hier von der Ich-Erzählerin erhoben wird, indem sie Weils Schriften kommentiert, zielt auf ihre eigene Lebenserfahrung. Ist sie der Ansicht, dass nur eine Frau über das Gute schreiben kann, da ein Mann zu wenig darüber weiß und deshalb das Gute nur zu „trivialisieren" vermag? Oder impliziert dies, dass die Rezeption einen überwiegenden Teil der Literatur von Frauen – meist ohne sie gelesen zu haben[206] – anhand literaturtheoretisch fundierter Begründungen zu trivialisieren versucht?[207] Eine Antwort auf diese Frage könnte das Essay *Frauen lesen anders* aus ihrer gleichnamigen, erstmals 1996 erschienen Essaysammlung geben, in dem sie unter einem feministischen Blickpunkt die Rezeption von Macht und Gewalt bei Männern und Frauen in der Kunst und Literatur analysiert:

> Als Frauen stehen wir vor diesem Prunk und dieser Pracht, wo unseresgleichen zu Gegenständen erniedrigt wird, und verdrängen unsere Beklemmung, um unser Kunstverständnis nicht zu kompromittieren. Manchmal sind die Opfer so gemalt, daß sie ihre Erniedrigung zu genießen scheinen, eine Übertünchung,

---

[203] Hierbei handelt es sich vermutlich um die in London entstandenen Schriften wie *L'Enracinement*, die *Notes sur Cléanthe, Phérécyde, Anaximandre et Philolaos*, *Y a-t-il une doctrine marxiste?* und um das posthum erschienene Buch *Écrits de Londres et dernières lettres*, das 1957 in dem Pariser Verlag Gallimard erschien.

[204] Der überwiegende Teil ihrer Schriften erschien posthum.

[205] Ein Argument erhält der Leser nicht.

[206] Klüger behauptet, „daß Bücher von Frauen oft als trivial und unseriös abgetan werden, noch bevor man sie gelesen hat. Das Qualitätsurteil kommt erst in zweiter Linie, ist also ein Vorurteil." (Fla, 91.)

[207] Das Genre „Frauenliteratur", das sich in den 70er Jahren herausbildete, trägt in literaturtheoretischen und -kritischen Kreisen meist eine abwertende Konnotation.

> die die Sache noch verschlimmert. [...] Ähnlich verhält es sich mit der Darstellung von Gewaltakten und deren Rezeption in der Literatur. Der Georg-Büchner-Preisträger des Jahres 1992, George Tabori, sagte in seiner Dankrede, die schönsten Liebesgeschichten, die er kenne, seien ‚Othello' und ‚Woyzeck'. Der einflußreichste deutsche Kritiker, Marcel Reich-Ranicki, hat einmal im Fernsehen seine Vorliebe für die ‚Liebesgeschichte' ‚Kabale und Liebe' kundgetan. Wer will abstreiten, daß es sich bei allen dreien der genannten Dramen um Meisterwerke der Literatur handelt? Wie denn anders, wenn Shakespeare, Büchner und Schiller die Autoren sind? Aber die schönsten Liebesgeschichten? So würde eine Frau sie auf Anhieb kaum nennen. Wird doch in jeder von ihnen die Geliebte vom Geliebten umgebracht, und zwar auf recht brutale Weise, erdrosselt von Othelo, erstochen von Woyzeck, vergiftet bei Schiller. (Fla, 86.)

Doch nun soll das Augenmerk wieder zurück auf das vorige Textfragment gerichtet werden: Klüger metatextualisiert Weils Schriften, indem sie kondensiert erfasst werden, um ihren persönlichen Standpunkt auszusprechen – und um das männliche Publikum zu provozieren – dass „Frauen mehr über das Gute wissen als Männer". Durch Klügers Kritik am literarischen Kanon[208], der überwiegend aus männlichen Dichtern besteht, deckt sie die Lücke des Guten auf, das in der männlichen Rezeption als langweilig empfunden wird.[209] Doch erweist sich ihre Positionierung als ungenügend. Denn wer glaubt, in *weiter leben* überwiegend intertextuelle Referenzen auf eine Literatur von Frauen zu finden, wird feststellen müssen, dass ihr Text hauptsächlich auf Prätexte eines männlichen Kanons zurückgreift.[210] Daraus lässt sich schließen, dass sie eine Literatur von Männern für ihre intertextuellen Referenzen bevorzugte. Die Aussage, dass die „meiste Literatur", die sie kenne, „von Männern" ist (Fla, 8), kann in diesem Zusammenhang nicht als Begründung akzeptiert werden.

Zu dem Standpunkt, Frauen wüssten mehr über Gut und Böse als Männer, auf den sie „bis jetzt kaum jemand angesprochen" (Fla, 91) habe, kehrt sie in *weiter leben* immer wieder zurück. Denn so wie in der jüdischen Religion Frauen nur

208 Man denke hierbei beispielsweise an Harold Bloom: *The Western Canon. The books and School of the Ages*. New York: Riverhead Books, 1995 (1. Aufl. 1994).

209 Als Frau klagt sie im Vorwort zu *Frauen lesen anders* über die „Trivialisierung und Stereotypisierung von Frauen" in der Literatur von Männern. Sie vermutet, dass sich dahinter „gewisse Hoheitsansprüche, die mit Nationalsozialismus und Herrenmenschentum zu tun haben", verbergen. (Vgl. Klüger, Ruth: Vorwort. In: dies.: *Frauen lesen anders*. 2002: 7-8, hier: 7.)

210 Da sich Klüger widerspricht, kann ihre Frage „wer rechnet schon mit männlichen Lesern?" nur als Provokation der männlichen Leserschaft kommentiert werden. In einer Umfrage in der „Zeit" über den literarischen Kanon und zur Frage „welche literarischen Werke der deutschsprachigen Literatur" „ein Abiturient im Deutschunterricht gelesen haben" müsse, schlägt sie vier von sechs männliche Autoren vor und nur eine Frau: „Das Nibelungenlied" (Autor: Anonym)/ Lessings „Minna von Barnhelm" / Goethes „Gedichte" / Kleists „Michael Kohlhaas" / Kafkas „Die Verwandlung" / Droste-Hülshoffs „Gedichte" (Was sollen Schüler lesen? Prominente beantworten die ZEIT-Umfrage nach einem neuen Literatur-Kanon. In: *Die Zeit*, 1997, Nr. 21, www.zeit.de/1997/21/kanon1.txt.19970516.xml, abgerufen am 24.07.2012.)

am Rande der Gesellschaft eine Rolle spielen[211], erschienen Männer als „Beherrscher" im Leben der Erzählerin und der Mutter, „in der Familie, in den Lagern, auch nach dem Krieg" nur flüchtig. (wl, 231.) Dies änderte sich vorerst nicht, auch wenn sie eine Zeitlang verheiratet war. Das folgende Zitat manifestiert, wie ihre Mutter ihr einerseits einzureden versuchte, sie solle sich einen Mann suchen, der sie versorgt, ihr jedoch das Gegenteil vorlebte und Männer lediglich außerhalb ihres Lebens auftraten:

> Zwar herrschten die Männer an diesem Rande und beherrschten vom Rande her auch uns, und meine Mutter schärfte mir ein, daß Frauen heiraten und sich ‚versorgen lassen' sollen. Doch sie hat mir etwas anderes vorgelebt. Seit dem Anfang der Hitlerzeit, bis ich von ihr fortging, war sie ohne Mann. Ich kannte sie in der Freiheit als berufstätig, und in der Hitlerzeit waren ihre eigenen Männer machtlos gewesen und zugrunde gegangen. (wl, 231.)

Männer erscheinen in Klügers Werk nur als schwache Randfiguren und Versager. Auch Nazis oder SS-Männer werden kaum oder gar nicht beschrieben. So wie die Häftlinge in den Konzentrationslagern den SS-Männern „zu einem Brei von Untermenschentum" verschwammen, verbleichen sie ihr zur einer „uniformierten Drahtpuppe mit Stiefeln". (wl, 133f.) Als Eichmann verhaftet und hingerichtet wurde, soll es ihr „diesmal"[212] geradezu „peinlich egal" gewesen sein: „Diese Leute waren mir ein einziges Phänomen, und die persönlichen Unterschiede unter ihnen nicht das Nachgrübeln wert." (wl, 133.)

Die Reflexion über „Gut und Böse"[213] und ihre Verbindung zu Weils Verarbeitung in ihren Schriften verbindet sie mit dem nachfolgenden „Gegenstück"

---

211 Klüger fühlt sich während der jüdischen Feste als Frau ausgeschlossen: „Pessach ist an und für sich das phantasievollste Fest, das man sich denken kann, eine Gesamtinszenierung von Geschichte, Fabel und Lied, von Folklore und Großfamilienessen, und hat noch im bescheidensten Rahmen einen Aspekt von Pracht und Welttheater. Nur ist es leider ein Fest für Männer und Kinder, nicht eines für Frauen." (wl, 44.)

212 Noch vor ihrer Ausreise nach Nordamerika beginnen die „Nürnberger Prozesse", über die sich die Protagonistin noch genaustens informiert: „Ich las, so regelmäßig es ging, über die Nürnberger Prozesse, Nachrichten, die unsere deutschen Nachbarn mit Abscheu behandelten, als seien die Ermittlungen und die Berichterstatter die Schuldigen, und wer nichts wissen wollte, reinen Herzens. Es gab keine Auseinandersetzung mit den Verbrechen, die hier zum ersten Mal dokumentiert und verbürgt vor die Öffentlichkeit gelangten, sondern eher zynisches Beiseiteschieben. Der Prozeß galt als eine gezielte Erniedrigung Deutschlands, nichts anderes. Krieg sei eben Krieg. Die Auseinandersetzung kam wohl erst mit den späteren Auschwitz-Prozessen in Frankfurt, als Deutsche vor Deutschen, nicht vor Ausländern, vor Gericht standen." (wl, 203.)

Die Urteile nahmen 226 Seiten ein, davon befassten sich lediglich drei mit der Vernichtung der Juden! Erst der Eichmann-Prozess und die Frankfurter Auschwitz Prozesse waren der Auslöser für das Bekanntwerden und die Bewusstmachung des Genozids an den Juden. (Vgl. Levy, Daniel/Sznaider, Natan: *Erinnerung im globalen Zeitalter: Der Holocaust.* Frankfurt/M.: Suhrkamp, 2001, 68 und 127.)

213 Eine Verbindung zwischen Friedrich Nietzsches Werk *Jenseits von Gut und Böse* und Simone Weils Schriften in Ruth Klügers Werk ist in diesem Zusammenhang nicht notwendig, da sie ausschweifen würde. Eine detaillierte Studie beleuchtet beispielsweise:

(wl, 133) von Arendts *Eichmann in Jerusalem* als Vorbemerkung zum Wendepunkt von *weiter leben*: Es ist die Episode der Selektion in Auschwitz, „Frauen von 15 bis 45 sollten sich zu einem Arbeitstransport melden". (wl, 128.) Als Mutter und Tochter für die Selektion antraten, wurde nur die Mutter ausgewählt, die Tochter hingegen wegen ihrer Minderjährigkeit mit einem Kopfschütteln abgelehnt.[214] Der Zwölfjährigen gelang es, sich in die andere Schlange zu stellen. Doch davor kam es noch zu einem Streitgespräch zwischen Mutter und Tochter. Die Mutter insistierte, sie solle sagen, sie sei fünfzehn, was aus der Sicht des Mädchens völlig unglaubwürdig war. Das Kind antwortete trotzig: „Aber fünfzehn sag ich auf keinen Fall, höchstens dreizehn. Und wenn's daneben geht, ist es deine Schuld.'" (wl, 131.) Es wurde von einer Schreiberin gesehen, als sie „schon praktisch vorne" (wl, 133) war, die plötzlich von ihrem Posten aufstand und direkt auf sie zuging. Auf die Frage, wie alt sie sei, schwindelte die Protagonistin nur ein Jahr hinzu und antwortete: „dreizehn". Die Schreiberin forderte sie „ganz eindringlich" auf: „‚Sag, daß du fünfzehn bist.'" (wl, 133.) Klüger gab dem SS-Mann die entscheidende Antwort, der sie zunächst als arbeitsuntauglich abwertete: „‚Die ist aber noch sehr klein', bemerkte der Herr über Leben und Tod, nicht unfreundlich, eher wie man Kühe und Kälber besichtigt." Erneut setzte sich die Frau für das Kind ein: „Und sie, im gleichen Ton die Ware bewertend: ‚Aber kräftig gebaut ist sie. Die hat Muskeln in den Beinen, die kann arbeiten.' ‚Schaun Sie nur'." Der SS-Mann „gab nach. Sie schrieb meine Nummer auf, ich hatte eine Lebensverlängerung gewonnen." (wl, 134)[215] Bemerkenswert ist, wie die Autorin anhand der nur selten eingesetzten Anführungszeichen, dokumentiert, wie genau sie sich an diese Episode erinnert und sie im dramatischen Modus exponiert.[216]

Nicht zufällig setzt Klüger in ihrem Wendepunkt Prätexte von Frauen ein, um diese von der Kritik meist übersehene und doch so wichtige Sequenz auszuarbeiten. Was die Menschen, mit denen sie über dieses Ereignis spricht, nicht verstehen, ist, dass die Reaktion dieser Frau in einer totalitären herrschaftlichen Umgebung völlig frei war. Klügers einführende Reflexion über das Gute dient nun als Argument dafür, dass das Gute im KZ Auschwitz in ihrem Fall nur von einer Frau vollbracht werden konnte.[217] Eine Frau, die namenlos blieb und keine Gegenleistung von ihrer Tat erwarten konnte, setzte ihr Leben ein

---

Ewertowski, Ruth: *Das Außermoralische: Friedrich Nietzsche – Simone Weil – Heinrich von Kleist – Frank Kafka.* Heidelberg: Universitätsverlag Ch. Winter, 1994.

214 Im Juni 1944 war Klüger zwölf Jahre alt.

215 Dieser Wendepunkt wurde von der Rezeption meist ignoriert. Sie appelliert an die Leser: „Hört zu und bekrittelt sie [die Schreiberin] bitte nicht, sondern nehmt es auf, wie es hier steht, und merkt es euch." (wl, 135.)

216 Vergleicht man dieses Ereignis mit der Rückkehr von Nathan und seinem Wiedersehen mit seiner Tochter Recha im zweiten Auftritt des ersten Aufzugs aus Lessings Drama *Nathan der Weise*, lassen sich Parallelen ziehen. Recha berichtet über das „Wunder" ihrer Rettung aus den Flammen, so wie auch die Rettung der Schreiberin „vor dem Feuer" für Klüger an ein Wunder grenzt. (Lessing, Gotthold Ephraim: Nathan der Weise. In: ders. *Dramen*. Hrsg. von Walther Killy. Hamburg: Fischer, 1962, hier: 204-210.)

217 In nahezu allen Werken von Holocaustüberlebenden gibt es „eine gute Tat", die ausschlaggebend für das Überleben des Opfers war.

für diesen „Gnadenakt, schlichter ausgedrückt, eine gute Tat" (wl, 132), um ein Kind zu retten. Dieser Zufall der Rettung beruht auf einer Ausnahme, denn, so die Erzählerin, alle Berichte, die sie über die Selektion kenne, bestünden darauf, dass die erste Entscheidung immer endgültig gewesen sei, dass kein auf die eine Seite Geschickter und dadurch zum Tod Verdammter je auf die andere Seite gekommen sei. „Bitte, ich bin die Ausnahme" (wl, 132), bestätigt die Autorin. Sie versucht das Publikum mit ihrem Appell aufzurütteln, damit diese außerordentliche Handlung in einer außerordentlichen Umgebung als eine Tat erachtet wird, die ihr tatsächlich zusteht: „Ja, sagen die Leute leichtfertig, sie verstünden sowas [sic!] recht gut, viele Menschen sind altruistisch, das war so eine. – Warum wollt ihr nicht lieber mit mir staunen?" (wl, 134.)

Die Ignorierung des Altruismus liegt daran, dass es der Rezeption an ausreichendem Hintergrundwissen fehlt und deshalb die Extremsituation unterschätzt. Denn Arendt formulierte das Endziel dieses „Experimentes" (die Konzentrations- und Vernichtungslager) folgendermaßen, wodurch Klügers Konstatierung noch einmal bestätigt wird:

> Die Lager dienen nicht nur der Ausrottung von Menschen und der Erniedrigung von Individuen, sondern auch dem ungeheuerlichen Experiment, unter wissenschaftlich exakten Bedingungen Spontaneität als menschliche Verhaltensweise abzuschaffen und Menschen in ein Ding zu verwandeln, das unter gleichen Bedingungen sich immer gleich verhalten wird, also etwas, was selbst Tiere nicht sind; denn der Pawlowsche Hund, den man bekanntlich darauf dressiert hatte, nicht zu essen, wenn er hungrig war, sondern wenn eine Glocke ertönte, war ein pervertiertes Tier. (Arendt 2005: 908.)

In ihrer einführenden Reflexion zum Wendepunkt balanciert Klüger zwischen Weils und Arendts Werken. Dabei wird der Prätext, wie zuvor die Schriften Weils, der Titel des Werkes, nicht explizit von ihr gekennzeichnet. Durch die Namensangabe im folgenden Textfragment – „Hannah Arendt hat das Gegenstück zu Simone Weils Behauptungen über das Gute geliefert [...]." (wl, 133.) – schafft sie einen Bezug auf den Arendtschen Text mit einer äußerst schwachen Markierungsintensität. Sie öffnet somit ein neues Fenster zu einem literarischen und historischen Wissenshorizont: Der Prozess gegen Adolf Eichmann und Hannah Arendts Bericht darüber: *Eichmann in Jerusalem*. Auch wenn sie im selben Kontext bereits den Namen von Adolf Eichmann[218] erwähnt, setzt

218 Adolf Eichmann (1906-1962) war SS-Obersturmführer und Leiter des Judenreferats im Reichssicherheitshauptamt im Dritten Reich. Er wurde einer der „Hauptorganisatoren der ‚Endlösung' und war ‚in entscheidender Schlüsselrolle verantwortlich für die Ausrottung des jüdischen Volkes'". (Vgl. Krause, Peter: *Der Eichmann-Prozess in der deutschen Presse*. Frankfurt/M.: Campus Verlag, 2002, 23.) 1960 wurde er vom israelischen Geheimdienst entführt und nach Israel gebracht. Am 11. April 1961 begann der Prozess gegen ihn. (Vgl. Krause 2002, 40.) Er wurde im Dezember 1961 für den Tod von über drei Millionen Juden und anderen Opfergruppen verantwortlich gemacht und zum To-

sie keinen Bezug zwischen Arendt und diesem Werk und spricht über den Eichmann-Prozess als historisches Ereignis. Da Klüger durch die Referenz auf Arendt einen Hinweis auf den Prätext im Zusammenhang mit der Reflexion über Gut und Böse gibt, referentialisiert sie ihn, indem sie von ihren Rezipienten voraussetzt, das breit rezipierte und diskutierte Buch von Arendt zu kennen. Sie ruft durch diese sehr knappe Referenz, und zwar lediglich den Namen der Autorin, eine neue Sinnkonstitution auf: „Hannah Arendt hat das Gegenstück zu Simone Weils Behauptungen über das Gute geliefert, als sie auf die schlichte Tatsache hinwies, daß das Böse im Geiste engstirniger Borniertheit begangen wird." (wl, 133.) Das „Gegenstück" ist *Eichmann in Jerusalem*. Klüger öffnet an diesem Punkt nicht nur einen neuen Referenzraum zu Arendts vieldiskutiertem Buch, sie ergreift Partei und fasst in wenigen Worten die Definition[219] des Bösen dieser Denkerin zusammen.[220]

Es ist weiterhin die Stimme der geschichtserfahrenen Literaturwissenschaftlerin, die hier zu ihrem erlesenen deutschen Publikum spricht. Sie resümiert diesmal nicht den Inhalt des Arendtschen Berichtes, der besonders durch seinen Untertitel *Ein Bericht über die Banalität des Bösen* Schlagzeilen machte, sondern die Reaktionen und Debatten, die er in Israel und Deutschland auslöste:

> Damit hat sie allerdings ein Wutgeheul bei den Männern ausgelöst, die ganz richtig, wenn auch nicht unbedingt bewußt, begriffen, daß eine solche Entlarvung willkürlicher Gewalt das Patriarchat in Frage stellt. Vielleicht wissen Frauen mehr über das Böse als Männer, die es so gerne dämonisieren. (wl, 133.)

Klüger zitiert mit eigenen Worten die Reaktion „der Männer", die dieser Bericht zur Folge hatte. Dabei verwendet sie bewusst eine zusammenfassende Folge, das „Wutgeheul", die soziologisch gewöhnlich einer weiblichen Erschütterung zugeordnet wird. Auf diese Weise ironisiert und kompromittiert sie den unreifen Gegenschlag der Männer, die sich entlarvt fühlen und ihr Patriarchat in Frage gestellt sehen. Sie pointiert durch das Element „Wutgeheul" und relativiert ironisch die Debatte des Prätextes (der Prätext ist nun die Debatte um das Buch *Eichmann in Jerusalem*) und erläutert das „Wutgeheul" implizit, wobei der gesamte Prätext in diese neue „Sinnkonstitution" fällt:

---

de verurteilt. Im Juni 1962 wurde er in Tel Aviv hingerichtet. (Vgl. auch: Fischer/Lorenz 2007, 124ff.)

219 Arendt spricht in ihrem vorigen Buch *Elemente und Ursprünge totaler Herrschaft. Antisemitismus, Imperialismus, totale Herrschaft* über das „radikal Böse" und wandelt es in *Eichmann in Jerusalem* in eine „Banalität des Bösen" um.

220 Klüger greift in ihrem Essay „Lanzmanns *Shoah* in New York" auf die Arendtsche Figur der „Banalität des Bösen" zurück, als sie auf den von Lanzmann interviewten Franz Suchomel (SS-Aufseher in Treblinka) zu sprechen kommt und ihn als „Paradebeispiel für Hannah Arendts Diktum über die Banalität der Täter des Bösen" kennzeichnet, da er „geistig zu beschränkt, zu seicht sei, um Reue zu verspüren." (Klüger, Ruth: Lanzmanns Shoah in New York. In: dies.: *Gelesene Wirklichkeit. Fakten und Fiktionen in der Literatur*. Göttingen: Wallstein, 2006, 9-28, hier: 27. Alle Zitate beziehen sich auf diese Ausgabe und werden fortan abgekürzt dargestellt mit (LS).)

Durch das fremde Wort („Wutgeheul") wird eine Distanzierung zwischen dem neuen und dem alten Textzusammenhang hervorgehoben und die Einfalt der Männer aufgedeckt. Nur ein kompetentes Publikum identifiziert das Referenzfenster. Ingeborg Gleichauf resümiert Arendts „Entdämonisierung der Nazis" wie folgt:

> Was die Diskussion in einem hohen Maße lohnt, ist die Entdämonisierung der Nazis und der Mut Arendts, auf das eigene Urteil zu vertrauen, und nicht aus Bequemlichkeit anderen nach dem Mund zu reden. Es gab Leser, die das durchaus verstanden und schätzten, so Karl Jaspers und Mary McCarthy. Viele Freundschaften jedoch zerbrachen über der Kontroverse. (Gleichauf 2000: 103.)

Die Entfremdung des Bösen durch seine Dämonisierung[221] war auch für Klüger ausschlaggebend für das „Wutgeheul" der Männer. Klüger hat diesen Kritikpunkt an Arendts Text metatextualisiert und in ihren eigenen hineingewebt. Auch die anderen Kritikpunkte sind in ihren Reflexionen enthalten, doch ist die Deutlichkeit dieser Markierungen so schwach, dass sie erneut nur für ein elitäres Leserpublikum erkennbar werden.

Um weiter Klügers Text mit Arendts Schriften zu kontrastieren, ist es notwendig, Arendts Eichmann-Buch und vorangehend ihr erstes Buch *Elemente und Ursprünge totaler Herrschaft*, das sie bereits 1949 beendet hatte und das unter dem englischen Originaltitel *The Origins of Totalitarism* erstmals in den USA erschien, kurz zu kommentieren. Arendt befasste sich für die Studie zu *Elemente und Ursprünge totaler Herrschaft* mit drei „Phänomenen": Antisemitismus, Imperialismus und Rassismus[222], um „die Hauptelemente des Nationalsozialismus aufzuspüren, sie zurückzuverfolgen und die zugrunde liegenden wirklichen politischen Probleme zu erforschen." (Young-Bruehl 1991: 287.) Ziel des Buches war es nicht, Antworten zu geben, sondern das Terrain zu sondieren. (Vgl. Young-Bruehl 1991: 287) Arendt formulierte, wie dem Menschen unter einer „totalen Herrschaft" durch eine strategische Dehumanisierung bewusst gemacht wird, dass er ersetzbar und deshalb nutzlos ist und jederzeit eliminiert werden kann. Erst durch die Bewusstmachung der Nutzlosigkeit aller Menschen im gleichen Maße sei eine ideale totale Herrschaft erreicht. Besonders in den Konzentrations- und Vernichtungslagern, den „wesentlichen Institution[en] des Nationalsozialismus" (Young-Bruehl 1991: 299), haben sich totalitäre Staaten den vollkommenen Ausdruck ihres Wesens und das vollkommene Instrument ihres Herrschaftsanspruchs geschaffen, denn, so Arendt,

221 Siehe hierzu auch Walser 1997a: 189-196.

222 In der definitiven Fassung beginnt der dritte Teil des Buches, „Totale Herrschaft", den sie 1948 und 1949 schrieb, dort, wo sie mit den früheren Skizzen aufhörte. Was sie anfangs als Rassen-Imperialismus bezeichnete, nannte sie später „Totale Herrschaft". (Vgl. Young-Bruehl 1991: 289f.)

> Unter normalen Umständen ist dies niemals zu erreichen, weil Spontaneität nie ganz auszuschalten ist, sofern mit ihr nicht nur menschliche Freiheit, sondern Leben überhaupt im Sinne des einfach Lebendigbleibens zusammenhängt. Nur in den Konzentrationslagern ist dieses Experiment überhaupt möglich, [...], sondern darüber hinaus das richtunggebende Gesellschaftsideal für die totale Herrschaft überhaupt. (Arendt 2005: 908.)

Dieses Experiment der absoluten Kontrolle durch Terrorisierung in den von der totalitären Herrschaft errichteten Konzentrationslagern stellt unter Beweis, dass gerade dort, so Klüger, die Nähe zur Freiheit am deutlichsten zu spüren sei:

> Und deshalb meine ich, es kann die äußerste Annäherung an die Freiheit nur in der ödesten Gefangenschaft und in der Todesnähe stattfinden, also dort, wo die Entscheidungsmöglichkeiten auf fast Null reduziert sind. In dem winzigen Spielraum, der dann noch bleibt, dort, kurz vor Null, ist die Freiheit. (Und wann ist Null? Immer denk ich, in der Gaskammer ist Null, wenn man auf die Kinder tritt, überwältigt von der eigenen Todesnot. Ob das stimmt?) In einem Rattenloch, wo die Menschenliebe das Unwahrscheinlichste ist, wo die Leute die Zähne blecken und wo alle Zeichen in Richtung Selbstbewahrung deuten, und wo dennoch ein kleines Vakuum bleibt, kann die Freiheit als das Verblüffende eintreten. (wl, 136.)

Klüger bestätigte mit ihrem Wendepunkt eine „Ausnahme“: das Scheitern des Zielgedankens des „Experiments“ der „Totalen Herrschaft“. Die Spontaneität der Schreiberin fällt völlig aus der Reihe, deshalb ist es gerade das Ideal der totalen Herrschaft, das erst dann erreicht wird, wenn alle Menschen gleichermaßen überflüssig sind, und somit die Tat der Schreiberin begründet. (Vgl. Arendt 2005, 907f.)[223] Dass sie während des „Wendepunktes“ kontinuierlich auf Arendts und Weils Schriften über die freie Handlungstat in den Konzentrationslagern Bezug nahm, belegt ebenfalls das folgende, an die Leser appellierende Zitat:

> Oder ihr sagt das Umgekehrte, nämlich Altruismus gibt es nicht, es gebe keine Tat, hinter der nicht der Eigennutz lauert, sei es auch nur das Bewußtsein der freien Handlung. Die im übrigen auch nur eine Illusion sei, denn wahrhafte Freiheit gebe es auch nicht. Vielleicht stimmt das sogar, und vielleicht gibt es tatsächlich nur Annährungen an die Freiheit wie an das Gute. Vielleicht sollten wir Freiheit schlicht als das nicht Voraussagbare definieren. Denn noch nie hat jemand menschliches Benehmen ebenso berechnen können wie zum Beispiel das der Amöben. Bei Hunden, Pferden und Kühen ist es schon nicht mehr ganz leicht, aber bei Menschen kommen wir über einen gewissen Wahrscheinlichkeitsgrad nicht hinaus. Menschen entscheiden im letzten Moment, darum ist der letzte Moment, der die Handlung auslöst, nicht zu berechnen. (wl, 135.)

---

223 Vgl. insbesondere das dritte Kapitel „Totale Herrschaft“ (Arendt 2005: 627-944).

Hinter dem letzten Moment, nach dem die Entscheidungsfreiheit der Menschen in den Konzentrationslagern steht und der von einer totalitären Herrschaft beherrscht wird, verbirgt sich der Defekt im nationalsozialistischen Herrschersystem. Dieses unvorhergesehene „Zwischenspiel" der Schreiberin wird nun zum Triumph des Guten, das das Leid durch menschliche Zuwendung schmälert. Nun gewinnt wieder in dieser Umgebung des Bösen das Gute an Protagonismus: die geglückte Rettung eines Kindes:

> Auch wenn man alles über einen Menschen wüßte, was es zu wissen gibt, und es im erdenklich komplexesten Computer speicherte, so wäre das Zwischenspiel, das ich beschrieben habe, noch immer nicht vorauszusagen gewesen. Daß da eine war, die ich nicht kannte, die ich nie wiedersah, die mich retten wollte, nur so, und der es auch gelang. (wl, 136.)

Während Klüger die gute Tat der Schreiberin hervorhebt und das asoziale Verhalten der Gefangenen, die sich gemäß den diktatorischen Vorschriften verhielten, verteidigt, blieb der Alltag im KZ grausam:

> Wer im KZ die Schläge, die er von oben empfing, nach unten weitergab, hat nur so gehandelt, wie biologisch und psychologisch zu erwarten, wie es vorgezeichnet war. Und so könnte man etwa sagen, daß in diesem perversen Auschwitz das Gute schlechthin als Möglichkeit bestand, als ein Sprung über das Vorgegebene hinaus. Wie oft es ausgeübt wurde, weiß ich nicht. Sicher nicht oft. Sicher nicht nur in meinem Fall. Aber das hab ich erlebt. (wl, 136.)

Arendt arbeitete den „totalitären Glauben", in dem alles möglich war, mit dem Begriff des „radikal Bösen"[224] aus und wies nach, dass sogar „das Wesen des Menschen" zunichte gemacht werden kann:

> daß aber in ihrem Bestreben, unter Beweis zu stellen, daß alles möglich ist, hat die totale Herrschaft, ohne es eigentlich zu wollen, entdeckt, daß es ein radikal Böses wirklich gibt und daß es in dem besteht, was Menschen weder bestrafen noch vergeben können. Als das Unmögliche möglich wurde, stellte sich heraus, daß es identisch ist mit dem unbestrafbaren, unverzeihlichen radikal Bösen, das man weder verstehen noch erklären kann durch die bösen Motive von Eigennutz, Habgier, Neid, Machtgier, Ressentiment, Feigheit oder was es sonst noch

224 In ihrem *Denktagebuch* notiert sie im Juni 1950: „Das radikal Böse ist das, was nicht hätte passieren dürfen, d. h. das, womit man sich nicht versöhnen kann, was man als Schickung unter keinen Umständen akzeptieren kann, und das, woran man auch nicht schweigend vorübergehen darf. Es ist das, wofür man die Verantwortung nicht übernehmen kann, weil seine Folgerungen unabsehbar sind und weil es unter diesen Folgerungen keine Strafe gibt, die adäquat wäre. Das heisst nicht, dass jedes Böse bestraft werden muss; aber es muss, soll man sich versöhnen oder vom ihm abwenden können, bestrafbar sein." (Arendt, Hannah: *Denktagebuch: 1950 bis 1973. Erster Band.* Hrsg. v. Ursula Ludz und Ingeborg Nordmann. München: Piper, 2002, 7.)

geben mag und demgegenüber daher alle menschlichen Reaktionen gleich machtlos sind; […] So wie die Opfer in den Fabriken zur Herstellung von Leichen und den Höhlen des Vergessens nicht mehr ‚Menschen' sind in den Augen ihrer Peiniger, so sind diese neuesten Verbrecher selbst jenseits dessen, womit jeder von uns bereit sein muß, sich im Bewußtsein der Sündhaftigkeit des Menschen zu solidarisieren. (Arendt 2005: 941.)

Das Grauen der Konzentrations- und Vernichtungslager war ein „Grauen vor dem radikal Bösen" (Wimmer 1990: 267): Die Folgen der Erfahrung des Konzentrationslagers für die Überlebenden waren erstmals kaum heilbare Traumata, da nicht einmal die Psychologen dafür ausgebildet waren. Nach Arendt bestehe das eigentliche Grauen der Konzentrations- und Vernichtungslager darin,

daß die Insassen, selbst wenn sie zufällig am Leben bleiben, von der Welt der Lebenden wirksamer abgeschnitten sind, als wenn sie gestorben wären, weil der Terror Vergessen erzwingt. Der Mord geschieht hier ganz ohne Ansehen der Person; er kommt dem Zerdrücken einer Mücke gleich. (Arendt 2005: 915f.)

Klüger korrespondiert mit der Situation der Häftlinge in Auschwitz: „Wir waren wertlos, zur Vernichtung hierhergebracht, und daher war der Verschleiß an ‚Menschenmaterial' unwichtig. Im Grunde war es den Nazis immer egal, was in den Judenlagern vor sich ging, solang sie ihnen keine Umstände machten." (wl, 131f.) Arendt schält die „totalitäre Ideologie" noch weiter heraus:

„Das eigentliche Ziel der totalitären Ideologie ist nicht die Umformung der äußeren Bedingungen menschlicher Existenz und nicht die revolutionäre Neuordnung der gesellschaftlichen Ordnung, sondern die Transformation der menschlichen Natur selbst, die, so wie sie ist, sich dauernd dem totalitären Prozeß entgegenstellt. Um diese Transformation handelt es sich in den Konzentrationslagern und nicht um das dort verursachte Leiden, von dem es immer zu viel auf der Erde gegeben hat, und nicht darum, wie viele Menschen dort zugrunde gehen. Die totalitäre Expansion im Unterschied zu der imperialistischen ist vor allem darauf bedacht, diesen Laboratorien neues Menschenmaterial zur Verfügung zu stellen, ohne die bereits beherrschten Gebiete allzusehr zu entvölkern." (Arendt 2005: 940f.)

Arendt wandte sich von ihrer These des „radikal Bösen" in ihrem nächsten Werk *Eichmann in Jerusalem* ab. Aus diesem Grund ist es notwendig, die Resonanz ihrer Arbeit kurz zu erläutern, um Klügers Reflexionen kontrastieren zu können. Nachdem Arendts „Bericht" in der US-amerikanischen Wochenzeitschrift *New Yorker*[225] als fünfteilige Essayreihe erschien, gab sie 1963 eine „er-

225 Es war Hannah Arendt, die an der Berichterstattung interessiert war. Dies formuliert sie in zwei Briefen an den Verleger des „New Yorker": „Ich glaube, Sie werden verstehen,

weiterte Fassung" als Buch zunächst in englischer Sprache in den USA heraus, die ein Jahr darauf in Deutschland erschien. (Vgl. Krause 2002: 135.) Arendt mahnte in ihrem Vorwort bereits, dass das Buch „ein *Bericht*" sei, „und seine Hauptquelle das „Prozeßmaterial, das in Jerusalem an die Presse ausgehändigt wurde". (Arendt 2007: 49.) Außerdem habe „das Buch ein sehr begrenztes Thema": den Prozess gegen Adolf Eichmann. Weiter punktierte sie:

> Es handelt sich hier also nicht etwa um die Geschichte der größten Katastrophe, die das jüdische Volk je betroffen hat, noch um die Darstellung des totalen Herrschaftssystems oder um eine Geschichte des deutschen Volkes im Dritten Reich, noch schließlich gar um eine theoretische Abhandlung vom Wesen des Bösen. Im Mittelpunkt jedes Prozesses steht die Person des Angeklagten, ein Mensch aus Fleisch und Blut mit einer individuellen Geschichte [...]. Alles was darüber hinausgeht, wie etwa die Geschichte des jüdischen Volkes in der Zerstreuung und der Antisemitismus oder das Verhalten des deutschen Volkes und anderer Völker oder die Ideologien der Zeit und der Herrschaftsapparat des Dritten Reiches, spielt in den Prozeß nur insofern herein, als es den Hintergrund und die Umstände abgibt, unter denen der Angeklagte seine Handlungen begangen hat. Womit er nicht in Berührung gekommen oder was auf ihn ohne Einfluß geblieben ist, muß in der Gerichtsverhandlung und mithin für den Bericht außer Betracht bleiben. (Arendt 2007: 54f.)

Es gibt drei „Aspekte des Berichts, die nicht nur auf ein breites Interesse, sondern zum Teil auch auf harsche Ablehnung stießen" (Krause 2002: 135.). Die erste Bemängelung betraf die Beschreibung – besonders seiner Rede- und Verhaltensweise – des Angeklagten Adolf Eichmann. (Vgl. Young-Bruehl 1991: 463.) Die zweite Kritik, die auf das „Wutgeheul" der Männer stieß, war die Erörterung der europäischen Judenräte und ihre Kooperation mit den Nazis. Der dritte Schwachpunkt zielte auf die schlechte Prozessführung und den Einfluss der israelischen Regierung während des Prozesses. (Vgl. Krause 2002: 136)[226] Die letzten Minuten Prozeßmaterial, das in Jerusalem an die Pres-

warum ich über diesen Prozeß berichten möchte; ich habe die Nürnberger Prozesse verpaßt, habe diese Leute nie leibhaftig gesehen, und das ist wahrscheinlich meine letzte Chance./An diesem Prozeß teilzunehmen ist irgendwie, so meine ich, eine Verpflichtung, die ich meiner Vergangenheit gegenüber habe." (Zitiert nach Wimmer 1990: 283.)

226 Bei Krause heißt es: „Sie zeigte sich davon überzeugt, daß der Jerusalemer Prozeß im Gegensatz zu seiner eigentlichen Aufgabe weniger der Wahrheitsfindung und der Beurteilung der konkreten persönlichen Schuld des Angeklagten diente – die ohnehin bereits vor dem Beginn des Prozesses ohne Zweifel festgestanden hätte –, sondern ‚daß der Staat Israel mit ihm eine ganze Reihe politischer Nebenabsichten zu verfolgen gedachte', die aber den Gerichtshof letztlich überforderten. Damit zielte sie auf die erklärte Absicht des israelischen Ministerpräsidenten Ben-Gurion, daß der Prozeß gegen Eichmann auch dazu dienen sollte, sowohl an die Ermordung von Millionen Juden zu erinnern, als auch vor den Gefahren des Antisemtismus zu warnen und die Bedeutung des Staates Israels für die Sicherheit der Juden zu unterstreichen. Aus diesem Grund hatte der Prozeß in Jerusalem für Arendt durchaus ‚Schauspielcharakter'." (Krause 2002: 135f.)

se ausgehändigt wurde, bevor Eichmann hingerichtet wurde, fühlte Arendt, „als zöge Eichmann selbst das Fazit der langen Lektion in Sachen menschlicher Verruchtheit, der wir beigewohnt hatten – das Fazit von der furchtbaren Banalität des Bösen, vor der das Wort versagt und an der das Denken scheitert." (Arendt 2007: 371.) Besonders dieser Befund sollte ihr im Nachhinein große Kritik einbringen. Eine langjährige Debatte, die sich besonders in Israel und in den USA über Jahrzehnte entzündete[227], um die im *New Yorker* erschienenen Artikel und die Veröffentlichung des Buches, war die unmittelbare Reaktion. Laut Reiner Wimmer „kreisten" die sogar „teilweise beleidigend geführten Kontroversen" ganz besonders um zwei Aspekte: „einmal die angebliche Banalisierung des Täters Eichmann und seiner Taten, zum anderen die Mittäterschaft von den Nazis eingesetzter Judenräte[228] bei der Endlösung" (Wimmer 1990: 284) oder mit Arendts Worten zur „Zerstörung ihres eigene[n] Volkes", das „zweifellos das dunkelste Kapitel in der ganzen dunklen Geschichte" des Holocausts war. (Arendt 2007: 209) Wimmer fasst das von Klüger betitelte „Wutgeheul" und die Dämonisierung des Bösen zum Eichmann-Buch zusammen:

Vgl. hierzu auch: Vollrath, Ernst: Hannah Arendt. In: Ballestrem, Karl/Ottmann, Henning (Hrsg.): *Politische Philosophie des 20. Jahrhunderts*. München: Oldenburg, 1990, 13-32, 24.

227 Dazu Hannah Arendt in einem Interview für die Fernsehsendung „Panorama" am 24. Januar 1964 mit Thilo Koch: „Der Untertitel: ‚Von der Banalität des Bösen', ist vielfach wirklich mißverstanden worden. Nichts hat mir ferner gelegen, als das größte Unheil unseres Jahrhunderts zu bagatellisieren. Was banal ist, ist darum weder eine Bagatelle noch etwas häufig Vorkommendes. Ich kann einen Gedanken oder ein Gefühl banal finden, auch wenn noch niemand dergleichen je vorher geäußert hat und die Konsequenzen in eine Katastrophe führen. […] Ich bin nicht der Meinung, daß ich Eichmann entdämonisiert habe, sondern daß er dies selbst besorgt hat, und zwar so gründlich, daß es bis an die Grenzen des echt Komischen ging. Ich habe nur darauf hinweisen wollen, wie es um die ‚Dämonie' bestellt ist, wenn man sie sich von Nahem ansieht. […] Gerade weil die Verbrecher nicht von den uns bekannten bösen und mörderischen Motiven getrieben wurden – sie haben gemordet, nicht um zu morden, sondern weil es zur Karriere gehörte –, hat es uns allen nur zu nahe gelegen, das Unheil zu dämonisieren und eine geschichtliche Bedeutung in ihm zu entdecken. Und ich gebe zu: Es ist leichter zu ertragen, das Opfer eines Teufels in Menschengestalt […] zu sein, als das eines beliebigen Hanswursts, der noch nicht einmal verrückt oder ein besonders böser Mensch ist. Was wir alle an der Vergangenheit nicht bewältigen können, ist doch nicht etwa die Zahl der Opfer, sondern gerade auch die Schäbigkeit dieser Massenmörder ohne Schuldbewußtsein und die gedankenlose Minderwertigkeit ihrer sogenannten Ideale. ‚Man hat unseren Idealismus mißbraucht' – so hört man es heute nicht selten von ehemaligen Nazis, die sich eines Besseren besonnen haben. Ja, in der Tat – aber was für eine minderwertige Angelegenheit ist dieser Idealismus immer gewesen!" (Reif, Adelbert: *Gespräche mit Hannah Arendt*. München: Piper, 1976, 37f. Zitiert nach Wimmer 1990: 285.)

228 Zu Eichmanns Gehilfen zählten unter anderem auch die Judenräte: „In Amsterdam wie in Warschau, in Berlin wie in Budapest konnten sich die Nazis darauf verlassen, daß jüdische Funktionäre Personal- und Vermögenslisten ausfertigen, die Kosten für Deportation und Vernichtung bei den zu Deportierenden aufbringen, frei gewordene Wohnungen im Auge behalten und Polizeikräfte zur Verfügung stellen würden, um die Juden ergreifen und auf die Züge bringen zu helfen – bis zum bitteren Ende, der Übergabe des jüdischen Gemeindebesitzes zwecks ordnungsgemäßer Konfiskation." (Arendt 2007: 209.)

> Für Arendt war nicht nur der Prozeß enttäuschend im Sinne einer fruchtbaren Ernüchterung, insofern sowohl Staatsanwalt als auch Verteidiger ihrer Ansicht nach die grundsätzliche Bedeutung der hier aufgeworfenen rechtlichen und moralischen Fragen nicht erfaßten; sondern vor allem hatte sie ihr Vorurteil über die teuflische Bosheit oder dämonische Besessenheit von Eichmann, dem Judenvernichter, zu revidieren. Das radikal Böse erschien nun in einer neuen Gestalt: als ‚schiere Gedankenlosigkeit'. (Wimmer 1990: 283.)

Arendt bemühte sich nach Arne Johan Vetlesen, „philosophisch und sogar moralisch an Eichmann und seine Art (eher als Verursacher denn als Repräsentant) des Bösen einen Begriff auszubilden".[229] Dies habe sie jedoch gezwungen, auf der einen Seite immer wieder die Zusammenhänge zwischen Denken, Willen und Urteilen sorgfältig zu überdenken[230] und auf der anderen Seite diese mit bösen Handlungen in Beziehung zu setzen. (Vetlesen 2001: 225.) Eichmann war für Arendt, so Frindte,

> nicht das grausame Ungeheuer und der krankhafte Judenhasser, sondern ein Mensch ohne Grundsätze, ein schwacher und feiger Trottel, der unfähig war, zwischen Gut und Böse zu unterscheiden, aber noch seinen Stolz verkündete, ein treuer Diener Hitlers und des Nationalsozialismus gewesen zu sein.[231]

Daraufhin wurde ihr vorgeworfen, sie sei „seellos", „anti-israelisch", „antizionistisch", „eine Jüdin mit Selbsthaß, eine Gesetzespuristin und eine Kant-

---

229 Vetlesen, Arne Johan: Über das Gewissen und das Böse bei Hannah Arendt. In: Neumann, Bernd u.a. (Hrsg.): *‚The Angel of History is looking back': Hannah Arendts Werk unter politischem, ästhetischem und historischem Aspekt.* Texte des Trondheimer Arendt-Symposiums vom Herbst 2000. Würzburg: Königshausen&Neumann, 2001, 225-254, hier: 225.

230 Hierzu Ernst Vollrath: „Hannah Arendt hat sich stets gegen die These von der Kollektivschuld gewendet und sie deutlich von der Frage der Gesamthaftung und Verantwortlichkeit unterschieden. Vor allem ihre Formel von der Banalität des Bösen hat ungewöhnlich erhellenden Charakter. Sie macht verständlich, wie es möglich gewesen ist, daß ganz durchschnittliche Menschen Taten begehen und sich an ihnen beteiligen können, die alles menschliche Vorstellungsmaß überschreiten, nämlich aus schierer Gedankenlosigkeit und der Unfähigkeit sich vorstellen zu können, was sie angerichtet haben. Bei der ganzen heftigen Kontroverse um das Eichmann-Buch Hannah Arendts ist viel seltener zur Sprache gekommen, daß damit eine Deutung des Bösen und seiner Wirkungen in der Welt vorliegt, die nicht nur seinem traditionellen Verständnis als der Negation des Guten, also als einer eigenen Größe, zuwiderläuft, sondern die die Frage nach der politischen Rolle des Denkens unabweisbar macht. [Hier liegt einer der Ursprünge von Hannah Arendts Neuinterpretation des Lebens des Geistes. Sie wird diese Frage immer wieder stellen, und der Standort, den sie dabei einnimmt, ist außerordentlich prekär. Sie stellt sie nämlich so, daß sie die Welt als eine für Menschen gemeinsame zum Ausgang ihrer Bestimmung der Rolle des Denkens in der Welt macht, des Denkens, das doch gerade durch einen Rückzug aus dieser Welt gekennzeichnet ist.]" (Vollrath 1990: 17)

231 Frindte, Wolfgang: *Inszenierter Antisemitismus. Eine Streitschrift.* Wiesbaden: Verlag für Sozialwissenschaften, 2006, 255.

sche Moralistin". (Young-Bruehl 1991: 463f.) Einer der ersten Kritiker[232], der auf die *Banalität des Bösen* reagierte, war Gershom Scholem. Arendt hatte ihm ein Buchexemplar geschickt, worauf er mit einem Brief, am 23. Juni 1963, antwortete. Scholem, der ihr vorwarf, dass bei ihr von einer „Liebe zu den Juden" (Young-Bruehl 1991: 457) nichts zu merken sei, hatte ihre „Herausarbeitung" der *Banalität des Bösen* „in keiner Weise überzeugt":

> Es erscheint diese Banalität auch eher als ein Schlagwort, denn als das Resultat einer so eingreifenden Analyse, wie Sie sie, unter ganz entgegengesetzten Vorzeichen in Ihrem Buch über den Totalitarismus auf weit überzeugendere Weise gegeben haben. Damals hatten Sie anscheinend noch nicht entdeckt, dass das Böse das Banale sei. Von dem radikalen Bösen, von dem Ihre damalige Analyse beredtes Zeugnis und Wissen ablegte, hat sich die Spur nun in einem Schlagwort verloren, das in der Lehre von der politischen Moral oder Moralphilosophie doch wohl in anderer Tiefe eingeführt werden müsste, wenn es mehr sein soll als das. Es tut mir leid, dass ich in ehrlicher und freundschaftlicher Gesinnung gegen Sie nichts Positives zu den Thesen Ihres Buches vorbringen kann. Ich hatte, gerade nach Ihrem früheren Buche, Anderes erhofft.[233]

Arendt war zutiefst enttäuscht über die Reaktion ihres langjährigen Freundes, der nicht mehr unbeeinflusst durch die israelischen Medien das Buch gelesen hatte, und antwortete ihm aus New York am 20. Juli 1963:

> Es ist schade, daß Sie das Buch erst dann gelesen haben, als von israelischer und amerikanisch-jüdischer Seite eine Entstellungskampagne dagegen in Gang gekommen war. Es gibt leider sehr wenig Menschen, die von solchen Dingen unbeeinflußt sind. Ich kann mir nicht gut denken, daß Sie die folgenden Dinge mißverstanden hätten, wenn Sie das Buch unvoreingenommen und unbeeinflußt von der sogenannten öffentlichen Meinung, die in diesem Falle manipuliert ist, gelesen hätten […]. Sie haben vollkommen Recht, I changed my mind und spreche nicht mehr vom radikal Bösen. […] Unklar ist mir, warum Sie die Wendung von der ‚Banalität des Bösen' ein ‚Schlagwort' nennen. Soviel ich weiß, hat noch niemand das Wort gebraucht; aber das ist ja egal. Ich bin in der Tat heute der Meinung, daß das Böse immer nur extrem ist, aber niemals radikal, es hat keine Tiefe, auch keine Dämonie. Es kann die ganze Welt verwüsten, gerade weil es wie ein Pilz an der Oberfläche weiterwuchert. Tief aber und radikal ist immer nur das Gute.[234]

---

232 Den „ersten Kriegsbericht" erhielt sie bereits am 6. März 1963 von dem Leiter der Öffentlichkeitsarbeit der Antidiffamierungsliga, Henry Schwarzschild, der gleichzeitig ein Bekannter war. Er kündigte ihr an, dass seine Organisation bereits die ersten Angriffsschritte getätigt habe und er „keinen Einfluß darauf haben würde". (Vgl. Young-Bruehl 1991: 478.)

233 Scholem, Gershom Gerhard: *Briefe. Band II. 1948-1970.* München: Beck, 1995, 99f.

234 Zitiert nach Arendt, Hannah: *Ich will verstehen. Selbstauskünfte zu Leben und Werk.* München: Piper, 2005, 31-38.

Die „Hauptthese, daß sich in der Person Eichmanns", wie es Schönherr-Mann formuliert, „weniger satanische Mächte präsentierten, als vielmehr das Böse in seiner Alltäglichkeit und Banalität, traf vor allem ihre jüdischen Zeitgenossen tief." (Schönherr-Mann 2006: 81) Auch Jean Améry widersetzte sich der „Banalität des Bösen", denn Arendt hatte den Holocaust als Jüdin im Dritten Reich nicht miterlebt, sondern lediglich den Beginn des nazifaschistischen Deutschlands:

> Aber dann eröffnet sich fast verblüffend die Einsicht, daß die Kerle nicht nur Ledermäntel und Pistolen haben, sondern auch Gesichter: keine ‚Gestapogesichter' mit verdrehten Nasen, hypertrophierten Kinnpartien, Pocken- oder Messerstichnarben, wie sie im Buche stehen könnten. Vielmehr: Gesichter wie irgendwer. Dutzendgesichter. Und die ungeheure, wieder jede abstrahierende Vorstellung zerstörende Erkenntnis eines späteren Stadiums macht uns deutlich, wie die Dutzendgesichter dann schließlich doch zu Gestapogesichtern werden und wie das Böse die Banalität überlagert und überhöht. Es gibt nämlich keine ‚Banalität des Bösen', und Hannah Arendt, die in ihrem Eichmann-Buch davon schrieb, kannte den Menschenfeind nur vom Hörensagen und sah ihn nur durch den gläsernen Käfig.
> Wo ein Ereignis uns bis zum äußersten herausfordert, dort sollte nicht von Banalität gesprochen werden, denn an diesem Punkt gibt es keine Abstraktion mehr und niemals eine der Realität sich auch nur annähernde Einbildungskraft. (Améry 2000b: 52.)

Auch Daniel Goldhagen reagierte auf die Eichmann-Kontroverse. Dana R. Villa sieht in seinem vieldiskutierten Werk *Hitlers willige Vollstrecker* sogar den Versuch einer Widerlegung von Arendts *Eichmann in Jerusalem* und die letzte Folge in der Kontroverse des Eichmann-Buchs. Goldhagen ginge davon aus, dass sich Arendt um einen umfassenden Bericht über den Antrieb der Täter bemühte. Weiter heißt es: „she was engaged in the project of historical and sociological explanation of the motives driving the typical (or what I will call ‚representative') perpetrator."[235] Villa erkennt jedoch, dass dies auf einem erheblichen Missverständnis beruhte:

> His *bête noire* is the idea that the perpetrators were ‚one-dimensional men,' ‚thoughtless beings performing their tasks reluctantly.' It is *this* image of the perpetrators that Goldhagen believes has gained wide currency among American intellectuals, and it is one he wants to demolish. No doubt is left as to who the culprit is: ‚the person most responsible for this image,' Goldhagen writes ‚is of course Hannah Arendt.' (Villa 1999: 40.)

Der kurze Abriss über Arendts Werk und die weltweiten Reaktionen darauf sollen zur Vervollständigung von Klügers Reflexionen dienen. Ein Aspekt,

[235] Villa, Dana R.: *Politics, Philosophy, Terror: Essays on the Thought of Hannah Arendt*. Princeton: Princeton University Press, 1999, 40.

den Arendt über den Eichmann-Prozess kritisierte, war die Nichterwähnung der Funktion der Judenräte oder Judenorganisationen während der Verhandlungen. Arendt berührte nach Wimmer damit „eine wunde Stelle im jüdischen Selbstbewußtsein." Das begründe „immerhin die wütenden Reaktionen, die Versuche, Arendt zu diffamieren, ihr Selbsthaß oder einen Kantischen Moralpurismus zu unterstellen." (Wimmer 1990: 286.) Zu diesen jüdischen Organisationen in den Konzentrationslagern äußert sich Klüger:

> Über die Rechtfertigung der jüdischen Lagerverwaltungen aller Lager und Ghettos streitet man noch heute. War es nötig, daß die Häftlinge den Deutschen geholfen haben, Ordnung zu halten, war das nicht Kollaboration mit den Feinden? Aus meiner Kinderperspektive sage ich, was wäre aus uns geworden, wenn die Juden nichts getan hätten, um das Chaos, das die Deutschen rings herum verbreiteten, zu verringern, wenn es diese Kinderheime, die sie innerhalb der Nazivorschriften organisierten und verwalteten, nicht gegeben hätte? (wl, 91.)

Während Arendt besonders die Mithilfe der Judenräte in den Städten und Ghettos verurteilte (Arendt 2007: 208ff.), versucht Klüger hinter der Fassade der naiven „Kinderperspektive", die beschützende Funktion hinsichtlich der Kinder zu verteidigen. Dabei verwendet sie erneut einen impliziten und undefinierten Prätext – die Diskussion um die Rolle der Judenräte –, um anschließend ihren Blickpunkt durch eine rhetorische Frage darzulegen. Arendt kritisierte in dieser Hinsicht, dass es Zeugen während des Prozesses gegeben habe, die „über die Tätigkeiten der Räte aussagten" (Young-Bruehl 1991: 475), diesen Angaben jedoch nicht weiter nachgegangen worden sei. Auch auf die bereits vorhandenen Studien wurde verzichtet, die das Thema ausführlich und verlässlich bearbeitet hatten und die bereits vor Jahren erschienen waren, wie beispielsweise die von H. G. Adler, *Theresienstadt 1941-1945,* aus denen hervorgeht, dass die Transportlisten (nach Auschwitz) von den Judenräten vorbereitet wurden. (Vgl. Young-Bruehl 1991: 475.)

Doch nicht nur zur späteren Kritik an der Beteiligung der Judenräte positioniert sich Klüger. Sie spricht auch über eine Unzufriedenheit gegenüber der jüdischen Organisation während der Inhaftierung in Theresienstadt. Dabei verschiebt sie, wie so oft, wenn sie eine jüdische Eigenschaft beschreibt, die Neigung der Juden, über alles diskutieren zu müssen, in eine (für die Nazis) lästige Eigenschaft:

> Kritik an unserer Zwangsgemeinschaft, soweit sie von Juden gelenkt war, ist auch im Ghetto Theresienstadt schon geführt worden. Die Tendenz des Außenseiters zu urteilen, in Frage zu stellen, versteckte Motive aufzudecken, Bestehendes zu analysieren, diese als jüdisch bekannte Neigung, die der übrigen Welt seit Jahrhunderten auf die Nerven geht, nicht etwa, weil sie unmoralisch

(‚zersetzend'[236], pflegten die Nazis zu sagen), sondern weil sie unbequem ist, war in Theresienstadt so allgegenwärtig wie die Unzufriedenheit mit Land und Leuten in den Weissagungen der alten Propheten. (wl, 92.)

Ist es der „jüdische Selbsthass", der hier zwar nicht angesprochen, aber implizit thematisiert wird? Oder ist es vielmehr die Gewissheit, mit der die Juden alles in Frage stellen? Die bewusste Kritik und Abwertung des Eigenen, die die Ich-Erzählerin in diesem Zusammenhang anspricht, fungieren hier keineswegs in einer negativen Konnotation, sondern als Selbstverständlichkeit:

> In Theresienstadt war Kritik nicht nur erlaubt, sondern selbstverständlich. Ich wunderte mich also nicht, daß es kritische Stimmen über die Organisation oder sogar die Existenz der Kinderheime gab. So hieß es etwa, unsere Gruppenspiele seien denen der deutschen Jugendlichen zu ähnlich. Man mußte nachdenken, ob das stimmte, ein verunsicherndes, aber hellwaches Nachdenken, und man kam womöglich zu keinem Ergebnis. Es waren eben heftige, offene Diskussionen, ein brodelnder Suppentopf von Ideen, ohne Deckel. (wl, 92.)

Klüger versucht dem Leser deutlich zu machen, dass „offene Diskussionen" unter Juden konstruktiv seien, um die eigene Urteilskraft auszubilden. Betrachtet man in diesem Zusammenhang die Dialoghaftigkeit und die enorme Stimmenpräsenz in ihrem Erinnerungsbuch, stimmt dieser „brodelnde Suppentopf von Ideen" und Meinungen mit ihrem mosaikartigen Textkonstrukt überein. Das Beispiel mit den Kinderspielen weist auf die Harmlosigkeit einiger Kritiken hin, die aber auch das Verlangen nach einer Distanzierung von allem Deutschen aufdecken.

Während Klüger nicht die Meinung Arendts über die Funktion der Judenräte teilt, greift Klüger immer wieder auf den Bericht des Eichmann-Prozesses zurück und rekurriert für die Beschreibung der verfehlten Rede ihres College-

---

236 Im *Vokabular des Nationalsozialismus* von Schmitz-Berning wird der Begriff „zersetzend" folgendermaßen definiert: „Die für *zersetzend* erklärten Einflüsse – des Parlamentarismus, des Marxismus, der kritischen Presse, der modernen Kunst, des *Asphaltliteratentums*, des Intellektualismus, der *Verstädterung*, der nach dem Rassendogma unausweichlich vergiftenden *rassischen* Vermischung – werden letztlich auf die Machinationen des *internationalen Judentums* zurückgeführt, zu dessen Waffen im Kampf um die Weltherrschaft an erster Stelle die Zersetzung gehöre. Im Programm der NSDAP hatten die Nationalsozialisten 1920 ‚den gesetzlichen Kampf gegen eine Kunst- und Literaturrichtung, die einen zersetzenden Einfluß auf unser Geistesleben ausübt' gefordert. Dieser Kampf wird im *Dritten Reich* durch Verbot, Zensur, Bücherverbrennung, Verfemung und Beseitigung der *entarteten Kunst* geführt. Die Vernichtung zielt, das ist die Konsequenz der Verschwörungstheorie, nicht nur auf die Einflüsse, sondern trifft vor allem die angeblichen Drahtzieher, die Juden, und diejenigen, die beschuldigt werden, durch Opposition oder auch nur Kritik das Geschäft des *internationalen Judentums* gegen die Interessen der Volksgemeinschaft zu betreiben. Prägend ist Hitlers Sprachgebrauch in ‚Mein Kampf', der in der Zeit des NS-Regimes nur noch variiert wird. Zersetzend nennt Hitler ‚das Sprachentohuwabohu' des Vielvölkerstaates Österreich [...]." (Schmitz-Berning 2000: 703.)

Präsidenten am Hunter-College[237] erneut auf Arendt: „Vielleicht hat man den Unterschied zwischen Kriegsverbrechen und Verbrechen gegen die Menschheit übersehen können, wenn man nicht dabei gewesen war und bis Hannah Arendt ihn deutlich herausschälte." (wl, 235.) An diesem Beispiel kristallisiert sich nochmals die implizite Perspektivisierung des Prätextes heraus. Sie beruft sich somit auf ihre elitäre belesene Leserschaft und verwendet ganz bewusst den Begriff „Verbrechen an der Menschheit" („crime against humanity") und nicht die verwirrende Definition, wie sie aus dem Englischen irrtümlich übersetzt wurde, „Verbrechen an der Menschlichkeit"[238], denn, so Arendt, die „physische Ausrottung" des jüdischen Volkes war eindeutig ein „Verbrechen an der Menschheit". Nach Arendt trat mit der „Endlösung der Judenfrage"

> das neue Verbrechen hervor, das Verbrechen an der Menschheit im eigentlichen Sinne, nämlich an dem ‚Status des Menschseins' oder an dem Wesen des Menschengeschlechtes. Vertreibung und Völkermord sind zwar beides internationale Vergehen, müssen aber voneinander unterschieden werden; die Vertreibung verletzt die Gebietshoheit der Nachbarstaaten, während der Völkermord einen Angriff auf die menschliche Mannigfaltigkeit als solche darstellt, also auf ein Wesensmerkmal des Menschseins, ohne das wir uns Dinge wie Menschheit oder Menschengeschlecht nicht einmal vorstellen können. (Arendt 2007: 391.)

Zusammenfassend lassen sich folgende Schlüsse ziehen: Klüger metatextualisiert und kondensiert Weils und Arendts Schriften, um ihren wichtigsten Punkt, den zweiten Wendepunkt ihrer Geschichte, einzuführen, um ihn anschließend zu exponieren. Sie spricht als Literaturwissenschaftlerin, Auslandsgermanistin und Belesene der Weltliteratur und beansprucht das gleiche hohe intellektuelle Niveau von ihren Lesern. Als „Gegenstück" zu Simone Weils Texten über das Gute setzt sie Arendts Schriften über das Böse ein und verbindet sie mit ihrer Erfahrung in Auschwitz. Klügers Wendepunkt ist deshalb so außerordentlich, weil er in einer totalen Herrschaft, wie sie Arendt beschrieben hat, nicht stattfinden durfte. Nur durch das Gute, ausgeführt in einer „radikal bösen" Umgebung, konnte ein Defekt im nationalsozialistischen Terrorsystem gefunden werden. Das Zwischenmenschliche unter den Frauen, also das, was die (am Rande dieser Notgemeinschaft herrschenden) Nazis

---

237 Ich werde hierauf in Kapitel Kapitel „4.5.1 Amerikanische Stimmen" eingehen.

238 Arendt monierte in ihrem Eichmann-Buch: „Das den Nürnberger Prozessen zugrunde liegende Londoner Statut hat, wie bereits erwähnt, die ‚Verbrechen gegen die Menschheit' als ‚unmenschliche Handlungen' definiert, woraus dann in der deutschen Übersetzung die bekannten ‚Verbrechen gegen die Menschlichkeit' geworden sind – als hätten es die Nazis lediglich an ‚Menschlichkeit' fehlen lassen, als sie Millionen in die Gaskammern schickten, wahrhaftig das Understatement des Jahrhunderts." (Arendt 2007: 398f.)

Zu den „historischen Wurzeln" der Definition siehe Seeger, Daniel Marc: Die historischen Wurzeln des Begriffs ‚Verbrechen gegen die Menschlichkeit'. In: Vormbaum, Thomas/Institut f. Juristische Zeitgeschichte Hagen (Hrsg.): *Jahrbuch der Juristischen Zeitgeschichte. Band 8* 2006/2007. Berlin: BWV, 2007, 75-101, insbesondere 98f., wo die Entwicklung des Begriffs nach dem Holocaust beschrieben wird.

nicht unterdrücken konnten, war das Gute[239], die spontane unvorhergesehene Reaktion der Schreiberin. Genau an diesem Punkt war für Klüger die Freiheitsnähe am stärksten. Sie konnte sich retten, weil sie zwei Löcher im System durchschaute und es überlistete: sie konnte sich in die zweite Selektionsschlange anstellen und entkam der Exekution, weil die Schreiberin sie überredete, den SS-Mann hinsichtlich ihres Alters anzulügen.

Klüger kennt die drei Standpunkte in Arendts Eichmann-Buch, die auf starke Ablehnung und Kritik stießen. Alle drei werden in *weiter leben* implizit und völlig unmarkiert angesprochen. Die Reaktion der Männer auf die Banalisierung Eichmanns wird von Klüger ironisch als „Wutgeheul" minimiert. Der dritte Aspekt, die Kollaboration der Judenräte mit den Nazis, wird hingegen von Klüger verteidigt. Alle drei Frauen, Arendt, Weil und Klüger, lebten letztendlich nach ihrer Ausreise aus der Heimat nie wieder in ihren Geburtsstädten. Arendt und Klüger wurden amerikanische Staatsbürgerinnen und Weil erlebte das Ende des Zweiten Weltkrieges nicht mehr.

3.4 Religion und Judentum[240]

Jüdisch sein heißt, daß man nie richtig weiß, wohin man gehört.[241]

Religion und Judentum spielen in Klügers Werk eine gewichtige Rolle, so dass in ihrem Text literarische Verknüpfungen von biblischen und jüdischen Themen hergestellt werden. Figuren und Motive fließen in die Kindheitserinnerungen ein, um eine Identifikation und gleichzeitig aber auch eine gewisse Distanz zum eigenen Text hervorzurufen. Wiederholt setzt sie während ihres Einsatzes der intertextuellen Referenzen Vorkenntnisse der Bibel voraus, die

[239] Das „Gute" kann man an diesem Punkt als eine Art intrahumane Handlung zwischen den Frauen bezeichnen, um es als Abgrenzung zum Bösen zu verbildlichen, da es in einer bösen Umgebung, die von SS-Wachen beherrscht wird, möglich gemacht wird. Es gibt in *weiter leben* einen weiteren (feministischen) Hinweis, dass besonders die Frauen nur bedingt zu „beherrschen" waren: „Neben uns lief eine Aufseherin, die uns mit ihrer Pfeife im Gleichschritt halten wollte. Alles Pfeifen nützte nichts, den Gleichschritt haben wir trotz des Ärgers der Aufseherin nicht gelernt. Es freute mich, daß man jüdische Hausfrauen, denn das waren ja die meisten, nicht veranlassen konnte, im Schritt zu gehen. Männer machen da viel eher mit, dachte ich, in einem frühen Anflug von Feminismus." (wl, 151.)

[240] Die Frage nach einer jüdischen Identität sei, laut Norman Solomon, noch erstaunlich neu. Für die zeitgenössische jüdische Identität gebe es – und hierbei greift er zurück auf Michael A. Meyers Studie *Jewish Identity in the Modern World* – drei Faktoren: „the Enlightenment, anti-Semitism, and the rise of the State of Israel." (Solomon, Norman: *Judaism: A Very Short Introduction*. Oxford: Oxford University Press, 2000, 6-10.)

[241] Wuliger, Michael: ‚Eine ganz eigene Stimme'. Ein Gespräch mit der amerikanischen Germanistin Ruth Klüger über die deutschsprachige jüdische Gegenwartsliteratur. In: *Jüdische Allgemeine*, 8, 24.02.2005, 9.

jüdische Kultur wird hingegen, wenn auch meist nur sehr kurz, expliziert. Für die Identitätskonstruktion des Kindes spielt einerseits das intrafamiliäre jüdische Netz sowie das extern öffentliche eine bedeutungsvolle Rolle. Hiermit sind sowohl die gesellschaftlichen Wiener Verhältnisse, wie die Freunde, das Kindermädchen, die Schule, die Nazis in ihrer Nachbarschaft gemeint, als auch die soziale Einfügung in eine jüdische Umgebung in den Konzentrationslagern, insbesondere im KZ Theresienstadt. In ihrer Familie wurden zwar die üblichen jüdischen Riten und Familienfeste gefeiert, doch fühlte sich ihr Vater beispielsweise vorab als „eingefleischter Wiener, der er war" (wl, 24), und nicht als Jude. Ihre eigene Verbundenheit zum Judentum erfuhr sie erst in einer jüdischen Umgebung: in Theresienstadt. Zum ersten Mal habe sie dort erfahren, „was dieses Volk sein konnte, zu dem ich mich zählen durfte, mußte, wollte." (wl, 103.) Ihre Religionszugehörigkeit zu dieser „Schicksalsgemeinschaft" (Heidelberger-Leonard 1996: 58) erfolgte rückblendend zum Zeitpunkt ihrer Inhaftierung und nicht schon in ihrer jüdischen Familie, wo sie sich meist als Außenseiterin fühlte: „Wenn ich mir heute die unbeantwortbare Frage vorlege, wieso und inwiefern ich Ungläubige überhaupt Jüdin bin, dann ist von mehreren richtigen Antworten eine: ‚Das kommt von Theresienstadt, dort bin ich es erst geworden.'" (wl, 103f.) Nach Heidelberger-Leonard enthalte

> diese Antwort mindestens zwei Antworten: Theresienstadt ist für sie einerseits der geschichtliche Ort für Verfolgung und Ermordung der Juden; andererseits wurde sie ausgerechnet an diesem unheiligen Ort in die alttestamentarischen Geschichten vom großen Philosophen und Rabbiner Leo Baeck (1873-1956) unterwiesen. (Heidelberger-Leonard 1996: 58.)

Er sei es gewesen, der den „jüdischen Mithäftlingen" ihr „Erbe" zurückgab. Dieser Identität, der man sich erst „in einem deutschen Konzentrationslager bewußt" geworden sei, „muß von Anfang an eine permanente Todesbedrohung eingeschrieben sein", so Heidelberger-Leonard weiter. (Heidelberger-Leonard 1996: 58.) In einem Gespräch mit Renata Schmidtkunz antwortet Klüger jedoch auf die Frage, ob sie „erst im KZ zur Jüdin geworden" sei:

> Eine von mehreren möglichen Antworten auf die Frage: Wieso bin ich Jüdin, wenn ich doch an nichts religiöses [sic!] glaube? Eine von mehreren Antworten ist, dass ich eben in Theresienstadt von jungen Juden sozialisiert worden bin. Aber ganz stimmt's nicht, denn ich habe natürlich schon in Wien durch den Antisemitismus die Erfahrung gemacht, dass ich Jüdin bin. Möchte aber nicht sagen – wie manche Juden es tun – dass ich Jüdin nur deshalb bin, weil es den Antisemitismus gibt.[242]

Klüger, die sich „den Glauben peu à peu abgewöhnt" (wl, 12) hatte, erinnerte sich, als sie Jahre später nach Theresienstadt zurückkehrte, noch sehr genau an die Lehrstücke im Zusammenhang mit „Rosch Haschana", dem Neujahrsfest

242 Schmidtkunz, Renata: *Im Gespräch: Ruth Klüger*. Wien: Mandelbaum, 2008, 31.

der Juden: „Auch auf den Dachboden ging ich, wo ich die jungen Zionisten und Leo Baeck gehört hatte, und dachte mir, es muß Rosch Haschana gewesen sein, denn er hat ja von der Erschaffung der Welt gesprochen." (wl, 105.) Die Textstelle erscheint im Buch nach dem nachstehenden Zitat. Durch die intratextuelle Verwebung werden Vergangenheit und Gegenwart verschmolzen und stehen sich in einem, wie es Langer nennt, „Dialogverhältnis, das sich in der Erzählung auf zwei Ebenen manifestiert" (Langer 2002: 69), gegenüber:

> Leo Baeck redete zu uns auf dem Dachboden. Wir saßen zusammengedrängt und hörten den berühmten Berliner Rabbiner. Er erklärte uns, wie man die biblische Geschichte von der Schöpfung der Welt in sieben Tagen nicht verwerfen müsse, weil die moderne Wissenschaft von Millionen Jahren weiß. Relativität der Zeit. Gottes Tag ist nicht wie unsere Tage und hat nicht etwa nur 24 Stunden. In der Reihenfolge hingegen stimme die Überlieferung genau mit der Wissenschaft überein: Erst schuf Gott die anorganische Welt, dann die Lebewesen, zuletzt den Menschen. Ich war ganz bei der Sache, berührt erstens von der festlichen Stimmung, wie wir eng unter den nackten Balken saßen, und zweitens von diesen so schlicht und eindringlich vorgetragenen Ideen. Er gab uns unser Erbe zurück, die Bibel im Geiste der Aufklärung, man konnte beides haben, den alten Mythos, die neue Wissenschaft. (wl, 101.)

Sie setzt von ihrer Zielleserschaft voraus, dass ihr der „berühmt[e] Berliner Rabbiner" mehr als nur ein Begriff sei. Dabei lässt sie die „festlich[e] Stimmung" wieder aufleben, die in dem Mädchen, den anderen Inhaftierten auf dem Dachboden und dem Rabbiner eine gemeinsame Identitätszugehörigkeit wachruft. Erst durch den Kontakt mit den Menschen in Theresienstadt erfährt sie, „was dieses Volk sein konnte, zu dem ich mich zählen durfte, mußte, wollte." (wl, 103.) Doch rückblickend sind ihre Gefühle auch zwiespältig. Einerseits lobt sie den Einfallsreichtum der Juden in Gefangenschaft, „wie sie diese Fläche von weniger als einem Quadratkilometer tschechischer Erde mit ihren Stimmen, ihrem Intellekt, ihrer Freude am Dialog, am Spiel, am Witz überfluteten." (wl, 103.) Ein Volk, zu dem sie sich hinzuzählt: „Was gut war, ging von unserer Selbstbehauptung aus." (wl, 103.) Andererseits fühlt sie sich „wie der letzte Dreck": „Einem ohnmächtigen Volk anzugehören, das abwechselnd arrogant und dann wieder selbstkritisch bis an die Grenze des Selbsthasses war. Keine Sprache zu beherrschen als die der Verächter dieses Volkes." (wl, 104.) In dieser Identitätsschwankung spiegelt sich auch ihr Atheismus wider.

Doch auch wenn Klüger ihre Gottesungläubigkeit manifestiert, spielt das Judentum in ihrer Identifikation als Jüdin eine große Rolle und das nicht nur, weil sie als Jüdin im Dritten Reich lebte und den Genozid an den europäischen Juden durch das Hitlerregime als Opfer überlebte. Ihre Verbundenheit zum Judentum bestätigt bereits ihr Entschluss, sich letztendlich zu erinnern und Zeugnis abzulegen, das in der hebräischen Bibel als ein Pflichtgebot erfasst wird[243], denn, so Klüger, „das Erinnern ist gewissermaßen die jüdischste aller Beschäftigungen."[244] „Diese Verpflichtung zum Zeugnis ablegen", so Thomas Rahe, „zielt darauf ab, auch andere zu Mit-Zeugen zu machen." (Rahe 1999: 138) Nicht nur das Zeugnisablegen ist ein wichtiger Bestandteil der jüdischen Religion, sondern auch das Gedächtnis. Nach Rahe sei die hebräische Bibel von der Aufforderung „Erinnere Dich!" durchzogen. Das „Verb ‚zachar'" tauche „nicht weniger als 169 mal auf [...] und die Bibel selbst löst diese Aufforderung ein, ist sie doch vor allem ein Geschichtsbuch Israels, für das Geschichte und Religion keine getrennte Sphären sind." (Rahe 1999: 138.) Und Klüger erinnert sich. Sie greift sogar auf das von ihr angezweifelte Gedächtnis der Mutter[245] zurück und legt somit nicht nur für sich selbst Zeugnis ab, sondern auch für ihre alte Mutter. Sie wird zum Sprachrohr ihrer Eltern und illustriert Anekdoten, die sie von ihrer Mutter erzählt bekommen hat. Auf diese Weise lässt sie Erinnerungen aus frühester Kindheit miteinfließen, die sie ohne mütterliche Hilfe nicht mehr rekonstruieren könnte.[246] Jennifer Taylor sieht in Klügers autobiographischem Text zwei Schwerpunkte:

> First, the text is a protest voiced against the Austrians und Germans themselves for silencing her both during the Third Reich as well as afterwards. Second, it is a voice raised to contradict the strict rules of her childhood Jewish religion for not allowing a woman an official role in the rituals.[247]

Taylor zieht außerdem einen äußerst bemerkenswerten Vergleich zu Kafkas *Brief an den Vater*:

> Furthermore, this is a book which asserts a voice in her own family, but especially in regard to her mother: *weiter leben* is, like Franz Kafka's *Brief an den Vater* [...], written, published, and yet meant (perhaps) never to be read by the addressee. (Taylor 1997: 79.)

---

243 Vgl. Rahe, Thomas: *‚Höre Israel'. Jüdische Religiosität in nationalsozialistischen Konzentrationslagern*. Göttingen: Vandenhoeck&Ruprecht, 1999, 138.
So heißt es im Buch Levitikus: „Angenommen, jemand sündigt in einem der folgenden Fälle: er hat eine laute Verfluchung gehört, ist Zeuge, da er es gesehen oder darum gewusst hat, aber er zeigt es nicht an und lädt damit Schuld auf sich; [...] wenn also jemand in einem dieser Fälle schuldig wird, so soll er gestehen, wodurch er sich verfehlt hat." (Levitikus 5,1-5. In: *Die Bibel*. 2008, 97.)

244 Klüger, Ruth: Von hoher und niedriger Literatur. II. Mißbrauch der Erinnerung: KZ-Kitsch. In: dies.: *Gelesene Wirklichkeit. Fakten und Fiktionen in der Literatur*. Göttingen: Wallstein, 2006, 52-67, hier: 52. Alle Zitate beziehen sich auf diese Ausgabe und werden fortan abgekürzt dargestellt mit (ME).

245 „Sie vergißt, verwechselt, erfindet." (wl, 33.)

246 „Ich erzähle nur ungern, was ich nur vom Hörensagen weiß." (wl, 30.)

247 Taylor, Jennifer: Ruth Klüger's *weiter leben: eine Jugend*: A Jewish Woman's ‚Letter to Her Mother'. In: Lamb-Faffelberger, Margarete (Hrsg.): *Out of the Shadows: Essays on Contemporary Austrian Women Writers and Filmmakers*. Riverside: Ariadne, 1997, 77-87, hier: 78f.

Doch Klügers Mutter reagierte verletzt auf das deutsche Buch: „Even though she was an impatient and infrequent reader, my mother easily found all the passages that were critical of her and was badly hurt. All her neighbours, she said, now knew she was a bad mother." (SA, 210)

Das jüdische Mädchen wandelte sich innerlich durch den Druck und die Ausgrenzung der Wiener Gesellschaft notgedrungen immer mehr in eine Jüdin. Doch diese Entscheidung zum Judentum brachte auch Ungewissheiten mit sich, da die Eltern nicht sehr vertraut mit der Torah und dem Talmud waren. Als die Tochter ihren ersten Vornamen ablegte und nur noch „Ruth" genannt werden wollte, konnte ihr niemand erklären, dass auch „Susanne" ein biblischer Name ist: „Niemand hat mir gesagt, daß Susanne genau so gut in der Bibel steht wie Ruth. Wer war schon bibelfest bei uns zu Haus?" (wl, 41f.) Das Kind trug, nach jüdischer Tradition, biblische Vornamen, ohne dies zu wissen. Nicht einmal die Eltern kannten sich mit biblischen Namen aus oder schenkten dem Namenswechsel des Kindes womöglich keine besondere Beachtung. Dass dies nicht einfach eine kindische Trotzreaktion blieb, beschreibt sie in ihrer Hartnäckigkeit für den neuen Namen. Die Erwachsenen wurden von dem Kind „mit großer Sturheit ausgebessert" und schienen die Geschichte der biblischen „Susanne"[248] nicht zu kennen. Die daraus entstehende Bezugsfolie fügt sich zwar in eine neue Sinnkonstitution ein, jedoch nur für den Rezipienten, der die Geschichten dieser zwei biblischen Frauen kennt.

Bei Klüger erfolgte die Hinwendung zum Judentum durch den Wunsch, sich mit dem „auserwählten" Volk identifizieren zu können. Die Bereitschaft manifestierte sich rückblickend bereits, als sie ihren Rufnamen Susi ablegte und sie sich für den zweiten Vornamen, Ruth, entschied.[249] Ein Name, der für sie der „richtig[e]" Name gewesen sei. Denn auch die biblische Ruth war Wahljüdin. Sie verließ ihre Familie und ihre Religion, um die jüdische anzunehmen:

> Es war das erste Mal, daß ich etwas durch reine Hartnäckigkeit durchsetzte, und so hab ich mir den richtigen Namen ertrotzt, ohne zu wissen, wie sehr er der richtige war, den Namen, der ‚Freundin' bedeutet, den Namen der Frau, die ausgewandert ist, weil sie die Freundschaft höher schätzte als die Sippschaft. Denn Ruth ist ausgewandert, nicht um des Glaubens, sondern um ihrer

248 Das „Buch Daniel" erzählt die Geschichte „Die Rettung der Susanna durch Daniel". (Buch Daniel 13,1-64. In: *Die Bibel* 2008, 1014f.) Susanna wird von zwei Richtern begehrt und während eines Bades in ihrem Garten von ihnen erpresst: „Sei uns zu Willen und gib dich uns hin! Weigerst du dich, dann bezeugen wir gegen dich, dass ein junger Mann bei dir war und dass du deshalb die Mädchen weggeschickt hast." Als sich Susanna weigert und nach Hilfe schreit, berichten die Richter, sie hätten sie mit einem jungen Mann überführt, und lassen sie wegen Ehebruchs verhaften. Da man den angesehenen Richtern glaubt, verurteilt man Susanna zum Tod. „Als man sie zur Hinrichtung" bringt, hat Daniel eine Eingebung des heiligen Geistes und fordert die Menge auf, zurück „zum Ort des Gerichts" zu gehen, weil sie „ohne Verhör und ohne Prüfung der Beweise [...] eine Tochter Israels verurteilt" haben. Die Richter werden der falschen Aussage beschuldigt. Als Daniel die Männer getrennt verhört, kann er die Lüge aufdecken. Susanna wird freigesprochen und die Richter werden getötet.

249 Vgl. auch Kapitel „4.6.1 Ruth Klügers Freundinnen in Amerika".

> Schwiegermutter Naëmi willen, die sie nicht allein ziehen lassen wollte. Sie war einem Menschen treu, und dieser Mensch war eben nicht der geliebte oder angetraute Mann, sondern es war eine frei gewählte Treue, von Frau zu Frau und über die Volkszugehörigkeit hinweg. (wl, 42.)

Mit dem intertextuellen Bezug auf die beiden biblischen Frauenfiguren und der Metatextualisierung des Prätextes, der Geschichte der Ruth[250], wird der referentielle Intensitätsgrad gesteigert und erreicht somit einen sehr hohen Markierungsgrad. Doch im Gegensatz zur Geschichte der Ruth wird die der Susanne von der Erzählerin umgangen, obwohl die Figur bei der Wahl und der Identifikation des Namens „Ruth" eine Rolle spielt. Denn die biblische Geschichte „Susanne" oder „Susanna im Bade", die das „Buch Daniel" erzählt, ist die Geschichte der Frau des in Babylon lebenden Jojakim, die zum Opfer ihrer Schönheit wird. Eine identifikatorische Konnektion mit der biblischen Figur, die das Opfer männlichen Begehrens und von einem Mann, Daniel, gerettet wird, bleibt aus. Mit der Figur der Ruth, der „Freundin", findet sie heute rückblickend Identifikationspunkte, die damals noch nicht vorauszusehen waren. Diese Identifikation mit der Frau, die aus Freundschaft und freier Entscheidung ihrer Schwiegermutter folgte, trifft unweigerlich auch auf Klügers Mutter zu. Denn als sie (Mutter, Tochter und Großmutter) nach Theresienstadt deportiert wurden, war ihre Mutter die Einzige, die sich bis zu ihrem Tod um die alte Frau kümmerte:

> Nur meine alte Großmutter nannte mich bis an ihr Ende Susi. Sie starb in Theresienstadt, keines ihrer neun Kinder war bei ihr, nur ihre einstmals verwöhnte, aber in dieser Situation rührend töchterliche Schwiegertochter, meine Mutter. Die anderen, die ausgewandert waren, hatten ja alle geglaubt, daß niemand einer alten Frau was antun würde. Oder einem Kind, wie ihrem jüngsten Enkel, der Susi. (wl, 42.)

Die Enkelin behielt ihren ersten Namen in der großmütterlichen Nähe, da sich ihre Geschichte der Freundschaft erst zu einem späteren Zeitpunkt entwickelte. Noch war sie das Mädchen Susi, das erst in Theresienstadt zu einem „sozialen Menschen" wurde. Während sich später das Gefühl für Freundschaft in der Jugendlichen entwickelte, sie ihre Freundinnen in Amerika kennenlernte und sie sich in Ruth verwandelte, besetzte die Mutter zu diesem Zeitpunkt die Rolle der biblischen „Ruth".[251] Sie war die Frau, die ihre verwitwete Schwiegermutter bis zu ihrem Tod pflegte und ihn damit etwas würdevoller machte:

> Die Mutter meines Vaters starb als Gefangene, in einem großen, lazarettartigen Saal voll von Kranken, denen unter den Umständen nicht zu helfen war. Meine Mutter, die meist und leicht etwas Verächtliches über ihre Mitmenschen sagt, hat ihre Schwiegermutter verehrt als den Inbegriff von Herzenswärme und

---

[250] Das Buch Rut. 1,1-4,22. In: *Die Bibel* 2008, 264-268.

[251] Auch die Freundschaft zu den Deutschen kann rückblickend hinzugezählt werden.

> Humanität. Sie hat in ihr wohl das Gegenteil von ihrer eigenen hilflosen Mutter gesehen, einer Frau, die, immer umhegt und umsorgt, abhängig war von Männern, von Geld, von einer quälenden Selbstsucht, die sich im Alter zur Hypochondrie steigerte. [...] Von all den vielen Kindern, Verwandten und Freunden, denen sie im Laufe ihres Lebens warmes Essen auf den Tisch gestellt hatte, waren meine Mutter und ich die einzigen, die bis zuletzt bei ihr waren. Rücksichtsvoll bis ans Ende hat sie meine Mutter, wenn diese lange an ihrem Bett gesessen war, weggeschickt mit der Mahnung, ‚Geh jetzt schlafen, Kind.' Das waren die letzten Worte, die meine Mutter von ihr hörte. (wl, 84f.)

Der bedeutende Satz, den die biblische Ruth ihrer Schwiegermutter antwortete und somit zur „Wahljüdin"[252] wurde – „Wohin du gehst, dahin gehe auch ich, und wo du bleibst, da bleibe auch ich. Dein Volk ist mein Volk und dein Gott ist mein Gott. Wo du stirbst, da sterbe auch ich, da will ich begraben sein" (Rut 1,16-17 2008: 265) –, als sie die Töchter ihrer verstorbenen Söhne aufforderte, zu ihren Familien zurückzukehren – „Kehrt doch um, meine Töchter! Warum wollt ihr mit mir ziehen? [...] Kehrt um, meine Töchter, und geht [...]" (Rut 1,11-12 2008: 265) – spiegelt sich eindeutig in der Geschichte der Großmutter und Mutter wider. Klüger söhnte sich mit ihrer Mutter vor ihrem Tod aus und pflegte sie, um ihr einen „guten Tod" zu ermöglichen. Damit schließt sich auch an diesem Punkt ein (Lebens-)Kreis. Durch die Versöhnung mit der Mutter entdeckte sie Gemeinsamkeiten, die sie während ihres Lebens (der Mutter) nicht anerkennen wollte und unterdrückte.[253] Diese frühen Erinnerungen an die Großmutter, die sich nicht an ihren neuen Namen gewöhnen konnte, und die fürsorgliche Pflege der Mutter integrieren sich durch die biblischen Figuren in das Leben der Erzählerin in der Nachfolge dieser biblischen Frauen. Erst im Rückblick konnte die Literaturwissenschaftlerin die Eingliederung erkennen, denn auch die Geschichte dieser biblischen Frauen ist aus einer weiblichen Sicht geschrieben worden.[254] Somit ist *weiter leben* auch ein Buch der Freundschaft (vgl. Heidelberger-Leonard 1996: 74), einer in der Widmung verkündeten neuen Freundschaft zu Deutschen, die sie im deutschen Krankenhaus nicht im Stich ließen.[255]

Die Diskrepanz zwischen ihrer unwiderruflichen Zugehörigkeit zum Judentum und ihrer Forderung nach Gleichstellung als Frau wird besonders im folgenden Fragment deutlich, als sie ihre „Leseart des Buches Ruth" verteidigt:

---

252 Levinson, Pnina Navè: *Was wurde aus Saras Töchtern?: Frauen im Judentum*. Gütersloh: Gütersloher Verlag, 1993, 73.

253 Die Aussöhnung und den Tod der Mutter beschreibt sie ausführlich in *unterwegs verloren* (30ff.)

254 Vgl. Fischer, Irmtraud: *Women who wrestled with God* (Aus dem Deutschen von Linda M. Maloney: *Gottesstreiterinnen. Biblische Erzählungen über die Anfänge Israels.*) Collegeville, Minnesota: Liturgical Press, 2005, 1 und 4f.

255 In *Still Alive* schreibt sie: „Now in the late eighties I sat down and wrote German prose for the good people of Göttingen who had become my friends, who hadn't let me lie in their clinic alone, but cheered me back into movement and activity." (SA, 210.)

(Diese Leseart des Buches Ruth wird mir kein Theologe rauben und schon gar nicht ein männlicher. Dafür schenk ich euch das Buch Esther und Makkabäer dazu. Die brauch ich nicht, diese Fabeln vom Sieg durch Sex und Gewalt, die könnt ihr so nationalistisch und chauvinistisch lesen, wie ihr wollt.) (wl, 42.)

Klüger begründet und verteidigt somit ihre Auslegung, warum sie sich besonders mit dem „Buch Ruth" identifiziert und nicht mit anderen Geschichten der Bibel, in denen es nicht mehr um Freundschaft, sondern um Krieg und Zerstörung geht. Auf diese Weise reklamiert sie nicht irgendein Buch des Alten Testaments, sondern „das Frauenbuch der Hebräischen Bibel", in dem die „Frauenstimme"[256], so Irmtraud Fischer, „authentisch zum Ausdruck" (Fischer 1999: 39) kommt, und bestätigt somit nochmals ihre These, dass Gewalt und Machtstreben immer dem Patriarchat entspringt und der Faschismus „reine Männersache" (wl, 12) sei. Klüger plädiert nicht nur für eine weibliche Auslegung des „Buches Rut", sie wendet sich auch gegen eine unbestimmte (männliche) Rezeptionsgruppe, um ihren Abscheu gegen Rache- und Kriegsgeschichten der Juden zu manifestieren. An dieser Stelle spricht ausschließlich die praktizierende Literaturwissenschaftlerin und Feministin. Klüger verteidigt nicht nur die Rut-Geschichte, sondern metatextualisiert und kontrastiert sie auch mit zwei weiteren Bibeltexten: mit dem Buch Esther und den Büchern der Makkabäer. Wie wenig sie als Kind mit den jüdischen Traditionen in Berührung kam, lässt sich aus dem folgenden Zitat entnehmen:

Ich besann mich also auf mein Judentum. Aber was hieß jüdisch sein? Ich war in der Schule eingetragen worden als ‚mosaischer Konfession'. Das Wort war mir unbekannt. Ein Mosaik gab es unter meinen Spielsachen. Aber nein, mosaisch hat nichts mit Mosaik zu tun, das kommt von Moses, unserem Gesetzgeber, dem aufgeklärten. Kein Wunder, dass ich das Wort nicht kannte: Es war ein Euphemismus, als sei das Wort ‚jüdisch' durch antisemitischen Geifer entwertet worden. (wl, 43.)

[256] So heißt es bei Irmtraud Fischer: „Seit Beginn der 70er Jahre wird [...] von männlichen Exegeten vermehrt die These vertreten, daß das Buch Rut von einer Frau verfaßt worden sein könnte." Tatsächlich ginge es jedoch nicht unbedingt um „die Fragestellung nach weiblicher oder männlicher Verfasserschaft [...], sondern vielmehr jene nach dem Blickwinkel, unter dem Texte verfaßt sind. Geben diese ausschließlich die männliche Sichtweise wieder, selbst dort, wo über Frauen erzählt wird, oder ist *female voice* in den Texten authentisch präsent, vielleicht sogar durch die Formulierung eines männlichen Autors hindurch? Für das Rutbuch ist letzteres in hohem Maße der Fall. Da die Hebräische Bibel durchaus mit der Abfassung von Texten durch Frauen rechnet, indem sie Frauen vor allem Lieder in den Mund legt [...] ist die Annahme, daß eine Frau das Buch Rut geschrieben haben könnte, durchaus realistisch." (Fischer, Irmtraud: Das Buch Rut – eine ‚feministische' Auslegung der Tora? In: Gerstenberger, Erhard/Schoenborn, Ulrich (Hrsg.): *Hermeneutik, sozialgeschichtlich: Kontextualität in den Bibelwissenschaften aus der Sicht (latein)amerikanischer und europäischer Exegetinnen und Exegeten*. Münster: LIT, 1999, 39-58, hier: 42.)

Das in der Schule gebrauchte fremde Wort für die jüdische Konfession provozierte eine gewisse Orientierungslosigkeit im Kind. Die Perspektive, aus der die Erzählerin referiert, verändert sich mehrmals in diesem Fragment. So spricht am Anfang noch das verwirrte Mädchen, das erst als Frau durchschaut, dass die Bezeichnung „mosaische Konfession" ein Euphemismus ist. Daraufhin wechselt sie erneut zur Rolle des naiven Kindes, das den christlichen Glauben anzweifelt:

> Im mosaischen Religionsunterricht erzählte ein lieber alter Herr Bibelgeschichten, ließ sie uns auch manchmal mit verteilten Rollen spielen. Die christlichen Kinder, bei denen ich mich nach ihrem Religionslehrer erkundigte, waren weniger zufrieden. Es gebe viel auswendig zu lernen. Das schien mir nicht so schlimm, aber daß Gott einen Sohn gehabt hätte, war unwahrscheinlich: Menschen haben Kinder, Gott ist kein Mensch. (wl, 43.)

Diese kindlichen Zweifel des Kindes gegenüber der christlichen Religion manifestieren eindeutig die Zäsur, an der sich die jüdische Religion von der christlichen (oder umgekehrt) trennt. Der „Tanach" (die hebräische Bibel) endet mit dem Alten Testament, also dort, wo das Neue Testament mit den Evangelien beginnt. Das Evangelium ist die „Verkündigung von dem endgültigem Heil, das Gott durch Jesus Christus allen Menschen anbietet"[257] und beginnt mit der Vorgeschichte und der Geburt Jesu.

Dass in Klügers Familie nicht jeder „bibelfest" war, wurde bereits erwähnt. Auch, dass die Sitten und Gebräuche nicht von allen Familienangehörigen auf gleiche Weise respektiert wurden, wie beispielsweise die „Kaschruth-Gesetze"[258]. Das Kind durfte beispielsweise an Familienfeiern Schweinefleisch mit Matzeh (oder auch „Mazze"), dem „ungesäuerte[n] Osterbrot", essen:[259]

> Im übrigen bestand die Auffassung, daß die Kaschruth-Gesetze für uns Heutige ein Blödsinn seien, aus einer Zeit und einem Land stammend, wo es gefährlich

257 Die Evangelien. In: *Die Bibel* 2008, 1080.

258 Die jüdischen Speisegesetze, die „Kaschruth", bestimmen, welches Essen „koscher" ist, d. h. „tauglich, passend, rituell rein". Nach Christine Müller kann es „verschiedene Bedeutungsebenen" haben. Im Bezug auf die Speisegesetze bedeutet dies, dass „Früchte und Gemüse generell koscher" sind. „Bei Tieren wird zwischen rein und unrein unterschieden. Erlaubt sind alle Tiere, die gespaltene Klauen haben und Wiederkäuer sind. Reine Tiere dürfen nur verzehrt werden, wenn sie rituell geschlachtet wurden (Schechita). [...] Das Tier wird mit dem Kopf nach unter gehängt, damit das Blut, dessen Verzehr verboten ist, abläuft." Darüber hinaus müssen noch weitere Vorgänge berücksichtigt werden. (Müller, Christine: *Zur Bedeutung von Religion für jüdische Jugendliche in Deutschland.* Münster u.a.: Waxmann, 2007, 338f.) Der Verzehr von Schweinefleisch ist verboten. Das dritte Buch Moses (Levitikus) beschreibt unter den „Reinheitsgesetzen" (11), welche Tiere gegessen werden dürfen und welche nicht.

259 „Bei uns gab es Schweinefleisch und Schinken, aber bitte zeig Respekt für die vielen Juden, auch in der eigenen Familie, die das nicht essen, und tu mir den Gefallen und friß bitte nicht Schinken auf Matzeh vor Leuten, die daran Anstoß nehmen könnten." (wl, 43.) Siehe auch Kapitel „4.1 Erinnerungen an frühe Familienszenen".

war, Schweinefleisch zu essen. Hygienegesetze. Moses als Aufklärer. Und wir schon immer das aufgeklärte Volk. (wl, 43.)

Klüger erwähnt die Kaschruth-Gesetze in Verbindung mit dem Essen und findet eine Begriffserklärung für ihr nichtjüdisches Publikum – die Hygienegesetze –, um den unwissenden deutschen Leser aufzuklären, warum viele Juden auch heute noch kein Schweinefleisch essen. Sie integriert den Prätext in ihren eigenen Wortlaut, hebt ihn durch die knappe Thematisierung hervor und steigert ihn in seiner Intensität, indem sie erklärt, warum einige ihrer Familienmitglieder trotzdem das verbotene Schweinefleisch aßen. Sie versucht auf diese Weise deutlich zu machen, dass in ihrer Familie zwar die traditionellen Feste gefeiert wurden, doch ohne eine strenge Befolgung der jüdischen Gebote. Die Markierung erfolgt durch Wiedererkennung des Referenztextes. Doch befindet sich in diesem Textfragment ein weiterer intertextuelle Hinweis: Es ist die Erwähnung Moses' im Zusammenhang mit den Kaschruth-Gesetzen und seine Funktion als erster Aufklärer seines Volkes. Für das „rabbinische Judentum" ist er „der wichtigste aller Propheten, weil allein er Gott geschaut hat [...]."[260] In der Betonung auf das „aufgeklärte Volk", genauer gesagt darauf, dass die Juden schon immer ein aufgeklärtes Volk[261] waren, lässt sich eine gewisse Ironie ableiten. Nicht nur die „Kaschruth-Gesetze" wurden in ihrer Familie missachtet, auch der seltene Besuch der Synagoge oder das Essen von Brot in der Pessachwoche verstießen gegen die jüdischen Normen. Lediglich an Rosh Hashanah (Neujahr) geht ihre Familie in die Synagoge (wl, 42.). Klüger erwähnt zwar die jüdischen Feiertage („Jom Kippur, de[n] Versöhnungstag", oder Rosh Hashanah, „man feierte die Erschaffung der Welt" (wl, 42)), doch ist es nicht ihre Absicht, die jüdischen Bräuche zu diesen Feiern zu erläutern. Für die feministische Autorin spielen Frauen in diesen jüdischen Feierlichkeiten und Bräuchen immer nur eine sekundäre Rolle, die der männlichen bloß beizustehen hat. Deshalb ist es nicht verwunderlich, wenn sich die Erzählerin rückblickend während der familiären Festlichkeiten nicht immer wohl gefühlt hat. Die Ausgrenzung der Frau in der jüdischen Kultur trägt dazu bei, dass sich Klüger nur eingeschränkt mit dem Judentum identifizieren kann. Da viele jüdische Frauen diese Auffassung nicht mit ihr zu teilen scheinen[262] – „Du unterschätzt die Rolle der Frau im Juden-

260 Schulte, Christoph: *Die jüdische Aufklärung: Philosophie, Religion, Geschichte*. München: Beck, 2002, 49.

261 „Haskala" ist die hebräische Namensbezeichnung für die jüdische Aufklärung. In Christoph Schultes Buch *Die jüdische Aufklärung* heißt es über die Haskala: „Der Reichtum des Begriffs *Haskala* macht den Vergleich der jüdischen Aufklärungsbewegung mit anderen europäischen Aufklärungsbewegungen und die Bestimmung des Verhältnisses der *Haskala* zur europäischen Aufklärung zu einem schwierigen Unterfangen. Es gibt eine große Anzahl von Differenzen." Dies beginne bereits „beim Begriff selbst, denn Haskala ist im Gegensatz zu Aufklärung im 18. Jahrhundert kein neues Wort." (Schulte 2002: 17.)

262 Gegen die strikte Rolleneinteilung gab es von Seiten jüdischer Theologinnen Reaktionen wie „das patriarchalische Erbe des Judentums kritisch aufzuarbeiten und eine eigene jüdisch-feministische Theologie zu entwerfen." Die New Yorker Professorin Judith Plaskow, „Hauptvertreterin dieser Bewegung, entwarf „in ihrem neuesten programma-

tum, sagen mir die Leute. Sie darf die Sabbatkerzen anzünden am gedeckten Tisch, eine wichtige Funktion." (wl, 25) –, kann sich in ihr kein Zusammengehörigkeitsgefühl entwickeln, deshalb bekennt sie: „Ich muß gestehen, daß ich tatsächlich eine sehr schlechte Jüdin bin. Ich kann mich an kein Fest erinnern, bei dem mir wohl gewesen wäre." (wl, 44.) Besonders an den Abenden vor Pessach, den sogenannten „Sederabenden", fühlt sich das Mädchen unwohl:

> Ich denke hier vor allem an die Sederabende in Wien. Diese rituale Mahlzeit, überfrachtet mit poetischen und symbolischen Bedeutungen, war sehr aktuell, denn sie feiert die Erlösung des Volks durch Flucht und Auswanderung. Pessach ist an und für sich das phantasievollste Fest, das man sich denken kann, eine Gesamtinszenierung von Geschichte, Fabel und Lied, von Folklore und Großfamilienessen, und hat noch im bescheidensten Rahmen einen Aspekt von Pracht und Welttheater. Nur ist es leider ein Fest für Männer und Kinder, nicht eines für Frauen. (wl, 43.)

Das Textfragment metatextualisiert nicht nur die Sederabende und Pessach, sondern problematisiert sie. Die Familie feiert die Befreiung ihres Volkes, während es von der Hitlerdiktatur unterdrückt wird. Ihr Volk wird diesmal nicht erlöst, denn zur „Flucht und Auswanderung" ist es schon zu spät. Ganz bewusst klärt sie den deutschen Leser über das vielleicht wichtigste Fest der Juden auf und positioniert sich kritisch als Frau gegenüber dieser ungerechten Rollenverteilung in der jüdischen Kultur. Die Erzählperspektive springt vom Mädchen zur erwachsenen Frau und wieder zurück, doch bleibt die Stimme aus der Gegenwart dominierend, während die jüdischen Traditionen thematisiert und hinterfragt werden. Dass sie sich mit ihrer Funktion als Frau an diesen Abenden nicht identifizieren kann, liegt an der „geschlechtsspezifischen Rollenverteilung", die die „nicht immer gut gelaunt[en] oder auch nur ansprechbar[en]" Tanten zu erfüllen hatten und die nicht „einmal einem unerfahrenen kleinen Mädchen" entging. (wl, 44.) Dass das jüngste Kind der Familie, Ruth, während dieser Feiern auch ausgeschlossen werden kann, beschreibt die folgende Anekdote. An einem der Sederabende macht sie die Erfahrung, dass „der Jüngste [...] nicht *die* Jüngste" ist.[263] Klüger zentriert in diesem Ereignis die strikte Rollenfunktion in der jüdischen Tradition durch „die zentrale

---

tischen Buch ‚Standing Again at Sinai' eine Vision des Judentums aus ‚Feministischer Perspektive', die sicher für manche konservativere Juden ein Ärgernis" bildete. Hierbei „durchschaut" sie den „patriarchalen Charakter jüdischer Theologie und Geschichte" (Küng, Hans: *Das Judentum. Die religiöse Situation der Zeit*. München: Piper, 1991, 579.). Dort heißt es beispielsweise: „Die zentralen jüdischen Kategorien von Tora, Israel und Gott sind alle aus männlichen Perspektiven heraus gebildet worden. Die Tora ist Offenbarung, wie Männer sie wahrnahmen, die Geschichte Israels wird von ihrem Standpunkt aus erzählt, das Gesetz ihren Bedürfnissen gemäß entfaltet. Israel ist das männliche Kollektiv, die Kinder eines Jakob, der eine Tochter hatte, aber dessen Söhne zu den zwölf Stämmen wurden." (Plaskow, Judith: *Standing Again at Sinai. Judaism from a feminist Perspective*. San Francisco, 1990. Zitiert nach Küng 1991: 579.)

263 Nur der jüngste Sohn darf die Frage stellen. (Vgl. Tilly, Michael: *Das Judentum*. Wiesbaden: Marix, 2007, 186.)

Frage des Abends […] die der jeweilig Jüngste fragen muß". (wl, 45.) Das kleine Mädchen hat sich auf diesen Moment sehr gut vorbereitet: „Warum ist diese Nacht ausgezeichnet von allen anderen Nächten?' Auch auf hebräisch [sic!] konnte ich diesen wichtigen Satz, das Maneschtane, sagen." (wl, 45.) Diese exemplarische Szene intertextualisiert die jüdische Feier, um dem (nichtjüdischen) Leser einerseits das bedeutungsvolle Fest für die Juden zu schildern[264], und um anschließend die geschlechtsspezifische Rollenzuteilung hervorzuheben. Der Cousin besteht „auf sei[nem] männliche[n] Vorrecht", und nach einem Machtkampf kann sie ihren Willen durchsetzen und schließlich das „Maneschtane" sagen:

> ‚Laß sie doch', sagte schließlich einer der Erwachsenen gereizt, ‚wenn sie das Maneschtane sagen will. Du bist ein großer Bub. Schäm dich.' Die heilige Hagadah, das Gebetbuch für den Sederabend, kam aus der Hand des ärgerlichen Cousins quer über den Tisch auf mich zugeflogen. Der Streit war zu meinen Gunsten entschieden worden, aber viel Freude hatte ich daran nicht mehr, und man atmete auf, als das kurze Frage-und-Antwort-Spiel, der Teil des Rituals, um den es sich handelte, vorüber war. (wl, 45.)

Das Mädchen versucht sich gegen eine Ausgrenzung in der jüdischen Kultur durchsetzen. Zwar werden die jüdischen Namen für jedes Ritual oder Fest verwendet und dennoch für den unwissenden deutschen Leser eine Beschreibung eingeflochten. Doch auch prätextuelle Hinweise auf Bibelfiguren oder -Szenen beschreibt die religionskritische Erzählerin nicht immer ausführlich, sondern setzt sie voraus. Damit reißt sie das Dilemma nach ihrer Zugehörigkeit zum Judentum von einer anderen Seite auf: eine Zugehörigkeit zu einer Religion, von der sie von Anfang an ausgeschlossen wurde und der sie sich erst aufgrund der Judengesetze der Nazis und der Deportation nach Theresienstadt nicht mehr entziehen konnte.

In der Literatur findet sie ihre Ersatzreligion sowie Trost und Ablenkung in der Lektüre. In ihr entdeckt sie Identifikationspunkte mit jüdischen Dichtern, denen es ähnlich ergeht wie ihr. So zitiert sie beispielsweise eine Strophe aus einem Gedicht von Friedrich Torberg, der sich, „aufsässig vor Gott", der „zentralen Frage des Abends" widersetzen möchte:

> Nicht lange danach schrieb Friedrich Torberg, in New York, die Hagadah in einem nachdenklichen Pessach-Gedicht in finsteren Zeiten gegen den Strich lesend und den Herrn bittend, er möge ihm die besagte Frage ersparen:
>
> Denn ich blieb dir stumm.
> Herr, ich weiß nicht warum deinen Knechten
> Ausgezeichnet vor allen Nächten

[264] Im Gegensatz zu den vorigen, wie „Jom Kippur" oder „Rosch Hashanah", erweitert Klüger in dieser Szene die rituellen Eigenschaften, um die Ausschließung der Frau zu unterstreichen.

Diese heutige Nacht ist. Warum?[265]

Klüger verzichtet auf eine präzisere Zitierung der Quelle. Sie erwähnt nicht einmal den Titel. Somit gelingt es ihr, den Aspekt in diesem Gedicht zu unterstreichen, der für sie wichtig ist und mit dem sie sich im Nachhinein, aus heutiger Sicht, identifiziert. Das, was ihr als „die Jüngste" beinahe verweigert wurde, trägt heute nur noch den Ausdruck einer Ablehnung. Auch sie würde heute die dem Jüngsten zustehende Rolle aus Protest ablehnen. Der in Wien geborene Dichter Friedrich Torberg (1908-1979) stammte selbst aus einer jüdischen Familie. Das Gedicht, das insgesamt aus neun Strophen besteht, erschien im März 1945 unter dem Titel „Warum ist ausgezeichnet diese Nacht?" im Aufbau-Verlag. Später wurde es in der Reihe der *Hebräischen Melodien* unter dem Titel „Seder 1944" neu gedruckt. Nach Clatra Sajak greife es zum einen „das Thema des religiösen Vollzugs" aus einem anderen Gedicht, „Kaddisch 1943", wieder auf und setze es fort. Außerdem werde „mit der Jahreszahl 1945 gedanklich als erstes das Kriegsende – und damit große Erleichterung – verknüpft, und das nicht in Torbergs Sinn." Die „häusliche Liturgie" diene als „inhaltlicher Rahmen" „anläßlich des Auszugs des Volkes Israel aus Ägypten".[266] In Sajaks Interpretation des Gedichtes gleichen sich die „emotive und poetische Funktion des Textes" aus: Wie in Klügers Geschichte war „früher [...] alles einfach und der Grund des Festes klar." Doch heute „ist er nicht mehr der Jüngste, müßte selbst schon seinerseits" die Frage beantworten, an die er nicht mehr glaube, „da er erlebt, daß sie nicht gerettet worden sind [...]." (Sajak 1998: 165.) Doch identifiziert sich Klüger mit ihrer zitierten Strophe besonders, „weil sie wie ein Nein vor dem Traualtar" anmute:

> Man ist aufsässig vor Gott, wenn man ‚ich weiß nicht' antwortet auf die Frage, warum die Nacht, in der wir die Rettung aus der ägyptischen Fron feiern, vor allen anderen Nächten ausgezeichnet sei. Damals zankte ich mich mit meinem Cousin um die Ehre, die Frage stellen zu dürfen. Heute schätze ich ihre Dekonstruktion, weil mir das Wenige, was mir an jüdischem Glaubensbekenntnis geboten wurde, abbröckelte, bevor es gefestigt war. Das wäre auch ohne Nazis geschehen. Unter den Nazis war es die Enttäuschung, bei einem Schiffbruch eine morsche Rettungsplanke umklammert zu haben. (wl, 45.)

Klüger schätzt in Torbergs Gedicht von ihrem gegenwärtigen Standpunkt aus hauptsächlich die entschiedene „Weigerung" der „Frage". Damals war sie noch in einer jüdischen Familie verankert, doch in der Religion fand sie nie eine geistige Stütze. Heute ist sie direkte Zeugin ihrer ermordeten Familienmitglieder und Naziopfer. Sie entwickelte sich zur Atheistin und Feministin,

---

265 Dieses Gedicht wurde veröffentlicht in: Torberg, Friedrich: *Lebenslied. Gedichte aus 25 Jahren*. München: Langen/Müller, 1958, 69.

266 Sajak, Clatra: Erst mit dem letzten Juden wird unsere Hoffnung erlöschen. Zu Friedrich Torbergs *Hebräischen Melodien*. In: Thunecke, Jörg: *Deutschsprachige Exillyrik von 1933 bis zur Nachkriegszeit. Amsterdamer Beiträge zur neueren Germanistik, Band 44*. Amsterdam/Atlanta/Giorgia: Rodopi, 1998, 157-170, hier: 165.

indem das jüdische „Glaubensbekenntnis“ nach und nach „abbröckeln“ musste, um „achselzuckend“ weiter leben zu können. Die intertextuelle Referenz ist metatextualisiert und durch den Dichternamen markiert, auch wenn nähere Angaben zum Gedicht ausgelassen werden. Sie findet in der Literatur ihre Rettung, deshalb identifiziert sie sich auch mit jüdischen Dichtern, die sich mit ihren Zweifeln am Judentum literarisch auseinandersetzen. Als Literaturwissenschaftlerin verfügt sie über ein äußerst breites literarisches Repertoire, das ihr während der eigenen Niederschrift dazu diente, ihr (schwankendes) Zugehörigkeitsgefühl zum Judentum illustrativer zu artikulieren. Sie entriegelt somit intertextuelle Fenster und deckt mit ihnen Leer- und Schwachstellen in ihrer unschlüssigen Positionierung zur jüdischen Religion auf.

Die intertextuellen Referenzen auf das Judentum sind deutlich markiert und meist metatextualisiert und treten in *weiter leben* nicht nur auf, wenn sie sich an Familienfeiern oder an Theresienstadt erinnert. Das im Folgenden zitierte Textfragment fällt eindeutig in diesen Teil der Textanalyse. Dafür soll kurz der Ausgangspunkt zusammengefasst werden: Die Ich-Erzählerin führt ein Telefongespräch mit ihrem Onkel, dem Bruder ihres Vaters, der ihr vorwirft, mitschuldig am Selbstmordversuch ihrer Mutter zu sein. Seine „Wiener Männerstimme“ ähnelt der Stimme ihres Vaters: „[…] mein Vater an der Leitung“. (wl, 266.) Ihr Ehemann wird Zeuge des Telefongesprächs. Im Gegensatz zu ihrem Onkel, der „unversöhnt“ auflegt, steht sie im Zimmer und schreit:

> Wie als Kind in Wien, als das neurotische Hundsvieh Opapas Papagei in Stücke riß. Ich weine nicht, ich brülle, einfach so, um mir Luft zu machen. Wie soll man denn leben, um das Leben zu verdienen? Mein Mann ist zur Salzsäule erstarrt, er ist mir fremd, ich ihm auch. Er merkt, was er sich eingebrockt hat mit der Frau, von der er dachte, die war im KZ, die wird anspruchslos sein. (wl, 266.)

Nicht nur der Vorwurf des Onkels ist bemerkenswert, sondern auch die Reaktion des namenlos gebliebenen Ehemannes, hinter dem sich Werner T. Angress[267] verbirgt, der, nach Ina Weisse, als jüdischer Berliner Junge bereits alles miterlebt hatte, wie beispielsweise die „Nürnberger Rassegesetze, Vertreibung, Flucht, Vernichtung seiner Angehörigen“ (Weisse 2006). Die Textsequenz erfordert eine ausführliche Analyse eines unmarkierten biblischen

267 Werner T. Angress stammt aus einer jüdischen Familie in Berlin. Seine Familie floh vor den Nazis nach Holland. Von dort aus konnte er noch rechtzeitig in die USA auswandern. (Vgl. Die Ritchie Boys: Werner Angress. In: www.ritchieboys.com/DE/boys_angress.html, abgerufen am 24.07.2012) Seine Mutter und Brüder überlebten im holländischen Untergrund, während sein Vater nach Auschwitz deportiert und ermordet wurde. (Vgl. Ina Weisse: Beitrag aus dem Off: Grass' SS-Geständnis – ist da nicht alles gesagt? Es gibt einen, der etwas hinzuzufügen hat. In: *Der Tagesspiegel*, „Die dritte Seite“, 05.09.2006.) Angress trat 1941 in die amerikanische Armee ein. 1943 wurde er der Fallschirmjägereinheit zugeteilt und geriet nach einem Einsatz in deutsche Gefangenschaft, wo er von der amerikanischen Armee befreit wurde. (Vgl. Die Ritchie Boys: Werner Angress.) Werner Angress kannte demzufolge den Zweiten Weltkrieg lediglich als Soldat und nicht als jüdisches Opfer.
In *unterwegs verloren* (uv, 72-92) widmet sie ihrer gescheiterten Ehe ein ganzes Kapitel.

Prätextes. Der junge Ehemann erstarrt beim Anblick seiner Frau am Telefon zur „Salzsäule". Eine biblische Referenz, die eine weitere literarische Sinnebene eröffnet. Warum erstarrt er zur Salzsäule? Um diese Frage zu beantworten, ist ein Exkurs in die alttestamentarische Geschichte der Städte „Sodom und Gomorra" (Genesis 18-19 2008: 19ff.) erforderlich, auf die Gott „Schwefel und Feuer regnen" ließ, um sie zu vernichten, weil ihre Einwohner gesündigt hatten. Die einzig Geretteten sind Lot, seine Frau und seine Töchter, die von zwei gottgesendeten Engeln rechtzeitig gewarnt werden. So wie Klügers Ehemann, erstarrt Lots Frau zur Salzsäule, nachdem sie das Verbot der Engel – sich umzudrehen, auf die Stadt zurückzubliecken – missachtet hat. (Vgl. Genesis 19 2008: 20):

> Als die Sonne über dem Land aufgegangen und Lot in Zoar angekommen war, ließ der Herr auf Sodom und Gomorra Schwefel und Feuer regnen, vom Herrn, vom Himmel herab. Er vernichtete von Grund auf jene Städte und die ganze Gegend, auch alle Einwohner der Städte und alles, was auf den Feldern wuchs. Als Lots Frau zurückblickte, wurde sie zu einer Salzsäule. (Genesis 19,23-26 2008, 20)

Der Blick auf die grauenvolle Vernichtung bewirkt eine Erstarrung des Sehenden. Klüger verwendet ausdrücklich die Erstarrung zur „Salzsäule", um eine biblische Metapher zu erzeugen. Dadurch erreicht der Holocaust, „das Ungesagte, das Unsagbare" (wl, 266), eine biblische Referenz. Nur Abraham wird als „Sehender" nicht bestraft. Seine Augen berichten von der Zerstörung:

> Am frühen Morgen begab sich Abraham an den Ort, an dem er dem Herrn gegenübergestanden hatte. Er schaute gegen Sodom und Gomorra und auf das ganze Gebiet im Umkreis und sah: Qualm stieg von der Erde auf wie der Qualm aus einem Schmelzofen. Als Gott die Städte der Gegend vernichtete, dachte er an Abraham und ließ Lot mitten aus der Zerstörung fortgeleiten, während er die Städte, in denen Lot gewohnt hatte, von Grund auf zerstörte. (Genesis 19, 27-29 2008: 20f.)

Der Intertext ist so in die Struktur eingewebt, dass er nur einen geringen Intensitätsgrad erreicht. Die Referenz auf die biblische Geschichte findet sich in *weiter leben* bereits in den Gesprächen mit ihrem Freund Christoph. Sie beschreibt, wie schwierig es für sie war, einerseits die Vergangenheit zu verdrängen und andererseits darüber zu sprechen. Denn auch in der ständigen Auseinandersetzung mit den traumatischen Erlebnissen verbirgt sich die Gefahr des Erstarrens: „Ich wollte ja auch, daß das Leben weitergehe, wollte nicht, wie Lots Frau, in der Rückschau auf die Totenstadt versteinern. Ich wollte weg von denen, die ähnliches erlebt hatten wie ich." (wl, 215.) Klüger setzt Kenntnisse der kanonischen Bibeltexte voraus. Es handelt sich hierbei um eine äußerst schwache Markierung, die aber im Vergleich zur vorigen Textsequenz, bei der lediglich die „Salzsäule" als intertextuelle Referenz zitiert wurde, stärker markiert ist. Der Unterschied liegt in der schwachen Intentionalität bei der Auswahl eines Prätextes, der „breit rezipiert" wurde. Auch in ihrem Essay „Lanzmanns Shoah in New York" verknüpft sie den „Blick zurück" von „Lots Frau" mit dem Gedicht von Gustav Schwab *Der Reiter und der Bodensee*. „Nicht die Gefahr des Ritts über das dünne Eis, der nun hinter ihm lag, sondern die Rückschau" habe den Reiter überwältigt. (LS, 27.) So fühlt sich Klüger, nachdem sie den Film gesehen hat. Das Gefühl des „Schock[s] [ist] wieder da, als ob die seither vergangenen Jahre nur die Nebel weggeblasen hätten, die uns damals den Blick auf das Geschehene verwischten." (LS, 27.) *Shoah* ruft dazu auf, zurückzuschauen, und stellt sich gegen das Vergessen: „Damals hieß es: Vergiß, vergiß! Heute sagt der Film *Shoah*: Schaut zurück auf das Eismeer, schaut zurück auf das Feuer! Entsetzt euch, aber erstarrt nicht. Hütet das Leben, fragt, wer ihr seid." (LS, 27.) Klüger versucht mit den ausgewählten Figurenbildern das deutsche Publikum aus seiner Angststarre vor dem „Rückblick" zu befreien.

Das Zugehörigkeitsgefühl zum Judentum spiegelt sich in *weiter leben* äußerst zwiespältig wider, wie bereits einige der bisher analysierten Textsequenzen veranschaulicht haben. Klüger thematisiert ihren Glaubensverlust, der bei Holocaustopfern nicht ungewöhnlich ist, gezielt über einen gemeinsamen Gott der Christen und Juden. Dass ihr der aus einer patriarchalischen „Gesellschaftsstruktur" entstandene „christlich-jüdische Gott" nur „wenig behagt", bestärkt ihren Standpunkt als Frau und Holocaustopfer:

> [...] denn der Sprung über Adams Rippe hinweg zu diesen Patriarchen[268] ist mir zu weit, und ich schaffe ihn nicht. Weder zum Mann mit dem Bart noch zu seiner logozentrischen Abstraktion. Ich seh mich im Spiegel und bin nicht sein Ebenbild. Und drittens war ich zu früh in gottverlassenen Räumen. (wl, 254.)

Sie versucht durch einen gemeinsamen Verständnishorizont, wie „Adams Rippe" oder den „Mann mit dem Bart", ihren Atheismus zu argumentieren und visuelle Eigenschaften mit dem Dogma zu kontrastieren. Klüger arbeitet an diesen Punkten mit einem allgemeinen Bibelverständnis des Lesers. Renata Schmidtkunz antwortet sie jedoch, dass ihr der Glaube nicht unbedingt im KZ verloren habe: „Ich seh' nicht ein, warum ich an einen Gott glauben soll." Doch andererseits, „wenn man sich mit Literatur abgibt, so hängt man ja sehr

---

268 Hiermit sind die „Patriarchen-Geschichten" des Alten Testaments gemeint, „Das Buch Genesis" Kapitel 11-35, die die Geschichten (oder genauer die mündlich überlieferte Sagen) der drei „Erzväter" (Abraham, sein Sohn Isaak und sein Enkel Jakob) erzählen. (Vgl. Küng 1991: 29f.) Durch diese „Geschlechterabfolge, die Genealogie, erscheint Abraham in die semitische ‚Verwandtschaft' eingebunden: Mit Abraham werden sein Sohn Isaak und sein Enkel Jakob [...] als die Urahnen Israels betrachtet", so Küng (1991: 31.) Abraham erscheine „als der gemeinsame Stammvater aller drei großen Religionen semitischen Ursprungs [Judentum, Christentum und Islam], die man deshalb auch die drei abrahamischen Religionen" nennt. (Küng 1991: 33f.)

lange an der Religion. Denn viele der schönsten Gedichte, die es gibt, sind religiöse Gedichte."[269] Die gefielen ihr „immer noch". (Schmidtkunz 2008: 30f.)

Die Erzählerin, die die Funktion der Frau in der jüdischen Religion als eine dienende begreift, kann sich nur bedingt zum Judentum bekennen. Denn auch in den jüdischen Totenfeiern wird den Frauen keine Rolle zugewiesen. Während sie „den Impuls" „nicht los" werden kann, ihren Vater „zu feiern", „eine Zeremonie, eine Totenfeier für ihn zu finden oder zu erfinden" (wl, 24f.), verweigert ihr das Judentum eine zufriedenstellende Lösung, denn „Feierlichkeiten sind mir suspekt, lächerlich, und ich wüßte auch nicht, wie ich es anstellen sollte. Bei uns Juden sagen nur die Männer Kaddisch[270], das Totengebet." (wl, 25.) Sie findet in ihrer Religion keine Erleichterung oder Stütze für ihre Trauer und muss deshalb auf die Literatur zurückgreifen: „Ich will keine Tische und Sabbatkerzen anzünden, Kaddisch möchte ich sagen. Sonst bleib ich bei meinen Gedichten." (wl, 25.) Es war das Aufsagen von Gedichten – besonders die „Schillerschen Balladen" (wl, 124) – das sie im KZ „über Wasser" (wl, 127) hielt, sie „den Durst bei den endlosen Appellen in Auschwitz" (wl, 124) vergessen ließ, und nicht der Glaube an Gott, das Beten oder Singen von religiösen Liedern. Doch „die Toten stellen uns Aufgaben, oder? Wollen gefeiert und bewältigt sein" (wl, 25), antwortet sie auf die Frage, warum sie unbedingt Kaddisch sagen wolle, wenn sie sonst auf das Beten und andere jüdische Bräuche verzichte. (Vgl. wl, 25.) Und Klüger sagt Kaddisch. Es ist das Kaddisch einer Tochter und Schwester, das durch den intensiven Umgang mit der Literatur und dem Judentum zu einem „hausbackenen Kaddisch der Tochter" (wl, 38) fusioniert. Damit setzt sie ein weiteres Mal ihren Willen gegen die ursprünglichen jüdischen Bräuche durch, wie damals am Sederabend in Wien. Ihr Kaddisch – „gebastelt[e] Mythologien, Phantasien" – das sie „in keinem Tempel gelernt und gesprochen" (wl, 38) hat, fügt sie in die narrative Struktur ihres Textes ein. Das Kaddisch der Tochter und Schwester für „die unbegrabenen Ermordeten" ist der Versuch, die Gespenster des Vaters und Bruders zu exorzieren und sie an einen Ort zu bringen, wo sie „für eine Weile zur Ruhe kommen können, wobei ihr durchaus klar ist", so Aleida Assmann, „daß ihre literarische Wortmagie immer nur kurze Effekte der Selbstberuhigung zu erzielen vermag" (Assmann 2006a: 177), denn

> [w]o kein Grab ist, hört die Trauerarbeit nicht auf. Oder wir werden wie die Tiere und leisten gar keine. Mit Grab meine ich nicht eine Stelle auf einem

[269] Hierzu gehören beispielsweise die Gedichte des oben erwähnten Dichters Friedrich Torberg.

[270] Das Kaddisch ist ein in aramäischer Sprache verfasstes „Gebet zur Heiligung des göttlichen Namens in aramäischer Sprache: Möge sein großer Name verherrlicht und geheiligt werden in der Welt, die er erschaffen hat nach seinem Willen, und möge er sein Reich zur Herrschaft bringen bei eurem Leben und in euren Tagen und beim Leben des gesamten Hauses Israels, bald und in kurzer Zeit; und erwidert darauf: Amen! Sein großer Name sei gelobt in Ewigkeit und in aller Ewigkeiten Ewigkeit..." Dieses Gebet wird nur während der Totenfeiern gesprochen. (Tworuschka, Monika und Udo: *Die Welt der Religionen. Geschichte, Glaubenssätze, Gegenwart*. Gütersloh/München: Chronik, 2006, 151.)

> Friedhof, sondern das Wissen um das Sterben, den Tod eines Nahestehenden. Für meine Mutter gab es nie einen Tag, an dem sie mit Sicherheit gewußt hätte, daß die zwei, der Mann und der Bub, dem Massenmord nicht entkommen waren. Die Hoffnung war wie eine begrenzte Menge Flüssigkeit, die mit der Zeit verdunstet. (wl, 95.)

Ihre Gedichte sind „englische und deutsche" „gedächtnisfreundliche Verse", die sie zunächst „im Kopf" verfasste und „mit denen ich wie mit leichtem Gepäck herumlaufen konnte, die einzelnen Strophen sozusagen auf der Zunge zergehen ließ und immer wieder ein Wort daran verbesserte." (wl, 35.) Klüger verbindet ihre literarische Bildung mit der jüdischen Kultur. Daraus entstehen Gedichte wie das folgende, das das Jahrzeitlicht für den Vater ersetzen soll, die Kerze, die „24 Stunden lang brennen" soll und ein „verlogenes Sonderangebot für eine" sei, „die nicht aus frommer Familie kommt. Alles um wegzudenken, um abzulenken." (wl, 35.) Seinen Todestag kennt sie nicht:

> Mit einem Jahrzeitlicht für den Vater
>
> Gestern abend stöbert' ich durch alte Bilder,
> Und da fand ich eins von dir als junger Mann.
> So wie ich dich kannte, nur ein wenig wilder,
> Sahst du mich vergnügt und höflich an.
> Wind weht vom Stillen Ozean.
>
> Heute morgen hatt' ich noch kein Brot gebrochen,
> Und ich starrte in mein Wasserglas.
> Hab als kleines Mädel dir etwas versprochen,
> Und ich kann mich nicht besinnen, was.
> Auf den Küstenhügeln wächst ein salzig-braunes Gras.
>
> Rollt Erinnerung wie Wolle auf der Spule
> Zu Kastanienbaum und Straßenbahn.[271]
> Meine Kinderhand in deiner breiten, kühlen –
> Doch der Faden bricht in rätselhaftem Wahn.
> Wind weht vom Stillen Ozean.
>
> Dunkel wird's am Ende eines Spieles,
> Dessen Pfand und Regeln ich vergaß.
> Ohne dich und schluchzend stolpr' ich ziellos
> Über Straßen voll zerbrochnem Glas.
> Auf den Küstenhügeln wächst ein salzig-braunes Gras.

[271] Das Mädchen lebt zu diesem Zeitpunkt noch im siebten Bezirk (Neubau), wo sich in der Nähe auch der von ihr auf S. 66 erwähnte „Esterházy-Park" und die Kastanienallee befinden.

Meine Kerze will dein Augenlid berühren,
Wenn dein Aug sie auch nicht sehen kann.
Blinde Väter barfuß durch die Welt zu führen,
Steht sich leider nur für Königstöchter an.
  Wind weht vom Stillen Ozean.

Um verlornes Spielzeug möchte ich dich bitten,
Das der Rost mit roten Zähnen fraß.
Und ich lauf dir nach mit kurzen Kinderschritten,
Der die Zeit mit Siebenmeilenstiefeln maß.
  Auf den Küstenhügeln wächst ein salzig-braunes Gras.

Doch du lachst mich aus und läßt dich nicht mehr
stören.
Sag, wie lacht man ohne Lippe, Zunge, Zahn?
Meine Kerze will dich einmal noch beschwören.
Denn was fang ich sonst mit deinem Lachen an?
  Wind weht vom Stillen Ozean. (wl, 36f.)

In der fünften und sechsten Strophe findet sich jeweils ein intertextueller Verweis auf zwei literarische Figuren. In der fünften Strophe ist es die Figur der Königstochter Antigone aus der Tragödie von Sophokles, die sie um ihre Aufgabe, den Vater nach Kolonos zu führen (Hinweis auf Sophokles' *Ödipus auf Kolonos*), beneidet[272] und in der sechsten ist es Peter Schlemihl aus Adelbert von Chamissos Erzählung *Peter Schlemihls wundersame Geschichte*, die hier die Funktion von Vater und Tochter tragen. Klüger kommentiert die Entstehung und die Absichten dieses Gedichts, das circa 20 Jahre nach dem Tod ihres Vaters entstand. Sie wird somit wiederum 30 Jahre nach seiner Entstehung zur Rezipientin ihres eigenen Textes. So beschreibt sie, welchen Eindruck sie heute von ihrem Gedicht hat:

> Wenn ich diese Verse jetzt wieder lese, so scheint mir der unreine Reim und der wechselnde Refrain das beste daran. Ich war eines schönen kalifornischen Abends zu einem Spielplatz geschlendert und hatte mich auf eine Schaukel gesetzt. Der Rhythmus meiner Verse, besonders der ‚Küstenhügel'-Zeile, kommt von dem langen Schwung, wenn die Schaukel in Gang ist. Was mir gefällt, ist das bißchen gelungene Technik, nicht das Ausgesagte. (wl, 37.)

Durch die Kommentierung des eigenen Textes entsteht eine Selbstbespiegelung zwischen Autor und Text. Die Gedichte, die sie in den Erinnerungstext

272 Klüger sieht in der Figur der Antigone Schwester und Tochter, mit der sie sich selbst identifiziert: „[...] und ich lese von der Tochter [Antigone], die den geblendeten, verstoßenen Vater ins Exil begleitet und die in einer anderen Sage und Drama auch die Schwester ist, die dem als Verräter behandelten Bruder die Ehre einer primitiven Beerdigung zukommen läßt." (Klüger, Ruth: Mitsingen verboten! Dankesrede. In: *Literatur+Kritik*, Juni 1998, 24-28, hier: 26.)

einfügt, durchbrechen die chronologische Entstehung der Autobiographie. Es sind die Erinnerungen aus einem zeitlichen Abstand von über 40 Jahren, die Gedichte stammen jedoch aus der erzählten Zeit. Sandra Alfers zufolge bedeuten Klügers Gedichte: „the initial textual anchors, the first markers of haunting, eventually leading to the writing of the autobiography." (Alfers 2008: 521.) Der „hausbackene Kaddisch" der Tochter verwebt seine Intertexte mit mythischen Figuren und Geschichten. So hat es die heutige Literaturwissenschaftlerin gelernt und nur so kann sie ihren Vater „feiern". Den intertextuellen Verweis auf die Tochter des Ödipus, Antigone, muss der Leser nicht einmal mehr deuten, da die Erklärung anschließend hinzugefügt wird:

> In der fünften Strophe hab ich mich in eine Antigone verwandelt, aber bitte, in eine Antigone in Kolonos, deren Vater gar nicht stirbt, sondern in eine Apotheose steigt. Ich hatte mir einen Tochter-Vater-Mythos gefunden, wo der Vater den Tod nie erleidet. Das war in einer anderen Fassung deutlicher, wo die sechste Strophe das Kolonos des Sophokles so wiederzugeben suchte:
>
> Fänden du und ich gepflegte Erde,
> Weinlaub, Efeu und die Fluren naß?
> Land der Ruder und der Reiter hoher Pferde,
> Und gezähmte Furien ohne Haß?
> Auf den Küstenhügeln wächst ein salzig-braunes Gras. (wl, 37.)

Auch die „andere Fassung" erhält hier ihren Raum. Es ist ein utopischer Ort, in den Vater und Tochter gemeinsam fliehen und wo der Vater nicht stirbt. Die Flucht des Vaters nach Italien, die das Verlassen seiner Familie in Wien implizierte, wird in der sechsten durch die „Siebenmeilenstiefel" offen gelassen und nicht erwähnt. Doch das Gefühl von Verrat durch den Vater, der in der letzten Strophe das alleingelassene Kind auslacht, kann auch dieses Kaddisch nicht bereinigen. Der gesamte Entstehungsprozess wird von der Autorin genau beschrieben. Auch dass sie die oben stehende Strophe gestrichen habe und die Figur eines „Zauberers und Zeitüberwinders" für ihren Vater bevorzuge, „denn einer von denen mit den Siebenmeilenstiefeln war ein Schlemihl." (wl, 37.) Dass es ihr auch mit diesem Gedicht nicht gelingt, den „Exorzismus" zu vollziehen, verrät die letzte Auslegung:

> Aber der Kinderstandpunkt verbirgt eine Tücke. denn indem ich mir, oder meinem lyrischen Ich, wie man so gern sagt, den beschränkten Blick kindischer Unwissenheit genehmige, gelingt es mir, ‚den Faden in rätselhaftem Wahn abzubrechen', genau dort, wo es unbequem wird. (wl, 36f.)

Der Ort, an dem „es unbequem wird", ist die Gaskammer, wo der Vater ermordet worden sein soll. Die Perspektive des Kindes bricht ab und die Literatur ersetzt die unbequemen leergebliebenen Stellen durch literarische Figuren. Nun „stolpert" das Kind allein durch die Straßen Wiens nach der Reichskristallnacht und nicht mehr an der Sicherheit gebenden Hand des Vaters. „Wien ist die Stadt aus der mir die Flucht nicht gelang" (wl, 19), stellt sie fest. Genau 50 Jahre später – „[a]m 4. November 1988 ging ich in Göttingens Fußgängerzone die Rote Straße entlang" (wl, 269) – wird sie, diesmal nicht in Wien, sondern in Göttingen, mit dem Vater zusammentreffen. Sein Gespenst stellte ihr „ein Bein", „so daß ich auf den Kopf fiel, und was mir danach einfiel, oder was dabei herausfiel, hab ich ausgesagt." (wl, 284.) So legt sie den Unfall mit dem Radfahrer auf der „Jüdenstraße" aus, als sie auf dem Weg ins Theater war. Denn auch die Desorientierung der vierten Strophe setzt nach dem Zusammenprall in dieser „von der Amnesie gelöschten Szene" ein. (wl, 271.) Der schwere Unfall ist ausschlaggebend, um ihr Zeugnis und das ihrer Angehörigen und Freunde doch noch abzulegen. (wl, 284.) Ob sie die gestellten „Aufgaben der Toten" mit diesem und anderen Kaddisch-Gedichten gemeistert hat, kann nicht mit einem eindeutigen Ja beantwortet werden. Erst durch den Versuch der Annährung und Verbannung ihrer Gespenster erfährt sie die Unmöglichkeit eines Erfolges. Auch wenn sie mit den Toten leben muss, versagt der Kontakt zu ihnen: „Unübersteigbarer Stacheldraht" trenne sie von den Toten. Schon früher habe sie „versucht, sie in Bilder und Worte zu bannen." (wl, 98) Vergebens, denn „sie ließen sich nicht bannen", versucht sie das Bild des Bruders zu beschreiben, der „mit „erfrorenen roten/Händen [...] sein eigenes Grab" schaufelt. (wl, 98.) Das ihm gewidmete Gedicht trägt bereits im Titel das Versöhnungsangebot, doch glaubt sie nur gehasst zu werden. Der Stacheldraht verhindert eine Annährung: „Wir gehen ihnen entgegen, sie ziehen sich zurück." (wl, 98.)

Die Entstehungszeit des folgenden Gedichts bleibt zwar unklar, doch fügt sie wie in der vorigen Passage zum Gedicht für ihren Vater zwei Versionen ein und eine Anweisung, wie es gelesen werden sollte. Da der „Jom Kippur"[273] ein jüdischer Feiertag ist, zieht sie einen Vergleich mit der christlichen Tradition für das deutsche Publikum hinzu:

> Ich hatte ein Gedicht darüber nach dem Versöhnungstag genannt, ein Fasttag, der wenige Tage nach dem jüdischen Neujahr stattfindet und auf die hohe Freude des einen Feiertags Nachdenken und Trauer folgen läßt; ähnlich wie Karfreitag und Ostern, nur in umgekehrter Reihenfolge.
>
> Jom Kippur

[273] Der Jom Kippur, ein „strenger Fasttag und zur Gänze von intensivem Gebet geprägt", wird zehn Tage nach Rosh Hashana, dem Neujahrstag, gefeiert und ist „der Tag der Vergebung und Versöhnung, die jedem Sünder offen steht", weil es keine „vererbbare Schuld" gibt. Hierbei geht es besonders um „das Bekennen der Schuld, ihre Wiedergutmachung". Nur die Sünden, die an uns begangen wurden, können von uns vergeben werden, deshalb kann man nicht „für andere, auch nicht für die Toten vergeben." (Levinson, Nathan Peter/Büchner, Frauke: *77 Fragen zwischen Juden und Christen*. Göttingen: Vandenhoeck&Ruprecht, 2001, 32.) Am Jom Kippur werden zwei Kerzen angezündet. Eine bleibt im Haus, die andere „dient dem Andenken der Verstorbenen" und wird „zum Gebet" in die Synagoge getragen. (Galley, Susanne: *Das jüdische Jahr. Feste, Gedenk- und Feiertage*. München: Beck, 2003, 65.)

Und dieses Jahr wie jedes Jahr
Zehrt und zerrt der Hunger der Toten
An dem Fleisch der Lebendigen. Löset die Knoten!
Seid wie ein Kamm in verfilztem Haar.

Und dieses Jahr wie jedes Jahr
Soll unser Fasten das eure ergründen.
Aber wer kann euch in den Gruben aufstöbern?
Wir Blinden!
Weiß ich noch, welcher mein Bruder war?

Und ihr helft uns nicht und bleibt uns entzogen,
Ihr verweigert Versöhnung zur Jahreswende,
Und ihr stoßt von euch unsre Münder und Hände,
Wie unreine Tiere aus Synagogen.

Ich war doch vor Jahren dir Jahr um Jahr Schwester,
Der du dich abkehrst, starrsinnig erstarrt,
Wo dein Sterben dich einschließt wie Stacheldraht.
Sind wir Lebenden denn den Toten Gespenster?

Die letzte Zeile sollte mühsam auszusprechen sein und unpoetisch klingen. Die unreinen Tiere im Tempel kommen aus dem Buch Makkabäer[274]. Ich stellte mir vor, die Toten seien eine Clique, die die Lebenden ausschließt. Ein Klub, der alles verlangt. Dazu gab es in einer Fassung folgende Strophe:

Immer wieder auf den Wellen der Nächte
Bringen, den Durst euch zu stillen, wir Essig und
Tränen
Des vergangenen Jahres. Doch wer kann euch
versöhnen,

274 Im ersten Buch der Makkabäer heißt es: „Damals schrieb der König seinem ganzen Reich vor, alle sollen zu einem einzigen Volk werden und jeder solle seine Eigenart aufgeben. Alle Völker fügten sich dem Erlass des Königs. Auch vielen Männern aus Israel gefiel der Gottesdienst, den er angeordnet hatte; sie opferten den Götterbildern und entweihten den Sabbat. Der König schickte Boten nach Jerusalem und in die Städte Judäas mit der schriftlichen Anordnung, man solle eine Lebensform übernehmen, die dem Land fremd war. Brand-, Schlacht- und Trankopfer im Heiligtum seien einzustellen, Sabbate und Feste zu entweihen, das Heiligtum und die Heiligen zu schänden. Man solle statt dessen Altäre, Heiligtümer und Tempel für die fremden Götter erreichen sowie Schweine und andere unreine Tiere opfern. Ihre Söhne düften sie nicht mehr beschneiden, vielmehr sollten sie sich mit jeder denkbaren Unreinheit und Schande beflecken. So sollte das Gesetz in Vergessenheit geraten und alle seine Vorschriften sollten hinfällig werden." (1. Buch der Makkabäer: Die Verfolgung der treuen Israeliten: 1.41-64. In: *Die Bibel* 2008, 527.)

Der nicht mit euch Salzwasser trinkt und das Meer euch brächte? (wl, 98f.)

Durch die religiösen Gedichte versucht sie ihre Nähe zur Literatur mit ihrer Identifikation als Jüdin zu verbinden. Daraus entsteht eine „Trauerarbeit", die jedoch nicht enden kann, da die Gewissheit um den Tod ausbleibt. Der Bruder läuft ihr weg, so wie sie ihr Leben lang vor ihren Gespenstern flüchtet und „umzieht". Denn sie sei eine, „die sich auf die Flucht begibt, nicht erst wenn sie Gefahr wittert, sondern schon, wenn sie nervös wird." (wl, 9.) Das Buch und die aus einer früheren Zeit stammenden Gedichte kennzeichnen zum ersten Mal ein Stehenbleiben, um ihren Gespenstern entgegenzukommen. Deshalb fordert sie nach der Niederschrift: „Jetzt könnten sie mich in Ruhe lassen und mir weiteres Umziehen ersparen." (wl, 284.)

Das Motiv des „Stacheldrahtes" spielt auch in einer Szene im „Auschwitz-Birkenau"-Kapitel eine zentrale Rolle. Mutter und Tochter beobachteten die Ankunft eines Ungarn-Transportes[275]. Dass die noch völlig unwissenden und „direkt von zu Hause" gekommenen Frauen nur eine Nacht in Auschwitz verbrachten, verkündet die Trennung von ihnen durch den Stacheldraht:

> Wir haben durch den Stacheldraht hindurch mit ihnen geredet, schnell, hektisch, ohne ihnen viel sagen zu können. [...] Da war eine Frau, die sehr gut deutsch sprach, und ihre Tochter, etwa in meinem Alter. Es war abends, die beiden froren, obwohl die Tage heiß waren. Meine Mutter hat sich gleich mit dieser Mutter, die sich Sorgen machte, wo wohl ihr Sohn und Mann seien, identifiziert. Man habe sie schon an der Rampe getrennt. Meine Mutter erinnerte sich, daß wir noch ein Paar Wollsocken hatten, holte sie und schickte sich an, sie über den Draht zu werfen. Ich mischte mich ein, ich könne besser werfen, gib sie mir. Meine Mutter weigerte sich, warf, warf schlecht, und die Socken blieben oben im Draht hängen. Bedauernde Worte auf beiden Seiten. Vergebliche Geste. Am nächsten Tag waren die ungarischen Frauen weg, das Lager stand gespenstisch leer, im Draht hingen noch immer unsere Socken. (wl, 123.)

[275] Ungarn war das einzige Land, das 1944 von den Verschleppungen noch verschont geblieben war. Nach Raul Hilberg hatten bis zu diesem Zeitpunkt an die 750.000 Juden überlebt. Als im März 1944 die ungarische Grenze fiel, begannen auch in diesem Land die Verfolgungen und Deportationen. Das Besondere an diesen „Ungarntransporten" war, dass die Deutschen bereits wussten, dass sie den Krieg nicht mehr gewinnen konnten und sich die „Massendeportationen" nicht mehr verheimlichen ließen. (Vgl. Hilberg 2007: 859f.) Zwischen dem 15. Mai und dem 19. Juli 1944 wurden 437.000 ungarische Juden in Eisenbahnzügen verschleppt. Die meisten wurden in Auschwitz vergast, die übrigen starben in anderen Lagern oder während der Todesmärsche. (Vgl. Goldhagen, Daniel Jonah: *Hitlers willige Vollstrecker. Ganz gewöhnliche Deutsche und der Holocaust*. Aus dem Amerikanischen von Klaus Kochmann. Berlin: Siedler, 1998 (1. Aufl. 1996), 196.) Außer den 100.000 ungarischen Juden, die für die „Ausschachtung riesiger unterirdischer Bunker" und in der „Kriegswirtschaft" in Deutschland selektiert worden waren, wurden 350.000 in Auschwitz vergast. (Vgl. Goldhagen 1998: 344f.)

Diese Anekdote über die ungarische Mutter und ihre Tochter spiegelt das eigene Schicksal der Ich-Erzählerin und ihrer Mutter wider: Sie überlebten, die ungarischen Frauen mussten sterben. Der Versuch, ihnen mit den Wollsocken zu helfen, scheiterte, die Socken blieben im Stacheldraht hängen. Als letzte Zeugin von Mutter und Tochter springt die Autorin als Sprachrohr ein: Der Stacheldrahtzaun, der gleichnishaft für die Grenze zwischen den Toten und Lebenden steht, gewährt ihnen keinen Kontakt. Mutter und Tochter werden zu Gespenstern, das Lager steht am nächsten Morgen „gespenstisch leer".[276]

Das Erinnerungsbuch ist übersäht mit hebräischen und jiddischen Termini aus der jüdischen Kultur, die Klüger für das deutsche Publikum beschreibt. So zum Beispiel, als sie die Stimmung der Inhaftierten in Auschwitz darzustellen versucht:

> Auf hebräisch [sic!] heißt die Hoffnung Hatikvah. So heißt auch ein Lied. Die in Auschwitz zu den Gaskammern gefahren wurden, sollen auf den Lastwagen manchmal die Hatikvah gesungen haben, damals die zionistische Hymne, heute die Nationalhymne Israels. (wl, 106.)

Die Hoffnung entpuppte sich für die Juden jedoch als tödliche Falle, da sie „feig" mache und „die Verzweiflung" jedoch Mut, deshalb seien so viele Menschen, ohne sich zu wehren, in die Gaskammern gegangen. Auch der Pfarrer, der ihnen auf der Flucht zu falschen Pässen verhilft, bekommt eine hebräische Bezeichnung: „Der Geistliche, dem sie sich anvertraute, war wirklich ein Christ, wie die Christen sagen würden. Die Juden würden sagen, er war ein Zaddik, ein Gerechter. Es hat ihn gegeben." (wl, 180.)

Um die durch den Philosemitismus der deutschen Nachkriegszeit entstandene Vorliebe zu jiddischen Wörtern zu demonstrieren, kontrastiert Klüger ihre Entwicklung:

> Im heutigen Deutschland sind jiddische Wörter so ‚in' wie das Zwiebel- und Knoblauchessen, das ja früher auch verpönt war. Während Wilhelm Busch das ‚Z' in seinem ‚Naturgeschichtlichen Alphabet' noch mit einem scheußlichen Menschen und einem anmutigen Tier verzierte und darunter schrieb: ‚Die Zwiebel ist der Juden Speise,/Das Zebra trifft man stellenweise', gilt es jetzt als spießig, solche vordem artfremden Genüsse auszuschlagen. Ähnlich mit der Sprache: Selbst im Fernsehen gehört es zum philosemitischen guten Ton, Brocken wie ‚Reibach' für unsauberen Profit einfließen zu lassen. Man sagt mit unbefangenem Lächeln ‚Ganoven' für Schwindler (in korrektem Jiddisch ist der Ganef eigentlich ein Dieb) oder ‚Chuzpe' für Unverschämtheit. Mir fällt dabei

---

[276] Michael Rothberg vergleicht die Grenze zwischen den Überlebenden und den Toten ebenfalls mit einem Drahtzaun: „Trauma resides not in the extreme event itself but in the barbed wire that holds together and separates life and death, the inside and the outside, the familiar and the radically foreign." (Rothberg, Michael: *Traumatic Realism: The demands of Holocaust Representation.* Minneapolis: University of Minnesota Press, 2000, 136.)

> auf, daß es sich jedesmal um negative Ausdrücke handelt. Nicht verstanden werden in Deutschland hingegen die jiddischen Wörter, die ich am liebsten gebrauche. Diese wären etwa ‚Naches' für Freude, oft verwendet für das, was man anderen wünscht und gönnt, ‚Broche' für Segen, ‚Rachmones' für Mitleid oder ‚Mitzve', die gute Tat. Auch ‚Chuzpe' verwende ich eher im Sinne von vorlaut oder frech, wie etwa ‚ein chuzpediges Kind', also in abgeschwächter Form, und nicht für verlogene Politiker oder für Industrielle, die illegale Machenschaften als soziale Marktwirtschaft ausgeben. ‚Unbetamt' wurde man zu Hause gescholten, wenn man zwei linke Hände hatte. Aber ‚Tam' war mehr als Anstelligkeit, es ist ein Wort für Anmut, das noch Thomas Mann in diesem Sinne gekannt hat, nicht aber die Bundesbürger. Was die Bundesbürger für schickes Jiddisch halten, ist nicht die zärtliche, intime, geistreiche Sprache des Schtetls, wie sie noch der Nobelpreisträger Isaac Bashevis Singer schrieb, der den deutschen Lesern nur in doppelter Verfremdung, nämlich in Übersetzung aus dem Amerikanischen, zugänglich ist: Euer Jiddisch ist abgeleitet vom Rotwelsch der kleinen Verbrecher./Damals gab es noch kein schickes Jiddisch. (wl, 210f.)

Indem sie die Entwicklung des Jiddischen in Deutschland verbindet und kritisiert, macht sie den Leser auf die brutale Ruptur des Jiddischen aufmerksam. Eine „normale" Entwicklung dieser Sprache hat es in Deutschland nicht gegeben, deshalb ist es „abgeleitet vom Rotwelsch der kleinen Verbrecher." (wl, 211.)

Aus den vorstehenden Darlegungen lassen sich folgende Schlussfolgerungen ziehen: Klüger geht mit ihrer Positionierung als Jüdin in *weiter leben* äußerst sorgfältig um. Sie verdeutlicht gewissenhaft ihrem nichtjüdischen Publikum jüdische Riten und Feierlichkeiten, doch immer aus einem weiblichen Blickwinkel. Darauf aufbauend argumentiert sie, warum sie sich unmöglich mit einer männergesteuerten Religion vollständig identifizieren kann und sich trotzdem als Jüdin sieht. Erfährt sie erst in Theresienstadt, was jüdisch sein bedeutet, auch wenn sich dort bereits die ersten Identitätsschwankungen manifestieren, so unterstreicht sie, dass sie nicht wie andere aufgrund des Antisemitismus zur Jüdin wurde. (Schmidtkunz 2008: 31.) Sie ändert zwar aus Protest ihren Namen und trägt den gelben Judenstern „nicht ungern" (wl, 50), doch stellt sich besonders ihr neuer Name „Ruth" im Nachhinein als der richtige heraus. Das „Buch der Ruth" ist das von Frauen geschriebene Buch der Bibel und für Klüger bedeutet „Ruth" Freundschaft: implizit, die Freundschaft zwischen ihrer Mutter und deren Schwiegermutter (ihrer Großmutter); explizit, weil dieses Buch das Zeugnis einer Freundschaft zu ihren Freundinnen in den USA, zu ihren Freunden in Deutschland und letztendlich zu ihrer Mutter ist.

Die Grundlage für Klügers Brückenschlag zu ihren deutschen Lesern, durch den sich ein gemeinsamer kultureller Raum öffnet, ist das Alte Testament, der Teil der Bibel, den Juden und Christen teilen. Für ihre zwiespältige Identitätskonstruktion als Jüdin und Atheistin greift sie auf einen Verständnishorizont zurück, der einer gemeinsamen Wurzel entspringt, um sich anschließend in zwei Religionen aufzuspalten. Dabei darf nicht außer Acht gelassen werden, dass sie den Rückgriff auf die Bibel immer aus einer literaturwissenschaftlichen Position vollzieht. Sie sieht sich „in diesem Sinne in einer religiösen Tradition – nicht nur in einer jüdischen". (Benning-Creanga 1998.) Die jüdischen Riten werden aus diesem Grund detaillierter beschrieben als die alttestamentarischen Geschichten, in denen sie das Judentum auch angreift, weil sie sich als Frau ausgeschlossen fühlt. Doch wehrt sie sich gegen eine Ausgrenzung. Sie schreibt das „Buch der Ruth im Holocaust", sagt als „Antigone" ihr eigenes „hausbackenes" Kaddisch für ihren Vater und Bruder und legt mit der Niederschrift nach jüdischem Brauch Zeugnis ab. Sie überbrückt und verbindet jüdische Kultur mit literarischer Tradition, indem sie an „unsagbaren" Stellen zu literarischen Figuren und Geschichten greift. Ihre jüdischen Gedichte werden von ihr intratextuell kommentiert, ausgelegt und eine Anweisung zur Lektüre wird hinzugefügt. Die Gedichte sind jedoch auch Zeugnisse aus einer anderen Zeit, in der sie noch mit ihren Gespenstern haderte. Eine Erlösung durch das Zeugnis ablegen erhofft sie sich nicht und muss scheitern, denn „unübersteigbarer Stacheldraht" trennt sie von den Toten.

3.5 Die *Schneewittchen*-Episode

Im ersten Kapitel ihrer Autobiographie beschreibt Ruth Klüger ihre Erfahrungen als jüdisches Kind in Wien während des Dritten Reiches. Sie erlebte bereits in einem sehr jungen Alter die Ausgrenzung und Diskriminierung von Juden. Der Siebenjährigen wurde untersagt, auf einer Parkbank zu sitzen, im „Dianabad schwimmen", „mit Freundinnen ins Urania-Kino" oder „Schlittschuh laufen" zu gehen. An „judenfeindlichen Bildern" lernte sie lesen und besuchte innerhalb von vier Jahren acht Schulen. (Vgl. wl, 16ff.) Während eines Spazierganges mit ihrem Vater im siebten Bezirk, der sich Klügers Beschreibungen nach auf den Tag nach der Reichskristallnacht, also auf den 10. November 1938, festlegen lässt – „[e]s war im November '38" (wl, 20.) –, zeigte er ihr auf der Mariahilferstraße die „zerbrochenen Fenster der Geschäfte" (wl, 20) von Juden, bei denen man nicht mehr einkaufen durfte. „Man trat auf die Straße und war in Feindesland." (wl, 16.) Dieses „Feindesland" war das Wien ihrer ersten elf Jahre, bis sie 1943 nach Theresienstadt deportiert wurde. Klüger erwähnt nicht nur ausschnitthaft ihre Beobachtungsfähigkeit im „judenkinderfeindlichen" Wien, sie exemplifiziert die eigene Aufdeckung ihrer wahren Situation zwei Jahre nach dem „Anschluss Österreichs" in Wien durch einen für sie als Judenkind verbotenen Kinobesuch.

Die „*Schneewittchen*-Episode" markiert demzufolge den ersten Wendepunkt in Klügers Erinnerungsbuch. Das Kind erlangte mit der Ausführung ihrer verbotenen Tat ein Bewusstsein, mit dem sie „von jetzt an den Erwachsenen voraus" (wl, 49) war. Während sie mehrmals die Erzählperspektive wechselt, ohne jedoch ihre Erinnerungsfähigkeit an den weit zurückliegenden Kinobesuch in Zweifel zu ziehen, markiert sie einerseits die Wichtigkeit dieses Erlebnisses, andererseits überlappt sich die gegenwärtige Erkenntnis mit dem Unwissen von damals.

Um den Grad der intertextuellen Referenz auf den *Schneewittchen*-Film zu untersuchen, ist es zunächst erforderlich, den einleitenden Rahmen zu dieser Begebenheit einzugrenzen. Klüger fixiert den Kinobesuch chronotopisch durch die Angabe des Jahres und ihres Alters. Dadurch kann sich der Rezipient eine Vorstellung davon machen, welche Umstände 1940 in Wien herrschten und wie sie sich sogar auf die jüdischen Kinder auswirkten. Bedeutend ist im folgenden Fragment, wie die Erzählerin chronologisch den Text zusammensetzt. Sie beginnt mit dem Kinobesuch und fügt anschließend eine Bemerkung zur Entwicklung dieses Zeichentrickfilms ein. Daraufhin konstruiert sie einen Rückblick auf die ersten Walt-Disney-Filme, die sie vor dem Anschluss sehen durfte, und kehrt wieder zum Ausgangspunkt, dem Tag des Kinobesuchs, zurück:

> Es muß 1940 gewesen sein, ich war acht oder neun Jahre alt, im Kino um die Ecke wurde ‚Schneewittchen' gespielt. Der berühmte Walt-Disney-Film[277] läuft noch heute alle Jubeljahre mal in Amerikas großen Kinos, und wenn er auf dem Programm steht, ist es ein Volksfest für kleine wie für erwachsene Disneyfans. Ich bin seit meinem ersten Micky-Maus-Film, den ich noch vor dem Anschluß mit dem Kindermädel in einer Nachmittagsvorstellung innigst genoß, sehr gern ins Kino gegangen, und so wollte ich auch diesen Film unbedingt sehen, durfte aber als Jüdin leider nicht hinein. Darüber klagte und schimpfte ich abwechselnd, bis meine Mutter vorschlug, daß ich doch einfach gehen sollte und basta. (wl, 46.)

Der intertextuelle Prätext, der *Schneewittchen*-Film, wird von Klüger explizit kontextualisiert. Dabei verwendet sie zwar die zeitliche Perspektive aus der Gegenwart, um einerseits ihre Vorliebe für Walt-Disney-Filme in Wien vor der Wiener Uraufführung des *Schneewittchen*-Films hervorzuheben und andererseits, um die Entwicklung und Bedeutung nach seiner Uraufführung zu beschreiben. Die erzählende Stimme ist eindeutig die der gegenwärtigen Erzählerin, doch handelt es sich in diesem Fragment um zwei Redeweisen (Dialekte). Das Wort „Kindermädel", das Klüger hier für das „Kindermädchen" benutzt, wird besonders im süddeutschen und österreichischen Sprachraum

277 Walt Disneys 83-minütiger Zeichentrickfilm *Snow White and the Seven Dwarfs* war der erste amerikanische abendfüllende Zeichentrickfilm und einer der ersten Farbfilme („Technicolor feature"), der im Dezember 1937 im Carthay Circle Theater von Los Angeles uraufgeführt wurde. Dem Film liegt das Volksmärchen *Schneewittchen und die Sieben Zwerge* der Brüder Grimm mit einigen Änderungen zugrunde. (Vgl. Goethals, George R. u.a.: *Encyclopedia of Leadership*. Thousand Oaks: Sage, 2004, 347; Wasko, Janet: *Understanding Disney. The Manufacturer of Fantasy*. Malden, MA: Polity Press in association with Blackwell Publishers, 2001, 129ff.)

eingesetzt, doch meist umgangssprachlich und mündlich.[278] Aus diesem Grund handelt es sich bei diesem Textsegment um eine hybride Konstruktion, da es „zwei Redeweisen, zwei Stile, zwei ‚Sprachen', zwei Horizonte von Sinn und Wertung" (Bachtin 2005: 195) verbindet. Das eingesetzte Wort verschiebt sowohl die Sprache als auch die Perspektive. Gerade ihre Erinnerung an die ersten Kinobesuche verbindet sie mit der Sprache ihrer Kindheit: dem Wiener Dialekt. Die intermediale[279] Referenz des *Schneewittchen*-Filmes wird intertextuell thematisiert, chronologisch verbunden und als gesellschaftliches Phänomen platziert.

Sich der Gefahr einer Nichtbeachtung des strikten Kinoverbots für Juden zwar bewusst – „[e]s war Sonntag, wir waren in der Nachbarschaft bekannt, hier ins Kino zu gehen, war eine Herausforderung." (wl, 46) – und von der Mutter nicht nur befürwortet, sondern auch gedrängt, weil sie der Meinung war, „daß niemand sich darum kümmern würde, ob ein Kind mehr oder weniger im Saal säße", begab sich das Mädchen allein ins Kino, das vorher noch von der Mutter gestichelt wurde: Sie nehme sich zu wichtig und sei „andererseits beschämend feig" (wl, 46). Die Gefahr der Missachtung der Judengesetze verharmlost die Mutter, die von der Tochter hier lediglich durch eine indirekte Figurenrede zitiert wird, und treibt sie somit direkt in ihr Unglück. Als das Kind „empört", „weinend und wütend" über die Mutter nach Hause kam, fand es bei ihr keinen Trost: „Meine Mutter zuckte die Achseln. ‚Wem fällt so was schon ein? Ein Kind bei einem Märchenfilm zu belästigen.' Und zu mir: ‚Reg dich nicht auf über die blöde Schikse. Es gibt Ärgeres." (wl, 49.) Hierbei vernetzen sich zwei Figurenreden in einer Person zu einer hybriden Konstruktion: das Hochdeutsche und der Gebrauch des Jiddischen in der Alltagssprache.

Das Kindermärchen wird in *weiter leben* umfunktionalisiert und, nach Heidelberger-Leonard, „dem Kind zu einer doppelten Allegorie: Nicht nur ist ihr die Rivalität zwischen Tochter und (Stief-)Mutter Projektionsfläche für die Konflikte mit der eigenen Mutter", es werde auch zur „Allegorie für rassistische Ausgrenzung." (Heidelberger-Leonard 1998: 162.) Es ist das Spiegelbild der tatsächlich herrschenden Lebensgefahr für die Juden in Wien, die bisher von den Erwachsenen verschwiegen wurde und die das Mädchen aufdeckte (und von den anderen Kindern bloßgelegt bekam). Daraus entsteht eine gegensätzliche doppelte Funktion: Einerseits soll es auf die Bedrohung hinweisen, der sich das Mädchen unbewusst ausgesetzt hatte und die von der Mutter heruntergespielt wurde. Andererseits wurde erst durch das Märchen die Wahrheit aufgedeckt. Es verlor somit die ursprüngliche Funktion des Kindermärchens.[280] Während der Projektion des Märchens, das sich in dieser Szene me-

278 Eine interessante Studie bietet die „Datenbank zur deutschen Sprache in Österreich": oewb.retti.info/oewb-public/show.cgi?lexnr=eQJujweolAWfyv8Gbee3e3/K%5CHuNN 115qvpoxHLdQ5k45 oejnr6bBw==&pgm_stat=show, abgerufen am 24.07.2012.

279 Klügers Text rekurriert an dieser Stelle nicht auf ein literarisches Werk, sondern auf einen Film. Da es sich bei diesem Textfragment um die Verbindung zweier Medien handelt, möchte ich für dieses Beispiel den Begriff „Intermedialität" verwenden.

280 Nach Otto Graf Wittgenstein „trifft das Grausame im Leben" „unvorbereitet" die „Kinder, die dem Märchen nicht begegnet sind." Das Märchen, das dem Kind hilft, die „ei-

taphorisch widerspiegelt, erkannte das Kind die wirkliche Gefahr des Kinobesuchs, die die Mutter ihr verschwiegen hatte, so dass sie starr vor Angst das Ende des Filmes abwarte musste:

> Ich hab diese Vorstellung ausgeschwitzt und hab nie vorher oder nachher so wenig von einem Film mitbekommen. Ich saß auf Kohlen, vollauf mit der Frage beschäftigt, ob die Bäckerstochter wirklich böse zu mir hinschielte, oder ob es mir doch nur so vorkäme. Die Niederträchtigkeiten von Schneewittchens Stiefmutter verschwammen mir auf der Leinwand zu einem vorgekauten Brei unechter Schlechtigkeit, während ich und keine Prinzessin im wahren, triefenden Fettnäpfchen saß, umzingelt. (wl, 47.)

Das *Schneewittchen*-Märchen dient von nun an als Vorlage, um die beklemmende Situation des jüdischen Mädchens darzustellen. Klüger funktionalisiert nun die Geschichte Schneewittchens als Bezugsfolie und erfasst sie als Prätext, so dass der gesamte Kontext des *Schneewittchen*-Filmes aufgerufen und in eine neue Sinnkonstitution gesetzt wird. Das Grauen und die Angst vor den Nazis und der reellen Bedrohung versetzten das Kind in einen Schockzustand, durch den es auf seinem Kinosessel unbeweglich sitzen blieb. Dieses Grauen verweist wiederum auf die vielen Juden zurück, die sich Ende der 30er Jahre noch im Dritten Reich befanden und sich ihrer Todesgefahr nicht bewusst waren oder sie nicht wahrhaben wollten:

> Warum bin ich nicht aufgestanden und weggegangen? Vielleicht, um mich meiner Mutter nicht zu stellen oder weil ich meinte, gerade durchs Aufstehen und Weggehen Aufmerksamkeit zu erregen, vielleicht nur, weil man nicht aus dem Kino geht, bevor der Film aus ist, oder am wahrscheinlichsten, weil ich vor Angst nicht denken konnte. Ich weiß ja nicht einmal, warum wir alle nicht rechtzeitig aus Wien weg sind, und vielleicht gibt es eine Familienverwandtschaft zwischen dieser Frage und meinem Kinoproblem. (wl, 47.)

Wie in anderen Beispielen zuvor, fungiert der autonome innere Monolog auch hier als Dialog mit dem Leser. Durch eine rhetorische Frage, die jedoch auch von einem Leser gestellt sein könnte, schließt sie alle erdenklichen Handlungen aus, die sich bei einer solchen Situation als „rettend" erweisen könnten. Doch ausschlaggebend ist die Angststarre, die sie handlungsunfähig zu machen scheint. Dabei verknüpft sie das Sitzenbleiben im Kino mit der lebensrettenden Flucht der Juden aus dem Dritten Reich[281] und erzielt somit eine drei-

genen Entwicklungsschwierigkeiten zu bewältigen", soll das Kind auf das „Grausame im Leben" vorbereiten. (Wittgenstein, Ottokar Graf: *Märchen, Träume, Schicksale.* 1973, 146 und 285. Zitiert nach Lüthi 1990: 104.)

[281] Wolfgang Benz konstatiert, dass einer Auswanderung „ökonomische und administrative Schwierigkeiten" im Wege standen. Besonders die „politischen Hindernisse, die den Juden aus Deutschland (und später aus ganz Europa) von potentiellen Aufnahmeländern in den Weg standen" seien beträchtlich gewesen. „Der mit der Emigration fast immer zu erwartende Statusverlust und die für die Exilländer fehlende berufliche Qua-

fache Dimensionierung der gegenwärtigen Situation: die des Kindes im verbotenen Kino, der Juden um 1940 im Dritten Reich und der Märchenfigur, die aus dem Schloss der bösen Stiefmutter ausgestoßen wird.

Erst die „Bäckerstochter von nebenan und ihre kleinen Geschwister“ (wl, 47) deckten dem Kind die Gefahr des Verstoßes gegen die von den Nazis erlassenen Judengesetze auf. Diese Bewusstmachung von Gefahr wirft gleichzeitig der *Schneewittchen*-Film zurück. So wie die Autorin kontinuierlich fremde Stimmen und intertextuelle Referenzen nutzt, um ihre Erinnerungen zu rekonstruieren, setzt sie nun den Walt-Disney-Film ein, um die Ausgrenzung des Mädchens und die Bewusstwerdung der Gefahr in ihrer Heimatstadt Wien zu veranschaulichen. Als nun der Film zu Ende war und die Lichter angingen, erlebte sie den „reine[n] Terror“:

> Als es im Saal hell wurde, wollte ich die anderen vorgehen lassen, aber meine Feindin stand und wartete. Ihre kleinen Geschwister wurden ungeduldig, die Große sagte ‚Nein, seid's stad' und sah mich streng an. Die Falle war, wie gefürchtet, zugeschnappt. Es war der reine Terror. Die Bäckerstochter zog noch ihre Handschuhe an, pflanzte sich endlich vor mir auf, und das Ungewitter entlud sich. (wl, 47.)

Die einzige Figur, die in diesem Teil der Episode im dramatischen Modus wiedergegeben wird, ist die ältere Bäckerstochter. Klüger zitiert sie als direkte Figurenrede und verleiht ihr zwei Sprachstile, die je nach Gerichtetheit (den Wiener Dialekt an die Geschwister und das Hochdeutsche an das jüdische Mädchen) alternieren. Wichtig sind dafür die von der Erzählerin selten angewendeten Anführungszeichen, die darauf hindeuten, wie genau sie sich an diese Situation äußerster Beklemmnis erinnert. Sie kommt im ganzen Textfragment nicht direkt zu Worte, wodurch ihr Schockzustand und ihre Angst drastisch hervorgehoben werden. Die Perspektive des autobiographischen Ichs hat sich hinsichtlich des vorigen Absatzes erneut verändert.[282] Es ist nun der Blick des Kindes, das sich in der „Falle“ befand. Die Gestik des Wartens und Anziehens der Handschuhe der Bäckerstochter antizipiert die Härte der

---

lifikation waren weitere Hindernisse.“ Außerdem sei es das „Selbstverständnis der hoch assimilierten Juden“ gewesen, das gegen eine Auswanderung sprach: Es schien unvorstellbar dass alles Streben nach Assimilation, wie es in der kurzen Zeit der Weimarer Republik als der letzten kulturellen Blüte des deutschen Judentums erreicht schien, zerrinnen sollte, dass die im 19. Jahrhundert mühsam erreichte Emanzipation zurückgenommen werden würde, weil die NSDAP mit ihrer primitiven Rassenideologie zur Macht gekommen war. [...] Dem verstärkten Druck zur Emigration nach der ‚Reichskristallnacht' im November 1938 folgten massive Behinderungen durch den NS-Staat, die bis zum Auswanderungsverbot im Herbst 1941 andauerten.“ (Benz, Wolfgang u.a.: Konzentrationslager Auschwitz. In: ders./Distel, Barbara (Hrsg.): *Der Ort des Terrors. Geschichte der nationalsozialistischen Konzentrationslager, Band 5: Hinzert, Auschwitz, Neuengamme.* München: Beck, 2007, 75-312, hier: 78f.)

282 In der vorigen Passage spricht sie über die unterlassene Flucht der Juden aus dem Dritten Reich.

Aufseherinnen und Blockältesten, die sie später im KZ erfuhr.[283] Denn sie „redete fest und selbstgerecht, im Vollgefühl ihrer arischen Herkunft, wie es sich für ein BDM-Mädel schickte, und noch dazu in ihrem feinsten Hochdeutsch" (wl, 47). Während sie ihre Geschwister im Wiener Dialekt ansprach, „Nein, seid's stad'", wechselte sie zum Hochdeutschen, um ihre „deutsche Rassenzugehörigkeit" zu unterstreichen und um sich somit von dem jüdischen Kind abzuheben.

Die Bäckerstochter repräsentiert, wie in der Symbolik des Märchens die Stiefmutter, das gesamte Volk im Königsschloß der Ostmark: „,Weißt du, daß deinesgleichen hier nichts zu suchen hat? Juden ist der Eintritt ins Kino gesetzlich untersagt. Draußen steht's beim Eingang an der Kasse. Hast du das gesehen?' Was blieb mir übrig, als die rhetorische Frage zu bejahen?" (wl, 47.) Durch das „terroristische Verhalten" der Bäckerstochter wird „die Todesbedrohung zum ersten Mal Wirklichkeit" (Heidelberger-Leonard 1998: 162). Die inhaltlichen Bausteine des Märchens lassen sich zwar nicht direkt auf die Situation des Mädchens im Dritten Reich übertragen, doch gelingt es der Erzählerin, einen neuen Referenzhorizont zu konzipieren. So wie sich die Stiefmutter von *Schneewittchen* in eine Hexe verwandelt, wird das Märchen zum Medium umgeformt, um die eigene Bewusstwerdung über die Todesgefahr zu vermitteln, wobei die Bäckerstochter die Rolle der Hexe einnimmt. Dabei kommt es nicht auf die Schönheit Schneewittchens an, wie das Märchen illustriert, sondern auf die Vertreibung einer Unschuldigen, die aufgrund ihres Aussehens und anderer „artfremder" Eigenschaften unabsichtlich den Neid und den Hass der Stiefmutter (bzw. der Hexe) hervorruft, die sich die Vernichtung von Schneewittchen wünscht. Die Bezugsfolie des Märchens wird daraufhin von der Literaturwissenschaftlerin im analytischen Erzählgestus mit der eigenen Geschichte kontrastiert, ausgewertet und zusammengefasst:

> Das Märchen vom Schneewittchen läßt sich auf die Frage reduzieren, wer im Königsschloß etwas zu suchen hat und wer nicht. Die Bäckerstochter und ich folgten der vom Film vorgegebenen Formel. Sie, im eigenen Hause, den Spiegel ihrer rassischen Reinheit vor Augen, ich, auch an diesem Ort beheimatet, aber ohne Erlaubnis, und in diesem Augenblick ausgestoßen, erniedrigt und preisgegeben. Ich hatte mich unter Vorspiegelungen falscher Tatsachen hier eingeschlichen, den Nazivers bestätigend: ‚Und der Jud hat den Brauch,/Und es bringt ihm was ein,/Schmeißt man vorne ihn raus,/Kehrt er hinten wieder rein.' (wl, 47f.)

283 Klüger beschreibt nach ihrer Ankunft in Auschwitz-Birkenau den ersten Kontakt zur Blockältesten folgendermaßen: Am ersten Abend stand auf einem Kamin eine Blockälteste, „also die Chefin einer Baracke, und schrie, schimpfte, befahl oder was immer, während wir in den Bettgestellen lagen oder saßen, denn zum Stehen war nicht genug Raum für uns alle. Ihr Ton war einschüchternd, und ich hörte eigentlich, wie ein junger Hund, fast nur auf den Ton." (wl, 114.)

Aus den „Vorspiegelungen falscher Tatsachen" lässt sich eindeutig auch ein Vorwurf des Kindes an die Mutter herauslesen. Es wurde nicht ausreichend in Schutz genommen und ihren Schergen leichtsinnig ausgeliefert. Nach Heidelberger-Leonard „fühlt sich das Mädchen auch von der Mutter" gedemütigt, „die sie in diese Situation hineingejagt hat. So fusionieren die objektive Wahrnehmung der politischen Ausgrenzung mit der subjektiven Wahrnehmung der Ausgrenzung aus ihrer Familie." (Heidelberger-Leonard 1998: 162.) Beinahe höhnisch greift die Ich-Erzählerin auf ein antisemitisches Volkslied zurück, das ihren verbotenen Besuch als Jüdin bestätigt. Indem sie das Volksmärchen mit dem Volkslied verbindet, werden beide Perspektiven, die des jüdischen Mädchens und die des deutschen Volkes, exponiert. Wieder einmal überlässt sie es dem Rezipienten, sich sein individuelles Gesamtbild der Szene zu konstruieren. Die anfangs erwähnten antisemitischen Erfahrungen des Kindes in Wien erreichen durch die „*Schneewittchen*-Episode" ihren Höhepunkt, indem nicht ein Erwachsener die Ausgrenzungen und Erniedrigungen im Dritten Reich erfährt, sondern auch Kinder von diesen Schmähungen nicht verschont blieben:

> Es ging dann doch schneller vorbei als erwartet, für mich immer noch lang genug. Der Vertreterin unanfechtbarer Gesetzlichkeiten fiel nicht mehr viel ein. Wenn ich mich noch ein einziges Mal unterstehen tät, hierher zu kommen, so würde sie mich anzeigen, ich hätt ja noch ein Glück, daß sie's nicht gleich täte. (wl, 48.)

Klüger spielt die Figur der weitaus älteren Bäckerstochter ironisch („Vertreterin unanfechtbarer Gesetzlichkeiten") herunter, indem sie sie lediglich indirekt zitiert. Aus der Sicht der Erwachsenen reflektiert Klüger, wie das beschuldigte Kind triumphiert hätte, wäre sie nicht gesehen worden. Die Selbstreflexion vermischt sich mit der Beschreibung über die empfundene Scham:

> Wenn ich auch das Gesetz, das ich verletzt hatte, für ungerecht hielt, so war ich doch beschämt, ertappt worden zu sein. Denn die Scham entsteht einfach dadurch, daß man einer verbotenen Tat überführt wird, und hat oft mit schlechtem Gewissen gar nichts zu tun. Wäre ich nicht erwischt worden, so wäre ich auf meine Waghalsigkeit stolz gewesen." (wl, 48.)

Ihre große Leidenschaft für Dichtung verbindet sie mit dem Moment der Ankündigung der Angstzustände, die sie später erneut in Auschwitz empfand. Aus der gegenwärtigen Sicht weiß sie, dass sie den seelischen Ausgleich durch das Rezitieren von Gedichten erreichen kann, auf die sie in den Konzentrationslagern immer wieder zurückgriff. Diese erste Konfrontation und Antizipation des Terrors konnte das Kind noch nicht mit Rezitation ausgleichen. Das folgende Fragment verdeutlicht, wie sie es heute als praktizierende Literaturwissenschaftlerin ausgestanden hätte, und zwar mit einem Gedicht von W. B. Yeats, das sie zu diesem Zeitpunkt noch nicht kannte, das dem Kind jedoch die schwierige Situation erleichtert hätte:

> So aber war es umgekehrt: Man sieht sich im Spiegel boshafter Augen, und man entgeht dem Bild nicht, denn die Verzerrung fällt zurück auf die eigenen Augen, bis man ihr glaubt und sich selbst für verunstaltet hält. Das hat W. B. Yeats, Irlands größter Lyriker, in Versen geschrieben, und hätte ich die Zeilen über den ‚mirror of malicious eyes' nicht erst zehn Jahre später auswendig gelernt, so wäre mir vielleicht wohler gewesen. (wl, 48.)

Klüger greift auf den zweiten Teil des Gedichtes *A Dialogue of Self and Soul* zurück. Heute weiß die Literaturwissenschaftlerin, dass Yeats' Gedicht, der sich seiner Identität immer sicher war[284], dem Kind geholfen hätte, auch an der eigenen Identität nicht zu zweifeln. Sie markiert bewusst den Dichter, indem sie seinen Namen erwähnt, und zitiert anschließend den Vers, um den es sich hierbei handelt. Dabei wird jedoch nicht der Titel des Gedichtes genannt, den sie im Epilog erneut gebrauchen wird. Sucht der Rezipient das gesamte Gedicht, wird er es unter dem Titel „mirror of malicious eyes" nicht finden, da der Titel *A Dialogue of Self and Soul* nicht in ihrem Text vorkommt. Daraus geht hervor, dass sie sich an diesem Punkt erneut an ihr erlesenes Publikum wendet, das sich auch mit der englischsprachigen Literatur ebenso gut auskennen sollte.

Aus dem verbotenen Kinobesuch lassen sich Parallelen zu Schnitzlers Novelle *Leutnant Gustl* ableiten. Während der Protagonist zwar nicht das Kino besucht hatte, sondern das Konzerthaus, fand auch hier ein Zusammenstoß statt. Bei Klüger war es die Bäckerstochter „von nebenan" (wl, 47), beim Leutnant der Bäckermeister, „der immer ins Kaffeehaus kommt"[285], mit dem er nach einem Konzert an der Garderobe eine Fehde hatte. Beide – das jüdische Kind und der Leutnant – kannten demzufolge ihren „Widersacher". Zweifellos handelt es sich hierbei um sehr unterschiedliche Figuren (der antisemitische Leutnant und das jüdische Mädchen), doch fielen beide während des Disputs in eine Starre, die sie handlungsunfähig werden ließ. Die Bäckerstochter forderte ihre jüngeren, ungeduldig werdenden Geschwister auf, still zu sein: „‚Nein, seid's stad'" (wl, 47) und wartete auf ihr Opfer. Bei Schnitzler war es der Bäckermeister, der den gereizten und unverschämten Protagonisten aufforderte, indem er seinen Säbel in der Hand hielt und ihn somit handlungsunfähig machte: „‚Sie, Herr Leutnant, sein S' jetzt ganz stad'" und ihn mit „dummer Bub" beleidigte (Schnitzler 1970b: 343). Beide verlassen als letzte Besucher Kino und Saal. Dem Kind wurde mit einer Anzeige gedroht, sollte sich ihre Tat wiederholen. (Vgl. wl, 48) Der Leutnant hingegen fürchtete eine Niederlage in der Öffentlichkeit, die das Ende seiner Karriere bedeutet hätte. (Vgl.

---

[284] Vgl. Klügers Vorwurf an die Freundin (wl, 278.) und Kapitel „4.6.1 Ruth Klügers Freundinnen in Amerika".

[285] Schnitzler, Arthur: Leutnant Gustl. In: ders.: *Die Erzählenden Schriften. Band 1.* Frankfurt/M.: Fischer, 1970b, 337-366, hier: 343.

Schnitzler 1970b: 344.) Auch das Mädchen fiel in eine gewisse Starre und bekam den Mantel angezogen. Leutnant Gustl merkt nicht einmal, dass er seinen Mantel schon anhatte, als er aus seiner Angststarre erwacht. Beide liefen nach dem Erlebnis durch die Straßen Wiens: das Kind „wie betäubt" (wl, 48), der Leutnant völlig desorientiert und „schon ganz irrsinnig" (Schnitzler 1970b: 346). Beide Textsequenzen leiten einen Wendepunkt ein: Das jüdische Kind wurde mit der von den Erwachsenen verdeckten Wahrheit über die Todesgefahr konfrontiert; Leutnant Gustl glaubte keinen anderen Ausweg zu finden, als Selbstmord zu begehen. Beide Geschichten führen folglich in den Tod. Auch wenn sich diese Kongruenzen zwischen beiden Texten belegen lassen, lässt sich die Motivation der Autorin nicht nachweisen, ob sie mit der Gustl-Novelle übereinzustimmen versuchte.

Aus den vorstehenden Auslegungen lässt sich folgendes Fazit ziehen: Ruth erlebte sehr früh die Ausgrenzung und Erniedrigung von Kindern und Erwachsenen. Doch das bewusste Erleben der wirklichen Situation wurde erst durch das Märchen von *Schneewittchen* aufgedeckt. Das Gefühl des Schreckens und „in tödlicher Gefahr zu schweben", das sich durch die Konfrontation mit der Realität in dem jüdischen Mädchen entwickelte, begleitete sie von nun an und ließ sie nicht mehr los, „bis es sich bewahrheitete." (wl, 48f.) Aus diesem Grunde handelt es sich hierbei um einen Wendepunkt in ihrer Geschichte, da von nun an für das jüdische Kind alles anders wurde. Durch das schreckliche Erlebnis im Kino hatte es den Erwachsenen nun (im Wissen) etwas voraus. Das Kind fühlte sich nicht nur außerhalb ihrer Familie ausgegrenzt, sondern auch von ihrer Mutter, die sie mit ihrer Verharmlosung zu dieser gefährlichen Tat ermuntert hatte. Das *Schneewittchen*-Märchen verwirklichte sich in Auschwitz-Birkenau, als es erneut die Mutter war, die noch am Tag der Ankunft ihr den Vorschlag zum Selbstmord machte. (Vgl. wl, 14f.; Taylor 1997: 81f.) Zwar ist das Märchen mit der Geschichte des Mädchens nicht in allen Punkten vereinbar, doch lässt sich durch die Widerspiegelung ein Referenzhorizont formulieren.

3.6 Intertextuelle Identitätskonstrukte

Das literarische Gewebe von intertextuellen Assoziationen spannt sich in *weiter leben*, wie in den vorigen Kapiteln bereits illustriert wurde, über die gesamte Textstruktur. Es ist offensichtlich, dass es sich um Erinnerungen einer äußerst belesenen Autobiographin handelt. Durch literarische Intertexte werden nicht nur Leerstellen gefüllt, indem die Prätexte die Öffnung neuer Horizontfenster gewähren. Sie erweisen sich auch als Instrumente zur Positionierung und zur Konstruktion einer Identität, die ihr in Wien und später in den Konzentrationslagern geraubt wurde. Die Weltwahrnehmung des jüdischen Mädchens divergiert eindeutig von der Frau und Auslandsgermanistin, die sie heute ist. Bereits in Wien veränderte sich die Liebe zu ihrer Stadt und ihren

Bewohnern. Klüger war als Kind in der Zeit vor dem „Anschluss Österreichs" noch äußerst patriotisch:

> Ich war für ein Heimatgefühl sehr empfänglich gewesen: Donauweibchen und Basiliskenhaus, Stock im Stein und Spinnerin am Kreuz, Türkenbelagerung und unsere Frühstückskipferl, als Halbmond gebacken um die Feinde zu verunglimpfen, das lodernde Barock der Pestsäule und dazu die Geschichte vom lieben Augustin, der mit dem Dudelsack, der besoffen in die Pestgrube fiel, unter Leichen schlief und heil davonkam. (wl, 41.)

Sie zählt eine Reihe von Wiener Sagen auf – „Donauweibchen", „Basiliskenhaus", „Stock im Stein", „Spinnerin am Kreuz" und „Der liebe Augustin" –, die sie als Kind in Wien las. Damit unterstreicht sie nochmals ihre sehr frühe Leidenschaft für Literatur. Die intertextuelle Einbindung, die Aufzählung von Sagen aus Wien, ermöglicht es dem Leser, einen ersten Eindruck von dem Kind und seiner Liebe zu Wien zu gewinnen. Doch nur wer die österreichischen Geschichten kennt, weiß, dass es sich hierbei um Dichtung handelt, denn die Erzählerin verzichtet auf ausführliche Details: Die Wiener Sagen werden lediglich in der Aufzählung anzitiert, während der Übergang von den verschiedenen Titeln zu Überbegriffen, wie „Türkenbelagerung", österreichisches Gebäck wie den „Frühstückskipferln" und die Wiener „Pestsäule", nahtlos verläuft, um schließlich wieder mit einer Wiener Legende, dem „lieben Augustin", den Satz zu beenden, mit der sie Entsprechungen zu ihrer eigenen Geschichte findet.

Der Einmarsch der deutschen Truppen in Österreich am 12. März 1938 und die anschließende „Annexion Österreichs" werden von dem sechsjährigen Mädchen noch als deutsche Invasion gedeutet.[286] Für das Kind ist dieser von den Deutschen erzwungene „Ausnahmezustand" ein Überfall auf das eigene Land. (Vgl. wl, 40.) „Sie konnten doch nicht alle Nazis sein." (wl, 40.) Ihre Liebe zu ihrem Land, „das Österreich hieß und nicht Ostmark", „wo die Deutschen nichts zu suchen" hatten und ganz besonders den „Glauben an Tannengrün und Ährengold", will sich das Kind vorerst nicht nehmen lassen: „Wenn die Deutschen erst weg sind, so dachte ich lange, dann ist das alles auch wieder meine Vergangenheit, meine Legende, und die Stadt ein Ort, wo auch ich hingehöre." (wl, 41.) Hinter diesen Textsequenzen verbergen sich mehrere implizite intertextuelle Referenzen. Das Kind besteht beispielsweise auf dem alten Namen ihres Landes. „Ostmark" hingegen war die Bezeichnung Österreichs nach dem „Anschluss" an das Deutsche Reich. Sie versetzt das Publikum in das Damals, einen Zeitpunkt, zu dem sie noch „vaterländische Verse" verfasst und mit Tränen „für das andere, wahre Österreich" plädiert, das ihr

286 Auch die Heldenplatzrede Hitlers in Wien am 15. März 1938 und die ersten Tage nach dem „Anschluss" werden von Klüger prätextualisiert: „Im März 1938 lag ich mit einer Halsentzündung und einem nassen Halsumschlag im Bett. Unten auf der Straße schrien Chöre von Männerstimmen. Was geschrien wurde, läßt sich in den Geschichtsbüchern nachlesen." (wl, 23.) Welches historische Ereignis dahinter steht, wird nicht erwähnt.

die Verwandten ausreden, weil sie „verschont" bleiben wollen. (wl, 41.) Klüger verwebt die Begriffe in die Struktur des Textes, ohne näher auf sie einzugehen. Eine äußerst schwache Prätextualisierung von geschichtlichen Ereignissen und Termini lässt sich nachweisen, die die intertextuelle Intention der Erzählerin leicht verfehlen kann. Denn auch die Wortbedeutungen für „Tannengrün und Ährengold" werden in der Geschichte nicht erwähnt, die in der ersten Strophe der Nationalhymne Österreichs zu finden sind, die 1938 nach dem Anschluss durch die deutsche ersetzt wurde. Aus der Perspektive der Literaturwissenschaftlerin verbindet die Autobiographin die Wiener Figur des „lieben Augustin" mit dem jüdischen Mädchen, das Theresienstadt, Auschwitz und Christianstadt überlebte: „Der aus dem Massengrab Gestiegene, nicht Infizierte, der Unverwüstliche, Verächtliche und Liebenswerte. (Doch hier gehe ich zu weit, das sind schon die Gedanken einer späteren Lebensepoche.)" (wl, 41) Es ist tatsächlich eine Figur, die in Wien „zum Urbild des optimistischen und lebensbejahenden Wieners" wurde, „der trotz Hang zu Wein und Musik auch in harten Zeiten nicht untergeht."[287] Daraus ergibt sich eine intensiv markierte Intertextualität. Sie erwähnt die bekannte Geschichte des „lieben Augustin" an zwei Punkten (vgl. wl, 41; 70) und metatextualisiert sie, indem sie ihn als Projektionsfläche verwendet, um über ihren eigenen Text zu reflektieren. Es ist zwar eine explizite Metakommunikation, da Klüger einen Prätext mit einem äußerst hohen Bekanntheitsgrad auswählt, doch werden Autor oder Entstehungsjahr des Prätextes von der Erzählerin nicht erwähnt. Dies kann daran liegen, dass sich die Forschung hinsichtlich der Entstehung dieser Sage noch nicht einig geworden ist. (Vgl. Schaller-Pressler 2006: 3ff.)

Es ist der einzige Prätext, mit der sie sich in diesem Textsegment eindringlicher beschäftigt. Dass sie die Gemeinsamkeiten erst heute rückblickend erkennt, belegt der in Klammern gesetzte Kommentar aus der Gegenwart. Das in Wien lebende Kind weiß noch nicht, wie sehr die „Sage vom betrunkenen Sackpfeifer und Bänkelsänger […], der 1679 in eine Pestgrube fiel, dort übernachtete und unbeschadet aus diesem Abenteuer hervorging" (Schaller-Pressler 2006, 3), sich mit ihrer überschneiden wird. Denn Ruths Pestgrube ist Auschwitz. Dort stieg sie aus einem „Massengrab", wie der „liebe Augustin der Wiener Legende", der „in der Pestgrube [erwachte], und nichts war ihm passiert. Er stolperte aus der Grube heraus, ließ sie hinter sich und dudelte weiter, Symbol der Lebensbejahung im großen Sterben." (wl, 70.) An diesem Punkt verzweigen sich die Geschichten des Kindes und der Wiener Figur, denn hier liegt der Unterschied zwischen einer Holocaustüberlebenden, deren Verwandte von dem nationalsozialistischen Hitlerregime ermordet wurden, und dem „lieben Augustin". Die „Gespenster" lassen „nicht locker" (wl, 70):

> Wir erwarten, daß Ungelöstes gelöst wird, wenn man nur beharrlich festhält an dem, was übrig blieb, dem Ort, den Steinen, der Asche. Nicht die *Toten* ehren

[287] Schaller-Pressler, Gertraud: O, Du lieber Augustin ... oder: Ende einer Legende? In: Fritz, Elisabeth Th./Kretschmer, Helmut, u.a. (Hrsg.): *Wien Musikgeschichte: Teil 1. Volksmusik und Wienerlied*. Freiburg: Lit, 2006, 3-10, hier: 7.

> wir mit diesen unschönen, unscheinbaren Resten vergangener Verbrechen, wir sammeln und bewahren sie, weil *wir* sie irgendwie brauchen: Sollen sie etwa unser Unbehagen erst beschwören, dann beschwichtigen? Der ungelöste Knoten, den so ein verletztes Tabu wie Massenmord, Kindermord hinterläßt, verwandelt sich zum unerlösten Gespenst, dem wir eine Art Heimat gewähren, wo es spuken darf. (wl, 70.)

Die Wiener Figur war keiner „Terroristenbande" (wl, 266) ausgesetzt, die sie oder ihre Verwandten ermorden wollte. Der „liebe Augustin" konnte aus dem Massengrab heraussteigen und weiterleben. Für die Opfer des nationalsozialistischen Terrors war das anders. Es entsteht eine Aufgabe, etwas „Ungelöstes", wie es Klüger nennt, die leicht in kollektive Selbsttherapie ausarten kann. Deshalb manifestiert sich die Protagonistin gegen die Erhaltung der Konzentrationslager, die dadurch meist „das Gegenteil ihrer vordergründigen und angeblichen Aufgabe erreichen." (wl, 82.)

Die Vaterlandsliebe des Kindes geriet bereits in Wien „ins Schwanken" (wl, 41), das in eine Reaktion umschlug: Es wurde „jüdisch in Abwehr" (wl, 41). Die Ursachen, die dazu führten, sich mit dem Judentum auseinanderzusetzen, entstanden in der Zeit zwischen dem „Anschluss" und der „Reichspogromnacht". Es durfte mit „sieben auf keiner Parkbank sitzen" (wl, 19), nicht im „Dianabad schwimmen" gehen, Ausflüge hat man mit „dem Judenstern" auch nicht mehr gemacht, auch ins Urania-Kino durfte sie nicht mehr, geschweige denn „Schlittschuh laufen". Deshalb kennt sie Wien, „die Stadt" ihrer „ersten elf Jahre[,] schlecht", denn „alles Erdenklich [war] für Juden geschlossen, verboten, nicht zugänglich." (wl, 18f.) Das Kind litt an „Ticks" und „Symptome[n] von Zwangsneurosen" (wl, 103).

Das Bild ihrer Heimatstadt, „diese[r] Urschleim", hatte sich nach dem Krieg nicht verändert, als sie „nochmals ein paar Wochen lang" zurückkehrte:

> Da war noch der mickrige Esterhazy-Park im 7. Bezirk, wo ich in frühester Kindheit gespielt hatte und den ich beim Wiedersehen als den ekelhaften Geschmack von Lakritzen in die Geruchserinnerung einatmete. ‚Hasipark' hatte ich ihn in der sprachlichen Unschuld genannt, mit der Kinder sich das Fremdartige zurechtlegen, und der Haushalt hat's jauchzend übernommen. (wl, 66.)

Der Kinderspielplatz führt sie zurück in eine Kindheit, die für sie schon lange vergangen ist. Die Unschuld des Kindes wird durch „den ekelhaften Geschmack von Lakritzen" getrübt. Wien, die Stadt, aus der ihr „die Flucht nicht gelang" (wl, 19), ist heute: „Weltstadt, von Wien hat jeder sein Bild. Mir ist die Stadt weder fremd noch vertraut, was wiederum umgekehrt bedeutet, daß sie mir beides ist, also heimatlich unheimlich. Freudlos war sie halt und kinderfeindlich. Bis ins Mark hinein judenkinderfeindlich." (wl, 68.) Trotzdem lässt sich Wien nicht einfach „abstreifen". Es ist die Stadt ihrer ersten elf Jahre und die ihres Vaters, die sie in der Erinnerung an ihn immer wieder zu dieser Stadt gedanklich zurückkehren lässt. Es ist auch ihr „Ursprungsort" und nicht Auschwitz, wie die Leute oft denken:

> Wien läßt sich nicht abstreifen, man hört es an der Sprache, doch Auschwitz war mir so wesensfremd wie der Mond. Wien ist ein Teil meiner Hirnstruktur und spricht aus mir, während Auschwitz der abwegigste Ort war, den ich je betrat, und die Erinnerung daran bleibt ein Fremdkörper in der Seele, etwa wie eine nicht operierbare Bleikugel im Leib. (wl, 39.)

In der Geschichte der Figur des „lieben Augustins" findet die Literaturwissenschaftlerin Parallelen zu ihrem eigenen Leben, um sich jedoch klar von ihnen abzugrenzen. Die Erfahrung in der Pestgrube hatte für die literarische Figur keine traumatischen Folgen. Sie stieg aus der Pestgrube hinaus und musizierte weiter. Der Holocaustüberlebenden bleiben die Gespenster, die ihr „Aufgaben" stellen und sie bis in die Gegenwart begleiten. Ein unbesonnenes Leben kann die aus der „Pestgrube Auschwitz" Gestiegene deshalb nicht mehr führen.

Klüger verwendet literarische Identifikationsmuster, um kritische und blockierte Erinnerungen zu überbrücken. Der Rückgriff auf die literarische Tradition ermöglicht eine Behandlung dieser kritischen Punkte, ohne sie aussprechen zu müssen. Desgleichen verarbeitet Klüger den auf literarischen Figuren und Ereignissen aufbauenden Identitätskonstrukt mit einer weiteren literarischen Figur: Shylocks Tochter Jessica aus Shakespeares *Kaufmann von Venedig*. (Vgl. wl, 262.) Bevor sie jedoch im achten Kapitel des vierten Abschnittes das in New York entstandene Gedicht „Jessica läßt sich scheiden" vorträgt und kommentiert, erwähnt sie in einem anderen Zusammenhang – im Kapitel „Auschwitz-Birkenau" des „Zweiten Teils"–, die literarische Figur des Shylocks. Sie traf dort Liesel wieder, eine Wiener Freundin, deren Vater im „Sonderkommando" für die „Beseitigung von Leichen" (wl, 118) arbeitete. An diesem Ort wurde sie vollends von Liesel über das „Geheimnis", worüber die Erwachsenen in Wien „heimlich tuschelten" (wl, 9) aufgeklärt: nicht Sex war das Thema, worüber sie mehr wissen wollte, sondern über den Tod in den Gaskammern und die Verbrennung der Leichen in den Krematorien:

> So erfuhr ich von ihr die Perversitäten des Mordes und die Abarten der Leichenschändung. Von ihr wußte ich, daß man unseren Leichen das Gold aus den Zähnen gebrochen hat (daran denke ich jedesmal, wenn ich vom Shylock und seinen fiktiven Nachkommen[288] und ihrer fiktiven Habgier lese), und anderes,

[288] Nach Klüger „gewann der Jude Shylock [...] bei aller Groteskerie nicht nur eine gewisse Wahrscheinlichkeit, sondern er wurde mit der Zeit geradezu der Inbegriff des Juden in der Literatur. Wann immer wir von der europäischen Judendarstellung der Neuzeit sprechen, müssen wir auf Shylock zurückgreifen, denn er hat sich uns eingeprägt wie nur wenige Gestalten der Weltliteratur." (Klüger, Ruth: Gibt es ein ‚Judenproblem' in der deutschen Nachkriegsliteratur? In: dies.: *Katastrophen. Über deutsche Literatur*. München: DTV, 1997 (1. Aufl. 1994), 9-39, hier: 9. Alle Zitate beziehen sich auf diese Ausgabe und werden fortan abgekürzt dargestellt mit (GJ).) Für sie ist dieses Werk ein „hoch an-

> das heute zur Allgemeinbildung über das zwanzigste Jahrhundert gehört, in vielen Quellen steht und daher hier nicht nacherzählt werden muß. (wl, 118.)

Ein jahrhundertelanges antisemitisches Klischee, das von der nationalsozialistischen antijüdischen Propaganda zur Volksverhetzung angewendet wurde, war die jüdische Habgier und der jüdische Geiz. Auch in der Literatur werden jüdische Figuren meist als Ausbeuter und Wucherer dargestellt. Klüger kritisiert dies bereits in ihrem 1985 gehaltenen Vortrag *Die Leiche unterm Tisch*, der in ihrem Essayband *Katastrophen. Über deutsche Literatur* zu lesen ist. Hierin beanstandet sie:

> Daß gerade das Volk des unsichtbaren Gottes zum Volk des verabsolutierten Geldes wurde, nicht nur zu Vertretern der Geldwirtschaft, sondern geradezu zu Anbetern des goldenen Kalbes, ist eine Ironie, die einer anderen gleicht, nämlich der, daß Juden in Texten und Kontexten auftauchen, in denen der eine oder der andere Aspekt der Aufklärung ad absurdum geführt wird. Die deutschen Juden der Wirklichkeit verdankten ihre Bürgerrechte und schließlich auch ihre Weltanschauung der Aufklärung und wurden, insofern sie emanzipiert und assimiliert waren, deren treueste und zäheste Anhänger. In der Literatur dagegen vertreten oder demonstrieren sie nicht selten den Irrationalismus.[289]

Klüger verweist durch die Leichenschändung der SS-Wächter auf die Habgier der Nazis, die nicht davor zurückschreckten, den vergasten Opfern Gold aus den Zähnen zu brechen. Auch hierbei handelt es sich um eine intertextuelle Referenz, der zwar nicht ein literarischer Prätext zugrunde liegt, aber eine geschichtliche Realität, die die Erzählerin in ihren Text verarbeitet. So wie sie die Rede von Helmut Kohl in Israel mit der „Gnade der späten Geburt"[290] prätextualisiert (vgl. wl, 85), nutzt sie nun die antijüdischen Propagandamaßnahmen, um das Gegenteil zu beweisen: Das Ausmaß der nazistischen Habgier übertraf alle moralischen Wertvorstellungen der Menschenwürde. Der Intensitätsgrad ist zwar äußerst gering, doch spiegelt die Umkehrung die falschen Behauptungen der Verurteiler gegen die Beschuldeten wider.

In ihrem Gedicht „Jessica läßt sich scheiden", das sie „Intertext" nennt (wl, 262), verarbeitet sie die Ankunft in New York und das Gefühl des Verrats der Tochter an den Vater. Durch die vorangehenden Entstehungsdaten und den intertextuellen Verweis auf den *Kaufmann von Venedig* spezifiziert sie ausführlicher als in anderen prätextuellen Verweisen, welchem literarischen Werk

---

tisemitisches Stück". Shylock sei „der Protyp des bösen Juden geworden" und habe „sicher enorm viel Schaden angerichtet." Dies sei „antisemitische Literatur auf höchster Ebene." (Thuswaldner, Anton: Literatur und ihr Kontext. Ruth Klüger im Gespräch mit Salz. In: *Salz*, Jg. 25, 99 (Apr.), 2000.)

289 Klüger, Ruth: Die Leiche unterm Tisch. Jüdische Gestalten aus der deutschen Literatur des neunzehnten Jahrhunderts. In: dies. 1997, 83-106, hier: 86.

290 Köpcke, Monika: Helmut Kohl trifft in Israel ein und spricht von der ‚Gnade der späten Geburt'. In: *Deutschlandradio Berlin*, 24.01.2004, www.dradio.de/dlr/sendungen/kalender/227514/, abgerufen am 24.07.2012.

dieses Gedicht zugrunde liegt. Die Erzählerin erwähnt bereits in der Ankündigung die Inspirationsquelle, auch wenn diese nicht sichtbar markiert ist:

> Hier kommt ein Gedicht, das den Kaufmann von Venedig zum Thema hat, doch wurde ein New Yorker Gedicht daraus: nicht weil meine Jessica nach New York flüchtet, sondern sie flüchtet nach New York, weil sie in einem New Yorker Gedicht steht. Es ist weder ‚Erlebnislyrik' noch ein ‚Rollengedicht'. Am liebsten möchte ich es einen Intertext nennen. (wl, 262.)

Auch mit dieser Textsequenz und dem folgenden Gedicht wird deutlich, welche überaus große Rolle die Literatur im Leben von Klüger spielt. Jessica klagt ihre beiden Väter an: Shylock, ihren fiktiven Vater, und Shakespeare, ihren literarischen Schöpfer:

> Jessica läßt sich scheiden
>
> Mein Vater Shylock:
> Unser Erzeuger
> lebte im Regen
> am Rande Europas.
> Dem war Venedig
> so fremd wie die Juden:
> Rialto wie Rabbi
> ein Hörensagen.[291]
>
> Mein Vater Shakespeare:
> Du gabst mich dem Goj
> du hast mich verkuppelt
> mit einem Playboy
> du hast mich getauft
> und mein Erbe verkauft
> (und es war doch nicht feil
> für eine Wildnis von Gecken)
> du hast mich gesteckt
> (ich stieg in die Hosen, das Publikum gaffte)
> in züngelnde Worte, die sich selber belecken,
> und dem alten Juden das Messer geliefert
> und den alten Juden ans Messer geliefert
> und mich lyrisch begabt
> für die magischen Nächte
> und mir ein langes Leben beschert.[292]

---

291 Hierbei handelt es sich um den Dichter William Shakespeare, der in England „am Rande Europas" lebte. Er ist der Erzeuger der zwei literarischen Figuren Shylock und Jessica.

Mein Vater Shylock:
Dir war ich so wert
wie deine Dukaten
vergittert, versperrt
mein Leben, mein Lieben
dein Gut, deine Habe
die ging ich mir holen
ich hab dich bestohlen
für deine Tollwut und deine Szenen
muß man sich schämen
wer kauft dir die ab?
Ich hab dich verraten
(und tu's bis ans Grab)
mit dem fein-geilen Affen
den ich längst verließ.[293]

In New York sind die Häuser
noch höher und heißer
als bei uns, wo's zum ersten Mal
Ghetto hieß.
Mein Vater Shylock, du Narr deiner Listen,
ich lach mit den Lachern
die dich schließlich berauben
du fluchst, einer reizt dich
sie spucken, du spreizt dich,
in New York werden massenhaft Ehen geschieden.
Man wechselt den Glauben
man heiratet Christen.
Mein Vater Shylock, ich glaub an Psychiater
Souffleusen, Kostüme-, Perückenmacher,
nicht an Gott, nicht für *dieses* Theater.

Mein Wuchervater,
mein Dichtervater:
Vogelfrei war ich
in Westchester County und Beverly Hills.
Ich sitz auf der Stange
und zerr an der Kette
aus Gold und Wörtern
die ihr geschmiedet.

---

292 Hier fasst Klüger die Geschichte Jessicas im *Kaufmann von Venedig* zusammen. Jessica spricht zu ihrem Schöpfervater Shakespeare.

293 In dieser Strophe richtet sich Jessica vorwurfsvoll an ihren Vater und resümiert, wie sie ihren Vater verraten hat.

Euch beiden entlaufen
von keinem gesegnet
von beiden vertrieben
und doch nicht geschieden
O was für Väter! (wl, 162ff.)

Die Klassifizierung der intertextuellen Referenzen unterscheidet sich von den vorigen, da diese größtenteils durch Metatextualisierung eingeführt wurden oder lediglich implizit und ohne Markierung in den Text einflossen. Eine Metatextualisierung findet nicht statt, sondern vielmehr eine Textualisierung des Prätextes. Klüger setzt lediglich die Geschichte des *Kaufmanns von Venedig* in ihr Gedicht ein, wobei sie dem Ganzen eine eigene Interpretation und Konnotation hinzufügt, wie beispielsweise ihre Scheidung und die Flucht nach New York.

Im Anschluss an das Gedicht reflektiert sie über Shakespeare und grenzt ihre eigene Geschichte von der Figur der Jessica ab, so wie sie es bereits mit dem „lieben Augustin" gemacht hat. Der Verrat der Tochter an den Vater in Shakespeares Stück beruht nicht nur auf der Flucht vor dem Vater und dem Raub, sie hat sich darüber hinaus mit den Feinden ihres Vaters verbündet. Klüger sieht heute (das Gedicht fungiert, wie die restlichen Gedichte, als Zeugnis aus der Zeit, in der sie nach New York umsiedelte) in der Figur des Shylock einen

> giftige[n], mordlustige[n], gierige[n] Schurke[n], der nebenbei durch die im Stück als berechtigt ausgewiesene Verachtung der Christen zu leiden hat, was ihn als glaubwürdig motiviert, doch nicht in seiner Gewissenlosigkeit als gerechtfertigt erscheinen läßt. Er ist der böse Mensch als Jude.[294]

Seine Figur fällt nicht mit der ihres Vaters zusammen. Das soll sie auch nicht, denn vielmehr ist es die erste Annährung an die englischsprachige Literatur, nachdem sie in das Hunter College aufgenommen wird, die sie zur Dichtung motivierte. Das Gedicht fehlt in der amerikanischen Fassung *Still Alive*. Doch ergänzt sie ihr Verhältnis zu „Jessica", indem sie eine identifikatorische Verbindung zur Figur aufbaut. Denn Kinder, so heißt es in *Still Alive*, packen ihre Sachen zusammen und verlassen ihre Eltern: „Unpaid debts remain, because like Shylock's daughter, Jessica, we have always taken a few things with us that didn't necessarily belong to us, even if they weren't ducats." (SA, 200.) Die neun Jahre später entstandene Autobiographie für ein amerikanisches Publikum endet mit den Worten: „At the end there was my betrayel: I had become Shylock's Jessica, abandoning an unloved parent." (SA, 202.) Eine Aussöhnung zwischen Mutter und Tochter findet erst in den letzten Lebens-

294 Klüger, Ruth: Von hoher und niedriger Literatur. I. Der Gartenzwerg und das Goldene Kalb. In: dies.: *Gelesene Wirklichkeit. Fakten und Fiktionen in der Literatur*. Göttingen: Wallstein, 2006, 29-51, 49. Alle Zitate beziehen sich auf diese Ausgabe und werden fortan abgekürzt dargestellt mit (GG).

jahren der Mutter statt. In *Still Alive* fügt sie hinzu: „[…] she didn't have much else beside me. In her very last year of life, when I was trying to be a considerate daughter but nevertheless went on a trip, she said sadly, „You have always run away from me." (SA, 181.)

Im nachträglichen Kommentar zu ihrem Gedicht manifestiert Klüger das Füllen von „Leerstellen": „Ich verüble es dem Dichter, daß er Jessica und ihren Vater überhaupt, und wenn schon, dann so und nicht anders, erfunden hat. Ich fülle Leerstellen, angeregt durch diese Fremde, diese Puppe, diese angebliche Jüdin." (wl, 262ff.) Klüger bezweifelt Jessicas Religionszugehörigkeit. Die Begründung liegt darin, dass es, so versichert es die Autorin in ihrem Essay „Gibt es ein ‚Judenproblem' in der deutschen Nachkriegsliteratur?", in „Shakespeares England" so gut wie „keine Juden" gab, weil sie im Mittelalter vertrieben worden waren. (GJ, 9.) Er muss diese Figuren frei von Vorurteilen als Inbegriff des Fremdartigen erfunden haben. Worin sie sich von der Shakespearschen Figur der Jessica unterscheidet, wird später eingehend begründet:

> Mein Vater war kein Shylock, mein Mann kein Lorenzo, und auch die Lyrik der magischen Nächte und die leicht versetzte Wildnis von Affen stammen aus dem Drama, nicht aus dem Leben. Jessica, nicht ich, ist die Tochter des Reichen Juden, darum wohnt sie, nicht ich, wo die Reichen wohnen, an der Ostküste in Westchester County und an der Westküste in Beverly Hills. In Venedig wohnte sie im Ghetto, sie kommt aus der Stadt, wo das Wort herkommt, das Shakespeare vermutlich nicht kannte, denn in seinem England gab es keine Juden. Was ich mit ihr gemeinsam habe, mit dieser verlorenen Tochter, dieser wandernden Jüdin, ist die Rolle von einer, die auszieht, die weggeht. (wl, 264.)

Klüger sieht sich selbst als „wandernd[e] Jüdin", als eine „die sich auf die Flucht begibt" (wl, 9), wenn es unangenehm für sie wird. Sie empfindet ihre Flucht jedoch nicht nur als ein räumliches, sondern auch als ein geistiges Fliehen. Als Kind floh sie in die Lektüre und las alles, „was ihr in die Hände" (wl, 55) fiel. Das Auswendiglernen von Balladen diente ihr später im Lager zur inneren Flucht. Die „Schillerballaden" wurden beispielsweise ihre „Appellgedichte", mit denen sie „stundenlang in der Sonne stehen" konnte, ohne in Ohnmacht zu fallen. (wl, 124.) Auch nach dem Krieg fand das Kind einen Zufluchtsort in der Literatur. Bevor Mutter und Tochter nach New York ausreisen durften, mussten sie mit langen Wartezeiten kämpfen, die das Mädchen nutzte, um englische Bücher zu lesen. Auch hier betont sie, dass sie alles an „englischer Lektüre" las, „was ihr in die Hände fiel" (wl, 221). Ihr letzter Fluchtversuch vor dem Vater- und Brudergespenst ist die Zeugnisablegung. Denn, so manifestiert sie am Ende, nun „könnten sie mich in Ruhe lassen und mir weiteres Umziehen ersparen." (wl, 284.)

So wie sie sich selbst mit der jüdischen Jessica identifiziert, die ihren Vater verrät, erkennt sie sich auch in der Figur der Cordelia aus Shakespeares *King Lear*, dem „Gegenstück" der „Untreue" und „Verrat":

> Das Gegenstück wäre ein Gedicht über die Treue, etwa zu einem fernen Vater, der diese Treue nicht verdient. Zum Beispiel ein Intertext mit dem Titel ‚Cordelia landet in Dover'. Denn die Gegensätze Treue und Untreue gehören zusammen wie Höhe und Tiefe, wie Freundschaft und Verrat. (wl, 264.)

Klüger verzichtet auf den Hinweis der Quelle, auf welches literarische Werk sie zurückgreift, und metatextualisiert direkt ihren ausgesuchten Gegenpart des vorangegangenen Prätextes. Sie arbeitet mit einem kompetenten, elitären und sehr belesenen Publikum, von dem sie ein hohes literarisches Vorwissen erwartet. Deshalb erachtet sie es für überflüssig, die Quelle des Prätextes anzusprechen. Für ihre deutsche gebildete und zum größten Teil aus der Literaturwissenschaft stammende Leserschaft bedeutet die Identifizierung des Intertextes keine Herausforderung.

Als Literaturwissenschaftlerin und Kennerin der englischsprachigen Literatur bemängelt sie im ersten Teil ihres Essays „Von hoher und niedriger Literatur. I. Der Gartenzwerg und das Goldene Kalb", dass Shylock „besonders in Deutschland" oft „auf modernen Bühnen" als „Opfer des Judenhasses zu sehen" ist, als „pervertierter Nathan gespielt", „und teils im Widerspruch zum Text als Verstoßener der erbarmungslosen Christenwelt dargestellt" wird.(GG, 49.) Dies seien „Verkitschungen von Shakespeares Stück" (GG, 49). Denn Shylock ist „anders als Nathan, der Respekt einflößen soll (und daher das Publikum oft langweilt)", „in solchen Inszenierungen sowohl grauenerregend wie mitleidheischend." (GJ, 10.) Auch die Figur des Nathan aus Lessings Drama *Nathan der Weise*[295] kann und darf nicht in ihrem Erinnerungsbuch fehlen. Als Lessing-Expertin – und spätere Trägerin des Lessing-Preises 2007 – wird auch diese breit rezipierte literarische Figur in *weiter leben* verarbeitet. Hierbei geht es jedoch nicht um das Thema der Freundschaft und Toleranz in Lessings Stück, sondern um das Klischee des „reichen Juden". Klüger verwebt auch in diesem Punkt Literatur mit Realität:

> Meine deutschen Bekannten sagen: Die Juden haben alle Geld gehabt, die waren wohlhabend. Außer den Armen. Wie meine Freundinnen in New York. Wie die Geschwister meines Vaters. Wie meine Klassenkameraden, nachdem die

[295] *Nathan der Weise* entstand zwischen 1778 und 1779 und wurde 1783 in Berlin uraufgeführt. (Vgl. Lindken, Ulrich: *Erläuterungen zu Gotthold Ephraim Lessing. Nathan der Weise.* Hollfeld: Bange, 1979, 21.) Das Drama steht für Toleranz, Überwindung von Vorurteilen und Freundschaft. Nathan, der den „Christenstolz des Tempelherrn" besiegt, steht für „Lessings Forderung der Toleranz", denn jede Religion sei „im Besitz echter Offenbarung von Gott" und somit die „richtigste" nicht „zu unterscheiden" sei. (Lindken 1979: 22.) Nach Friedhelm von Zubke gehe Nathan in der Geschichte „mit etlichen seiner Mitmenschen eine Freundschaft ein." Nathan stelle „hohe Ansprüche an eine Freundschaft. Er schreckt nicht davor zurück, jemandem die eingegangene Freundschaft aufzukündigen oder eine an ihn herangetragene freundschaftliche Beziehung nicht zu erwidern, wenn sein Gesprächspartner sich seiner Freundschaft als unwürdig erweist." (Zubke, Friedhelm: *Motive moralischen Handelns in Lessings ‚Nathan der Weise'.* Göttingen: Universitätsverlag, 2008, 11.)

> wohlhabenden Juden ausgewandert waren, in Länder, wo der Sozialdarwinismus seine Spuren hinterlassen hatte und wo der reiche Jude stets der bessre Jude war. (Seit wann kenn ich eigentlich den ‚Nathan'? Schon damals?) Warum hab ich mein Lebtag lang so viel arme Juden gekannt, wenn es so viel reiche geben soll. (wl, 26)

Sie baut in dieses Fragment verschiedene Intertexte ein, die meist nur von einem distinguierten Publikum ergründet werden können. Es geht darum, Vorurteile gegenüber Juden, die bereits im Mittelalter geherrscht haben, umzukehren und sie zu demaskieren. Dafür verwendet sie nicht nur die Figur des Nathan, die sie durch einen ironischen Eingriff umkehrt, um die von den Nazis propagandistisch dargestellte Besitzgier der Juden auf eine den Nazis im KZ angehörige Eigenschaft zu lenken. In diesem Textfragment verwendet sie zunächst den im späten 19. Jahrhundert konzipierten Begriff des von Charles Darwins Evolutionstheorie abgeleiteten „Sozialdarwinismus", der von der nationalsozialistischen Ideologie im Dritten Reich aufgegriffen wurde, um ihn auf gesellschaftliche Prozesse anzuwenden. Dieser Begriff entwickelte sich. Der Sozialdarwinismus, der bereits zur wilhelminischen Zeit einen Nährboden für die nationalsozialistische Rassenpolitik setzte – das Ergebnis waren die „Nürnberger Gesetze" von 1935 –, konnte im Dritten Reich deshalb so erfolgreich sein, weil er „gesellschaftliche und politische Entwicklungen auf vermeintlich biologische Ursachen" zurückführen „und in ein umfassendes Welt- und Geschichtsbild" einordnen konnte, „in dem die Entwicklung der Menschheit als ein Strang der Naturgeschichte erklärt" wurde.[296] Die Ausgrenzung, Verfolgung und Vernichtung der Juden durch das nationalsozialistische Terrorregime fand in ihm eine biologische und gesellschaftliche Rechtfertigung, die nun zu propagandistischen Zwecken genutzt wurde. Noch im selben Satz zitiert sie implizit und völlig unmarkiert eine Passage aus Lessings *Nathan der Weise*: „der reiche Jude stets der bessre Jude war" (wl, 26), denn bei Lessing antwortet der Tempelherr im Zweiten Aufzug und fünften Auftritt auf die Frage Nathans „womit/Kann man Euch dienen?": „**Tempelherr** Ihr? Mit nichts./**Nathan** Ich bin/Ein reicher Mann./**Tempelherr** Der reichre Jude war/Mir nie der beßre Jude." (Lessing 1962: 238.) Hieraus ergibt sich eine sehr geringe Intensität an intertextueller Referenz, da Klüger den Prätext in ihre grammatikalische Textstruktur einbaut. Erneut unterstreicht die Erzählerin, an welches Publikum sie sich richtet: es sind die deutschen intellektuellen Freunde, mit denen sie primär ein gemeinsames Erbe teilt: die deutschsprachige Literatur. Dass sie die Figur des Nathan anschließend in Klammern zitiert, kann von einem unwissenden Leser, der Lessings Werke nicht kennt, nicht eindeutig als eine Verbindung zu dem vorigen unmarkierten Kommentar gedeutet werden und die intertextuelle Intention verfehlen. Die Frage danach, wie lange sie schon den Nathan kenne, unterstreicht hingegen die Intensität und wie lange sie sich schon mit Lessings Stück auseinandersetzt. Es hat sich in der Zwischenzeit sogar eine Art Nähe zu dieser Figur entwickelt, die durch

[296] Walkenhorst, Peter: *Nation – Volk – Rasse. Radikaler Nationalismus im Deutschen Kaiserreich 1890-1914*. Göttingen: Vandenhoeck&Ruprecht, 2007, 119.

das bloße Anzitieren der Figur als ein allgemein bekannter Name gekennzeichnet wird. Klüger kehrt ihren Prätext um, so dass sich der ironische Unterton in der Anklage der Aufnahmeländer ableiten lässt. Sie klagt auf diese Weise die Einwanderungspolitik der Länder an, die nur jüdische Flüchtlinge aufnahmen, weil sie für sie keine finanzielle Belastung bedeuteten. Die mittellosen Juden, die keine Verwandten im Ausland hatten, die für sie bürgen konnten oder wollten und sich um die Ausreisekosten oder um sonstige Einreisepapiere kümmern konnten, waren letztendlich die, die zurückblieben und in die Konzentrationslager deportiert wurden. Klüger versucht somit Vorurteile abzubauen und deutlich zu machen, dass es auch unter den Juden sehr arme Menschen gab.

Ein weiterer Dichter, der ihre Liebe zur deutschen Literatur festigte, ist Franz Kafka. Diesmal ist es nicht eine aus der Fiktion entstandene Figur, die ihr nahe steht. Es ist ein Dichter, der für sie familiäre Züge hat und den sie in ihrem Buch als „Onkel Franz" (wl, 261) erwähnt. Den ersten Kontakt zu seinen Texten hatte sie über Christoph, der ihr zunächst Gedichte von Stefan George empfahl:

> Er brachte mir Stefan Georges Gedichte, die waren mir zu germanisch, die melkende Urmutter, der auffliegende Aar. Er fand diese Kritik erstaunlich, ich wußte nicht recht, hielt er sie für ungerechtfertigt, irrelevant oder für jüdische Geringschätzung deutscher Art. (wl, 214.)

Die intertextuellen Referenzen, wie „melkende Urmutter", „auffliegende Aar", sind in Georges (1868-1933) Gedicht „Urlandschaft"[297] aus seinem 1900 veröffentlichten Gedichtband *Der Teppich des Lebens* enthalten. Wie sich bereits in den vorherigen Analysen herauskristallisiert hat – wofür diese Textsequenz als ein weiteres Beispiel dient –, ist Klügers Verzicht auf literarische Quellenangaben ein durchgängiges Merkmal. Sie textualisiert zwar den Prätext, doch ohne die Quelle preiszugeben. Durch die Zitierung und Hervorhebung von Details kann sie ihre Abneigung gegenüber Georges Gedichten begründen. Den Kontrast stellt sie gleich im darauffolgenden Satz her: „Dann kam er mit Kafkas Erzählungen, damals noch fast ein Geheimtipp. Die verfolgten mich und verschlugen mir die Kritik." (wl, 214.) Mit welchen Erzählungen die Leidenschaft für Franz Kafka (1883-1924) beginnt, enthüllt sie nicht. Den Dichter kennt sie schon aus ihrer Inhaftierungszeit in Theresienstadt. Als der Transport der Kinder aus Bialystock[298] eintrifft, befindet sich auch eine Schwester Kafkas unter den Pflegern:

[297] George, Stefan: Urlandschaft. In: *Der Teppich des Lebens und die Lieder von Traum und Tod mit einem Vorspiel.* Düsseldorf/München: Küpper, 1964, 41.

[298] 1.220 Kinder und 53 Pfleger wurden in Auschwitz vergast. (Zu den Kindern aus Bialystok vgl. Kárný, Miroslav/Kárná, Margita: Kinder in Theresienstadt. In: *Dachauer Hefte. Studien und Dokumente zur Geschichte der nationalsozialistischen Konzentrationslager.* 9. Jahrgang, Heft 9, 1993, 14-31, 21ff.)

> Unter diesen Pflegern war Kafkas berühmte Lieblingsschwester Ottla, damals ganz unberühmt, denn ihr verstorbener Bruder war noch nicht Weltliteratur. Sein sechzigster Geburtstag war im Ghetto im selben Sommer gefeiert worden, und sie hatte an der Feier mitgewirkt. In Theresienstadt legte man Wert auf Kultur. (wl, 102.)

In dieser Sequenz spricht sie als praktizierende Literaturwissenschaftlerin, die nun nicht mehr aus der Perspektive des Kindes berichtet. Rückblickend sagt sie die nahe Zukunft für die Schwester und ihren toten Bruder voraus: Kafkas Schriftgut entwickelte sich zum Wegweiser für die Literatur des 20. Jahrhunderts und seine Schwester wurde in Auschwitz vergast.

Welche Nähe sie zu Kafka seit ihrer ersten Lektüre aufgebaut hat, drückt sie aus, indem sie ihn liebevoll „Onkel Franz" nennt. Ihr zwiespältiges Verhältnis zu New York – „New York war abwechselnd zähnebleckend und großzügig, es ließ alle an sich rankommen, und wenn man sich wohl fühlte, dann war es doch nur Gleichgültigkeit gewesen." (wl, 261.) – vergleicht sie mit Kafkas Empfindung gegenüber seiner Heimatstadt Prag.[299] Sie prätextualisiert eine Metapher, die Kafka in einem Brief an seinen Freund Oskar Pollak gebrauchte:

> Bei meinen Stippvisiten legt mir New York das Unterbrochene und Liegengelassene um die Schultern, eine wärmende, kratzende Wolljacke; und das Gewesene schmiegt sich mir an die Waden wie eine Katze, die mir einmal gehörte, in einem Haus, wo ich einmal wohnte – Wer nannte seine Stadt ein Mütterchen mit Krallen? Das war der Onkel Franz –, und ich beuge mich zu ihr und tu erstaunt: ‚Du wohnst noch hier? Wer hat dich denn gefüttert? Hast womöglich von Mäusen und Ungeziefer gelebt, wenn nicht gar von Abfall? Pfui!' Und zögerlicher: 'Hast auf mich gewartet?' Und dabei schiel ich schon heimlich nach der Uhr, denn gleich werde ich das schnurrende Tier wieder verlassen. (wl, 261f.)

Klüger fügt in den syntaktischen Aufbau des Textes den Prätext – das „Mütterchen mit Krallen" – ein. Daraus ergibt sich ein äußerst schwacher Intensitätsgrad der Markierung. Der Urheber ihrer Quelle wird im nächsten Satz, ebenso verkappt, lediglich mit seinem Vornamen erwähnt. Da Klüger durch das „Mütterchen mit Krallen" einen Gesamtkontext abruft – die Hass-Liebe Kafkas zu seiner Heimatstadt Prag – und ihn mit ihrer eigenen Lebensgeschichte verbindet, öffnet sie ein neues Verständigungsfenster zu ihrem Publikum. Durch ihre Identifikation mit Kafka und seiner Literatur kann Klüger einerseits ihre frühe Bewunderung zu seiner Literatur vermitteln und andererseits das nur schwer beschreibbare Verhältnis zu New York, ihrer ersten amerikanischen Stadt, in die sie „flüchtete", artikulieren.

---

299 Franz Kafka an Oskar Pollak im Dezember 1902: „Prag läßt nicht los. Dieses Mütterchen hat Krallen." (Kafka, Franz: *Briefe 1902-1924. Gesammelte Werke, Band 2*. Hrsg. v. Max Brod. Frankfurt/M.: Fischer, 1958, 14.)

Es ist die Stadt der ersten Jahre nach ihrer Ausreise, wo die Trauer um Bruder und Vater begann und sie sich literarisch mit diesem Verlust und ihrer eigenen traumatischen Erfahrungen im Holocaust auseinandersetzte. „Denn hier lebte die Vergangenheit erst richtig auf und streckte sich in Öde hinter mir." (wl, 239.) Es ist aber auch die Stadt, in der sie sich einsam und wieder ausgeschlossen fühlte. Die Stadt, in der sie Anglistik studierte und in der „die Einheimischen verstehen, sich die Einwanderer auf Armeslänge vom Leib zu halten". (wl, 225.) Doch „ihr" New York ist auch gleichzeitig eine Stadt, in der sie sich sicher fühlte, „eine gemütliche Stadt, verglichen mit den heutigen Verhältnissen. Ich glaubte tatsächlich nie, daß mir auf diesen Straßen Böses zustoßen könne." (wl, 260.)

Ein weiterer Rückgriff auf Franz Kafka verdient in diesem Zusammenhang die folgende Sequenz. Während die SS-Wache und Aufseher von vielen Holocaustopfern in ihren Aufzeichnungen[300] meist detailliert beschrieben werden, verzichtet Klüger grundsätzlich auf eine Deskription. Denn, so stellt sie fest: „Mir verschwimmen alle SS-Männer zu einer uniformierten Drahtpuppe mit Stiefeln" (wl, 133). In ihrem Buch scheint es keinen Raum für die Henker zu geben. Nicht einmal, als sie über die Tätowierung der SS-Männer in den Achselhöhlen reflektiert (vgl. wl, 116) oder als der SS-Mann ihr in Christianstadt „mit voller Wucht ins Gesicht schlägt" (wl, 164). Trotzdem verwendet die Erzählerin zwei literarische Charaktere, um die Handlanger der hitlerschen „Terroristenbande" zu charakterisieren. Eine der Figuren ist der „Türhüter" aus Kafkas Parabel *Vor dem Gesetz*[301], die auch als *Türhüterlegende* in seinem Roman *Der Proceß*[302] auftaucht. Als sie in Auschwitz-Birkenau sich zum ersten Mal für die Selektion für das Arbeitslager in die Schlange einreiht und abgelehnt wird, vergleicht sie Kafkas „Türhüter" mit ihrem Henker:

> In seinem Kopfschütteln lag der Beweis dafür, daß ich mir mein Leben erschlichen hatte, es wie einen unerlaubten Text nicht weiter lesen sollte, wie die Bibel, die mir mein Onkel aus der Hand genommen hatte. – Kafkas Türhüter, der dem Menschen sein eigenes Licht im eigensten Raum verwehrt, stell ich mir so vor. (wl, 130.)

Auch wenn die Figur durch explizite Markierungsverfahren nicht gekennzeichnet wurde, ist der Intertext identifizierbar. Die Erzählerin nennt nicht nur den Autor und die Hauptfigur, sie beschreibt auch, welche Funktion der „Türhüter" hat. Die andere literarische Figur, die sie für die SS-Wache anwen-

---

300 Mit „Aufzeichnungen" ist die gesamte Holocaustliteratur gemeint (Poesie, Autobiographie, Roman, etc.).

301 *Vor dem Gesetz* wurde im Jahr 1915 in der jüdischen Wochenschrift *Selbstwehr* veröffentlicht. Kafka soll sich nach Hartmut Binder von Franz Werfels „Einlage", „Mardochais Erzählung vom Tode des Moses", in seinem Stück *Esther, Kaiserin von Persien* zur Niederschrift inspiriert haben, das Werfel im Dezember 1914 Kafka und seinen Freunden vorgelesen haben soll. (Vgl. Binder, Hartmut: *Kafka Kommentar zu den Romanen, Rezensionen, Aphorismen und zum Brief an den Vater*. München: Winkler, 241f.)

302 Kafka, Franz: *Der Proceß*. Stuttgart: Reclam, 1995 (1. Aufl. 1925), 197f.

det, entstammt einem Gedicht von dem Dichter des „berühmtesten aller deutschen Nachkriegsgedichte“,[303] Paul Celan. Als sie sich erneut für die Selektion einreiht, steht sie nun vor dem anderen „Türhüter“, der sich in einen „Meister aus Deutschland“ aus Celans „Todesfuge“ verwandelt: „Auf die Frage nach meinem Alter gab ich die entscheidende Antwort, die ich meiner Mutter nicht abgenommen hatte, wohl aber dieser jungen Frau, die rechts neben dem Meister aus Deutschland stand.“ (wl, 134.) Sie verwebt in die syntaktische Struktur des eigenen Textes den Prätext, ohne ihn jedoch explizit erkennbar zu machen, und verwendet hierfür jedoch einen Prätext – die „Todesfuge“ –, der zum deutschen literarischen Kanon gehört.

Die Dichtung Paul Celans dient der Erzählerin nicht nur, um den SS-Wachen ein literarisches Ebenbild anzuhängen. Sie versucht sich durch ihre Stellungnahme in *weiter leben* von einer Hochstilisierung der „Todesfuge“ zum „sakralen Gedicht“, „das bei öffentlichen Anlässen gerne zitiert und aufgesagt wird“, zu distanzieren. Besonders in Deutschland werden seine „Gedichte, von denen niemand genau weiß, worum es in ihnen geht“ (wl, 127), mit einer großen Ehrfurcht behandelt, die das „kritisch[e] Denken“ versperrt. Denn, so warnt sie in ihrer Gedichtinterpretation über die „Todesfuge“:

> [E]in Gedicht kann und soll […] niemals ein Ersatz für eine heilige Schrift sein. Wir sollten uns davor hüten, einen literarischen Text mit pseudo-religiöser Ergriffenheit zu rezipieren. Eine Gedicht ist ein ästhetischer und ein profaner Text, profan im Sinne von säkular, und sollte nicht kniefällig hingenommen werden. Unser Empfinden mag noch so emotional auf das Gedicht reagieren, immer noch muß es dem Verstand und dem kritischen Denken offen bleiben. (wl, 133f.)

Deshalb kämpft die Autorin gegen die Meinung an, „[m]an solle eigentlich den Holocaust ausschließlich mit Hilfe solcher hermetischer Lyrik verarbeiten.“ (wl, 128.) In *weiter leben* kommt diese Einstellung zum Ausdruck, als sie über die Schockreaktion der Leute berichtet, weil sie „eine harmlose Parodie auf ein abstruses Gedicht von Celan“ verfasst habe. Sie moniert: „Über Gott und Goethe darf man lästern, der Autor der ‚Todesfuge‘ ist unantastbar. Und dies nicht etwa, weil er ein so guter Dichter ist, das war Goethe ja auch.“ (wl, 128.) An diesem Punkt markiert sie ausnahmsweise ihren Prätext mit Anführungszeichen. Doch erhält der Leser nicht nur die Information eines literarischen Textes, der „Todesfuge“, sondern erfährt auch, dass es sich hierbei um ein Gedicht handelt und Celan der Verfasser sei. Dies kommt in *weiter leben* sehr selten vor. Wie die Analysen der vorigen Textsegmente belegen, wird ein weites literarisches und historisches Vorwissen von der Erzählerin vorausgesetzt.

---

303 Klüger, Ruth: *Gemalte Fensterscheiben. Über Lyrik.* Göttingen: Wallstein, 2007, 129. Alle Zitate beziehen sich auf diese Ausgabe und werden fortan abgekürzt dargestellt mit (GF).

Ein letzter Dichter muss in diesem Zusammenhang noch erwähnt werden, der besonders während der Thematisierung ihres Schreibvorganges auftaucht: Hugo von Hofmannsthal. Nur einmal wird er bei seinem Namen genannt und dies erst im Epilog. Dort heißt es: „Beim Hofmannsthal sagt die Elektra: Ich bin kein Vieh, ich kann nicht vergessen. Verzeihen ist zum Kotzen, denk ich oder sag ich, und ich lehne mich zurück […]." (wl, 279.) Im Kampf um die Erinnerung kann sich Klüger nur an ihren „Unversöhnlichkeiten" (wl, 279) erkennen. Für sie sei „Erinnerung […], Beschwörung, und wirksame Beschwörung ist Hexerei." Sie lehnt „traditionell[e] Versöhnlichkeit und Märtyrerverehrung" ab und besteht auf „diese[r] Wut […], um sich wieder zu beruhigen, und wenn man sie gehabt hat, dann" wird es keine exorzistischen Gedichte geben sowie „Beschwörung mit Kerzen und anderem Spielzeug." (wl, 38.) Auch die *Elektra* von Hofmannsthal erinnert sich durch eine „beschwörende, rituelle, einem Voodoo-Zauber ähnelnde Gedächtnis-Aktion", die „das ganze Drama beherrscht"[304], so Gabriele Brandstetter. Elektra verzehre sich „selbst, ihr Lebens-Potential, die gesamte Sinn-Struktur ihrer Existenz im Prozeß des unaufhörlichen Memorierens – im Zwischenbereich des Todes." (Brandstätter 1995: 279.) Wie Heike Grundmann feststellt, sei gerade sie es, „die die Grenze zwischen Humanität und Animalität zu definieren versucht."[305] Klüger findet in der Figur der Elektra eine Identität, die sich mit ihrer überschneidet. Denn nicht das einfache Vergessen und Erinnern ist „elementarer Bestandteil der Humanität" (Grundmann 2003: 222). Sie erwähnt nicht nur den Dichter, sondern auch die Protagonistin und somit den Namen der anschließenden Zitierung. Daraus ergibt sich ein äußerst intensiver Intertextualitätsgrad.

Hofmannsthal wurde nicht nur wegen seiner Zusammenarbeit als Librettist von Richard Strauß berühmt, sondern vor allem aufgrund seines fiktiven *Brief[es] des Lord Chandos an Francis Bacon*. Dieser 1902 entstandene und auf den 22. August 1603 datierte Brief beeinflusste mit seiner Sprachkrisen-Thematik die gesamte Literatur des 20. Jahrhunderts. Auch Klüger greift in ihrem Erinnerungsbuch auf den *Chandos-Brief* zurück. Sie widersetzt sich dem

---

304 Brandstetter, Gabriele: *Tanz-Lektüren. Körperbilder und Raumfiguren der Avantgarde.* Frankfurt/M.: Fischer, 1995, 279.

Bei Hofmannsthals *Elektra* heißt es: „Elektra:/Vergessen? Was! bin ich ein Tier? vergessen?/Das Vieh schläft ein, von halbgefreßner Beute/die Lefze noch behängt, das Vieh vergißt sich/und fängt zu käuen an, indes der Tod/schon würgend auf ihm sitzt, das Vieh vergißt,/was aus dem Leib ihm kroch, und stillt den Hunger/am eignen Kind – ich bin kein Vieh, ich kann nicht vergessen!" (Hofmannsthal, Hugo von: Elektra. In: *Gesammelte Werke. Dramen II 1892-1905.* Frankfurt/M.: Fischer, 1979, 185-234, hier: 195.) Auch ihre Mutter kann nicht vergessen: „In Kanada hieß es damals, die Amerikaner seien sentimental und die Medien sensationslüstern. Wären die kleinen Robben nicht so süß, so würde man ihnen ebensowenig nachweinen wie jungen Ratten. Ich dachte beim Anblick dieser makabren Jagd an meine Mutter. Die hat auch so gehandelt, ist weggegangen, als nichts mehr zu machen war, und hat den Verlust geschluckt. Nur ist sie kein Tier und kann nicht vergessen, und in ihrem Kopf müssen die unheimlichsten Bilder spuken, teils erdachte, teils erinnerte, was mit ein Grund sein mag, warum mir ihre Gesellschaft schon nach kurzem Beisammensein unerträglich wird." (wl, 95f.)

305 Grundmann, Heike: *Mein Leben zu erleben wie ein Buch.* Würzburg: Königshausen&Neumann, 2003, 222.

Wittgensteinschen Diktum, „Worüber man nicht reden kann, darüber soll man schweigen“[306], indem sie entgegnet: „Worüber man nicht spricht und schreibt, das bleibt unerledigt.“ (wl, 232.) Die Sprachverweigerung des Lord Chandos wird thematisiert und bekämpft. Auch wenn ihr die Niederschrift der traumatischen Erinnerungen schwer fällt, versucht sie das Schweigen zu durchbrechen. Hofmannsthals Sprachskepsis verwandelt sie mit Hilfe der Literatur in einen kommentierten Sprachprozess, in dem sie gegen „abgedroschen[e] Phrasen und verbraucht[e] Wörter“ anzuschreiben versucht:

> Ich schreib ein paar unzusammenhängende Zeilen, etwa über das, was mir in der Dämmerung gekommen ist, Graffiti, Höhlenmalerei [...], schreibe sie noch einmal, lese sie, sie gefallen mir nicht, denn die Sprache liefert ihre Klischees gratis, die abgedroschenen Phrasen und verbrauchten Wörter fallen einem zu wie Vogeldreck auf den Scheibenwischer – hörst du, Katze – und wie die Werbung, die im Briefkasten neben der richtigen Post liegt. Also aussortieren, löschen, mühseliges Tagewortefinden für unausgegorene Halbdunkelgedanken. (wl, 283.)

Doch nicht nur für das Zeugnisablegen des Opfers erweist sich die abgenutzte Sprache als unvollständig und „verbraucht“, sondern auch die Bezeichnung für den Genozid des Hitlerregimes an den europäischen Juden „fault“ schnell „im Munde“, da sie durch den häufigen Gebrauch abgenutzt wird und nichts mehr aussagt.[307] Im folgenden Fragment zitiert Klüger die aus dem *Chandos-Brief* vielleicht meistzitierte Definition, die „modrige[n] Pilze“[308] der leeren Wörter:

> Schon damals hat mich der Gedanke gestreift, der heute leider bei mir noch tiefer sitzt als die Empörung über das große Verbrechen, nämlich das Bewußtsein der Absurdität des Ganzen, das Widersinnige daran, die völlige Sinnlosigkeit dieser Morde und Verschleppungen, die wir Endlösung, Holocaust, die jüdi-

[306] Wittgenstein, Ludwig: *Tractatus logico-philosophicus. Logisch-philosophische Abhandlung.* Frankfurt/M.: Suhrkamp, 1963 (1. Aufl. 1921), 115.

[307] Der Verbrauch der Wörter deutet auf ihren Missbrauch, die Verkitschung von Auschwitz hin. (Vgl. ME)

[308] Chandos beschreibt den Verlust der Sprache wie folgt: „Zuerst wurde es mir allmählich unmöglich, ein höheres oder allgemeineres Thema zu besprechen und dabei jene Worte in den Mund zu nehmen, deren sich doch alle Menschen ohne Bedenken geläufig zu bedienen pflegen. Ich empfand ein unerklärliches Unbehagen, die Worte ‚Geist‘, ‚Seele‘ oder ‚Körper‘ nur auszusprechen. Ich fand es innerlich unmöglich, über die Angelegenheiten des Hofes, die Vorkommnisse im Parlament oder was Sie sonst wollen, ein Urtheil herauszubringen. Und dies nicht etwa aus Rücksichten irgendwelcher Art, denn Sie kennen meinen bis zur Leichtfertigkeit gehenden Freimut: sondern die abstrakten Worte, deren sich doch die Zunge naturgemäß bedienen muß, um irgendwelches Urtheil an den Tag zu geben, zerfielen mir im Munde wie modrige Pilze.“ (Hofmannsthal, Hugo von: Ein Brief. In: Hofmannsthal, Hugo von: *Gesammelte Werke. Band 7. Erzählungen, erfundene Gespräche und Briefe, Reisen.* Hrsg. v. Bernd Schoeller. Frankfurt/M.: Fischer 1979a, 461-472.)

sche Katastrophe und neuerdings die Shoah nennen, immer neue Namen, weil uns die Worte dafür sehr schnell im Munde faulen. (wl, 148.)

Diese implizite intertextuelle Referenz auf Hofmannsthals *Chandos-Brief* öffnet, trotz ihrer Unmarkiertheit und Eingliederung in die Satzstruktur, dem elitären Wunschpublikum Klügers einen Referenzhorizont, der nicht weiter von ihr erklärt werden muss. Wie die zuvor analysierten Textsequenzen bekräftigten, arbeitet sie mit einem dichten intertextuellen Netz, mit dem es ihr gelingt, Extremsituationen, Sprachkrisen und Identifikationsmuster zu artikulieren.

Klügers Perzeption ihrer Heimatstadt erfährt in ihrer Geschichte eine Entwicklung. Ihre gegenwärtige Identifikation mit Wien divergiert mit der des Kindes. Eine ihrer Lieblingsgeschichten, der „liebe Augustin", wird zur Metapher ihrer Erfahrungen im Dritten Reich. Das Kind verwandelt sich selbst in einen Augustin, das jedoch nicht mehr der „Liebenswerte" ist, sondern der zum Sterben Verurteilte. Das „große Sterben" ist nicht mehr die Pest im 17. Jahrhundert, sondern das faschistische Massenverbrechen des 20. Jahrhunderts. Auch sie wird zum „Symbol der Lebensbejahung im großen Sterben" (wl, 70), denn nie habe sie das Leben „so geliebt wie im Sommer 1944, in Birkenau, im Lager B 2 B." (wl, 115.) Das Leben des „Augustin-Kindes", das aus der „Pestgrube Auschwitz" stieg, ist getrübt durch die traumatischen Erlebnisse, die in ihrer Heimatstadt Wien ihren Anfang nehmen. „Jessica" ist eine weitere Identifikationsfigur, mit der Klüger ihre eigene Identität aufbauen kann. Auch sie erkennt sich als Flüchtende, sei es räumlich oder geistig, die ihren Vater durch die Freundschaft mit den Deutschen verrät. Vor den Gespenstern ihres Vaters und Bruders ist sie seit ihrer Kindheit auf der Flucht. Dem versucht sie durch die Niederschrift ihres Buches ein Ende zu setzen. Wie der „Tempelherr" und „Nathan" im Drama *Nathan der Weise*, die durch ein Gespräch ihre Meinungsverschiedenheiten über Religionen austauschen und somit Freunde werden können, gelingt es Klüger durch die Fokussierung von Vorurteilen, „trennende Barrieren" abzubauen. Erst die „Verpflichtung auf ein gemeinsames Menschenbild" verwandelt zwei „Kontrahenten" in Freunde. (Zubke 2008: 118f.) Klüger verfügt über mehrere literarische Identitäten: eine österreichische, die sie mit dem „lieben Augustin" gleichzusetzen versucht; eine jüdische, die durch Jessicas Verrat an den Vater repräsentiert wird; und schließlich eine deutsche, die aufgrund des Dialogs mit ihren deutschen Freunden entstand und für dessen Ergebnis ihr „deutsches Buch" steht. Mit der Geschichte des „Nathan" kann sie Vorurteile abbauen und für das Gespräch zwischen den Religionen plädieren. Franz Kafka dient zur Öffnung von Interpretationsfenstern, wie beispielsweise zu ihrem zwiespältigen Verhältnis zu New York, das sie mit Kafkas Hass-Liebe zu seiner Geburtsstadt Prag vergleicht. Klüger kämpft gegen eine Hochstilisierung und Sakralisierung von Paul Celans Lyrik an, da diese Dichtung nur sehr schwer zu verstehen ist und sie für das Verständnis des Holocausts nicht ausreichend ist. Im schwierigen Erinnerungs- und Schreibprozess greift sie auf den *Chandos-Brief* von Hofmannsthal zurück, um den Schreibprozess zu thematisieren und um gegen eine Verstummung anzuschreiben, wobei ihr wiederum die Figur der Elektra als Identifikationsmuster dient, mit der sie sich als Mensch – das Humane – vom Tiere – das Animalische – unterscheidet.

4. Ko-Autorschaft in *weiter leben*: ein Appell an die (deutschen) Leser

weiter leben besteht zum einen aus intertextuellen Referenzen und zum anderen aus den Stimmen seiner Ko-Autoren: Verwandte, Freunde, Studente, Bekannte, Zuhörer und Kollegen, deren Kommentare und Standpunkte, die die Autorin in ihr dichtes Netz von Assoziationen mit hineinwebt. Oft sind es nachträgliche Antworten oder Reflexionen zu Aussagen von Menschen, an die sie sich noch genauestens zu erinnern meint. Sie selbst versicherte ausdrücklich, dass die in ihrer Autobiographie wiedergegebenen Gespräche oder Leserkommentare nicht erfunden seien und unverfälschte Meinungsäußerungen von Menschen, die ihr im Laufe ihres Lebens begegneten. (Vgl. Naumann 1993: 38.) Es handelt sich demzufolge nicht nur um referenzielle Verbindungen zu anderen Texten, sondern auch um ein außerordentlich ausgeprägtes polyphones Erzählen. Verspätete Antworten auf Behauptungen oder Fragen, oft auch bis hin ins Ironische fallende rekonstruierte Dialoge mit den Figuren, die sich wie ein roter Faden in ihrem Text vernetzen. Überdies entwickelt Klüger einen hypothetischen Dialog mit den Lesern, um sie provokativ in Frage zu stellen, indem sie ihnen gedanklich zuvorzukommen versucht. In den folgenden Kapiteln sollen Aspekte im Bachtinschen Verständnis der Polyphonie exemplarisch analysiert werden.

4.1 Erinnerungen an frühe Familienszenen

> *Der Umgang mit den Toten – das will gelernt sein, und damit fangen wir jetzt an in der Gemeinsamkeit unserer Trauer.*[309]

Klüger lässt in ihren Jugenderinnerungen ihre Verwandten zu Worte kommen. Sie zitiert sie, gibt ihnen eine Stimme, kommentiert sie, schiebt konträre Standpunkte ein und äußert sich dazu aus verschiedenen Perspektiven (die des jüdischen Mädchens, der Frau und des Opfers und die der praktizierenden Literaturwissenschaftlerin und Auslandsgermanistin, die sie heute ist). Von ihrer Großfamilie wurde sie zu früh getrennt, um sich mit ihr verbunden zu fühlen. In der folgenden Passage wird durch das Stimmenmosaik eine hybride Konstruktion erzeugt. Die Großtante Rosa bleibt für die Ich-Erzählerin die gehasste Tante, denn sie war

[309] Arendt, Hannah: ‚Ansprache von Hannah Arendt anläßlich der öffentlichen Gedenkfeier [für Karl Jaspers] der Universität Basel am 04.03.1969. In: Arendt, Hannah/Jaspers, Karl: *Briefwechsel 1926-1969*. Hrsg. v. Lotte Köhler und Hans Saner. München: Piper, 2001 (1. Aufl. 1993), 719-720, hier: 720.

der Mensch, der mir verbot, nach dem Kirschenessen Wasser zu trinken [=Erzählerbericht], weil das schädlich sei [=transponierte indirekte Figurenrede], und dadurch die Autorität meines abwesenden Vaters, der ja der Arzt in der Familie war, unterhöhlte [=Erzählerbericht] (‚Auf ihn haben sie nie gehört, der hat nie was zu sagen gehabt', meint meine Mutter bekümmert [=direkte Figurenrede]); die mir meine alte Straßenbahnfahrtensammlung wegnahm [=Erzählerbericht], das sei unhygienisch [=transponierte indirekte Figurenrede]; [...] die zwischen mir und meiner Mutter stand, damit meine Mutter, ihre Nichte, wenn sie abends nach Hause kam, nachdem sie sich mit den Behörden herumgeschlagen oder eine Stelle gesucht hatte, nicht durch die Forderungen des Kindes strapaziert werde [=Erzählerbericht mit erzählter Figurenrede]. (wl, 13.)

Der Modus (Distanz und Fokalisierung der Erzählung) des Textfragmentes wechselt kontinuierlich, indem der Erzählerbericht mit der erzählten Figurenrede vernetzt und somit in den fließenden Text eingebettet wird. Die Begründungen der Tante in erzählter Figurenrede decken ihre Tyrannei aus der Sicht des Kindes auf. Klüger charakterisiert sie als Tadlerin und Besserwisserin, die sich sogar bezüglich gesundheitlicher Fragen gegen ihren Vater auflehnte, der Arzt war. Des Weiteren zwängt sich die Tante in gewisser Hinsicht zwischen Kind und Mutter. Sie wird jedoch nicht von Klügers Mutter durchschaut, sondern von dem Kind selbst. Klüger lässt ihre Mutter durch einen unvermittelten Eingriff in direkter Figurenrede selbst zu Worte kommen, wobei sie die geringe Autorität ihres Vaters in ihrer Familie zum Ausdruck bringt. Die Betonung liegt in der direkten Zitierweise. Vermutlich wiederholte ihre Mutter diese Angelegenheit in Gesprächen über ihren Vater oftmals, so dass sie ihn noch nicht vergessen hatte. Die Mutter spricht in der Vergangenheitsform, was darauf hinweist, dass die Bemerkung erst viel später, nach dem Krieg oder vielleicht schon in Amerika, gefallen sein muss. Das Ergebnis ist die überschattete Erinnerung an die Großtante, die während eines Besuchs bei ihrem Großcousin Hans wieder an die Oberfläche steigt:

Was soll ich nun ihrem Sohn sagen, wenn er nach ihr fragt, er, der sie geliebt hat, mich, die sie gehaßt hat, mit schalem, spitzem Kinderhaß [=zitierter autonomer innerer Monolog/Erzählerbericht]? Und was war überhaupt Schlimmes daran, ‚Des Sängers Fluch' und andere Balladen von Uhland und Schiller auf der Straße aufzusagen [=zitierter autonomer innerer Monolog]? ‚Das macht einen schlechten Eindruck, man soll nicht auffallen auf der Straße [=zitierte autonome direkte Figurenrede].' ‚Judenkinder, die sich schlecht benehmen, machen Risches [Antisemitismus] [zitierte autonome direkte Figurenrede].' War das noch wichtig, wenn die ganze Bevölkerung sowieso gegen uns aufgehetzt war [= zitierter autonomer innerer Monolog]? (wl, 13.)

Der Übergang vom narrativen zum dramatischen Modus erfolgt nahezu nahtlos. Die Stimme der Tante und der Nichte stehen sich oppositionell gegenüber. Die anachronische Struktur des Textfragmentes beginnt in der Gegenwart, als sie den Sohn ihrer Tante besucht, und schreitet durch eine Analepse zurück in die Zeit in Wien. Die letzte Frage stellt sie sich wiederum während des Schreibprozesses im autonomen inneren Monolog. Dadurch entsteht eine unmittelbare Distanz zum Erlebnis. An wen richtet sie ihre Fragen? An den Leser? Die Antwort auf die Frage, warum sie nicht auf der Straße Gedichte rezitieren durfte, bekommt sie von der Großtante. Nach Bodenheimer ist ihre „Manie im nationalsozialistischen Wien auch ein Akt von kindlichem Widerstand, zunächst gegen die Großtante, die sich blind einem überkommenen absurd gewordenen Verhaltenskodex größtmöglicher Unauffälligkeit für Juden unterwirft". Gleichzeitig sei es aber auch eine Rebellion gegen die „Gesellschaft, die sich, unabhängig vom Verhalten der Juden, antisemitisch gebärdet." (Bodenheimer 2008: 284.) In diesem kurzen Fragment wechselt Klüger als autobiographisches Ich mehrmals die Erzählperspektive. Die Autorin markiert nicht nur den intertextuellen Verweis (die Balladen von Uhland und Schiller), sondern bemerkt auf metatextueller Ebene und aus kindlicher Perspektive die Harmlosigkeit des Rezitierens auf der Straße. Ihre Hilflosigkeit gegenüber Hans, dem Sohn ihrer Großtante, beschreibt sie in der Rolle der Familienangehörigen und erwachsenen Frau. Doch gleich im nächsten Satz versetzt sie sich in die Lage des Mädchens, das Gedichte auf der Straße aufsagte und ihre Verständnislosigkeit gegenüber der Tante ausdrückt. Plötzlich steht sie wie damals auf der Straße, das Ereignis ist so präsent, dass sie die Großtante diesmal direkt zitiert. An diesen zwei Textfragmenten wird die Vielstimmigkeit deutlich – hier: die Stimme der Großtante, die der Mutter, die in der Gegenwart formulierte rhetorische Frage der Autorin und die Stimme der kleinen Ruth –, die Klüger durchgehend in ihr autobiographisches Werk einwebt.

Der intertextuelle Verweis auf die Balladen von Ludwig Uhland und Friedrich Schiller offenbart in diesem Zusammenhang ihre sehr frühe Leidenschaft für Dichtung. Dass sie ausgerechnet Uhlands Ballade *Des Sängers Fluch*[310] als Beispiel verwendet, ist eine Anspielung auf die beschriebene Familienszene und ihr Rezitationsverbot. Die Autorin verwendet für ihre intertextuelle Referenz eine im deutschen Sprachraum bekannte Ballade des Dichters. Doch nur wer sie kennt, wird die Parallellismen zu ihrer Anekdote dechiffrieren können. Eine analogische Bildlichkeit wird vernehmbar, wenn der junge Sänger mit der kleinen Ruth und der König mit Hitler gleichgesetzt werden. Durch den Gesang wird der König misstrauisch und tötet den jungen Sänger, der das jüdische Kind repräsentiert, wobei der ältere die erwachsene Frau, die Autorin selbst ist. Die Tante versucht die kleine Ruth zum Schweigen zu bringen, um die Nazis nicht unnötig gegen sie aufzuhetzen. Der Tod des jungen Sängers ist das Verstummen oder das Rezitationsverbot des jüdischen Kindes. Der alte Sänger steht für die Ich-Erzählerin, für die Jüdin, die nun Hitler verflucht. Er steht aber auch für das Schreiben selbst, das als Kampf gegen das Vergessen wirkt. Denn auch wenn der König verflucht wird, „versunken und vergessen"

[310] Uhland, Ludwig: *Lieder und Balladen.* Hrsg. v. Hans Mattern. Crailsheim: Baier, 2006, 64-68.

zu werden, sollen seine Verbrechen nicht in Vergessenheit geraten. Dafür ist die Funktion der Ich-Erzählerin ausschlaggebend, die durch die literarische Dokumentierung diesem Vergessen entgegenzuarbeiten strebt und ihr Zeugnis gleichzeitig den späteren Generationen weiterreicht.

Großtante und Nichte hatten nie die Gelegenheit einer Aussöhnung, da die Verbindung zu ihrer Familie durch den Holocaust und die Ermordung der Tante unterbrochen wurde. Klügers Großfamilie zersplitterte, als sie im Begriff war, sich mit ihr zu identifizieren. Eine Zugehörigkeit habe sie aufgrund der frühen Zersplitterung nie gefühlt. (Vgl. wl, 12.) Der Besuch bei Hans in England wird von der unangenehmen Erinnerung und dem aus ihrer Kindheit empfundenen „spitze[n] Kinderhaß" einer Achtjährigen begleitet. Auf ihre rhetorischen Fragen, warum das Aufsagen von Gedichten die Menschen auf der Straße gegen sie aufhetzte, blendet sie mittels der direkten Antwort der Tante die Vergangenheit wieder ein, wobei sie anschließend und abschließend die zugespitzte Situation der Juden im antisemitisch geprägten Wien beschreibt. Der Judenhass war zu diesem Zeitpunkt so weit fortgeschritten, dass ihr Verhalten nichts mehr ändern konnte.

Auch im folgenden Abschnitt wird der unabwendbare Antisemitismus in der Gesellschaft thematisiert, indem die sozialtypische Färbung ihrer jüdischen Verwandten aus Wien mit der Stimme der Ich-Erzählerin verschmilzt, so dass durch die Figurenreden erneut eine hybride Konstruktion zustande kommt:

> Man muß jedoch in Fairneß zugeben, daß die Erwachsenen auch sonst, und ganz abgesehen von dem Benehmen der Kinder, in ihrer Verwirrung und Kopflosigkeit endlos darüber quatschten, was sie oder andere Juden früher hätten anders machen sollen, um die Umwelt nicht gegen sich aufzubringen [=Erzählerbericht/Gesprächsbericht in erzählter Figurenrede]. So z. B. hätten Jüdinnen, die im Kaffeehaus ihren Schmuck trugen, Risches gemacht [= transponierte erlebte Figurenrede]. (Und wozu kauft man Schmuck, wenn man ihn nicht tragen darf? Warum waren dann die Juweliere nicht verpönt oder verboten [=zitierter autonomer innerer Monolog]?) Für sie waren die Judenpogrome dunkle, historische, womöglich polnische oder russische, auf jeden Fall längst überwundene Vergangenheit, und sie versuchten dementsprechend, die Proportionen dieser neuen Verfolgung auf ein Mittelmaß einzudämmen [=Erzählerbericht]. (wl, 14.)

Welche Stimmen kommen in dieser Passage zu Worte? Zunächst erinnert sich Klüger an die stundenlangen Gespräche der Erwachsenen. Das Thema: Wie manche Juden dazu beitrugen, das Volk gegen sie aufzuhetzen. Durch den Ausdruck „Risches" schleichen sich die Worte der jüdischen Verwandten in ihre Erinnerungen ein. Diese werden zwar in erlebter Rede wiedergegeben, doch bildet sich das Unbehagen unter ihnen zu diesem Zeitpunkt bereits deutlich heraus. Klüger stellt die berechtigte Frage, warum nur Juden keinen Schmuck tragen durften. Durch die Exposition des Problems wirkt ein Vorurteil der Deutschen weiter, das die Autorin an einer anderen Stelle zitiert: „Meine deutschen Bekannten sagen: Die Juden haben alle Geld gehabt, die waren wohlhabend [=zitierte direkte Rede]." (wl, 26.) Dahinter verbirgt sich ferner das Klischee des „reichen Juden" und seine Bereicherung mit der Ausbeutung der Deutschen. Diese Vorurteile, die sie bis heute noch zu hören bekommt, baut sie mit Beispielen aus ihrer eigenen Erfahrungen ab: „Warum habe ich mein Lebtag lang so viel arme Juden gekannt, wenn es so viel reiche geben soll?" (wl, 26.) Es hat aber nicht nur sehr viele arme Juden gegeben, sondern auch großzügige: das Vorurteil des geizigen Juden, das sie am Beispiel ihres „aus kleinen Verhältnissen" (wl, 28) kommenden Vaters erwähnt und somit revidiert:

> Mein Vater hat immer Geld hergegeben, sagt meine Mutter [=transponierte indirekte Figurenrede]. Wem hat er Geld gegeben [= zitierte autonome direkte Figurenrede]? Manchmal sogar seinen Patienten, behauptet sie, aber vor allem seiner Familie. Die waren ja alle arm [=zitierte direkte Rede]. (wl, 26.)

Wird das Gespräch zwischen Mutter und Tochter wiedergegeben, so versucht die Erzählerin Klischees – alle Juden waren oder sind reich und alle Juden sind geldgierig – in Frage zu stellen und zu zerschlagen.[311] Auch die Verwurzelung als jüdische Familie in Wien und der väterlichen Identifikation mit seiner Heimatstadt versucht die Tochter zu vermitteln. Der Vater wird als „eingefleischte[r] Wiener" beschrieben:

> Er muß sich die ganze Welt so vorgestellt haben wie Wien, wie sein Wien [=Erzählerbericht]. Er dachte, es gebe überall zu viele Ärzte, zu viele Spezialisten [=transponierte indirekte Figurenrede]. Nach Indien hätte er auswandern können, dort gab es einwandfrei nicht zu viele Ärzte. Doch dort sei das Klima unerträglich [=transponierte erlebte Figurenrede], ‚Indien ist mir zu heiß' [=zitierte autonome Figurenrede]. Wahrscheinlich war es ihm einfach zu fremd, eingefleischter Wiener, der er war [=Erzählerbericht]. Denn was die Hitze betrifft, so hatte er schon Jahre vor dem Anschluß verkündet: ‚Wir sitzen mit dem Toches [Hintern] auf einem Pulverfaß.' [=zitierte direkte Figurenrede] (wl, 24.)

Nochmals transformiert Klüger die Erinnerungen der Mutter in ihre eigenen, indem sie über ihn schreibt, als hätte sie ihn selbst reden gehört, was aufgrund ihres Alters[312] ausgeschlossen werden kann. Doch gleichzeitig vermischt sich in der Figurenrede des Vaters das jiddische Wort „Toches", das für „Hintern" steht. Die Hybridisierung der Figurenreden lassen sich auf diesen Teil der Textsequenz begrenzen. Ihr Vater war Wiener und Jude, ihre Familie „emanzipiert, aber nicht assimiliert." (wl, 42.) Die jüdischen Riten und Traditionen wurden von ihren Eltern nicht abgelegt, sondern respektiert: „Am Versöhnungstag aßen und tranken die Erwachsenen von Sonnenuntergang bis zum nächsten Sonnenuntergang nichts." (wl, 42.) Doch halten sich auch die Klügers nicht an alle Vorschriften:

---

311 Vgl. Kapitel „3.6 Intertextuelle Identitätskonstrukte."

312 Klüger war zum Zeitpunkt des österreichischen Anschlusses sechs Jahre alt.

> Bei uns gab es Schweinefleisch und Schinken, aber bitte zeig Respekt für die vielen Juden, auch in der eigenen Familie, die das nicht essen, und tu mir den Gefallen und friß bitte nicht Schinken auf Matzeh vor Leuten, die daran Anstoß nehmen könnten [=Erzählerbericht/zitierte autonome direkte Figurenrede]. (wl, 43.)

Wer da plötzlich zu dem kleinen Mädchen spricht, weiß selbst die Protagonistin nicht mehr genau: „Dieser Ausspruch meines Vaters (oder war's mein Großvater mütterlicherseits?) [...].“ (wl, 43.) Es erklingt die ironische Stimme eines Familienmitglieds, die sie um Respekt bittet. Diese Bitte ist aber als „pädagogischer Witz gemeint“ und wird „mit gebührender Heiterkeit aufgenommen“ (wl, 43). Markiert wird diese Figurenrede durch den Wechsel des von einem der Erzählerin zugeschriebenen Idiolekts zu einem fremd klingenden Soziolekt.

Gleichzeitig möchte sie jedoch kein ideales Bild ihrer Verwandten projektieren und denunziert mit einer weiteren Szene aus ihrem Familienleben die sekundäre Rolle von Frauen im Judentum:

> Mein immer freundlicher Großvater, den ich mir nur mit ausgestreckten Armen und Taschen voller Geschenke denken kann, soll mit gespielter Trauermiene zu seinem Hund gesagt haben: ‚Du bist der einzige hier, der Kaddisch für mich sagen kann [=Erzählerbericht/zitierte Figurenrede].‘ Vor seinen Töchtern hat er so mit seinem Hund gesprochen, und meine Mutter hat mir das unkritisch erzählt, hat die Herabsetzung hingenommen, wie es sich für jüdische Töchter schickte [=Erzählerbericht/Erwähnung des sprachlichen Aktes in erzählter Figurenrede].“ (wl, 25.)

Anhand der zitierten Figurenrede, die optisch mit Anführungszeichen markiert ist, lässt die Ich-Erzählerin ihren Großvater über die auf die Tochter übertragene Erinnerung ihrer Mutter sprechen. Bevor sie die erniedrigende Äußerung aufgreift, wird er bildlich beschrieben. Die Aussage ihres Großvaters entspringt jedoch nicht aus ihrer Erinnerung, sondern aus der Erinnerung ihrer Mutter, die sich an die herabwürdigenden Worte ihres Vaters erinnert. Die Schilderung der Familienszene, die die Herabsetzung der jüdischen Frauen zum Ausdruck bringt, ist eine eindeutige Kritik an den Bräuchen des Judentums und wirkt paradox, da einzig und allein die Enkelin für ihre Verwandtschaft Kaddisch sagen kann. Von den Frauen wird das Verbot des Kaddisch-Sagens stumm hingenommen. Doch Klüger wehrt sich gegen diese strikte Rollenverteilung und den geringen Stellenwert der Frau im Judentum. Die Exposition der Problematik erfolgt anhand der Reaktionen von Juden auf ihr Unverständnis:

> Du unterschätzt die Rolle der Frau im Judentum, sagen mir die Leute. Sie darf die Sabbatkerzen anzünden am gedeckten Tisch, eine wichtige Funktion

[=zitierte direkte Rede]. Ich will keine Tische decken und Sabbatkerzen anzünden, Kaddisch möchte ich sagen. Sonst bleib ich bei meinen Gedichten [=zitierter autonomer innerer Monolog oder zitierte autonome direkte Rede]. (wl, 25.)

Der Dialog zwischen Großvater, Mutter, den Menschen, die die Rolle der Frau im Judentum verteidigen, und ihre eigene Stellungnahme werden in diesem kurzen Fragment komprimiert exponiert. Die Fokalisierung, die von ihr zu den Verteidigern der jüdischen Bräuche springt, schließt sie mit ihrem Protest ab. Sie zitiert Aussagen und teilt dem Leser im Dialog mit den anderen Stimmen ihren eigenen Standpunkt mit, der somit nicht allein zur Geltung kommt, sondern durch die Antworten anderer heraussticht. Die jüdische Religion hilft der Autorin nicht, ihre Toten zu feiern. Die Verwendung des Präsens macht deutlich, dass es ihr bisher nicht gelungen ist, sich gegen diesen alten jüdischen Brauch, der die Frauen für ihre „Totenmesse" ausschließt, zu wehren. Deshalb bevorzugt sie ihre profanen Gedichte. „Und warum willst du Kaddisch sagen?" (wl, 25.) wird sie von den Leuten gefragt. „Bist doch sonst nicht aufs Beten versessen und raufst dir auch die Haare nicht in der Öffentlichkeit." (wl, 25.) Auch wenn sie keine „gute Jüdin" sei, braucht sie diese Totenfeier, um ihre eigenen „Schuldengefühle" abzulegen: „Ja, aber die Toten stellen uns Aufgaben, oder? Wollen gefeiert und bewältigt sein." (wl, 25.) Dabei wechselt sie das Thema und greift nun die Deutschen mit ihrem vieldiskutierten Begriff der „Vergangenheitsbewältigung"[313] an: „Gerade die Deutschen wissen das, denn sie sind doch ein Volk von Bewältigern geworden, denen sogar ein Wort für diese Sache einfiel, das von der Vergangenheitsbewältigung." (wl, 25.) Wiederholt verwendet sie eine rhetorische Frage, mit der sie ihre Hilflosigkeit zum Ausdruck bringt: „Also wie soll ich ihn feiern?" (wl, 25.) Die Erinnerung an die frühen Familienszenen drückt ihre Hilflosigkeit gegenüber ihrer Religionszugehörigkeit aus, die ihr keinen Trost bietet. Das Judentum erlaubt ihr nicht, Kaddisch für ihren Vater und Bruder zu sagen.

313 In Anlehnung an Aleida Assmann ist „[d]as Ziel der Vergangenheitsbewältigung […] die Überwindung einer schmerzhaften Erinnerung um einer gemeinsamen und freien Zukunft willen." (Assmann 2006: 71.) Primo Levi beanstandete bereits 1975 in seinem Buch *Das periodische System* dieses neue „Idiom" im deutschen Wortschatz: „[…] ich erfuhr später, daß dies eine stereotype Redewendung im heutigen Deutschland ist, ein Euphemismus, der gemeinhin als ‚Freisprechung vom Faschismus' begriffen wird; aber die in dem Ausdruck enthaltene Wurzel ‚walt' erscheint auch in anderen Worten, wie Gewaltherrschaft, Gewaltanwendung, Vergewaltigung, und ich glaube, würde man den Begriff mit ‚Verdrehung der Vergangenheit' oder ‚Vergewaltigung der Vergangenheit' umschreiben, ginge man nicht weit an seiner tieferen Bedeutung vorbei." (Levi, Primo: Vanadium. In: ders.: *Das periodische System*. München: DTV, 2007 (1. dt. Aufl. 1979), 227-240, hier: 239.)

Auch Grete Weil kritisierte die Erfindung dieses neuen deutschen Wortes: „Wer hat das Wort Bewältigung erfunden für etwas, das nie, unter keinen Umständen zu bewältigen ist? Holocaust, die unerträgliche falsche Bezeichnung, die den Gedanken an eine Naturkatastrophe aufzwingt, einen Blitz, der vom Himmel fährt. Nicht an langsam Gewordenes, von Menschen ausgeführt, die jahrhundertelang zu Gehorsam, Ordnung, Stillschweigen gedrillt waren." (Weil 1989: 12.)

Obgleich sie die Stimme ihrer Mutter sprechen lässt, wenn es um Ereignisse geht, bei denen sie nicht anwesend war oder sich nicht mehr an sie erinnern kann, zweifelt Klüger ebenso oft am Gedächtnis ihrer Mutter. Sie stützt sich zwar auf das Erzählte, doch immer auf die Unzuverlässigkeit der Quellen hinweisend. Die Verhaftung ihres Vaters leitet sie folgendermaßen ein: „Ich erzähle ungern, was ich nur vom Hörensagen weiß." (wl, 30.) Dennoch kann sie nur die Version ihrer Mutter wiedergeben:

> Mein Vater wurde verhaftet, die Beschuldigung Abtreibung [=Erzählerbericht]. Meine Mutter: ‚Sie war arm und jung, und er hat Rachmones [Mitleid] mit ihr gehabt. Sie hat ihn angefleht. Dann hat ihn jemand angezeigt [=zitierte direkte Figurenrede].' (wl, 30.)

Dafür hält sie sich strikt an die Ausführungen ihrer Mutter, die sie mit Anführungszeichen versieht und für den Leser das jiddische Wort „Rachmones" in eckigen Klammern ins Deutsche überträgt. Im folgenden Fragment wird der häufige Perspektivenwechsel deutlich, der sich als typischer Erzählmodus des autobiographischen Ichs in *weiter leben* herauskristallisiert. Einerseits wird die Geschichte aus dem Blickwinkel der kleinen Tochter beschrieben, die sich an diese Zeit nicht mehr erinnern kann und von schwierigen Entscheidungen noch ausgeschlossen wird. Andererseits formuliert sie die Maßnahmen der Mutter, als sei sie selbst Augenzeugin. Bereits im ersten Satz verlässt sie sich auf ihre Version, um die Hintergründe zu beleuchten, wie es zur Verhaftung des Vaters kam. Mutter- und Tochterstimme sind durch die enge Verwebung in diesem Fragment kaum noch feststellbar:

> Er hat damals mehreren Frauen die Schwangerschaft unterbrochen. Wer wollte schon Kinder zu solcher Zeit [=zitierte autonome Figurenrede]? Auch meiner Mutter, also sein eigenes Kind [=Erzählerbericht]. Das wäre ein Bub geworden [=erlebte Figurenrede oder zitierte autonome Figurenrede], ‚und er war tagelang traurig', sagt sie [=zitierte direkte Figurenrede]. Die SS hat ihn verhaftet, sagt sie, nicht die Polizei, und er war in keinem Lager, sondern im Gefängnis [=zitierte direkte Figurenrede]. Meine Mutter wurde aktiv. Sie fand einen Anwalt [=Erzählerbericht], ‚der äußerlich ein Nazi war, aber innerlich nicht. Geld hat er auch genommen [=zitierte autonome direkte Figurenrede].' Ein Parteimitglied aus Opportunismus [=zitierter autonomer innerer Monolog]. (wl, 30.)

Das ungeborene Kind, das sie zur Sprache bringt, wäre ihr jüngerer Bruder geworden. Die Umstände im Dritten Reich zwangen ihre Eltern dazu, das Kind abzutreiben. Auch an diesem Punkt verbirgt sich ein Vorwurf an die Deutschen. Die anschließende Traurigkeit darüber, die vom Vater ausging, lässt darauf schließen, dass dies nicht eine einfache und kurz entschlossene Entscheidung war und dass es vielen jüdischen Familien so erging. Dass der Anwalt lediglich aus Opportunismus ein Nazi war, bleibt eine subjektive Vermutung. Eine Beobachtung aus heutiger Perspektive, die aber auch gleichzeitig auf zahlreiche Deutsche aufmerksam macht, die sich aus persönlichem Interesse der nationalsozialistischen Partei anschlossen.

Klüger dokumentiert nicht nur ihre Familiengeschichte, sondern positioniert sich gleichzeitig zu den Aussagen ihrer Verwandten. Die Diskrepanz der Erinnerung schlägt sich jedoch erst im nächsten Beispiel nieder. Als der Vater fliehen muss, begleitet ihn nur die Mutter zum Bahnhof. Die Mutter hat die letzten gemeinsamen Stunden mit dem Vater jedoch anders in Erinnerung:

> Sie sagt, ‚Er hat sich aus dem Fenster gebeugt und geschrien: ‚Alma, Alma, steig ein, so wie du bist, du und das Kind, jetzt, sonst sehen wir uns nie wieder [=zitierte direkte Figurenrede].' Das kann nicht stimmen, ich war zu Hause. Sie vergißt, verwechselt, erfindet [=Erzählerbericht]. (wl, 33.)

Für die Autobiographin ist es trotzdem wichtig, die Schilderung der Mutter wiederzugeben. Auf diese Weise gerät sie in Konflikt mit ihrer eigenen Erinnerung, wo sie sie doch vorher zweifellos hat sprechen lassen. Denn oft kann sie durch den Rückgriff auf das mütterliche Gedächtnis Unwissenheiten ergänzen. Der Zusammenstoß beider Erinnerungen fordert den Leser heraus, sich hierzu sein eigenes Bild zu machen. Als Gegenpunkt erinnert die Mutter sie an ein Detail, das sie bereits vergessen hatte:

> Er hätte mich auf seinem Paß mitnehmen können, davon war die Rede gewesen [=Gesprächsbericht in erzählter Figurenrede], das hab ich dann vergessen und verdrängt, jetzt hat es mir meine Mutter wieder bestätigt [=Erzählerbericht]. ‚Viktor hatte dich auf seinem Paß drauf und wollte dich auch gleich mitnehmen [=zitierte direkte Figurenrede].' Und warum hat er's nicht getan [=zitierte autonome direkte Figurenrede]? Das sagt sie nicht, wie es auch damals nicht gesagt wurde [=Erwähnung eines sprachlichen Aktes in erzählter Figurenrede]. Entweder wollte sie mich nicht gehen lassen, oder er wollte mich nicht dabei haben. Mehr Möglichkeiten gibt es nicht [=zitierter autonomer innerer Monolog]. (wl, 33.)

Verdrängt hatte Klüger, dass ihr Vater sie mitnehmen wollte, es jedoch unterließ. Für die Tochter ein Verrat, denn sie und ihre Mutter blieben allein zurück. Die Antwort für den Anlass bekam sie damals und auch heute nicht. In diesem Fragment springt die Autorin zwischen der heutigen Perspektive und der des Mädchens hin und her. Die Begründung, warum sie nicht mit zum Bahnhof durfte, schiebt sie als Kombination von erzählter Figurenrede und zitierter autonomer direkter Rede ein und zitiert die Eltern, die sie aus der Sicht des Kindes einblendet: „Und dann durfte ich nicht einmal zum Bahnhof mit [=Erzählerbericht]. Weil es abends war, und Kinder dürfen nicht so spät auf sein. Das war eine faule Ausrede [=zitierte autonome direkte Figurenrede/ Erzählerbericht]." (wl, 33.) Die Divergenz zwischen den Stimmen wird aufgedeckt: Es kommt zur Meinungsverschiedenheit zwischen der kleinen Ruth und den Eltern, die ihr das Zuhausebleiben begründen.

Im folgenden Textfragment beruft sie sich erneut auf die Version der Mutter, die als zitierte direkte Figurenrede markiert ist und eine vage Begründung aufstellt, warum sie ihren Sohn nicht „retten" konnte:

> Meine Mutter, später, ‚Wenn du nicht gewesen wärst, hätt ich ihn ja gerettet. Ich konnt dich doch nicht allein in Wien lassen und ihn holen [=zitierte direkte Figurenrede].' Aber was war denn ihr Plan? Worauf hat sie denn gewartet? Will sie seinen Tod auf mich abwälzen, meint sie, die Scheidung sei ein Fehler gewesen, und hat deshalb ein schlechtes Gewissen? Und doch, vielleicht stimmt es [=zitierter autonomer innerer Monolog]. (wl, 23.)

Erneut fügt sie an diesem Punkt ihre rhetorischen Fragen – hier: den zitierten autonomen inneren Monolog – ein. Doch was möchte sie damit bezwecken? Es geht der Autorin darum, mindestens zwei Stimmen, zwei Meinungen oder Blickpunkte zu konstruieren. Einerseits den ihrer Mutter, die nichts für ihren Sohn tun konnte, sich aber für seinen Tod verantwortlich fühlt, und andererseits die auf die Tochter geladene Schuld. Durch die Stimmenvielfalt rezipiert der Leser die Ereignisse sowohl aus dem Blickwinkel der Mutter als auch aus dem der Tochter, die als Sprachrohr für die Mutter agiert.

Zitiert Klüger ihre Mutter, auch ohne dies explizit zu markieren und nicht nur an den Stellen wo ihr Gedächtnis aussetzt, versucht sie sich damit gleichzeitig zu positionieren. Man könnte diese Fragmente auch intra-metatextuelle Sequenzen nennen. Das „intra" steht für den im eigenen Text vorhandenen Prätext. Im vorigen Fragment ging es um die unterlassene Rettung des Kindes durch die Mutter, die später selbst im KZ der Todesgefahr ausgesetzt war. Doch wie hätte sie ihren Sohn retten können? In der folgenden Textsequenz, in der die Autorin abermals für ihre Mutter als Sprachrohr fungiert, thematisiert sie zunächst die ungeschickte Wortwahl der Mutter:

> ‚Der Papa hat mir so einen liebevollen Brief aus Drancy geschrieben. Den hab ich bis Auschwitz gehabt, da hab ich ihn verloren [=zitierte direkte Figurenrede].' Sie sagt ‚verloren', als sei es aus Unachtsamkeit geschehen und so, als hätte sie irgendwas von dort mitnehmen können, als hätten die nicht noch alle Körperöffnungen durchspürt [=Erzählerbericht], damit der Jud nur ja nichts hat, was das Reich brauchen könnt [=zitierte autonome direkte Figurenrede]. Und sie sagt's, als hätte sie ihre Eifersucht von damals vergessen, das hat sie wohl auch [=Erzählerbericht]. (wl, 64.)

Das Fragment, eine Stellungnahme auf die Äußerung der Mutter, schiebt ganz unvermittelt eine neue und im Präsens gehaltene Figurenrede als zitierte autonome direkte Figurenrede ein, bei der es sich weder um die der Ich-Erzählerin handeln kann noch um die der Mutter. Diese neu integrierte Stimme ist die eines Nazis. Drei Stile und drei Weltansichten werden in einer Aussage verwebt, ironisch relativiert, wodurch eine neue Sinnkonstellation entsteht, die die nationalsozialistische Ideologie angreift. Die hybride Konstruktion steht ohne Anführungszeichen und wird direkt in den Satz eingeschoben. Die herabsetzende Verkürzung „Jud" weist auf die Figurenrede hin, die durch ihre Semantik einen neuen oder besser einen doppelten Sinn erhält. Ironisch greift die Autorin die Stimme des Nazis auf, der keine Körperöffnung bei den jüdischen Häftlingen aus Habsucht auslässt. Drei Stimmen werden in diesem Fragment vernetzt: die der Mutter, die der Tochter und Erzählerin sowie die des Nazis, die durch die „sozialtypischen Färbungen" markiert werden. Im folgenden Textfragment wird der Soziolekt des Kindes deutlich:

> Die Erwachsenen sprachen davon, daß ein Krieg bevorstehe [=Gesprächsbericht in erzählter Figurenrede], und als ich einmal sagte, ‚Wenn der Krieg kommt [=zitierte direkte Figurenrede]', belehrte man mich, daß wir den Krieg schon hätten [=transponierte indirekte Figurenrede], und ich schämte mich, so ein Dummerl gewesen zu sein [=Bewußtseinsbericht in erzählter Figurenrede]. (wl, 31.)

Durch die meist für Kinder verwendete wienerische Ableitung „Dummerl" hebt die Autorin den Wiener Akzent des Kindes hervor. Auf diese Weise unterstreicht sie seine soziotopische Zugehörigkeit und die seiner Verwandten: Sie waren vor dem Krieg noch eine ganz normale Wiener Familie. Die aus der Kinderperspektive eingeblendete Familienszene zieht somit auch die Grenze zwischen ihr und den Erwachsenen. Die etwa Achtjährige hat von der Gefahr eines Krieges noch nicht viel bemerkt. Auch wenn eine eindeutig identifizierbare intertextuelle Verbindung im Text nicht nachgewiesen werden kann, sollen an dieser Stelle zwei denkbare intertextuelle Verbindungen erläutert werden: Hinter dem Zitat „Wenn der Krieg kommt" kann sich eine implizite intertextuelle Allusion auf ein deutsches Sprichwort verbergen: „Wenn der Krieg kommt ins Land geflogen, so ist das Recht bald hinausgeflogen." Auch in einem Gedicht von Bertold Brecht, das er 1936 unter dem Titel *Wenn der Krieg kommt, wird sich vieles vergrössern*[314] schrieb, taucht dieser Satz auf, den die Autorin in ihrem Zitat vielleicht aufzugreifen versucht. Doch es bleibt lediglich beim Indiz. Möglich ist jedoch, dass das Mädchen wieder einmal ein auswendig gelerntes Gedicht oder das Sprichwort aufsagte, als die Erwachsenen vom „kommenden Krieg" sprachen.

Klüger inszeniert in ihrer Niederschrift Dialoge mit ihrem Vater Viktor und ihrem Halbbruder „Jiři, auf deutsch Georg, auf österreichisch Schorschi" (wl, 21.), die sie ihre „Gespenster" nennt. Neuartig ist das fiktive Gespräch zwischen ihr und ihren ermordeten Verwandten, die aufgrund ihres anonymen und unergründlichen Todes noch beharrlich in ihr und um sie „herumgeis-

314 „Wenn der Krieg kommt wird sich vieles vergrössern./Es werden größer werden/Die Besitztümer der Besitzenden/Und das Elend der Besitzlosen/Die Reden der Führer/Und das Schweigen der Geführten/Die Zahl derer, denen der Krieg ein Ende bereitet/Und die Zahl derer, die dem Krieg ein Ende bereiten." (Brecht, Bertold: *Gedichte 4. Gedichte und Gedichtfragmente 1928-1939. Bd. 14.* Frankfurt/M.: Suhrkamp, 1993, 325.)

tern".[315] An ihren Vater appelliert sie bereits am Anfang des Buches, während sie dem Leser ihre wenigen Erinnerungen, die sie an ihn hat, mitteilt, und ertappt sich oft dabei, wie sie „‚siehst du'" (wl, 28) zu ihm sagt. Die Begebenheiten, die sie mit ihrem Vater erlebte, in denen sie ihn auch fürchtete, werden mit einem trotzigen Ton untersetzt. (Vgl. wl, 27.) Die Präsenz des Vatergespenstes hebt sie auf diese Weise hervor:

> (Siehst du, ich weiß es noch.) (wl, 20.)
>
> Dahinter stand dieses an den Vater gerichtete: ‚Siehst du, du hast deine Zeit doch nicht verschwendet. Nichts hab ich vergessen, sogar noch dazugelernt hab ich, wenn ich's auch halt nicht so gut kann, wie du es erwartet hast.' Dieses ‚Siehst du'. (wl, 27.)
>
> Das war nicht nötig, denke ich, wie ich jetzt, in diesem Moment, in unserer ihm sternenfernen elektronischen Welt, an meinem Computer sitze, und ertappe mich dabei, ‚siehst du' zu ihm zu sagen. Siehst du, ich pfeif auf deine alte Schreibmaschine, ich hab was Besseres. (wl, 28.)
>
> Siehst du, sagte ich zu meinem Vater, du hast gar keine Freunde gehabt. (wl, 240.)
>
> (Siehst du.) (wl, 245.)

Ihre Mutter charakterisiert den Vater „als einen schwachen, sensiblen Mann" (wl, 33), der „aus kleinen Verhältnissen" (wl, 28) kam und einmal gesagt haben soll, er „habe keine Ellbogen, er könne sich nicht wehren, nicht drängen oder durchsetzen" (wl, 34). Die Autobiographin hingegen sieht ihn „als einen Menschen mit absoluter und doch falscher Autorität, ein Tyrann von wunderbarer Leuchtkraft, auf den man sich letzten Endes nicht verlassen konnte, denn er ist ja nicht wiedergekommen." (wl, 33.) Die letzten Eindrücke des Vaters vereinen sich in ihrer Erinnerung, im Gegensatz zu denen der Mutter, in einer Diskrepanz und Zwiespältigkeit, die „zornig und undurchdringlich, dann wieder leicht und lustig, und letzte Instanz in allen Fragen" (wl, 33) ist. Die Tochter verübelt ihm sein Verschwinden und seinen Tod, „weil das geschlagene Kind keine Gelegenheit mehr hatte, sich mit ihm zu versöhnen" (wl, 32). Sein „unfertiges Leben" hinterlässt bei seinem Kind Empfindungen von Angst, Schrecken und Gewalt, „ein Gefühl von erlittenem Unrecht und Erniedrigung", die, wie bei ihrer Großtante Rosa, nun „unkorrigierbar" als Ge-

[315] Auch Christa Wolf beschreibt in ihrem autobiographischen Roman *Kindheitsmuster* die Präsenz der Toten zwischen den Lebenden: „Da kommt deine Mutter und setzt sich, obwohl sie ja tot ist, zu euch allen in das große Zimmer, ein insgeheim erwünschter Vorgang. Die ganze Familie ist versammelt, Lebende und Tote. Du bist die einzige, die die einen von den anderen unterscheiden kann, mußt aber selber in die Küche gehen, den großen Abwasch machen." (Wolf, Christa: *Kindheitsmuster*. München: DTV, 1995, 18.)

fühle in ihrer Erinnerung geblieben sind. (wl, 32.) Trotz dieser Ehrfurcht herrschen Respekt und Bewunderung vor, die über allem anderen stehen. Besonders im folgenden Fragment wird dies durch die „respektlose Rührung", mit der sie an einen Lehrer in Auschwitz-Birkenau zurückdenkt, deutlich. Der Zuspruch, als zitierte Figurenrede verkappt, geht diesmal an alle Toten, die sie verfolgen:

> Ein Schullehrer, an den ich mit respektloser Rührung zurückdenke, weil er Gräser im Staub der Lagerstraßen fand und sich und uns Kindern damit Gutes tun wollte [=Erzählerbericht]. Geduldig nannte er die Gräser beim Namen und sagte: ‚Seht ihr, sogar hier in Auschwitz wächst etwas Grünes [=zitierte direkte Figurenrede].' Für mich aber waren Liesels Geschichten die lebhaftere Realität, und es war mir kein Trost, daran zu denken, daß das Gras mich überdauern würde. Dieser Lehrer ist mir kein ‚Siehst du' geworden. Wie denn auch [=Erzählerbericht]? ‚Siehst du, ich leb doch noch' [=autonomer innerer Monolog]? Dann schon eher, wie immer zu den Toten, beschwichtigend, ‚Keiner lebt ewig. Ich komm auch noch dran [=zitierte direkte Figurenrede].' (wl, 121.)

Klügers Gespenster sind ihre ständigen Begleiter. Trotz der fast 50 Jahre, die zwischen ihrem Tod und der Schreibgegenwart liegen, wird sie von ihnen verfolgt. Die Zeit hat ihre Gewissensqualen nicht gemildert, um sich die empfundenen Schuldgefühle abzustreifen, und spricht zu ihnen mit Resignation:

> Wenn ich euch nicht versöhnen kann, dann laßt es bleiben. Ich kann nicht eure Gräber mit euch schaufeln. Wer nicht mit euch starb, muß anders und zu einem anderen Zeitpunkt sterben [=zitierte autonome direkte Figurenrede]. Ich hadere mit ihnen (nicht mit Gott hadere ich, wie die frommen Juden es manchmal tun, weil der nicht einmal ein Gespenst ist) [=Erzählerbericht]: ‚*Den* Eintrittspreis zahl ich nicht, noch nicht [=zitierte autonome direkte Figurenrede]', und jedesmal wenn ich schwerkrank war und mich wieder erholte, trotzig, ‚Noch immer nicht [=zitierte autonome direkte Figurenrede].' (wl, 99.)

Im direkten Appell an ihre Gespenster ist nicht nur eine Niedergeschlagenheit zu vernehmen, sondern auch eine gewisse Auflehnung. Der lebenslange Versuch, den Tod des Bruders und Vaters hinzunehmen, und kein „‚Schulden'gefühl" (wl, 185) ihnen gegenüber zu empfinden, schlägt fehl.[316] Das Gespräch mit ihnen gestaltet sie als Diskussion, als Dialog, dies arbeitet sie in *Still Alive* noch stärker aus und thematisiert ihre literarische Auseinanderset-

[316] Das Schuldgefühl ist ein sehr häufig auftretendes Gefühl der Überlebenden des Holocaust. Giorgio Agamben nennt es „ein *locus classicus* der Literatur über die Lager" und zitiert Bruno Bettelheim, Ella Lingens, Primo Levi und Elie Wiesel, die sich literarisch mit ihrem „Überleben auf Kosten anderer Leben" auseinandersetzten. Letzterer habe eine Aporie solcher Art „eine prägnante Formulierung gefunden: ‚Ich lebe und daher bin ich schuldig', um sofort hinzuzufügen: ‚Ich bin noch hier, weil ein Freund, ein Kamerad, ein Unbekannter an meiner Stelle gestorben ist.'" (Agamben, Giorgio: *Was von Auschwitz bleibt. Das Archiv und der Zeuge*. Frankfurt/M.: Suhrkamp, 2003, 77f.)

zung mit dem Vater- und Brudergespenst in Form von englischsprachigen Gedichten. (Vgl. u.a. SA, 38; 81; 209.)

Die ständige Präsenz der Toten in ihrem Leben und die damit verbundene Auseinandersetzung mit ihrem Tod verhindern einen versöhnlichen Ausgang. Nicht nur ihre für die Öffentlichkeit zugänglich gemachte späte Zeugenschaft illustriert die Unabgeschlossenheit der traumatischen Vergangenheit und die familiären Verluste. Dass der Bruder in Riga erschossen wurde, erfuhr sie aufgrund eines Gerüchtes, das „ausnahmsweise recht gehabt" (wl, 94) hatte. Erneut wurde sie von der Vergangenheit, vom Gespenst ihres Bruders eingeholt. (Vgl. wl, 96.) Denn als sie mit Kollegen und einem Ehrengast, Saul Friedländer[317], in Princeton[318] in einem der feinsten Restaurants das Abendessen einnahm, kam die Runde auf „die große jüdische Katastrophe zu sprechen" (wl, 96). Sie diskutierten über die Frage, warum man sich nicht widersetzt hatte:

> Es gab eine Stille. Dann sagte eine kluge und angesehene Historikerin: ‚Es gibt Indizien, daß sie versuchten, einander zu trösten, wäre das nicht noch besser als Widerstand [=zitierte direkte Figurenrede]?' Und wieder Stille.
> ‚Aber wenn alles gesagt und erklärt ist, so bleibt immer noch ein Rest, den wir nicht verstehen, etwas, das nicht zu vereinbaren ist mit der menschlichen Psyche, wie wir sie zu kennen glauben', sagte der Gast, ein gebürtiger Tscheche. ‚Zum Beispiel der Tod eines Transports in Riga [=.zitierte direkte Figurenrede].' Er beschrieb das Ende dieses Transports, wie er sich nach Einsicht in die Dokumente erschloß [=erzählte Figurenrede als Gesprächsbericht]. Man kennt solche Berichte, ich muß diesen hier nicht nacherzählen um der Details willen, die ihm bemerkenswert schienen und mich fesselten, weil sie meinen Bruder betrafen [=Erzählerbericht]. (wl, 97.)

Klüger eliminiert die Details der Erschießungen, die beim Leser Gefahr laufen, eine gewisse Stimulierung hervorzurufen, und fasst sie als Gesprächsbericht zusammen. Die Diskussion wird bis zu diesem Punkt sehr detailliert beschrieben und als zitierte direkte Figurenreden äußerst genau wiedergegeben. Die Einzelheiten der Erschießungen, die sie sich „als Halbwüchsige in New York zusammenphantasierte", bekommt sie nun „zum Cognac aufgetischt", „ohne daß der Erzähler es beabsichtigte." (wl, 97.) Diese in den vergangenen 30 Jahren verarbeitete Todesphantasie wurde zerschlagen. Klüger musste sich nun erneut mit der Todesart des Bruders konfrontieren, sodass plötzlich „nackte, frierende Gespenster am gedeckten Tisch" saßen. (wl, 98.) Die Details waren für sie so bewegend, dass der Abend schmerzlich endete: „An dem Abend betrank ich mich noch am Cognac, lief stolpernd nach Hause, wachte

[317] Dass sich tatsächlich Saul Friedländer hinter diesem Historiker verbirgt, verrät sie in einem Gespräch mit Klaus Naumann. (Naumann 1993: 45.)

[318] Ruth Klüger war von 1980 bis 1986 die erste Universitätsprofessorin am German Department. (Vgl. uv, 60.)

mitten in der Nacht auf, machte Licht, durchblätterte Bücher, fand alles auf Anhieb, alles stimmte: Es war sein Transport." (wl, 98.)

Auch über den wahren Tod ihres Vaters und dessen Einzelheiten erfährt sie erst in den 90er Jahren. Ergänzend berichtet sie darüber in *Still Alive*. Sie glaubte noch bis in die 90er Jahre hinein, er sei 1944 vom Sammellager Drancy nach Auschwitz abtransportiert und direkt nach seiner Ankunft dort vergast worden. (Vgl. dazu wl, 29; 34.) Diese Mutmaßung erwies sich jedoch als falsch: Als ihr Buch ins Französische übersetzt wurde, erhielt sie von einer Leserin eine E-Mail, die sie über das wirkliche Los von insgesamt 900 Gefangenen[319] aufklärte: Der Transport ging nicht nach Auschwitz, sondern nach Litauen und Estland. Ungewiss bleibt, was mit ihrem Vater dort geschah. Diese Geschichten nehmen für die Hinterbliebenen kein Ende:

> I had written the above account of my father's life and his death and my ongoing reaction, and how I feel that it's an ongoing story. It was published in German, translated into French, and a Frenchwoman read it. As if to prove how ongoing these stories, these deaths, really are, just as I finish translating my lament for him into English, she e-mails me that she has the list of names from my father's transport out of Drancy, transport number seventy-three of a total of seventy-nine. It was nine hundred men, and they didn't go to Auschwitz, but to Lithuania and Estonia, and who knows how they were murdered. The historians have paid little attention to this transport, though the acknowledge that it took place. She has his birthdate – it was on the list of deportees. She has edited a book which she distributes on her own, called *Nous sommes 900 Français*.
> I should be relieved that he didn't die that ultimate nightmare of a death, in a crowded gas chamber, that it was a different and perhaps a slightly lesser, nightmare. But now my mental furniture has to be rearranged, and it feels as if I am running through my house in the dark, bumping into things. How *did* he die then? I know so little about who he was, and now I don't even know this final, inalterable act. (SA, 39f.)

Auch hier wird durch die Revidierung seines Todes die Verarbeitung des Verlustes wieder aufgenommen und somit fortgesetzt. Das an die Öffentlichkeit geschriebene Zeugnis bewirkt bei den hinterbliebenen Opfern, dass Erinnerungs- bzw. Wissenslücken gefüllt werden, die jedoch die Zeugenschaft gleichzeitig gefährden, weil diese vagen Kenntnisse berichtigt werden können. Klüger vervollständigt ihr (amerikanisches) Zeugnis durch die Reaktionen der Rezeption. Augenfällig, aufgrund der Diskrepanz zum Vorhergesagten, ist daher eine Anmerkung über ihre Mutter während einer Holocausttagung, die sie in *weiter leben* verarbeitet. Die Mutter fragt während einer Diskussion einen „renommierten Historiker",

319 Blum, Eve Line: *Nous sommes 900 Français*, [Texte imprimé]: à la mémoire des déportés du convoi n° 73 ayant quitté Drancy le 15 mai 1944. V, É. L. Blum-Cherchevsky Besançon, 2003.

> ob er ihr sagen könne, wo und wie ihr Sohn gestorben sei [=transponierte indirekte Figurenrede]. Das Publikum war gerührt von der alten Frau, er auch, ich hab mich geniert [=Erzählerbericht], sie weiß es doch, er wußte es nicht, man kann sich nicht jeden Transport merken, und sie weiß den einen nicht? Sie kann es nicht vergessen haben, sie spielt die leidende Mutter in der Öffentlichkeit, was soll das [=autonomer innerer Monolog]. Später hab ich es ihr nochmals gesagt: Riga, erschossen [=zitierte direkte Figurenrede]. (wl, 94.)

Dies steht dem vorher Gesagten entgegen, aufgrund ihrer eigenen Unkenntnis über den Tod ihres Bruders. Denn die Gewissheit über die Ermordung ihres Vaters hatte sie erst einige Jahre nach der französischen Publikation ihres Buches. Zu diesem Zeitpunkt wusste sie lediglich, dass ihr Bruder in Riga erschossen wurde. Ist die Frage der Mutter, die den Tod ihres Kindes nicht ertragen kann, nicht legitim? Die Mutter, die „zu lange auf ihn gewartet", die Listen durchsucht und „die zuständigen Behörden befragt" (wl, 94) hatte. Bemerkenswert scheint die Exposition dieser Textsequenz. Klüger fällt in einen dramatischen Modus, in dem jedoch lediglich ihre eigene Stimme zu vernehmen ist. Bisher war es immer nur sie, die über die Präsenz ihrer Gespenster sprach. Doch nun spiegelt sich die Stimme der Mutter im Zugeständnis der Unwissenheit der Tochter wider. Denn weder eine Todesurkunde geschweige denn ein Grab können Mutter und Tochter den Tod und die Todesursache ihrer Angehörigen beglaubigen. Besonders im nächsten Fragment strahlen die Gedanken der Tochter auf die Mutter über:

> Hört sie mir zu? Was weiß denn ich davon, was in ihrem gemarterten Hirn vorgeht [=autonomer innerer Monolog]? Ich denke, sie wird es sich schon gemerkt haben, sie hat es nicht eigentlich vergessen, aber sie läßt es verschwimmen. Vielleicht ist sie heimgesucht von allen Todesarten, die der Schorschi hätte erleiden können, und ist alt geworden mit der Last dieser Bilder. Und will sich nicht mehr festlegen auf das eine, richtige [=zitiertes Gedankenzitat]. (wl, 94.)

Im Mittelpunkt dieser geteilten Textsequenz scheint nicht das Einreden auf die Mutter zu stehen, sondern die „Last" über das „Wissen um das Sterben, den Tod eines Nahestehenden" (wl, 95), mit der die Familienangehörigen leben müssen. Durch Innere Monologe und den Wechsel ins Präsens sowie den damit verbundenen narrativen Modus wird die Unabgeschlossenheit und die Gegenwärtigkeit des Holocausts offenbart. Denn auch die Tochter hat den Bruder gesucht, als sie „vorm Fernseher saß, wenn wieder einmal der Teufel in Prag los war" (wl, 94). Sogar Jahrzehnte später habe sie sich ertappt: „wie ich vor so einer Prager Szene frage: ‚Konnt der es sein, der rundliche Glatzköpfige in der Ecke oder eher der Dünne im Mantel, der so eifrig auf den russischen Soldaten einspricht?'" (wl, 95.)

Die Innovation an Klügers Text wird mit der multiperspektivischen Vielstimmigkeit und Dialoghaftigkeit des Inhaltes deutlich. Die Autorin (wider-)spricht und lässt (wider-)sprechen. Daraus entsteht der Eindruck einer „nicht-

Dominanz" ihrer Erzählerstimme. Durch direkte Zitate oder erzählte Figurenreden, die oft durch einen ironischen Unterton[320] gekennzeichnet sind, wie im letzten Fragment deutlich wurde, werden alle zur Verfügung stehenden Blickpunkte erfasst und in den Text eingeblendet. Diese einander widersprechenden Figurenstimmen bewirken ein offenes Interpretationsfeld, das erst durch die Auslegung des Rezipienten vollendet wird. Hinzu kommt die Positionierung der Autorin als Frau oder Kind, als Jüdin und Opfer, als Literaturwissenschaftlerin und sehr gute Kennerin der deutsch-jüdischen Geschichte und als Feministin, die den Text somit lenkt. Aufgrund der analysierten Familienszenen bildet sich ganz klar ihre komplizierte Position in der Familie und zu ihrer Familie heraus. Zu früh wurde sie aus dem verwandtschaftlichen Kreis herausgerissen, der fast vollständig von den Nazis ermordet wurde. Was blieb, waren das Vater- und Brudergespenst und ihre neurotische Mutter, die der Protagonistin durch ihr wenn auch manchmal zweifelhaftes Gedächtnis und trotz ihres schwierigen Verhältnisses zu verlorengegangenen Erinnerungen verhalf, wobei als wichtige Bausteine Scherben fungieren, die sie braucht, um ihren Platz in der Familie zu finden. Ihr Verhältnis zum Judentum ist überaus gespalten. Dafür hat sie jedoch ihre Gespenster, die meist in ihrem Leben unerwartet auftauchen und von der Ich-Erzählerin Riten fordern, die sie als „schlechte Jüdin" und als Frau nicht ausüben kann. Doch bleibt ihr die Literatur, das Schreiben von Gedichten und ihres ersten Erinnerungsbuches, das entstand, weil Vater und Bruder ihr das Bein stellten: „so daß ich auf den Kopf fiel, und was mir danach einfiel, oder was dabei herausfiel, hab ich ausgesagt. Jetzt könnten sie mich in Ruhe lassen und mir weiteres Umziehen ersparen." (wl, 284.) Doch gleichzeitig bedauert sie und kündigt zu Anfang bereits an: „Mein Vater ist zum Gespenst geworden. Unerlöst geistert er. Gespenstergeschichten sollte man schreiben können", womit sie das Scheitern der Erlösung zum Ausdruck bringt, denn „Gespenstergeschichten" (wl, 30) kann sie nicht schreiben.

[320] Diese von Klüger oft verwendeten „Ironiesignale", die sich meist als Sarkasmen entlarven, müssen letztendlich vom Leser selbst interpretiert werden.

4.2 Vergangenheitsbewältigung: eine Erfindung der Deutschen, Klügers Adressaten

Das ist das Geheimnis aller Nazis, die Lanzmann interviewte: Sie normalisieren, sie trivialisieren, sie halten sich das Geschehene vom Leib und von der Seele. (LS, 23.)

4.2.1 Gisela, die schlechte Rechnerin

Gisela[321], eine Figur, die in *weiter leben* immer wieder auftaucht, ist die Frau eines Kollegen in Princeton. Sie repräsentiert eine Grundhaltung der „Bewältiger der Vergangenheit“: die Deutschen, die – stereotypisiert – die nationalsozialistischen Verbrechen verharmlosen, hinreichend von ihnen zu wissen glauben und deshalb den Standpunkt vertreten, es sei genug „bewältigt“ worden und nun an der Zeit, in die Zukunft zu blicken, anstatt sich fortwährend mit den Verbrechen ihrer Vorfahren auseinanderzusetzen. Mit aufgefangenen und in der Zwischenzeit zu Klischees avancierten Floskeln und dreisten Verdrehungen versucht sich Gisela herauszureden, indem sie die Überlebenden anstatt der Toten zählt. Gisela, deren richtiger Name nicht preisgegeben wird, die jedoch in Nordamerika lebt und die Verblendungen über die Konzentrationslager unüberlegt nachspricht, spielt den Holocaust herunter und wird somit zum Stereotyp. Sie ist eine engstirnige und unangenehme Konversationspartnerin, die rechthaberisch und leichtfertig die falschen Vergleiche zieht. Ironisch und parodierend charakterisiert Klüger diese Figur als eine, die sich der „Gnade der späten Geburt erfreut“ (wl, 85), ein Zitat aus der 1984 gehaltenen Rede des ehemaligen deutschen Bundeskanzlers Helmut Kohl vor dem Parlament in Israel. Durch die „Gnade der späten Geburt“ wollte er auf seine Unschuld hinsichtlich der Verbrechen der Nationalsozialisten aufmerksam machen.[322] Klüger greift diesen missglückten Ausdruck des deutschen Kanzlers[323] auf und schiebt ihn, ohne ihn durch Anführungszeichen oder

321 Wie die restlichen Namen in ihrem Erinnerungsbuch ist Gisela ein Pseudonym. Es ist ein althochdeutscher Vorname vornehmer Abstammung. (Vgl. Duden. Lexikon der Vornamen 1974, 93f.) Auch in der amerikanischen Version, in der Klüger die Pseudonyme aufdeckt, behält Gisela ihren Namen.

322 In Deutschland gehört dieser Satz von Helmut Kohl zum Allgemeinwissen. Es ist ein Zitat aus seiner am 15.1.1984 gehaltenen Rede vor dem Parlament in Israel: „Ich rede vor Ihnen als einer, der in der Nazizeit nicht in Schuld geraten konnte, weil er die Gnade der späten Geburt und das Glück eines besonderen Elternhauses gehabt hat.“ (Köpcke 2004)

323 Die Auseinandersetzung mit den Naziverbrechen in Deutschland setzte relativ spät ein. Viele ehemalige Nazis besetzten in den 60er und 70er Jahren noch immer bedeutende Führungspositionen. Das öffentliche Gedächtnis wurde erst durch den Eichmann-Prozess in Jerusalem und die Auschwitz-Prozesse in Frankfurt auf die Täter gerichtet. Diese verspätete Konfrontation mit den deutschen Verbrechen „ließ Helmut Kohls Bemerkung über die Gnade der späten Geburt als besonders unangemessen erscheinen.“ (Baer, Ulrich: *Niemand zeugt für den Zeugen. Erinnerungskultur nach der Shoah.* Frankfurt/M.: Suhrkamp, 2000, 37.)

Quellenangaben zu markieren, in ihren Text ein. Sie zitiert ein historisches Ereignis und erwartet von ihrem Publikum, den in die syntagmatische Struktur des Textes integrierten, implizit schwach markierten Intertext zu erkennen. Trotz dieser „Gnade" stellt die unschuldige Gisela Behauptungen auf, durch die sich Klüger angegriffen fühlt und gegen die sie sich zunächst wehrt:

> Theresienstadt sei ja nicht so schlimm gewesen, informierte mich die deutsche Frau eines Kollegen in Princeton [=transponierte indirekte Figurenrede], die sich der Gnade der späten Geburt erfreute [=Erzählerbericht]. Da wir uns, obwohl nicht befreundet, der amerikanischen Sitte gemäß beim Vornamen nannten, soll sie hier Gisela heißen [=Erzählerbericht]. (wl, 85.)

Da Klüger die Bemerkung Giselas in eine transponierte indirekte Figurenrede einbettet, entfällt die Wörtlichkeit, durch die sie den Rezipienten nicht wissen lässt, was Gisela tatsächlich gesagt hat und in welchem Kontext es ausgedrückt wurde. Der „individuelle Stil der Figurenrede" geht somit verloren. (Vgl. Martínez/Scheffel 2003: 52.) Es entsteht ein ironischer Unterton und die Aufgabe des Lesers ist es nun, ihre Anspielung richtig zu deuten: Klüger zitiert nicht nur den stark kritisierten Ausspruch Helmut Kohls, sondern unterstreicht Giselas Äußerung durch das Beiwort „informiert". Klüger – Opfer und Augenzeugin des Holocausts – wird von Gisela, der Deutschen, über die Zustände in Theresienstadt belehrt. Das Fragment besteht aus einer hybriden Dreierkonstruktion: die Äußerung von 1. der Autorin und gleichzeitig dem Opfer; 2. der deutschen Gisela; und 3. dem ehemaligen deutschen Bundeskanzler. Unvermutet gibt sie der deutschen Bekannten einige Seiten später die Antwort auf ihre „Information":

> Nein, antwortete ich langsam auf Giselas Bemerkungen, so schlimm war es nicht [=zitierte direkte Figurenrede], und fragte mich, ob die Deutsche einen Streit vom Zaun brechen will und ob sie erwartet, daß ich auf ihre aufsässigen Behauptungen mit Leidensgeschichten reagiere [=zitiertes Gedankenzitat]. (wl, 89.)

Auch an diesem Beispiel sticht Klügers Erzählstruktur hervor. Während sie ihre ersten Wochen in Theresienstadt beschreibt, schiebt sie die Unterhaltung mit Gisela in die KZ-Erinnerungen ein. Anstatt das Gespräch mit der Fortführung der ersten Theresienstädter Wochen zu beenden, kommt sie noch einmal darauf zurück, indem sie ironisch ihre Irritiertheit zu verstehen gibt, warum sie solche „aufsässigen Behauptungen" aufstelle. Besondere Aufmerksamkeit verdient die Einfügung der typisch deutsch-österreichischen Redensart „einen Streit vom Zaun brechen". Dabei setzt sie abwertend die Bezeichnung „die Deutsche" als mögliche Provokateurin davor, wo sie doch selbst deutschsprachig ist. Sie versucht zwar eine Distanz zwischen sich und der deutschen Gisela festzusetzen, hebt diese jedoch gleichzeitig durch die Redewendung auf, die nur von einer ebenfalls Deutschsprachigen geäußert werden kann.

Aus Klügers Konstatierung schält sich eine Verurteilung unberechtigter Stellungnahmen von Seiten der deutschen Gisela heraus, die „alles Geschehene in ihre beschränkte Vorstellungswelt" (wl, 85) einordnet. Dieses unangenehme Gespräch beginnt mit einem Geständnis: das lästige Gefühl, das sie immer überfällt, „kurz vor der Landung auf deutschem Boden" (wl, 89), „ein leiser Schwindel, eine kaum wahrnehmbare Übelkeit, ein Anflug von Kopfschmerz." (wl, 89.), Symptome, die sie nur bei Landungen auf deutschen Flughäfen empfindet. Doch Gisela hat wenig Verständnis für die Bekannte. Mit einem inneren Monolog legt sie ihre Gedanken aus, in denen sogar plötzlich die Stimme des Vaters auftaucht:

> Was will sie nur? Soll ich etwa verleugnen, was mich stark geprägt hat, oder defensiv daran erinnern, daß wir in einer Falle saßen, auf das Kriegsende hoffend, den Abtransport fürchtend, von keinem Gesetz geschützt [=zitierter autonomer innerer Dialog]? Ich höre meinen Vater sagen: Stell dich nicht hin, oder auch: Misch dich nicht [=zitierte direkte Figurenrede]. (wl, 89.)

Gisela kommt im zweiten Abschnitt des Gespräches nicht zu Worte. Trotzdem wird eine zwar unterbrochene, doch mosaikartige Zusammenstellung einer Szene im Flugzeug evoziert. Die eingebetteten Kommentare des Vaters scheinen ohne Bezug auf die Szene eingearbeitet zu sein. Doch entstehen somit dialektische Färbungen, die erneut ihre österreichische Herkunft unterstreichen. Die eingeschobene Antwort auf Giselas unbedachte Behauptungen endet insofern abrupt, als die Erinnerung an Theresienstadt aufgekommen ist. An Gisela stört sie besonders der belehrende Ton, wenn sie das heikle deutsch-jüdische Thema zur Sprache bringt:

> Giselas Besserwisserei war unüberhörbar aggressiv [=Erwähnung des sprachlichen Aktes in erzählter Figurenrede]. Sicher hat sie mir unter anderem übel genommen, daß ich bei warmem Wetter keine langen Ärmel trage oder auf andere Weise, etwa durch Armschmuck, die tätowierte Auschwitznummer zu verbergen trachte [=Erzählerbericht]. ‚Ein Ghetto für alte Leute und jüdische Kriegsveteranen' sei Theresienstadt doch gewesen [=transponierte indirekte Figurenrede]. (wl, 86.)

Geschult werden hier Vermutungen eingeschoben, die sich mit der Einstellung der gesamtdeutschen Öffentlichkeit decken. Das ständige „Hinschauen"[324] zu müssen verärgert Gisela, die der Protagonistin die Demonstration der visuellen Schändung von Seiten der Deutschen übelnimmt. Ihre Reaktion entblößt sich als unüberlegte Behauptung, da Theresienstadt – heute gehört es

324 Vgl. dazu: Walser, Martin: Friedenspreis des Deutschen Buchhandels 1998. Erfahrungen beim Verfassen einer Sonntagsrede. In: Schirrmacher, Frank: *Die Walser-Bubis-Debatte*. Frankfurt/M.: Suhrkamp, 2000a, 7-17, hier: 12. Walser spricht von einem „Wegschauen" angesichts der „Schande": „Anstatt dankbar zu sein für die unaufhörliche Präsentation unserer Schande, fange ich an wegzuschauen."

zu den Konzentrationslagern – von den Nationalsozialisten als Ghetto getarnt wurde, dies jedoch nicht der Wahrheit entsprach. Klüger sondert die Stelle heraus, die man aus den Geschichtsbüchern kennt: Theresienstadt sollte offiziell „ein Ghetto für alte Leute und jüdische Kriegsveteranen" werden. Wollte man damals nicht die Wahrheit wissen, so will es Gisela heute auch noch nicht. Die Wahrheit war, dass Theresienstadt als Durchgangslager für die Deportationen in die Vernichtungslager in den Osten und insbesondere nach Auschwitz genutzt wurde: „Denn Theresienstadt, das bedeutete die Transporte nach dem Osten, die sich unberechenbar wie Naturkatastrophen in Abständen ereigneten." (wl, 87.) Die Nazis versuchten die Bevölkerung und vor allem die Juden nicht aufzuschrecken und zu beruhigen. Der industrialisierte Genozid an den europäischen Juden unter Hitlers Diktatur erfolgte verdeckt und ohne bedeutende Schwierigkeiten.

So vermutet die Autorin bereits, wie Gisela auf Klügers Beschreibungen im Buch über das Konzentrationslager Theresienstadt reagieren würde: „Diese Durchschnittsgesprächspartnerin würde meinen Bericht über Theresienstadt triumphierend mit den Worten quittieren, ‚Na eben! Sogar noch besser als im schönen Wien war's in diesem Ghetto [=zitierte direkte Figurenrede].'" (wl, 86.) Erneut spekuliert die Autorin mit der „zukunftsgewisse[n] Vorausdeutung" (Martínez/Scheffel 2003: 37) auf eine Reaktion von Gisela, die bis zu diesem Zeitpunkt das Buch noch nicht gelesen hat, und ironisiert mit der Äußerung erneut die „schlechte" Gesprächspartnerin. Sie wird Gisela in einem späteren Kapitel mit Einschränkungen zugestehen – „Aber wie kommt sie dazu, so mit mir zu reden, wenn doch alles, was von den Deutschen kam, ein einziges Elend war, und das Gute nur von uns, den Gefangenen [=autonomer innerer Monolog]?" (wl, 103) –, dass Theresienstadt tatsächlich nicht so schrecklich war. Dass Gisela vollkommen dem Stereotyp einer Durchschnittsdeutschen entspricht, wird mit der Personenbeschreibung der „Durchschnittsgesprächspartnerin" signalisiert.

Nicht nur Theresienstadt wird von ihr verharmlost, sondern der gesamte Leidensweg der Autorin: „Auschwitz, ja, nach allem was sie gehört habe, sagte Gisela, das müsse arg gewesen sein, aber da sei ich doch nicht so lange gewesen, oder [=transponierte indirekte Figurenrede]?" (wl, 93.) Klüger zitiert Gisela in der Form der transponierten indirekten Figurenrede, um den verharmlosenden Ton wiederzugeben und um nochmals zu unterstreichen, dass Gisela mit ihren Relativierungen nicht in der Lage sei, mit einem Opfer über die deutschen Naziverbrechen zu diskutieren.

Auch als die Autorin über die Schwierigkeiten eines Neuanfangs in einem fremden Land erzählt, taucht als Gegengewicht die dreiste Stimme Giselas auf, die wiederum alles zu verdrehen versucht:

> Mir sei es doch relativ gut gegangen, ich hätte nach Amerika ausreisen können, und das deutsche Nachkriegselend sei mir erspart geblieben. Verglichen mit ihrer Mutter, die den Mann an der russischen Front verlor, hätte meine Mutter,

> die in Amerika noch zweimal heiratete, doch großes Glück gehabt [=transponierte indirekte Figurenrede]. (wl, 93.)

Die Dialogpartnerin Gisela wird nochmals in transponierter indirekter Figurenrede zitiert. Damit verwischt sie zwar den Kontext, und der Leser erfährt nicht, in welchem Zusammenhang diese Aussage gemacht wurde, andererseits wiederholt sie, und lässt deshalb vermutlich die Anführungszeichen aus, lediglich die Sätze, die sie von Deutschen schon so oft gehört hat. Das eigene Elend und die Pein der Deutschen nach dem Krieg dominierten in der Nachkriegszeit ganz Deutschland. Die eigene Viktimisierung wurde nun in den Vordergrund gestellt. Klügers Antwort richtet sich deshalb direkt an die Leser:

> Aber ich will euch erzählen, daß meine Mutter kein Glück gehabt hat im Leben. Tatkraft und Energie ja, wenn auch spät und sporadisch; Großzügigkeit, wenn auch nur selten mit Herzenswärme; viel Mut und Furchtlosigkeit, wenn auch aufgewogen von Zwangsneurosen und Paranoia. Aber Glück, nein, das nicht [=Erzählerbericht].
> Das möchte ich euch erzählen, so daß ihr versteht, warum Giselas Vergleich hinkte, warum die Angehörigen der anonym Erschlagenen niemals Glück haben können, besonders die Mütter nicht. Vom Gespenst meines Bruders will ich erzählen [=Erzählerbericht]. (wl, 93.)

Dass sie nicht Gisela antwortet, sondern ihren Lesern, bestätigt die Funktion dieser Figur, die als deutscher Stereotyp fungiert. Deshalb richtet Klüger ihre Begründungen direkt an die deutschen Leser, für die sie das Buch geschrieben hat. Die Toten, die Ermordeten sind es, die sie nicht in Frieden leben lassen. Ihr Bruder ist als Sechzehnjähriger von den Nazis ermordet worden und nicht wie viele junge deutsche Soldaten an der Front gefallen. Eine Gewissheit, ein Grab gibt es nicht, deshalb kann die Trauerarbeit nie abgeschlossen sein.[325] Sie fordert die Deutschen heraus, die sich mit leeren Floskeln „freizureden" versuchen, anstatt sich ihrer Vergangenheit zu stellen. Die Ungewissheit über den Tod des eigenen Kindes lässt die Mutter ihr Leben lang nicht zur Ruhe kommen. Die Erzählperspektive ist zwar immer noch die der Autorin, doch fungiert sie als Sprachrohr für die Mutter. Sie wirkt als Zeugin, indem sie Tochter und Autorin des Textes ist.

Wie stark ihre Erfahrungen als jüdisches Kind im Dritten Reich von denen ihrer deutschen Kollegen divergieren, wird im Folgenden deutlich. Sie berichtet über ein Gespräch unter Professoren beim Essen, in dem es um „Engpässe" ging. Doch unter deutschen Altersgenossen sind ihre Kriegserfahrungen nicht kompatibel. Ihre „nicht salonfähigen" Kriegserlebnisse musste sie für sich

[325] „Wo kein Grab ist, hört die Trauerarbeit nicht auf. Oder wir werden wie die Tiere und leisten gar keine. Mit Grab meine ich nicht eine Stelle auf einem Friedhof, sondern das Wissen um das Sterben, den Tod des Nahestehenden. Für meine Mutter gab es nie einen Tag, an dem sie mit Sicherheit gewußt hätte, daß die zwei, der Mann und der Bub, dem Massenmord *nicht* entkommen waren. Die Hoffnung war wie eine begrenzte Menge Flüssigkeit, die mit der Zeit verdunstet." (wl, 95.)

behalten: „Über eure Kriegserlebnisse dürft und könnt ihr sprechen, liebe Freunde, ich über meine nicht. Meine Kindheit fällt in das schwarze Loch der Diskrepanz." (wl, 110f.) Die Verbindung stellt sie her, indem sie die vermutete Reaktion ausspricht, die der deutsche Rezipient haben könnte. Durch ihre langjährige Auseinandersetzung mit den Deutschen antizipiert sie ihre eigene Antwort:

> Was willst du, sagt ihr dann wohl, daß wir einen Transport nach Auschwitz wie einen steckengebliebenen Aufzug oder auch nur wie einen Aufenthalt im Luftschutzkeller behandeln [=zitierte direkte Figurenrede]? Und da bin ich wieder bei meiner Gisela aus Princeton, wie sie mir blitzsauber und kellnerartig die Gnade ihrer späten Geburt serviert und mir das Pech meiner früheren Geburt ungnädig übelnimmt [=Erzählerbericht]. (wl, 111.)

Dass Gisela der Ich-Erzählerin ihre frühe Geburt übelnimmt, erklärt ihre Abwehrreaktion und die Art und Weise, wie sie versucht, sich durch ihre „späte Geburt" nicht für das Leiden der Opfer verantwortlich zu fühlen. Klüger ist jedoch nicht die einzige, die von Deutschen eine Aversion gegen das deutsche Thema des 20. Jahrhunderts vernimmt. Wolf Biermann macht 1996 in seiner *Ballade vom Gut Kirschenessen*[326] eine ähnliche Konstatierung, die Klüger in Bezug auf Gisela zitiert: „(Es geschieht ja auch manchmal, daß die Täter sich großzügig vorkommen, wenn sie Erinnerung auf sich nehmen. Dazu Wolf Biermann: ‚Sie haben uns alles verziehen/Was sie uns angetan haben.')" (wl, 159) Zwar wird der Autor des Textes preisgegeben, der Titel des Liedes jedoch nicht. Für Klügers elitäres Publikum ist dies vollkommen ausreichend. Die pointierte Anzitierung öffnet ein neues Referenzfenster, in dem der abgerufene Prätext den Gesamtkontext ermöglicht. Später, im Jahr 2006, wird auch Biermann dieses Zitat aufgreifen. In seiner berühmten Gastvorlesung zum Nahostkonflikt in Israel äußert er sich zu Deutschland:

> Drei Jahrzehnte nach dem Holocaust hatten die Deutschen dem jüdischen Volk schon fast verziehen, was sie ihm angetan haben. Doch nun werden die Täter mehr und mehr ungnädig angesichts dieses heillosen Dauerkonflikts ihrer Opfer. Immer wieder höre ich das kalt-herzliche Argument: Diese Juden müßten doch während der Nazizeit am eigenen Leibe gelernt haben, was Unterdrückung ist. Na eben drum! halte ich dann heiß-herzlos dagegen, die Überlebenden haben die Schoah-Lektion gelernt und wollen sich niemals wieder abschlachten lassen.[327]

Klüger zwängt die deutschen Rezipienten in eine Sackgasse und fordert sie zum Meinungsaustausch heraus, indem sie ihre Hilflosigkeit preisgibt. Obgleich sie diesmal direkt an ihre deutschen Leser appelliert, spannt sie den

---

[326] Biermann, Wolf: Ballade vom gut Kirschenessen [1990]. In: Biermann, Wolf: *Alle Lieder*. Köln: Kiepenheuer&Witsch, 1991, 421ff.)

[327] Biermann, Wolf: Deutschland verrät Israel. In: *Die Zeit*, Nr. 44, 26.10.2006, 63.

Bogen bis zur stereotypisierten Gisela und stellt sie erneut ins Blickfeld der Diskussion. So liegt dies im Sinne Klügers, Bruchstücke von Giselas Verhalten in jedem Deutschen aufzuspüren und aufzudecken.

Eine letzte Belegstelle soll in diesem Kontext noch veranschaulicht werden, die eine weitere heikle deutsch-jüdische Angelegenheit anschneidet:

> Gisela, meine Bekannte aus Princeton, spricht mit deutlicher Billigung von einem Exulanten, der in Deutschland Auszeichnungen bekommen hat und keinem Deutschen etwas übelnimmt [=erzählte Figurenrede als Gesprächsbericht]. Ich kenne ihn und frage mich überrascht: Ist der wirklich so charakterlos, daß er Versöhnung und Verzeihung anbietet, die er gar nicht zu vergeben hat, ich hatte eine bessere Meinung von ihm [=zitiertes Gedankenzitat]. (wl, 159.)

Wer Giselas Exulant aus Princeton sein könnte, wird nicht offenbart. Das scheint für die Autorin auch nicht von Belang zu sein, denn ihr geht es nicht um diesen einen Juden, sondern um alle, die dasselbe Verhalten zu Tage legen. Zunächst könnte der Exulant den Deutschen die Auszeichnungen, die er von ihnen bekam, nicht übelnehmen. Zufall? Nein, mit Sicherheit Absicht, denn Giselas Vergleich geht in diesem Beispiel ebenfalls nicht auf. Wer kein Naziopfer ist, kann auch keine „Versöhnung und Verzeihung" anbieten. Dabei kritisiert Klüger erneut die deutsche Öffentlichkeit, die sich mit Auszeichnungen und Preisen an bedeutende Juden nun die Schuld ihrer Vergangenheit abzulegen versucht.

Ob die wirkliche Gisela tatsächlich so eine schlechte Rechnerin ist, oder Klüger vielmehr eine Abstraktion der Gegenwartsdeutschen abzubilden versucht und sie folglich auf die deutsche Gesellschaft zielt, ist sekundär. Bedeutungsvoll an dieser gewichtigen Figur ist, wie es der Autorin gelingt, die Deutschen mit ihren gehaltlosen Phrasen zu provozieren und sie in Frage zu stellen, da sie sich für eine Auseinandersetzung zwischen Juden und Deutschen heute nicht mehr eignen. Klüger demaskiert Gisela und demonstriert, dass es immer noch wichtig ist, sich der deutsch-jüdischen Vergangenheit zu stellen und dass die traumatischen Erfahrungen der Opfer durch Vergleiche interpretierbar sind. Während Klüger mit Gisela die Deutschen zu provozieren versucht, geht es ihr insbesondere um diejenigen, die sich mit der „schlechten Rechnerin" nicht identifiziert fühlen, denn Phrasen ohne Argumente eignen sich in Hinsicht auf diese Thematik besonders schlecht. Der im Abseits stehenden Gisela, der stereotypisierten „Urdeutschen" und Vergangenheitsbewältigerin, ist es noch nicht gelungen, eine gewissenhafte Gleichung zu lösen.

Die Forderung, das Publikum solle Vergleiche ziehen, hätte nach Heidelberger-Leonard einen neuen Historikerstreit auslösen können. Sie manifestiert, Klüger habe ausreichend „Angriffsflächen" geliefert, die die einzigartige Erfahrung des Holocausts in Klügers Buch in Frage stellen sollten, jedoch von der „harmoniesüchtige[n] Rezeption" (Heidelberger-Leonard 1996: 17) missverstanden wurden:

> Dabei hätte es wahrlich genügend Angriffsflächen gegeben, an denen die Rezeption sich hätte reiben können. [...] Von echtem Erfolg hätte man reden können, wenn ihr Buch z. B. einen neuen Historikerstreit entfacht hätte: denn in *weiter leben* wird das von Habermas eingeklagte Einmaligkeitspostulat des Judeogenozids dahingehend ergänzt, daß ihm die Notwendigkeit von historischer Vergleichbarkeit zur Seite gestellt wird. Sich auf die Einzigartigkeit von Auschwitz zu versteifen, birgt, wie schon erwähnt, beträchtliche Gefahren: Wo eine barbarische Vergangenheit als abgeschlossen musealisiert wird, werden die heutigen Verbrechen, die sich durchaus in der Verlängerung dieser Vergangenheit einschreiben, leicht neutralisiert. [...] Klügers unbequeme Forderung nach einem **Sowohl/als auch**, nach einer **singularite mémorielle** und einer historischen Vergleichbarkeit, ist die einzige, die sich unsere politische Gegenwart veränderbar denken kann. Möge sie bei der neuen Lesegeneration ein genaueres Gehör finden. (Heidelberger-Leonard 1996: 92. Fett markiert von H.-L.)

Doch lag der Erfolg ihres Buches nicht an den Herausforderungen, die es stellte, sondern vielmehr, wie die Autorin selbst vermutet, daran, „weil viele Frauen, auch ein paar Männer, sich darin gespiegelt sahen, wenn auch im Zerrspiegel."[328] Oft war von „Versöhnung die Rede", die sie „den Lesern angeblich angeboten" habe. Doch fühle sie sich nicht „befugt, den Mord an anderen Menschen zu verzeihen." (uv, 165.) Die Rezeption überhäufte Klügers Provokation und Aufforderung zum Dialog mit positiven Rezensionen und Literaturpreisen, eine kritische öffentliche Debatte über ihre „Reibeflächen" blieb aus. „Unverständlich, wie dieses Buch als Versöhnungsbuch konsumiert werden konnte" (Heidelberger-Leonard 1996: 75), klagt Heidelberger-Leonard.

4.2.2 Christoph, der Nachkriegsintellektuelle

> *Ich danke dir, daß du mich bittest, dir von mir zu erzählen, daß du die vorigen Zeiten mir ins Gedächtnis bringst.*[329]

Auch mit der Figur ihres Freundes Christoph appelliert Klüger an die Deutschen. Es ist nicht schwer zu erraten, wer sich hinter dem Pseudonym verbirgt: Es ist der deutsche Autor Martin Walser, den sie nach dem Krieg als Studentin in Regensburg kennenlernte, von dem sie Bücher geliehen bekam

[328] Klüger, Ruth: Holocaust unterrichten, wie? In: Stadler, Friedrich (Hrsg.): *Österreichs Umgang mit dem Nationalsozialismus. Die Folgen für die wissenschaftliche und humanistische Lehre.* Wien: Springer, 2004, 193-196, hier: 194.

[329] Hyperion an Bellarmin. In: Hölderlin, Friedrich: *Hyperion oder der Eremit in Griechenland.* Frankfurt/M.: Fischer, 1962, 10.

und mit dem sie ihre ersten literarischen Debatten führte. Ihre „Situation" in Deutschland, so die Autorin in einem Interview, sei irgendwie in diesem Spannungsverhältnis zu ihm verkörpert, mit dem sie sehr oft nicht übereinstimme.[330] Eine Freundschaft, die über die Jahre hinweg eine Hass-Liebe entwickelte und wo der Kontakt auch mal für eine Zeit lang abbrach, wenn die Ansichten unvereinbar weit auseinander standen.[331] Christoph repräsentiert den Deutschen, der nicht zuhören will, der nicht fragt, auch wenn er wissen will.

Sie stoßen aufgrund ihrer so unterschiedlichen Standpunkte in ihren Gesprächen über die deutsch-jüdische Vergangenheit und dem deutschen Antisemitismus ständig zusammen. Mit dieser Figur führt die Ich-Erzählerin eine neue Gruppe von Deutschen ein: die der deutschen intellektuellen Öffentlichkeit. Für sie ist er „ein Inbegriff des deutschen Nachkriegsintellektuellen" (wl, 145). Ihre in vielen Aspekten ungleichen Ansichtsweisen sind durch die so verschieden gelebten Kindheiten gekennzeichnet. Er, an einem Pol, der deutsche Junge, dessen Bruder als Soldat an der Front starb und sie, am anderen Pol, die Jüdin aus Wien, deren Bruder von den Nazis ermordet wurde, aber auch das Mädchen selbst mit elf Jahren von den Nazis verfolgt, deportiert und zum Tode verurteilt. Wie weit ihre Lebenswelten auseinander driften, versucht sie mit einer Szene aus ihrer Deportation von Auschwitz nach Christianstadt dem Leser zu verdeutlichen. Während des Transports sieht sie von Weitem einen Jungen, der ihrem Zug aus einer Art Ferienlager zuwinkt. Diesen Jungen wird sie später immer wieder mit Christoph in Verbindung bringen. Durch dieses Erlebnis gelingt es ihr, die unterschiedlichen Kindheitserinnerungen und Welten zu vermitteln:

> Aber immer noch sehe ich mich an ihm vorübersausen, ich sehe ihn, er mich nicht, kann er ja gar nicht, ich bin im Zug, vielleicht sieht er den Zug, fahrende Züge passen in eine solche Landschaft, vermitteln ein wohliges Fernweh. Für uns beide ist es derselbe Zug, sein Zug von außen gesehen, meiner von innen, und die Landschaft ist für uns beide dieselbe, doch nur für die Netzhaut dieselbe, dem Gefühl nach sehen wir zwei unvereinbare Landschaften [=Erzählerbericht]. (wl, 145.)

Trotz ihrer so unvereinbaren Kindheiten gelingt es den beiden, über die Jahre hinweg eine Freundschaft aufzubauen und den Kontakt zwischen Amerika und Deutschland aufrechtzuerhalten. Erst spät wird sie sich von Christoph hintergangen fühlen und den Kontakt zu ihm abbrechen. Wie gelingt es der Autorin, ihre Enttäuschung zu exponieren? Indem sie seine Positionierung zu Auschwitz in der Öffentlichkeit lediglich anspricht, doch seinen Inhalt nicht wiedergibt. Sie greift an diesem Punkt auf Martin Walsers Auschwitz-Text

330 Kuehs, Wilhelm. Universität Salzburg (2002): www.literaturepochen.at/exil/a5284.html, abgerufen am 24.07.2012.

331 „I admit that sometimes I avoid him for months. There have been times when I never wanted to see him again. Or read him again." (SA, 169.)

Unser Auschwitz[332] zurück, den er 1965 in Hinsicht auf die Frankfurter Auschwitz-Prozesse schrieb:

> Später, als auch Christoph, wie alle deutschen Intellektuellen unserer Jahrgänge, sein Wort zu Auschwitz gesagt hatte, nahm ich es ihm übel, daß er mich nicht vorher ausgefragt hatte [=Erzählerbericht/erzählte Figurenrede als Gesprächsbericht]. Er war erstaunt: Er habe nicht gewußt, ich sei dort inhaftiert gewesen. Theresienstadt ja, Auschwitz nicht [=transponierte indirekte Figurenrede]. Das ist unwahrscheinlich und glaubwürdig zugleich [=Erzählerbericht]. (wl, 217.)

Der schwach markierte Verweis auf Walsers Aufsatz und auf andere Texte der deutschen intellektuellen Gesellschaft, die zu diesem Zeitpunkt entstanden, bezieht sich vor allem auf Essays, in denen es um den Kampf gegen das Vergessen ging und um die „Bewältigung" der deutschen Vergangenheit. Eine große Anzahl von deutschen Intellektuellen wie Günter Grass oder Hans Magnus Enzensberger hatten sich in ihren Schriften zu Auschwitz positioniert. Klügers intertextueller Verweis auf diese Aufsätze zur „Vergangenheitsbewältigung" der Deutschen wirkt abwertend, nahezu ironisch. Die öffentliche Äußerung der „Nachkriegsintellektuellen" scheint für sie einer den deutschen Intellektuellen auferlegten Pflicht oder Aufforderung zu entsprechen.

Die implizite Markierung wird von Klügers kompetentem Publikum problemlos erschlossen. Die Autorin integriert beiläufig die Aktion ihres Freundes in ihren Satz, so dass der Grad der Intensität äußerst niedrig ausfällt. Während sie zwar die (Walserschen) Aufsätze erwähnt, werden diese nicht weiter kommentiert, sondern transformiert: Das stattgefundene Gespräch wird umgangen und nicht wiedergegeben, wenn auch argumentativ kommentiert, wobei Christophs Stimme als die Stimme von vielen gewollt Unwissenden[333] und „Nichtzuhörern" zurückhallt („Theresienstadt ja, Auschwitz nicht."). Klüger bettet den Gesprächsbericht in eine erzählte Figurenrede ein, wobei die Wiedergabe des ganzen Gespräches immer konkreter wird, als es darum geht, wie sich ihr Freund herauszureden versucht. Sie fühlt sich hintergangen und weiß nicht, ob sie ihrem Freund tatsächlich glauben soll, denn gesagt habe sie es ihm bestimmt. Bis zu diesem Zeitpunkt waren fast ausschließlich männliche Zeugnisse von Holocaustopfern in Deutschland erschienen, den Erfahrungen von überlebenden Frauen hingegen wurde noch wenig Aufmerksamkeit geschenkt. Dass es in Auschwitz auch Kinder- oder Frauenhäftlinge gegeben haben soll – Klüger war zu diesem Zeitpunkt zwölf – wurde nicht berücksichtigt: „Glaubwürdig ist es aber deshalb, weil so ein deutsches KZ etwas für Männer war, nichts für kleine Mädchen, die erwachsenen Männern nicht ganze Erfahrungsbereiche voraushaben durften." (wl, 217.) In dieser Konsta-

[332] Martin Walser: Unser Auschwitz. In: ders.: *Deutsche Sorgen*, Frankfurt/M.: Suhrkamp, 1997a, 187-202.

[333] Ihren zwei Söhnen glauben die Schulkameraden nicht, dass ihre Mutter in einem deutschen Konzentrationslager inhaftiert war.

tierung scheinen sich zwei Stimmen zu überschneiden: die der Ich-Erzählerin mit der Stimme der Männer. Dass die Kriegserfahrungen der Frauen zu diesem Zeitpunkt noch nicht zum Forschungsgegenstand avanciert waren, wird erst gar nicht angeschnitten. Vielmehr geht es um den egoistischen Protagonismus der Männer, der von der Erzählerin angeprangert wird.

Andererseits lässt Klüger durch Christophs Unkenntnis durchscheinen, wie selten sie bis zur Veröffentlichung seines Aufsatzes mit ihm Gespräche über ihre Vergangenheit oder über deutsche Konzentrationslager und den Holocaust geführt hatte. Bis zu diesem Anlass wusste er nicht einmal oder wollte nicht wissen, dass seine Freundin als Kind im nazibesetzten Wien gelebt hatte und sie in Auschwitz Kinderhäftling war. Welche Freundschaft verbindet zu jener Zeit die beiden? Hinter dieser Frage verbirgt sich sowohl das Unausgesprochene und oft Verschwiegene, eine Tabuisierung des Holocausts und das „Nicht hinsehen wollen" von Seiten der Deutschen, als auch die Komplexität einer deutsch-jüdischen Freundschaft, die Verdrängung der Wahrheit und des Gesprächs zwischen Deutschen und den Opfern. Darauf aufbauend entsteht die Problematik des Erzählenwollens oder -müssens von Seiten der Opfer. Das Bedürfnis, aus eigener Entschlossenheit die Erfahrungen von Misshandlung und Folter mitzuteilen, konnte anfangs nicht sehr groß sein. Im Gegenteil: Viele versuchten die traumatischen Erfahrungen zu verdrängen und ein neues Leben, meist in einem fremden Land, zu beginnen. Dies bekräftigt ferner die Klage ihres älteren Sohnes, der mehr über die Vergangenheit seiner Mutter erfahren wollte. Das Bedürfnis, Zeugnis abzulegen, entstand erst durch ihren Beruf und den Kontakt zu Studenten und Kollegen, die sie zur Niederschrift aufforderten. Dass sie ihre Söhne mit ihrer Vergangenheit nicht belasten wollte, ist verständlich, doch warum hatte sie Christoph nichts oder nur sehr wenig über ihre Kindheitserfahrungen im Dritten Reich erzählt?

Zwar hat es rückblickend den Anschein, dass diese Freundschaft labil war und der Zeit nicht standhalten konnte, doch den jüdischen Kommilitonen gelang es nicht, Klügers Freundschaft mit Christoph zu entzweien. Im folgenden Textfragment schneidet sie aus einer feministischen Perspektive eine neue Thematik an: den Despotismus gegenüber jüdischen Frauen und ihre eingeschränkten Handlungsfreiheiten unter Juden. Das Gespräch, das sie mit ihren jüdischen Kommilitonen führt, wird ironisch unterlegt („ernsthaft") in erzählter Figurenrede als Gesprächsbericht eingeführt, wobei sich die Ich-Erzählerin selbst nur einmal in zitierter autonomer Rede zu Wort meldet:

> Nachdem ich ein paarmal mit Christoph gesehen worden war, nahmen mich einige jüdische Studenten beiseite, um ernsthaft mit mir zu reden [=Erzählerbericht/Erwähnung des sprachlichen Aktes in erzählter Figurenrede]. Das ginge nicht, ein jüdisches Mädchen mit einem Goj, und noch dazu mit einem Deutschen [=transponierte erlebte Figurenrede]. Ich war empört [=Erzählerbericht]. Ihr mit euren Verhältnissen mit deutschen Mädchen, wie kommt ihr dazu, mir etwas vorzuschreiben [=zitierte autonome direkte Figurenrede]? Das sei etwas anderes, sie seien Männer, sie dürften sich einlassen, mit wem sie wollten

[=transponierte indirekte Figurenrede]. Für solche Feinheiten war ich ungenügend sozialisiert in den Perversitäten der Geschlechterrollen. Ich hörte nur die Verachtung für Frauen [=erzählte Figurenrede als Gesprächsbericht], die in dieser Unterscheidung und in der Anmaßung der Männer lag, eine Art Vormundschaft über mich ausüben zu wollen [=Erzählerbericht]. (wl, 216.)

Die Zuspitzung der Intensität durch die Vernetzung von erzählter Figurenrede, transponierter erlebter Figurenrede bis hin zur zitierten autonomen direkten Figurenrede kristallisiert sich als repräsentatives Erzählmuster der Protagonistin heraus, das im Laufe der Geschichte immer deutlicher in Erscheinung tritt. Die Dissonanz der Stimmen schlägt sich in der ersten transponierten erlebten Figurenrede mit einer hybriden Konstruktion nieder. Die Stimme der Kommilitonen lässt sich durch das jiddische Wort „Goj"[334] herausschneiden, das neben der Erzählerstimme zur Sprache kommt. Es überschneiden sich hierbei zwei Figurenreden: die der Ich-Erzählerin mit der ihrer jüdischen Kommilitonen. Die Szene, die im Präteritum beginnt, wechselt plötzlich ohne Markierung ins Präsens und spricht die Studenten direkt an. Auch dieser Kunstgriff fungiert als Charakteristikum ihres Buches, um eine Unmittelbarkeit zwischen Text und Leser hervorzurufen. Die Anekdote schließt Klüger unter ihrem feministischen Standpunkt ab, dass sie zuerst die „Verachtung der arischen Kinder für die jüdischen in Wien" gekannt hatte, dann „die der tschechischen Kinder für die deutschen in Theresienstadt" und schließlich „die der Männer für Frauen." (wl, 216.) Da sie unter Frauen erzogen worden war, kannte sie bis dahin nicht die Erniedrigung von Frauen durch Männer außerhalb der Konzentrationslager, die nur in einer Männerwelt praktiziert werden konnte und die für sie fremd und „unnatürlich" ist. Zwar handelt es sich in dieser Textsequenz um eine hybride Konstruktion, doch wirken die Stimmen aufgrund des feministischen Standpunktes nicht wie in anderen Gesprächsrekonstruktionen gleichgewichtig, da Klüger dem Leser in dieser Szene keinen Raum für ein eigenes Urteil gewährt. Die Autorin unterstreicht die Lächerlichkeit der jüdischen Studienkollegen durch ihr hegemoniales Verhalten gegenüber einer Frau, die bis zu diesem Zeitpunkt nur als Kind in einer patriarchalischen Gesellschaftsstruktur gelebt hatte. Ihre Aversion gegen Imperative manifestiert sich auch durch ihre Freundschaft zu Christoph als „einer Art Rebellion gegen das Jüdische" (wl, 217). Der Appell an ihre Kommilitonen lässt sich als zweistimmiges Wort auslegen, da die Antwort zwar direkt an die Studenten gerichtet ist, sie jedoch jegliche Anführungszeichen oder verbus dicendi ellidiert, um die Allgemeingültigkeit dieser Antwort zu betonen.

Diese Passage ließe sich auch als Aufforderung von Seiten der jüdischen Öffentlichkeit interpretieren. Die Jüdin, die eine Freundschaft mit der deutschen intellektuellen Öffentlichkeit aufbaut, wird in ihre Grenzen verwiesen. Ein Gespräch oder eine Debatte kann aber zu einer Einigung zwischen beiden Gruppen führen. Aus diesem Grund wurde es von der jüdischen Öffentlichkeit für unmoralisch gehalten, wenn diese Aufforderung zum Dialog zwischen

334 „Goj" ist die hebräische Bezeichnung für Nichtjuden.

Juden und Nicht-Juden in Deutschland als ein jüdisches Friedensangebot erörtert wurde. Als Erläuterung sei an dieser Stelle Jean Amérys Vorwurf an Primo Levi angeführt. Améry warf ihm vor, nachdem Levi ihm in einem Brief sein Unverständnis zu *Jenseits von Schuld und Sühne* ausdrückte, ein „Verzeiher“ zu sein: „ich [bin] kein Verzeiher und habe gar kein Verständnis für Herren, die in der IG-Auschwitz dem ‚Führungspersonal‘ angehörten.“[335] Primo Levi wehrte sich daraufhin:

> Ich versuche seit vierzig Jahren, die Deutschen zu verstehen. Zu verstehen, wie es dazu kommen konnte, ist eines meiner Lebensziele. [...] Verzeihen ist kein Wort, das zu mir gehört. [...] Ein pauschales Verzeihen, wie man von mir erwartet, entspricht mir nicht. (Zitiert nach Heidelberger-Leonard 2004: 95.)

Die Suche nach einer Erklärung für die „jüdische Katastrophe“[336] und der Versuch, die Umstände zu verstehen, die zur Ermordung der europäischen Juden durch das Hitlerregime führten, wurde von vielen jüdischen Intellektuellen energisch kritisiert. Für Klüger ist Christoph der Nachkriegsintellektuelle, der sich wie viele andere als Deutscher zu Auschwitz äußerte, und sie die jüdische Auslandsgermanistin, die sich erst viele Jahre später als Opfer zum Holocaust durch ihre Autobiographie und ihre literaturkritischen Essays positioniert hat. Gewiss wurde sie wiederholt aufgrund ihres unpassenden Berufes und ihrer Kontakte zu Deutschland kritisiert und missverstanden.[337] In einem Interview mit Horst Pommerenke punktiert sie rückblickend, dass die deutsche Sprache – ihre Muttersprache, die ihr nicht einmal die Nazis nehmen konnten – nie ein Problem für sie gewesen sei und ihr der Beruf als Auslandsgermanistin, den sie jahrzehntelang ausgeübt habe, eine große Befriedigung bot.[338]

Wann die Gespräche über den Holocaust und den Antisemitismus zwischen Klüger und Christoph beginnen, bleibt ungewiss. Augenfällig ist jedoch, dass Klüger nur die Auseinandersetzungen erwähnt, in denen sie aneinanderstießen. Christoph, der als Deutscher das deutsche antisemitische Verhalten vor und während der Hitler-Diktatur zu verteidigen oder zu verstehen versucht, spricht an diesem Punkt buchstäblich als Vox populi. Charakteristisch ist im folgenden Fragment die Unmittelbarkeit des Gespräches durch die Benutzung

---

335 Zitiert nach Heidelberger-Leonard, Irene: *Jean Améry. Revolte in der Resignation - Biographie*. Stuttgart: Klett-Cotta, 2004, 94.

336 Wie beispielsweise George Taboris Theaterstücke, über denen das Motto „Der Fluch, seinen Feind zu verstehen“ steht. Sein Werk beschäftigt sich kontinuierlich mit der Frage: „Wie muß die Erinnerung beschaffen sein, damit wir uns endlich frei fühlen können?“ (Tabori, George: *Unterammergau oder die guten Deutschen*. Frankfurt/M.: Suhrkamp, 1981, 201.)

337 Ihre Mutter hat ihren Beruf und ihre langen Aufenthalte in Deutschland nie toleriert. (Vgl. wl, 96.)

338 Pommerenke, Horst: Interview mit Ruth Klüger. In: *Aviva. Online Magazin für Frauen*. April 2009. In: www.aviva-berlin.de/aviva/content_Interviews.php?id=14694, abgerufen am 24.07.2012.

des Präsens, die direkte Ansprache an ihren Freund als zitierte autonome direkte Figurenrede und der Wechsel zwischen der dritten, ersten und zweiten Person Singular:

> Auch Christoph sagt so was, der Judenhaß, der sei eben so ein Fremdenhaß gewesen, wie er allen Menschen natürlich sei [=transponierte indirekte Figurenrede]. Man will das Andersartige[339] nicht um sich haben, wenn man es nicht anders gelernt hat [=zitierte direkte Figurenrede]. Jedoch: Bin ich denn wirklich so andersartig, als ihr alle, die ihr mich an euren Tisch geladen habt? (Die Wärme eurer Familie, wie laues Seewasser im Sommer. Immer war ich bei euch willkommen [=zitierte autonome direkte Figurenrede].) (wl, 218.)

Das Fragment scheint auf den ersten Blick die Wiedergabe eines Gespräches zu sein, doch den Konstatierungen Christophs mangelt es an Anführungszeichen. Bereits im vorigen Fragment, das auf die unvollständige Wiedergabe eines Gespräches deutet, verzichtet die Ich-Erzählerin darauf. Im Gegensatz zu Christoph erscheint die Stimme Klügers vollständig und vorwurfsvoll. Physische und dialektale Gemeinsamkeiten zwischen den beiden und derselbe Humor werden von der Freundin als Eigenschaften angesprochen, um Christophs Motive für den deutschen Fremdenhass zu widerlegen. Christoph kommt nur sehr kurz zu Worte:

> Wie wir miteinander sprechen, unterscheiden wir uns durch unwesentliche Dialektfärbungen, nicht einmal so wichtig wie das Englische, das oft in mein Deutsch hineinfunkt, sicher nicht so wichtig wie das Netz von Anspielungen und Ironien, die uns beide erheitern. Und dem Aussehen nach könnten deine Frau und ich, zum Beispiel, entfernte Verwandte sein [=zitierte autonome direkte Figurenrede]. Nein, sagst du, du siehst schon jüdisch aus, das sieht man dir an [=zitierte direkte Figurenrede]. Ich find es auch und freu mich, daß du es merkst [=autonome direkte Figurenrede], denn ich hab es nicht gern, wenn die Leute sagen: ‚Sie könnten auch Italienerin oder Mexikanerin sein [=zitierte direkte Figurenrede].' Nur: Bin ich euch so unähnlich, daß nur eine hochgradige Bewußtmachung euch davon abhält, mich zu verfolgen? Oder auch nur, mich

339 Martin Wengeler erläutert in einer Studie die Auswertungen einer empirischen Untersuchung, die aus „insgesamt 1.300 Zeitungsartikel vornehmlich aus überregionalen Tageszeitungen wie FAZ oder SZ aus den Jahren 1960-1965, 1970-1975 und 1980-1985" zusammengestellt wurde, „die Zahl der vorkommenden Topoi pro und contra Einwanderung notiert und die Quantität ihrer Vorkommen in den drei Zeiträumen" vergleicht. Eine „Kontinuität in den Denkfiguren, mit denen Zuwanderung abgelehnt wird, liegt in der von der Rassismus-Forschung betonten Konstruktion des Fremden, mit der Zuwanderung überhaupt oder ‚zu viel' Zuwanderung abgelehnt wird. Diese kulturalistische Sichtweise ist in den 60er Jahren oft in eher moderaten öffentlichen Stellungnahmen vertreten, in denen die **Fremdheit**, die **Andersartigkeit**, die andere Mentalität der Zuwanderer […] angegeben werden als Gründe für das schwierige Zusammenleben von Deutschen und Fremden." (Wengeler, Martin (Hrsg.): *Sprachgeschichte als Zeitgeschichte*. Germanistische Linguistik H. 180-181. Hildesheim: Olms, 2005, 238f. Fett markiert v. d. Verfasserin.)

nicht fortzujagen vom Frühstückstisch, wo mir eins deiner Kinder die dritte Tasse Kaffee einschenkt und wir eben noch so herzlich plauderten über den Sommer, als die Ameisen in Papas Arbeitszimmer eindrangen [=zitierte autonome direkte Figurenrede]?
Aber so war es doch nicht gemeint, wie kannst du nur...[= zitierte autonome direkte Figurenrede]? (wl, 218f.)

Der dialogische Charakter dieses nachgespielten Zwiegespräches deckt die ungemütliche Situation auf. Die Unterhaltung, die sich morgens am Frühstückstisch in Christophs Garten abspielt, und seine Gastfreundlichkeit, die als „dritte Tasse Kaffee" zum Ausdruck gebracht wird, entwickelt sich zur ungemütlichen Auseinandersetzung zwischen der Besucherin und dem Gastgeber. Der Ich-Erzählerin, die physische und sprachliche Gemeinsamkeiten zwischen sich und ihren deutschen Freunden zu finden versucht, wird fortwährend widersprochen. In die Diskussion mischt sich noch eine dritte Stimme ein: die Stimme derjenigen, die nicht zugeben möchten, dass das Aussehen der Protagonistin sehr jüdisch sei. An diesem Punkt stößt ihre Stimme nicht nur auf Christoph. Sie wendet sich gleichzeitig an die deutschen Leser und überträgt ihnen schließlich das letzte Wort. Der Rezipient muss sich nun aus dem Stimmenmosaik ein eigenes Urteil bilden.

Das Frühstücksgespräch verlagert anschließend seine Thematik. Die Exposition ist äußerst ausführlich, doch erneut werden Christophs Begründungen nur zusammenfassend exponiert. Argument und Gegenargument stehen sich aneinandergereiht gegenüber. Diesen Stimmen wird ein zusätzliches Fenster geöffnet: der intertextuelle Verweis auf Ernst Blochs *Das Prinzip Hoffnung*[340]. Nur ein geringer elitärer Leserkreis wird dem Gespräch vollständig folgen können. Die Erwähnung des Blochschen Textes macht deutlich, auf welchem Niveau sie diskutieren. Der intellektuelle deutsche Freund greift Klüger genau an ihrem wundesten Punkt an. Er bezweifelt angesichts ihrer Vergangenheit nicht nur ihr Urteilsvermögen, sondern auch ihre intellektuelle Kapazität, Blochs Werk zu verstehen:

Ohne mit einer Unhöflichkeit rund herauszukommen, läßt Christoph durchblicken, ich könne kein gemäßigtes Urteil fällen über die Katastrophen, die uns heute bedrohen, denn für mich sei von Haus aus alles katastrophal, und auch das Prinzip Hoffnung[341] verstünde ich aus biographischen Gründen nicht [=transponierte indirekte Figurenrede]. (wl, 219.)

---

340 Ernst Bloch: *Das Prinzip Hoffnung*. Frankfurt/M.: Suhrkamp, 1959.
Siehe dazu Walser, Martin: Prophet mit Marx- und Engelszungen. In: ders.: *Über Ernst Bloch*. Frankfurt/M.: Suhrkamp, 1971.

341 Christoph nimmt an diesem Punkt eine gewagte Position ein, indem er nicht nur seiner Freundin das Verständnis des Textes entzieht, sondern sie exemplarisch zur Gruppe der Holocaustüberlebenden zählt. Auch Jean Améry kritisierte das *Prinzip Hoffnung*, indem er in seinem Essay *Die Tortur* als „Gemarterter" konstatierte: „Wer der Folter erlag, kann nicht mehr heimisch werden in der Welt. Die Schmach der Vernichtung läßt sich nicht austilgen. Das zum Teil schon mit dem ersten Schlag, in vollem Unfang aber schließlich

Geht es in diesem Gespräch etwa um eine philosophische Frage oder vielmehr um den Gehalt des Blochschen Textes? Versteht sie das „Prinzip Hoffnung" nicht, weil sie beinahe vergast worden wäre und weil viele Juden in den Vernichtungslagern widerstandslos ins Gas gingen? Die Hoffnung war bei diesen Menschen so stark, dass es sie paralysierte, sich gegen die SS-Aufseher aufzulehnen. Denn „[h]offen war Pflicht" (wl, 106):

> Zwar sagt man, daß die Hoffnung am Leben erhält[342] [=transponierte indirekte Figurenrede]. Aber in Wirklichkeit ist Hoffnung ja die Kehrseite von Angst, und die Angst kann schon den Eindruck vermitteln, daß sie am Leben erhält, denn man spürt sie wie Sand auf der Zunge und wie ein Rauschgift in den Adern. Das Prinzip Angst sollte es heißen, nicht das Prinzip Hoffnung, nur läßt sich aus diesem Prinzip nicht viel Erbauliches gestalten [=zitierter autonomer innerer Monolog]. (wl, 106.)

Die Erzählerin hebt den Prätext durch die Bezugsfolie des Blochschen Textes heraus, um ihn anschließend in eine neue Sinnkonstitution durch die Vertauschung von „Hoffnung" und „Angst" zu hüllen. Die Hoffnung hat für Klüger keine positive Konnotation. Sie musste mit ansehen, wie die Menschen auf den Weg in die Gaskammern zwar große Angst hatten, die Hoffnung sie aber lähmte. Die empfundene Furcht deutet sie als etwas Bejahendes in einer solchen Extremsituation, da sie zur Aktion und Rebellion auffordert. Deshalb ist es aus ihrer Sicht das „Prinzip Angst", das die Menschen am Leben hält und nicht, wie vorwiegend behauptet wird, das „Prinzip" der Hoffnung, die sie als Kind nie aufgegeben hat. Es sei aus keinem besseren Antrieb als „kindischer Verblendung und Todesangst" gewesen, wodurch es ihr gelang, „zwischen den Anfällen von Angstzuständen, am Massenmord zu zweifeln, einfach durch den Lebenswillen einer Halbwüchsigen." (wl, 117.) Klüger kann nicht dieselbe Auffassung wie ihr deutscher Freund Christoph haben. Sie kontert dafür ebenso gezielt mit seiner Vergangenheit als siebzehnjähriger Flakhelfer[343]: „Ich antworte, daß vielleicht auch die Urteilsfähigkeit der früheren Hitlerjungen durch ihre Erziehung beeinträchtigt sei [=transponierte indirekte Figurenrede]." (wl, 219.) Mit dieser Antwort wird dem deutschen Nachkriegsintellektuellen ein schmerzhafter Spiegel seiner eigenen Vergangenheit vorgehalten. Seine Reaktion schneidet sie nur kurz an: „Die Bemerkung hält er für unangebracht [=erzählte Figurenrede als Gesprächsbericht]." (wl, 219.)

---

in der Tortur eingestürzte Weltvertrauen wird nicht wiedergewonnen. Daß der Mitmensch als Gegenmensch erfahren wurde, bleibt als gestauter Schrecken in der Gefolterten liegen: Darüber blickt keiner hinaus in eine Welt, in der das Prinzip Hoffnung herrscht. Der gemartert wurde, ist waffenlos der Angst ausgeliefert. *Sie* ist es, die fürderhin über ihm das Szepter schwingt." (Améry 2000b: 73.)

342 Ruth Elias schrieb ihre Erinnerungen an Theresienstadt und Auschwitz für ihre Enkel nieder. (Elias, Ruth: *Die Hoffnung erhielt mich am Leben. Mein Weg von Theresienstadt und Auschwitz nach Israel*. München: Piper, 2006 (1. dt. Aufl. 1988).)

343 Ihr Freund Christoph (Martin Walser) diente in den letzten Kriegsjahren als Flakhelfer.

Das Gespräch verlagert sich und wechselt die Perspektive. Der resümierte Gesprächsbericht entwickelt sich und wird im dramatischen Modus, durch die Anführungszeichen gekennzeichnet, weiter exponiert:

> Seine wohlwollende Überlegenheit hilft ihm, nicht zu verstehen, was ich sage [=Erzählerbericht/Gesprächsbericht als erzählte Figurenrede]. Denn du ordnest alles, was ich sage, in einen von dir geschaffenen Kontext ein, so daß jedes Wort, das ich sage, sogleich zur Kröte wird, die mir aus dem Mund kriecht, wie im Märchen[344] [=zitierte autonome direkte Figurenrede]. ‚Aber wir sind doch umweltfreundlich', sagst du dann erstaunt, ‚und wir finden Kröten genau so schön wie alle anderen Tiere [=zitierte direkte Figurenrede].' Doch du selbst möchtest keine Kröten sprechen, sondern Goldstücke, die auf die Goldwaage gehören [=zitierte autonome direkte Figurenrede]. (wl, 219f.)

Der letzte Satz sticht aufgrund der fehlenden Anführungszeichen heraus. Zwar spricht sie direkt ihren Freund an, doch scheint die Konstatierung nicht zum Gespräch selbst zu gehören. Vielmehr geht es in ihrer Bewertung darum, seine vermeintliche Unfehlbarkeit offenzulegen. Indem sie dies in der zweiten Person Singular macht, nimmt Christoph eine doppelte Position ein: Einerseits als Figur in ihrer Erzählung, andererseits als Leser ihres Buches. Beide Figuren fungieren jedoch als Dialogpartner: die vor 1945 österreichische Jüdin und später amerikanische Staatsbürgerin und der gleichaltrige Deutsche. Die Diskussion spitzt sich zu. Lediglich die Worte der Ich-Erzählerin sind ohne Anführungszeichen und in zitierter direkter Figurenrede wiedergegeben:

> Es kann ja auch sein, fahre ich fort, ohne viel Hoffnung, daß er mir zuhört, daß sich gerade aus meinem atypischen Leben ein paar Gedanken herauskristallisiert haben, die auch für Menschen, die anders aufgewachsen sind, der Überlegung wert seien [=zitierte direkte Figurenrede]. Er hat doch zugehört, lacht auf. Daß man normale Umstände mit Normen messen kann, die sich von abnormalen Umständen herleiten, hält er für pervers, obwohl er doch Sigmund Freud gelesen hat [=transponierte indirekte Figurenrede]. Ich, in nervöser Reaktion, krame in der Handtasche nach meinem amerikanischen Reisepaß, um mich zu vergewissern, daß er da ist, wie ein Kind, das schnell sein Kuscheltier streicheln muß [=Erzählerbericht]. (wl, 220.)

Durch die Gespräche mit Christoph versucht sich Klüger zu positionieren. Sie muss sich um die Aufmerksamkeit ihres Freundes bemühen, der ihr nicht immer zuzuhören scheint. Der gegensätzliche Christoph ist eine grundlegende Figur für die Protagonistin, um unter den Deutschen ihre verloren gegangene Identität zurückzuerlangen, die ihr während des Hitlerregimes von den Nazis entzogen wurde. Offensichtlich spürt sie seine große Überlegenheit, doch scheint er gerade deshalb eine Herausforderung für sie zu sein. Durch Christoph als Dialogpartner wird ihr eine Stimme gewährt, die sie in der deutschen

344 Klüger bezieht sich auf das Märchen der Gebrüder Grimm *Die drei Männlein im Walde.*

Öffentlichkeit nicht besaß. Die wechselnden Expositionen ihrer Meinungsunterschiede lassen durchscheinen, dass sich die Identität Klügers nicht auf einer festen Oberfläche wie die ihres Freundes befindet: „Was mir am meisten imponierte und mich gleichzeitig irritierte war, daß der seine Identität hatte. Der war beheimatet in Deutschland, verwurzelt in einer bestimmten deutschen Landschaft". (wl, 214.) Die metaphorisch angesetzte Suche nach ihrem Reisepass fungiert als eindeutiger Hinweis dafür. Doch nur durch einen kompetenten Gesprächspartner kann sie unter den Deutschen diesen Platz erlangen.

In der Erinnerung an die Zeit nach dem Krieg, in der sie sich kennenlernen, fließen die Erinnerungen von beiden ineinander. Die Zeit vor 1945 lässt sich jedoch nicht verbinden: „Im Gespräch mit Christoph fang ich, wie ein Streichholz Feuer fängt, den Geruch, das unsagbare Gespür, das prickelnde Fingerspitzengefühl jener Nachkriegsjugendjahre. Erinnerung verbindet uns, Erinnerung trennt uns [=Erzählerbericht]." (wl, 220.) Das Gespräch endet an diesem Punkt. Ihre Antwort gibt sie nicht preis. Erneut wird die kritische Kompetenz des Lesers beansprucht, indem sie ihm das „letzte Wort" lässt:

> Das ist deine Sicht, sagt Christoph, nachdem er gelesen hat. Das alles ist an deinen Himmel projiziert [=zitierte direkte Figurenrede]. Ich zitiere ihn, um ihm das letzte Wort zu lassen [=Erzählerbericht] – aber indem ich es mir nicht nehmen lasse, ihm das letzte Wort zu lassen, lasse ich es ihm doch nicht, sondern lenke den Leserblick auf mich, die es ihm läßt [=Erzählerbericht]. So treiben es auch die Zeitungen mit den Leserbriefen, sagt ihr vorwurfsvoll [=zitierte direkte Figurenrede]. Ich gebe es zu. So ist es [=Erzählerbericht]. (wl, 220.)

Geschickt fädelt die Autorin die Perspektive der Leserschaft ein. In diesem kurzen Fragment erscheinen drei Stimmen. Die urteilende Stimme Christophs, die lenkende Stimme der Ich-Erzählerin und schließlich die Stimme ihrer Leser, durch die sie sich angesprochen fühlen können. Mit Hilfe der mosaikartig eingesetzten Leserstimmen entwickelt Klüger ein Konstrukt an Dialekten, Meinungen, Äußerungen, Aussagen und Unstimmigkeiten, die auf gleicher Ebene die narrativische Konstruktion beeinflussen. Nicht immer ist es einfach, sich durch das Konvolut an Stimmen hindurchzulesen. Das zeigt besonders dieser Teil, wo der Leser im Wechsel der Stimmen versuchen muss, die Übersicht über die Geschichte im Auge zu behalten.

Christoph spielt in ihrem Buch eine besondere Rolle als intellektueller Anreiz und intelligenter Gesprächspartner, über die sie sich gegenüber der Öffentlichkeit positionieren kann. Die Gespräche finden durch die Veröffentlichung ihrer Erinnerungen und ihrer literaturkritischen Essays ihre Vollendung. Der Freund fungiert. Mit Gisela hingegen schlagen diese Diskussionen fehl. Die Intention ist, sich mit diesen Gesprächen eine neue Identität in der deutschen Gesellschaft zu konstruieren, die ihr von den Nazis genommen wurde. Sie braucht einen starken Gesprächspartner, um ihre eigene Kompetenz unter Beweis stellen zu können, auch wenn die Debatten äußerst unangenehm sein können. Durch die sprunghafte Exposition ihrer Dialoge macht sie deutlich, wie wenig einheimisch sie sich noch heute unter dem deutschen „Tätervolk"[345] fühlt. Auch der Verzicht auf Anführungszeichen, die Stimmenüberlappungen und die Wechsel von Tempora sind ein Anhaltspunkt für den unsicheren deutschen Boden, auf dem sie sich erwägt.

Nach der Veröffentlichung seines Romans *Tod eines Kritikers*[346] brach der Kontakt zwischen der Jüdin und ihrem deutschen Freund ab. Seine „Sonntagsrede" (Walser 2000) in der Paulskirche, die der Auslöser einer unversöhnlichen Debatte zwischen ihm und Ignaz Bubis wurde, als er 1998 den Friedenspreis des Deutschen Buchhandels verliehen bekam, und sein 1998 veröffentlichter autobiographischer Roman *Ein springender Brunnen*[347] stellten ihn in das Rampenlicht polemischer Autoren. In ihrer amerikanischen Autobiographie, *Still Alive*, nahm ihn Klüger noch in Schutz: „he is attacked by the liberal intellectuals; they wrongly accuse him of nationalism and associate his ideas with Nazi ideas. He has written an autobiographical novel – his best, I think." (SA, 169.) Nur ein Jahr später erschien der Schlüsselroman *Tod eines Kritikers*, zu dem Klüger in einem offenen Brief in der *Frankfurter Allgemeinen Zeitung* (SdD) Partei ergriff und ihm die Freundschaft kündigte. Dieses Buch war die Ursache der endgültigen Entzweiung. In ihrer letzten Autobiographie, *unterwegs verloren*, bestätigt sie diesen Bruch mit Martin Walser. Eine Freundschaft, die sie für immer zu haben glaubte, war infolge einer öffentlichen Positionierung Walsers und seiner Literatur zerbrochen. Mit dem Zitat, wie sie im Nachhinein über diesen verlorenen Freund denkt, soll dieses Kapitel enden:

> Und so ist Martin Walser und diese vergangene Freundschaft noch immer Inbegriff meines Deutschlandbildes. Die Widersprüche, die ich hier skizziert habe, lassen sich nicht auflösen. Jedenfalls nicht von mir, man versteht sie kaum und lebt damit. (uv, 176.)

4.2.3 Deutsche Stimmen: Polyphonie und Appell

> *Wir müssen und werden bald fertig sein. Bis es soweit ist, bitten wir die durch Nachträgerei in ihrer Ruhe Gestörten um Geduld.* (Améry 2000: 129.)

Wie bereits die vorigen Kapitel demonstriert haben, werden in *weiter leben* kontinuierlich Stimmen miteinander verwebt. Abgesehen von den Stimmen

---

345 Der Begriff „Tätervolk" wurde von Daniel Goldhagen in seiner 1996 in Deutschland erstmals erschienenen Studie *Hitlers willige Vollstrecker* verwendet und aufgrund der implizierten Kollektiv-Vorstellung von vielen Historikern verpönt. Es beinhaltet in diesem Kontext, meiner Meinung nach, eine Synonymisierung mit dem deutschen Volk. Aus diesem Grund soll der polemische Begriff an dieser Stelle verwendet werden.

346 Walser, Martin: *Tod eines Kritikers*, Frankfurt/M.: Suhrkamp, 2002.

347 Walser, Martin: *Ein springender Brunnen*. Frankfurt/M.: Suhrkamp, 1998. Dem Schriftsteller wurde vorgeworfen, ein antisemitisches Buch geschrieben zu haben.

ihrer Verwandten sind die von Christoph und Gisela längst nicht die einzigen, denen Klüger das Wort erteilt. Erhalten die Familienangehörigen und Freunde ein Pseudonym, so tauchen ebenso zeittypische Stimmen auf, die lediglich Freunden, Lesern oder denjenigen angehören, die Klüger in Deutschland begegnen. Auch sie besetzen eine wichtige Funktion in ihrem Text und ergänzen meist anonym das Stimmenmosaik, das für ihre Erinnerungen eine so zentrale Rolle spielt. Im Folgenden soll zunächst das Augenmerk auf die Beobachtungen und Kommentare gerichtet werden, die sich zeitlich nur ungenau bestimmen lassen. Nur selten werden hierfür adverbiale Bestimmungen der Zeit oder des Ortes genannt. Die Einblendung der Stimmen erfolgt, wie bei den Gesprächen mit Christoph und Gisela, ohne den dazugehörigen Kontext. Der Leser kennt meist nur die Frage oder die Aussage, weiß jedoch nicht, zu welchem Zeitpunkt und in welchem Zusammenhang sie entstand. Klüger richtet sich an eine neue Zielgruppe: Es ist die der Immigranten. Menschen, die sich aufgrund ihrer Lebensverhältnisse gezwungen sahen, in ein anderes Land zu ziehen. Sie selbst übersiedelte 1947 von Deutschland nach New York. Der Neuanfang war für Mutter und Tochter mit vielen Hürden verbunden. Sie zieht einen Vergleich mit den Menschen aus der ehemaligen DDR:

> (In Göttingen, im Autobus hinter mir, reden zwei Frauen: die aus der DDR wollen alles sofort [=zitierte direkte Figurenrede]. Man hätte doch vierzig Jahre lang gearbeitet [=transponierte indirekte Figurenrede], die sollen jetzt auch endlich die Ärmel hochkrempeln und nicht erwarten, daß ihnen Sahne und Zucker kredenzt wird [=transponierte indirekte Figurenrede]. Wie es denen drüben in den vierzig Jahren gegangen ist, steht auf einem anderen Blatt [=Erzählerbericht]. Ich denke an uns in New York [=Erzählter Bewußtseinsbericht].) (wl, 226.)

Sie zeigt an diesem Punkt die unkritische und vorgefasste Meinung zahlreicher Deutscher an. Auch die in Amerika lebenden Immigranten, die bereits vor dem Krieg eingewandert waren und sich Ende der 40er Jahre bereits in ihrer neuen Heimat etabliert hatten, entsprechen diesem Verhaltensmuster. Sie erwarteten, dass sich die neuen Einwanderer so wie sie damals hocharbeiteten.[348] Doch nun soll das Augenmerk nochmals auf die zwei Frauen im Bus gerichtet werden. Unverzüglich muss die Autorin an ihre eigene Situation als Einwanderkind in den 40er Jahren denken und baut einen Übergang hierzu, denn ihr Buch handelt nicht nur von ihrer traumatischen Erfahrung als Kind im antisemitisch geprägten Wien und in den deutschen Konzentrationslagern, sondern auch und ganz besonders davon, mit welchen Schwierigkeiten sich die Überlebenden nach dem Krieg konfrontiert sahen und wie sie noch immer ausgegrenzt wurden, sei es in Deutschland oder im Ausland. Klüger verbindet in diesem Dialog die zitierte autonome Figurenrede mit der transponierten indirekten Figurenrede. Wie üblich, fehlen die Anführungszeichen. Sie trennt lediglich den Text mittels Klammern ab und deutet somit auf die Menschen,

[348] Vgl. hierzu Kapitel „4.5 Unverständnisse und Missverständnisse in der ‚Neuen Welt'".

die sich mit diesen Figuren identifizieren. Diese Aufgabe erfüllt ganz allein der deutsche Rezipient. Aber auch der Immigrant wird sich in ihrem Buch wiederfinden, wie mit dieser Passage demonstriert werden sollte.

Das folgende Fragment befindet sich in Klügers Buch im Auschwitz-Birkenau-Kapitel. In welchem Zusammenhang die Frage gestellt wurde oder warum, bleibt ungeklärt. Die kurze und in Ausrufezeichen gestellte Antwort Klügers reicht aus, um das Entsetzen über die Frage zu verdeutlichen:

> ‚Was habt ihr Kinder in Auschwitz gemacht?' hat mich neulich jemand gefragt. ‚Habt ihr gespielt [=zitierte direkte Figurenrede]?' Gespielt! Appell gestanden sind wir. In Birkenau bin ich Appell gestanden und hab Durst und Todesangst gehabt. Das war alles, das war es schon [=zitierte autonome direkte Figurenrede]. (wl, 119.)

Erneut wird an diesem Beispiel deutlich, wie Klüger die Ineinanderblendung von Zeit, Ort und Stimmen gestaltet, die das Besondere an ihrem Erinnerungsbuch ausmacht.[349] Denn als der Autorin die Worte versagen, um die physischen, psychischen Qualen und Angstzustände zu beschreiben, gebraucht sie dafür fremde Stimmen und versetzt den Leser in die Gegenwart. Eindringlicher als jegliche detaillierte Beschreibungen der Zustände im KZ ist ihr Entsetzen über die Vermutung, dass Kinderhäftlinge in Auschwitz jemals gespielt haben sollen.

Besonders erregt reagiert Klüger auf Euphemismen, wenn es darum geht, die Tatsachen bei ihrem Namen zu nennen. In Deutschland trifft sie immer wieder auf Menschen, deren Eltern während des Krieges Zwangsarbeiter aufgenommen hatten. Klüger erwähnt diese Gespräche, um die Notwendigkeit hervorzuheben, mit der die Deutschen heute, damals noch Kinder, ihre Erinnerungen deformieren, um sich nicht der Wahrheit zu stellen, besonders in der Unwiderlegbarkeit dessen, was diese Menschen wirklich waren, nämlich Gefangene und Sklavenarbeiter:

> In Oldenburg halte ich einen Vortrag über Kleist, und nachher beim Wein erzählt eine pensionierte Studienrätin, Gastarbeiter hätten während des Kriegs auf dem Bauernhof, wo sie aufwuchs, gearbeitet [=transponierte indirekte Figurenrede]. Die waren nicht zu Gast, sag ich stur, die waren Zwangsarbeiter [=zitierte direkte Figurenrede]. ‚Ja, ja, Kriegsgefangene waren das, Polen [=zitierte autonome direkte Figurenrede].' Ich laß nicht so leicht locker [=Erzählerbericht]. Auch keine Kriegsgefangenen, sag ich, der Krieg mit Polen hat nicht lange gedauert, Zivilisten waren das [=zitierte direkte Figurenrede]. Sie sieht mich ernst an, ‚Ja, Zwangsarbeiter, wie traurig, ein Pole und eine Polin [=zitierte direkte Figurenrede].' Aber der Pole, der sei gar nicht haßerfüllt gewesen, sondern hätte ihnen das von polnischen Banden gestohlene Pferd wie-

---

349 Jerry Schuchalter sieht in dieser Erzähltechnik „a narrator in progress." (Schuchalter, Jerry: *Poetry und Truth. Variations on Holocaust Testimony*. Bern: Peter Lang, 2009, 95.)

der besorgt. Versöhnlich sei er gewesen [=transponierte erlebte Figurenrede]. Immerhin, ich hab sie dazu gebracht zuzugeben, daß es da etwas zum Versöhnen gab [=autonomer innerer Dialog]. (wl, 159.)

Zwar erwähnt Klüger in dieser Passage einen Ort und skizziert ihren Gesprächspartner – das Datum lässt sich nur schätzen –, doch lässt sie die Umstände und die Motive des Gesprächs außen vor. Ebenso auffällig ist die Situation: Bei Christoph sitzt sie gemütlich am Frühstückstisch, hier behaglich beim Wein. Das Thema ihres Vortrags hat weder etwas mit dem Zweiten Weltkrieg zu tun noch mit dem Holocaust. Trotzdem wird es für sie unangenehm, als sie mit der deutschen Studienrätin über den Zweiten Weltkrieg spricht. Klüger besteht auf der korrekten Benennung der Zwangsarbeiter. Die irritierte Studienrätin, die damals noch ein Kind war, wird durch die Verharmlosung ihrer Erinnerungen ins Groteske gezogen. Damit wird dem Leser vor Augen geführt, dass nicht einmal eine geschichtsbewusste Deutsche auf Anhieb gesteht, dass diese Menschen keine polnischen Immigranten waren, sondern Kriegshäftlinge. Bemerkenswert sind auch die multiplen Perspektiven des autobiographischen Ichs[350]: Der Deutschen gelingt es nicht, trotz des Zeitabstandes und des Allgemeinwissens über den Zweiten Weltkrieg, objektiv zu bleiben. Sie bleibt das deutsche Kind, das sich der lebensgefährlichen Situation dieser Menschen nicht bewusst war. Die Studienrätin ist jedoch nicht die einzige Deutsche, die ihren naiven Kinderblick bis heute nicht abgelegt hat:

> Hier in Göttingen, wo ich diese Gedächtnisbrocken im Jahre 1989 ausgrabe, stoße ich immer wieder auf Menschen, deren Familien Zwangsarbeiter im Hause hatten und sich an diese Leute mit Behagen, oft auch mit Zuneigung, erinnern. Die hatten es gut bei uns. Die haben mit uns Kindern gespielt und viel gelacht oder gesungen [=Erzählerbericht/zitierte direkte Figurenrede]. (wl, 158.)

Im Mittelpunkt der beschriebenen Szene stehen Deutsche in Klügers Alter, die noch genauso ahnungslos sind wie im Kindesalter. Zitiert werden sie zwar direkt, jedoch fehlen den Stimmen die Anführungszeichen. Hierbei handelt es sich nicht etwa um eine hybride Konstruktion, sondern eine direkte Anweisung an den Leser, diese klaren und wichtigen Unterschiede zu erkennen und auch auszusprechen, denn, so die Autorin,

> [d]ie wohlmeinenden Erzähler wissen nicht von der wachen Zurückhaltung, dem Mißtrauen, der Verachtung, der Über- oder Unterschätzung des Feindes, die in diesen Menschen gesteckt haben muß [=Erzählerbericht]. Und wenn es denen doch manchmal in Deutschland gemütlich wurde und sie mit den Feinden sympathisierten, so hatte der Feind sie ja untergekriegt [=transponierte erlebte Figurenrede]. Wenn die damaligen deutschen Kinder, jetzigen Erwachsenen, die mir diese Geschichte erzählen, das nicht einsehen, diesen Konflikt nicht wahrhaben, so kommt das daher, daß keiner sich so ohne weiteres als Feind

350 Als Kind, Literaturwissenschaftlerin, Jüdin, Feministin, Opfer oder Zeugin.

> sieht [=Erzählerbericht]. Der Feind ist der andere, wie könnte man selbst ein Feind sein, besonders wenn man es freundlich meint und der Augapfel der Eltern ist [=zitierte autonome direkte Figurenrede]. (wl, 158f.)

Insgesamt werden in dieser Textsequenz drei Stimmen vernommen: die der Deutschen, die der Zwangsarbeiter als transponierte erlebte Figurenrede und die Stimme der Ich-Erzählerin, die sich zwischen den Zwangsarbeitern und den Deutschen positioniert. Dass man sich selbst nicht als Feind sehen möchte, das hat sie an ihrer eigenen Haut erlebt. Für die Nazis war das jüdische Mädchen eine Staatsfeindin und deshalb der Grund ihrer Deportation. Welche Schuldgefühle die Deutschen, damals noch Kinder, heute tragen und mit welchem Bewusstsein sie damit umgehen, wird in ihrer Schlussfolgerung deutlich: „Man nennt diese Arbeiter hier auch nie Zwangsarbeiter, und man zuckt zusammen, wenn ich mich nicht scheue, das Wort Sklavenarbeit in den Mund zu nehmen [=Erzählerbericht/erzählte Figurenrede als Erwähnung des sprachlichen Aktes]." (wl, 158f.) Somit gelingt es der Erzählerin, die Deutschen mit ihrer Wortwahl zu schockieren.

Die Nachinszenierungen dieser Aussprachen mit den Deutschen machen deutlich, wie wenig sich diese Menschen mit ihrer Vergangenheit und der ihrer Eltern auseinandersetzen. Viele sind nicht in der Lage, Schuldgefühle oder Mitgefühl für die Opfer zu empfinden. Auch diese Stimme erscheint in *weiter leben*. Als Klüger vor Wissenschaftlern einen Vortrag über Opferberichte hält, meldet sich während der anschließenden Diskussion jemand zu Wort, dessen Ansicht sogar von einem anderen Zuhörer bestärkt wird:

> Nachdem ich gesprochen hatte, meldete sich ein Literaturwissenschaftler und gab zu Protokoll, er könne sich nicht mit den Opfern und wolle sich nicht mit den Tätern identifizieren. Was bliebe da noch übrig? Offensichtlich sei diese ganze Literatur nichts für ihn [=transponierte indirekte Figurenrede]. Ein anderer Zuhörer bemerkte, es gäbe so viele Ungerechtigkeiten in der Welt, daß man sich gleich umbringen müsse, wenn man alles darüber lesen wolle. Wenn sogar die Überlebenden an der Aufgabe scheiterten, schriftlich mit den KZs zu Rande zu kommen, wie ich eben ausgeführt hätte, wie sollten dann erst die Leser solcher Schriften damit zu Rande kommen [=transponierte indirekte Figurenrede]? (wl, 141f.)

Bemerkenswert ist, dass sie ihn und den anderen Zuhörer in eine transponierte indirekte Figurenrede setzt, wodurch sie diesen beiden Stimmen eine für die deutsche Gesellschaft repräsentative Allgemeingültigkeit verleiht. Die Konstatierungen treffen auf einen großen Teil der Deutschen zu, die sich „ihrer späten Geburt erfreuen" können. Die existente Literatur über die Verbrechen der Nazis wurde bisher fast ausschließlich von den Opfern geschrieben, die schließlich einer Ermordung entkommen konnten. Auch dieses Thema schneidet die Ich-Erzählerin an:

> Neulich sprach ich vor einem akademischen Publikum über autobiographische Berichte von Überlebenden der KZs. [...] Ich sagte, das Problem läge darin, daß der Autor am Leben geblieben ist. Daraus ergibt sich für den Leser der scheinbare Anspruch auf eine Gutschrift, die er von dem großen Soll abziehen kann [=Erwähnung des sprachlichen Aktes/transponierte indirekte Figurenrede]. Man liest und denkt etwa: Es ist doch alles glimpflich abgelaufen. Wer schreibt, lebt [=zitiertes Gedankenzitat]. (wl, 140.)

Im Hinblick auf die soeben zitierte Passage steht die Autorin erneut vor einem gelehrten Publikum. Sie postuliert eine angemessene Deutung von Holocaust-Texten, in deren Mittelpunkt der deutsche Rezipient steht. Er soll darauf aufmerksam gemacht werden, vorsichtiger mit Zeugenberichten umzugehen und die autobiographischen Texte über Verfolgung und Mord an den Juden nicht als „escape stories" zu interpretieren.[351] Dafür benutzt sie zwar eine mehrstimmige Stimmenkonstellation, wobei sie den Rezipienten lediglich durch ein zitiertes Gedankenzitat eine Stimme verleiht. Hierbei sollte nicht übersehen werden, dass dies keine selbstständige Stimme ist, sondern eine von der Autorin strategisch gesetzte Vermutung, um den Leser darauf hinzuweisen, dass ein autobiographischer Bericht eines Überlebenden kein Überlebensbericht ist, sondern der Bericht einer Verfolgung, Ausbeutung und Ermordung von Menschen. Denn, so Klüger, „[d]er Bericht, der eigentlich nur unternommen wurde, um Zeugnis abzulegen von der großen Ausweglosigkeit, ist dem Autor unter der Hand zu einer ‚escape story' gediehen." (wl, 140.) Auch James Young spricht diese Gefahr in seinem Buch *Beschreiben des Holocaust* an:

> Der überlebende Memoirenschreiber mag noch so sehr darauf bestehen, daß er Beweise für die an ihm und seinem Volk begangenen Verbrechen erbringt, am Ende kann man sagen, daß auch er, ebenso wie der zum Opfer gewordene Tagebuchschreiber, der nur seine eigene Aktivität als Tagebuchschreiber dokumentiert, nichts anderes überzeugend dokumentiert als seine eigene Existenz nach dem Holocaust. So wird die Literatur des Überlebenden weniger zum Zeugnis für die Toten von Auschwitz als vielmehr für sein Leben nach Auschwitz. Das Schreiben eines Überlebenden nach dem Holocaust ist der Beweis dafür, daß er über die ‚Endlösung' gesiegt hat. Es ist der unwiderlegbare Beweis dafür, daß er im Jetzt existiert – ein Gedanke, den kein Überlebender jemals für selbstverständlich hält. (Young 1997: 69f.)

---

351 Hierzu Andrea Hammel: „She points out that her story is extraordinary, simply because she is able to write it: ‚Wer schreibt, lebt' [...]. This sentence has a double meaning. On the one hand, it points to the therapeutic nature of writing. Klüger's dialogue with the contemporary German reader is not only fuelled by her desire to reclaim her life story for herself. On the other hand, it points to the fact the majority of the deported Jews died. She wonders how she can prevent the reader from reading her narrative as an escape story and from feeling relieved at the fact that she got away – and therefore maybe diminishing the deadly aspect of the situation." (Hammel, Andrea: Gender, Individualism and Dialogue: Jakov Lind's ‚Counting my Steps' and Ruth Klüger's ‚weiter leben'. In: dies. u.a.: *Writing after Hitler. The work of Jakov Lind.* Cardiff : University of Wales Press, 2001, 177-192, hier: 183.)

Klüger versucht anfechtbare Auslegungen und Gedankengänge der Deutschen aufzuspüren. Die deutschen Stimmen benötigt sie, um ihre eigenen Lücken zu füllen, aber vor allem, um die Einstellung vieler Deutscher angreifen zu können. Sie sollen zum Nachdenken animiert werden, denn auch das Leiden der Opfer setzte sich nach dem Krieg fort. Ihre traumatischen Erlebnisse und der Verlust von Familienangehörigen verfolgten sie ein Leben lang:

> Ja, sagen die Leute, wir sehen ein, daß das ein Schlag für dich gewesen ist, und bedauern dich auch, wenn du das wünschst. Nur das kognitive Problem sehen wir nicht. Dein Vater hat ein normales Leben geführt und ist leider eines unnatürlichen Todes gestorben. Traurig – aber wo liegt die Schwierigkeit [=zitierte direkte Figurenrede]?
> Die liegt in der Diskrepanz der Affekte [=zitierte autonome direkte Figurenrede]. (wl, 28f.)

In diesem Fragment geht es besonders um die Desinformation, die nach dem Krieg herrschte. Klüger und ihre Mutter hofften, wie viele andere Juden auch, ein Lebenszeichen des Vaters oder des Bruders zu erhalten, das jedoch nie kam. Sie wissen nicht einmal, wie ihre Verwandten starben. Sie versucht, mit einer Stimme des Unverständnisses seitens der Leute, die sich nicht in ihrer Lage befinden, eine Annährung zu finden an das, was sie als Gefühl seitdem begleitet, und schiebt diesen Dialog ein, als sie über die wenigen Erinnerungen an ihren Vater spricht, ohne die Auslegung der „Leute" zu markieren. Auch ihre Antwort darauf erscheint ohne Markierung. Dies liegt daran, dass sie mit dieser Thematik zwar oft konfrontiert wurde, für eine passende Antwort sich jedoch bisher keine Gelegenheit für sie bot. So ermöglicht ihr nun die Niederschrift, auf alle Äußerungen und Fragen Stellung zu beziehen.

Charakteristisch für ihren Erzählstil sind die direkten Ansprachen und Appelle an die Rezipienten. Wenn sie mit einem „von euch" oder mit „ihr" spricht, dann richtet sie sich konkret an die deutschen Freunde und die deutschen Leser. Der rezeptionsorientierte Stil, der Appell und der polyphonische Aufbau ermöglichen ihr, das Publikum durch ihr ganzes Buch zu lenken und dennoch einen kritischen Standpunkt zu beziehen. Die folgende Passage ist ein Auszug aus der Ankunftsszene in Auschwitz, als man ihr und der Mutter eine Nummer auf den Arm tätowiert. Das Kind träumt von einer Karriere als Dichterin. Durch das „Erlebnis abgründigen Verachtetseins" erfindet sie eine Zukunft, die ihr mit ihren KZ- Erlebnissen „Ehre einbringen würde" (wl, 117):

> Unglaubwürdig, sagt einer von euch, diese Literarisierung, selbst bei einem Mädchen, die derart mit Gedichten abreagiert hat wie Sie. Der Schrecken, die Panik müssen doch entsprechend heftig gewesen sein, um eine derartige, mit Verlaub, triviale Sublimierung des Geschehens zu unterbinden [=zitierte direkte Figurenrede]. (Er sagt es gedämpfter, neutraler.) [=Erzählerbericht] Aber die

Hoffnung ist ja an und für sich zukunftsorientiert [=zitierte autonome direkte Figurenrede]. (wl, 117.)

Der männliche Rezipient scheint an den Träumen des Mädchens zu zweifeln. Er hat noch nicht verstanden, dass das Überleben im KZ sehr eng an Tagträume gebunden war. Viele dieser Menschen ernährten sich von der Hoffnung für ihre Verwandten und Freunde später einmal Zeugnis ablegen zu können. Der Autobiographin, die zu diesem Zeitpunkt (dies ist ein grundlegender Unterschied zu einem erwachsenen KZ-Häftling) erst zwölf Jahre alt war, wurde mit der Tätowierung der unwiderlegbare Beweis mitgegeben. Sie möchte dem Rezipienten zeigen, mit welchen „einfachen" Mitteln es ihr als Kind gelang, durch eine Projektion in die Zukunft, der Todesangst für einen Augenblick zu entweichen. Da sie sich als Schriftstellerin und Literaturkritikerin der Trivialität dieses Momentes bewusst ist, fügt sie eine Anmerkung als Leserstimme (eines Mannes!) ein, um einer Literarisierung durch Thematisierung entgegenzuwirken. Der Rezipient fühlt sich augenblicklich genauso angesprochen. Das Resultat ist ein Dialog zwischen Autorin und Publikum im zweifachen Sinne. Der von ihr zitierte Leser ist vermutlich ein Freund, dem sie das Manuskript zu lesen gab, aber auch gleichzeitig der Leser, der ihr Buch liest. Dadurch leitet oder führt Klüger das Publikum durch die Geschichte, die immer wieder infolge von Zeitsprüngen und Appellen unterbrochen wird. Klügers Antwort wird nicht eingeführt. Trotzdem ist sie klar getrennt, indem sie ihren Widerspruch mit einem „Aber" beginnt. Anführungszeichen hält die Autorin auch in dieser Textsequenz für überflüssig.

Leserinnen scheinen ihrer Meinung nach intelligenter und „aufmerksamer" zu sein. Eine Leserin macht sie auf den Punkt aufmerksam, als sie sich mit ihrer Mutter und Ditha auf der Flucht befindet. Wieder geht es um Angstgefühle, die aus der Sicht einer Leserin nicht ausreichend beschrieben werden:

> Fröste der Freiheit, ob es die nie gegeben habe, will eine aufmerksame Leserin wissen. Das geht ihr alles zu schnell, sagt sie, ihr müßt doch auch Angst gehabt haben [=transponierte indirekte Figurenrede]. Vielleicht hab ich die Angst vergessen, weil ich sie schon kannte. Neu war, daß das Dasein federleicht wurde, wo es gestern noch bleiern gewesen war [=Erzählerbericht], da denkt man nicht, jetzt kann dich einer wegblasen, sondern man denkt, daß man fliegt [=transponierte indirekte Figurenrede]. (wl, 172f.)

Klüger vermittelt durch die in ihre Kindheitserinnerungen eingeschobenen Leserkommentare eine starke Unmittelbarkeit der Oralität. Zwar werden die Zweifel der Rezipienten thematisiert, aber in einer transponierten indirekten Figurenrede. Kommentare und Fragen werden nachgestellt und aus der Geschichte herausgerissen. Doch ihre Antwort auf diese Fragen, Beobachtungen oder Ergänzungen der Leser, aus denen ein bedeutender Teil ihres Textes besteht, scheint nicht nur ihnen zu gelten, sondern dienen auch zum fiktiven

Dialog. Die Meinung der Ich-Erzählerin ist klar: um das Gefühl der Freiheit enger zu umschließen, das stärker zu sein schien als die Angst.[352]

Dieses narrative Verfahren der Autorin wiederholt sich an etlichen Textstellen. Der Leser erhält eine besondere Funktion. Sogar die Empfindungen mancher Freunde bei der Lektüre einzelner Passagen werden von ihr beschrieben, wie das folgende Textfragment veranschaulicht. Als sie sich bereits auf der Flucht befinden, verschafft ihnen ein Pfarrer falsche Papiere:

> (Meine deutschen Freunde freuen sich, wenn sie an diese Stelle kommen. Eine von ihnen, die Tochter eines Pfarrers der Bekennenden Kirche, sagt wegwerfend, ein so großes Risiko war das gar nicht, die Pfarrer hatten eben das Recht, Ausweise auszustellen, sogar unter den Nazis hatten sie das, ihr Vater hätte nicht anders gehandelt [=Erzählerbericht/transponierte indirekte Rede]. Umso besser, wenn es noch mehr wie diesen gegeben hat [zitierter autonomer innerer Monolog].) (wl, 181.)

Die Hilfsbereitschaft von einigen Deutschen ist eine der wenigen Stellen im Buch, an der die Ich-Erzählerin sich positiv über die Deutschen äußert. Sie erwähnt diesen „selbstlosen, mutigen Menschen" (wl, 180), weil sie nur noch auf diese Weise ihre Dankbarkeit ausdrücken kann und weil sich ihre deutschen Freunde dieses Lob gerade von ihr so sehr wünschen. Es wird deutlich, wie wichtig die Funktion ihrer Leser für ihre Niederschrift ist. Durch die polyphonisch angelegte Erzählstruktur reizt sie ihr Publikum nicht nur zum Dialog, sie spricht auch Umstände an, die sie erst durch das Gespräch mit ihren deutschen Freunden in Erfahrung gebracht hat. Hierfür legt sie das Wort in den Mund ihrer Freundin, die die von Klüger erlebte gute Tat des Pfarrers nicht als etwas Einmaliges begreift, sondern vielmehr als etwas Alltägliches zu dieser Zeit.

Zudem sind ihr gehaltlose Rezensionskommentare zuwider. Bemerkenswert ist, dass sie als Beispiel dafür die Beurteilung ihres eigenen Buches zitiert, die der Suhrkamp-Verleger Siegfried Unseld in seinem Absagebrief[353] zur Veröffentlichung von *weiter leben* an sie schrieb: „Liebe Leserin, Bücher wie dieses hier werden in Rezensionen oft ‚erschütternd' genannt. Der Ausdruck bietet,

---

352 1980 gab Gisela von Wisocki bei der Europäischen Verlagsanstalt ein Buch heraus mit Kurzgeschichten von Autorinnen wie Marieluise Fleißer oder Unica Zürn unter dem Titel *Die Fröste der Freiheit. Aufbruchsphantasien*. Ob dieses Zitat in Klügers Text nur eine Metapher ist, oder ob sie eine Verbindung zu Fleißer, die den Ausdruck in ihrem Roman *Mehlreisende Frieda Geier* (1931) prägte, herzustellen versucht, bleibt ungewiss. (Wisocki, Gisela von: *Die Fröste der Freiheit. Aufbruchsphantasien*. Hamburg: Europäische Verlagsanstalt, 2000 (1. Aufl. 1980).)

353 „Es kam eine Absage von Suhrkamp, die unnötig schnoddrig und herablassend war. Als Herausgeberin des *German Quarterly* hatte ich selbst oft genug Autoren enttäuschen müssen, aber immer mit ein paar höflichen Worten; der Text paßte nicht in unser Programm, oder dergleichen. Man sagt nicht, wir veröffentlichen Literatur, und was Sie da schreiben, ist erschütternd, weil's Ihnen unter den Nazis so schlecht gegangen ist, aber es ist nicht literarisch genug für unsere Ansprüche. So stand's im Absagebrief, unterschrieben von Herrn Unseld höchstpersönlich." (uv, 161f.)

ja, er biedert sich an. Ein Rezensent, der so über meine Erinnerungen schreibt, hat nicht bis hierher gelesen [=Erzählerbericht/erzählte Figurenrede als Gesprächsbericht]." (wl, 210.) Mit dieser flüchtigen Anspielung rechnet sie mit Siegfried Unselds unhöflichem „Fünfzeilenbrief"[354] ab und stellt seine kritische Fähigkeit in Frage. Diese Kritik gilt jedoch auch für Rezensionen von autobiographischer Holocaustliteratur. In diesem Sinne ist hier nicht mehr die Rede von einem leserabhängigen Zitat, sondern vielmehr von einem textgelenkten Zitat, und zwar als direkte Ansprache an die Leser und Anstoß für eine tiefere Auseinandersetzung mit dem Thema.

Obgleich Klüger für jede Frage dankbar zu sein scheint, durchschaut sie gewisse Frager. Sie trifft auf Leute, die mit „Bordellphantasien" zu ihr kommen, die „einem falschen Interesse gedient" zu haben scheinen. (wl, 238.) Eine Leserstimme meldet sich, die sich darüber einen Kommentar nicht zu verkneifen weiß: „‚Ob man fragt oder nicht', sagt ein kopfschüttelnder Leser, ‚dir kann man's nicht recht machen [=zitierte direkte Figurenrede].'" (wl, 238.) Auch die Deutschen, die sich unwissend unangebracht versprechen, werden in ihrem Erinnerungsbuch thematisiert. Sie, die nie einen Regenschirm besessen hat, „vermutlich weil Regenschirme zu der bürgerlichen Kinderstube gehören", die sie „ausgeräumt bekam", trifft auf einen deutschen Mann, der ihr „ritterlich den Regenschirm über den Kopf hält" (wl, 238). Er vermutet, sie „besäße wohl keinen, weil ich mein Leben lang von Herren beschirmt worden sei, und freut sich noch über das schlechte Wortspiel [=transponierte indirekte Figurenrede]." (wl, 238.) Auf Klüger trifft diese inadäquate Vermutung des Deutschen durchaus nicht zu, die unter Frauen aufwuchs, die Männer in ihrer Familie – ihren Vater und ihren Bruder – früh verlor und sich von ihrem Ehemann scheiden ließ. Dass die Erfahrungen im Holocaust sie zu einem anderen Menschen gemacht haben, wird durch derartige Anekdoten unterstrichen.

Falsche Hypothesen, die sie mit ihrem Buch auszuräumen versucht, betreffen insbesondere die Familienverhältnisse der Juden während des Krieges. Wer glaubt, dass Verfolgung und Unterdrückung den familiären Zusammenhalt stärkten, täuscht sich:

> [...] so tun die Leute erstaunt und sagen, unter solchen Umständen wie denen, welche ihr in der Hitlerzeit auszustehen hattet, hätten die Verfolgten sich doch näher kommen sollen. Besonders die jungen Leute hätten das tun sollen (so die Alten) [=Erzählerbericht/transponierte indirekte Figurenrede]. (wl, 56.)

Die unbedachte Annahme kann nur durch eine fremde Stimme in diesem Zusammenhang auftreten. Die Stimmen erscheinen anonym als „Leute", um die Frequenz dieser leichtfertigen Anschauungen hervorheben. Klüger beabsichtigt mit einer absoluten Abgeklärtheit, dem Publikum begreiflich zu ma-

[354] Löffler, Sigrid: Die Zukunft des Suhrkamp Verlages: Siegfried Unseld bestimmt Thedel von Wallmoden zum Koordinator. In: www.zeit.de/1997/16/wallmode.txt.19970411.xml, abgerufen am 24.07.2012.

chen, dass sie eine ganz gewöhnliche Familie waren und die Hitlerzeit aus ihnen keine besseren Menschen machen konnte.

Des Weiteren trifft die Protagonistin auf „Leute" (der Plural ist wichtig), die ihr Erinnerungsvermögen in Frage zu stellen versuchen:

> Heute gibt es Leute, die mich fragen: ‚Aber Sie waren doch viel zu jung, um sich an diese schreckliche Zeit erinnern zu können [=zitierte direkte Figurenrede].' Oder vielmehr, sie fragen nicht einmal, sie behaupten es mit Bestimmtheit [=Erzählerbericht]. Ich denke dann, die wollen mir mein Leben nehmen, denn das Leben ist doch nur die verbrachte Zeit, das einzige, war wir haben, das machen sie mir streitig, wenn sie mir das Recht des Erinnerns in Frage stellen [=transponierte indirekte Gedankenrede]. (wl, 73.)

Klüger fühlt sich persönlich angegriffen. Das Schreiben ist nicht nur eine wiederholte Selbstkonfrontation mit den Traumata, ferner dient es als Appell an die deutschen Leser, die sich leichtfertig und mit Hilfe von abgedroschenen Phrasen unzureichend mit der deutsch-jüdischen Vergangenheit auseinandersetzen.

Eine deutsche Frau, die auf Klügers Kindheit im KZ während eines Abendessens aufmerksam gemacht wird, bezweifelt die Wahrhaftigkeit der Tatsachen. Die wortwörtliche Wiedergabe des Kommentars der Deutschen und die Kennzeichnung der Aussage durch Anführungszeichen manifestieren, wie schmerzhaft solche Äußerungen sein können, die sich fest in das Gedächtnis der Erzählerin eingegraben haben:

> Die Gastgeberin hat die Frau des Veteranen auf mich aufmerksam gemacht, die sagt: ‚Die kann nicht im KZ gewesen sein, die ist zu jung [=zitierte direkte Figurenrede].' Sie hätte sagen müssen, ‚Die war zu jung zum Überleben', nicht zu jung, um dort gewesen zu sein. Ich ärgere mich, als ich zu spät von diesem Wortwechsel informiert werde. Denn daß auch Kleinkinder, viel jünger als ich, verschleppt wurden, gehört zur Allgemeinbildung der Deutschen, wie es zur Allgemeinbildung der Juden in aller Welt gehört [=Erzählerbericht]. (wl, 74.)

Die Textsequenz ist in zweifacher Hinsicht wichtig: Einerseits drückt die deutsche Bekannte durch ihr Urteil aus, keine weiteren Details erfahren zu wollen. Andererseits wird der jüdischen Frau, damals noch ein Kind, erneut von einer Deutschen Sprachverbot erteilt, ihre Kriegserfahrungen als Kind und Opfer werden somit verstümmelt. Spiegelt sich hinter diesem Verhalten eine Ausnahme wider? Wohl kaum. Vielmehr sind solche unüberlegten Kommentare eine zeittypische Tendenz. Deshalb werden sie in *weiter leben* aufgegriffen und angeprangert. Voreilige und unüberlegte Urteile sind ein Zeichen von Ignoranz, so dass die Ich-Erzählerin den niedrigen Wissenstand der Deutschen andeutet. Der Protagonistin wird jedoch auch, aufgrund ihres jungen Alters, eine Vergangenheit abgeleugnet, ohne dass die Absprecher die genaueren Details kennen. Als Kontrast kommentiert sie das Bild des einarmigen, Fleisch tranchierenden Ehemannes, dessen Kriegserlebnisse nicht angezweifelt und seine Kriegsverletzung sogar „als Tugend zur Schau“ (wl, 74) gestellt werden.

Mit welchen Spätfolgen werden die Opfer nach dem Krieg konfrontiert? Wie müssen sie sich gegenüber ihrer unwissenden Umwelt rechtfertigen? In der Öffentlichkeit werden besonders Kindheitstraumata tabuisiert, scheinbar um das Kind zu schützen, doch Klüger sieht das anders:

> Kindern, die Pogromen und anderen Katastrophen entkommen sind, hat man oft untersagt, diese Erfahrungen zu verarbeiten und sie dazu angehalten, sich wie ‚normale' Kinder zu benehmen [=transponierte indirekte Figurenrede]. Man tut das zum Besten der Kinder, die nicht über ‚diese Dinge' sprechen sollen [=Erzählerbericht/erzählter Gesprächsbericht]. (wl, 73.)

Klüger dreht an diesem Punkt den Spieß um. Hierbei geht es um die direkte Verspottung des zeittypischen Verhaltens der Erwachsenen, die den traumatischen Erfahrungen von Kindern nicht gegenübertreten wollen. Durch das Verschweigen und das Nicht-darüber-sprechen-wollen versuchen sie dieser unangenehmen Wahrheit auszuweichen. Trügerischerweise stellen sie sich selbst in den Vordergrund und glauben, den Kindern sei somit geholfen. Die Stimme, die hier zu Worte kommt, ist meist die eines Familienangehörigen, der noch rechtzeitig in ein anderes Land fliehen konnte. Sie sind nicht bereit, sich diesen unbequemen Tatsachen zu stellen. Damit appelliert sie einerseits an eine Gruppe, die auf der Seite der Täter war, die Deutschen, andererseits jedoch auch an die Juden, die durch die frühzeitige Flucht dem Holocaust entkam.

Die Enormität des Holocausts offenbart sich für viele Menschen als schwer zugänglich. Ignoranz und Kenntnisarmut dominieren in allen Gesellschaftsschichten. Auch dies wird in *weiter leben* thematisiert und scharf kritisiert. So setzt Klüger absichtlich das Wort „Ghetto“ für Theresienstadt in Anführungszeichen. Die Begründung sei die Euphemisierung des Wortes, das damals von den Nazis verwendet wurde, wobei Theresienstadt heute jedoch zu den Konzentrationslagern zählt. Somit beginnt bereits das Missverhältnis zwischen dem unzureichenden historiografischen Wissen der Gesellschaft und den Erwartungen einer Holocaustüberlebenden:

> Also dieses ‚Ghetto' Theresienstadt. Öfter kommen Leute zu mir, die mir sagen: ‚Ich habe den oder jenen gekannt, der in Theresienstadt war, erinnern Sie sich an den oder die?' Nie hab ich diese Frage bejahen können [=Erzählerbericht/ zitierte direkte Figurenrede]. Theresienstadt war kein Dorf, wo man in Ruhe alle Nachbarn kennenlernen und mit ihnen verkehren konnte. Theresienstadt war ein Durchgangslager [=Erzählerbericht]. (wl, 83.)

Besonders unterstrichen wird in diesem Fragment die Naivität hinsichtlich der nationalsozialistischen KZs. Klüger markiert die Frage mit Anführungszeichen, um auf ihre Häufigkeit der Wiederholung hinzuweisen. Die Desinformation enthüllt das mangelnde Interesse und die Ignoranz vieler Menschen, die heute noch glauben, die Konzentrationslager seien so etwas wie Urlaubsorte gewesen. Dass dort jeden Tag aufgrund der schlechten Lebensbedingunge viele Menschen starben, Theresienstadt dermaßen überfüllt war und die Inhaftierten – sehr viele alte Menschen und Kleinkinder – auf kleinstem Raum zusammengedrängt leben mussten, scheinen noch viele zu ignorieren.

Die polyphonische Struktur intensiviert sich, als die Ich-Erzählerin das Augenmerk des Lesers auf den appellativen Charakter des Textes richtet. Durch die strategische Verschachtelung von Appell und die Verwebung von Stimmen richtet sie ihre Interpretationswünsche direkt an die deutschen Leser und lässt sie auf diese Weise an ihrem Vorhaben teilhaben. Im folgenden Textfragment verwendet sie den direkten Appell an das Publikum:

> Wie kann ich euch, meine Leser, davon abhalten, euch mit mir zu freuen, wenn ich doch jetzt, wo mir die Gaskammern nicht mehr drohen, auf das Happy-End einer Nachkriegswelt zusteuere, die ich mit euch teile? Euch abhalten davon, diese Seiten so zu lesen, als wären sie etwa Nachtrag und Bestätigung zu Anna Seghers' ‚Das siebte Kreuz', ein Roman, der von der Kritik zwar als ‚das schönste Buch über das Dritte Reich' bezeichnet worden ist, dessen Schönheit sich jedoch darin ausdrückt, daß die gelungene Flucht des Einzelnen, das Überleben des Einen von Sieben, für den Triumph, den Sieg des Ganzen, des Guten steht? Wie kann ich euch vom Aufatmen abhalten? Denn den Toten ist damit nicht geholfen [=zitierte autonome direkte Figurenrede/autonomer innerer Monolog]. (wl, 140.)

Dieses metatextuelle Textfragment steht repräsentativ für die dichte Verwebung von Zeit, Stimmen und Intertextualität in *weiter leben*. Zunächst wird die Fortsetzung der Geschichte retardiert, nachdem die Protagonistin die Selektion in Auschwitz-Birkenau besteht, die mit der Kapitelüberschrift „Christianstadt (Groß-Rosen)" angekündigt wird. Das Kapitel beginnt aber mit einer Anekdote über einen erst kürzlich gehaltenen Vortrag. Im Anschluss spricht Klüger die Problematik von Zeitzeugenberichte an und überbrückt sie mit der Interpretation ihres eigenen Rückblicks. Insgesamt sind vier Zeitfrequenzen zu vernehmen, die die oben zitierte Passage behandelt:

1) Im Anschluss an die Anekdote exponiert Klüger in einem metatextuellen und gleichzeitig appellativen Stil die Problematik ihres Rückblicks.

2) *Das siebte Kreuz* erschien während des Zweiten Weltkrieges im Jahre 1942 zunächst in englischer Sprache und ein Jahr später auf Deutsch.

3) Der Hinweis auf die Rezeption von Seghers Buch – die Anführungszeichen weisen darauf hin.

4) Der direkte Appell, durch den sie die Leser vom „Aufatmen" abhalten möchte, um somit einer „Gutschrift" entgegen zu schreiben, versetzt sie sie erneut in die Schreibgegenwart.

Die Frage nach einer Aufwiegung oder nach einem „Sieg des Ganzen" durch den Sieg des Einen spielt in diesem Fragment eine wichtige Rolle. Mit der Frage stellt Klüger damit die Intention und Rezeption des Romans in Frage. Wie kann die Freude über den Triumph des Überlebens eines einzigen Menschen den Tod der restlichen sechs ausgleichen? Mit den Erinnerungen von Holocaustüberlebenden misslingt diese Ansichtsweise. Hinter der von Klüger exponierten Problematik verbirgt sich ein komplexer Auschwitz-Diskurs, der von Elie Wiesel über Imre Kertész bis zu Claude Lanzmann reicht.[355] Gegenstand der Diskussion sind insbesondere die Möglichkeiten der Repräsentation bis hin zum radikalen Bilderverbot des Holocausts. In Anlehnung an Klaus L. Berghahn fundiert das „Bild- und Schreibverbot" auf

> Theologische[n], moralische[n] und ästhetische[n] Dimensionen: Theologische, die sich aus dem Theodizeebegriff ergeben: wie konnte Gott, wenn es ihn gäbe, zulassen, daß seinem „auserwählten Volk" eine solch katastrophale Prüfung auferlegt wurde? Moralische, weil die bürokratisch verwaltete Vernichtung von Leben in der Hölle von Auschwitz alle ethischen Maßstäbe sprengt. Ästhetische, weil die industrielle Ausrottung von Leben die menschliche Einbildungskraft überfordert.[356]

Imre Kertész versucht in seinem Artikel *Wem gehört Auschwitz?*[357] für die Darstellungsdebatte eine Antwort zu finden, indem Spielbergs Film *Schindlers Liste* als „Kitsch" von ihm verrissen und Roberto Benignis Film *La Vita è bella* zum gelungenen Märchen erhoben wird. Der Holocaust, der den „unversöhnlichen Opfern" aus der Hand gerissen wird und aus dem „billige Warenartikel" hergestellt werden. Die Überlebenden müssen hilflos zusehen, wie sich „ein Holocaust-Konformismus" entwickelt, „ein Holocaust-Sentimentalismus, ein Holocaust-Kanon, ein Holocaust-Tabusystem und die dazugehörige zeremonielle Sprachwelt; Holocaust-Produkte für den Holocaust-Konsumenten". (Kertész 1998.)[358]

Doch zurück zu Klügers Textfragment. Während sie durch die rezeptionsorientierte Erzählerstimme den Leser zu leiten versucht und an ihn appelliert, beruft sie sich auf den Segherschen Roman, den nur eine beschränkte Anzahl von Lesern kennen, so dass die Aufforderung nur restriktiv wirken kann. Diese hybride Textkonstruktion konzentriert zum einen Klügers appellierende

355 Dies bestätigt sie erneut 2008 in einem Interview: „Das einzige, was ich Claude Lanzmann übelnehme, ist, dass er sagt: Alle anderen Filme und alle anderen Bücher über die Shoah gehen nicht – das geht natürlich zu weit." (Nüchtern/Omasta 2008.)

356 Berghahn, Klaus J.: Ringelblums Milchkanne. Über Möglichkeiten und Grenzen der dokumentarischen Repräsentation des Holocaust. In: Berghahn, Klaus/Fohrmann, Jürgen/Schneider, Helmut J. (Hrsg.): *Kulturelle Repräsentationen des Holocaust in Deutschland und den Vereinigten Staaten*. New York: Peter Lang, 2002, 147-165, hier: 149.

357 Kertész, Imre: Wem gehört Auschwitz. In: *Die Zeit*, Nr. 48, 19.11.1998.

358 Siehe in diesem Zusammenhang auch Finkelstein, Norman: *Die Holocaust-Industrie. Wie das Leiden der Juden ausgebeutet wird.* Aus dem Amerikanischen von Helmut Reuter. München: Piper, 2005 (1. dt. Aufl. 2001.).

Stimme und zum anderen die offen gekennzeichnete Stimme der Kritiker, die das Seghersche Buch hochgradig rezipierten. Doch was versucht die Erzählerin durch diesen Appell hervorzuheben? Klüger zieht eine Grenze zwischen Roman – fiktive Figuren in einem konkreten geschichtlichen Abschnitt – und Zeugnisablegung, der autobiographischen Holocaustliteratur. Für die Überlebende bedeutet das Weiterleben nicht selbstverständlich einen glücklichen Ausgang.

Der Roman wird mit Titel und Autorin zitiert. Der intertextuelle Verweis ist durch Anführungszeichen gekennzeichnet und der Prätext explizit thematisiert, indem Klüger die leichtfertige Kritik erwähnt. Klüger markiert nicht nur den Intertext, sondern thematisiert ihn explizit. Sie appelliert, ihre Geschichte übermütig zu interpretieren, und benutzt den Prätext, um Fehlinterpretationen des eigenen Textes auszuschließen. Dabei wird eine Distanzierung zum Prätext deutlich. Ebenso ist eine offenkundige Referenz im Text vorhanden, die für einen hohen Markierungsgrad spricht. Trotz der deutlichen Markierung lässt sich die Problematisierung des Vergleichs beider Bücher nicht leugnen. Durch die kritische Bemerkung Klügers über die Rezeption der Geschichte Anna Seghers kann der Leser den Gesamtkontext abrufen. Hat der Rezipient das Buch jedoch nicht gelesen, wird er dadurch zumindest in Kenntnis gesetzt, in welcher Zeit es spielt und wie es die Kritik einstufte. Die Funktion der intertextuellen Markierung besteht darin, den Leser darauf aufmerksam zu machen, dass es sich bei der autobiographischen Holocaustliteratur um die Verarbeitung einer traumatischen Erfahrung handelt, um die Erinnerungen von Opfern des Hitlerregimes, und dass die Frage um das, „Was“[359] diesen Menschen angetan wurde, die zentrale Achse bildet. Die „Nachkriegswelt“ tritt als Konnektionspunkt zwischen ihnen auf. Die industrialisierte Massentötung an den europäischen Juden durch die Hitler-Diktatur bildet die Zäsur, die die Erinnerungen der Autorin und der Deutschen auseinanderreißen lässt.

Hinzu kommt, dass die Autorin die vermutliche Reaktion der Rezipienten erwähnt und versucht, sie umzulenken: „Faßt einen Gegengedanken, ändert die Zusammenhänge. Bedenkt: Es sind in Auschwitz soundso viel Menschen durch ein Entlausungsgift ums Leben gekommen [=Erzählerbericht/zitiertes Gedankenzitat].“ (wl, 140.) Sie plädiert dafür, nicht das am Leben bleiben ins Blickfeld zu rücken, sondern vielmehr die Ermordung von Millionen von Menschen wie Ungeziefer. Dem Imperativ „Bedenkt“ folgt die Erwägung: Der systematisierte Mord an unschuldigen Menschen durch ein Entlausungsgift. Doch bis hierhin nicht genug, denn auch die Reaktion scheint sie zu kennen: „(ich will Euch jetzt nicht noch einmal vorrechnen, wieviele es waren, denn ich weiß, ihr mögt das nicht und schaltet ab, wenn ihr die unwillkommenen Ziffern im Zusammenhang hört [=Erzählerbericht/Erzählte Erwähnung des sprachlichen Aktes].)“ (wl, 140f.) Mit einem höhnischen Beigeschmack schiebt sie die vermutete Reaktion und das Wissen des Publikums als Provokation in

---

359 Vgl. auch Améry (2000: 63): „Wenn sich nun schon das *Wie* des Schmerzes der sprachlichen Kommunikation entzieht, so kann ich aber doch vielleicht annähernd aussagen, *was* er war.“

Klammern ein, um die Ausführung sachlich darstellen zu können. Auf diese Weise entsteht ein oraler Sprachakt in der Erzählung, der durch eingeschobene Selbst-Verbesserungen gefestigt wird. Wie gegenwärtig Klüger schreibt, wird offensichtlich, als sie einige Seiten weiter mit ihrer Mutter und Ditha bereits auf der Flucht ist und den Appell von Seite 140 revidiert.

> Wenn ich vorhin schrieb, man möge in meine Geschichte nicht den Optimismus, der einen Roman wie ‚Das siebte Kreuz' bestimmt, hineinlesen, so ziehe ich diese Bitte jetzt, wenn auch mit Vorbehalt, zurück, denn auf diesen ostdeutschen Landstraßen zu der Zeit vor Kriegsende waren wir drei so hoffnungsvoll wie nur je, voller Lebenslust und Gelächter [=Erzählerbericht/ transponierte indirekte Figurenrede]. (wl, 174.)

Durch Widersprüche oder Meinungsänderungen während der eigenen Niederschrift erzielt sie eine gesteigerte Aufmerksamkeit des Rezipienten. Das soeben erwähnte Zitat korrigiert ihre Bemühungen, ihr Buch nicht falsch zu interpretieren. Warum setzt die Autorin diese Gegensätze? Eine Erklärung dafür liefert ihr gegensätzliches Verhältnis zu ihren traumatischen Erlebnissen. Die Beschreibung des Holocaust kann nur anhand von Widersprüchen und Unstimmigkeiten gedeutet werden.[360] Für Klüger ist dies die einzige Form, ihn darzustellen: durch textuelle Stolpersteine und Gegensätze. Die Gewissheit über den Genozid soll damit jedoch nicht aufgehoben werden: „Das ist subjektives Verhalten und verringert das Elend der Zeit um keinen einzigen Toten." (wl, 174.) Im ersten Kapitel „Christianstadt (Groß-Rosen)" ignoriert sie das KZ. Erneut appelliert sie, zu „bedenken" und die Überlebenden von den Toten zu trennen, da sie „keine Gemeinschaft mit den dort Umgekommen" (wl, 141) bilden:

> Und nun bedenkt, daß es nebenbei, und ganz unabhängig von diesen Geopferten, noch etliche Tausende oder auch Zehntausende gibt wie mich [...], die man nicht gegen die Toten aufrechnen kann, nicht von den Opfern abziehen kann, mit einem Trick emotionaler Algebra [=Erzählerbericht/zitiertes Gedankenzitat]. (wl, 141.)

Die Aufforderung wird dem Publikum mit dem dialogischen Aufruf nahegelegt. Während es durch das Buch geführt wird, kommt es selbst zu Worte. Die

---

360 Zwiespältig ist auch ihr Verhältnis zu Theresienstadt: „Ich hab Theresienstadt irgendwie geliebt, und die neunzehn oder zwanzig Monate, die ich dort verbrachte, haben ein soziales Wesen aus mir gemacht, die ich vorher in mich versponnen, abgeschottet, verklemmt und vielleicht auch unansprechbar geworden war." (wl, 103.) Und „Ich hab Theresienstadt gehaßt, ein Sumpf, eine Jauche, wo man die Arme nicht ausstrecken konnte, ohne auf andere Menschen zu stoßen. Ein Ameisenhaufen, der zertreten wurde." (wl, 104.) Heidelberger-Leonard sieht in der „sprachlichen Gestaltung" das Ziel, „den Leser zu verunsichern, aufzurütteln, zu provozieren. Das geschieht zunächst auf inhaltlicher Ebene, indem Inkongruentes oder das, was für inkongruent gehalten wird, in einen Sinnzusammenhang gebracht wird." (Heidelberger-Leonard 1996: 46.)

Stimmen der deutschen Leser stehen parallel zu der Stimme der Ich-Erzählerin. Kommentare von deutschen Freunden werden verknüpft, um eine doppelte Leserperspektive zu erzeugen. So zum Beispiel in der Flucht-Passage: „(Ein Freund liest diesen Satz und gibt mir die Antwort: Komik als Ventil für Ängste, daher Galgenhumor. Neurotiker, sagt er, sind die besten Komiker [Erzählerbericht/zitierte direkte Figurenrede].)" (wl, 174.) Einerseits wird die Gefahr, unter der die drei Flüchtlinge stehen, nicht außer Acht gelassen – Komik als Resultat der Todesangst –, andererseits blendet sie die Stimme des Freundes ein, um diese Fröhlichkeit zu formulieren. Wir wissen, dass Klüger das Manuskript ihren deutschen Freunden zum Lesen gab. Leserkommentare und Erzählung bilden ein Konstrukt, eine Kooperationsgeschichte zwischen ihr und den Menschen, an die sie in ihrem „deutschen Buch" (Naumann 1993: 38) appelliert. Das Nebeneinander von Stimmen vereinfacht das Erinnern, hilft Leerstellen zu füllen und die kritische Kompetenz des Rezipienten zu fördern, um mit ihm in ein dialogisches Verhältnis zu treten. Klüger fordert die Leser zum Umdenken auf, reizt sie und setzt den einen oder anderen humorvollen Kommentar hinzu:

> Gebt euch doch die Mühe zu fragen, was diese gewaltsam entwurzelten Menschen sich dachten oder was sie von sich aus wollten. Wenn ihr anhaltend fragt, dann liefere ich diesen kleinen Beitrag zum Problem: Ich wollte das Schmalzbrot des Dicken [=Erzählerbericht/Erzählter Bewusstseinsbericht]. (wl, 159f.)

Sie hilft ihrem Leser sogar, die richtigen Gedanken in Gang zu setzen. Wichtig dabei scheint für sie der Blickwinkel des Naziopfers zu sein, in den sich die Deutschen so schwer versetzen können. Die Verbindung zu ihren deutschen Freunden gelingt durch das gemeinsame Zurückrufen beispielsweise der letzten Tage des Krieges, als viele Deutsche auf der Flucht waren. Sie weiß auch, dass es ein herbes Zurückrufen dieser Zeit für diese Menschen sein kann. Diesen Punkt gebraucht sie, um eine Verbindung zwischen ihrer Erfahrung und der der Deutschen herzustellen, einen „Schnittpunkt", wie sie es nennt. Erst als sie vom deutschen „Flüchtlingsstrom mitgeschwemmt" (wl, 173) werden, beginnen sich beide Erinnerungspole zu überlappen und eine gemeinsame Vergangenheit entsteht. Die Zäsur endet somit genau an diesem Zeitpunkt:

> Liebe Freunde, manche von euch kennen diese Straßen, auch ihr als Kinder und auf der Flucht, und erinnert euch nicht gerade mit Freude daran. Wir wurden von eurem Flüchtlingsstrom mitgeschwemmt und folgten den Heimatlosen, denen ihr eigenes Elend im Hals saß und die nicht mehr voll Mißtrauen fragten, wo der andere herkam [=Erzählerbericht/transponierte indirekte Figurenrede]. Ihr trauertet um das, was ihr hinter euch gelassen und besonders, daß ihr die Heimat verloren hattet, wir waren glücklich, die Stätten unserer Gefangenschaft hinter uns gelassen und so viel gewonnen zu haben, nämlich das Recht zu ent-

> scheiden, wohin man den Fuß setzt [=Erzählerbericht/erzählter Bewusstseinsbericht]. (wl, 173.)

Durch den „Schnittpunkt" hat sie einen Bezugspunkt gefunden, den sie nutzt, um gemeinsame Erinnerungen an den Frühling 1945 zu verbinden, indem sie die deutsche Lesergruppe direkt anspricht. Sie geht der Erinnerung nach und beschreibt den Geschmack der Steckrüben, die damals noch „Wrucke" (wl, 174) hießen.

Während Klüger fremde Stimmen in ihren Text einwebt, kommen ihr jedoch auch Zweifel, ob die Rezeption die gewünschte sein wird. Der Auszug verdeutlicht, wie die Autorin durch eine exponierte Autoreflexion, die gleichzeitig als Appell gedeutet werden kann, geschickt ihre Unsicherheit ausdrückt, um auch an diesem Punkt den Meinungsaustausch zuwege zu bringen:

> Für wen schreib ich das hier eigentlich? also bestimmt schreib ich es nicht für Juden, denn das täte ich gewiß nicht in einer Sprache, die zwar damals, als ich ein Kind war, von so vielen Juden gesprochen, gelesen und geliebt wurde, daß sie manchen als die jüdische Sprache schlechthin galt, die aber heute nur noch sehr wenige Juden gut beherrschen. Also schreib ich es für die, die nicht mit den Tätern und nicht mit den Opfern fühlen wollen oder können, und für die, die es für psychisch ungesund halten, zuviel von den Untaten der Menschen zu lesen und zu hören? Ich schreibe es für die, die finden, daß ich eine Fremdheit ausstrahle, die unüberwindlich ist? Anders gesagt, ich schreib es für Deutsche [=zitierter autonomer innerer Monolog]. (wl, 142.)

Diese Frage taucht in ihrem Werk mehrmals auf. Doch wer spricht? Zunächst ist es eine rhetorische Frage, um sie sich selbst und dem Rezipienten zu beantworten. Jean Paul Sartres These[361] trifft auf Klügers Ziel zu:

> Da das Schaffen seinen Abschluß erst in der Lektüre finden kann, da der Künstler einem andren anvertrauen muß, zu vollenden, was er begonnen hat, da er nur über das Bewußtsein des Lesers sich als seinem Werk wesentlich begreifen kann, ist jedes literarische Werk ein Appell. Schreiben heißt an den Leser appellieren, daß er die Enthüllung, die ich mittels der Sprache unternommen habe, zur objektiven Existenz übergehen lasse. Weil man im Buch niemals den zureichenden Grund dafür findet, daß der ästhetische Gegenstand erscheint, sondern nur Aufforderungen, ihn hervorzubringen, weil auch nicht genug im Geist des Autors vorhanden ist und seine Subjektivität, aus der er nicht hinauskann, den Übergang zur Objektivität nicht begründen kann, ist das Erscheinen des

361 In dieser Passage lässt sich eine Verbindung zwischen ihrer Frage „Für wen schreib ich das hier eigentlich?", von der Autorin zwar unmarkiert und ohne weitere Hinweise auf eine Referenz, und Jean-Paul Sartres Essay *Warum schreiben?* herstellen, in dem er seine Reflexionen abschließt mit der Frage: „‚Für wen schreibt man?" Sartre, Jean-Paul: Warum schreiben? In: Jannidis, Fotis u.a. (Hrsg.): *Texte zur Theorie der Autorschaft*. Stuttgart: Reclam, 2007, 106-123, hier: 123.

> Kunstwerkes ein neues Ereignis, das sich nicht durch frühere Gegebenheiten erklären läßt. Und da ja dieses gesteuerte Schaffen ein absoluter Anfang ist, wird es also von der Freiheit des Lesers vollbracht, und zwar von dem, was an dieser Freiheit am reinsten ist. So appelliert der Schriftsteller an die Freiheit des Lesers, daß sie an der Produktion seines Werks mitarbeite. (Sartre 2007: 109f.)

Ein Appell ist auch Klügers Werk. Sie spricht durch ihren Text ihre „freien" Gesprächspartner an und bittet sie um „Mitarbeit". Ihre Empfindungen und Reaktion werden reflektiert und bewertet. Auch das folgende Zitat aus dem Sartreschen Text trifft auf Klügers Absicht zu:

> Der Schriftsteller darf nicht zu *erschüttern* versuchen, sonst befindet er sich im Widerspruch mit sich selbst; wenn er etwas *verlangen* will, so darf er die zu erfüllende Aufgabe nur vorschlagen. Daher jenes Merkmal *reiner Präsentation*, das für das Kunstwerk als wesentlich erscheint: der Leser muß über einen gewissen ästhetischen Abstand verfügen. (Sartre 2007: 112.)

Ein zweiter wichtiger Aspekt wird in Klügers Reflexion über die Auseinandersetzung mit den Deutschen angeschnitten. Durch den Mord an den deutschsprachigen Juden ist auch das identifikatorische Element zur deutschen Sprache verloren gegangen. Die Zäsur wird umso deutlicher, wenn die Herkunft der Autorin in Betracht gezogen wird. Sie selbst ist eine Überlebende, die in der Sprache derer spricht, die sie zum Tode verurteilten, die aber auch gleichzeitig ihre Muttersprache ist. Sie kommt ihrer Zielgruppe durch die Sprachwahl entgegen und macht sie somit auf die eigene Herkunft aufmerksam. Die anfangs gestellte Frage kann nur einen rhetorischen Charakter haben. Die Intention ist, die Deutschen daran zu erinnern, dass sie es ausschließlich für die Deutschen schreibt. Diese Antwort steht unmittelbar, nachdem sie den Literaturwissenschaftler zitiert, der sich nicht mit den Opfern identifizieren konnte und sich nicht mit den Tätern identifizieren wollte. Deshalb zitiert sie ihn kurz an, um diejenigen anzusprechen, die sich nur widerwillig mit den Verbrechen der Nazis auseinandersetzen, weil sie zu diesem Zeitpunkt zu jung oder noch gar nicht auf der Welt waren. Diese Menschen möchte sie mit ihrem Buch reizen und zum Dialog auffordern. Sie will die Leser „streitsüchtig" durch Provokation machen. Nun haben sie die Möglichkeit, sich mit dem Holocaust auf eine andere Art auseinanderzusetzen.

In der zweiten Frage des obigen Textauszugs erwähnt Klüger die „Fremdheit", die sie für manche Deutsche ausstrahlt und die für sie „unüberwindlich" zu sein scheint. Wenn es heute noch im deutschen Sprachgebrauch vorkommt, ist eine Anspielung auf den noch herrschenden Antisemitismus in Deutschland nicht auszuschließen. Die anschließende Frage kann ein Indiz dafür sein: „Aber seid ihr das wirklich? Wollt ihr wirklich so sein [=zitierte autonome direkte Figurenrede]?" (wl, 142.) Hierbei handelt es sich auch nicht um eine rhetorische Frage; sie richtet sich direkt an den deutschen Leser. Verbirgt sich hinter dieser Frage nicht die Identität des Antisemiten? Im Folgenden soll ein bereits analysiertes Zitat neu aufgegriffen werden. Christoph spricht vom „Andersartigen",[362] das Klüger im Zusammenhang mit der Diskussion am Frühstückstisch erwähnt. Die Termini „Fremdheit" und „artfremd"[363] waren in der Propagandasprache des Dritten Reiches immer in Bezug auf Juden und Zigeuner ausgerichtet. Der Begriff „artfremd" steht als Antonym für das Wort „arteigen", das als „der eigenen Rasse zugehörig, der Besonderheit der eigenen, *rassisch geprägten Art* entsprechend" in der Propagandasprache des Nationalsozialismus gebräuchlich war.[364] „Artfremd" steht nach Schmitz-Berning „im Widerspruch zum Wesen der eigenen Rasse". (Schmitz-Berning 2000: 67.) „Im Nationalsozialismus", heißt es in ihrem *Vokabular des Nationalsozialismus* weiter, „bezeichnet *artfremd* fast ausnahmslos die angeblich mit der eigenen *Rasse* physisch und psychisch unverträgliche fremde *Rasse* und die ihr zugeschriebenen Einflußmächte, die allein deshalb, weil sie fremd sind, vernichtet werden müssen." (Schmitz-Berning 2000: 68.) Verwiesen sei an diesem Punkt auch auf die Arbeit „Der Nazi-Komplex" von Georg Stötzel, in der es heißt:

> Die Aufteilung von Menschen und Menschengruppen und ihre undifferenzierte positive und negative Wertung ‚vermittelten' die Nazis durch stereotype Wiederholung von dualistischen Paradigmen wie arthaft, volkhaft, artfremd, blutsfremd, volksfremd, rassefremd, fremdblütig, fremdrassisch, Fremdvölker usw.[365]

Klügers Unterstellung des noch herrschenden Antisemitismus bestätigt auch die folgende Textsequenz. Sie fordert ihr Publikum heraus, versucht es zu „reizen", um es aus seiner distanzierten Position herauszulocken:

> Ihr müsst euch nicht mit mir identifizieren, es ist mir sogar lieber, wenn ihr es nicht tut; und wenn ich euch ‚artfremd' erscheine, so will ich auch das hinnehmen (aber ungern) und, falls ich euch durch den Gebrauch dieses bösen Wortes geärgert habe, mich dafür entschuldigen. Aber laßt euch doch mindestens reizen, verschanzt euch nicht [...] [=zitierte autonome direkte Figurenrede]. (wl, 142.)

Durch die Abgrenzung verhindert Klüger das Mitgefühl und die Identifikation. Denn eine Spiegelung birgt die Gefahr einer für den Leser befriedigenden Katharsis, wodurch Schreibintention und Auseinandersetzung fehlschlügen.

---

362 „Man will das Andersartige nicht um sich haben, wenn man es nicht anders gelernt hat." (wl, 218; vgl. auch Wengeler 2005: 238f.)

363 „Artfremd" waren nach den „Nürnberger Rassegesetzen" der Nazis die Menschen, die weniger als 25 Prozent „deutsches Blut" besaßen. (Vgl. Klemperer, Viktor: *The Language of the Third Reich: LTI – Lingua Tertii Imperii*. London: Continuum International Publishing Group, 2006, 27.)

364 Schmitz-Berning, Cornelia: *Vokabular des Nationalsozialismus*. Berlin: de Gruyter, 2000, 66.

365 Stötzel, Georg: Der Nazi-Komplex. In: ders./Wengeler, Martin: *Kontroverse Begriffe: Geschichte des öffentlichen Sprachgebrauchs in der Bundesrepublik Deutschland*. Berlin: de Gruyter, 1995, 355-382, hier: 364f.

Sie weiß, dass sie durch den Gebrauch des Wortes „artfremd" den Leser provoziert, und entschuldigt sich sogar sich im Nachhinein dafür. Charakteristisch für ihr Stimmenkonstrukt ist das Herausstechen konkreter Termini, die nur auf ein ganz bestimmtes (intellektuelles) Publikum wirken. Doch der Satz bricht ab. Das Ende, eine Forderung, lautet:

> [...] sagt nicht von vornherein, das gehe euch nichts an oder es gehe euch nur innerhalb eines festgelegten, von euch im voraus mit Zirkel und Lineal säuberlich abgegrenzten Rahmens an, ihr hättet ja schon die Photographien mit den Leichenhaufen ausgestanden und euer Pensum an Mitschuld und Mitleid absolviert [=transponierte indirekte Figurenrede]. Werdet streitsüchtig, sucht die Auseinandersetzung [=zitierte autonome direkte Figurenrede]. (wl, 142.)

Der provozierende Ton hält zwar an, doch verbirgt sich dahinter ein Appell, der durch die Bloßstellung von leeren Ausreden aufgedeckt werden soll. Die Streitsüchtigkeit, zu der die Autobiographin ihre deutschen Leser bewegen will, ist ein Aufruf zu einer Diskussion auch untereinander. Keineswegs versucht sie sich von den Deutschen abzukapseln. Vielmehr baut sie eine gewisse Sprachbrücke, um den Diskurs aufrechtzuerhalten. Damit dies gelingt, thematisiert sie die schwierige Aufgabe durch Identifikation der gemeinsamen Erinnerungen kontinuierlich in ihrem Buch: „Doch wenn es gar keine Brücke gibt von meinen Erinnerungen zu euren, warum schreib ich das hier überhaupt? [zitierte autonome direkte Figurenrede]" (wl, 111.)

Zusammenfassend lässt sich sagen, dass mit Hilfe des dialogischen Charakters, der durch die eingesetzten und sich zum Teil widersprechenden Stimmen gekennzeichnet ist, die Schlussfolgerung offen bleibt. Dem Leser überlässt sie das letzte Wort. Dabei lenkt sie ihn mit dem polyphonen Diskurs durch das ganze Buch. Viele Stimmen erscheinen aber auch, wenn die Worte versagen oder die Beschreibung ihrer Empfindungen nicht ausreicht. Auch der Appell an die deutschen Leser erweist sich als hilfreiche Methode, Wissenslücken aufzuspüren und dagegen anzukämpfen, um den Leser daraufhin auf den richtigen Pfad zu lenken. Klüger erteilt äußerst strikte Regieanweisungen, doch welche Vergleiche zur Auseinandersetzung hinzugezogen werden, überlässt sie dem Publikum. Nur die falschen Vergleiche werden bei ihr nicht geduldet sowie unüberlegte und abgedroschene Phrasen, die sie nicht gelten lässt.[366]

---

366 Klüger definiert den Aufruf, Vergleiche zu ziehen, in einem Interview mit Ursula Schneider etwas genauer: „Ich spreche darüber, daß man eigentlich Vergleiche machen muß, und daß Vergleiche nicht bedeuten, daß man zwei verschiedene Katastrophen gleichsetzt, sondern daß man eben auch Unterschiede sieht." (Schneider, Ursula: Das ganze Buch als Dialog. In: *INN, Zeitschrift für Literatur*, 10. Jg., Nr. 31, Nov. 1993, 25-27, hier: 25.) Auch Dominick LaCapra unterstützt diese These: „One critical role of comparisons in history is to bring out not only similarities but significant differences. Comparisons that accentuate only similarity are *ipso facto* dubious." (LaCapra, Dominick: Representing the Holocaust: Reflections on the Historian's Debate. In: Friedländer, Saul: *Probing the Limits of Representation: Nazism and the „Final Solution"*. Harvard: Harvard

Die Funktion der zeittypischen anonymen Stimmen lässt sich als Ergänzung zu Gisela und Christoph lesen. Worauf Klüger hinaus will, wenn auch vereinfacht, ist der Aufruf des bedachtsamen Umgangs und der Bereitwilligkeit zum Dialog. Die deutschen Stimmen rekonstruieren das aus kleinen Erinnerungsscherben zusammengesetzte Stimmenmosaik von *weiter leben*. SS-Männer oder Wachen im KZ tauchen in ihrem Buch kaum auf – nur in der grotesken Form als „Drahtpuppe mit Stiefeln" (wl, 133) –, dafür aber die kulturellen Erben.

4.4 Ein Wort an die „Experten in Sachen Ethik, Literatur und Wirklichkeit"

> *[W]enn man dich umbringt, so nützt es dir nichts, dass du das ‚Lied von der Glocke' auswendig kannst, nicht? Das hilft dann überhaupt nicht. Aber es hilft, die Vernunft nicht ins Gleiten zu bringen.* (Schmidtkunz 2008: 27.)

Diese Aussage Klügers aus einem Interview mit Wolfgang Kuehs bestätigt die gewichtige Bedeutung und Funktion, die Dichtung für die Gefangenen in den Konzentrationslagern oder in ähnlichen Situationen von Todesangst[367] hatte. Für viele war sie überlebensnotwendig. Schillers Gedicht *Das Lied von der Glocke* steht hier exemplarisch für die Dichtung, mit der sie ein seelisches Gleichgewicht bewältigten. Viele Menschen fanden Tröstung in Liedern, man sang gemeinsam oder rezitierte selbstgedichtete Verse. Von vielen Opfern, die später ihre Erinnerungen niederschrieben, kennen wir die Wirkung, die Literatur in der Gefangenschaft und in Extremsituationen haben kann. Nico Rost[368], Grete Weil[369] oder Jorge Semprun[370] schrieben über die wichtige geisti-

---

University Press 1992, 108-127.) Norman Finkelstein insistiert ebenfalls auf Vergleiche. (Vgl. Finkelstein 2005: 45.)

367 Die Häftlinge lebten in den Konzentrations- und Vernichtungslagern mit einer ständigen Todesangst. Wie Schönherr-Mann in seinem Buch zu Hannah Arendt konstatiert, besaßen die Lager „eine interne Terrorstruktur, die sofort bei der Ankunft des Häftlings anhob. Dieser konnte nur überleben, wenn er gegen die zahllosen herrschenden Regeln verstieß, so daß er notorisch unter Todesangst leben mußte." (Schönherr-Mann 2006: 67.)

368 Am 19. August schreibt Nico Rost (*Goethe in Dachau. Ein Tagebuch*. München: List, 2001, 76): „Grillparzer hat mir in diesen letzten Wochen unendlich viel gegeben – besonders hier und in der augenblicklichen Situation –, mehr als ich sagen kann. Auch wieder mit der folgenden Betrachtung:/‚Mir ist es Bedürfnis, mich immer mit einem Lerngegenstand zu beschäftigen. Durch diesen Kunstgriff genieße ich im Mannesalter fortwährend den Nachgeschmack der Kinderzeit, und es soll mich hoffentlich jung erhalten, noch zwei Stunden vor meinem Tode.'/Dieses Lernbedürfnis, von dem er spricht, diesen Drang, immer noch mehr zu lesen, zu lernen und zu studieren, habe ich nie stärker empfunden als hier, und ich benutze mit Freude jede freie Minute dazu. Auch ich fühle mich dadurch jünger als je – trotz allem Elend."

369 Grete Weil berichtet über die Wochen in ihrem Versteck hinter einem Schrank in Amsterdam: „Nach dem Essen lese ich; Bücher, die ich als Tochter aus gutem Haus früher

ge Stütze, die für sie die Literatur, das Lesen, Dichten, Schreiben und das Aufsagen von Versen im Holocaust und danach war. Klüger, die schon als Kind mit Vorliebe Schillers Balladen aufsagte, macht sie im KZ zu ihren täglichen Appellgedichten. Das sei eine Art „Eskapismus in Form von Überhöhung" berichtet sie. „Beim Appellstehen, wenn es kalt oder heiß" sei und man nicht wisse, wann das aufhöre und man das Gefühl habe, „gleich fällst du um" und man sich selbst bemitleide. Wenn man sich dann „einfach die Zeit vertreibt auf eine Weise, die nichts mit dem Appell zu tun hat, dann hat man sich befreit." So habe man sich als „geistig funktionierenden Menschen" bewiesen. (Kuehs 2002.)

Während der Zwangsarbeit rebellierte Klüger mit ihren Gedichten: „Ich hab damals soviel Sabotage wie möglich getrieben, mit Hilfe von aufgesagten Gedichten, aus Schwäche, aus Langweile, aus Überzeugung." (wl, 151.) Mehrere Strophen, meist sehr lange Balladen, wurden während der Extremsituationen von Hunger, Durst und Todesangst zu einer Droge, mit der sie geistig in eine andere Welt flüchten konnte. Zahlreiche Häftlinge fanden Trost in ihren Gedichten, der Inhalt war zweitrangig: Das Wichtige an ihnen war „in erster Linie die Form selbst, die gebundene Sprache", die ihnen „eine Stütze gab", „ein Zeitvertreib", indem die Verse die Zeit einteilten. (wl, 124.)

> Ist die Zeit schlimm, dann kann man nichts Besseres mit ihr tun, als sie zu vertreiben, und jedes Gedicht wird zum Zauberspruch. Denn dem Inhalt nach war nicht viel in den Schillerschen Balladen, das mich den Durst bei den endlosen Appellen in Auschwitz hätte vergessen lassen [...]. In gewissen Lagen, wo es einfach darum geht, etwas durchzustehen, sind weniger tiefsinnige Verse vielleicht noch geeigneter als solche, die das Dach überm Haus sprengen. (wl, 124.)

---

hätte lesen sollen, jedoch nicht gelesen habe, weil sie mich langweilten – ab und zu ein paar Seiten, Freude am Stil, dem Inhalt, aber um Himmels willen nicht das langatmige Ganze – jetzt können sie gar nicht dick genug sein. Ich habe Zeit, ein Tag vergeht wie der andere, die Bücher sind die einzige Zäsur, wieder eines zu Ende, wie lange habe ich dazu gebraucht, zwei Tage, eine Woche? Es ist gleichgültig, die zu reichlich vorhandene Zeit zerfließt, wird unwichtig, ist nicht mehr meßbar. Ich lese den Grünen Heinrich, die Wahlverwandtschaften und die beiden Meister, [...]. Kurt, der ‚halbarische' Grafiker, Schulfreund Waikis, bei dem ich untergetaucht bin, hat seine Bibliothek mit ein paar anderen von Untergetauchten oder schon Deportierten angefüllt, es ist vieles vorhanden, auch Shakespeare, ohne den ich die ersten schlimmen Wochen des Eingesperrtseins schlecht überstanden hätte." (Weil 1982: 44.)

370 Der in Buchenwald politisch inhaftierte Jorge Semprún versucht sich ebenfalls durch Literatur in eine andere Umgebung zu denken: „Die erste Nacht dieser Reise habe ich – eine nicht leichte Abstraktionsübung – damit verbracht, in meinem Gedächtnis den Inhalt von ‚In Swanns Welt' wieder zusammenzusuchen. Auch ich war einmal lange Zeit früh schlafen gegangen. Ich stellte mir den rostigen Klang der Glocke im Garten vor, wenn Swann abends zum Essen kam. Im Gedächtnis sah ich wieder die Farben des Glasfensters in der Dorfkirche vor mir. Und die Weißdornhecke, die war ja bei Gott auch meine eigene Kindheit. Die erste Nacht dieser Reise habe ich damit verbracht, in meinem Gedächtnis den Inhalt von ‚In Swanns Welt' wieder zusammenzusuchen und mich an meine Kindheit zu erinnern." (Semprún, Jorge: *Die große Reise*. Frankfurt/M.: Suhrkamp, 1981 (1. dt. Aufl. 1964), 73.)

In Christianstadt beschaffte ihr die Mutter ein „halbzerrissenes Schullesebuch, ohne Deckel und mit fehlenden Seiten": „Eine wohlbekannte Türe hatte sich wieder geöffnet, ich hatte einen vertrauten Zugang zur Welt wiedergefunden." (wl, 160.) An einen Text kann sie sich noch genau erinnern, weil sie ihn mit ihrer damaligen Situation in Verbindung setzen konnte:

> Was für Texte in dem Buch standen, weiß ich nicht mehr, außer einem. Das war der ‚Osterspaziergang' aus dem ‚Faust'. [...] Da war nun dieses Gedicht, in dem schon der Auftakt Kälte und Gefangenschaft gleichsetzte: ‚Vom Eise befreit sind Strom und Bäche.' Man muß Atem holen, um diese erste Zeile zu sagen; ich holte Atem. Eine Stimme, die mich direkt ansprach. Wind eines großen Aufbruchs, einer ausdrücklich nicht religiösen, nicht-christlichen Auferstehung (‚Denn sie sind selber auferstanden/Aus niedriger Häuser dumpfen Gemächern'), von der ich mich also nicht ausgeschlossen fühlte. Der Rückzug des Winters (‚in rauhe Berge') und der Rückzug der deutschen Armee (wir konnten die Geschosse hören) waren ein und dasselbe. Es mußte ja gelingen, der Feind, die Kälte waren im Fliehen, sandten nur noch ‚Ohnmächt'ge Schauer körnigen Eises/In Streifen über die grünende Flur'. (wl, 161f.)

Die Metatextualisierung des Faust-Fragments[371] öffnet nicht nur ein Fenster zu einem neuen Text – Goethes „Osterspaziergang" als Ankündigung der bevorstehenden Befreiung –, sondern dieser bedeutende Text der deutschsprachigen Literatur wurde von dem Häftlingskind im nationalsozialistischen Konzentrationslager umfunktionalisiert, um dem *Feind* der Deutschen – den Juden – einen Hoffnungsschimmer des Überlebens zu lassen. Wohlgemerkt waren Gedichte nicht wegen ihres Inhalts, sondern angesichts ihrer Regelmäßigkeit, die ihre Aneignung erleichterten, im KZ so beliebt. Besonders Klüger unterstreicht diese Eigenschaft: „Wie alte Texte in den Dienst von aktuellen Bezügen gestellt werden können", erfuhr sie bereits in Theresienstadt nach einer Rezitation der Kapuzinerpredigt aus ‚Wallensteins Lager': „Der schallende Beifall nach der letzten Zeile, über den Friedland, der keinen Fried im Land aufkommen läßt, war die erste Protestkundgebung, der ich beiwohnte." (wl, 102.)

Doch gerade Goethe, der Dichter *par excellence* der nationalen Literatur, dichtete *die* weltbekannte deutschsprachige Tragödie: den *Faust*, von dem das Mädchen Ruth nun endlich ein Fragment lesen durfte. Schon der Auftakt des „Osterspaziergangs" ist für das Mädchen identitätsstiftend: Die Kälte, die immer mehr zurückwich, indem „Strom und Bäche" durch den Frühling „vom Eis befreit" wurden, war für sie gleichbedeutend mit der Kapitulation der deutschen Truppen und der bevorstehenden Befreiung der KZs. Es war der Autor, den ihr die Verwandten in Wien nicht empfohlen hatten, weil er für das Mädchen schwieriger als Schiller war (wl, 53), doch der nun für das aufgrund der

---

[371] Goethe, Johann Wolfgang: *Faust. Erster Teil*. Frankfurt/M.: Insel, 2004, 47.

extremen Umstände früh gereifte Mädchen als Hoffnungsbote erschien, der ihr im Januar 1945 Zuversicht und in erster Linie eine neue Zerstreuung im Arbeitslager Christianstadt gab.

Durch die intensive Lektüre des *Faust*-Fragments konnte das Kind schnell den Unterschied zwischen Goethe und ihrem Lieblingsdichter Schiller erkennen, der ihr „hinter allem Pathos die Vernunft und Logik eines der hellsten Köpfe der deutschen Klassik vermittelte" (wl, 53), auf den sie ihre Verwandten damals in Wien aufmerksam gemacht hatten. Sie gesteht:

> War doch was anderes als Schillers ‚Ritter Toggenburg' oder ‚Der Kampf mit dem Drachen'. Daß Menschen aus einem hohlen, finsteren Tor, aus einer quetschenden Enge, ausbrechen, daß Freiheit und Wärme dasselbe sind, das verstehe ich heute eigentlich nur, weil ich es damals so gut verstanden habe. (wl, 161.)

Die unterhaltsamen Schillerballaden eigneten sich zwar dafür, die Gräuel des Alltags zu überstehen, doch „dem Inhalt nach war nicht viel in den Schillerschen Balladen, das mich den Durst bei den endlosen Appellen in Auschwitz hätte vergessen lassen" (wl, 124). Eine Identifikation mit der Bedeutung für ihre bevorstehende Freiheit erfolgte jedoch erst, als sie Goethes „Osterspaziergang" las.[372] Leicht und schnell lernte sie den Text auswendig, um ihn bei jeder Gelegenheit im Kopf präsent zu haben:

> Ich habe mir diese Verse nicht wegen des berühmten Endes, ‚hier bin ich Mensch, hier darf ich's sein', angeeignet: Denn jedes zufriedene Jauchzen von groß und klein *en masse* hatte für mich einen unliebsamen Beigeschmack. Ich habe diesen Text praktisch sofort auswendig gekonnt wegen der Versprechen, die er enthielt. Und die er hielt. ‚Im Tale grünet Hoffnungsglück'. Es war eben ein sehr kalter Winter. (wl, 161.)

Die Autorin zählt nicht nur die Autoren ihrer Prätexte auf, sie kommentiert sie, analysiert sie und verbindet sie mit ihrer eigenen Extremsituation im Lager. Dadurch öffnen sich ein Fenster zum „Osterspaziergang" und ein weiteres zu den Schillerballaden *Ritter Toggenburg* und *Der Kampf mit dem Drachen*. In absoluter Gewissheit wählt sie für Schiller zwei mittelalterliche Themen, die sich inhaltsgemäß mit ihrer Situation als Häftlingskind einem Gleichnis ent-

---

372 Die Bedeutung der Gedichte scheint ihr jedoch nicht immer völlig gleichgültig gewesen zu sein. In ihrem Essay „Frauen lesen anders" (Fla, 93) schreibt sie: „Als ich Schillers ‚An die Freude' als Zehnjährige las, fühlte ich mich ausgeschlossen gerade von den Versen, bei denen sich alle miteingeschlossen fühlen sollen. Da hieß es zunächst: ‚Alle Menschen werden Brüder.' Eigentlich, so dachte ich, sollte es ‚Geschwister' heißen, wenn auch Frauen gemeint sind. Doch entschuldigte ich den Dichter: Auf ‚Geschwister' findet sich nicht so leicht ein Reimwort, ‚Geschwister' ist unpoetisch, also gut, ‚Brüder'. Doch dann las ich: Wem der große Wurf gelungen/Eines Freundes Freund zu sein,/Wer ein holdes Weib errungen/Mische seinen Jubel ein./Ich dachte, zur Not könnte es mir ja in ferner Zukunft gelingen, ein holdes Weib zu werden, wiewohl mir diese Aussicht als nicht eindeutig erstrebenswert erschien."

ziehen. Der „Osterspaziergang" hingegen, der in den letzten Kriegsmonaten von der Protagonistin entdeckt wurde, enthielt die Ankündigung ihrer Befreiung. Unter Berücksichtigung dieses Standpunktes und der Verarbeitung zu einem neuen Text sind die intertextuellen Bezüge äußerst intensiv.

Gerade weil sie den „kalten Winter" mit ihrer Gefangenschaft gleichsetzen konnte und der Frühling die Befreiung ankündigte, verwandelten sich diese Verse für das Mädchen in eine Art Prophezeiung. Die Nicht-Identifikation mit dem „berühmten Ende" spricht für sich selbst: An diesem Ort war niemand „Mensch".[373] Außerdem klingt der „unliebsame Beigeschmack" nach nationalsozialistischen Massenkundgebungen und Paraden *„en masse"*. Aufgrund eines neuen Einflusses von dichterischer Identifikation verarbeitete sie den Goetheschen Prätext nun auch in der eigenen Dichtung, die bis zu diesem Zeitpunkt von Tod und Kaminen in Auschwitz handelten: „In meinem nächsten Gedicht hieß es auch dementsprechend: ‚Es schmilzt das Eis, die Kette bricht entzwei', was sich auf die bevorstehende Auflösung des Lagers beziehen sollte. Inzwischen brach die Kette keineswegs entzwei [=Erzählerbericht]." (wl, 161f.) Ihre im KZ gereimten Kindergedichte, die hauptsächlich dazu dienten, „ein Gegengewicht zum Chaos [zu] stiften" (wl, 126), und mehrere Strophen haben mussten, „zum Zeichen der Beherrschung, der Fähigkeit zu gliedern und zu objektivieren" (wl, 127), entwickelten sich zu Gedichten der Hoffnung. Das „Schreiben" oder besser das Dichten besetzte bereits im Lager eine Funktion der Verarbeitung des „Traumas der Auschwitzer Wochen", die auf diese Weise „in ein Versmaß" von dem inhaftierten Kind „gestülpt" wurde. (wl, 126.) Mit einem doppelschneidigen Unterton unterstreicht Klüger ihre „bedauerliche Belesenheit". Dieses Bedauern ist jedoch vielmehr „Kokette-rie"[374] oder sogar Besessenheit – bedauerlich war es für die Nazis, denen es nicht gelang, sie geistig aus dem Gleichgewicht zu bringen –, mit der sie sich im KZ ausrüsten konnte:

> Ich war leider belesen, hatte den Kopf voll von sechs Jahren Klassik, Romantik und Goldschnittlyrik. Und nun dieser Stoff. Meinem späteren Geschmack wären Fragmentarisches und Unregelmäßigkeiten lieber, als Ausdruck sporadischer Verzweiflung zum Beispiel. Aber der spätere Geschmack hat es leicht. Jetzt hab ich gut reden [=Erzählerbericht]. (wl, 127.)

Bei einer genaueren Betrachtung dieses Textfragments überschneiden sich äußerst unterschiedliche Themen, Perspektiven und Zeitpunkte. Die Literatur, die sie bis zur Verschleppung in die Konzentrationslager begleitet hat, wird zum Dichtungsmuster, zur Schablone, womit sie ihre eigenen Verse verfassen

---

373 Klüger wählt für ihr Folgebuch *unterwegs verloren* einen Buchtitel, den sie einem Gedicht von Herta Müller entliehen hat. (Vgl. Kospach 2009.) Somit greift sie erneut auf das „nicht Mensch sein" in Auschwitz zurück.

374 Auch Marisa Siguan sieht in dieser Aussage eine „captatio benevolentiae": „Wenn die Erzählerin sagt, dass sie ‚leider belesen' gewesen sei, brauchen wir ihr das Bedauern nicht zu glauben. Es widerspricht anderen schon zitierten Äußerungen." (Siguan 2007: 152.)

kann. Dass sie später das Ungereimte und das Fragmentarische bevorzugt, ist ein Standpunkt, den sie heute als Literaturwissenschaftlerin und erwachsene Frau vertritt. Doch das jüdische Mädchen aus Wien musste sich an die gelesenen Stoffe halten. Die Literatur der Klassik und Romantik erwies sich für ihr Dichtungsprojekt als gleichermaßen geeignet. Der Schnittpunkt liegt in der Absicht der Eigenproduktion. Die (Holocaust-)Literatur erhielt eine doppelte Funktion, die zum einen aus der Verarbeitung des Traumas bestand, also einer entlastenden Therapie, und zum anderen diente sie auch zur Zeugnisablage. Andererseits nahmen Gedichte im Lager in erster Linie die Funktion der Evasion ein und der sofortigen Verarbeitung der Eindrücke in Verse. Nach dem Krieg träumte Klüger schon davon, mit den entstandenen Gedichten als „eine junge Lyrikerin" (wl, 200) zu gelten. Schließlich öffnet sie durch die Wiederholung ihrer Eigenkritik als Literaturwissenschaftlerin und nicht mehr als Kind[375] einen neuen Diskussionspunkt, der durch das ganze Buch hindurch seine Spuren hinterlässt:

> So gut reden hab ich wie die anderen, Adorno vorweg, ich meine die Experten in Sachen Ethik, Literatur und Wirklichkeit, die fordern, man möge über, von und nach Auschwitz keine Gedichte schreiben [=Erzählerbericht/transponierte erlebte Figurenrede]. Die Forderung muß von solchen stammen, die die gebundene Sprache entbehren können, weil sie diese nie gebraucht, verwendet haben, um sich seelisch über Wasser zu halten [=Erzählerbericht]. (wl, 127.)

Die Aussage der „Experten" wird absichtlich in eine transponierte erlebte Figurenrede gesetzt, die somit den ganzen Diskurs über die Repräsentation des Holocausts umschließt. Adorno gibt lediglich den Anstoß zu einer über Jahre hinweg andauernden Debatte, in der kaum einer der sich Äußernden sich für Klüger zufriedenstellend äußert. Gleichzeitig werden jene intellektuellen „Experten" belächelt und kritisiert, die glauben, sich über eine adäquate literarische Repräsentation des Holocausts festlegen zu müssen. Wie viele Autoren vor ihr, äußert sie sich zu Adorno und seinem ursprünglichen Satz – nach Auschwitz ein Gedicht zu schreiben sei barbarisch – und der Stellungnahme und Reaktion vieler, die sich dagegen gewehrt, geäußert oder auch freiwillig eingeschränkt haben. Dazu gehören aber auch solche Autoren wie Claude Lanzmann und Elie Wiesel[376], die sich gegen jegliche Repräsentierbarkeit widersetzten. Die Diskussion, die daraufhin ins Rollen gebracht wurde,

---

375 „Aber der spätere Geschmack hat es leicht. Jetzt hab ich gut reden./So gut reden hab ich wie die anderen, [...]" (wl, 127.)

376 „Eigentlich darf es eine literarische Imagination überhaupt nicht mehr geben, nicht mehr in Verbindung mit Auschwitz. […] Jeder Versuch seiner literarischen Darstellung wird jenes Erlebnis, das jetzt unserem Zugriff entzogen ist, nur verblassen und verarmen lassen. […] Eine Geschichte über Treblinka ist entweder keine Geschichte, oder es ist keine Geschichte über Treblinka. Eine Geschichte über Majdanek ist fast schon eine Gotteslästerung. Nein, es ist Gotteslästerung!" (Wiesel, Elie: Die Massenvernichtung als literarische Inspiration. In: Kogon, Eugen/Metz, Johann Babtist: *Gott nach Auschwitz. Dimensionen des Massenmords am jüdischen Volk*. Freiburg im Breisgau u.a.: Herder, 1979, 21-50, hier: 25f.)

dringt bis in unsere Tage und gilt als ein heikles und zwiespältiges Thema. Der berechtigte Vorwurf Klügers gegen jegliche Vorschriften zu dieser Debatte rückt ins Blickfeld. Eine Ausgrenzung – oder besser eine Eingrenzung – wie und ob überhaupt zur Dichtung gegriffen werden darf, wird hinfällig in Frage gestellt. Desgleichen ist Klüger der Auffassung, dass eine solche Herangehensweise an den Holocaust nur eine weitere Mythologisierung und Gettoisierung der Auseinandersetzung mit Auschwitz zur Folge hat:

> Statt zu dichten möge man sich nur informieren, heißt es, also Dokumente lesen und ansehen – und das gefaßten, wenn auch betroffenen Mutes [=transponierte erlebte Figurenrede]. Und was sollen sich Leser oder Betrachter solcher Dokumente dabei denken? Gedichte sind eine bestimmte Art von Kritik am Leben und könnten ihnen beim Verstehen helfen [=autonomer innerer Monolog]. (wl, 127.)

An diesem Punkt spricht die Literaturwissenschaftlerin. Sie positioniert sich, lässt gleichzeitig sprechen, indem sie direkt oder indirekt zitiert. Sie bezieht Stellung aus einem zeitlich gesehen sehr späten Blickwinkel, dem der 90er Jahre, aus dem sie profitierend alle Register aus über 40 Jahren Holocaustdiskurs zieht. Auf Details über Folter und Tod im KZ verzichtet sie bewusst, denn eine „Wiederholung" des Grauens birgt die Gefahr, Misstrauen zu erzeugen:

> Ich muß nicht noch einmal schlecht das machen, was Primo Levi so gut gemacht hat. Mein Buch ist ein Buch der 90er Jahre. Je mehr Zeit vergeht, desto weniger wird es nötig sein, diese Details zu beschreiben, und je öfter sie dann noch beschrieben werden, desto mißtrauischer kann man werden. (Naumann 1993: 45.)

Klüger schafft sich durch diesen Rückblick auf die bisherige Diskussion einen Freiraum, indem sie sich für eine Dichtung in, von, über und nach Auschwitz einsetzt. Die Holocaustliteratur besetzt gleichzeitig die Funktion der Zeugnisablegung. Viele, die überlebten und sich nach dem Holocaust literarisch betätigten, schrieben über den Drang zur Zeugnisablegung, auch als Zeugen für diejenigen, die von den Nazis ermordet wurden.[377] An diesem Punkt sei lediglich Liana Millu genannt, die mit ihrem Buch *Der Rauch über Birkenau* Zeugnis für die inhaftierten Frauen ablegte, die das KZ Auschwitz-Birkenau nicht überlebten, oder Primo Levi, der mit *Die Atempause* Zeugnis über einen kleinen Jungen schrieb, der nicht sprechen konnte und kurz nach der Befreiung von Auschwitz durch die Russische Armee starb:

---

[377] Vgl. hierzu auch: Kleinschmidt, Erich: Schreiben an Grenzen. Probleme der Autorschaft in Shoah-Autobiographik. In: Günter, Manuela (Hrsg.): *Überleben schreiben. Zur Autobiographik der Shoah.* Würzburg: Königshausen&Neumann, 2002, 77-95. Kleinschmidt spricht von einer „stellvertretend ‚autorisiert[en]" Zeugnisablegung. (Kleinschmidt 2002: 78)

> Hurbinek war ein Nichts, ein Kind des Todes, ein Kind von Auschwitz. Ungefähr drei Jahre alt, niemand wußte etwas von ihm, es konnte nicht sprechen und hatte keinen Namen: Den merkwürdigen Namen Hurbinek hatten wir ihm gegeben; eine der Frauen hatte mit diesen Silben vielleicht die unartikulierten Laute, die der Kleine manchmal von sich gab, gedeutet. Er war von den Hüften abwärts gelähmt, und seine Beine, dünn wie Stöckchen, waren verkümmert; aber seine Augen, eingesunken in dem ausgezehrten dreieckigen Gesicht, funkelten erschreckend lebendig, fordernd und voller Lebensanspruch, erfüllt von dem Willen, sich zu befreien, das Gefängnis der Stummheit aufzubrechen. Die Sehnsucht nach dem Wort, das ihm fehlte, das ihn zu lehren niemand sich die Mühle gemacht hatte, das Bedürfnis nach dem Wort sprach mit explosiver Dringlichkeit aus seinem Blick [...]. Hurbinek, der Namenlose, dessen winziges Ärmchen doch mit der Tätowierung von Auschwitz gezeichnet war – Hurbinek starb in den ersten Tagen des März 1945, frei, aber unerlöst. Nichts bleibt von ihm: Er legt Zeugnis ab durch diese meine Worte.[378]

Auch Klüger legt Zeugnis für die Toten ab. Sie überliefert nicht nur Anekdoten und Geschichten ihrer Verwandten. Sie erzählt auch von der Figur eines Kindes, das „ein paar Jahre" (wl, 17) ältere „Proletarierkind Liesel" (wl, 117), mit dem sie bereits in Wien nicht zurechtkam und das sich damals schon „in Sachen Menstruation und Sexualität brüstete und daraus Anspruch auf Überlegenheit ableitete" (wl, 17), sich bei jeder Gelegenheit über sie lustig machte und trotzdem während ihrer „ganzen Schulzeit der Mensch ist, der den tiefsten Eindruck" auf sie gemacht hat. (wl, 18.) Diese „Respektperson für Jüngere" (wl, 18) fand Klüger in Theresienstadt wieder und letztendlich in Auschwitz-Birkenau. Sie widmet ihr in *weiter leben* mehrere Passagen. Ruth wurde von Liesel, die sich schon länger in Birkenau aufhielt, über das Lager „aufgeklärt" (wl, 118). Vieles erfuhr Liesel von ihrem Vater, der im Sonderkommando arbeitete. Liesel unternahm letztendlich nicht wie Ruth den Versuch, die Selektion zu bestehen, um von Auschwitz wegzukommen:

> Liesel ist ihrem Vater treu geblieben [=Erzählerbericht]. Der konnte nicht raus, wie sie mir erklärte, weil er zu viel gewußt hat [=transponierte indirekte Figurenrede]. Daher könne sie sich nicht zum Arbeitstransport melden, obwohl man sie viel eher als mich hätte nehmen müssen, denn sie war ein paar Jahre älter. Sie hat es nicht einmal versucht, sie wollte bei ihm bleiben, sie ist mit ihm vergast worden [=transponierte indirekte Figurenrede/Erzählerbericht].
> Sie hatte absolut keine Illusion über ihr Sterben. Ich hätte mich für meine Mutter nicht geopfert. Das wußte und weiß ich. Aus dieser meiner Mittelmäßigkeit heraus und dem damit verbundenen Unverständnis für ein Kind, das den Vater buchstäblich mehr geliebt hat als das eigene Leben, erwähne ich sie hier noch einmal, erzähle hier noch einmal von diesem abgebrochenen Kinderleben, das

[378] Levi, Primo: *Die Atempause*. München: DTV, 1999 (1. dt. Aufl. 1964), 19ff. Vgl. hierzu auch Agamben 2003: 29-35.

ich nicht kommentieren und schon gar nicht analysieren kann, weil mir nichts dazu einfällt, weil es sich meinem Verständnis entzieht. Wenn ich an Liesel denke, die ich nie recht mochte und daher keineswegs bewundere (denn wie könnten wir Menschen, die uns unsympathisch sind, bewundern?!), dann scheint mir das eigene gerettete Leben noch ein ganzes Stück weniger wertvoll als meistens [=Erzählerbericht]. (wl, 136f.)

Im Mittelpunkt dieser Szene steht nicht nur die Treue des Kindes zu seinem Vater, mit dem sich die Ich-Erzählerin nicht identifizieren kann und will. Liesel wusste, sie würde vergast werden. Auch wenn sie von ihrem Vater viel über die Ermordungen in den Gaskammern und von den Leichenverbrennungen in den Krematorien erfahren hatte, hatte sie nicht bis zuletzt einen gewissen Zukunftsglauben? Die folgende Passage gibt darüber Aufschluss. Als die beiden Mädchen auf einem Lastwagen einen Haufen nackter Leichen sehen, rennt Liesel weg: „Und dann die nackten Leichen gehäuft auf Lastwagen, durcheinander in der Sonne, umschwärmt von Fliegen, wirres Haupthaar, spärliches Schamhaar, Liesel läuft weg in Entsetzen, ich, fasziniert, starr noch länger hin." (wl, 123.) Als Liesel dem Tod direkt gegenübersteht, ist sie es, die schockiert wegläuft, und Ruth diejenige, die den Blick nicht abwenden kann.

Es ist bekannt, dass die Hoffnung im KZ immer präsent war und das Thema des Todes und der Todesgefahr unter den Häftlingen geradezu verschwiegen wurde, ja fast ein Tabuthema zu sein schien. Dichtung war ein wirksames Heilmittel gegen Angst, sie gab den Häftlingen Kraft und Hoffnung. Als Klüger ihr Kamin-Gedicht vor den Inhaftierten rezitierte, waren sie, durch die unerwartete Gegenüberstellung mit dem Tod, nicht erfreut über ihre ersten Dichtungsversuche: „Eines habe ich dort auch aufgesagt für Häftlinge, die nicht unbedingt davon erbaut waren." (wl, 124.) Einen zweiten Anhaltspunkt gibt uns die Autorin nach ihrem zweiten Gedicht:

> In Birkenau wäre es mir nicht gelungen, von 5 Millionen Ermordeten zu reden. (Übrigens falsch: Die Zahl war geringer. Wir waren nicht so genau informiert. Gerüchte kursierten.) Da war die Sache noch zu hautnah, der Kamin löste panisches Entsetzen aus, und der Impuls zur dichterischen Bewältigung wäre dem stärkeren Bedürfnis nach Verdrängung erlegen. Im nächsten Lager [Christianstadt] war es umgekehrt, da wollte ich mein Erlebnis verarbeiten, auf die einzige Weise, die ich kannte, in ordentlichen, gegliederten Gedichtsstrophen [=Erzählerbericht]. (wl, 126.)

Erst in Christianstadt verfasste sie ihre beiden Auschwitzgedichte. Die Distanz zum Todeslager machte es möglich. Somit kämpfte die Ich-Erzählerin schon während ihrer Inhaftierung gegen das Schweigen an. (Vgl. wl, 106f.)

Klügers „Wort an die Experten" spannt sich über ihre gesamte Geschichte. Niemand darf einen Anspruch erheben, wie man mit dem Holocaust umgehen soll und wo hierbei die Grenzen zu setzen sind. Die appellativen Fragen zielen direkt auf die Anforderungen, die, nach Klüger, nur solche stellen, die die Dichtung nicht zum Überleben benötigt haben:

> Warum sollen sie das nicht dürfen? Und was ist das überhaupt für ein Dürfen und Sollen? Ein moralisches, ein religiöses? Welchen Interessen dient es? Wer mischt sich hier ein? Das Thema wird brennender Dornbusch auf heiligem Boden, nur mit nackten Füßen und unterwürfiger Demut zu betreten [=zitierter autonomer innerer Monolog]. (wl, 127.)

Der biblische Verweis auf den „brennenden Dornbusch“[379] soll an die Gefahr erinnern, die der Holocaust zu werden droht: „Solche Ausklammerung von Literatur wuchert leicht aus und klammert daraufhin auch rationales Überlegen aus und schlägt, ohne es zu bemerken, ins Gegenteil um.“ (wl, 127.) Was die Autorin zu vermeiden versucht, ist, dass sich das Verbrechen des Hitlerregimes an den europäischen Juden durch die übervorsichtige Annährung als „heiliger Boden“ manifestiert und auch als solcher wahrgenommen wird. Klüger plädiert für Vergleiche, für eine produktive Diskussion und für eine nüchterne Auseinandersetzung mit der deutsch-jüdischen Vergangenheit. All das, was konsequenterweise zu einer Mythologisierung und Abkapselung führt, muss vermieden werden. Jeder, der sich diesem Thema nähert, kann dies ohne Mitgefühl und Vorschriften angehen: durch Literatur, Dokumentation, Film und Malerei.[380]

---

379 Im Buch Exodus offenbart sich Gott Moses als brennender Dornbusch: „Mose weidete die Schafe und Ziegen seines Schwiegervaters Jitro, des Priesters von Midian. Eines Tages trieb er das Vieh über die Steppe hinaus und kam zum Gottesberg Horeb. Dort erschien ihm der Engel des Herrn in einer Flamme, die aus einem Dornbusch emporschlug. Er schaute hin: Da brannte der Dornbusch und verbrannte doch nicht. Mose sagte: Ich will dorthin gehen und mir die außergewöhnliche Erscheinung ansehen. Warum verbrennt denn der Dornbusch nicht?/Als der Herr sah, dass Mose näher kam, um sich das anzusehen, rief Gott ihm aus dem Dornbusch zu: Mose, Mose! Er antwortete: Hier bin ich. Der Herr sagte: Komm nicht näher heran! Leg deine Schuhe ab; denn der Ort, wo du stehst, ist heiliger Boden. Dann fuhr er fort: Ich bin der Gott deines Vaters, der Gott Abrahams, der Gott Isaaks und der Gott Jakobs. Da verhüllte Mose sein Gesicht; denn er fürchtete sich, Gott anzuschauen.“ (Buch Exodus 3,1-6. In: *Die Bibel. Einheitsübersetzung. Altes und Neues Testament.* Freiburg: Herder, 2008, 56.)

380 Mit dieser Positionierung stimmt sie mit Young (1997: 163) überein: „[D]er Holocaust [ist] nur existent, wenn er literarisiert, interpretiert oder erzählt werden kann. Denn wenn man in ihm das ‚Ende‘ der Geschichte, der Tradition oder der Archetypen sieht, läßt sich der Holocaust mit keinem Erkenntnisparadigma fassen. Er wird unverkennbar. Wenn wir die Ereignisse dieser Periode jedoch benennen, erinnern oder in irgendeiner Form metaphorisieren, erkennen wir sie – wie mangelhaft, unzulänglich oder gefährlich unsere Erkenntnis auch sein mag. Und so ist der Holocaust vielleicht weniger ein Bruch in der Erkenntnis oder in der Geschichte oder im Kontinuum als vielmehr ein traumatischer Bruch in unserem unkritischen Glauben an das, was wir über ihn wissen. Nach einem solchen Bruch sind wir vielleicht beschämt angesichts dessen, wie begrenzt das Reservoir unserer Archetypen und Metaphern und wie ungewiß und vorläufig das Verständnis ist, das sie dem Holocaust unterlegen, und doch werden wir fortfahren, den Holocaust durch diese Metaphern zu erkennen.“

Radikal unterbindet Klüger die von einigen „Experten" vertretene Ansicht, dass die hermetischen Gedichte Paul Celans repräsentativ, sie für die Beschreibung des Horrors und der anschließenden Auseinandersetzung mit ihm am geeignetsten seien. Dass sich diese Lyrik angesichts ihrer hermetischen Eigenschaft nur begrenzt eignet, begründet sie folgendermaßen:

> Eine Variante von einem jungen Göttinger, der sich für den späten Celan interessiert, also für Gedichte, von denen niemand genau weiß, worum es in ihnen geht, und von denen manche Kenner sagen, sie handeln von jüdischer Geschichte, und andere, es ginge in ihnen vor allem um Sprachprobleme: Man solle eigentlich den Holocaust ausschließlich mit Hilfe solcher hermetischer Lyrik verarbeiten [=Erzählerbericht/transponierte indirekte Figurenrede]. Der Ausschließlichkeitsanspruch macht mich stutzen [=Erzählerbericht]. Ich gebe zu bedenken, daß diese Lyrik Vorkenntnisse voraussetzt, die sich nicht jeder aneignen kann [=transponierte indirekte Figurenrede]. Also gut, räumt er ein, dann eben Lyrik und Wissenschaft (etwa, Archive einrichten [=zitierter autonomer innerer Dialog]?), sonst nichts [=zitierte direkte Figurenrede]. (wl, 127f.)

Die anspruchsvolle Ich-Erzählerin, die in diesem Fragment eindeutig als Literaturwissenschaftlerin spricht, kanalisiert die Information und positioniert sich zu dieser scheinbar unüberlegten Meinungsäußerung. Die kritische Rezeptionsweise, alles zu kontrastieren, überträgt sie auch auf den Leser und überlässt es letztendlich ihm, sich ein eigenes Urteil zu bilden. Der junge Göttinger, der sein Forschungsgebiet zu verteidigen versucht, wird exemplarisch ins Blickfeld gerückt. Er steht für diejenigen, die in Paul Celan *den* Repräsentanten der Holocaustliteratur sehen, bisher jedoch keine einheitliche wissenschaftliche These über sein Werk durchgesetzt haben. Die Vorschrift, sich mit Hilfe solcher Werke dem Holocaust zu nähern, ist die, gegen die sich die Autobiographin widersetzt. Aus unserem heutigen Wissensstand erweitert sich die Prämisse über die deutschen Grenzen. Elie Wiesel, Claude Lanzmann, Saul Friedländer oder Imre Kertész sind lediglich die bekanntesten Stimmen derer, die sich am Repräsentations- bzw. Darstellungsdiskurs beteiligt haben.

In Anlehnung daran lässt sich konstatieren, dass eine Ausgrenzung oder Mystifizierung des Holocausts im deutschen Sprachraum nicht wie in einem anderen Land behandelt werden kann. Der Umgang ist bis heute noch ein sehr problematischer. Die Aussagen, die an die deutsche Öffentlichkeit gelangen, werden pedantisch genau auf die moralisch-politische Waagschale gelegt und abgewogen. Dies kann insofern zu einer öffentlichen Lähmung führen, da eine adäquate öffentliche Auseinandersetzung mit der deutsch-jüdischen Vergangenheit nur mühsam stattfinden kann. Die Gefahr des „brennenden Dornbuschs" besteht darin, dass der Massenmord durch das Terrorregime Hitlers und seiner Helfer an den europäischen Juden als tragisch und als Schicksal verkapselt und behandelt wird. Worauf Klüger so nachdrücklich beharrt, ist, dass es ganz normale Menschen waren, die sie als jüdisches Kind und ihre Familie in Wien verfolgten, ausgrenzten und ermordeten. Die Ermordung von ca. 6.000.000 europäischen Juden (darunter 1.500.000 Kindern) lässt sich nicht als „biblisches Ereignis“ deuten, für das das jüdische Volk vorbestimmt war, sondern als ein akribisch ausgeklügeltes und industrialisiertes System zur Vernichtung der Juden, das sich in Europa im 20. Jahrhundert zutrug. Auschwitz lässt sich nicht als danteske Hölle verorten, also ein Ort, den es in unserem Lebensbereich nicht gegeben hat, und es waren keine Außerirdischen, Wahnsinnigen oder Kriminellen, die die wohlüberlegte Vergasung mit einem Pestizid durchdachten und durchführten.

Klüger muss sich von den Toten abgrenzen. Dass sie, wie auch viele andere (man denke hierbei an Primo Levi oder Imre Kertész), nicht mit ihnen gleichgesetzt werden möchte, drückt sie im folgenden Textfragment aus:

> Wir bilden keine Gemeinschaft mit den dort Umgekommenen; es stimmt einfach nicht, wenn ihr uns mit denen zusammenzählt und euch selber ans anderer Ufer dieses schwarzen Flusses rettet, wenn es auch stimmt, daß wir, anders als ihr, unser Leben lang etwas Mitgeschlepptes von diesem Ort durchspielen oder -spielten, so wie ich auf die Rampe falle, wenn ich schlecht schlafe, wenn ich aus der Narkose erwache, wenn ich mich in Lebensgefahr befinde. (wl, 141.)

Klüger zählt drei Situationen auf, in denen sie auch heute noch den Fall auf die Auschwitzer Rampe erlebt: 1. bei schlaflosen Nächten; 2. nach Operationen; 3. wenn sie eine Todesgefahr spürt. Dieses „Mitgeschleppte“ erwähnt sie bereits in der Passage ihrer Ankunft in Auschwitz. Dort heißt es:

> Auf diese Rampe fall ich immer noch. aus einer Narkose erwachend, fall ich, erleichtert und entsetzt zugleich, aus der aufgerissenen Tür des bislang versiegelten Wagens auf diese seither berühmt gewordene Rampe, damals noch unberühmt, Sackgasse im Amoklauf einer besessenen Kultur. Unvergessener Augenblick, verhärtet und verknöchert in ein Lebensgefühl. Vom Regen in die Traufe, vom Viehwaggon auf die Rampe, vom Transport ins Lager, aus einem geschlossenen Raum in die verpestete Luft. Fallen. (wl, 113.)

Das Wort „Fallen“ fordert an diesem Punkt eine zweideutige Auslegung. Einerseits handelt es sich hierbei um das im Plural stehende Nomen die „Fallen“. Eine Falle wird mit einer Gefahr und einer Hinterlist in Verbindung gebracht, die auch als Fangvorrichtung für Tiere benutzt wird. Während das Kind aus dem Viehwaggon, wie ein gefangenes Tier in einer Falle oder, wie sie sagt, in eine „Sackgasse“ fällt, macht das „Fallen“ auf die Rampe sich in ihrem Buch noch in anderen Momenten bemerkbar. Die *Flashbacks* tauchen immer dann auf, wenn sie sich in besonderer Lebensgefahr befindet. Den letzten Sturz, verursacht durch den schweren Zusammenstoß mit dem jungen Radfahrer in Göttingen, erlebt sie als reanimierte Todesgefahr in Deutschland, der anschließend zum Auslöser für die Niederschrift ihrer Erinnerungen wird. Im Epilog kommentiert sie ihn als Intervention ihrer Gespenster. Erst angesichts einer erneuten Lebensgefahr sieht sie sich imstande, Zeugnis abzulegen. Der

Zusammenstoß in Göttingen wirkt wie der Sturz: Auschwitz – Sturz: Auschwitz-*Flashback*. Sven Kramer unterscheidet in seinem Artikel *Inszenierung und Erinnerung* zwischen der „willkürlichen Erinnerung (mémoire volontaire)" und der „unwillkürlichen Erinnerung (mémoire involontaire)"[381]. Es gebe, so Kramer, „eine Seite der Erinnerung, die sich auf seiten der Überlebenden der Shoah" aufdränge, die aufgrund der Traumatisierungen, an den Ort der Verwundung mit ihren psychischen Aktivitäten zurückkehren, um den psychischen Schmerz zu lindern. (Kramer 1996: 509.)[382] Die letzten Worte im Epilog von *weiter leben* sind den persönlichen Verursachern ihres Unfalls gewidmet:

> Wehleidig. Versponnen. Trotzdem weiterspinnen, so: Schließlich haben sie mir ein Bein gestellt, so daß ich auf den Kopf fiel, und was mir danach einfiel, oder was dabei herausfiel, hab ich ausgesagt. Jetzt könnten sie mich in Ruhe lassen und mir weiteres Umziehen ersparen. (wl, 284.)

Eine bedeutende Rolle spielt, wie schon erwähnt, die Abwehr gegen die Gleichsetzung mit denen, die nicht überlebten. Das Zusammenzählen kommt einer Aufwiegung gegen die Toten gleich, gegen die sich Klüger scharf auflehnt. Deshalb wehrt sie sich gegen Auschwitz als „Ursprungsort". Auschwitz soll nicht als „heiliger Ort" betrachtet werden, da dies sonst einer jüdischen Bestimmung gleichkäme. Sie habe noch nie dort hingehört:

> Und doch wird dieser Ort jedem, der ihn überlebt hat, als eine Art Ursprungsort angerechnet. Das Wort Auschwitz hat heute eine Ausstrahlung, wenn auch eine negative, so daß es das Denken über eine Person weitgehend bestimmt, wenn man weiß, daß die dort gewesen ist [=Erzählerbericht]. Auch von mir melden die Leute, die etwas Wichtiges über mich aussagen wollen, ich sei in Auschwitz gewesen [=transponierte indirekte Figurenrede]. Aber so einfach ist das nicht, denn was immer ihr denken mögt, ich komm nicht von Auschwitz her, ich stamm aus Wien [zitierte autonome direkte Figurenrede]. (wl, 139.)

Klüger kommt „nicht von Auschwitz her" und Auschwitz wird auch nicht zu ihrem Todesort, sodass dieser Ort nun einmal nicht ihre „Ortschaft"[383] wurde. Sie sei lediglich „durchgegangen", festhalten hat es sie nicht können.

---

381 Kramer, Sven: Inszenierung und Erinnerung. Zur Darstellung der nationalsozialistischen Todeslager im Film. In: Engelmann, Peter u.a. (Hrsg.): *Weimarer Beiträge. Zeitschrift für Literaturwissenschaft, Ästhetik und Kulturwissenschaften*. Nr. 4, 42. Jg., Berlin: Passagen, 1996, 509-530, hier: 509.

382 Kramer verweist auf die folgenden Artikel: Niederland, William G.: *Folgen der Verfolgung: Das Überlebenden-Syndrom Seelenmord*, Frankfurt/M., 1980; Vgl. auch die Beiträge und die Bibliographie in: Hardtmann, Gertrud (Hrsg.): *Spuren der Verfolgung, Seelische Auswirkungen des Holocaust auf die Opfer und ihre Kinder*, Gerlingen: Bleicher, 1992.

383 Klüger verwendet absichtlich den Begriff der „Ortschaft", um eine intertextuelle Verbindung zu Peter Weiss Essay „Meine Ortschaft" herzustellen. Weiss, Peter: Meine Ortschaft. In: ders.: *Rapporte*. Frankfurt/M.: Suhrkamp, 1968, 113-124.

Die Ich-Erzählerin stellt die Deutschen hin und wieder auf die Probe und diagnostiziert, dass sie nicht mit allen Dichtern gleich umgehen können. Jüdische Autoren, die verfolgt und in die Konzentrationslager deportiert wurden, werden in der deutschsprachigen literarischen Welt nicht debattiert. Die „Unantastbarkeit" des Autors der „Todesfuge" geht ihr jedoch zu weit:

> Ich verfasse eine harmlose Parodie auf ein abstruses Gedicht von Celan. Leute, die ich noch nie schockiert habe, sind schockiert [=Erzählte Figurenrede als Erwähnung des sprachlichen Aktes/Erzählerbericht]. Über Gott und Goethe darf man lästern, der Autor der ‚Todesfuge' ist unantastbar. Und nicht etwa, weil er ein so guter Dichter ist, das war Goethe ja auch [=autonomer innerer Monolog]. (wl, 128.)

Das Fragment zeigt, wie jüdische Autoren, ungeachtet ihrer literarischen Qualität, in Deutschland nicht kritisiert werden und dies geradezu einer Unantastbarkeit gleicht. In einer Gedichteinterpretation über die „Todesfuge" wird deutlich, warum sie sich gegen eine Erhebung wehrt:

> Auf zweierlei Weise ist die ‚Todesfuge' in den öffentlichen Diskurs geraten. Einerseits ist sie zu einem quasisakralen Gedicht hochstilisiert worden, das bei öffentlichen Anlässen gerne zitiert und aufgesagt wird, und da müssen wir unser Symposium nolens volens mit einbeziehen. Ein Gedicht kann und soll niemals ein Ersatz für eine heilige Schrift sein. Wir sollten uns davor hüten, einen literarischen Text mit dem Ausdruck pseudoreligiöser Ergriffenheit zu rezipieren. Ein Gedicht ist ein ästhetischer und ein profaner – profan im Sinne von säkular – Text und sollte nicht kniefällig hingenommen werden. Damit kommen wir aber zum zweiten Stellenwert der ‚Todesfuge', der dem ersten widerspricht. Die ‚Todesfuge' wurde nämlich zum Brennpunkt für Theodor Adornos berühmtes Wort […]. Dieser Satz ist nicht so autoritär, wie er zuerst klingen mag. Er steht in einem Kontext, wo über das dialektische Verhältnis von Kultur und Barbarei gehandelt wird und darüber, wie in unserer Zeit das eine paradoxerweise zum anderen werden kann. Doch der Grund, warum dieser Satz so viel diskutiert wurde, ist, dass er eine heikle Frage aufwirft, die uns immer noch angeht. Die Frage nämlich, ob man Spaß haben darf am Massenmord.[384]

Doch damit nicht genug: Ihre in Auschwitz verfassten Gedichte hatten ausschließlich die Funktion der Verarbeitung von Gegenwart. Und diese Gegenwart war Gefangenschaft und Todesangst im KZ. In dieses nazistische Chaos der Konzentrationslager versuchten die Häftlinge durch die Einbindung in Verse eine gewisse Ordnung in ihr Leben zu bringen. Zweck war lediglich die geistige Erhaltung. Die beiden Auschwitz-Gedichte, die Klüger während ihrer Gefangenschaft verfasste, sagen auch etwas über ihre unmittelbare Umgebung

---

384 Klüger, Ruth: Tabu für Gedichte? Zu Paul Celans ‚Todesfuge'. In: *Der Standard*, 14.09.2002, Album, 7.

aus. Wie viel sie von der Erfahrung im KZ enthüllen, verdeutlicht die folgende Passage:

> Vor meinen alten Kindergedichten wird mir die Forderung hinfällig, man solle die Interpretationen sein lassen und sich nur den Dokumenten widmen. Wer nur erlebt, reim- und gedankenlos, ist in Gefahr, den Verstand zu verlieren, wie die alte Frau auf dem Schoß meiner Mutter. Ich hab den Verstand nicht verloren, ich hab Reime gemacht. Die anderen, die vor den zweidimensionalen Dokumenten stehen, verlieren den Verstand natürlich auch nicht, denn sie sind ja nicht mit dem Geschehenen, sondern nur mit einem unausgegorenen Abklatsch konfrontiert. Wer mitfühlen, mitdenken will, braucht Deutungen des Geschehens. Das Geschehen allein genügt nicht. (wl, 128.)

Klüger hat „Reime gemacht". Mit dieser Schilderung gibt sie zu verstehen, wie literarisch unbedeutend ihre Verse waren. Reime, keine Gedichte, waren Therapie für ihre geistige Verfassung. Die Autobiographin vereint hier zwei Funktionen der Literatur: zum einen die der eigenen Dichtung als seelische Stütze im Lager und nach der Befreiung als heilende und verarbeitende Maßnahme; zum anderen die Funktion der Zeugnisablegung. Erst nach dem Krieg schreibt sie ihre Gedichte auf, die sie sich über Monate im Kopf erdacht hatte. Die Erläuterung eines Gedichts soll als Beispiel vorgeschlagen werden, um die Dimension ihrer neuartigen Niederschrift zu konkretisieren. Exponiert werden Klügers Kommentare aus dem Blickwinkel der praktizierenden Literaturwissenschaftlerin. Bevor sie das Gedicht rezitiert, formuliert sie seinen Inhalt:

> Dazu ein Gedicht, das, wenn auch verkappt, unter anderem auch diesen Abend der Flucht enthält, ihn relativiert.
>
> Die Unerlösten
>
> Benzinfeuer flackern
> im Unflat am Ufer
> bei Nacht.
>
> Bei Tag
> steht der Rauch
> zäh
> überm Fluß
> steigt träge das Giftgas
> schwellend den Schwamm der Lunge.
>
> Worte, im Hals,
> im Munde, getränkt,
> atmen den alten Geruch;

schwimmend weitergeschwemmt
im flüssigen Teer
einem Meer zu
aus Wasser – ah Wasser! –
dann doch nur Salz.

> Man sieht schon, dieses Bild vom ,schieben, geschoben werden', das mir zuerst einfiel, das sind nicht meine Worte, das ist Gelesenes, Klassisches, Zitiertes, Auswendiggelerntes. Viel gemäßer für die Illusion der Freiheit in der Unfreiheit ist mir die Vorstellung von schwimmen und geschwemmt werden, und zwar nicht in klarem Wasser, sondern eher in einem zähflüssigen Element. Und das in der Zweideutigkeit des Apokoinu, die Zeile, die sich sowohl auf die vorhergehende wie auf die darauffolgende beziehen kann. (wl, 168.)

Die Anmerkungen machen deutlich, dass es Klüger nicht um die bloße Eingliederung des aus ihrer Kindheit stammenden Zeitdokumentes geht. Bedeutend ist das Zähflüssige ihrer Flucht vor dem Bösen, die sich von der Kraft aller ernährte, so dass selbst die Entscheidung zur Flucht nur im Kollektiv durchführbar war. Auch wenn die „Entscheidung zur Flucht" frei war (wl, 167), geraten die drei Frauen nach dem Krieg in die Situation des „geschoben werden", eine Passivsituation, in der die Entscheidungen über ihre gegenwärtige Lage andere trafen. Die Entstehungszeit des Gedichtes bleibt ungewiss, doch folgt man den Aussagen der Literaturwissenschaftlerin, entstammt es einer späteren Zeit. Denn ihr Geschmack für „Fragmentarisches und Unregelmäßigkeiten" entwickelte sich erst zu einem viel späteren Zeitpunkt. (Vgl. wl, 127.) Das Salz repräsentiert die Erkenntnis der verlorenen Jahre im KZ und den Abbruch ihres Lebens in Wien, in denen sie nicht zur Schule gehen und sich nicht als „normales" Kind entwickeln konnte; es steht auch als Metapher des noch existenten, subtilen Antisemitismus unter den Deutschen nach dem Krieg, für die sie nur „Parasiten einer verjudeten Militärregierung" (wl, 199) waren; für die Ausreise nach Amerika, die ein schwieriger Neubeginn für Mutter und Tochter war. Letztendlich manifestiert die Metapher „Salz" auch die unerfüllten Träume des Mädchens, das sich ein anderes Leben nach der Flucht erhofft hatte. Der Blick auf die Befreiung und das Leben der Nachkriegsjahre in Süddeutschland – das Wasser –, das sich schließlich als Ent-Täuschung enttarnt: nicht Wasser, sondern Salz. Die Ausgrenzung der jüdischen Überlebenden setzt sich auch nach dem Krieg fort. In dieser „deutschen Bevölkerung" war der „Judenhaß unterschwellig geworden" (wl, 196), so Klüger, die aber noch „weiterbrodelte", denn „die Überlebenden erinnerten durch ihr bloßes Dasein an das Vergangene und Begangene" (wl, 196). Klügers Klage gilt den widersprüchlichen Denkweisen der Deutschen, die dachten, sie

> seien wie die geschlagenen, und daher bissigen, Hunde fürs Zusammensein mit Menschen untauglich geworden. Wer draußen in der Freiheit gewesen war, glaubte leicht und ohne sich viel Rechenschaft darüber zu geben, nur Kriminelle hätten die KZs überlebt; oder diejenigen, die dort kriminalisiert worden seien

> [=transponierte indirekte Figurenrede]. Was wiederum im Widerspruch stand zu der hartnäckigen und ebenfalls weit verbreiteten Überzeugung, die KZs seien nicht so schlimm gewesen, dafür seien wir, die sie überstanden hatten, der beste Beweis [=transponierte indirekte Figurenrede]. (wl, 196.)

Der Akt des „schieben[s], geschoben werden", von dem sie zugibt, es sei „Gelesenes, Klassisches, Zitiertes, Auswendiggelerntes" – eine unmarkierte implizite intertextuelle Referenz, die die Ich-Erzählerin im anschließenden Kommentar selbst andeutet – ist eine intertextuelle Referenz auf die *Walpurgisnacht* des ersten *Faust*-Teils. Dort heißt es: „MEPHIST. Der ganze Strudel strebt nach oben; Du glaubst zu schieben, und du wirst geschoben." (Goethe 2004: 181.) Das Zitat korrespondiert mit den Verhältnissen der drei Flüchtenden. Das Gefühl, aus Freiheit gehandelt zu haben, war nur Trugbild, da der sich als aktiver Schieber Glaubende in Wirklichkeit ebenso der passiv Geschobene war. Erneut beruft sich Klüger auf den Einfluss Goethes in ihrer Dichtung, auch wenn zwischen ihren in Christianstadt entstandenen Gedichten (wl, 124ff.) und diesem viele Jahre liegen. Warum gibt die Ich-Erzählerin dem Rezipienten einen verdeckten Hinweis? Klüger versucht einerseits den Ring, der mit der Befreiungsankündigung des *Osterspaziergangs* beginnt, mit einer erneuten intertextuellen Referenz auf den *Faust I* zu schließen. Andererseits plädiert sie erneut, indem sie in ihre Nachkriegsgedichte klassische Literatur einwebt, für eine Dichtung nach Auschwitz. Der „mit dem notwendigen literarischen Vorwissen ausgestattete Expertenkreis" (Helbig 1996: 93) dekodiert die Nachricht. Eine Verbindung lässt sich außerdem zu Bertold Brechts Stück *Mutter Courage und ihre Kinder* erschließen, in dem der Autor ein ähnliches aus der Bibel stammendes Zitat modifiziert – „Des Menschen Herz plant seinen Weg,/doch der Herr lenkt seinen Schritt"[385] –, das als Sprichwort „Der Mensch denkt, Gott lenkt"[386] bekannt ist. Er verfremdet das Sprichwort durch den Einsatz des Doppelpunktes, das sich somit in eine Antithese verwandelt. Der Doppelpunkt wendet den Satz in illusorische Irrung über ein göttliches Schicksal, in dem Taten und Schicksal vom Menschen selbst gelenkt werden. Auch an dieser Stelle fordert sie von ihrem Adressaten die selbstständige Verknüpfung zwischen Text und Prätext. Da ihre Assoziation das „Schieben und geschoben werden" implizit erfasst, ist die referentielle Intensität äußerst schwach. Der Kontext des Prätextes öffnet zwar ein neues Bild (die Walpurgisnacht), doch ist die intertextuelle Referenz äußerst schwach markiert. Nur für ein kompetentes Publikum wird sich das Bezugsfenster zum klassischen Text öffnen.

Nach dem Krieg unternahm die Dreizehnjährige ihren ersten Anlaufversuch mit der Veröffentlichung ihrer Auschwitz-Gedichte. Der Anfang einer persön-

385 Das Buch der Sprichwörter. Kapitel 16, Vers 9. In: *Die Bibel* 2008: 701.

386 Brecht, Bertold: *Mutter Courage und ihre Kinder*. Frankfurt/M.: Suhrkamp, 1964, 66ff.

lichen „Vergangenheitsbewältigung", war auch gleichzeitig der Wunsch, als „junge Lyrikerin" eine Dichter-Karriere anzutreten[387]:

> Diese Episode ist ein Stück aus den Anfängen der Vergangenheitsbewältigung, die damals noch nicht so hieß. Über die Geschichte der sogenannten ‚jüngsten Vergangenheit' (die mit den Jahren nicht älter zu werden scheint und daher irgendwie so zeitlos ist wie das Jüngste Gericht) ist so viel geforscht und geschrieben worden, daß wir sie langsam zu kennen meinen, während die Geschichte der Vergangenheitsbewältigung noch aussteht. Statt dessen gibt es Vorwürfe und Gegenvorwürfe, an denen auch ich fleißig teilnehme, wie der vorliegende Text zu Genüge beweist [=Erzählerbericht/Erwähnung des sprachlichen Akts]. (wl, 201.)

Als sie Ende der 80er, Anfang der 90er Jahre ihr Buch schrieb, verzeichnete Deutschland fast 50 Jahre „Aufarbeitung der Vergangenheit", die bis zum heutigen Tage nichts an Aktualität eingebüßt und längst ihren Eingang in die Literatur gefunden hat. Die Auseinandersetzung und der öffentliche Dialog werden in ihr reflektiert, wie es Klügers Buch zur Genüge belegt. Auch der Nachkriegszeit widmet sie einen bedeutenden Teil ihrer Autobiographie, folglich die Zeit, die unter die deutsche „Vergangenheitsbewältigung" fällt. Sie kritisiert am Auschwitz-Diskurs der „Experten in Sachen Ethik, Literatur und Wirklichkeit" den Ausschluss der Opfer und klagt: „Da sag ich etwa: Ihr redet über mein Leben, aber ihr redet über mich hinweg, ihr macht so, als meintet ihr mich, doch meint ihr eben nichts als das eigene Gefühl [=zitierte direkte Figurenrede]." (wl, 201.) Ihre Anspielung richtet sich gegen die Perspektive deutscher Autoren. Sie scheinen nicht imstande zu sein, sich literarisch in die Lage des Opfers zu versetzen. Die literarische Auseinandersetzung kreise ständig um die Täter. Dass „über sie [die Mitbetroffenen] hinweg" geredet werde, ohne sie in die Diskussion aufzunehmen, beklagt das Gefühl einer erneuten Entindividualisierung der Opfer. Das Gefühl einer deutschen „Vergangenheitsbewältigung" ohne ihren wichtigsten Bestandteil, die Opfer, findet in diesen Worten ihren Ausdruck.

Wie wird Holocaustliteratur rezipiert? Welche Gefahr steckt hinter der gefühlsimplizierten Identifikation mit den Opfern? Die emotionale Spiegelung kann kathartische Auswirkungen beim Rezipienten auslösen. Helmut J. Schneider beschreibt den Vorgang des aus der griechischen Tragödie entlehnten Begriffs der Katharsis in seinem Artikel „Den Toten ein Gesicht geben? Zum Problem der ästhetischen Individualisierung in *Schindlers Liste* und der

[387] Unerwartet kamen 1960 ihre Verse mit anderen KZ- und Exilgedichten (vgl. Schlösser, Manfred (Hrsg.): *An den Wind geschrieben*. Darmstadt: Agora, 1960.) „an die Tür" ihres „kalifornischen Hauses" in einer „schön gedruckten" Anthologie. (wl, 201.) Einige Jahre später, und erneut ohne ihr Wissen, wurden ihre Auschwitz-Gedichte von einem Ostberliner Verlag in einem Band nachgedruckt. (Seydel, Heinz (Hrsg.): *Welch Wort in die Kälte gerufen*. Berlin: Verlag der Nation Berlin, 1968.)

Holocaust-Serie", die, wie er zu Recht feststellt, eine „kathartische Erschütterung"[388] im Zuschauerraum bewirkt, folgendermaßen:

> ‚Ich' muß als Zuschauer in den Anderen hinüberwandern, um an seinem Leid Anteil zu nehmen, das heißt auch: Ich muß mich im Anderen wiederkennen können, was freilich voraussetzt, daß ich nicht von einem wahrgenommenen Zustand äußerster physischer Qual in die eigene instinktive Selbsterhaltung zurückgetrieben werde. Die Bühnensituation schafft das künstliche Arrangement, in dem ich ohne existentielle Gefahr für meine Integrität hinüberlangen darf in das Dunkel der Auflösung, das jedes Leiden bedeutet. (Schneider 2002: 71.)

Dies bewirke die dem Publikum „zugänglich" gemachte Erfahrung des Leids, die Möglichkeit, „sich gefahrlos in die Situation des Opfers hineinzuphantasieren und derart moralisch zu erhöhen." (Schneider 2002: 71.) Doch seelischen und physischen Schmerz kann der Leser nicht nachempfinden. In seinen in den fünfziger Jahren erstmals veröffentlichten *Philosophischen Untersuchungen* reflektierte Ludwig Wittgenstein über die (Un-)Möglichkeit einer idealen Sprache. Überlegungen, die Jahrzehnte später die Opfer des Hitlerregimes thematisierten:

> 293. Wenn ich von mir selbst sage, ich wisse nur vom eigenen Fall, was das Wort ‚Schmerz' bedeutet, – muß ich *das* nicht auch von den Andern sagen? Und wie kann ich denn den *einen* Fall in so unverantwortlicher Weise verallgemeinern? [...]
> 302. Wenn man sich den Schmerz des Anderen nach dem Vorbild des eigenen vorstellen muss, dann ist das keine so leichte Sache: da ich mir nach den Schmerzen, die ich *fühle*, Schmerzen vorstellen soll, die ich *nicht fühle*. [...]
> 315. Könnte der das Wort ‚Schmerz' verstehen, der *nie* Schmerz gefühlt hat? [...][389]

Jean Améry war sich des Risikos sehr bewusst, als er in seinem Essay *Die Tortur* die Beschreibung der Schmerzen seiner eigenen Folterung zu vermeiden versuchte und, anstelle dessen, die Unmöglichkeit einer Annährung an diese traumatische Erfahrung von Entmenschlichung von Seiten des Rezipienten thematisierte. Das Ergebnis ist eine gewisse Ernüchterung des Lesers:

> Es wäre ohne alle Vernunft, hier die mir zugefügten Schmerzen beschreiben zu wollen. War es ‚wie ein glühendes Eisen in meinen Schultern', und war dieses ‚wie ein mir in den Hinterkopf gestoßener stumpfer Holzpfahl?' – ein Ver-

388 Schneider, Helmut J.: Den Toten ein Gesicht geben? Zum Problem der ästhetischen Individualisierung in Schindlers Liste und der Holocaust-Serie. In: Berghahn, Klaus u.a. (Hrsg): *Kulturelle Repräsentationen des Holocaust in Deutschland und den Vereinigten Staaten*. New York: Peter Lang, 2002, 69-82, hier: 75.

389 Wittgenstein, Ludwig: *Philosophische Untersuchungen*. Wissenschaftliche Sonderausgabe. Frankfurt/M.: Suhrkamp 1967, 127ff.

gleichsbild würde nur für das andere stehen, und am Ende wären wir reihum genasführt im hoffnungslosen Karussell der Gleichnisrede. Der Schmerz war, der er war. Darüber hinaus ist nichts zu sagen. Gefühlsqualitäten sind so unvergleichbar wie unbeschreibbar. Sie markieren die Grenze sprachlichen Mitteilungsvermögens. Wer seinen Körperschmerz mit-teilen wollte, wäre darauf gestellt, ihn zuzufügen und damit selbst zum Folterknecht zu werden. (Améry 2000b: 63.)

Spielfilme eignen sich hervorragend, um das Mitgefühl der Rezipienten zu erregen. Die amerikanische Fernsehserie *Holocaust*[390] aus den 70er Jahren, die Anfang 1979 im deutschen Fernsehen ausgestrahlt wurde und dem Genozid des Naziregimes an den europäischen Juden[391] ihren ersten Namen gab[392], war ausschlaggebend für eine kollektive Betroffenheit in Deutschland, die sowohl zu einer Welle öffentlicher Aufarbeitung der Verbrechen im Dritten Reich und der traumatischen geschichtlichen Begebenheiten des 20. Jahrhunderts beitrug, als auch zu einer Kontroverse über ästhetische Repräsentationsformen des Holocausts führte.[393] Anlässlich der starken Bestürzungen der deutschen Zuschauer kam es erstmals zu einer sozialpolitischen Diskussion, zu einem Ansturm öffentlicher Meinungen über den Holocaust. Es dauerte nicht lange, bis die ersten Stimmen über den Film gedruckt wurden. In den USA hatte im Jahr der Erstausstrahlung der jüdische Autor und Holocaustüberlebende Elie Wiesel den Film in seinem Artikel in der New York Times „Trivializing the Holocaust"[394] angeprangert. Peter Novick zitiert in seinem Buch *The Holocaust and Collective Memory* Elie Wiesels Stellungnahme:

Untrue, offensive, cheap... an insult to those who perished and to those who survived. ... It transforms an ontological event into soap-opera. ... We see long,

390 Chomsky, Marvin J.: *Holocaust. Die Geschichte der Familie Weiß* (Originaltitel: *Holocaust. The story of man's inhumanity to man*). USA 1978. 419 Minuten.

391 Nach Sascha Feuchert war der Terminus „Holocaust" in den USA zu diesem Zeitpunkt „längst gebräuchlich". (Feuchert 2000: 6.)

392 Der Titel verursachte in Deutschland im ersten Moment große Unsicherheit, als beispielsweise die Zeitungen nach einem deutschen Wort dafür suchten, da der Begriff „Holocaust" die „‚Brandopfer' nach alttestamentarisch-jüdischem Ritus" markiert. (Kampen, Wilhelm van: Holocaust. Materialien zu einer amerikanischen Fernsehserie über die Judenverfolgung im ‚Dritten Reich'. Bundeszentrale für politische Bildung, Bonn 1978, 7. Zitiert nach Feuchert 2000, 6.) „Das Wort auf die bestialische ‚Endlösung der Judenfrage' in den Krematorien der Konzentrationslager anzuwenden, verrät einiges von der Gedankenlosigkeit der Produzenten." (Artikel erschienen am 21. April 1978, auf Seite 7 in den *Stuttgarter Nachrichten*. Zitiert nach: Feuchert 2000: 6.) Das Wort „Holocaust" wurde im Jahr der Erstaustrahlung 1979 von der Gesellschaft für deutsche Sprache „Wort des Jahres 1979". (Vgl. Gesellschaft für deutsche Sprache: *Wort des Jahres 1979*. In: www.gfds.de/index.php?id=11, abgerufen am 24.07.2012.)

393 Für Christoph Weiß war das Theaterstück von Peter Weiss *Die Ermittlung*, das in Ost- und Westdeutschland 1965 uraufgeführt wurde, das erste „eruptive Medienereigni[s]", das „zumindest für einige Wochen zu einem gesamtgesellschaftlich diskutierten Thema" wurde. (Weiß 1998: 53.)

394 Wiesel, Elie: TV-View; Trivializing the Holocaust: Semi-Fact and Semi-Fiction TV View The Trivializing of the Holocaust. In: *New York Times*. 16.04.1978, 75.

endless processions of Jews marching toward Babi Yar. ... We see the naked bodies covered with „blood" – and it is all make-believe. ... People will tell me that ... similar techniques are being used for war movies and historical recreations. But the Holocaust as if it were just another event. ... Auschwitz cannot be explained nor can be visualized. ... The Holocaust transcends history. ... the dead are in possession of a secret that we, the living, are neither worthy of nor capable of recovering. ... The Holocaust [is] the ultimate event, the ultimate mystery, never to be comprehended or transmitted. Only those who were there know what it was; the others will never know.[395]

Steven Spielbergs Film *Schindlers List* aus dem Jahr 1993 verursachte eine ähnliche Welle von positiven und negativen Resonanzen weltweit. Zentrales Diskussionsthema war erneut die Unmöglichkeit einer solchen Verfilmung, ohne ins Triviale zu fallen. Dem entgegen stand die Meinung, dass nur durch den Film, also durch eine „story", ein beachtlicher Teil der Gesellschaft aufgeweckt und aufgerüttelt werden könne. Auch Claude Lanzmann, Regisseur des neunstündigen Dokumentarfilms *Shoah*[396], äußerte sich gegen diese Art von Filmen:

Am Ende stößt man auf einen Knoten, über den man nicht hinausgelangt. Der Holocaust ist vor allem darin einzigartig, daß er sich mit einem Flammenkreis umgibt, mit einer Grenze, die nicht überschritten werden darf, weil ein bestimmtes, absolutes Maß an Greueln nicht übertragbar ist: Wer es tut, macht sich der schlimmsten Übertretung schuldig. Die Fiktion ist eine Übertretung, und es ist meine tiefste Überzeugung, daß jede Darstellung verboten ist. Als ich *Schindlers Liste* sah, fand ich das wieder, was ich bei der *Holocaust*-Fernsehserie empfunden hatte. Übertreten oder trivialisieren läuft hier auf das gleiche hinaus. Ob Serie oder Film, beide übertreten, weil sie ‚trivialisieren' und so die Einzigartigkeit des Holocaust zunichte machen.[397]

Hier treffen wir erneut auf Klügers Warnung des „brennenden Dornbuschs" im Zusammenhang mit der Gefahr, die ein Darstellungsverbot bewirkt: die Abgrenzung des Heiligen Bodens mit ausdrücklichem Betretungsverbot. Lanzmann spricht sich zwar gegen die Verfilmung aus, doch beinhaltet sein *Shoah*-Film nicht auch Elemente der Interpretation?[398] Hinter dieser Frage steht

---

395 Zitiert nach: Novick, Peter: *The Holocaust and Collective Memory. The American Experience.* London: Bloomsbury, 2000, 211.

396 Lanzmann, Claude: *Shoah.* Frankreich 1985. 540 Minuten.

397 Lanzmann, Claude: Ihr sollt nicht weinen. Einspruch gegen ‚Schindlers Liste'. In: Weiss, Christoph (Hrsg.): *Der gute Deutsche. Dokumente zur Diskussion um Steven Spielbergs ‚Schindlers Liste' in Deutschland.* St. Ingbert, 1995, 173. Zitiert nach: Fohlmann, Jürgen: Der Aufschub des Erzählens. Überlegungen zu *Holocaust* und *Schindlers Liste.* In: Berghahn u.a. 2002, 43-58, hier: 57.

398 Ruth Klüger äußert sich zu Lanzmanns ablehnender Kritik an *Schindlers List* folgendermaßen: „Am deutlichsten und schärfsten hat sich Claude Lanzmann, der Autor des großen Dokumentarfilms ‚Shoah', gegen Spielbergs Werk ausgesprochen. Lanzmann ist sozusagen der Hohepriester der ‚oral history', denn sein Film besteht ja weitgehend aus

nicht die Polemik der Repräsentation des Holocausts, sondern vielmehr der auf 50 Jahren Holocaustdiskurs ruhende Dialog, der mehr über die Einmaligkeit und das Verfehlen des Versuchs, diese Einmaligkeit darzustellen, vermag, als es aufzuklären. Auch Giorgio Agamben warnt vor der Unrepräsentierbarkeit des Holocausts:

> Deswegen sollten diejenigen, die heute auf der Unsagbarkeit von Auschwitz insistieren, mit ihren Behauptungen vorsichtiger sein. Wenn sie damit sagen wollen, daß Auschwitz ein singuläres Ereignis war, angesichts dessen der Zeuge gewissermaßen jedes seiner Worte der Probe einer Unmöglichkeit zu sagen unterziehen muß, dann haben sie recht. Doch wenn sie Singularität mit Unsagbarkeit verbinden und aus Auschwitz eine absolut von der Sprache getrennte Realität machen, [...] dann wiederholen sie unbewußt die Geste der Nationalsozialisten, sind sie insgeheim solidarisch mit dem arcanum imperii. Ihr Schweigen riskiert, zu einer Wiederholung der höhnischen Mahnung der SS an die Bewohner des Lagers zu werden [...]. (Agamben 2003: 137.)

Erst durch die persönliche Bereitwilligkeit zur Auseinandersetzung jedes einzelnen mit den öffentlichen Debatten, die seit den 50er Jahren noch immer aktuell sind und – das ist das Besondere an ihnen – in denen Historiker und Literaturwissenschaftler sowie direkte Opfer mit Deutschen gemeinsam diskutieren, kann eine Annährung an die Dimension des Holocausts stattfinden. Eine Interpretation der Ereignisse, nicht eine Trivialisierung, wie bei beiden Filmen und in besonders erst kürzlich erschienener Literatur, die auf Erfolgs- und Verkaufsquoten ausgerichtet sind[399], muss stattfinden, um sich dem Holocaust vom heutigen Standpunkt aus nähern zu können, und sei es, um eine neue öffentliche Diskussion auszulösen.

Klügers illustrierte „literarische Welt" erlebt in *weiter leben* eine Verwebung mit ihrer Vergangenheit, Gegenwart und Zukunft, die sie ihren deutschen (intellektuellen) Lesern als gemeinsamen Horizont mit auf den (Lese-)Weg gibt: aus der Vergangenheit, weil sie mit Hilfe der Literatur die traumatischen Ereignisse ihrer Kindheit verarbeiten konnte; in der Gegenwart bot ihr die Dichtung eine geheime Tür zu einer Welt außerhalb der Konzentrationslager während ihrer Inhaftierung in Theresienstadt, Auschwitz und Christianstadt.

Interviews. Sein Haupteinwand: Daß über ein Thema wie den Holocaust nicht gedichtet und noch weniger damit ‚gespielt' werden soll. Lanzmann übersieht dabei, daß sein eigener Film ja auch mit dem Holocaust ‚spielt', nämlich in dem Sinne, daß er sich der verschiedensten ästhetischen Mittel bedient, zum Beispiel der Wiederholung von fahrenden Zügen, die dem Zuschauer ein Gefühl der Endlosigkeit des Dargestellten vermitteln. In Lanzmanns Film – und wie könnte es anders sein? – ist alles gestellt, gezielt, beabsichtigt, nur daß es sich eben im Rahmen von Zeugenaussagen abspielt." (Klüger, Ruth: Kitsch, Kunst und Grauen. Die Hintertüren des Erinnerns: Darf man den Holocaust deuten? In: *Frankfurter Allgemeine Zeitung*, Nr. 281, 02.12.1995.)

399 Hiermit sind insbesondere Bücher gemeint, wie die Fälschung von Bruno Grosjean, der unter dem Namen Binjamin Wilkomirki das 1995 erschienene Buch *Bruchstücke* schrieb, oder John Boynes Roman *Der Junge im gestreiften Pyjama*.

Die literarische Vernetzung mit der Zukunft erfolgt im Prozess der Niederschrift für die Nachgeborenen.

Die Menschen aus ihrem Familien- oder Freundeskreis werden mit literarischen Figuren so eng verflochten, dass die Konturen zwischen Realem und Fiktivem zu verschwimmen drohen. Damit ist jedoch nicht die Trennung gemeint, sondern vielmehr die Umgebung und die Umstände, in denen sie in ihrer Erinnerung auftreten. In Amerika schrieb Klüger weiterhin Gedichte, mit denen sie den Verlust des Vaters und des Bruders literarisch zu verarbeiten versuchte: „ich schrieb jetzt englische Gedichte. Das waren teils Formexperimente, und teils war es Trauerarbeit, ein Wort, das ich noch nicht kannte." (wl, 233.) Die konstruierte literarische Welt Klügers fungiert als Vergleichschlüssel, von dem sie zur Genüge Gebrauch macht, wie die Passage zeigt:

> Mitten in der Nacht wachte ich auf, seelisch satt und zufrieden mit Gott und der Welt und mit mir selbst. Ich setze mich auf, einfach so. Ich kann mich nicht fassen vor Freude [Erzählerbericht]. ‚Es schmilzt das Eis, die Kette bricht entzwei [=autonomer innerer Monolog].' Ich rufe die Schwester, weil ich sitzen kann. Mitten in der Nacht. Schaun Sie, ich kann sitzen. Sie schüttelt den Kopf. ‚Sie sind ein Spaßvogel', sagt sie gutmütig [zitierte direkte Figurenrede]. (wl, 276.)

Die gefährlichen Lähmungen und Hirnblutungen, die aufgrund des Unfalls mit dem Göttinger Fahrradfahrer[400] einsetzen und sie die ersten Wochen im Krankenhaus ans Bett fesseln, kommen für sie einer zweiten Gefangenschaft gleich. Doch diesmal ist es ihr eigener Körper, in dem sie sich gefangen fühlt. Als sie nach etlichen Wochen nach und nach ihre Muskulatur wieder bewegen kann, fühlt sie sich wie kurz vor der Befreiung der Konzentrationslager. Für die Verschriftlichung dieser zurückeroberten Freiheitserfahrung fügt sie eine intratextuelle Referenz ein, die einen Zusammenhang mit der bevorstehenden Befreiung der KZs bildet. Mit Leichtigkeit erkennt der Rezipient die Anspielung, deutet ihre Intention und öffnet ein neues Deutungsfenster. Für die Ich-Erzählerin, die sich ihr Leben lang „auf der Flucht" befand, gehört dieses befreiende Moment vermutlich zu den bedeutungsvollsten ihres Lebens. Eine Beachtung muss außerdem den Zeitsprüngen geschenkt werden. Während sie im ersten Satz noch im narrativen Modus das Präteritum einsetzt, steht der dramatische Modus im Präsens, das eine Unmittelbarkeit zum Text hervorruft.

Wie wertvoll waren Gedichte und der Zugang zur Literatur für Gefangene in nationalsozialistischen Konzentrationslagern, für Untergetauchte und im Gefängnis Inhaftierte? Wie und warum stellt sich besonders Klüger gegen eine

400 Die amerikanische Rezeption von *weiter leben* rezipierte den Unfall mit dem Radfahrer völlig falsch: „tragic accident, caused by an attack from a young skinhead, which left her gravely injured in a hospital in Göttingen." (Goldsmith-Reber, Trudis E.: ‚Most beautiful pagan, most sweet Jew': The Changing Literary Image of the Beautiful Jewess in Twentieth-Century Literature. In: Kleist, Jürgen/Butterfield, Bruce (Hrsg.): *Fin de siècle: 19th and 20th Century and Perspectives*. New York/Wien: Peter Lang, 1996, 95-107, 105.)

Mystifizierung und Ausgrenzung in der Repräsentation des Holocausts? Das Anliegen dieses Kapitels war, diese Fragen durch eine eingehende Betrachtung hinsichtlich der Notwendigkeit von Gedichten und Reimen in den Konzentrationslagern ins Blickfeld zu rücken. Das „Wort" Klügers an die „Experten in Sachen Ethik, Literatur und Wirklichkeit" zieht sich zweifellos über ihr gesamtes Erinnerungsbuch. Sie hätte es ebenso den vielen jüdischen und nicht-jüdischen, deutschen und nicht-deutschen Intellektuellen, Historikern und Schriftstellern – kurz: den „Experten" – widmen können, die nach dem historischen Satz Adornos glaubten, sich manifestieren zu müssen, wie eine Literatur nach Auschwitz geschrieben werden muss und wie man sich entsprechend als „Nachgeborener" adäquat informieren soll.[401] Doch die meisten von ihnen, und das ist Klügers Anklage, haben sich nie in Todesgefahr befunden, um sich zu dieser schwierigen und polemischen Problematik überhaupt äußern zu können. Es waren auch Juden, und viele von ihnen waren selbst Naziopfer, die ihre Empörung ausdrückten hinsichtlich der Fernsehserie *Holocaust* oder dem Spielfilm *Schindlers Liste,* an dessen Erstaufführung in Frankfurt am Main Bundespräsident Richard von Weizsäcker und der Vorsitzende des Zentralrates der Juden, Ignaz Bubis, teilnahmen. (Heidelberger-Leonard 1996: 9.) Der kritische Standpunkt in Bezug auf *Schindlers Liste* und die breiten und langjährigen Debatten, zu denen man erst, laut Heidelberger-Leonard, nach „zeitlichem Abstand" (Heidelberger-Leonard 1996: 9) kam, führten zu keiner Einigung. Sehr wohl führten sie zu einer Auseinandersetzung mit der Diskussion um das Ausmaß des Holocausts, wo aber das Begreifen der Enormität scheitern musste. Bereits im Februar 1994 schrieb sie eine äußerst positive Rezension im *Deutschen Allgemeinen Sonntagsblatt,* in der sie insbesondere unterstrich, dass dieser Film zu den „filmisch eindrucksvollste[n] Werk[en] zur jüdischen Katastrophe" gehöre. Ein Lob galt seiner „Dynamik, Fülle des Lebens, Spannung, Identifikationsangebote[n]". Kaum entziehen könne man sich „seiner Wucht und seiner schieren Dramatik".[402]

Resümierend lässt sich festhalten, dass der Repräsentationsverbot – der „brennende Dornbusch" als Symbol für das Unantastbare und sakrale Auschwitz – nur zu einer neuen Gettoisierung des Holocausts führt, gegen die Klüger mit ihrem Buch anzukämpfen versucht.[403] Für sie müssen Interpretationen

---

401 Siehe dazu Claudia Liebrand: „Klüger geht es nicht darum, die Diagnose Adornos auszuleuchten; ihr geht es darum, dem ethischen und ästhetischen Rigorismus Adornos eine pragmatische und ‚therapeutische' Ästhetik entgegenzustellen: ein ‚Zaubermittel', das hilft, zu überleben und den Verstand nicht zu verlieren. Sie entauratisiert und mediatisiert Kunst, befragt sie pragmatisch auf ihre Nützlichkeit zum Überleben. Für Klüger handelt es sich bei Auschwitzlyrik (und zwar Lyrik, die in Auschwitz rezitiert wurde, und Lyrik, die in und über Auschwitz verfaßt wurde) um Gebrauchstexte." (Liebrand, Claudia: ‚Das Trauma der Auschwitzer Wochen in ein Versmaß stülpen' oder: Gedichte als Exorzismus. Ruth Klügers ‚weiter leben'. In: Huml, Ariane/Rappenecker, Monika (Hrsg.): *Jüdische Intellektuelle im 20. Jahrhundert.* Würzburg: Königshausen&Neumann, 2003.)

402 Klüger, Ruth: Wer ein Leben rettet, rettet die ganze Welt. In: *Deutsches Allgemeines Sonntagsblatt,* 13.2.1994. Zitiert nach Heidelberger-Leonard (1996: 9).

403 Hierzu Irmela von der Lühe: „Den Heiligenschein seiner ‚Unsagbarkeit', den nach Ruth Klüger der Holocaust theoretisch und literarisch inzwischen bekommen hat, destruiert

möglich sein[404], sonst wird der Zugang zum Holocaust und seinen Opfern durch einen hohen „Stacheldrahtzaun" versperrt. (GF, 135.)[405] In ihrer Diskussion unterstreicht sie insbesondere die Forderung, Vergleiche zu ziehen, um die Erfahrung zu teilen, denn ohne „Vergleiche kommt man nicht aus." (wl, 111.) Dabei soll sich niemand mit den Opfern identifizieren. Sie demonstriert es dem Rezipienten mit ihrer Fahrt von Theresienstadt nach Auschwitz, die die längste Fahrt für sie gewesen sei, auch wenn sie nicht mehr wisse, „wie lange die Reise gedauert" habe. (wl, 109.) Die Temperatur in den Waggons sei kontinuierlich angestiegen, Panik sei unter den Gefangenen ausgebrochen und die „Ausdünstungen der Körper, die es nicht mehr aushielten in der Hitze und in einer Luft, die mit jeder Minute zum Atmen ungeeigneter wurde" (wl, 109), waren geradezu unerträglich. Deshalb könne sie sich vorstellen, und zieht somit eine Verbindungslinie, „wie es in den Gaskammern gewesen sein muß. Das Gefühl verlassen zu sein, und damit meine ich nicht, vergessen zu sein". (wl, 109.) Doch lässt sich die Fahrt in den Viehwaggons, einem steckengebliebenen Aufzug oder eine ähnliche klaustrophobische Situation gegenüberstellen? Klüger ist der Meinung, dass es möglich sein müsse, diese nicht

---

sie in ihrer Autobiographie nachdrücklich; diese Destruktion erfolgt als ‚narratives Denken', als ein Erzählen von und in Diskrepanzen und Fremdheiten." (von der Lühe 1997: 30) Hiermit distanziert sie sich von Vertretern des Bilderverbots, wie beispielsweise von Claude Lanzmanns (1994: 27) Stellungnahme zu Stephen Spielbergs Spielfilm *Schindlers Liste*: „Der Holocaust ist vor allem darin einzigartig, daß er sich mit einem Flammenkreis umgibt, einer Grenze, die nicht überschritten werden darf, weil ein bestimmtes, absolutes Maß an Greueln nicht übertragbar ist. Wer es tut, macht sich der schlimmsten Übertretung schuldig. Die Fiktion ist eine Übertretung, und es ist meine tiefste Überzeugung, daß jede Darstellung verboten ist."

404 Diese These vertritt Young in seinem Buch *Beschreiben des Holocaust*: „Die Tatsache, daß wir für unser Wissen auf vermittelnde Texte angewiesen sind, macht diese Texte jedoch weder zum alleinigen Gegenstand unserer Untersuchungen, noch mindert sie den Wert der in diesen vermittelten Versionen hervorgebrachten Bedeutungen. Denn die Signifikanz und die Bedeutung, welche die Texte den Ereignissen geben, spiegeln oft nur wider, wie diese Ereignisse damals von den Opfern begriffen wurden. Und weil es diese ‚bloßen' Interpretationen waren, die zu den Reaktionen der Opfer führten, sind es die interpretierten Versionen des Holocaust in ihrer Textgestalt, die uns dazu bringen, in einer vom Holocaust überschatteten Welt so oder so zu handeln. Das heißt, wenn der Kritiker von heute diese Interpretationen als Triebkraft in den Ereignissen begreift, kann er sowohl die Historizität der Ereignisse als auch den entscheidenden Einfluß der damaligen Interpretation auf diese Ereignisse anerkennen. Es wird lediglich auf unsere Schwierigkeiten verwiesen, diese Fakten jenseits der Formen, in denen wir sie gestalten, zu interpretieren, sie auszudrücken, uns in unserem Handeln zu ihnen zu verhalten." (Young 1997: 16f.) Für seine Argumentation zitiert er Robert Scholes: „Der Realismus ist tot, weil die Realität [selbst] nicht wiederzugeben ist. Alles Schreiben, alle Komposition ist Konstruktion. Wir imitieren die Welt nicht, wir konstruieren Versionen von ihr. Es gibt keine Mimesis, nur Poeisis. Keine Wiedergabe. Nur Konstruktion." (Scholes, Robert: *Structural Fabulation*, Notre Dame, 1975, 7. Zitiert nach Young 1997: 36). Siehe in diesem Zusammenhang auch: Feuchert (2000: 15-26).

405 Über die Tabuisierung von Auschwitz, die eine „Ghettoisierung" zur Folge hat, konstatiert sie in einem Essay: „Der Holocaust wird sozusagen zum Baum der Erkenntnis, als ob wir sagen wollten: Aus allen anderen Geschichten dürft ihr Kunst und Literatur machen, nur aus diesem nicht. Das ist erstens undurchführbar, zweitens ist es auch nicht gerechtfertigt. Man muß bei der künstlerischen Verarbeitung wie immer zwischen Kunst und Kitsch unterscheiden und womöglich die Entrüstung ganz beiseite lassen.

„salonfähigen" (wl, 110) Erfahrungen vergleichen zu können. Deshalb wagt sie geradezu provokativ den Vergleich mit der Gaskammer und fragt das Publikum: „Ist denn das Nachdenken über menschliche Zustände jemals etwas anderes als ein Ableiten von dem, was man kennt, zu dem, was man erkennen, als verwandt erkennen kann." (wl, 111.)

Klüger berichtet über ihre Liebe zur Dichtung und wie sie diese im Lager einsetzte, um den Verstand nicht zu verlieren und als Muselmann zu verkommen. Meist seien es Gedichte gewesen, die fern von jeglicher Brutalität und Ermordung lagen. Das Schreiben von Gedichten bewährte sich auch nach den traumatischen Erlebnissen als Ventil, besonders während der Trauerarbeit, die bei vielen Opfern bis in die Gegenwart hineinreicht. Das Kind verfasste Gedichte, die den Verlust des Vaters oder des Bruders zum Inhalt hatten und mit denen sie sie zu exorzieren versuchte. Auch hinterließen die gebundenen und in Reime gesetzten Worte über ihre toten Verwandten ein Zeitdokument über die Dauerhaftigkeit, die die Nationalsozialisten mit dem Genozid an den europäischen Juden hinterließen. In ihrem Essay „Mißbrauch der Erinnerung: KZ-Kitsch", dem zweiten Teil ihrer Aufzeichnung „Von hoher und niedriger Literatur", beklagt sie den später aufgesetzten „Heiligenschein" der „Unsagbarkeit" des Holocausts und seine Verklärung durch eine „Kitsch-Aura". (ME, 55)

4.5 Unverständnisse und Missverständnisse in der „Neuen Welt"

In Amerika leben über sechs Millionen Juden, etwa 2,5 Prozent der amerikanischen Gesamtbevölkerung[406], die sich durch drei bzw. vier Einwanderungsphasen unterscheiden. Die „erste Einwanderungswelle", wie sie Pascal Fischer anführt, erreichte Nordamerika 1654, die „als eine Gruppe von Flüchtlingen [...] in Nieuw Amsterdam, dem späteren New York," ankam. (Fischer 2003: 15.)[407] Um 1820 war die „erste Immigrationsphase beendet". Zu diesem Zeitpunkt lebten „kaum mehr als 5.000 Juden in den USA". (Fischer 2003: 15.) Das Leben entwickelte sich für die jüdischen Einwanderer besonders vorteilhaft. (Vgl. Kniesche 2008: 17.) Die „zweite Einwanderungswelle" fand im 19. Jahrhundert statt. Zwischen 1820 und 1870 immigrierten „vor allem Juden aus Mitteleuropa", angesichts der „judenfeindlichen Repressalien und Ausschreitungen", von denen etwa 200.000 aus „Österreich, Böhmen, Ungarn, Polen, usw." kamen. (Fischer 2003: 15.) Die wichtigste Einwanderungsphase ist, nach Fischer, jedoch die dritte. Dies waren Juden „aus dem osteuropäischen Raum", die sich nach 1880 aufgrund der „repressiven Judenpolitik des zaristischen

406 Vgl. Fischer, Pascal: *Yidishkeyt und Jewishness*. Heidelberg: Winter. 2003, 16.

407 Es waren aus der brasilianischen Kolonie Recife vertriebene portugiesische Juden. (Vgl. Kniesche, Thomas: *Projektionen von Amerika. Die USA in der deutsch-jüdischen Literatur des 20. Jahrhunderts*. Bielefeld: Aisthesis, 2008, 17.)

Russlands" ein besseres Leben in Nordamerika erhofften. 90 Prozent von den zwei Millionen Juden, die bis zum Ersten Weltkrieg aus Osteuropa auswanderten, ließen sich in Nordamerika nieder. Die meisten von ihnen, an die 600.000 Israeliten, siedelten sich in New York an. In Anlehnung an Kniesche lebten 1925 etwa 4,5 Millionen Juden in Nordamerika. (Vgl. Kniesche 2008: 17) Nach diesen drei Einwanderungswellen kamen in der Zeit des Nationalsozialismus und nach dem Zweiten Weltkrieg erneut Juden aus Europa nach Amerika. Über 100.000 jüdische *displaced persons*, etwa ein Drittel, wanderten nach 1945 in die USA aus. (Vgl. Fischer 2003: 16.)[408] In den 50er Jahren zählte Amerika zu den vier großen Emigrantenzentren (USA, Israel, Großbritanien und Argentinien) der Welt.[409] New York, die Stadt, in der sich auch Ruth Klüger mit ihrer Mutter niederließ, war die Einwanderungsstadt der jüdischen *displaced persons*, in der sich, nach Sabine Kittel, 70 Prozent von ihnen ansiedelten, deren Status sich später in den der sogenannten „New Americans" wandelte. (Vgl. Kittel 2006: 63; Novick 2000: 83.)

Die jüdischen Immigranten versuchten mit dem Neubeginn eines selbstbestimmten Lebens die traumatischen Erinnerungen an die Kriegsjahre zu verdrängen. Prinzipiell waren es junge Menschen, die eine neue Sprache erlernen mussten und vollends damit beschäftigt waren, ihr Leben neu aufzubauen. (Vgl. Novick 2000: 83.) Viele von ihnen wurden jedoch „bei dem Versuch, eine unabhängige Existenz zu gründen, mit Wohnungsnot und Arbeitslosigkeit konfrontiert." (Kittel 2006: 63.) Ferner hatten sie Schwierigkeiten, sich ihre Berufsausbildungen akkreditieren zu lassen, „da sie", so Kittel, „als unpraktikabel oder veraltet eingeschätzt wurden." (Kittel 2006: 63.) Es gab aber auch andere, die nach wenigen Wochen ein eigenes Apartment zur Verfügung gestellt bekamen und bereits arbeiten konnten. Vorteilhaft war, wie auch Klüger berichtet, die Unterstützung von Verwandten oder Bekannten. Es wurden außerdem Bekanntschaften mit anderen Einwanderern vermittelt, die ebenfalls weiterhelfen konnten. (Vgl. Kittel 2006: 63.) Andere Familien waren jedoch zu stolz, um Hilfe zu bitten, da sie „Mitleid oder schlimmstenfalls Verachtung" erwarteten. Auch wurden Hilfsangebote der jüdischen Organisationen nicht immer oder eher selten genutzt. Die Ankunft in der „Neuen Welt" war jedoch für viele junge Menschen, wie auch für Klüger, „eine zweite Chance auf Bildung". Viele holten die versäumten Schulabschlüsse nach, „schrieben sich in den Colleges und Universitäten ein." (Kittel 2006: 64.)

Die Menschen, die in anderen Ländern, wie den Vereinigten Staaten, die Gräueltaten der Nazis nicht erfahren hatten, grenzten sich eindeutig von den Opfern ab. In den 40er und 50er Jahren, so Novick, „talk of the Holocaust was something of an embarrassment in American public life." (Novick 2000: 85.) Viele lernten schnell, dass ihre traumatischen Erfahrungen die Anderen nur

408 Vgl. hierzu auch: Kittel, Susanne: *'Places for the displaced'. Biographische Überwältigungsmuster von weiblichen jüdischen Konzentrationslager-Überlebenden in den USA*. Hildesheim: Georg Olms, 2006, 9.

409 Vgl. Barkai, Avraham/Mendes-Flohr, Paul/Lowenstein, Steven M.: *Deutsch-jüdische Geschichte in der Neuzeit. Vierter Band. 1918-1945*, München: Beck, 1997, 372.

verscheuchten. William B. Helmreich berichtet von einem nach Amerika emigrierten Überlebenden, Moritz Felberman, der von seiner Tante den folgenden Ratschlag bekam:

> If you want to have friends here in America, don't keep talking about your experiences. Nobody's interested and if you tell them, they're going to hear it once and then the next time they'll be afraid to come see you. Don't ever speak about it. (Helmreich 1995: 38.)

Auch in der Öffentlichkeit war der Holocaust nur selten ein Thema, besonders wenn es sich hierbei um ein nichtjüdisches Publikum handelte. Literatur über den Holocaust war sehr spärlich zu finden. (Vgl. Novick 2000: 103.) Erst seit den 70er Jahren ist der Holocaust determinierter Bestandteil des Gedächtnisses der Vereinigten Staaten:

> Instructions for conducting ‚Days of Remembrance' are distributed throughout the American military establishment, and commemorative ceremonies are held annually in the Capitol Rotunda. Over the past twenty years every president has urged Americans to preserve the memory of the Holocaust. The operating expenses of the Washington Holocaust Museum – originally to have been raised by private contributions – have been largely taken over by the federal government. In Boston, the New England Holocaust Memorial is located on the Freedom Trail, along with Paul Revere's house and the Bunker Hill Monument. Public officials across the country told Americans that seeing ‚Schindler's List' was their civic duty. (Novick 2000: 207.)

Der wichtigste Moment des Eintritts in das amerikanische Bewusstsein (und in das deutsche) war (deshalb soll sie an diesem Punkt noch einmal erwähnt werden) die im April 1979 ausgestrahlte Fernsehserie *Holocaust*. Schätzungsweise 100 Millionen Amerikaner sahen den vierteiligen Film über die Geschichte der Familie Weiß. Die Ausstrahlung bewirkte eine umfassendere Aufklärung der amerikanischen Bevölkerung als in den 30 Jahren zuvor. (Vgl. Novick 2000: 209.) Kniesche behauptet sogar, dass die „weltweit einflussreichsten Holocaust-Diskurse" hauptsächlich „in den USA produziert" werden. Diese Tatsache bleibe nicht auf die modernen Massenmedien oder die Museumskultur beschränkt, sondern wirke sich auch auf die Literatur aus. (Kniesche 2008: 30.)

Klüger und ihre Mutter konnten, nach anfänglichen Schwierigkeiten und Verzögerungen[410], 1947 auf dem „ausgedienten Kriegsschiff" *S. S. Ernie Pyle* die Fahrt nach Amerika antreten, die fast zwei Wochen dauern sollte. William B. Helmreich formuliert die Überfahrt der vielen Holocaustopfer auf diesem Schiff folgendermaßen:

---

410 Wegen eines Streiks am Hafen in New York mussten sie bis zum Antritt ihrer Reise in „lagerähnlichen Quartieren in Münchens Funkkaserne und in Bremerhaven warten." (Vgl. wl, 221.)

> These were refugees and the Ernie Pyle was a refurbished army transport vessel, one of hundreds that regularly crossed the ocean between 1946 and 1953, carrying thousands of Holocaust survivors to the shores of the United States. The names of these boats – Marine Flasher, Marine Perch, Uruguay, General Gordon, and General Ballou – do not mean anything to the average American. The survivors, however, remember them with a mixture of fondness und anxiety.[411]

Das Schiff bot keine Bequemlichkeiten. Während der Fahrt schliefen Mutter und Tochter in einer „stickigen, unbequemen Großkabine" und bekamen „regelmäßig Speiseeis in kleinen geschlossenen Papierbechern." (wl, 222.) Das Eis – mit den, wie Klüger beschreibt, „aufgeputzt[en] und geschmückt[en]" Photographien auf der Innenseite der Pappdeckel als Metapher für den amerikanischen Traum – und die Mannschaft aus dem „Land der unbegrenzten Möglichkeiten" waren für die Protagonistin „Amerika an Bord der *Ernie Pyle*". (wl, 222.) Klüger konnte sich über die Jahre nicht nur den Namen des Schiffes merken, sondern auch das Ende eines Lebensabschnittes, das nun mit dem Betreten des Schiffes abgeschlossen wurde. An den für sie unbedeutenden Augenblick des Besteigens der *Ernie Pyle* erinnert sie sich noch sehr genau:

> Als ich das Landungsbrett unseres Schiffs betrat, schaute ich angestrengt auf meine Schuhe und den Boden unter ihnen und dachte: ‚Den Augenblick mußt du festhalten, diesen Moment, wo du Europa verläßt [=Erzählerbericht/ zitiertes Gedankenzitat].' Mein Gedächtnis hat diese Anweisung sozusagen achselzuckend hingenommen und den Augenblick festgehalten [=Erzählerbericht]. (wl, 221.)

Das Gedankenzitat markiert Klüger mittels Doppelpunkt und Anführungszeichen. Dadurch unterstreicht sie, wie wichtig dieser Augenblick in diesem Moment für sie war und wie er sich rückblickend zu einem unbedeutenden Zeitpunkt in ihrem Leben entwickelt hat. Was die Autorin damit auszudrücken versucht, ist die Veränderung der im Gedächtnis aufbewahrten Erinnerung, die sich durch die Überschichtung von Momenten verformt. Klüger trennt die Perspektive des Mädchens von der der Erzählerin. Das Mädchen schaut auf ihre Schuhe, die nicht etwa, wie die anderen Schuhe der ermordeten Kinder, auf dem großen Haufen in Auschwitz geblieben sind. Ihre Schuhe verlassen das Land, das ihr Todesurteil ausgesprochen hatte. Doch anstatt diesen Augenblick als etwas Einschneidendes in ihrem Leben zu empfinden, gähnt sie im Rückblick, „durch den Filter der Erinnerung", „hinter einer nicht einmal vorgehaltenen Hand." (wl, 221.) Einen „klaren Schnitt" in ihrem Leben, hervorgerufen durch „das Verlassen Europas in Richtung USA" (Bodenheimer 2008: 279), in dieser Passage zu deuten, scheint nicht angemessen zu sein, wie

---

411 Helmreich, William B.: *Against All Odds: Holocaust Survivors and the Successful Lives They Made in America*. New Jersey: Transaction Publishers, 1995, 19.

es Alfred Bodenheimer in seinem Artikel „,Ich hab den Verstand nicht verloren, ich hab Reime gemacht.' Ruth Klügers Jugendautobiographie ,weiter leben'" liest. Denn, so die Autorin, „eine Stunde Null gab es für uns freilich nicht." (uv, 15.) Klüger definiert die Grenzüberschreitung an einem anderen Punkt. Es ist das Moment der Flucht während der Evakuierung von Christianstadt. In der Entscheidung zur Flucht und dem dadurch erfolgten Eintritt in ein Leben außerhalb von Gefangenschaft liegt für die Protagonistin der Eintritt in eine neue Welt:

> In den nächsten Minuten, als wir zu sechst die Straße hinunterliefen und uns immer weiter entfernten von den obdachsuchenden, frierenden, hungernden Häftlingen mit ihrer erzwungenen Geduld, überschritten wir eine Grenze: aus der Lagerwelt nach Deutschland. Zwar waren die Lager in Deutschland und ‚made in Germany', aber sie waren oder schienen mir eine Kapsel, die wir durchbrochen hatten. Und in der Tat gab es von nun an den Spielraum der Vogelfreiheit. (wl, 171.)

Auch wenn sie von Verwandten für ihren Start in New York Unterstützung erhielten, waren sie in den ersten Jahren der Emigration Fremdlinge und mussten sich einen Status im „freien Land" schwer erkämpfen. Die amerikanische Gesellschaft und die integrierten Juden, die schon seit den 30er Jahren dort lebten, darunter auch einige Verwandte, wollten und konnten sich nicht mit der traumatischen Vergangenheit der Opfer auseinandersetzen. Therapeuten und Psychologen waren für die Behandlung von einer Pathologie eines Holocaustüberlebenden nicht ausgebildet. Hinzu kamen Fehldiagnosen und schwerwiegende Fehlentscheidungen. Wie Klüger die Vorurteile der „neuen Amerikaner" moniert und anprangert, wie sie falsche Beschuldigungen zurückweist und anklagt, soll im folgenden Kapitel erläutert werden.

4.5.1 Amerikanische Stimmen

Den ersten Kontakt zu Amerikanern hatten Ruth und ihre Mutter kurz nach ihrer Flucht. Sie erlebten im südbayerischen Ort Straubingen die Einnahme der Stadt durch die „Amis" (wl, 190), in der sie zu diesem Zeitpunkt lebten, weil ihre Mutter für die Militärregierung arbeitete (wl, 195), bevor sie in Regensburg eine Stelle bei der UNRRA[412] bekam. In dieser Stadt stießen sie auf

[412] Die UNRRA (United Nations Relief and Rehabilitation Administration) wurde während der 44-Länder-Konferenz im Weißen Haus am 9. November 1943 gegründet. Ihr Ziel war die finanzielle Hilfeleistung der europäischen Länder nach dem Zweiten Weltkrieg und den Flüchtlingen zu helfen, die sich unter der alliierten Macht befanden, und ihnen gegebenenfalls in die Heimat zurückzuhelfen. Die UNRRA unterstützte 1945 die Repatriierung von Millionen von Flüchtlingen und verwaltete hunderte von *Displaced Persons* Lager in Deutschland, Italien und Österreich in diesem Jahr. Die enormen und langwie-

ihren „ersten Amerikaner". (wl, 190.) Wie der „MP (military policeman)" (wl, 190), reagierte, als die Mutter ihn mit „ihrem besten Schulenglisch" ansprach und ihm erklärte, sie seien aus einem KZ geflohen, beschreibt die Ich-Erzählerin folgendermaßen:

> Was er antwortete, verstand ich nicht, weil ich noch kein Englisch konnte, aber seine Gebärde war unmißverständlich: Er legte die Hände an beide Ohren und wandte sich ab [=Erzählerbericht]. Meine Mutter übersetzte. Er hätte nachgerade genug von den Leuten, die behaupteten, sie seien in den Lagern gewesen. Man treffe sie überall an [=transponierte indirekte Figurenrede]. Wir waren schon wieder welche [=transponierte erlebte Figurenrede]. (wl, 190f.)

Die erste Begegnung prophezeit bereits die Reaktion und das Verhalten, mit der sie sich in Amerika konfrontiert sahen: „Hier war mein erster Amerikaner, und der hielt sich die Ohren zu." (wl, 191.) Der Akt des Ohren zuhaltens setzt ein Grenzzeichen zwischen ihnen und ihren Befreiern. Diese manifestierte Ignoranz und Gleichgültigkeit hinsichtlich der Gräueltaten der Deutschen an den Juden werden sich über etliche Jahrzehnte hinziehen. Wie auch in Deutschland im ersten Jahrzehnt kaum über die Naziverbrechen in der Öffentlichkeit diskutiert wurde, so mussten auch in den Vereinigten Staaten viele Jahre vergehen, bis sich die Konfrontation mit der Vergangenheit durchsetzte. Klügers Schlussfolgerung auf die Reaktion ihres ersten Amerikaners wechselt die Perspektive: Sie wird nicht mehr aus dem Blickwinkel des dreizehnjährigen Mädchens beschrieben, das beobachten kann, wie der Amerikaner das Zuhören verweigert, sondern aus der Sicht der erwachsenen Erzählerin, die in den 90er Jahren die Motive des Einsatzes der amerikanischen Truppen ausreichend kennt: „Also eines stand fest: nicht unsertwegen war in diesem Krieg gekämpft worden." (wl, 191.) Hinter dieser Feststellung verbirgt sich ein Widerspruch gegen die USA-Politik während des Zweiten Weltkrieges, die sich nach dem Krieg schlagartig änderte. Verwiesen sei hier auf Novick, der die amerikanische Perzeption des nationalsozialistischen Deutschlands als „apotheosis of human evil and depravity" (Novick 2000: 85) etikettiert. Weiter erläutert er:

> Reports, and especially photographs, from the liberated concentration camps underlined this perception. Indeed, the provided, retroactively, the symbol that defined the meaning of the war. Ordering that all available troops tour a liberated camp, General Eisenhower observed: ‚We are told that the American soldier does not know what he is fighting for. Now, at least, he will know what he is fighting *against*.' (Novick 2000: 85.)

---

rigen Bemühungen zur Unterstützung des Projekts führten 1947 zu einer finanziellen Erschöpfung der Institution, die jedoch durch die IRO (International Refugee Organization) ersetzt werden konnte, die die Betreuung von 643.000 *Displaced Persons* im Jahr 1948 übernahm. (Frei v. d. Verfasserin übersetzt aus: www.ushmm.org/wlc/article.php?ModuleId=10005685, abgerufen am 24.07.2012; vgl. auch Hilberg 2007: 1220ff.)

Der Zweite Weltkrieg war für die USA ein gerechter und „guter Krieg" gewesen und die Soldaten die „greatest generation". (Vgl. Klüger 2004: 195.) Man kämpfte schließlich gegen das kriminellste Regime, das die Welt jemals gekannt hatte, so Novick. Die Anti-Hitler-Koalition, das Bündnis zwischen UdSSR, USA und Großbritannien, wurde nach 1945 bald aufgelöst, sodass Russland wieder der Gegner Amerikas wurde und Deutschland sein Verbündeter. Das negative Deutschlandbild musste umfunktionalisiert werden. (Novick 2000: 85f.) Der „Kalte Krieg" oder auch „Ost-West-Konflikt" genannt, diente der amerikanischen Außenpolitik, um den Anblick zahlreicher Gräueltaten wegzulenken. (Novick 2000: 88.) Dieser Konflikt äußerte sich in „Propaganda, Prestigepolitik, Aufrüstung, übernat[ürlichen] Bündnissen, techn[ischer] und wirtschaftl[icher] Rivalität."[413] Dass dieses umfunktionalisierte Feindbild Deutschlands bis in die „Schulklassen" eindringen konnte, soll mit der Rede des „College-Präsidenten", Herrn Shuster, in diesem Kapitel nochmals aufgenommen werden.

Klüger und ihre Mutter emigrierten 1947 nach New York. Bereits in der ersten Beschreibung dieser „Einwandererstadt" manifestiert die Erzählerin mit der Redewendung „Krethi und Plethi"[414], dass Neuankömmlinge nicht mit offenen Armen von den Einheimischen und dort schon jahrelang lebenden (Vorkriegs-)Immigranten empfangen wurden: „Eine Einwandererstadt ist eine Stadt, wo die Einheimischen es verstehen, sich die Einwanderer auf Armeslänge vom Leib zu halten, eine Stadt, die darauf achtet, daß sich Krethi nicht mit Plethi vermischt." (wl, 225.) Auch Hannah Arendt beobachtet in New York eine Ablehnung gegenüber Juden, die sie in einem Brief aus dem Jahr 1946 an Karl Jaspers erwähnt:

> Sie wissen natürlich, dass der gesellschaftliche Antisemitismus hier vollkommen selbstverständlich ist, die Abneigung gegen Juden gleichsam ein consenus omnium; dem steht eine nahezu ebenso starke Absonderung der Juden gegenüber, die dadurch natürlich auch geschützt sind. [...] Dies besagt nicht, dass

---

413 Kinder, Hermann/Hilgemann, Werner: *dtv-Atlas Weltgeschichte Band 2*. München: DTV, 2000, 496.

414 Krethi und Plethi: „Alle möglichen (suspekten) Leute. Im 18. Jh. aufgekommen, nach 2. Sam. 8,18, wo von der Reichsverwaltung die Rede ist und von der Einsetzung des Benaja als Befehlshaber über die Krethi und Plethi, wohl die Leibwache oder eine Söldnertruppe König Davids. [...] Über die Deutung der Namen ist viel gestritten worden. Die übliche ist ‚Kreter und Philister'. Aber da die nach Palästina eingewanderten Philister geschworene Feinde Israels waren, die von Saul und David erst unterworfen wurden, bleibt diese Erklärung zumindest zweifelhaft. Nach dem Alten Testament sollen auch die Philister von Kreta stammen (Amos 9,7, Kaphthor ist der hebräische Name für Kreta). Die Krethi und Plethi bestanden nicht aus Einheimischen, sondern aus Fremden, die man nicht kannte, und Fremde gelten überall, trotz aller Kultur, auch heute noch als suspekt und distanzauslösend. Ein offenbar schwer zu überwindendes Erbe aus den Anfängen der Menschheit." (Köster, Rudolf: *Eigennamen im deutschen Wortschatz: Ein Lexikon*. Berlin: de Gruyter, 2003, 96.)

> man sich nicht politisch für die Juden einsetzen würde; nur gesellschaftlich wünscht man auf beiden Seiten, ,unter sich' zu sein. (Arendt/Jaspers 2001: 67.)

Während der Überfahrt nach New York musste das Kind bereits feststellen, dass die amerikanische Bevölkerung eine gewisse Abneigung gegenüber Einwanderern hatte. Wichtig an der folgenden Textsequenz sind besonders die Gestik und Mimik des Matrosen. Da sie sich bereits auf einem amerikanischen Schiff befinden, wird auch ihre Umgebung amerikanisch geprägt:

> An Bord waren auch Ukrainer, von denen ich gelegentlich antisemitische Bemerkungen zu hören bekam [= erzählte Figurenrede als Gesprächsbericht]. Ein amerikanischer Matrose sagte dazu: ,Aber diese Leute zählen in den USA gar nicht. Die bleiben ganz unten', und verdeutlichte die niedrige soziale Stellung, die er den Genannten prophezeite, indem er sich etwas bückte und die flache Hand über den Boden hielt [=zitierte indirekte Figurenrede]. Diese Demonstration beruhigte und beunruhigte mich zugleich. So sehr ich es den Antisemiten gönnte, daß sie es in Amerika nicht zu Ehren und Ansehen bringen würden, so konnte ich nicht umhin, mich zu fragen, warum es uns denn besser gehen sollte [=Erzählerbericht/erzählte Figurenrede als Bewusstseinsbericht]. (wl, 222.)

Der Matrose merkte nicht, dass das Mädchen sich in der gleichen Lage befand wie die Ukrainer. Sprach sie zu diesem Zeitpunkt noch relativ wenig Englisch, bleibt es fraglich, wie die Protagonistin ihn verstand. Seine Gesten sind in dieser Begegnung von entscheidender Bedeutung. Mit einer kritischen und forschen Beobachtungsgabe widerspricht sie dem Schein des „Landes der unbegrenzten Möglichkeiten":

> Die Geringschätzung für eine Menschengruppe, bevor ihre einzelnen Glieder noch die Gelegenheit gehabt hatten, sich zu bewähren, als sei es auch im Land der tausend Möglichkeiten für gewisse Ausländer unmöglich, festen Fuß zu fassen: Das ging mir wider den Strich. (wl, 222.)

Klüger deutet oder interpretiert nicht, sondern versucht anhand von fremden Stimmen – deshalb das direkte Zitat des Matrosen –, unmissverständliche Wahrnehmungen kritisch zu beleuchten. Auch wenn ihre Stimme an diesem Textbeispiel nicht dominiert, bleibt der Text nicht offen. Der Diskurs beinhaltet zwar eine hybride Konstruktionsweise (die Stimme der Ukrainer und des Matrosen, der Gedankenbericht der Protagonistin), doch lässt sie keine Positionierung von Seiten des Rezipienten zu, da lediglich die Stimme des Matrosen und seine Gestik dramatisiert werden. Die antisemitischen Äußerungen der Ukrainer werden zwar nicht weiter erläutert, doch handelt es sich zweifelsohne um Vorurteile, die den Matrosen, der intuitiv selbst vorurteilt, auf dieselbe Stufe setzen.

Der erste Eindruck[415] von New York gleicht dem vom zerstörten Deutschland, als sie sich wie in der Vorhölle, „*in limbo*, wie die ungetauften Seelen bei Dante" (wl, 221), fühlte.[416] Das versprochene Paradies steht aber nicht im Verhältnis zu New York, das von ihr vielmehr als moderne Stadtwüste beschrieben wird. Die Freiheitsstatue, die die Einwanderer und Heimgekommenen am Hafen begrüßen sollte, lag in einem „warmen Dunst [...] „umnebelt". (wl, 223.) Ein Klima, das für Europäer „befremdlich" sei, so die Ich-Erzählerin. Ihre Zukunft und ihr Traum von einem besseren Leben scheinen getrübt zu sein, wie die Atmosphäre. Dies lässt die eindeutige Schlussfolgerung zu, die die Ich-Erzählerin aus der Auskunft des Hafenbeamten zog, als die Mutter ihn fragt, wo sie jetzt hingehen sollten:

> ‚Wohin Sie wollen, gnädige Frau. Sie sind in einem freien Land.' (‚Wherever you like, lady. It's a free country [=zitierte direkte Figurenrede].')
> Eine grundfalsche Übersetzung, sagt eine amerikanische Kollegin lachend [=zitierte direkte Figurenrede]. Sie hat recht, aber da versuche einmal einer, es besser zu machen [=autonomer innerer Monolog]. ‚Gnädige Frau' ist eine distanzierte Anredeform, während ‚lady' salopp wirkt, egal was das Wörterbuch behauptet; und ‚a free country' bezeichnet hier nichts Idealistischeres als daß sich der Teufel drum schert, was einer anstellt oder auch, wie es einem geht. Lange waren wir Auswanderer gewesen, jetzt waren wir endlich Einwanderer geworden, und die Einwandererstadt New York nahm uns auf [=Erzählerbericht]. (wl, 223.)

Während es sich bei der Antwort des Matrosen um ein direkt gerichtetes Wort handelt, werden Gestik und Mimik der Figur nicht beschrieben, wie beim Matrosen auf dem Schiff, den die Ich-Erzählerin im Gegensatz zum Hafenarbeiter zwar ebenfalls direkt zitiert, hier jedoch durch den Filter der Übersetzung. Um die Zweideutigkeit der Aussage „Wherever you like, lady. It's a free country" ihrem deutschen Publikum zu erklären, reicht der Ich-Erzählerin die deutsche Übersetzung nicht aus, denn auch die Antwort des Hafenbeamten merkte sie sich gut, die sie nun in Klammern und Anführungszeichen auf Englisch zitiert. Die Stimme des Hafenbeamten, die eine sozialtypische Färbung aufweist, sticht aus der restlichen Textsequenz hervor. Klüger zitiert mehrmals amerikanische Stimmen, doch selten direkt aus dem Amerikanischen. Die Germanistin legt Wert auf die Sinndeutung, die sie über die Stimme einer amerikanischen Kollegin hinzufügt. Auch in diesem Zitat verzichtet Klüger auf Anführungszeichen, obwohl sie direkt zitiert. Daraus lässt sich ableiten, dass diese Bemerkung erst im Nachhinein, nach einer ersten Lektüre ihrer Freunde und Kollegen, eingearbeitet wurde, wie so viele andere Leser-

[415] Die Studie von Thomas Kniesche *‚Amerika' in der deutsch-jüdischen Literatur des 20. Jahrhunderts* über das Amerika-Bild bei Kafka und Joseph Roth weist Parallelen zu Klügers Ankunft auf. (Vgl. Kniesche 2008: 50-97)

[416] Klüger vergleicht die erhaltenen Konzentrationslager mit „ein[em] Quartier in der Vorhölle, wo die Unerlösten sich aufhalten." Es ist ein „Gespenstergelände, kein Gottesgelände" geworden. (wl, 71.)

kommentare und -Stimmen, die das Stimmenmosaik ihres Buches vollenden. Die Fokalisierung dessen, was tatsächlich mit dieser Antwort gemeint war, wird jedoch aus der Gegenwart expliziert: Die Anrede als „lady" weise nicht auf Respekt des Hafenbeamten gegenüber ihrer Mutter hin, sondern vielmehr auf eine „saloppe" Etikette für eine Frau. Aufgeklärt darüber, dass es eine „grundfalsche Übersetzung" (wl, 223) sei, wurden sie erst viele Jahre später.

Die USA war für die Protagonistin kein „Land der unbegrenzten Möglichkeiten". Nach ihrer Ankunft versuchte sie, sich an den Hochschulen nach einem Studienplatz zu erkundigen. Die Absage der ersten Universität, bei der sie anfragte, wird zwar wie die vom Hafenbeamten nicht klar ausgesprochen, aber ihre Deutung ist dafür umso offensichtlicher:

> Die lächelnde Herablassung, mit der man mich abfertigte, enthielt ihre eigene unmißverständliche Begründung: Du kommst grad erst vom Schiff, hast offenbar kein Geld, und willst an unserer berühmten Uni unterkommen. Lern du erst, wer hier wohin gehört [=Erzählerbericht/zitiertes Gedankenzitat]. New York verstand es, der Einwandererin die Zähne zu zeigen [=Erzählerbericht]. (wl, 225.)

Diese Passage bestätigt und unterstreicht die bereits vorher kommentierten Zitate, die verdeutlichen sollen, dass mit der Ausreise nach New York für Mutter und Tochter nicht sofort die erhoffte Besserung einsetzte. Das Gefühl, ein „Parasit" (wl, 199) zu sein, konnte die Protagonistin auch während der ersten Jahre in New York nicht abstreifen. Die Antwort, die jedoch vom Sekretariat der Fakultät nicht ausgesprochen wird, sondern lediglich eine semiotische Interpretation des Gesagten der Protagonistin widerspiegelt, wirkte auf das sensible und naive Kind wie ein Schlag. Aufschlussreich ist, dass sie die anonyme Stimme zwar nicht in Anführungszeichen setzt, sie jedoch, wie in vielen vorherigen Textsequenzen zu beobachten ist, als direkte Figurenrede erscheint. Wie sie tatsächlich „abgefertigt" wurde, welche Auskunft sie vom Informanten oder der Informantin tatsächlich erhält, erfährt der Leser nicht. Die Ich-Erzählerin fungiert an diesem Punkt nicht als Sprachrohr, sondern als Interpretations- oder Rezeptionsmittler, indem Gestik erneut zu einer von der Erzählerin in Worte gefassten Referenz transformiert wird. Sie setzt zwar für ihre Auslegung keine Anführungszeichen, doch gibt sie durch das Gedankenzitat die Perzeption der Reaktion dieser Universität wieder. Die Person, die sie um Auskunft bittet, bleibt anonym, denn hier spricht die amerikanische Universität. In Barnard, „dem weiblichen Pendant der Columbia University" (wl, 225), waren Immigranten unerwünscht. Nach ihrer Flucht befindet sie sich noch immer in einer vorhallenähnlichen Situation, in einem Land, dessen Sprache sie erlernen muss und in dem sie nicht sonderlich gut aufgenommen wird und nicht erwünscht ist. Sie bleibt als Fremde eine Außenseiterin.

Eine gewisse amerikanische Geschichtslosigkeit wird in Klügers Werk angesprochen und thematisiert. Sie manifestiert sich nicht nur bei jüngeren Menschen, sondern gestaltet sich als Charakteristik, die zum Amerikanisch-Sein dazugehört. Als Teenager wird sie oft von unwissenden Amerikanern auf ihre eintätowierte Auschwitznummer angesprochen. Die folgende Textsequenz repräsentiert eine kennzeichnende Szene für Klügers strategisch zusammengesetzte Dialogizität in *weiter leben*:

> Als ich Kellnerin war, haben mich die Kunden öfter gefragt, was das für eine Nummer sei [=transponierte indirekte Figurenrede]. Ich mußte lachen, weil sie es nicht wußten oder vorgaben, es nicht zu wissen, und zwischen Küche und Stammtisch ist nicht der Platz für Aufklärung [=Erzählerbericht]. Um die Frager loszuwerden, sagte ich gelegentlich, das sei die Telephonnummer von meinem Freund, meinem boyfriend [=transponierte indirekte Figurenrede]. Der hat's gut, sagte ein Gast [=zitierte direkte Figurenrede]. Ich sehe meine Leser befremdet die Köpfe schütteln [=Erzählerbericht]. Tut mir leid. Ich war frei, ich konnte sagen, was ich wollte, das hat mich gefreut [=zitierte autonome direkte Figurenrede]. (wl, 237f.)

Klüger setzt zwar eine transponierte indirekte Figurenrede ein, um die Ignoranz der Amerikaner zu thematisieren, doch ihre Antwort auf die Frage, was das für eine Nummer sei, enthält als Zusatz den amerikanischen Ausdruck für Freund: „boyfriend". Lediglich dieses eine Wort wird in die Übertragung eingeflochten, die restliche Konversation ist eine interpretatorische Übersetzung. Rigoros und gezielt hat sie immer ihr deutsches Publikum als Zielgruppe vor Augen. Dies begründet die Auslassung der Anführungszeichen, wie beispielsweise die Reaktion des Gastes, die einzige zitierte direkte Figurenrede in dieser Passage. In diese Szene wird plötzlich der „kopfschüttelnde Leser" eingeblendet, die Anekdote bricht ab, der Dialog zwischen den Lesern und der Erzählerin setzt ein. Klüger weiß, dass die herausfordernde Antwort an die Gäste eine gewisse Ablehnung beim Leser hervorruft. Doch manifestiert sie somit ihr Recht auf Intimität, die ihr diese Nummer mit Gewalt wegnahm. Der Holocaust, die traumatische Erfahrung und die Erinnerung daran werden privat. Klüger verkündet somit ihren Anspruch auf Selbstbestimmung und Intimität. Zwar wird sie auch von aufgeklärten Amerikanern angesprochen, diese scheinen aber nicht an den Missverhältnissen im KZ, sondern an sexuellen Missbrauchsgeschichten interessiert zu sein:

> Auch kamen Leute mit Bordellphantasien zu mir und wollten wissen, ob ich vergewaltigt worden sei [=Erzählerbericht/transponierte indirekte Figurenrede]. Dann sagte ich, nein, aber fast umgebracht haben sie mich [=zitierte direkte Figurenrede], und erklärte den Begriff der Rassenschande [=erzählte Figurenrede/Gesprächsbericht], weil ich es interessant finde, daß ein bösartiger Begriff ein weitgehendes, wenn auch kein absolutes Schutzmittel für Jüdinnen gewesen ist [=Erzählerbericht]. Wenn das Interesse erlahmte, wußte man, daß die intime Frage einem falschen Interesse gedient hat. Es gibt ja eine Pornographie der KZs, die Vorstellung der absoluten Macht über andere erweckt Lustgefühle [=Erzählerbericht]. (wl, 238.)

Die amerikanischen Frager werden als Ignoranten kompromittiert, Klüger musste sie aufklären und lenkt das krankhaft Veranlagte der Vergewaltigung auf die Perversität der „Rassenschandegesetze“. Der plötzliche Wechsel zum unbestimmten Pronomen „man“ manifestiert die Gruppenzugehörigkeit Klügers zu den weiblichen Opfern, die dieselbe Erfahrung mit morbiden Fragen gemacht haben. Selbst in der historischen Forschung waren Vergewaltigungen und Prostitution im KZ lange ein Tabuthema und entwickelten sich erst in den letzten Jahren zum Forschungsgegenstand. Für die Frauen war die Inhaftierung in den Konzentrationslagern, mit der Entfernung jeglicher Behaarung, Entblößung durch das Nacktsein vor Fremden während der Selektion und das Duschen bereits eine tiefe Demütigung und mit dem Verlust von Identität verbunden. Für die amerikanische Literaturwissenschaftlerin Marianne Hirsch waren jüdische Frauen zweifellos sexuell angreifbarer als Männer, auch hat es Vergewaltigungen und sexuelle Missbräuche in den Ghettos und Lager gegeben.[417] „Oft sind diese Geschichten unterdrückt, und Historikerinnen haben erst begonnen, sie wiederzuentdecken.“ (Hirsch 2002: 220.) Trotzdem bezweifelt sie, „dass den Morden eine sexuelle Dimension eigen war oder dass die Mörder in irgendeiner Weise der Sexualität ihrer Opfer Bedeutung zugemessen hätten.“ (Hirsch 2002: 220.) Vielmehr scheint „das Gegenteil der Fall gewesen zu sein: Die Opfer wurden genau dadurch entmenschlicht, dass sie entsexualisiert (degendered) wurden.“ (Hirsch 2002: 220.) Hirsch argumentiert weiter: „Da sie in der unpersönlichen Zerstörungsmaschinerie jeglicher Subjektivität enteignet wurden, wurden sie auch ihrer Sexualität beraubt.“ (Hirsch 2002: 220.)

Heute wissen wir, dass es genügend Frauen gab, die von SS-Wachmännern vergewaltigt wurden, trotz des Gesetzes der Rassen- oder Blutschande. Eine Vergewaltigung war für die Frauen eine zweifache Schändung, Schmach und Demütigung, die bei vielen mit Selbstbeschuldigungen verbunden war; die empfundene Scham machte sie sprachlos. Klüger spricht hier nicht nur in eigenem Namen, sondern stellvertretend für alle. Ferner klagt sie die Alliierten an, die die ersten Photographien und Dokumentarfilme über die Konzentrationslager drehten. Man habe „über die eigentlichen Opfer oft hinweggesehen und sich mit einer Entrüstung begnügt, die durchs Photographieren zu befriedigen war.“ (wl, 193.)

Eine weitere Konfrontation mit „Leuten“, die sich aufgrund der unverdeckten Auschwitznummer gekränkt, ja sogar provoziert fühlten, postuliert erneut ihren Anspruch auf Entscheidungsfreiheit. Erwartet wird noch immer das Gefühl der Scham und somit die Verdeckung ihrer Schande. Doch damit ist Klüger durchaus nicht einverstanden:

[417] Hirsch, Marianne: Täter-Fotografien in der Kunst nach dem Holocaust. Geschlecht als ein Idiom der Erinnerung. In: Eschebach, Insa u.a. (Hrsg.): *Gedächtnis und Geschlecht. Deutungsmuster in Darstellungen des nationalsozialistischen Genozids.* Frankfurt/M.: Campus, 2002, 203-226, hier: 220.

> Hierher gehört auch, daß man die KZ-Nummer nicht gerne sah[418] [=Erzählerbericht]. Symbol der Erniedrigung, sagen die Leute, laß sie wegmachen [=zitierte direkte Figurenrede]. Symbol der Lebensfähigkeit, sage ich, denn als ich nicht mehr mich und meinen Namen verleugnen mußte, da gehörte es mit zur Befreiung, die Auschwitznummer nicht verdecken zu müssen [=zitierte direkte Figurenrede/ Erzählerbericht]. Aber heute ist es leichter geworden, sagt ihr, es gibt da jetzt die verschiedensten Methoden, sagt ihr. Laser empfiehlt sich [=zitierte direkte Figurenrede]. Vielleicht tu ich's auch noch einmal, es ist noch nicht aller Tage Abend, den Spielraum hab ich [=zitiertes Gedankenzitat]. (wl, 237.)

Durch die fingierten Gespräche mit Amerikanern und Deutschen versucht sie ihre zurückgewonnene Identität und Entscheidungsfreiheit zu verteidigen. Das Gespräch löst das Schamgefühl und das „Mal" der Erniedrigung. Erst durch die Aussprache enttabuisiert sie die Markierung an ihrem Körper, die auf ihre Vergangenheit hinweist, wobei trotzdem beide Positionierungen, die der „Leute" und die des Opfers, parallel in ihrem Text vertreten sind. Erneut verzichtet die Autorin auf jegliche Markierungen der direkten Figurenreden. Die Begründung liegt auf der Hand: Resümierend, doch dialogisch, werden die Gesprächsrekonstrukte vernetzt. Es handelt sich hierbei um mindestens drei verschiedene Figurenstimmen aus drei verschiedenen Perspektiven: 1. die Stimme der Leute; 2. die Stimme der Überlebenden; 3. die Stimme der Deutschen, an die der letzte Teil dieser Textsequenz gerichtet ist. In ihrem Folgebuch *unterwegs verloren* beschreibt sie im ersten Kapitel *Geschichte einer Nummer* die Entfernung der eintätowierten Auschwitz-Nummer am Arm in einer amerikanischen Klinik. Die eintätowierte Auschwitznummer, „dieses Stück ‚Mahnmal'" (uv, 12), wie sie sie selbst nennt, die sie auf dem linken Arm „ein halbes Jahrhundert mitgehabt, angehabt, herumgeschleppt" (uv, 12) hat, lässt

---

418 Klüger stieß wegen ihrer unverdeckten Auschwitznummer oft auf Unverständnis. In ihrem Folgebuch *unterwegs verloren* lesen wir: „In Virginia ist es warm, ich habe kurze Ärmel getragen und bekam diesen anonymen Brief in Großbuchstaben, der mir gehässige Vorwürfe machte. Der Schreiber war beleidigt, weil ich offen zur Schau trüge, was die Nazis mir angetan hätten. Das wollte er in der Deutschklasse ausgeklammert haben. Wie das geschehen sollte, hätte ich gerne gewußt. Langärmelige Wollkleider im Sommer?" (uv, 20.) Nicht nur einige Studenten fühlten sich angegriffen, auch die Kollegen an der Universität äußerten sich negativ: „Ich bin ja nicht mit offenen Wunden in die Klasse gekommen, sondern mit Narben. Die Kriegsveteranen verdecken ihre Narben auch nicht. In Berkeley war ein Gastprofessor aus England, der hatte bei seinem Einsatz in der Royal Air Force ein paar Finger verloren und gestikulierte ganz unbefangen mit den übrigen. Der soll auch einmal was Negatives über mein angebliches ‚Zurschaustellen' der Nummer gesagt haben. Worin lag der Unterschied? Daß er ein Held war, ich als Zwölfjährige aber nur Pech gehabt hatte?" (uv, 20f.) Andere machten ihr Vorwürfe: „Die anderen Kollegen taten, als ob ich meine schmutzige Wäsche vor ihnen ausbreitete. Dahinter lauerte immer der Vorwurf: Warum hast du eine sichtbare Nummer? Warum?" (uv, 24.) Sogar die Kollegen der Germanistik reagieren verstört: „Und trotzdem fragte mich einer eines Abends, als man kollegial zusammensaß, voller Erstaunen: ‚Was, du hast einmal den Judenstern getragen?' Ja, ich bin doch aus Wien, das weißt du doch, aus dem Wien, das der Hitler angeschlossen hat. Und denk mir: Und du willst Germanist sein?" (uv, 24.)

sie in einer „Laserklinik in Kalifornien“ (uv, 12) entfernen. Die Trauer ist abgeschlossen, dem ermordeten Bruder sind „die von der Bibel zugestandenen 70 bis 75 Jahre abgelaufen“ (uv, 11)[419], die ihr vergönnt waren, ihm jedoch nicht. Vorbedingung für „das Ablegen der Nummer, für den wieder unversehrten Arm“ (uv, 13), war die Niederschrift ihres Erinnerungsbuches, ihr Zeugnis, wie es bereits viele andere Opfer vor ihr schon sich selbst „abverlangt“ haben.

Zur Präzisierung von Gegensätzen zwischen der Erzählerin und dem amerikanischen Mädchen-Prototypus während der ersten Jahre in Amerika greift Klüger zunächst auf den 1949 in Vermont belegten Sommerkurs zurück, wo sie im Studentenwohnheim ein Zimmer „mit einem Mädchen, die ihr Bett mit Kuscheltieren verzierte, eine Mode“, so die Protagonistin, „zur Betonung des Weichen, Kindlich-Weiblichen der Besitzerin“, teilt: „Sie war ein Typ der kommenden fünfziger Jahre, sie wollte eine gute Partie machen und eine gute Hausfrau werden, keine unedlen Absichten, nur mein Fall war sie nicht.“ (wl, 247.) Ruth stieß auf eine Gruppe von Menschen, die, wie schon die anderen zuvor, entweder ihre Herkunft und somit ihre prägende Vergangenheit verkannten oder sie aus Bequemlichkeit ignorierten:

> Auf ihre Frage, welcher Nationalität ich denn sei, gab ich die einzig mögliche Antwort, ich sei Jüdin, in Österreich geboren [=.transponierte indirekte Figurenrede].
>
> Dann sei ich einfach Österreicherin, konstatierte sie, mein Glaube hätte nichts mit meiner Staatsangehörigkeit zu tun [=transponierte indirekte Figurenrede]. Mit der nicht, räumte ich ein; seit der Krieg aus sei, könne ich einen österreichischen Paß bekommen, trotzdem bestehe ein Unterschied [=transponierte indirekte Figurenrede]. (wl, 247.)

Als „tolerante Amerikanerin“ reagierte das Mädchen entsprechend. Insofern ist auch ihre Erklärung die eines amerikanischen Stereotyps der neuen Generation, die lediglich paraphrasierte Sprüche birgt: „‚So denken wir nicht in den Vereinigten Staaten. Bei uns sind Kirche und Staat getrennt.‘“ (wl, 248.) Dieses erste rekonstruierte Gespräch betont den schwierigen Umgang mit gleichaltrigen Mädchen, mit denen sie sich aufgrund ihrer Geschichtsunwissenheit und ihrer unkritischen Lebenseinstellung nicht einlassen wollte und sich lieber zurückzog. Auch bei ihr stieß die Ich-Erzählerin auf Desinteresse und Ignoranz.

Das Gefühl, als direktes Opfer übergangen zu werden, das in dieser Arbeit bereits in einem deutschen Umfeld illustriert wurde, erlebte sie auch in New York, als sie am „Hunter-College“ studierte und der „College-Präsident“ mit

[419] In den Psalmen des Alten Testaments steht geschrieben: „Unser Leben währt siebzig Jahre,/und wenn es hoch kommt, sind es achtzig. Das Beste daran ist nur Mühsal und Beschwer,/rasch geht es vorbei, wir fliegen dahin.“ (Psalm 90,10. In: *Die Bibel* 2008: 659.) Im Genesis ist jedoch auch die Rede von 120 Jahren: „Da sprach der Herr: Mein Geist soll nicht für immer im Menschen bleiben, weil er auch Fleisch ist; daher soll seine Lebenszeit hundertzwanzig Jahre betragen.“ (Das Buch Genesis 6,3. In: *Die Bibel* 2008: 10.)

unangebrachten Argumenten, die in Deutschland ihre Wurzeln hatten und sich in den Vereinigten Staaten aufgrund der zu diesem Zeitpunkt herrschenden Außenpolitik sicherlich einfach festsetzen konnten, die Naziverbrechen an den europäischen Juden mit Kriegsverbrechen gleichzusetzen versuchte:

> Unser College-Präsident mit dem deutschen Namen Shuster, wenn auch ohne ‚c' behaftet, nahm in einer Ansprache heftig Stellung gegen die Nürnberger Prozesse. Die Sieger hätten zwar die Macht, doch nicht das Recht, die Besiegten für im Krieg begangene Verbrechen zu verurteilen. Ich kannte dieses Argument in seiner scheinbaren und scheingerechten Grundsätzlichkeit von Deutschland her. Vielleicht hat man den Unterschied zwischen Kriegsverbrechen und Verbrechen gegen die Menschlichkeit übersehen können, wenn man nicht dabei gewesen war und bis Hannah Arendt ihn deutlich herausschälte. Unverzeihlich war jedoch, daß der Herr Shuster ohne Rücksicht auf sein Publikum sprach, daß er sich nicht darum scherte, daß die ‚Hunter girls' überwiegend Jüdinnen waren, darunter ein großer Schub europäischer Flüchtlinge. (wl, 235.)

Er beging, aufgrund seines lückenhaften und einseitigen Wissens, dieselben Fehler, die auch ihrer Bekannten Gisela unterliefen. George Nauman Shuster[420], wie er mit ganzem Namen hieß, hatte, im Gegensatz zu Gisela, ein beträchtliches historisches Hintergrundwissen über das Dritte Reich. Aber auch die zuvor erwähnte Änderung des deutschen Feindbildes taucht in diesem Textfragment auf. Klüger wechselt mehrmals die Erzählperspektive. Zunächst spricht sie als verletztes Opfer, schiebt aus der geisteswissenschaftlichen Perspektive eine Referenz auf das Eichmann-Buch ein, das ihre Irritierung begründet, und wechselt schließlich erneut, indem sie sich als Überlebende „getroffen fühlt". (wl, 235.) Warum er das Thema der Prozesse ansprach, um welche Ansprache es sich handelt und wann sie stattgefunden hat, bleibt völlig im Dunkeln. Kennzeichnend ist, dass sie auch in Amerika auf Rücksichtslosigkeit stieß und dass die amerikanische Öffentlichkeit zu diesem

---

420 Der 1894 in den Vereinigten Staaten geborene George Nauman Shuster, Deutsch-Amerikaner und Katholik, war „university lecturer, literary scholar, author and editor of a liberal Catholic weekly, the Commonweal", berichtet Vokmar Zühlsdorff in seinem Buch *Hitlers Exiles*. 1939/1940 bis 1960 war er Präsident des New Yorker Hunter Colleges. (Vgl. auch www.encyclopedia.com/topic/George_Nauman_Shuster.aspx, abgerufen am 24.07.2012.) Er stammt aus einer deutschen Flüchtlingsfamilie, die nach der Märzrevolution von 1848 in die Vereinigten Staaten auswanderte (über eine Millionen Deutsche wanderten zu diesem Zeitpunkt nach Amerika aus). Shuster verbrachte drei Studienjahre in Deutschland und kehrte 1930 wieder nach Amerika zurück. Die Eindrücke und Erfahrungen dieses Aufenthaltes veröffentlichte er 1932 unter dem Titel *The Germans*. Weiter heißt es bei Zühlsdorff: „After the war, Shuster was appointed as deputy US high commissioner from 1950 to 1951. As the *Land* commissioner for Bavaria, he proved himself a loyal friend to, and advocate for the Germans. In grateful acknowledgment of his efforts he was subsequently awarded the Order of Merit of the Federal Republic (*Grosses Bundesverdienstkreuz*) and an honorary doctorate from the Unversity of Freiburg." (Der deutsche Teil ist frei v. d. Verfasserin übersetzt und zitiert aus Zühlsdorff, Volkmar: *Hitler's Exiles. The German Cultural Resistence in America and Europe*. London/New York: Continuum International 2005, 39.)

Zeitpunkt noch nicht in der Lage war, sich mit den Verbrechen des Hitlerregimes auseinanderzusetzen. Während sie lediglich namentlich Hannah Arendt erwähnt, um auf ihre erste Studie hinzuweisen, öffnet sich durch den Prätext ein neuer Verständnishorizont. Ihre Anklage perspektivisiert den schmerzlichen Augenblick der Ansprache. Das College, an dem sie studierte, hatte einen großen Anteil an jüdischen Studentinnen, von denen viele selbst Opfer der Naziverbrechen waren. Es war die Zeit des Kalten Krieges, der nur einen Feind in der Öffentlichkeit im Visier hatte: die kommunistische Sowjetunion. Shuster, der College-Präsident, erkennt die Folgen des Krieges nicht, indem er an den vielen Opfern vorbeispricht. Deshalb fragt sich Klüger, welches der Beweggrund dieser Äußerungen gewesen sei:

> Oder wollte er seine Ansichten gerade *uns* hinreiben, für die die Nürnberger Prozesse nicht einfach ein Racheakt gegen eine Handvoll Nazis, sondern die erste öffentliche Aufarbeitung der jüdischen Katastrophe gewesen waren? Ich war sicher nicht die einzige, die sich getroffen fühlte [= zitierter autonomer innerer Monolog/Erzählerbericht]. (wl, 235.)

Heute weiß sie, dass die Nürnberger Prozesse die „erste öffentliche Aufarbeitung der jüdischen Katastrophe" waren, nachdem weitere Gerichtsverfahren, wie beispielsweise die Frankfurter Auschwitz-Prozesse Anfang der 60er Jahre oder der bereits erwähnte Eichmann-Prozess stattgefunden hatten. Aufgrund der noch fehlenden Aufarbeitung der Vergangenheit kann eine adäquate Annäherung noch nicht stattfinden. Doch manifestiert sich an diesem Fragment noch eine weitere Problematik, die sehr stark mit Klügers Buch in Verbindung steht: ihr weiblicher Diskurs über den Krieg und die jahrelange Missachtung des weiblichen Blicks auf den Holocaust und auf den Krieg. Klüger konstatiert am Anfang ihres Buches, daß die „Kriege den Männern gehören", und wiederholt dies mehrmals. (wl, 12; 236.) Im folgenden Fragment fungiert sie als gesellschaftliches Sprachrohr, auch wenn sie, die öffentliche Meinung ins Ironische zieht, wodurch ihre eigene Stimme noch deutlicher zum Ausdruck kommt. Resignation und Zynismus hallen in der ausgesprochenen unausgesprochenen Vox populi nach:

> Die Kriege gehören den Männern, daher auch die Kriegserinnerungen. Und der Faschismus schon gar, ob man nun für oder gegen ihn gewesen ist: reine Männersache. Außerdem: Frauen haben keine Vergangenheit. Oder haben keine zu haben. Ist unfein, fast unanständig [=zitierte autonome direkte Figurenrede]. (wl, 12.)

Wurde im Hunter-College den Frauen eine Vergangenheit abgesprochen, so redeten auch die Dozenten über sie hinweg, klärten sie über den Krieg auf und wollten nicht wissen, was sie während des Krieges erlebt hatten:

„Unsere Lehrer redeten über den ‚Blitz' in England, aber keiner und keine fragte die Klasse, ob da jemand säße, die den Bombenkrieg mitgemacht hätte. Schleier über unsere Erfahrungen [=Erzählte Figurenrede als Gesprächsbericht/ Erzählerbericht]." (wl, 235.)

Die patriarchalische Gesellschaftsstruktur ignorierte die Erfahrungen von Frauen und sprach ihnen eine öffentliche Stimme ab. Verdeckt wurden sie metaphorisch mit einem Schleier, durch den nichts hindurch scheinen konnte und die Betroffenen mundtot machte.[421] Auch viele Jahre später, als ihre zwei Söhne bereits in die Schule gingen, wurde ihre Vergangenheit angezweifelt. Ihre Kinder waren zwar über ihre Erlebnisse im Holocaust informiert, doch wussten sie nur wenige Details. Selbst sie zweifelten die Vergangenheit der Mutter an, als sie in der Schule erzählten, dass ihre Mutter aus einem „deutschen Gefangenenlager" geflohen sei:

Sie seien ausgelacht worden, sagten sie mißtrauisch [=transponierte indirekte Figurenrede]. Hätte ich sie denn angelogen? wollten sie wissen [=transponierte indirekte Figurenrede]. Die anderen Kinder kannten eine Fernsehserie über ein Stalag, ein deutsches Kriegsgefangenenlager, und die dort dargestellten Fluchtversuche amerikanischer Soldaten. Aber ein Mädchen [=transponierte erlebte Figurenrede]?! ‚Your dad, o.k. But not your mother [=autonome direkte Figurenrede].' (wl, 217.)

Auch die zweite Generation der Holocaustopfer litt unter dem Schleier des Schweigens. In ihrem sozialen Umfeld widerfuhr ihnen Ungläubigkeit, die aufgrund der Unkenntnis über die genauen Ereignisse ausgelöst wurde. Als repräsentativ eignet sich die folgende Passage, die Klügers parallel erscheinende Stimmen zum Ausdruck bringt. Nur im letzten Zitat, in der autonomen direkten Figurenrede, setzt Klüger eine sichtbare Markierung ein, die Anführungszeichen, da sie ihre Söhne zitiert, die die Worte ihre Schulkameraden wiedergeben. Es entsteht eine hybride Konstruktion, indem sie lediglich als Sprachrohr zu Wort kommt, insofern sie das tatsächliche Gespräch zwischen der Mutter und ihren Söhnen nicht erwähnt und es dem Leser verdeckt bleibt. Klüger zielt auf das ausgelöste Misstrauen ihrer Söhne, die aufgrund der fehlenden Aufarbeitung der Vergangenheit in der Schule ausgelacht wurden. Noch Jahre später mussten sich die Überlebenden mit ihrer Vergangenheit auseinandersetzen und sie rechtfertigen, doch dauerte es tatsächlich viele Jahre bis die ganze Wahrheit und speziell die Berichte von weiblichen Opfern auf die Öffentlichkeit einwirkten.

421 Dieser Meinung ist Pascal R. Bos noch im Jahr 2003: „As the field of Holocaust Studies is still male-dominated, and as men seek to identify with other men rather than with women, the ‚Holocaust canon' has in turn remained predominantly male." (Bos, Pascal R.: Women and the Holocaust. Analyzing Gender Difference. In: Baer, Elisabeth R./Goldenberg, Myrna (Hrsg.): *Experience and Expression. Women, the Nazis and the Holocaust.* Detroit: Wayne State University, 2003, 23-50, hier: 24.)

Die USA hat in den letzten Jahrzehnten viel zum Holocaust-Gedächtnis und zu seiner Aufarbeitung beigetragen. Dieser lange Prozess hat die Opfer jahrelang in Schweigen gehüllt. Gehör zu finden, Wohlwollen und Verständnis waren anfangs keine Selbstverständlichkeit. Auch die in den USA etablierten Juden, die noch vor Ausbruch des Krieges oder noch viel früher ausgewandert waren, manifestierten ihren Argwohn und rieten den aus Europa kommenden Glaubensgenossen, über ihre traumatische Vergangenheit zu schweigen. Im folgenden Kapitel sollen die jüdischen Stimmen in *weiter leben* analysiert und kommentiert werden.

4.5.2 (Jüdisch-) Amerikanische Stimmen

Klügers erste negative Erfahrungen mit Juden, die bereits vor dem Zweiten Weltkrieg nach Amerika emigriert waren, erfolgten noch in Deutschland. Olga, ihre beste Freundin, die sie in Theresienstadt gehabt hatte, wohnte eine Zeit lang nach dem Krieg bei ihr. „Ihr Vater, der Mathematiker mit den krausen Haaren und den Geschichten über die Erdgöttin Hertha, war umgekommen." (wl, 205.) Als Olga erzählte, ihr Vater habe mit Albert Einstein „korrespondiert", rieten sie ihr, dem großen Physiker einen Brief zu schreiben:

> Bald erhielt sie auch eine warme, herzliche Antwort, von Einsteins Sekretärin getippt, aber mit der eigenhändigen Unterschrift des großen Mannes, die wir alle ehrfürchtig zur Kenntnis nahmen, den Brief mit Fingerspitzen haltend [=Erzählerbericht]. Er erinnere sich noch an ihren Vater. Was könne er für sie tun, sie möge ihn doch um etwas bitten, und sei es auch nur ein Care-Paket [=transponierte indirekte Figurenrede]. Wir berieten lange. Einstein schien nicht zu wissen, daß wir von den Amerikanern verpflegt wurden und genug zu essen hatten [=Erzählerbericht]. (wl, 208.)

Aus dem Zitat lässt sich bereits entnehmen, wie wenig der in Ulm geborene Physiker – Einstein wurde 1940 amerikanischer Staatsbürger[422] – über die Situation im Nachkriegsdeutschland und die Funktion der Amerikaner im von ihnen besetzten Land wusste. Auch er schien, zumindest zu diesem Zeitpunkt, nicht ausreichend über die Verfolgung und den Genozid an den europäischen Juden durch das deutsche Terrorregime informiert zu sein: Er schickte lediglich ein Carepaket an das Kind. Die Perspektive der Erzählerstimme bewegt sich in diesem Fragment nicht. Wiedergegeben wird lediglich resümierend in transponierter indirekter Figurenrede. Da Olga Ärztin werden wollte und Einstein „jede Menge Einfluss hatte", sollte sie ihn um die Hilfe für eine Unterbringung an einer amerikanischen Universität bitten:

---

[422] Vgl. Bührke, Thomas: *Albert Einstein*. München: DTV, 2005 (1. Aufl. 2003), 175.

> Sie zögerte. Was meinst du, einer der berühmtesten Juden der Welt, der wird sich freuen, wenn er für die Tochter eines deutsch-jüdischen Kollegen, die das alles überstanden hat, was tun kann [=Erzählerbericht/zitierte autonome direkte Figurenrede]. Sie schrieb ihm einen respektvollen Brief, in den wir alle hineinpfuschten [=Erzählerbericht]. Lebensmittel bräuchte sie nicht, aber vielleicht könnte er ihr bei der Gestaltung ihrer Zukunftspläne helfen [=zitierte autonome direkte Figurenrede]. Diesmal kam die Antwort von der Sekretärin allein, in seinem Auftrag, aber ohne seine Unterschrift. Manche Leute, hieß es da, dächten, daß Herr Einstein einen Zauberstab habe. Den besäße er jedoch nicht [=transponierte indirekte Figurenrede]. Man ließ Olga nicht undeutlich wissen, sie sei unverschämt gewesen, und wies sie in ihre Schranken zurück [=transponierte indirekte Figurenrede]. (wl, 208f.)

Wer am Anfang der Passage zu ihr spricht, bleibt ungewiss. Die Stimme bleibt anonym, weil sie die Stimme von allen Anwesenden repräsentiert, die sie aufdringlich anregten, ihn um Hilfe für ihr Studium zu bitten. Des Weiteren verspürt die Ich-Erzählerin selbst heute noch ein schlechtes Gewissen für das „Hineinpfuschen". Die Antwort erhält Olga von Einsteins langjähriger Sekretärin Helen Dukas, die selbst aus einer deutsch-jüdischen Familie stammte. (Vgl. Bührke 2005: 156.) Stellvertretend beantwortet sie für Einstein den unangenehmen Brief. Die Redensart „in seine Schranken zurückgewiesen werden" steht in der vorigen Textsequenz auch für die Distanz zwischen Opfern des Holocausts und denjenigen, die vom Holocaust oder vom Krieg nicht direkt betroffen waren. Die Schranken metaphorisieren eine neue Gettoisierung der Juden durch ihr eigenes Volk, das sich die neuen Einwanderer fern zu halten versucht. Klüger, die wieder einmal als Sprachrohr fungiert, zitiert in transponierter indirekter Figurenrede, um ihre eigene Version der Tatsachen exponieren zu können, aber auch, um sich den benötigten Freiraum für die Zusammenfügung ihrer Erinnerungen zu verschaffen.

Es ist offensichtlich, dass man nicht einmal bereit war, Kinder in ihrer beruflichen Entfaltung zu unterstützen. Einstein, der zu diesem Zeitpunkt am *Institut for Advanced Studies* in Princeton[423] arbeitete, wäre, so Klüger, eine Hilfe gewesen, die Olga zu diesem Zeitpunkt brauchte, um wieder Fuß zu fassen. Denn letztendlich wurde Olga keine Ärztin (vgl. wl, 209) und dies möglicherweise wegen der unterbliebenen Hilfe des berühmten Physikers. Klüger klagt an und vergisst nicht. Nicht nur Einstein wird als nicht „bewundernswert" beschrieben, auch seine Sekretärin, die schließlich den verletzenden Brief geschrieben hatte. Abwertend berichtet sie über ihre ersten Eindrücke von Princeton, wo sie viele Jahre später als Professorin selbst beruflich tätig war:

> Als ich 35 Jahre später einem Ruf nach Princeton folgte und dort als Professor of German dem Dekan, dem einflußreichen ‚Dean of Faculty', selbst ein Physiker und ein Jude, vorgestellt wurde, machte der mich stolz auf seinen schlichten

423 Einstein konnte 1933 in die USA exilieren. Er arbeitete bis zu seinem Tod 1955 am *Institut for Advanced Studies* in Princeton. (Vgl. Bührke 2005: 156; 182.)

> Schreibtisch aufmerksam, denn der sei Einsteins Schreibtisch gewesen [=Erzählerbericht/ Gesprächsbericht]. Ich tat beeindruckt, aber dachte mir ‚Fetischismus' und ‚Persönlichkeitskult' [=transponierte indirekte Gedankenrede]. Und auf der Straße wies man mir mit ehrfürchtigem Finger Einsteins uralte Sekretärin, die noch in Princeton lebte. Ich dachte: ‚Die also hat der Olga den Brief geschrieben. Die hat im Namen des großen Mathematikers dem verletzten und daher doppelt verletzbaren Kind des erschlagenen, unbedeutenden Mathematikers eine saftige, transatlantische Ohrfeige versetzt [=zitiertes Gedankenzitat].' Und mir graute vor dieser kleinen, unscheinbaren weißhaarigen Dame, wie ihr und den anderen Unversehrten vor uns, den Überlebenden, gegraut haben mochte [=Erzählerbericht]. (wl, 209.)

Die „transatlantische Ohrfeige" an das „verletzte und daher doppelt verletzbare Kind" kann die Protagonistin nun mit dieser Anekdote vergelten, auch wenn Helen Dukas zum Zeitpunkt ihrer Niederschrift bereits gestorben war. Ihre Gedanken markiert die Ich-Erzählerin mit Anführungszeichen und Verbum credendi. Dadurch wird das Moment bildlich vergegenwärtigt und die Unvergesslichkeit des Briefes an die Freundin vermittelt, die um Hilfe für Studienabsichten bat. Princeton bleibt für sie eine problematische Referenz, als sie dort als erste Ordinaria einen Ruf annimmt. In ihrem zweiten Erinnerungsband *unterwegs verloren* nimmt sie die Erfahrungen mit ihren Kollegen in Princeton wieder auf:

> Die Germanistik von Princeton brauchte eine Vorzeigefrau. Das war's. Niemand hatte etwas, was ich geschrieben hatte, gelesen, das dämmerte mir nach und nach. […] Es war der größte Fehler meiner akademischen Karriere, dabei war's von außen gesehen der Höhepunkt, um den ich am heftigsten beneidet wurde. (uv, 61f.)

Während ihrer ersten Jahre in New York verfiel das Mädchen in einen „Kulturschock". Die Symptome waren ein „um sich greifende[s] und schwer zu fassende[s] Unbehagen", das von der „Umstellung auf ein anderes Land" hervorgerufen wurde. Es kam sich „wertlos vor" und hatte „das Gefühl, ich sei nicht befreit worden, sondern ich sei davongekrochen, wie eine Wanze, wenn das Haus ausgeräuchert wird." (wl, 239.) Auch ihre Mutter verlor in Amerika den letzten Rest an Selbstwertgefühl. Sie dachte, mit amerikanischen Frauen nicht konkurrieren zu können, wenn es um die Suche nach einem Ehemann ging. (Vgl. wl, 240.) Die Bestätigung erhielt sie, als sie einige Male mit einem jüdischen Psychiater ausging, der schließlich eine Amerikanerin und nicht ihre Mutter heiratete.

Widersprüchlich sind auch Dithas Erfahrungen, die ebenfalls eine Psychotherapeutin aufgrund ihrer „Alpdrücken" aufsuchte. Abwertend berichtet Klüger: „Von der bekam sie zu hören, daß das KZ keine bleibende Bedeutung für sie gehabt haben könne, weil sie älter als sechs gewesen sei." (wl, 240.) In New

York „grassierte“ zu diesem Zeitpunkt eine, wie sie Klüger paraphrasiert, „Wiener Wald- und Wiesen-Psychoanalyse“, die die „Gesellschaftskritik und die Zusammenhänge zwischen psychischem und historischem Übel“ vermied, „denn man war in voller Flucht vor dem Übermaß an Geschichte, das man eben erfolgreich hinter sich gebracht hatte.“ (wl, 240.) Mit anderen Worten: Niemand war in New York bereit, über die Gräuel des Zweiten Weltkrieges und schon gar nicht über den Holocaust zu sprechen, geschweige denn sich die Leidensgeschichten der Überlebenden anzuhören. Fälschlicherweise waren die Psychologen der Ansicht, „alle seelischen Leiden hatten ihren Ursprung in sich selbst.“ (wl, 240.)[424] Die drei Frauen mussten die unterschiedlichsten und widersprüchlichsten Diagnosen erdulden, stießen auf Unverständnis und fühlten sich gekränkt und ausgegrenzt, da es auch andere Ansichten gab, in denen behauptet wurde, dass Menschen, die die Konzentrationslager überlebt hätten, „unheilbar geschädigt“ (wl, 240) seien. Auch wenn Ditha sich schließlich durchsetzen konnte und ihren Berufswunsch ausüben durfte (wl, 156), stieß sie zunächst auf Ablehnung von Seiten – wohlgemerkt – eines jüdischen Spitals:

> Man sagte ihrer Tante und meiner Mutter unverhohlen den Grund: Eine, die im KZ gewesen sei, eigne sich nicht für den Beruf einer Krankenschwester. Was sie erlitten habe, würde ihre Fähigkeit, Patienten zu betreuen, beeinträchtigen [=transponierte indirekte Figurenrede]. (Damit ihr auch wißt, wer ihr seid [=zitierte autonome direkte Figurenrede].) (wl, 240f.)

Die Textsequenz dokumentiert, wie wenig sich die Amerikaner mit dem Zweiten Weltkrieg, dem Holocaust und seinen Opfern auseinandersetzten, mit ihnen sprachen oder versuchten, ihnen zu helfen. Sogar in jüdischen Institutionen wie diesem Krankenhaus wurden einstige KZ-Häftlinge als Personal abgelehnt. Die Autobiographin fügt einen Appell, den sie in Klammern setzt, hinzu, aus dem jedoch nicht eindeutig hervorgeht, an wen er gerichtet ist und wer hier spricht. Ist es sie selbst, die auf diese Weise das Spital aufmerksam machen möchte? Diese Vermutung muss verworfen werden, wenn man davon ausgeht, dass sie ihr Buch auf Deutsch und für die Deutschen schreibt. Oder ist es ein Appell an ihre deutsche Leserschaft? Eine Möglichkeit wäre, dass sie der Stimme der amerikanischen Juden entspricht, die nun von der Ich-Erzählerin direkt, ohne erkennbare Markierung und Verbum dicendi als autonome direkte Figurenrede, zitiert wird. Davon ausgehend kann man sagen, dass die Autorin demonstrieren möchte, wie die jüdischen Einwanderer, die nach dem Zweiten Weltkrieg nach Amerika auswanderten, von heimischen Juden ausgeschlossen wurden.

---

[424] Erst 1980 etablierte sich der Begriff des Traumas „als eine offizielle medizinische Diagnose im amerikanischen Handbuch der Psychiatrie. Damit verbreiterte sich der Traumadiskurs, der nun sowohl historische als auch biographische Traumata wie den sexuellen Missbrauch an Kindern einschloss.“ (Assmann 2006: 80.)

Das Kind wurde von ihrer Mutter schließlich zu einem Psychiater geschickt, mit dem sie einige Male ausgegangen war, dem sie, vermutet Klüger, bereits während „einiger Abendessen" von ihrer schwierigen Tochter erzählt hatte. Lazi Fessler soll immerhin ein guter Freund ihres Vaters gewesen sein. (Vgl. wl, 239f.) Bevor sie jedoch von ihren Erfahrungen mit ihrem jüdischen Psychiater berichtet, öffnet Klüger ein neues Kapitel[425] mit einer direkten Ansprache an ihren toten Vater und enthüllt durch eine Prolepse den anstehenden Misserfolg des Psychiaters: „Siehst du, sagte ich zu meinem Vater, du hast gar keine Freunde gehabt. Nicht was ich Freunde nennen würde." Die Ich-Erzählerin „hadert" lange mit ihm, „weil ich ihn ein paar Wochen lang in einem Seelenarzt, der kein Menschenkenner war, verkörpert sah." (wl, 240.) Der jüdische Psychiater sprach mit ihr deutsch und flößte ihr mit seinem österreichischem Akzent Vertrauen ein. (Vgl. wl, 242.) Doch dieses Vertrauen währt nicht lange. Klüger bemängelt nicht nur seine schlechte Menschenkenntnis, sondern auch die inadäquate Therapie für damalige Opfer des Holocausts. Lazi Fessler blieb immer auf Distanz. Nie lud er Mutter und Tochter zu sich nach Hause ein und siezte die damals Sechzehnjährige, um einen gewissen Abstand zu bewahren. (Vgl. wl, 241.) Als sie ihm ihre schwierige Beziehung zu ihrer Mutter anvertraute, stieß sie nicht auf Verständnis und Hilfe, sondern auf Zorn. Seine Reaktion war, trotz seiner intentionierten Distanz, die eines Vaters zu seiner Tochter. Lazi Fessler scheiterte an seinem Versuch, die Tochter seiner Freundin als Psychotherapeut zu behandeln:

> Ich hatte nicht bemerkt, daß er während meiner ‚sachlichen' Ausführungen immer zorniger wurde und war daher wie von einer Ohrfeige gerührt, als er sich Luft machte [=Erzählerbericht]. ‚Halten Sie denn ihre Mutter für eine Kuh?' rief er mit wahrer oder gespielter Empörung [=zitierte direkte Figurenrede]. Den Satz kann ich wörtlich zitieren, weil er so aus dem Blauen kam. Nichts lag mir ferner als einen Menschen mit einem Tiernamen zu beschimpfen, und nun gar meine Mutter. Gerade wegen der Lager reagierte ich sensibel auf sprachliche Rohheiten, war geneigt, die Sprache beim Wort zu nehmen [=Erzählerbericht]. (wl, 243.)

Dieser erste Besuch bei dem jüdischen Freund ihres Vaters, von dem sie sich eine Vaterfigur erhoffte, entpuppte sich vielmehr als große Enttäuschung und löste starke Beklemmungen in ihr aus. Das erste Therapiegespräch hatte sich so stark in ihre Erinnerung eingeprägt, dass sie dies nicht nur anhand der Anführungszeichen deutlich macht, sie thematisiert es sogar. Die Protagonistin erkannte sich nicht in seiner Diagnose, die er ihr als „Charakterfehler" am Ende der Stunde vorwarf: „Überheblichkeit, Hochmut, Respektlosigkeit. Die seien der Grund" für ihre „Kontaktarmut" (wl, 244.) und bemängelte ihren Kleidungsstil und ihr ungepflegtes Aussehen. Sie fühlte sich von ihm „beschimpft und gedemütigt", die Tränen konnte sie kaum noch zurückhalten. (wl, 244f.) Lazi Fessler prägte sich ihr tief ein und zerstörte das, „was ‚ich'" in

[425] „Vierter Teil. New York": Kapitel „IV"

ihr sagte, anstatt ihr mit einer konstruktiven Therapie zu helfen. (wl, 247.) Noch heute empfindet sie „abgründige[n] Widerwille[n]“ (wl, 247). Aus ihrer heutigen Perspektive, als Germanistin und gute Kennerin der deutsch-jüdischen Geschichte weiß sie:

> Der Lazi Fessler, das war (aber das fällt mir erst jetzt ein [=zitierter autonomer innerer Monolog]), als hätten die Nazis eine geistige Autorität erlangt, die sie in Deutschland für mich nie gehabt hatten, nämlich daß da einer war, der mich nicht gelten ließ [=Erzählerbericht] (und dahinter steht doch der Tod, ein Todesurteil, oder nicht [=zitierter autonomer innerer Monolog]?), und der doch wie mein Vater geklungen hat.
> Das Ärgste war, daß er mir die Fähigkeit zur Freundschaft absprach, abgestritten hat. [=Erzählerbericht] (wl, 247.)

Die Passage illustriert, wie die ersten Jahre der Protagonistin in ihrer neuen Heimat durch Menschen wie diese erschwert wurden. Die Person, die sie anfangs mit ihrem Vater gleichzusetzen versuchte, wertete sie als Menschen ab und ignorierte ihre traumatischen Erfahrungen im KZ, anstatt sie zu behandeln. Doch manifestiert der Vergleich, mit welchem geringen Beistand sie in Amerika in den ersten Jahren leben musste und wie unzureichend ausgebildete Psychologen und Psychiater für die Behandlung der Opfer waren. Ihre Einsamkeit und das Erlebnis mit dem jüdischen Psychiater lösten in der Ich-Erzählerin Selbstmordgedanken aus. Ihre einzige Rettung fand sie im Lernen für die Universitätsaufnahmeprüfungen und in der Literatur:

> Ich überlegte mir, ob man sich in einem Fluß, dem Hudson, ertränken könne, wenn man in einem Fluß, der Donau, schwimmen gelernt hatte. Auch daß der Hudson recht schmutzig sei, erwog ich [=transponierte indirekte Gedankenrede]. Und stolperte so ohne viel seelisches Gleichgewicht mit meinen Selbstmordgedanken durch die Tage. Lernen war Therapie, Lesen Rettung. Das dauerte noch eine ganze Weile [=Erzählerbericht]. (wl, 246.)

Die, wie sie Klüger ironisch nennt, „Kinderkrankheit“ Todesangst, die sie mit nach Amerika schleppte und nur „im akuten Stadium“ kennt, „wie hohes Fieber oder wie […] einen epileptischen Anfall“ (wl, 189), wurde durch die depressiven Stimmungen neutralisiert. Denn beides ginge nicht, Depressionen seien ein sicheres Mittel gegen die Todesangst. Erneut findet sie in der Literatur eine geistige „Rettung“. Das Weiterleben mit den Wunden war für das pubertierende Mädchen äußerst eng mit der Literatur als Evasionsmittel verbunden. Die unpathetische Beschreibung der seelischen Verfassung einer Sechzehnjährigen ist heute nur sehr schwer nachvollziehbar. Klüger spricht zwar darüber, doch nur, um die schwierige Konstellation darzustellen, anstatt auf ihre persönlichen Gefühle und Traumata näher einzugehen. Nur im „Kreis der Überlebenden“ wurde über die traumatischen Erfahrungen gesprochen, in denen nur zwei Extreme vertreten waren:

Im Kreis der Überlebenden überbot man sich entweder mit Leidens- und Schreckensgeschichten oder man wollte ‚das alles' hinter sich lassen, um sich auf die Zukunft zu konzentrieren. Entweder steckte man seinen Stolz darein, mehr als andere ‚durchgemacht', ‚mitgemacht' zu haben oder man wollte sein Leben nicht im Nachdenken über diese Sauerei, die einem zugestoßen war, verbringen [=Erzählerbericht/ Erzählte Figurenrede als Gesprächsbericht]. Die DPs, die sich der Vergangenheit nicht entziehen konnten, schienen mir Gestrige, ungesund [=Erzählerbericht]. (‚Bitte, hört auf, reden wir über was anderes. Ich möcht endlich anfangen zu leben, wie man im Frieden halt lebt [=autonome direkte Figurenrede].') Andererseits interessierte mich noch immer brennend, was da eigentlich geschehen war. Ich war neugierig, wie immer. Ich entzog mich, und ich entzog mich nicht, in wechselnder Reihenfolge [=Erzählerbericht]. (wl, 202f.)

Selbst die Ich-Erzählerin fühlt sich hin- und hergerissen. Die in Klammern und Anführungszeichen stehende autonome direkte Figurenrede repräsentiert die Aussagen, die man unter den Überlebenden oft hörte und für die nun die Autobiografin nicht nur als Sprachrohr, sondern für ihren eigenen Standpunkt steht. Zu diesem Zeitpunkt, als der Holocaustdiskurs noch nicht in die Öffentlichkeit gedrungen war, gab es nur unter den Überlebenden eine Aussprache, selbst wenn viele von ihnen den Genozid tabuisierten. Für Mutter und Tochter war dies auch eine Möglichkeit, über den ermordeten Vater und Bruder zu sprechen, denn die amerikanische Aufarbeitung der Vergangenheit begann, wie in den meisten europäischen Ländern, erst in den 60er und 70er Jahren.

Bei den beheimateten Auswanderern, mit denen Mutter und Tochter einen wenn auch nicht sehr engen Umgang pflegten, stießen sie ebenfalls auf wenig Rücksicht. Auch sie ignorierten ihre langjährige KZ-Erfahrung. Klüger klagt an und hebt Ungleichheiten zwischen ihnen heraus:

Die Flüchtlinge, mit denen wir verkehrten, hatten wenig gemeinsam mit den berühmten Intellektuellen und Exilanten, um die heute die Aura einer verklärenden Nostalgie wetterleuchtet. Es waren meist kleine Leute, darunter auch ein paar Ärzte, deren geistiger Horizont schon immer nicht weit vom Ufer gelegen haben muß, die jetzt mehr verdienten als zu Anfang, und die fanden, es sei nur gerecht, daß es dem nächsten Schub Einwanderer auch zunächst dreckig gehe [=Erzählerbericht/transponierte indirekte Figurenrede]. Man muß sich hier hocharbeiten. Von unten muß man anfangen [=zitierte autonome direkte Figurenrede]. Sie erzählten genüßlich, wie weit unten [=erzählte Figurenrede als Gesprächsbericht]. Die Frauen hatten als Putzfrauen gearbeitet. Daß wir dieselbe Zeit als Sklavenarbeiterinnen verbracht hatten, stand auf einem anderen Blatt [=Erzählerbericht]. (wl, 226.)

Zweifellos war der Neuanfang für die Emigrierten mit vielen Schwierigkeiten verbunden, doch ihr Leben war, auf Grund der rechtzeitigen Flucht, nie in akuter Gefahr gewesen. Klüger versucht an diesem Beispiel Vergleiche zu ziehen. Sie spricht Menschen an, die aus verschiedenen Lebensumständen ihr Land verlassen mussten, um in einem fremden Land ein neues Leben anzufangen. Sie richtet sich auch an Menschen, die in ihrer Kindheit nach dem Krieg einen absoluten Neubeginn starten mussten. Aber auch an ehemalige DDR-Bürger appelliert sie, die sich nach der deutschen (Wieder-)Vereinigung in einer völlig neuen Arbeitswelt zurechtfinden mussten, von denen auch sehr viele arbeitslos wurden. Klüger schlägt somit eine Brücke zu zwei sozialen Schichten: den Ostdeutschen und den Emigranten in Amerika. Indem sie den Blickpunkt völlig verkehrt, dreht sie die Situation um und anstatt die jüdischen Amerikaner näher zu erläutern, sitzt sie plötzlich in Göttingen – Zeitpunkt: Gegenwart – in einem Bus und hört das Gespräch zweier Frauen mit:

> (In Göttingen, im Autobus hinter mir, reden zwei Frauen: Die aus der DDR wollen alles sofort. Man hätte doch vierzig Jahre lang gearbeitet, die sollen jetzt auch endlich die Ärmel hochkrempeln und nicht erwarten, daß ihnen Sahne und Zucker kredenzt wird [=zitierte direkte Figurenrede]. Wie es denen drüben in den vierzig Jahren gegangen ist, steht auf einem anderen Blatt [=zitierter autonomer innerer Monolog]. Ich denke an uns in New York [Erzählte Figurenrede als Bewusstseinsbericht].) (wl, 226.)

Das deutsche Publikum soll vergleichen und sich wiedererkennen können. Der in Klammern gesetzte Exkurs in die Gegenwart und nach Deutschland überbrückt Erfahrungen, die nicht nur die jüdischen Emigranten mit einbeziehen, sondern auch die Haltung und Erfahrung von vielen Ost- und Westdeutschen widerspiegeln: ein deutliches Angebot zum Dialog und zu Kompromissen zwischen Juden und Deutschen.

Auch Klügers „amerikanisch[e] Familie" stammt nicht aus Amerika. Wie die meisten waren sie zwar schon sehr lange in Amerika ansässig, konnten „Englisch fehlerlos und akzentfrei" (wl, 228), ihre jüdischen Wurzeln jedoch lagen in Europa. Durch ein Gleichnis wird die Familie enttarnt, von der sie und die Mutter „von oben herab" behandelt wurden,

> wie unsere Großeltern-Generation die polnischen und russischen Juden behandelt hatten, die von den Pogromen im Osten nach Deutschland und Österreich flohen und deren Deutsch leicht ins Jiddische umkippte, wie hier in Amerika unser Englisch ins Deutsche. (wl, 228.)

Ihren ersten Besuch bei der sehr „wohlhabenden" Familie auf Long Island statteten Mutter und Tochter am amerikanischen Nationalfeiertag *Thanksgiving*[426] ab. Der Versuch der Familie, so amerikanisch wie nur möglich auf die Neuankömmlinge zu wirken, wurde von dem Mädchen sofort durchschaut, so dass sogar die üblichen Verständigungsprobleme für sie in ihrer Rolle als „Gast" eine Qual wurden:

---

426 Dieser amerikanische Nationalfeiertag findet am vierten Sonntag im November statt.

> Vor dem Essen teilte man mich einem etwas jüngeren verwöhnten Mädchen zu, das die Aufgabe, sich mit mir abzugeben, unübersehbar als eine Zumutung empfand, und als sie merkte, wie anstrengend es war, sich mit der wortkargen Fremden zu unterhalten, mich schließlich bat, ihr die Haare zu bürsten [=Erzählerbericht]. Das Bürsten sei so gut für das Haar, man müsse es nur lange und immer wieder in Angriff nehmen, und außerdem fühle es sich so angenehm an [=transponierte erlebte Figurenrede]. Ich hab ihr also die Haare gebürstet, mich fragend, ob das in Amerika üblich sei [=transponiertes indirektes Gedankenzitat]. War ich hier Gast oder Dienstmädel [=zitierter autonomer innerer Monolog]? (wl, 228.)

Auch an diesem Beispiel vermittelt sie unverkennbar, dass sie sich nicht mit den amerikanischen *Teenagern* identifizieren konnte und wie schnell sie vom anderen Mädchen zum „Dienstmädel" degradiert wurde. Dies erklärt auch den Abstand zwischen den Kulturen und Lebenseinstellungen, demzufolge das Resultat nur Meinungsverschiedenheiten und Verständnislosigkeit sein können. Verwundert waren die Ich-Erzählerin und ihre Mutter über das erwartete opulente Festessen, das wider Erwarten zunächst karg ausfiel:

> Das Gelage begann mit grünem rohem Sellerie als Vorspeise. Die Verwandten wunderten sich laut und wiederholt darüber, daß uns dieses Gemüse nicht begeisterte; auch daß wir nicht so ausgemergelt seien, wie es ihrer Vorstellung von KZ-Häftlingen entsprach [=transponierte indirekte Figurenrede]. (Kamen sie sich betrogen vor [=zitierter autonomer innerer Monolog]?) (wl, 228.)

Klüger versucht durch die Darstellung dieses Ereignisses erneut gegen falsche Erwartungen und Sprachklischees anzukämpfen. Die Ich-Erzählerin redet den Deutschen ins Gewissen, von denen sich sicherlich viele in dieser Erwägung wiedererkennen. Verziehen hat sie es der amerikanischen Familie nicht, dass sie ihren Vater nicht retten wollten, obwohl sie die Möglichkeit gehabt hätten. Eine Entschuldigung oder einen Selbstvorwurf für seinen Tod erhält sie von der Familie nicht, dafür aber ein abfälliges Urteil:

> Sie hatten uns die Überfahrt bezahlt, aber das Visum für meinen Vater, als er noch in Frankreich war, das hatten sie ihm nicht geben wollen. Es ging um eine Garantie, daß er dem Staat nicht zur Last fallen würde, eine Geldfrage. Sie waren aber nicht mit ihm verwandt, sondern mit meiner Mutter, und er wäre ja damals ohne uns, ohne seine Familie, gekommen [=Erzählerbericht]. Das tut kein amerikanischer Familienvater [=zitierte autonome direkte Figurenrede]. Sie redeten davon, ich verstand nicht alles, doch ich verstand, daß sie sich keine Vorwürfe machten, nur ihm [=erzählte Figurenrede als Gesprächsbericht]. Sie hätten ihn retten können, dachte ich, knabbernd an den faserigen, wahrscheinlich unverdaulichen, auf jeden Fall unappetitlichen grünen Stengeln. Dann hätten wir ihn jetzt [=zitierte direkte Figurenrede]. (wl, 228f.)

Die Ich-Erzählerin zitiert das schwache Argument der erlassenen Hilfe als autonome direkte Figurenrede. Wen sie an dieser Stelle zitiert, ist zweitrangig. Stellvertretend steht es jedoch für alle jüdischen amerikanischen Familien, die ihren Verwandten in Europa die Möglichkeit einer frühzeitigen Flucht verweigerten, weil sie befürchteten, ihnen zur Last zu fallen. Als Mitverantwortliche für ihren Tod versuchten sie sich durch falsche Beschuldigungen zu entlasten. Sie machten dem Vater Klügers noch nachträglich Vorwürfe, weil er gegen die Pflichten eines amerikanischen Familienvaters gehandelt hatte. Klüger überträgt dafür eine autonome direkte Figurenrede aus dem Amerikanischen im Präsens, um die Unmittelbarkeit der Umstände hervorzuheben. Nicht nur die „grünen Stengel" waren unverdaulich, sondern auch die Tatsache, dass diese Familie verantwortlich für den Tod ihres Vaters war.

In einer weiteren Passage taucht erneut der Vorwurf eines Verwandten auf, der mit der ständigen Präsenz des Holocausts in Verbindung gebracht wird: Während eines Telefongesprächs mit einem Onkel väterlicherseits, der ihnen nach ihrer Ankunft in New York seine alte Mietwohnung überlassen hatte, wurde ihr der Selbstmordversuch der Mutter vorgehalten. Klüger spürte seinen „Zorn": „Er spricht deutsch, Wiener Männerstimmen ähneln einander, mein Vater an der Leitung." (wl, 266.) Sein Wutausbruch hat jedoch andere Hintergründe, die in einer egoistischen Entscheidung in der Vergangenheit liegen:

> Er sagt, ich hätte kein Recht gehabt zu heiraten, meine Mutter zu verlassen [=transponierte indirekte Figurenrede]. Seine Stimme zittert vor Erregung. Und ich meine zu wissen, was hinter diesen Vorwürfen steckt, aber es nützt mir nichts, und ich trau mich auch gar nicht, das Ungesagte, das Unsagbare in die Muschel zu rufen, nämlich: Und du, und deine Mutter, bist du nicht etwa ohne sie ausgewandert, und sie ist in Theresienstadt verreckt [=Erzählerbericht/ zitierte direkte Figurenrede]? Er hat seine Mutter in Wien gelassen, wie ich meine in New York, und in beiden Fällen ist es schlimm ausgegangen, ärger bei ihm, darum jetzt seine Wut auf mich [=Erzählerbericht]. ‚Du hättest sie nicht verlassen dürfen', sagt er [=zitierte direkte Figurenrede]. Aber ich war ja nur von einem Bundesstaat in einen anderen gezogen und hatte meine Mutter nicht, wie er, einer Terroristenbande ausgeliefert [=Erzählerbericht]. Ich bilde mir ein zu hören, was hier mitschwingt, Ungesagtes seinerseits: ‚Du hast kein Recht auf dein Leben [=zitierte direkte Figurenrede].' Er legt auf, unversöhnt, er hat mir die Meinung gesagt, jetzt ist ihm wahrscheinlich besser [=Erzählerbericht]. (wl, 266.)

Das Gespräch führt sie zwar mit dem Onkel, doch lassen sich Parallelen zu ihrem Vater nachvollziehen, wie die Gleichheit der Stimmen aufgrund seines wienerischen Dialektes. Es ist das Gespenst des Vaters, das nicht von ihr ablässt. Ihr Vater verließ nicht nur Frau und Kind, sondern auch seine eigene Mutter, die in Theresienstadt starb. Durch die Dichtung oder genauer durch selbstverfasste Gedichte versuchte sie, diese Gespenster zu versöhnen, was ihr jedoch nie zu gelingen schien. Resigniert richtet sie sich in ihrem Gedicht „Jom Kippur" an ihre Toten: „Wenn ich euch nicht versöhnen kann, dann laßt es bleiben." (wl, 99.) Das Gespräch mit dem Onkel kann somit als ein Gespenstergespräch mit dem Vater umgedeutet werden, der selbst seine Familie „in Stich ließ", um sich zu retten. Das Ungesagte wird thematisiert und der Holocaust unter den Familienangehörigen tabuisiert und verschwiegen. Der begangene Verrat des Vaters an der Tochter wird an diesem Punkt als Verrat der Tochter an der Mutter transformiert. Auch der Bruder scheint in diesem Gespräch stimmenlos aufzutauchen, als sie im letzten Gesprächsteil deutet, was der Onkel damit sagen wollte: Sie habe kein Recht auf ihr Leben, worin sich ihre Schuldgefühle dem Bruder gegenüber wiederzuspiegeln scheinen und die Art und Weise, wie sie mit dem Tod des Bruders umgeht. Die Stimmen, die sie in diesem Telefongespräch zu hören glaubt, bewirken die Vergegenwärtigung der schmerzhaften Vergangenheit. Erst im Alter kann sie sich von ihren alten Gespenstern loslösen. Die symbolische Entfernung der Auschwitznummer markiert den Abschied. In *unterwegs verloren* schließt sie:

> So kam es zum Abschied vom Bruder, der sich langsam auflöste, um eins zu werden mit den meisten Toten, die einmal die Erde bewohnt haben und an die sich niemand erinnert, weil sie nichts zurückließen als die flüchtige Spur im Gedächtnis des einen oder anderen Lebenden. Die Nummer war das Zeichen für eine solche Spur gewesen. Je langsamer eine alte Frau auf der Straße geht, desto schneller entfernt sie sich von den rückwärts laufenden Gestorbenen. Erst hielt der Schorschi nicht mehr Schritt mit mir, konnte nicht mehr neben mir herlaufen, dann verschwammen sein Gesicht und seine Gestalt, und nun kann ich ihn kaum noch von den anderen unterscheiden. Bald erkenne ich ihn nicht mehr. (uv, 29.)

An diesem Punkt soll noch einmal der Stereotyp der jüdisch-amerikanischen Familie aufgegriffen werden. Der Protagonistin trauten die Bekannten keinen beruflichen Erfolg zu und meinten ein Mitspracherecht über ihre Zukunft zu haben. Abfällig empfahlen sie ihr, sich einen Job zu suchen und erst einmal richtig Englisch zu lernen. Nur über die Perfektionierung der englischen Sprache in einer abendlichen Volkshochschule habe sie Aussichten auf ein erfolgreiches Studium. An diesem Punkt griff ihre Mutter ein, die gekränkt widersprach und ihre Tochter verteidigte: „Ich sei gescheit genug für ein amerikanisches College, und sie würde schon für uns beide verdienen [=transponierte indirekte Figurenrede]." (wl, 229.) Die Eingewanderten setzten sich schließlich zur Wehr. Ihre Mutter, die sich in der amerikanischen Universitätsstruktur noch nicht auskannte, entgegnete:

> Meine Mutter, die das ebensowenig wußte wie ich, behauptete, ich strebe ein Doktorat, den Ph.D., an [=transponierte indirekte Figurenrede]. Man war entrüstet über die Anmaßung, ich hätte doch noch nicht einmal den Bachelor

[=transponierte erlebte Figurenrede]. Ich sagte auf gut Glück, ich wolle ja gar nichts, was leicht zu bekommen sei, ich wolle nur fleißig lernen [=transponierte indirekte Figurenrede]. Mit dieser Bemerkung hatte ich ins Schwarze getroffen, man wiederholte sie befriedigt [=Erzählerbericht/ erzählte Figurenrede als Erwähnung des sprachlichen Aktes]. (wl, 229.)

Die Verwandten waren „entrüstet über die Anmaßung". Erst als die Tochter zu erklären versuchte, dass sie sich durch fleißiges Lernen von unten heraufarbeiten wollte, gab man sich zufrieden, denn genauso wie sie sollten sich nun die neu Zugewandernten hocharbeiten, nichts wurde ihnen von vornherein gegönnt. Ein weiterer amerikanischer Mythos, den auch sie begriffen hatten.

Novick konstatiert, dass den Holocaustopfern in den 40er und 50er Jahren oft empfohlen wurde, in ihrer neuen Heimat in die Zukunft zu schauen und nicht zurück in die Vergangenheit. Sie sollten versuchen, nicht über ihre traumatischen Erfahrungen zu sprechen, da dies ihnen nur schade. Weiter heißt es: „that it was in their interest, insofar as possible, to forget the past and proceed to build their new lives." (Novick 2000: 83.) Später, in den 80er und 90er Jahren, wurde ihnen wiederum empfohlen über die Erfahrungen zu reden, weil dies gesünder für sie sei. Novicks Bilanz lautet: „In both cases, others knew what was best." (Novick 2000: 83f.) Auch der Protagonistin empfahl die Tante auf der Heimfahrt, das Traumatische zu vergessen:

> Sie brachten uns in einem protzigen Riesenauto nach Hause [=Erzählerbericht]. In der Dunkelheit auf dem bequemen Rücksitz sagte die entfernte Tante zu mir: ‚Was in Deutschland passiert ist, mußt du aus deinem Gedächtnis streichen und einen neuen Anfang machen. Du mußt alles vergessen, was dir in Europa geschehen ist. Wegwischen, wie mit einem Schwamm, wie die Kreide von einer Tafel [=zitierte direkte Figurenrede].' Und damit ich sie mit meinem schwachen Englisch auch verstünde, vollführte sie die Geste des Abwischens [=Erzählerbericht]. Ich dachte, sie will mir das einzige nehmen, was ich hab, nämlich mein Leben, das schon gelebte. Das kann man doch nicht wegwerfen, als hätte man noch andere im Schrank. Sie wird doch auch ihre Kindheit nicht wegwischen wollen, und ich hab eben die, die ich hab und kann mir keine neue konstruieren. Warum mir Vorschriften machen, wie ich damit umzugehen habe [=zitiertes Gedankenzitat]? Nach den fernliegenden Worten suchend, wehrte ich mich gegen diese Einladung zum Verrat an meinen Leuten, an meinen Toten. Die Sprache war widerspenstig, Gefühlsstauungen sind indessen gute Sprachlehrer. Die Tante hörte kaum auf das ausländische Geschwätz [=erzählte Rede als Gesprächsbericht]. (wl, 229f.)

Die „neuen Amerikaner" entsagten ihren ursprünglichen Traditionen und Sitten. Sie versuchten sich der amerikanischen Umgebung so stark anzupassen, dass sie sogar ihre Sprache ablehnten, indem sie mit den Neuankömmlingen auf Englisch sprachen, auch wenn ihr Englisch manchmal in ihre Muttersprache „umkippte". (wl, 228.) Doch das Wegwischen ihrer Vergangenheit hätte für das Kind bedeutet, den Holocaust zu verschweigen, was den Verrat an den Toten zur Folge gehabt hätte. Aufschlussreich ist die detaillierte Beschreibung der Gestik, die die Tante vollzog, damit das Kind sie verstehe. Dabei wird sie direkt auf Deutsch zitiert. Die Ich-Erzählerin hatte sie demzufolge sehr wohl verstanden, doch Tante und Nichte redeten aneinander vorbei. Ein tatsächliches Gespräch schlägt fehl. Zum ersten Mal scheint jemand sie hinsichtlich ihrer traumatischen Erfahrung anzusprechen, doch lediglich, um an ihren ermordeten Verwandten Verrat zu begehen. Klüger reagiert entsetzt und mit Widerstand: Sie antwortet der Tante in ihrer Sprache (der deutschen), die von ihr wiederum eindeutig ignoriert wird. Erneut stoßen zwei absolut ungleiche Sichtweisen aufeinander: Die jüdisch-amerikanische Familie mit europäischen Wurzeln, die sich auf Kosten ihrer eigenen Vergangenheit in die amerikanische Gesellschaft integriert, und die Verwandten, die sich erst nach dem Krieg, völlig mittellos, in Amerika eine Zukunft aufzubauen versuchen.

Das Bild der jüdischen Amerikaner wird von der Ich-Erzählerin als oberflächlich und ohne kulturelle Werte dargestellt. Da sich viele deutsche und österreichische Juden von ihrem faschistischen Heimatland verraten fühlten, stülpten sie sich eine amerikanische Lebensweise „mit einem besonderen Elan" über. (Kniesche 2008: 17f.) Dies gilt jedoch nicht nur für die deutschen Juden: „Amerikanische Juden sehen in den USA einen Ort, an dem die Ideale der Aufklärung und der Toleranz gelten und wo sie eine nationale Identität annehmen können, ohne ihre Identität als Juden aufgeben zu müssen." (Kniesche 2008: 18.) Unter diesem Gesichtspunkt kann auch ein sogenannter „jüdischer Selbsthass"[427] nicht außer Acht gelassen werden. Kniesche erwähnt in diesem Zusammenhang Sander Gilmans These, dass der Ausdruck von Selbsthass das Resultat einer Auseinandersetzung mit einem unmöglich zu lösenden Problem sei. „Der Außenseiter, der gern in die Mehrheitsgruppe aufgenommen werden möchte, identifiziert sich mit deren Werten und deren Selbstbild. Dabei wird er von der Mehrheit unterstützt, und zwar durch das ‚liberale Versprechen', dass diese dem Außenseiter macht: ‚Werde so wie wir und du wirst dazugehören.'" Daraus resultiere schließlich „der ‚konservative Fluch'" (Kniesche 2008: 18):

> ‚Je mehr du dich uns anzugleichen versuchst, desto mehr werden wir darauf bestehen, dass du nur eine schwache Imitation, ein Abziehbild, eine falsche Kopie bist, die unsere Werte und unser Selbstverständnis unterminieren will. Das werden wir aber zu verhindern wissen und deshalb wirst du nie dazugehören.' (Kniesche 2008: 44.)

Aus diesem Grund sehe sich der Außenseiter oder Immigrant mit einem Dilemma konfrontiert: „Einerseits soll er dazugehören, soll sich anpassen und so werden wie die Mehrheit; andererseits wird ihm dies von derselben Mehrheit

427 Der Begriff wurde 1930 von Theoder Lessing durch sein gleichnamiges Werk geprägt.

der Alteingesessenen unmöglich gemacht." (Kniesche 2008: 44) Für den Außenseiter gibt es keinen Ausweg aus dieser Lage.[428]

Klüger, die erst nach dem Zweiten Weltkrieg mit dieser Gesellschaft zusammentraf, empfand die unkritische Anpassung als Verrat und Leugnung ihrer eigenen Herkunft. Eine völlige Integration in diese Gesellschaft musste fehlschlagen, denn dies hätte den Verrat an ihren Verwandten und besonders an ihren Vater und Bruder zur Folge gehabt. Die Amerikanisierung der neuen Juden wird von der Protagonistin als Besessenheit beschrieben. Man verspottete sich beim Englischsprechen und korrigierte sich untereinander. Dies sei sogar so weit gegangen, dass sie eine gewisse Selbstverachtung[429] empfanden, „weil sie nicht zu den Einheimischen zählten: Sie sagten etwa geringschätzig: ‚Der ist auch nicht mit der Mayflower gekommen [=zitierte direkte Figurenrede]'. (Die Mayflower, das Schiff der ‚Pilgerväter' aus dem 17. Jahrhundert, ist übrigens auch der Name einer großen Speditionsfirma [=Erzählerbericht])." (wl, 226f.) Ferner beschreibt die Autobiographin, wie diese Menschen die Prahlereien von anderen verspotteten, doch versuchten sie durch die eigene Großtuerei ihre Selbstverachtung „wettzumachen" und „[d]a sie entwurzelt und deklassiert waren, lachten sie über die Wichtigtuerei der Entwurzelten und Deklassierten." (wl, 227.) Der jahrelange Versuch, ihre „vergiftete Vergangenheit auszumerzen" (wl, 227), scheiterte, wie sie am Beispiel ihres Onkels beschreibt, der „von der Emigration überfordert war" und „sich an die neue Kultur als den Inbegriff alles Guten" klammerte, wobei er nichts „auf sich zukommen [ließ], was seine ungefestigten Gewißheiten in Frage stellte [...]." (wl, 227.)[430]

Die Ich-Erzählerin blieb in dieser Umgebung eine Außenseiterin. Das „ängstliche Gutheißen alles Amerikanischen" ging ihr „gegen den Strich", sie benahm sich nicht vorschriftsgemäß und mit einer der Gesellschaft gerechten amerikanischen Sprache konnte sie sich nicht anfreunden. In einem autonomen inneren Monolog exponiert sie, wie sie sich zu diesem Zeitpunkt als Jugendliche fühlte. Bemerkenswert an der folgenden Textsequenz ist die Verschmelzung von zwei Erzähltempora:

---

428 Kniesche beruft sich auf Sander L. Gilmans Studie *Jewish Self-Hatred. Anti-Semitism and the Hidden Language of the Jews* aus dem Jahr 1990. Er findet die gleiche Diagnose bei anderen Historikern wie beispielsweise bei Robert A. Burchell.

429 Die jüdische Selbstverachtung beginnt schon in den Herkunftsländern. Klüger macht einen eindeutigen Hinweis darauf in der Beschreibung eines Lehrers, als er die Kinder in der Pause beschimpft, „daß es hier wie in einer Judenschule zugehe." (wl, 16.) Sie selbst fühlt eine große Abneigung gegen dieses Verhalten und gegen den „Risches", den die Tante Rosa und ihre anderen Verwandten zu vermeiden versuchten: „Ich hatte ihn [den Lehrer] bis dahin ein wenig angehimmelt, wie kleine Mädchen es gerne mit ihren Lehrern tun. Das änderte sich jetzt schlagartig, die Selbstverachtung der Juden war nichts für mich, ich hatte auf das Gegenteil gesetzt, aufs selbstbewußte Judentum. Was er da gesagt hatte, war auf deselben Ebene wie Tante Rosas Behauptung, daß die schlechterzogenen Kinder Risches machen." (wl, 16f.)

430 Vgl. auch das Telefongespräch mit dem Onkel nach dem Selbstmordversuch der Mutter (wl, 266).

> Ich war kein Backfisch. Es war doch albern, daß man für Bauch nicht ‚belly' sagen durfte, weil das Wort als ordinär galt, sogar das Babywort ‚tummy' war vorzuziehen oder das anatomisch falsche ‚stomach', Magen [=Erzählerbericht]. Da lernt man das richtige Wort, dann muß man das falsche gebrauchen [=autonomer innerer Monolog]. (wl, 227.)

Dem Onkel war sie „zu unamerikanisch": sie „war ihm und der Tante zu spröde, zu wild, zu unzivilisiert, zu kompromittierend und zu wenig kompromißbereit." (wl, 227.) Außerdem verhielt sie sich „vorlaut". Im Gegensatz zu den Mädchen in ihrem Alter fehlte ihr „das Einschmeichelnde, das die Mädchen jener Jahrgänge als gute Manieren von klein auf lernten. Ich konnte nicht tanzen, kichern und pubertär blödeln." (wl, 227.) Klüger manifestiert, sie sei „zu Skepsis und Widerspruch erzogen worden" (wl, 249) oder zumindest anders aufgewachsen. (Vgl. wl, 227.) Dies missfiel der amerikanischen Umgebung. Sie passte sich nicht an, wie es von ihr erwartet wurde, und ihre „kindische Fragerei" wurde als „sozialistische Kritik am amerikanischen Kapitalismus" gedeutet. (wl, 227.) Auch ihre Eigenwilligkeit wurde an ihr als junge Frau bemängelt. Abendliche einsame Spaziergänge, auf dem Land Ferien machen oder per Anhalter bis nach Kanada fahren, wurden, so die Ich-Erzählerin, bei einem Jungen hingenommen, doch „einem Mädchen hat man es nicht verziehen". (wl, 227f.) Auch das Bestehen der Sprachprüfung für die Aufnahme am Hunter College wurde ihr vom Freundes- und Bekanntenkreis nach einem dreimonatigen Aufenthalt nicht zugetraut. (wl, 231.)

Im Kapitel 4.5.1 wurde das Thema der eintätowierten Auschwitz-Nummer bereits erwähnt. Dessen ungeachtet soll es an diesem Punkt wieder aufgegriffen werden, da es auch Juden gab, die sich durch das Nicht-verdecken genötigt fühlten. Die folgende Textsequenz soll die Problematik ins Blickfeld rücken:

> ‚Wer gibt Ihnen das Recht, wie ein Mahnmal herumzulaufen?' sagte ein älterer Jude zu mir [=zitierte direkte Figurenrede]. Auch Ditha hat zu hören bekommen, sie wolle anderen durch diese Nummer Schuldgefühle aufdrängen [=Erwähnung des sprachlichen Aktes in erzählter Figurenrede]. Sollten die nicht analysieren, warum der Anblick einer solchen Nummer sie so aggressiv stimmt [=zitierte autonome Figurenrede]? (Was sollen wir uns dann denken, wenn ihr unaufgefordert schwört, nie zu vergessen [=zitierte autonome Figurenrede]?) Ditha nickt. Es hängt was an der Nummer, ein Stück Leben und viel Gedächtnis. Vielschichtig ist sie in ihrer Bedeutung [=Erzählerbericht]. (wl, 237.)

Klüger beruft sich erneut auf die Freiheit zur Selbstentscheidung. Eine gewisse Haltung kann sich mit der Zeit verändern und obwohl die Nummer nicht erlischt, haben die Träger der Tätowierung die völlige Wahlfreiheit über sie. Sie versucht der Frage nachzugehen, warum diese Menschen beim Anblick der Auschwitz-Nummer Schuldgefühle empfinden. Jeder muss sich diese Frage selbst beantworten, wobei Klügers Zielleserschaft ausdrücklich nicht das jüdische Publikum ist.[431] Unüblicherweise integriert die Autorin in die hybride Konstruktion mehrere direkte Figurenreden. Somit bewirkt sie, trotz der unmöglichen Zuordnung der Stimmen, im narrativen Modus eine Unmittelbarkeit. Nicht zufällig lässt sie am Anfang einen „älteren Juden" sprechen, der aufgrund seines Vorwurfs und seiner eigenen Unmarkiertheit unbeschädigt überlebt hat. Sein Vorwurf wird durch die Frage der Ich-Erzählerin wieder auf ihn zurückgeworfen, der als Repräsentant für die amerikanischen Juden und alle diejenigen steht, die sich dabei angesprochen fühlen. Sicherlich hatte er sich, wie zuvor der Onkel, etwas vorzuwerfen, das er jedoch nicht an die Oberfläche seines Bewusstseins gleiten lassen wollte. Darauf deutet auch die in Klammern gesetzte und nicht einzuordnende, als Frage gestellte autonome direkte Figurenrede hin. Solange die Opfer nicht vergessen, können die Schuldigen nicht ruhen. Die Auschwitz-Nummer ist vielbedeutend: Sie kann einerseits die „Wurzelverschlingungen" der „Existenz"[432] sein, wie sie Jean Améry nannte, sie ist aber auch „Lebensbejahung" (wl, 117), „Totenehrung" (uv, 15) und „nur noch Indiz, Beweismaterial" (wl, 117). In *unterwegs verloren* griff Klüger das Thema neu auf und negierte das Schamgefühl der „Draußengebliebenen". (uv, 15.) Vielmehr habe man die „Auschwitznummer mit in die Nachkriegswelt" als „Verpflichtung den Toten gegenüber" getragen. (uv, 15.)

Das Mal der Auschwitznummer hat am weiblichen Körper noch eine zweite Bedeutung, die die Autorin während ihrer gesamten Niederschrift verteidigt und durch ihre anfängliche Erkenntnis, der Krieg gehöre den Männern, nun negiert: dass auch den Frauen der Krieg gehöre und dies nicht nur als Opfer, sondern auch in der Rolle der Täterin. Dabei macht sie eine bedenkliche Konstatierung, die sie in *Still Alive* wieder zurückzieht:

> Kann es sein, daß sich die berühmten Beispiele weiblicher Grausamkeit in den Lagern auf immer dieselbe relativ kleine Gruppe von Aufseherinnen beziehen? Wird nicht immer dieselbe Ilse Koch beim Namen genannt? Der Tatbestand ist unklar, man müßte Statistiken und Berichte vergleichen. In Ermangelung von exaktem Material stelle ich die These auf, daß es in den Frauenlagern im Durchschnitt weniger brutal zuging als in den Männerlagern. Die Aufseherinnen in Christianstadt waren mäßig und übten ihre Macht vor allem dadurch aus, daß sie einerseits ihre schlechte Laune nicht zügelten und sich andererseits Protektionskinder unter den Häftlingen wählten. (wl, 147.)

---

431 „Für wen schreib ich das hier eigentlich? Also bestimmt schreib ich es nicht für Juden, denn das täte ich gewiß nicht in einer Sprache, die zwar damals, als ich ein Kind war, von so vielen Juden gesprochen, gelesen und geliebt wurde, daß sie manchen als die jüdische Sprache schlechthin galt, die aber heute nur noch sehr wenige Juden gut beherrschen. Also schreib ich es für die, die nicht mit den Tätern und nicht mit den Opfern fühlen wollen oder können, und für die, die es für psychisch ungesund halten, zuviel von den Untaten der Menschen zu lesen und zu hören? Ich schreibe es für die, die finden, daß ich eine Fremdheit ausstrahle, die unüberwindlich ist? Anders gesagt, ich schreib es für Deutsche. Aber seid ihr das wirklich? Wollt ihr wirklich so sein? [=autonomer innerer Monolog]" (wl, 142.)

432 Améry, Jean: Über Zwang und Unmöglichkeit, Jude zu sein. In: Améry 2000c, 130-156, hier: 147.

Das Argument dieser These ist äußerst schwach und riskant. Wenn es tatsächlich so ist, dass immer wieder dieselben Täterinnen beim Namen genannt werden und dies lediglich eine Auswirkung auf die Zeugnisse hat, jedoch nichts über die Quantität der Täterinnen aussagt, kann dieses Beispiel auch auf die männlichen Täter übertragen werden. Durch die Tätowierung, eine sichtbare, am Körper befindliche Markierung, ist ihre Zugehörigkeit evident und unnegierbar. Deshalb lässt sie die Auschwitz-Nummer erst im späten Erwachsenenalter entfernen. So lehnt sie jegliche „Form von Zwang" ab:

> Dann gibt es die wohlmeinenden Puristen der nächsten Generation. Wenn man so eine Nummer hat, sagt die Tochter eines früheren Buchenwaldinsassen zu mir, dann soll man sie auch nicht verdecken, mit Armbändern und so [=zitierte direkte Figurenrede]. Warum nicht? Man kann ja verschiedenes wollen zu verschiedenen Zeiten. Warum die Vorschriften, die doch, wie jede Form von Zwang, suspekt sein sollten? Es ist wie mit angeheirateten Namen, wenn man geschieden ist: Manche wollen sie loswerden, manche wollen sie behalten. Die Wahl, scheint mir, ist moralisch neutral [=zitierter autonomer innerer Monolog]. (wl, 237.)

Zum Abschluss soll noch ein letztes Beispiel kommentiert werden, um die fortdauernde Präsenz von Auschwitz bei den Opfern zu veranschaulichen. Viele glaubten, dass nur Kriminelle das KZ überlebt hatten und dass sie nur deshalb am Leben seien, weil andere an ihrer Stelle starben. Helmreich beschreibt es folgendermaßen: „What hurt most, perhaps, was the perception of some Americans that those who had come owed their survival to a willingness to be cruel to others in the camps." (Helmreich 1995: 178.) Das Unaussprechliche, das Tabuisierte wird in der folgenden Textsequenz erneut zur Sprache gebracht:

> Ein Bekannter, ein Jude in Cleveland, verlobt mit einer Deutschen, sagt mir ins Gesicht: ‚Ich weiß, was ihr getan habt, um euch am Leben zu erhalten [=zitierte direkte Figurenrede].' Ich wußte es nicht, aber ich wußte, war er meinte. Er meinte: ‚Ihr seid über Leichen gegangen [=zitierte direkte Figurenrede].' Hätte ich antworten sollen: ‚Ich war damals erst zwölf' [=zitiertes direktes Gedankenzitat]? Das hieße ja: ‚Die anderen waren übel, ich aber nicht [=zitiertes autonomes Gedankenzitat].' Oder sagt man: ‚Ich bin von Haus aus ein guter Mensch' [=zitiertes direktes Gedankenzitat], auch das im Gegensatz zu den anderen. Oder sagt man: ‚Wie kommst du dazu?' und macht Krach [=zitiertes direktes Gedankenzitat]. Ich hab gar nichts gesagt, ich bin nach Haus gegangen und war deprimiert [=Erzählerbericht]. (wl, 72f.)

Sogar der nach dem Zweiten Weltkrieg berühmt gewordene Psychologe Viktor E. Frankl, der selbst in Auschwitz inhaftiert gewesen war, stellt in seinem

Buch *...trotzdem Ja zum Leben sagen. Ein Psychologe erlebt das Konzentrationslager* eine ähnliche Behauptung wie der „Jude in Cleveland" auf. Er konstatiert:

> Aus dem oben Angedeuteten geht bereits hervor, daß die Capos eine Art negativer Auslese darstellten: nur die brutalsten Individuen taugten zu diesem Posten – wobei wir von Ausnahmen, die es glücklicherweise natürlich auch hier gab, bewußt absehen. Aber neben dieser von der SS getroffenen, sozusagen aktiven Auslese gab es auch noch eine passive: Unter den Lagerinsassen, die sich viele, viele Jahre in Lagern aufhielten, von einem Lager in das andere und schließlich insgesamt in Dutzende von Lagern gebracht wurden, konnten sich im Durchschnitt nur jene am Leben erhalten, die in diesem Kampf um die Lebenserhaltung skrupellos waren und auch vor Gewalttätigkeit, ja sogar nicht einmal vor Kameradschaftsdiebstahl zurückschreckten. Wir alle, die wir durch tausend und abertausend glückliche Zufälle oder Gotteswunder – wie immer man es nennen will – mit dem Leben davongekommen sind, wir wissen es und können es ruhig sagen: die Besten sind nicht zurückgekommen.[433]

Klüger thematisiert die eigene Konfrontation mit der Vergangenheit und die Beschuldigungen, die jedoch unausgesprochen bleiben. Die Niederschrift dient nun zur eigenen Reflexion und Exposition für das Publikum, denn gegenüber dem Bekannten bleibt sie sprachlos und resigniert. Auch an dieser Textsequenz wird deutlich, wie die Autorin sich leeren Phrasen und Klischees entgegenzustellen versucht, indem die Leser sich wiedererkennen und angesprochen fühlen. Für Klüger gibt es keine eindeutige konkrete Zugehörigkeit, „für jeden war es einmalig", deshalb setzt sie sich zur Wehr, wenn versucht wird, die überlebenden Opfer als Kollektiv und nicht als Einzelmenschen zu betrachten, die eine Extremsituation überlebt haben: „Da sollen wir Überlebenden entweder zu den Besten oder zu den Schlechtesten gehören." (wl, 73.)

Zusammenfassend lässt sich feststellen, dass eine Integration in die amerikanische Gesellschaft bei Mutter und Tochter nicht von vornherein und reibungslos erfolgte. Die Mutter verlor wie die Tochter den letzten Rest an Selbstwertgefühl in ihrer neuen Heimat. Der Besuch der Tochter beim Psychiater, dem es nicht gelang, die Vaterrolle und die eines Therapeuten zu trennen und der sie als unsoziale, respektlose Person beschimpfte, drängte sie noch weiter in die Außenseiterposition, die in ihr Selbstmordgedanken auslöste. Nur das Lesen erwies sich in den ersten Jahren als befreiend und als geistige Rettung. Die jüdischen Amerikaner waren von ihrer Amerikanisierung so stark besessen, dass die Überlebenden lediglich auf taube Ohren oder auf falsche Beschuldigungen stießen. Klüger nutzt die Niederschrift dieses Buches, um sich gegen

---

433 Frankl, Viktor E.: *...trotzdem ja zum Leben sagen. Ein Psychologe überlebt das Konzentrationslager*. München: DTV, 2002, 18f.
In einer Lesung am 18. Oktober 1993 in Bonn wird Klüger hinsichtlich dieser von Frankl beschriebenen Lebensstrategien befragt. Sie antwortet: „Nein, Überleben war Zufall. Frankl macht glauben, die Besseren hätten überlebt. Deshalb kann ich seine Sachen nicht ausstehen." (Braese/Gehle 1994: 28.)

Vorurteile und Klischees zu widersetzen. Die Kluft zwischen den jüdischen Amerikanern und den beiden Immigrantinnen wird durch das Extrem der selbstverständlichen Übernahme der neuen Gewohnheiten der amerikanischen Lebensart auf der einen Seite und das Beharren auf individuelle Erinnerung und Geschichtlichkeit auf der anderen allzu drastisch verbildlicht. Nur sehr langsam erfolgte eine Integration in eine Welt, mit der sie ständig zusammenstießen und die versuchte, sie in eine amerikanische Mädchenrolle zu drängen. Klüger besteht auf Individualität und Toleranz für Selbstentscheidung, für die sie sich am Beispiel der Auschwitz-Nummer einsetzt. Ihren Platz konnte auch sie in der „Neuen Welt" finden, entsagte der deutschen Sprache, indem sie mit ihren „amerikanischen" Söhnen, denen sie einen englischen Namen gab (wl, 26), nur Englisch sprach. Sie wuchsen in einem amerikanischen Umfeld und in einer amerikanischen Tradition auf und erfuhren kaum etwas über die Vergangenheit der Mutter.

4.6 Wahlverwandtschaften

4.6.1 Ruth Klügers Freundinnen in Amerika

> *Wenn weiter leben ein Buch über Verrat ist, dann ist es in noch stärkerem Maße ein Buch über Freundschaft.* (Heidelberger-Leonard 1996: 74.)

Klüger betont in ihrem Erinnerungsbuch mehrfach, dass sie in ihrer Kindheit, nachdem der Vater Wien verlassen musste, überwiegend unter Frauen aufwuchs. (Vgl. wl, 207.) So blieb das auch in ihrer neuen Heimat Amerika: „Ich hatte mein Leben unter Frauen verbracht, das sollte sich auch in New York nicht ändern. Männer hatte es in der Familie, in den Lagern, auch nach dem Krieg, nur am Rand gegeben." (wl, 231.) Ihre schwierige Einlebungszeit in einem fremden Land sowie die ständigen Zusammenstöße mit ihrer Mutter und einigen Verwandten hüllten sie in den ersten Jahren nach ihrer Ankunft in Einsamkeit. Dies änderte sich erst nach ihrem Aufenthalt in der Sommerschule in Vermont im Jahr 1949, als sie dort drei gleichaltrige Studentinnen aus dem Hunter College kennenlernte, die wie sie vaterlos waren und mit ihren Müttern keine einfache Beziehung führten. Schnell fühlte sie sich zu ihnen hingezogen. Es begann eine langjährige und familiäre Freundschaft zwischen ihnen. Klüger gibt allen einen anderen Namen, so wie den restlichen Figuren in ihrem Buch (vgl. wl, 252): Kit heißt „Marge"[434], ein in Nordamerika

[434] Der Name Margarete ist lateinischer Herkunft und bedeutet Perle. (Vgl. Kohlheim 2007: 285.)

geläufiger Vorname; „Anneliese“[435] heißt in Wirklichkeit Liselotte und der dritten, Monique[436], gibt sie den französischen Namen „Simone“[437]. Klüger führt den Beginn dieser Freundschaft durch einen narrativen Modus ein – „Da erfuhr ich, daß noch andere Studentinnen vom Hunter College da seien, und die suchte ich auf.“ (wl, 248.) – und verschachtelt Vergangenheit und Gegenwart, um die besondere Verbundenheit der vier Frauen einzuführen. Es folgt unerwartet eine Randbemerkung aus der Gegenwart. Die Stimme ihres Sohnes taucht auf, der ein später Zeuge dieser bemerkenswerten Zusammengehörigkeit ist:

> Mein Sohn sagt: ‚Wie war das nur mit euch vieren? Ich seh euch zusammensitzen wie in einem schwarz-weißen Film, ihr raucht Zigaretten und lacht viel [=zitierte direkte Figurenrede].‘ Er meint, dieser prähistorischen Freundschaft fehlen Tiefe und Nuancen, denn ist nicht alles, was sich vor unserer Geburt abgespielt hat, vor den Farbfilmen gewesen und daher prähistorisch [=transponierte indirekte Figurenrede/zitiertes Gedankenzitat]? Was hattet ihr gemeinsam, eigentlich seid ihr doch recht verschieden [=zitierte autonome direkte Figurenrede]. Das Rauchen, das wir längst aufgegeben haben, bestürzt ihn, den Sportler und Gesundheitsfanatiker, besonders wenn er hört, daß die Frauen, die ihm seit früher Kindheit wie Familie, nur vertrauter, sind, mich erst dazu verleiteten [=Erzählerbericht/transponierte indirekte Figurenrede]. (wl, 248f.)

Ihre erste Begegnung wird durch den Einschub der jungen Stimme ihres Sohnes aus der Gegenwart retardiert. Wie bereits in anderen Textbeispielen zu erkennen war, vernetzt die Ich-Erzählerin kontinuierlich Stimmen und Tempora mit der eigenen Erzählperspektive, um ihren Erinnerungen einen Freiraum zu lassen, der es ihr ermöglicht, durch gleichzeitig erklingende Stimmen eine gewisse polyvalente Fokussierung zu erwecken. Sie beginnt mit den Eindrücken des Sohnes, der die Freundinnen der Mutter nur als alte Frauen gekannt hat. Doch gleichzeitig erweckt diese Stimme beim Rezipienten eine gewisse Identifikation, denn die Stimme des Sohnes fungiert gleichzeitig als Stimme des Lesers, der über die Anfänge dieser Freundschaft mehr erfahren möchte. Durch den Rückblick wirkt die von der Autobiographin erlebte Welt als Schwarzweißfotografie oder als Schwarzweißfilm. Mit der Erwähnung und somit Aufdeckung dieses Effektes wird die Wirkung thematisiert und ent-„prähistorisiert“, oder, mit anderen Worten, sie wird vergegenwärtigt. Wichtig ist hierbei das direkte Zitat des Sohnes, der mehr erfahren möchte. Nachdem sie ihn direkt zitiert hat, klärt sie den Leser auf und fügt ihre Interpretati-

---

435 Dieser aus Anna (hebräischer Ursprung und bedeutet Anmut, Liebreiz) und Liese zusammengefügte Name war besonders in den 20er und 30er Jahren im deutschen Sprachraum sehr beliebt. (Vgl. Kohlheim, Rosa und Volker (Hrsg.): *Duden – Das große Vornamenlexikon*. Mannheim: Bibliographisches Institut, 2007, 60.)

436 Die wahren Namen der Freundinnen werden in der amerikanischen Version aufgedeckt. (Vgl. SA, 193f.; wl, 249.)

437 Aus dem Hebräischen stammender Vorname. (Kohlheim 2007: 376.)

on als Mutter hinzu. Die zweite Frage, die nun als autonome direkte Figurenrede (ohne Verbum dicendi) erscheint, jedoch ohne Anführungszeichen, antizipiert ein Merkmal, das Klüger noch in der Beschreibung der drei Persönlichkeiten unterstreichen und ausführlich herausarbeiten wird, da gerade in diesen Differenzen das Besondere an der Freundschaft dieser vier Frauen liegt. Klüger gestaltet sich einen Raum, in den sie ihre Erinnerungen platziert. Nur sehr wenige Einzelheiten über die Anfänge dieser Freundschaft zwischen den vier Frauen sind dem Sohn bekannt. Ihm fehlen „Tiefe und Nuancen" der ersten Jahre dieser besonderen Frauengemeinschaft. Klüger beginnt nun, sich an die ungleichen Charaktere ihrer drei aus jüdischen Elternhäusern stammenden Freundinnen und an die gemeinsamen Erlebnisse zu erinnern.

In der Mensa traf sie zum ersten Mal Marge und Anneliese, die Zigaretten „pafften" und „gut gelaunt" waren. Die Protagonistin „platzte mitten in ein theologisches Streitgespräch hinein." (wl, 249.) Marge und Anneliese waren zwar Jüdinnen, doch waren beide zum Christentum konvertiert, um nun „die eigenen Motive für ihren Glaubenswechsel selbstquälerisch in Frage [zu] stellten" (wl, 249), nachdem sie ein Seminar über das Neue Testament belegt hatten. Für die erstaunte Protagonistin besteht die Diskussion aus „eine[r] neue[n] Wellenlänge" und „unbekanntem Terrain". (wl, 249.) Die beiden Studentinnen „fielen einander rücksichtslos ins Wort, Behauptung und Gegenbehauptung, du hörst mir nicht zu, aber ja doch, nur hast du unrecht [=Erzählte Figurenrede als Gesprächsbericht/autonome direkte Figurenrede]." (wl, 249.) So lernte die Protagonistin von ihnen, Einseitigkeiten, wie „mitgeschleppte Vorurteile" ihres „liberal aufgeklärten Backgrounds, wo man die Orthodoxen für altmodische Fanatiker und die Getauften für charakterlose Assimilanten hielt", wie „zerrissene Strümpfe" abzulegen. (wl, 249.)

Wie schon in vorigen Kapiteln erläutert wurde, baut die Autorin ihre Geschichte nicht nur anhand unterschiedlicher Fokalisierungen auf, sondern appelliert außerdem direkt an den Rezipienten, indem sie einen tatsächlich stattgefundenen Dialog mit ihren Lesern einfügt oder Leserreaktionen antizipiert und diese kommentiert. Eine weitere erzählstrategische Neuheit verdient an diesem Punkt das Augenmerk dieses Kapitels: Klüger richtet sich, während sie sich im narrativen Modus an ihre ersten Begegnungen mit ihren drei Freundinnen erinnert, im selben Satz unmittelbar an die drei Frauen. Ein erstes Textbeispiel soll das Verfahren ihrer neuartigen Erzählstrategie beleuchten:

> Sie hatten zu dritt ein Zimmer außerhalb der Studentenheime gemietet [=Erzählerbericht], und als ihr mich einludet, mit euch nach Hause zu gehen, wußte ich, daß ich bei euch keine Kuscheltiere vorfinden würde. Wir fanden die schlafende Simone, die ihr ohne Bedenken mit einem Hagel wohlgezielter Kissen aufgeweckt habt, damit ich sie kennenlerne [=zitierte autonome direkte Figurenrede], und weil sie, so hieß es, doch nur aus Faulheit schliefe [=transponierte indirekte Figurenrede]. Als Mathematikstudentin müßte sie

nicht so viel schreiben und lesen wie ihr [=zitierte autonome direkte Figurenrede/transponierte indirekte Figurenrede]. (wl, 249.)

Es besteht zwar keine Schwierigkeit, der Ich-Erzählerin zu folgen, doch ist die Vernetzung von Erzählmodi sehr außergewöhnlich und verlangt eine gewisse Kooperation von Seiten des Publikums. Weiterhin verbinden sich direkte mit indirekten Figurenreden, so dass sogar beide Ebenen kaum noch voneinander zu trennen sind. Die Protagonistin identifizierte sich sehr schnell mit ihnen und erfuhr erstmals, was eine Freundschaft unter gleichaltrigen Menschen bedeutete, die sie nicht verändern wollten und nichts an ihr auszusetzen hatten: „Sie nahmen mich wahr und ließen mich sein, wie ich war [=Erzählerbericht]. (Bei denen bleib ich [=zitierter autonomer innerer Monolog].)" (wl, 249.) Auch im vorangegangenen Zitat vernetzt die autodiegetische Ich-Erzählerin den Modus der Erzählung mit direkt an die Freundinnen gerichtete Ansprachen, direkten bzw. indirekten Figurenreden und Erzählerberichten. Dabei erfolgt eine gewisse Aufhebung der zeitlichen Distanz. Der Sprung von der Vergangenheit in die Gegenwart versetzt den Leser unmittelbar in dieses erste Treffen und hebt eine Schwarzweißperspektive auf. Nicht nur die inneren Monologe, die plötzlich und ohne verbum credendi auftreten, tragen dazu bei, sondern auch der Wechsel zum dramatischen Modus. Auch das nächste Textfragment zeugt von der Sprunghaftigkeit von Erzählperspektiven. Nachdem sie Annelieses Äußerung über ihre Gehbehinderung im Präsens zitiert („Anneliese sagt, das erste, was die Leute an ihr bemerken, sei, daß sie am Stock geht, daß sie hinkt [=transponierte indirekte Figurenrede]."), spricht sie darüber, dass dies jedoch nicht auf sie zutreffe, weil sie, „aus Deutschland kommend", den „Anblick von Behinderten" gewohnt war. (wl, 250.) Im Anschluss wechselt sie erneut den Erzählmodus:

> Das erste war ein magnetisches Feld [=Erzählerbericht]. Das heißt, ich wünschte mir sofort, zu euch zu gehören [=zitierte autonome direkte Figurenrede]. Ich wünschte mir, ich hätte die drei schon in New York gekannt, dann hätte ich vielleicht mit ihnen zusammen herkommen und wohnen können [=Erzählerbericht]. Wäre auch billiger gewesen [=zitiertes Gedankenzitat]. (wl, 250.)

In einer so kurzen Textsequenz überschneidet sich an drei Punkten die Zielleserschaft. Zum einen beschreibt sie den Beginn dieser Freundschaft, daraufhin spricht sie direkt ihre Freundinnen an und zuletzt wechselt sie erneut das Publikum, um abschließend mit einem Gedankenzitat zu enden. Fraglich ist, ob sie die Freundinnen tatsächlich ansprechen möchte, wenn sie ausdrücklich erwähnt, dass sie das Buch für ein deutsches Publikum schreibt und nicht für Juden.[438] Es ist anzunehmen, dass sie das Manuskript auch ihren Freundinnen zum Lesen gab.

---

[438] „[…] also bestimmt schreib ich es nicht für Juden, denn das täte ich gewiß nicht in einer Sprache, die zwar damals, als ich ein Kind war, von so vielen Juden gesprochen, gelesen und geliebt wurde, daß sie manchen als die jüdische Sprache schlechthin galt, die aber

Klüger rekonstruiert ihre ersten Eindrücke der drei Freundinnen nicht nur als Kollektiv. Außerdem spricht sie sie direkt an. Anneliese, die am Stock ging, war die Älteste und „maßgebend“ für die anderen drei. (wl, 250.) Sie ließ sich „alles gefallen“ und bekam dann „plötzlich einen Wutanfall“, wenn die Protagonistin „auf der Straße zu schnell“ für sie lief, wie die folgende Textsequenz bestätigt (wl, 256):

> (Und warst mir doch immer voraus: Ich bin dir nachgelaufen, und hab an dir gezerrt, wollte alles von dir, was sonst nicht zu haben war, Gerechtigkeit, Einsicht, Verständnis.) Einmal bist du auf der Straße der Länge nach hingefallen, wegen meiner zerfahrenen Rücksichtslosigkeit. Ich erschrak heftig, aber du hast dich nur abgeputzt und geschimpft [=zitierte autonome direkte Figurenrede]. (wl, 256.)

Sie verbindet an diesem Punkt zwei wichtige Merkmale: Einerseits spricht sie über die Gehbehinderung von Anneliese: das Am-Stock-laufen. Ein optisches Attribut, das Anneliese immer hinter der Ich-Erzählerin laufen lässt. Andererseits beschreibt sie Charaktereigenschaften von Anneliese – „Gerechtigkeit, Einsicht, Verständnis“ –, an denen es der Protagonistin selbst fehlt. Eine vierte Eigenschaft fügt sie im letzten Satz dieser Textsequenz noch hinzu: ihre Stärke trotz ihrer Behinderung. Die geistigen Stärken von Anneliese werden durch die Klammern separat als Bemerkung unter den Freundinnen dazwischengeschoben, die nicht für den Leser bestimmt zu sein scheinen. Der Übergang erfolgt jedoch auch als autonome direkte Figurenrede und nicht als Erzählerbericht über die Freundin.

Den Namen durfte sie sich selbst aussuchen. Denn auf sie ging die Ich-Erzählerin „direkt zu und sagte, wie willst du in meinen Aufzeichnungen heißen [=zitierte direkte Figurenrede]? Und sie antwortete ohne Zögern: ‚Anneliese [=zitierte direkte Figurenrede]‘.“ (wl, 255.) Die Erklärung für ihre schnelle Entscheidung schließt sich metaphorisch wie ein Kreis mit Klügers Erinnerungsbuch:

> Denn als sie im Schweizer Sanatorium lag, zwar hilflos, aber dem Zugriff der Nazis entzogen, schrieb ihr manchmal eine jüngere Verwandte aus Deutschland und bat sie, sich ihrer anzunehmen [=transponierte indirekte Figurenrede]. Sie schrieb, daß alle sie verlassen hätten, sich niemand um sie kümmere, daß es nicht gut ausgehen könne [=transponierte indirekte Figurenrede]. Meine Freundin hat natürlich nichts für die andere tun können, denn sie war ja selbst ein abhängiges Kind und eine Fremde, doch in einem Land, das der Zurückgebliebenen Utopie war, und wer dort lebte, schien mächtig. Meine Freundin hat

---

heute nur noch sehr wenige Juden gut beherrschen. Also schreib ich es für die, die nicht mit den Tätern und nicht mit den Opfern fühlen wollen oder können, und für die, die es für psychisch ungesund halten, zuviel von den Untaten der Menschen zu lesen und zu hören? Ich schreibe es für die, die finden, daß ich eine Fremdheit ausstrahle, die unüberwindlich ist? Anders gesagt, ich schreib es für Deutsche.“ (wl, 142.)

schließlich diese flehenden Briefe nicht mehr beantwortet. Mit schlechtem Gewissen beiseite gelegt [=Erzählerbericht]. (wl, 255.)

In der obigen Textsequenz überlappen sich erneut die Stimmen. Klüger tritt als Sprachrohr und Sekundärzeugin für Anneliese und das kranke Mädchen auf, doch tatsächlich ist sie lediglich indirekte Zeugin einer Geschichte, die sie aus den „spärlichen Brocken" (wl, 255) der Erinnerung von Anneliese kennt. Klüger legt demzufolge Zeugnis für das tote Mädchen ab. Das Schreiben über das eigene Leben umschließt mit der Mittlerfunkion des primären Zeugen die Stimme derjenigen, die nicht mehr Zeugnis ablegen können (weil sie nicht überlebten).[439] Dieses unbekannte Mädchen ist für sie „ein blasses Gespenst unter vielen", doch war sie „damals in New York an der ungleichen Freundschaft einer Achtzehn- und einer Fünfundzwanzigjährigen mitbeteiligt." (wl, 255.) Anneliese, damals selbst noch ein Kind und durch ihre Krankheit jahrelang ans Bett gefesselt, scheint sich heute noch Vorwürfe über den Tod dieses Mädchens zu machen, das von den Deutschen ermordet wurde. Der Selbstvorwurf und der aus Hilflosigkeit abgebrochene Briefwechsel hinterließen bei der Freundin eine Lücke (vgl. wl, 255.), die nun geschlossen wird, indem die Ich-Erzählerin sich in diesem Kind (der wahren Anneliese) wiedererkennt, das den Holocaust nicht überlebte. Die Identitäten dieser drei Individuen rutschen, so die Erzählerin, „in- und durcheinander", wobei der „identifizierende Name" die Identitäten verwischt (wl, 255): „Und nun wählt die Freundin gerade diesen Namen: Anneliese, das war doch gewissermaßen ich, und jetzt ist sie es geworden, und dahinter steht die dritte, mit ihrer Hinterlassenschaft vergeblicher Briefe." (wl, 255.) Sie sind jüdische Mädchen im Dritten Reich: Das Kind, das tatsächlich so hieß und in einem KZ ermordet wurde; die Freundin der Protagonistin, die in diesem Buch den Namen des Mädchens annimmt, das sie nicht retten konnte; und Klüger selbst, die sich mit dem toten Mädchen identifiziert, den Nazis jedoch entkam. Auch die Geschichte der Freundin spiegelt sich doppelseitig bei Klüger wieder:

> Sie [Anneliese] und ich hatten als ein Gemeinsames eine Kindheit, die das Vorstellungsvermögen strapaziert. Krankheit als eine Art Gefängnis, man sollte meinen, so hätte ich mir das vorstellen können, doch ich konnte mir nicht vorstellen, wie man im Bett liegend wächst und älter wird. (wl, 250.)

Die Rettung der jüdischen Freundin war ihre Krankheit. Aus diesem Grund identifizierte sich Klüger äußerst schnell mit ihr, mit der sie eine ähnliche Vergangenheit als jüdisches Mädchen im Dritten Reich teilt. Auch Klüger musste Jahre später die Erfahrung einer Lähmung machen, die der schwere Unfall in Göttingen auslöste. Die von ihr erfahrene Todesnähe und die über lange Monate sich hinziehenden Lähmungserscheinungen waren letztendlich

---

439 Für die Funktion der Zeugenschaft für die Toten vgl. Kapitel „4.4 Ein Wort an die ‚Experten in Sachen Ethik, Literatur und Wirklichkeit'".

ausschlaggebend für die Niederschrift des Erinnerungsbuches.[440] Die Spuren ihrer Vergangenheit sind rein physisch: Anneliese geht nach ihrem langen Aufenthalt in der Schweiz, der sie vor dem Holocaust rettete, noch immer am Stock, und Klüger trägt an ihrem Arm die Auschwitz-Nummer. Zwei gegensätzliche körperliche Merkmale – die Behinderung als Lebensrettung und die Tätowierung als Todesurteil –, die jedoch das Weiterleben vereinigt. Trotzdem fällt es Klüger schwer, die lange Krankheit der Freundin zu erfassen. Sie habe sich zwar nach Details erkundigt, jedoch auf die Antworten nicht acht gegeben oder sie sich nicht gemerkt, so dass sie noch einmal fragen musste. Als Kind kannte Klüger das Bett als eine Art Gefängnis. „Da mußte man hin, wenn was los war […]" (wl, 33). Deshalb sei ihre Reaktion auf Annelieses Bettlägerigkeit ähnlich gewesen wie die Reaktion von Menschen, denen sie etwas über die Konzentrationslager erzählt. (Vgl. wl, 251.) Durch einen Vergleich versucht die Freundin, die „unnatürliche Situation" zu überbrücken, verfehlt jedoch diese Absicht:

> Jahrelang nicht aufstehen, dann aufstehen, dann noch einmal lange im Bett liegen [=transponierte erlebte Gedankenrede]. Eine unnatürliche Situation, sagt Anneliese, wird natürlich, wenn sie dort, wo man sich befindet, ‚normal' ist [=zitierte direkte Figurenrede]. Das weiß ich eigentlich selbst, aus den Lagern, aber Unbeweglichkeit war mir trotzdem eine frustrierende Leerstelle, ich tappte daran herum, versuchte es ehrlich, dann vielleicht doch nicht so ehrlich, weil es anstrengend war, und konnte mich nur ein wenig, nicht sehr, hineinversetzen. Ich reagierte ähnlich, wie andere auf die Lager reagieren, was ich den anderen gern übel nehme [=Erzählerbericht]. (wl, 251.)

Ihr schwieriger Umgang mit der Vergangenheit der Freundin wird als appellierendes Beispiel funktionalisiert, indem auch sie sich in eine Extremsituation, die sie selbst nicht erlebte, nur schwer hineinversetzt, sodass der Versuch nur durch aufrichtige Bemühung glücken kann. Klügers Freundin überbrückt ihre Situation mit der der toten Freundin, dennoch misslingt ihr Versuch. Durch ihr persönliches Manko, das sie wiederum vielen übelnimmt, reißt sie die Frage nach der Auseinandersetzung mit ihrer Vergangenheit aus einem anderen Blickwinkel auf. Sie stellt sich auf die gleiche Ebene mit Menschen, denen sie nachsagt, nicht mit ihrer Vergangenheit umgehen zu können. Nur Anneliese wird in diesem Fragment direkt zitiert. Selbst die Protagonistin erscheint, wie nur selten, als erlebte Gedankenrede, der die Stimme der Freundin antwortet und somit die Dialogebenen verschiebt.

440 Erste Überlegungen finden jedoch schon viel früher statt, als sie in den 80er Jahren den Dokumentarfilm *Shoah* von Claude Lanzmann in New York sieht (1985 läuft *Shoah* in den amerikanischen Kinos an): „Das war, wenn ich zurückschaue, auch ein Anlauf für ‚weiter leben': Da hab ich angefangen, mir zu überlegen, ob ich nicht mehr über diese Zeit schreiben soll." (Nüchtern/Omasta 2008.)

Anneliese, „die inzwischen eine weißhaarige Großmutter geworden ist" (wl, 251), ist die einzige der vier Freundinnen, die im späten Alter noch verheiratet war, ganz gegen die geschmacklose Prognose der Tante:

> Eine Tante sagt über Anneliese: ‚Die Arme, die findet nie einen Mann [=zitierte direkte Figurenrede].' Ich war so empört, erstens, weil ihr nichts Wichtigeres einfiel, zweitens, weil es ja nicht wahr sein konnte. Aus lauter Empörung hab ich es Anneliese weitererzählt, mit der grenzenlosen Taktlosigkeit, die ein Bestandteil meines Vertrauens zu ihr war [=erzählte Figurenrede als Erwähnung des sprachlichen Aktes]. (wl, 256.)

Durch den wiederholten Perspektivenwechsel des autobiographischen Ichs werden die Freundinnen auch aus einem externen Blickwinkel beschrieben. Erneut versucht die Autorin das Publikum aufzuspüren und es durch falsche Diagnosen zu demaskieren. Sie lässt die Stimme der Tante – deutlich markiert durch Doppelpunkt und Anführungszeichen – sprechen. Von einer gleichberechtigten Stimmenerklingung kann trotzdem nicht die Rede sein. Vielmehr handelt es sich um die Taktlosigkeit von anderen, an der auch die Autorin teilzuhaben schien, als sie es der Freundin weitererzählte und somit nochmals ihre tiefe Freundschaft zu unterstreichen versuchte. Denkbar ist auch, unter Berücksichtigung der Tatsache, dass auch Anneliese das Buch lesen würde, dass sie sich auf diese Weise im Nachhinein bei der Freundin entschuldigen wollte. Eine Entschuldigung, die sie gewiss versäumt hatte. Auch die Meinung der Mutter zu dieser Freundschaft wird in ihrem Text Bestandteil ihrer Erinnerung. Sie reagierte mit Eifersucht: „Sie war eifersüchtig auf die Freundinnen [=Erzählerbericht]. ‚Mit Krüppeln und Geschmaten [Getauften] gibst du dich ab [=zitierte autonome direkte Figurenrede].'" (wl, 256.) Auch sie bleibt oberflächlich in ihrem Urteil. Interessant ist auch, dass die hoffnungslose Mutter keine wahren Argumentationen und Gründe hervorbrachte, um der Tochter den Umgang mit ihnen zu verbieten. Klüger markiert diese nicht unbedeutende autonome direkte Figurenrede. Außerdem bewahrt sie die sozialtypische Färbung der jüdischen Mutter, die, wie die Autorin schon zu Anfang bemerkt, nicht in der jüdischen Religion verankert war. Für den deutschen Leser fügt sie die Bedeutung des Begriffes „Geschmaten" in Klammern hinzu. Doch bevor sie die Mutter zitiert, formuliert sie, wie ihre Mutter die Sprache gebraucht. Undeutlich, nahezu metaphorisch drückt sie aus, dass es gerade ihrer Mutter – die sich zu diesem Zeitpunkt in New York noch sehr einsam fühlte – sicherlich nicht um die getaufte Freundin ging. Sie habe Wörter verwendet „wie Schminke". Hingegen „verschmieren" die Wörter „in ihrer Tücke […] ihr die Gedanken." (wl, 256.) Sie durchschaute nicht nur ihre Mutter, die ihre wahren Empfindungen nicht auszusprechen wusste und deshalb mit falschen Darlegungen die Freundinnen der Tochter beleidigte. Doch, wie bereits Heidelberger-Leonard konstatierte, fand sie ihren Platz bei ihren Freundinnen: „Die gemeinsame Sprache, die sie bei der Mutter entbehrt, findet sie bei den Freundinnen wieder. Wie die biblische Ruth, findet sie bei ihnen, den Freundinnen, und nicht in der Familie ihre Wahlheimat." (Heidelberger-Leonard

1996: 74.) Wie tief diese Freundschaft unter diesen vier Frauen war, bestätigt auch das folgende Textfragment:

> Anneliese sagt zu einer Professorin am College, ich hab jetzt nicht die Zeit, dies oder jenes zu tun, ich bin mit Simone verabredet [=transponierte indirekte Figurenrede]. Die andere darauf, mit der Gewißheit der Älteren: Du läufst immer hinter einer Freundin her. Mit denen wirst du ja nicht dein Leben verbringen [=zitierte direkte Figurenrede]. Anneliese [...] schiebt ein Knie vor, kreuzt die Hände über ihrem Stock, wie sie es tut, wenn ein Gedanke sie bewegt oder ihr Nachdruck abnötigt, und die Jahrzehnte, mit ihren Krisen und Tiefpunkten, überprüfend, sagt sie: ‚Die hat sich geirrt. Ich hab mein Leben mit Simone verbracht [=Erzählerbericht/zitierte direkte Figurenrede].' (wl, 251f.)

In Annelieses erster Figurenrede wird deutlich, wie die Autorin ihren polyphonen Text steuert, indem sie sie ihrem Text angleicht. Sie spart Anführungszeichen aus, und auch wenn die Stimme von Anneliese direkt zitiert zu sein scheint, handelt es sich hierbei um eine indirekte Figurenrede. Die Antwort der Professorin hingegen wird als direkte Figurenrede zitiert. Schließlich erteilt sie ihr im letzten Teil des Fragmentes das Wort, indem sie sie mit der Markierung direkt zitiert. Die daraus resultierende hybride Konstruktion, in der Anneliese, die Professorin und die beobachtende Ich-Erzählerin zu Worte kommen, unterstreicht, wie gut und wie eng sie miteinander befreundet sind. Dies affirmiert auch die Beschreibung ihrer Sitzhaltung, die die Protagonistin außerordentlich gut kennt, womit sie sich identifiziert und immer wieder rückschließende Anhaltspunkte findet. Sie bewundert Anneliese dafür, dass ihre Freundinnen eine Priorität in ihrem Leben sind. Auch scheint die Rolle des Ehemannes bei der Freundin trotz ihrer beständigen Ehe zweitrangig in ihrem Leben zu sein, wenn sie affirmiert, mehr Zeit mit Simone verbracht zu haben. Hierin spiegelt sich die Protagonistin in der Freundin wider, denn auch in ihrem Leben haben Männer eine nebensächliche Rolle gespielt. Sie affirmiert die Auffassung Klügers, was Freunde für sie bedeuten:

> Freunde ergänzen einander, ergänzen heißt ganz machen, um das nötig zu haben, muß man geschädigt sein, aber wenn man es nötig hat, so kann man auch niemand brauchen, der auf dieselbe Weise beschädigt ist, sondern jemand, der andere Schäden aufweist. Die Freunde füllen Lücken, sind komplementär, sie holen auf, was einem fehlt, sie tun, was man versäumt hat, Verwandte tun das nicht, oder wenn, dann nur zufällig. (wl, 251.)

Anneliese ist für sie der Mensch, durch den sie ihre eigenen Charakterschwächen erkennt und durch deren Augen sie sie in ihrem Buch zum Ausdruck bringen kann. Deshalb war es selbstverständlich, dass Anneliese sie nach ihrem gefährlichen Unfall mit dem Fahrradfahrer im Göttinger Krankenhaus besuchte. Im Mittelpunkt dieser Passage im Epilog, die in der Schreibgegenwart erzählt wird, steht erneut ihre tiefe Freundschaft und die Identifikation mit der Freundin. Nun wird auch sie einen Gehstock zum Laufen benötigen. Anneliese, „auf ihren schicken Stock gestützt, schwarz mit Silberknauf", sitzt „mitten unter den Gespenstern", von denen die Ich-Erzählerin „belagert" wird. (wl, 278.) Auch im folgenden Textfragment werden Erzählerstimme und Figurenstimme verwebt– ein besonderes Augenmerk verdient der erste Satz –, die bei der ersten Lektüre nur schwerlich abzugrenzen sind:

> Anneliese ist aus Manchester gekommen, selbstverständlich, ist sie nicht immer da, wenn es mir schlecht geht [=Erzählerbericht/transponierte erlebte Figurenrede]? Ich weine vor Rührung. […] Nie wieder werde ich richtig gehen können, klage ich, wenn ich hier überhaupt herauskomm, werde ich hinken [=zitierte direkte Figurenrede]. ‚Auch nicht das Schlimmste', sagt Anneliese kühl, ‚wem jammerst du was vor [=zitierte direkte Figurenrede]?' ‚Wirst du mir helfen', bettle ich kindisch, ‚einen Stock auszusuchen, und mir zeigen, wie man damit geht [=zitierte direkte Figurenrede]?' (wl, 278.)

Bereits in der ersten Aussage fallen die Stimmen der zwei Frauen zusammen: Die der im Bett liegenden Ich-Erzählerin wird mit der Stimme der Freundin aus Manchester verwebt, durch die sie unterstreicht, dass sie doch immer da sei, wenn es der Freundin „schlecht geht". Die Folgen des Fahrradunfalls werden mit Annelieses Schlichtungen abgedämmt. Nun hat die Protagonistin mit ihr auch physisch eine Verbundenheit: die Lähmung. Anneliese ist ihr jetzt nicht nur geistig, sondern auch physisch überlegen. Der gesamte Dialog wird anhand visueller Markierungen (Doppelpunkt und Anführungszeichen) gekennzeichnet, doch darf hierbei nicht außer Acht gelassen werden, dass sie sich auf Englisch unterhalten. Die Autobiographin übernimmt die Rolle des Übersetzers und reinterpretiert die in englischer Sprache gehaltenen Gespräche. Der Krankenhausbesuch endet jedoch nicht hier. Die Besonderheit des nachstehenden Dialogs sind die eingeschobenen englischen Worte, die Anneliese ausspricht, und das Zitat aus dem Gedicht *A Dialogue of Self and Soul*[441] des irischen Dichters William Butler Yeats (1865-1939). Durch die Einblendung von Annelieses Perspektive kann die Autobiographin Charakter und

---

[441] Im zweiten Teil des Gedichtes *A Dialogue of Self and Soul* heißt es:

„[…] The finished man among his enemies? -/How in the name of Heaven can he escape/That defiling and disfigured shape/**The mirror of malicious eyes**/Casts upon his eyes until at last/He thinks that shape must be his shape?/And what's the good of an escape/If honour find him in the wintry blast?

I am content to live it all again/And yet again, if it be life to pitch/Into the frog-spawn of a blind man's ditch,/A blind man battering blind men;/Or into that most fecund ditch of all,/The folly that man does/Or must suffer, if he woos/A proud woman not kindred of his soul.

I am content to follow to its source/Every event in action or in thought;/Measure the lot; forgive myself the lot!/When such **as I cast out remorse**/So great a sweetness flows into the breast/We must laugh and we must sing,/We are blest by everything,/Everything we look upon is blest." (Yeats, William Butler: *The Collected Poems of W. B. Yeats, Vol. I: The Poems*. Hrsg. v. Richard J Finneran. New York: Scribner Paperback Poetry, 1996, 234ff. Fett markiert von der Verfasserin.)

Schwachstellen in ihrer Niederschrift konkretisieren und diese zu Papier bringen:

> Nachtragend bist du, sagt Anneliese auf mein halt- und sinnloses Geweine hin. ‚Das warst du immer schon. Ein Charakterfehler von dir. You bear grudges [=zitierte direkte Figurenrede].' (Wir sprechen Englisch, unser Deutsch gleitet ins Englische ab, da wir keine gemeinsame deutsche Vergangenheit haben [=Erzählerbericht].) ‚Du solltest lernen zu verzeihen, dir selbst und anderen, dann wär dir besser.' ‚Cast out remorse', sagt sie noch und zitiert damit einen Lieblingsdichter aus unserer Collegezeit [=zitierte direkte Figurenrede]. Der Yeats, mein ich stur, der konnte gut reden. Senator der Republik Irland war er, da weiß man, wer man ist. ‚Cast out remorse [=zitierte direkte Figurenrede].' Das ewige Notengeben, meinst du, selbst und anderen Vorwürfe oder Komplimente machen. Sich verkrallen in das Geschehene, anstatt hinzunehmen, wie's kommt, so daß es unbehelligt an einem abtropfen kann [=zitierte direkte Figurenrede]. Empfiehlst du mir denn, die Erinnerungen nicht festhalten wollen, sondern sie fallen zu lassen [=zitierte autonome direkte Figurenrede]? (wl, 278f.)

Die Ich-Erzählerin flicht nicht das ganze Gespräch ein. Sie fokussiert besonders ihre psychische Verfassung aus dem Gesichtspunkt der Freundin, um das Ungesagte zu ergänzen. Als Anhaltspunkt dient dem Rezipienten die Antwort „You bear grudges", die ihr Anneliese gibt. Ein ausreichender Anhaltspunkt, das Ungesagte, die Lücken zu füllen. Klüger bemitleidet sich nicht nur selbst, weil sie nun am Stock gehen muss, in ihr werden auch Todesängste und Gefühle aus ihrer Jugendzeit im Dritten Reich und ihrer Gefangenschaft in den Konzentrationslagern wach, Ressentiments, die die Freundin mit diesen drei Worten einblendet. Dies ist der wahre Anstoß, warum die Freundin ihr vorwirft, sie berge noch Schuldgefühle und sei nachtragend. Bereits der Ausgangspunkt des Prologs bestätigt dies, in dem sie beschreibt, wie es zu dem Unfall mit dem Fahrradfahrer kam: Es ist der 4. November 1988, nur „noch ein paar Tage bis zum 50. Jahrestag der Kristallnacht" (wl, 269). Sie überquerte gerade die Jüdenstraße in Göttingen, einer Stadt, „die praktisch keine Juden vorzuweisen hat"; und sie war „bisher, nicht ausschließlich, aber doch weitgehend, immer Jüdin unter Juden gewesen". (wl, 269.)[442] Ferner kann die Bemerkung, dass in Göttingen so gut wie keine Juden leben, zweideutig interpretiert werden. Die sprachgewandte Ich-Erzählerin manifestiert, dass die Abwesenheit einer jüdischen Bevölkerung auf die Ausrottung der Juden im Dritten Reich zurückzuführen sei.[443]

---

442 Dies trifft auf Wien, die Konzentrationslager und sogar auf ihr Leben in den USA zu.

443 So wie in vielen anderen deutschen Städten lebten auch in Göttingen Menschen jüdischer Glaubenszugehörigkeit. Nur wenigen gelang die rechtzeitige Flucht aus Deutschland. Die meisten überlebten den Holocaust nicht. Eine detaillierte Information zu den Göttinger Juden bietet das im Wallstein Verlag erschienene Gedenkbuch: Schäfer-Richter, Uta u.a. (Hrsg.): *Die jüdischen Bürger im Kreis Göttingen, 1933-1945. Ein Gedenkbuch.* Göttingen: Wallstein, 1992.

Die Anspielung auf den „Lieblingsdichter aus ihrer Studienzeit" W. B. Yeats und das kurze Zitat betonen die gemeinsame Liebe der beiden Freundinnen zur englischsprachigen Literatur. Denn die aus einem deutschsprachigen jüdischen Elternhaus stammenden Freundinnen verbindet nicht etwa die deutsche Sprache und eine deutschsprachige Literatur, auch wenn sie ursprünglich aus einem deutschsprachigen Land stammen, sondern die englische Sprache und Literatur. Klüger, die nach der Zitierung „Cast out remorse" durch die unverzügliche Nennung des Dichternamens auf einen gemeinsamen Lieblingsdichter hinweist, markiert eine Handlung („cast out remorse"), die sie nur unter Schwierigkeiten ausführen kann. Denn gerade der nationalistisch gesinnte Yeats, der in seinem Land Senator wurde, wusste, „wer er ist" (wl, 278). Damit rückt sie seine gefestigte Identität ins Blickfeld, denn identifizieren kann sie sich mit diesem Autor nicht, auch wenn er einer ihrer englischsprachigen Lieblingsdichter zu sein scheint. Gleichzeitig drückt sie damit autoreflexiv ihr eigenes Verlangen nach Identität aus. Klüger markiert nicht nur, sie thematisiert den Dichter und problematisiert ihren Identifikationsbezug mit dieser Persönlichkeit. Auch wenn sie nicht den Titel des Gedichtes explizit erwähnt, erfolgt die Zitierung in diesem Fall äußerst genau.

Obgleich die Ich-Erzählerin das Verhalten der „amerikanischen Juden" und ihre unkritische Anpassung und Aneignung eines amerikanischen Lebensstils kritisiert, verhielten sich Mutter und Tochter wie die jüdischen Einwanderer. Auch sie entsagten nach ihrer Ankunft der deutschen Sprache und einer deutschen Erziehung, die auf deutschen beziehungsweise österreichischen Werten beruhte. Das erklärt auch ihren späten Zugang zur Germanistik und ihre verspätete Doktorarbeit, als sie bereits geschieden und mit zwei Kindern promovierte und ihren Beruf als Auslandsgermanistin antrat, den ihre Mutter verschmähte. Nicht nur mit ihren Freundinnen spricht sie Englisch, denn Englisch ist die Muttersprache ihrer Söhne. Von der Mutter, die nach ihrer Ankunft in New York alles Deutsche ablehnte und verwarf, wurde sie dafür sogar gelobt:

> Von dem, was ich im Leben versucht hab zu sein oder zu leisten, läßt sie [die Mutter] nur meine zwei amerikanischen Söhne gelten, die beide kein Deutsch können. Meine Germanistik verachtet sie und versteht auch nicht, warum ich mich immer wieder in Deutschland herumtreibe. Mit beruflichen Gründen kann man ihr da nicht kommen [=Erzählerbericht]. ‚Du hast das doch nicht nötig', sagt sie dann vorwurfsvoll [zitierte direkte Figurenrede]. Sie selbst hat Amerika, seit wir im Herbst 1947 dort einwanderten, nicht wieder verlassen [=Erzählerbericht]. (wl, 96.)

Augenfällig ist die Bezeichnung ihrer Söhne als „amerikanisch". Durch ihre anfängliche Weigerung, mit ihnen als Mutter deutsch zu sprechen, wird deutlich, wie sie zu diesem Zeitpunkt noch versuchte, sie von einer deutschen Muttersprache und Kultur fernzuhalten. Als sie später Germanistik studierte und einen neuen Zugang zur deutschen Sprache fand, waren ihre Söhne schon zu alt, um mit ihnen eine deutsche Kommunikationsbasis aufzubauen. Für die Mutter der Protagonistin war es unbegreiflich, wie die Tochter nach so vielen Jahren Ablehnung die Germanistik zu ihrem Beruf machen konnte. Daraus lässt sich schließen, dass sich auch die Mutter zu diesem Zeitpunkt mit ihrer Vergangenheit und mit Deutschland nicht ausgesöhnt hatte. Nun ist es die Ich-Erzählerin, die aufgrund ihrer Rückkehr zur deutschsprachigen Kultur von einer „amerikanischen Jüdin", in diesem Fall ist es die eigene Mutter, kritisiert wird. Vermutlich musste sich die Tochter vor der Mutter rechtfertigen und ihren „unpassenden Beruf" verteidigen.

Die vier Freundinnen verband nicht eine gemeinsam erlebte oder ähnliche Vergangenheit. Ihre Beschädigung – sie stammten alle aus einem jüdischen Elternhaus – erfolgte auf sehr unterschiedlichem Weg, deshalb konnten sie sich als Menschen „ergänzen" und „ganz machen" (wl, 251), wie Klüger es nennt. Nur die Autorin war während der Nazizeit in einem KZ inhaftiert gewesen. Anneliese konnte einer Verschleppung in ein KZ, wie schon erwähnt, aufgrund ihres langen Kuraufenthaltes in der Schweiz entgehen. Trotzdem verlebte sie keine unbelastete Kindheit, da sie jahrelang aufgrund ihrer Lähmung bettlägerig war. Simone ist Zionistin, „die atheistische Freundin aus koscherem Haushalt, die vor ihrer anglo-französischen Familie bis nach Amerika floh" (wl, 254). Sie erhält den Namen der französischen Mystikerin und Philosophin Simone Weil, die ebenfalls aus einer jüdischen Familie aus Paris stammt und nach der Besetzung Frankreichs durch die Nazis nach New York floh und schließlich 1943 in England im Alter von 34 Jahren an Unterernährung und Tuberkulose starb. (Vgl. Rohr 2000: 3.) Klügers Simone und Simone Weil haben viele Gemeinsamkeiten, doch ist es die Protagonistin, die sich offensichtlich mit der geheimnisvollen Figur der Mystikerin identifiziert und sie bereits im Motto ihres Buches zitiert. Simone ist „die verschwiegenste, zurückhaltendste" (wl, 253) von den vieren. Schon aus der ersten Charakterisierung kann ein Verknüpfungspunkt zur authentischen Simone Weil hergestellt werden. Sie wird als „freundlich" beschrieben, „mit der ihr eigenen natürlichen Höflichkeit, Produkt der Nächstenachtung, die der Nächstenliebe[444] vorausgeht." (wl, 253.) Weiter heißt es:

> Meine Simone ist der Philosophin sehr ähnlich in der Grundsätzlichkeit der Lebenshaltung: das Unbestechliche an ihr. Sie läßt sich nicht entwickeln. Schmeichelt nicht. Hat nie geflirtet. Gibt nicht nach, wenn man meint, sie muß und gibt sofort nach, wenn jemand sie braucht, sie bittet. (wl, 254f.)

Simone engagiert sich zwar nicht in der französischen Résistance, doch sie arbeitet in Israel „unter den übelsten Bedingungen mit asozialen, schwer erziehbaren und straffälligen Kindern". (wl, 253.) Auch sie verbringt, wie die

[444] Simone Weil spricht von „verschiedene[n] Weisen impliziter Gottesliebe": „die Nächstenliebe, die Liebe zur Ordnung der Welt (wobei man ‚Ordnung' im griechischem Sinne als ‚Kosmos' zu lesen hat, so daß hier eigentlich Schönheit gemeint ist); dann die Liebe zu den religiösen Gebräuchen und schließlich die Freundschaft." (Wimmer 1990: 159.)

echte Simone Weil, einen Teil ihres Lebens selbstaufopfernd im Einklang mit Armen und notdürftigen Menschen und insbesondere mit Kindern. Klüger lässt nun ihre Mutter sprechen, um die Missstände der in Israel lebenden Kinder zu beschreiben, für die sich die Freundin einsetzt: „(‚institution food with flies', ‚Anstaltsessen mit Fliegen', habe sie gegessen, verkündete ihre Londoner Mutter naserümpfend, aber auch stolz [=zitierte direkte Figurenrede])." (wl, 253.) Die vornehme Londoner Mutter wird in einem nicht determinierten Zeitraum auf Englisch zitiert, anschließend ins Deutsche übersetzt und (in Klammern) kommentiert. Nur diese eine Bemerkung wird der Mutter in den Mund gelegt. Doch färbt sich damit die Textsequenz in zwei differenzierte Sprachhorizonte: die Perspektive der besorgten Mutter und die der beobachtenden Ich-Erzählerin. Letztere fungiert als Sprachrohr der Mutter und gleichzeitig als Zeugin der Tochter. Das „Anstaltsessen mit Fliegen" lässt durchblicken in welcher schlechten Verfassung sich die Institutionen in Israel – vermutlich Ende der 40er Jahre, Anfang der 50er – befanden. Auch wenn der Altruismus der Tochter sicherlich nicht mit dem vollen Einverständnis der Eltern erfolgte, konnte die Mutter eine gewisse Hochachtung gegenüber ihrer Tochter nicht unterdrücken. Diese Anerkennung geht auch von der Protagonistin aus. Durch die wiedergegebene Figurenrede der Mutter, die optisch durch die Klammern vom restlichen Text getrennt wird, erfolgt noch etwas anderes, das die Erzählerin völlig implizit und ungekennzeichnet überspringt. Und zwar ist es die ironische Verdrehung der Mutter, die sich hinter der Aussage verbirgt. Die aus einem „koschere[n] Haushalt" stammende Simone aß nun „Anstaltsessen mit Fliegen", das sicherlich aus einer amerikanischen Institution, vielleicht einer „Institutional Food Service Association", importiert wurde. Für die jüdische Mutter eine Zumutung und ein Bruch mit den jüdischen Essgewohnheiten. (wl, 254.)

Die Aktivität der Freundin stillt auch eine wunde Stelle bei der Ich-Erzählerin. Als Klüger sich nach dem College-Abschluss bei den Behörden informierte, wie sie sich in Israel nützlich machen konnte, wurde sie „entmutigt": „Es gab wichtigere, wesentlichere Fälle, ganz zu schweigen von den Juden in Europa." (wl, 253.). Außerdem fragte sie sich, ob sie dafür „ohne die amerikanische Staatsbürgerschaft so weit wegfahren" sollte, um womöglich in Israel nutzlos zu sein" und ihre Mutter allein zu lassen. „Ich schob den Zionismus auf oder meinte, ihn bis zum Erlang der amerikanischen Staatsbürgerschaft aufzuschieben, und tatsächlich wurde er das Unerledigte schlechthin und daher eine Wunde." (wl, 253.) Die wunde Stelle Klügers konnte durch den Einsatz der Freundin in Israel verheilen. Die Freundschaft zu ihr fungiert als Vervollständigung des eigenen Ichs, denn Freunde, so die Protagonistin selbst, „sind komplementär". (wl, 251.)

Als die Freundin nach Amerika zurückkehrte, war sie, „wenn nicht enttäuscht, so doch auch nicht mehr begeistert von einem Land, wo die Kriegsbereitschaft die Menschen prägt, selbst wenn die Kriege von ihren Feinden angezettelt werden." (wl, 251.) Die Enttäuschung der Freundin übertrug sich auf die Anschauungen der Protagonistin. Beide mussten feststellen, dass sie mit diesem Land und seinen Einwohnern kaum etwas verband. Doch die harsche Kritik an Israel, die beide Freundinnen vertraten, ist eine Auffassung aus gegenwärtiger Sicht, nachdem sich Kriege wie beispielsweise der erste Arabisch-Israelische Krieg Ende der 40er Jahre, der Sechstage-Krieg im Jahr 1967 oder der Jom-Kippur-Krieg im Jahr 1973 ereigneten. Simone hängte „die Sozialarbeit an den Nagel", lernte fliegen und wurde Pilotin. (wl, 253.) Sie übte einen Männerberuf aus, der ihr vermutlich anfänglich als Frau verweigert worden war. Dies veranschaulicht die nächste Passage:

> Da hast du's, sag ich zu Anneliese, die wäre in einer gerechteren Welt gleich Fliegerin geworden, denn das macht sie am liebsten. In dieser Scheißmännerwelt ging das damals nicht, und selbst jetzt geht es kaum [=zitierte direkte Figurenrede]. Jedoch, antwortet Anneliese, da unterschätzt du, was unsere Simone im Lauf ihrer Karriere für ihre Klienten geleistet hat, weil du überall verschwendetes Leben siehst, es geradezu suchst, damit du die Hände darüber ringen kannst, sagt Anneliese zu mir [=zitierte direkte Figurenrede]. (wl, 253f.)

Plötzlich bricht in die Vergangenheit die direkte Figurenstimme der Ich-Erzählerin ein. Ein kurzer Abriss eines Gespräches mit Anneliese, der zeitlich unbestimmt bleibt, wird dazwischen geschoben. Klügers klagender feministischer Blickpunkt wird durch die Antwort Annelieses kompensiert, insofern dem fatalistischen Standpunkt der Ich-Erzählerin eine Art Gegengewicht entgegengebracht wird, der erneut ihre Persönlichkeit durch Annelieses Beurteilung enthüllt. Während die Protagonistin auch in dieser Auseinandersetzung durch die zuversichtlichere Anneliese als Freundin ergänzt wird, verknüpft sie Besonderheiten aus der Vergangenheit mit Fokussierungen aus der Gegenwart, die dieses Erlebnis perspektivieren. Betont werden sollte an diesem Punkt auch die Wut, die die Erzählerin zum Ausdruck bringt, indem sie durch ihre sozialtypische Färbung die gesellschaftliche Umgebung als „Scheißmännerwelt" beschimpft, in der sich im Laufe der Jahre nicht viel verändert haben soll. Anneliese tritt dabei als direktes Zitat auf, obwohl nicht auszuschließen ist, sondern vielmehr angenommen werden muss, dass sich beide auf Englisch unterhalten und nicht auf Deutsch. Dieser Vorwurf wird ihr auch von einer anderen Stimme gemacht. Es ist Christoph, der ähnlich wie Anneliese urteilt.[445] Er ist der Meinung, sie könne „sich kein gemäßigtes Urteil fällen über Katastrophen, die uns heute bedrohen, denn für sie sei von Haus aus alles katastrophal". (wl, 219.) Simone hatte sich letztendlich durchgesetzt und ihren Traumberuf ausgeübt. Wie lang der Weg zur Pilotin war und was sie „im Laufe ihrer Karriere" für ihre Kunden gemacht hat, wird nicht gesagt.

Auch im nächsten Fragment schneidet Klüger eine Diskussion mit „Simone" an, in der beide sehr unterschiedliche Meinungsauffassungen haben. Hierbei kommen beide, Simone und die Ich-Erzählerin, als direkte Figurenreden zu Wort. Wieder ist es Klüger, die empfindlicher und labiler für die Kommentare

[445] Vgl. Kapitel „4.2.2 Christoph, der Nachkriegsintellektuelle".

eines Mannes zu sein scheint. Simone hingegen relativiert die Auslegung der chauvinistischen Anspielungen:

> Über Ausgeliefertsein sprechen wir manchmal [=erzählte Figurenrede als Gesprächsbericht]. Meine Simone sagt, du brauchst dich nicht erniedrigen lassen, es hängt von dir ab, wie du es aufnimmst [=zitierte direkte Figurenrede]. Ich darauf, nein, wieso, bei jeder frauenärztlichen Untersuchung kann dich der Kerl mit fiesen Bemerkungen demütigen, wenn er Lust hat [=zitierte direkte Figurenrede]. (wl, 254.)

An obigem Textfragment wird deutlich, wie die Erzählerin die Stimmen orchestriert, auch wenn ihre Stimme zurückzutreten scheint, um andere zu Worte kommen zu lassen. Trotzdem ist dies eine Passage, die exemplarisch für die Polyphonie in Klügers Werk steht. Beide Stimmen – die der Ich-Erzählerin und die der Freundin Simone, wie im vorigen Zitat die Stimme von Anneliese – wirken gleich stark. Somit kann sie eigene Charaktereigenschaften durch die Perspektive der Freundinnen ergänzen und hervorheben. Die mosaikartige Komposition ihres Textes wird metaphorisch auf ihr Erinnerungsvermögen übertragen. Ein chronologisches und chronotopisches Erzählen schließt sie aus, insofern sie ihre Erinnerungen wie „Glasscherben" zusammensetzte, als sie nach dem Unfall im Krankenhaus lag und sich nur sehr mühsam und äußerst langsam an die vergangene Zeit erinnerte. Sie erlebte sie damals nicht als Kontinuum und kann sie demnach auch nicht linear wiedergeben.

Der dritten Freundin, Marge, gibt sie einen belanglosen Namen, da „sie selber ihre Namen oft gewechselt hat. Ich wähle einen Namen, von dem ich sagen kann, Marge nannte sich Meg, bevor ich sie kannte, und jetzt nennt sie sich Margaret. Für uns bleibt sie Marge." (wl, 252.) Marge, Amerikanerin, Jüdin und Christin, stellte, wie Anneliese, ihre „eigenen Motive für ihren Glaubenswechsel selbstquälerisch in Frage". (wl, 249.) Klüger beschreibt sie als den beharrlichsten Flüchtling vor den Äußerlichkeiten der Identität, sie flüchtete sich nicht in das amerikanische Durchschnittsmilieu, „sondern zu uns, zu den Ausländerinnen, mit unseren Fremdsprachen und internationalen Perspektiven." (wl, 252.) Auch in dieser dritten Freundin manifestiert sich eine Widerspiegelung mit der Protagonistin. Denn auch Klügers Name änderte sich im Laufe ihres Lebens mehrmals – freiwillig oder oft auch gegen ihren Willen: In den ersten sechs Lebensjahren, vor der Machtübernahme Hitlers und vor dem Anschluss, war ihr Rufname Susi. Als ihr „ungefestigter Glaube an Österreich ins Schwanken" geriet, wurde sie „jüdisch in Abwehr." (wl, 41.) Sie bestand von nun an auf ihrem zweiten Namen „Ruth": „Einen jüdischen Namen wollte ich, den Umständen angemessen." (wl, 41.)[446] Doch dem kleinen Mädchen

---

446 Nach Friedhelm Debus bedeutet „[d]ie bewusste Umbenennung, sei's von außen, sei's aus eigenem Antrieb und nach eigener Wahl die neue Identität. Ob in all solchen Fällen eine Wesensänderung wirklich erfolgt ist, mag dahin gestellt sein. Auf jeden Fall ist damit der Eintritt in eine neue Daseinsform namentlich angezeigt, die programmatischen Charakter trägt. Der Umbenannte strebt fortan danach, dem Anspruch des Namens gerecht zu werden. Der neue Name stiftet die neue Identität, *nomen* wird zum *omen*." (De-

hatte niemand in der nicht „bibelfesten" (wl, 43) Familie gesagt, „daß Susanne genau so gut in der Bibel steht wie Ruth." (wl, 41.)[447] Aufgrund der „Zweiten Verordnung zur Durchführung des Gesetzes über die Änderung von Familiennamen und Vornamen" vom 17. August 1938, die am ersten Januar 1939 in Kraft trat, bekam die Protagonistin, die sich zu diesem Zeitpunkt nicht mehr Susi, sondern Ruth nannte, den Pflichtnamen „Sara" angehängt. Der Paragraph zwei Absatz eins vom 17. August 1938 lautete:

> Soweit Juden andere Vornamen führen, als sie nach § 1 Juden beigelegt werden dürfen, müssen sie vom 1. Januar 1939 ab zusätzlich einen weiteren Vornamen annehmen, und zwar männliche Personen den Vornamen Israel, weibliche Personen den Vornamen Sara.[448]

Dieser Vorfall wird in ihrem Erinnerungsbuch nicht erwähnt, doch sowohl die Autobiographin als auch ihre Verwandten waren von der Namensänderung betroffen. Später, in Auschwitz-Birkenau, wurde sie zunächst auf eine Nummer herabgesetzt. In demselben Maße wie der Pflichtname Sara wurden ihr auch die nächsten Namen gegen ihren Willen aufgezwungen. Die Nummer „A-3537" bekam sie, als sie mit ihrer Mutter nach Auschwitz-Birkenau ins sogenannte „Theresienstädter Familienlager" BIIb deportiert wurde, „in feiner Punktschrift" „auf den linken Unterarm" eintätowiert. Dies war von nun an ihre Identifikationsnummer. (wl, 116.) Die Namen und der Nachname des Mädchens wurden eliminiert, das Kind somit zu einer Nummer minimalisiert und entsubjektiviert. Auch im nächsten Lager Christianstadt bekam sie ihren richtigen Namen vorerst nicht zurück. Die Aufseherinnen hatten sich für das Häftlingsmädchen einen eigenen Namen ausgedacht:

> Mich nannten sie ‚schwarzer Peter'. Das war mir unangenehm, denn es verstieß gegen meine Neigung zum Grundsätzlichen. Sie waren ja meine Feinde. Daß sie mir nicht zusetzten, war in Ordnung, aber für Intimitäten, wie im Kindergarten, war es zu spät. Feinde, die freundlich zu einem sind und doch nicht helfen. Wenn man noch was davon gehabt hätte. Das Kalb, mit dem man spielt, bleibt trotzdem Schlachtvieh. So ein Kalb wollte ich nicht sein. (wl, 147.)

Es ist nicht verwunderlich, dass sie diesen negativ konnotierten Spitznamen ablehnte. Die Redewendung „jemandem den schwarzen Peter zuschieben" hat die Bedeutung „jemandem die Schuld zuschieben", wobei die Schuld der „schwarze Peter" ist. Doch wie schon zuvor gegen die Auschwitz-Nummer,

---

bus, Friedhelm: Identitätsstiftende Funktion von Personennamen. In: Janich, Nina/Thim-Mabrey, Christiane (Hrsg.): *Sprachidentität. Identität durch Sprache.* Tübingen: Gunter Narr, 2003, 77-90, hier: 80.)

447 Klüger bezieht sich auf das Buch Daniel 13,1 – 64: „Die Rettung der Susanne durch Daniel". (Das Buch Daniel 13,1-63. In: *Die Bibel* 2008: 1014f.)

448 Reichsgesetzblatt, Jahrgang 1938, Teil I: „Zweite Verordnung zur Durchführung des Gesetzes über die Änderung von Familiennamen und Vornamen vom 17. August 1938, 1044."

konnte sie sich nicht dagegen wehren. Und auch dies ist ein intertextueller Verweis, der einen neuen Verständigungsraum öffnet. Der „Schwarze Peter", heute möglicherweise nur als Kartenspiel bekannt, hat seinen Ursprung um 1811 in Heidelberg. Dieser „Schwarze Peter" war ein Komplize des Räubers Schinderhannes, der Peter Petry hieß. Im Gefängnis erfand ein Mitglied der Räuberbände des Schinderhannes das Kartenspiel. Nach Hugo Kastner und Gerald Kador Folkvord dienten die Konterfeis der Mitgefangenen als Abbildungen mit dem gefährlichen Peter als zentraler Karte. Beweise für diese Entstehungsgeschichte soll es für dieses Spiel jedoch nicht geben, doch „möchte auch bei der freundlichsten Spielrunde niemand wirklich der ‚schwarze Peter' sein."[449] Die Freundlichkeit, die die Autorin anspricht, und die Vertraulichkeit, mit der sie ihren neuen Namen erhielt, waren ihr suspekt. Besonders störte die Dreizehnjährige, dass der aufgezwungene Name ein Männername war. Dem Rezipienten vermittelt sie implizit ein optisches Bild von dem Mädchen: Es ist das Bild eines kurz- und dunkelhaarigen Jungen.

Klügers Name änderte sich vor Kriegsende nochmals. Als sie mit ihrer Mutter und Ditha während der letzten Kriegsmonate auf der Flucht war, bekamen sie von einem Dorfpastor falsche Personalausweise (vgl. wl, 179f.), die sie bis zur Einnahme der Stadt Straubing durch die Amerikaner im April 1945 trugen. (Vgl. wl, 191.) Die falschen Namen vergaß sie nach dem Krieg sehr schnell wieder. Dies sei jedoch keine Verdrängung, so Klüger, sondern „ein Hintersichlassen", „ein gesundes Verdrängen". (wl, 181.) Ihre vergessliche und „schwerhörige [s]iebenundachtzigjährige" Mutter erinnert sich jedoch sehr genau noch an den Nachnamen: „natürlich wisse sie es, und ruft den gespeicherten Namen, nach kurzem Zögern, auf den Bildschirm ihres Gedächtnisses: Kalisch[450] haben wir auf den falschen Papieren geheißen." (wl, 181.) Die Ich-Erzählerin erinnert sich langsam. Eine Analogie zum richtigen Namen findet sie schnell: „Die Dreizehnjährige bemerkte, ein K und ein L ist drin, wie in Klüger." (wl, 182.)

---

449 Kastner, Hugo/Folkvord, Gerald Kador: *Die große Humboldt-Enzyklopädie der Kartenspiele.* Hannover: Schlütersche, 2005, 336.

450 Kalisch ist nicht nur ein in Deutschland existenter Familienname, sondern auch eine Stadt in Polen: Kalisz. Der Hinweis auf den polnischen Ursprung, der sich hinter diesem Namen verbirgt, ist jedoch nicht ganz zufällig in Klügers Buch, denn die drei Flüchtlinge wechseln ihre Identitäten durch einen ursprünglich polnischen Namen, auch wenn dieser auf einem deutschen Pass steht. Sie kommen aus Auschwitz und tragen nun einen neuen, ehemals polnischen Nachnamen. Klüger spricht in ihrem Buch über die „Leute", die glauben, Auschwitz sei eine „Art Ursprungsort".Vehement wehrt sie sich dagegen: „An den Ort, den ich gesehen, gerochen und gefürchtet habe und den es jetzt nur noch als Museum gibt, gehör ich nicht hin, hab dort niemals hingehört. Ein Ort für Geländebewahrer./Und doch wird dieser Ort jedem, der ihn überlebt hat, als eine Art Ursprungsort angerechnet. Das Wort Auschwitz hat heute eine Ausstrahlung, wenn auch eine negative, so daß es das Denken über eine Person weitgehend bestimmt, wenn man weiß, daß die dort gewesen ist. Auch von mir melden die Leute, die etwas Wichtiges über mich aussagen wollen, ich sei in Auschwitz gewesen. Aber so einfach ist das nicht, denn was immer ihr denken mögt, ich komm nicht von Auschwitz her, ich stamm aus Wien." (wl, 139.)

Das folgende Textfragment deutet auf die neue, aber falsche Identität als deutsches Flüchtlingskind hin, mit der sie noch nicht vertraut war. Als sie nach ihrer Flucht in einen Zug mit deutschen Flüchtlingen stiegen, der sie nach Süddeutschland bringen sollte, konnten sie mit ihren falschen Ausweisen problemlos mitfahren. Das Kind hatte sich auf eine Holzbank gelegt, als sich ihr eine Frau, „selbst Mutter mit Kindern", näherte und eine Decke über sie breitete. Diese „mütterliche Geste" ließ jedoch Zweifel in der Protagonistin aufsteigen, denn, so fragt sie sich:

> Aber meint sie mich? Die glaubt ja, daß ich dazugehöre, und deckt mich zu, weil sie mich für ein deutsches Kind hält. Nein, sie deckt mich zu, weil ich hier liege, dreidimensional, ich und keine andere. Sie sieht mich doch, die unter dieser Decke jetzt einschläft, weil Denken schläfrig macht, sieht mich und keinen anderen Menschen, und auch keine Verwechslung hat stattgefunden, und also war doch ich gemeint. Nehm ich mir etwas aus List oder wird mir etwas gegeben [=autonomer innerer Monolog]? Wer konnte sich da zurechtfinden [=Erzählerbericht]? (wl, 182.)

Dieses Textfragment hebt zugleich ein optisches Merkmal ihres jungen Alters hervor – zu diesem Zeitpunkt war sie dreizehn Jahre alt – und wie sie auf die Menschen in ihrer Umgebung wirkte. Der autonome innere Monolog des Kindes, in dem die Reflexion über die externe Perzeption ihres physischen Zustandes mehr über sich aussagt als über die Vollführung des Zudeckens der Frau, das symbolisch für die Geborgenheit steht, entblößt die Absurdität des Krieges und des Holocausts. Klüger lässt absichtlich das Kind sprechen und fügt lediglich am Schluss, indem sie ins Präteritum wechselt, einen Kommentar der gegenwärtigen Ich-Erzählerin ein. Erst nach dem Krieg gelangte sie wieder zu ihrer richtigen Identität. Sie kann sich als atheistische Jüdin auf ihre Vergangenheit und somit auf das auferlegte Judentum berufen. Von Bedeutung ist die vorsätzliche Distanz, die sie zu sich selbst, zu dem Kind, hält, indem sie über sich selbst in der dritten Person Singular spricht. Eine in ihrem Buch sehr seltene auktoriale Erzählsituation[451], die beispielsweise Christa Wolf in ihrem autobiographischen Roman *Kindheitsmuster* oder Cordelia Edvardson in ihrem ebenfalls autobiographischen Roman *Gebranntes Kind sucht das Feuer* einsetzten, um sich als Erzählerinnen von der Romanheldin zu distanzieren,

[451] Ein weiteres Mal taucht sie in der dritten Person als Patientin auf: „‚Fortune muß ein Arzt haben', sagt er seinen Schülern. ‚Sonst sollte man den Beruf an den Nagel hängen und Rechtsanwalt werden. Wir haben nicht operiert, aber es hätte schief gehen können.' Was heißt hier Fortune? denkt die Patientin, fasziniert und entsetzt von dieser Diskussion eines Gewaltaktes an ihrem Hirn, der sie fast ereilt hätte. *Ich* habe Glück gehabt, nicht er, er schmückt sich mit meinem Glück." (wl, 274.) In der folgenden Textsequenz wechselt sie zwischen dem Indefinitpronomen „man",der dritten Person und der ersten Person Singular: „Man muß die abgenützten Worte auf die Waagschale legen, als wären sie neu, was sie dem Kind ja waren, und dann muß man die Schlauheit durchschauen, die es mir eingab, das Trauma der Auschwitzer Wochen in ein Versmaß zu stülpen." (wl, 126.)

an denen sich auch Klüger anlehnte, um ihre weibliche Erfahrungsperspektive zu textualisieren.[452]

Eine weitere Namensänderung erfolgte in Nordamerika, als sie Werner Thomas Angress heiratete und von nun an Ruth Angress hieß. Diesen Namen trug sie auch noch lange nach ihrer Scheidung. (Vgl. uv, 13f.) Zu Beginn ihrer Karriere als Auslandsgermanistin schrieb sie zunächst unter diesem Namen, wie beispielsweise ihre Doktorarbeit *The Early German Epigram*[453], die im Jahr 1971 unter dem Autornamen R. K. Angress erschien. Erst Jahrzehnte später kehrte sie zu ihrem Mädchennamen Klüger zurück, doch in den USA vollzog sich in ihrem Nachnamen eine weitere Änderung: Sie schrieb unter dem Namen Kluger. So veröffentlichte sie die amerikanische Fassung, *Still Alive*, unter dem Namen „Ruth Kluger".[454] Bevor jedoch der Nachname ihres geschiedenen Ehemannes aus ihren literaturwissenschaftlichen und autobiographischen Texten vollständig verschwand, schrieb sie eine Zeit lang mit dem Doppelna-

---

452 In einem Gespräch mit der Autorin zählt sie die Bücher auf, die sie besonders für die eigene Niederschrift beeinflusst haben: „Wenn sie nach Büchern fragen, die mich beeinflußt haben, da sind Christa Wolffs [sic] ‚Kindheitsmuster', was mir da so aufgegangen ist, war die Möglichkeit, auf mehreren Ebenen eine Kindheitsgeschichte zu schreiben. […] Die Kindheit wird auf mehreren Ebenen erzählt, da ist der Erwachsene und das Kind und sie wechselt vom sie zum ich zum du. Das andere Buch ist ‚Gebranntes Kind sucht das Feuer' von Cordelia Edwardson [sic], und die arbeitet mit vielen Brüchen und Gedächtnislücken, sie erinnert sich vieles nicht, und das hat mir auch imponiert, daß man über das Erinnern selbst schreiben kann. Und der dritte große Autobiograph ist Thomas Bernhard. Sicher steckt in meinem Buch etwas von diesen dreien drin. Nicht, daß ich da abgeschrieben hätte, sie haben mich eher ermutigt." (Shelliem, Jochanan: Der kindlich klare Blick. Ein Gespräch mit Ruth Klüger über ihr Buch ‚weiter leben'. In: *Frankfurter Rundschau*. Nr. 148, 30.06.1993, 21.)

Edvardsons Buch habe „ja einiges gemeinsam" mit ihrem. „Das Offensichtlichste sind die Erfahrungen selbst", sagt Ruth Klüger und unterstreicht die Wichtigkeit der Thematisierung der Gedächtnislücken, etwas, das Edvardson in ihrem Buch gelang: „Sie war in Theresienstadt und Auschwitz und dann in einem weiteren Lager. Methodisch interessant für mich war, daß Edvardson die Gedächtnislücken an sich thematisiert. Sie erinnert sich nicht an alles, sie hat vieles verdrängt. Sie schreibt darüber und baut diese Lücken in das Erinnerte ein. Da wurde mir ganz deutlich, daß man nicht linear schreiben muß und daß man die Gründe, dies nicht zu tun, mit einbauen kann." (Naumann 1993: 38.)

Nach Andreas Freinschlag versucht auch Klüger, sich von ihrem eigenen Text zu distanzieren: „Im Falle Ruth Klügers darf aber nicht übersehen werden, welche Mühen und Kunstgriffe die Autorin unternimmt, um Distanz zu bewahren und das Schreiben als Erinnerungsarbeit zu problematisieren; Erinnerung und Gedächtnis sind bei ihr überwiegend negativ behaftet." (Freinschlag, Andreas: Gattungstheoretische und poetologische Anmerkungen zu Ruth Klügers Autobiographie ‚weiter leben'. In: Bekas, Bozena u.a. (Hrsg.): *Erinnerung, Gedächtnis, Geschichtsbewältigung*. Fernwald: Litblockín, 2002, 23-36, hier: 27.)

453 Angress, R. K.: *The Early German Epigram: A Study in Baroque Poetry*. Lexington: University Press of Kentucky, 1971.

454 Vgl. auch Klügers Beitrag in: Kluger, Ruth: Die Pforte entriegeln: Goethes ‚Urworte Orphisch'. In: Richter, Simon J./Helfer, Marta B. (Hrsg.): Goethe Yearbook, Volume 12. New York: Boydell & Brewer, 2004, 185-188. Oder das Gedicht *Halloween and a Ghost*, das sie in *Still Alive* auf S. 81 hinzufügte: Kluger, Ruth: *Halloween and a Ghost*. In: Fishman, Charles Adés (Hrsg.): *Blood to Remember*. St. Louis, Missouri: Time Being Books, 2007 (1. Aufl. 1991), 249f.

men Kluger Angress, der Klüger rückblickend als Übergangslösung diente, wie sie im Nachwort zu Ilona Karmels Holocaust-Roman *An Estate of Memory*[455] aus dem Jahre 1986 („profoundly feminist book"[456]) abgedruckt wurde, das 1997 beim Insel Verlag unter dem Titel *Aurelia Kaatz und die anderen* in Deutschland erschien, zu dem ebenfalls Klüger das Nachwort schrieb. Durch die amerikanisierte Version ihres Namens ist sie heute als „Ruth Klüger" in Deutschland und als „Ruth Kluger" in Amerika bekannt.

Die Tätowierung markiert eine physische Veränderung. Beim Kind stellt sich eine „neue Wachheit ein: Das Außerordentliche, ja Ungeheuerliche meiner Situation kam mir so heftig ins Bewußtsein, daß ich eine Art Freude empfand. Ich erlebte etwas, wovon Zeugnis abzulegen sich lohnen würde." (wl, 116.) Ihre Freundin Marge erlebte auch eine physische Veränderung, zu der sie sich zwar selbst entschied, die von ihrer Mutter jedoch beeinflusst war. Sie setzte sich „der freiwilligen Tortur" einer Nasenoperation aus, „sobald sie das Geld dazu hatte, ein Filmstar" sei „sie nicht geworden, dafür" aber „eine tüchtige Anglistin an einer kanadischen Universität, weil sie trotz mütterlichem Abraten promovierte" (wl, 252), doch ihre Mutter hatte sich ursprünglich etwas Anderes für die Tochter gewünscht:

> Marges Mutter hatte ihren beiden Töchtern abgeraten zu studieren und ihnen andererseits eingeredet, sie würden wie Filmstars aussehen, wenn sie sich die Nasen operieren ließen [=Erzählerbericht/transponierte indirekte Figurenrede]. Es hat ja lange gedauert, bevor jüdische Identität modisch wurde, und die großen Nasen auf Frauengesichtern sind es erst mit dem berühmten Profil der Barbra Streisand geworden. Amerikanische Juden, die es sich leisten konnten, ließen sich die Gesichter verunstalten, besonders die Frauen; wie eine Hitzewelle gab es die Nasenoperationenwelle [=Erzählerbericht]. (wl, 252.)

Die „amerikanische" Mutter versuchte, die Tochter durch einen operativen Eingriff von ihrer physischen stereotypischen jüdischen Erscheinung zu erlösen. Wie in den vorigen Kapiteln bereits verdeutlicht wurde, negierten viele nicht nur ihre jüdische Herkunft und ihre Sprache, sie versuchten mit Hilfe der Chirurgie auch ihre körperlichen Erkennungsmerkmale zu korrigieren, um das Jüdische endgültig ablegen zu können und ihrer ersehnten amerikanischen Identität näher zu kommen. Die Autobiographin verwendet für dieses Zitat die indirekte Figurenrede, um die gehaltlose Argumentation der Mutter anzuprangern. Dass jedoch eine gute Schauspielerin keine Schönheitsoperationen benötigt, um berühmt und erfolgreich zu werden, beweist zur Genüge die jüdisch-amerikanische Schauspielerin Barbra Streisand. Ihre Erwähnung in diesem Zusammenhang fungiert als intertextuelles Gegenbeispiel der mütterlichen Zukunftsperspektiven. Streisand wurde ihr „eigener Mythos" als erste und „letzte" jüdisch-amerikanische Diva „des globalen Entertainments", so

455 Karmel, Ilona: *An Estate of Memory*. New York: Feminist Press, 1986.

456 Kluger Angress, Ruth: *Afterword*. In: Karmel, Ilona: *An Estate of Memory*. New York: Feminist Press, 1986, 445-457, hier: 451.

Daniel Haas in seinem Artikel *Ich bin gleich bei dir, Schatz!"*[457] Denn auch sie musste sich in ihrer Familie durchsetzen, „das hässliche jüdische Entlein, dem die Mutter vom Showbiz abriet, sie sei nicht hübsch genug, und die heute auf 17 Filme, zwei Oscars, acht Grammys, neun Golden Globes und mehr als 60 Schallplatten zurückblickt." (Haas 2007.) Die ersten Kritiken über ihr Debüt als Miss Marmelstein in *I Can Get It for You Wholesale* am Broadway im Jahr 1962 schienen keine vielversprechende Zukunft für die damals Neunzehnjährige zu prognostizieren. Henry Bial resümiert:

> Critics praised the nineteen-year-old actress for her comedic skill but described her variously as a ‚homely frump [hässliche Vogelscheuche]', ‚a sloe-eyed creature with folding ankles [eine schielende Kreatur mit X-Beinen],' and ‚a girl with an oafish expression [ein Mädchen mit tölpelhaftem Gesichtsausdruck], a loud irascible voice and an arpeggiated laugh [einer gereizten Stimme und einem Arpeggio-Lachen].' John McClain, writing in the *New York Journal-American*, wrote of Streisand that she ‚plays a secretary and resembles an amiable anteater [ähnelt einem liebenswürdigen Ameisenbär].'[458]

Trotz ihrer anfänglichen schlechten Kritiken und ihres jüdischen Aussehens oder gerade aufgrund ihrer eher außergewöhnlichen Erscheinung avancierte sie im Jahr 1977 zum „Sex Symbol" auf der Titelseite des amerikanischen Männermagazins *Playboy*, neun Jahre nach ihrem Leinwanddebüt in *Funny Girl*[459], einer Musicalverfilmung aus dem Jahr 1968. (Vgl. Bial 2005: 87.) Henry Bial spricht sogar von einem konkreten Zeitraum (1968-1983), in dem „Jewishness came to be perceived (at least in part) as sexually appealing in American popular entertainment". (Bial 2005: 87.) Streisands Debütfilm *Funny Girl*, der zum Teil ihr eigenes Leben widerspiegelt[460], in dem der Körper und nicht ihr Glauben oder ihr Verhalten als eine zu überwältigende Hürde thematisiert wird, bestätigt, dass eine jüdisch aussehende Frau nicht durch die Entfernung, das Überspielen oder durch Vermeidung ihres „jewishness" an Anerkennung gewinnen kann, so Henry Bial, sondern durch ihre jüdische Schauspielerei. (Vgl. Bial 2005: 92.) Dass hinter der Kodierung von Barbra Streisand eine Widerspiegelung auf die Freundin steht, wird nur ersichtlich, wenn der Rezipient den beruflichen Werdegang und insbesondere den erwähnten Film von Barbra Streisand kennt. Doch ist sie gerade in Deutschland das bekannteste Beispiel

---

457 Haas, Daniel: Ich bin gleich bei dir, Schatz!. In: *Spiegel-Online*, vom 01.07.2007. In: www.spiegel.de/kultur/musik/0,1518,druck-491670,00.html, abgerufen am 24.07.2012. Vgl. auch: Starman Hessel, Carolyn: *Blessed is the Daughter*. Rockville, MD: Shengold Books, 105f.

458 Bial, Henry: Acting Jewish. *Negotiating Ethnicity on the American Stage and Screen*. Michigan: University of Michigan Press, 2005, 86.

459 Wyler, William: *Funny Girl*. USA, 1968. 151 Minuten.

460 Barbra Streisand spielt die jüdische Schauspielerin Fanny, die in einem jüdischen Viertel in New York aufwächst und von einer Karriere als Sängerin träumt. Trotz ihres (jüdischen stereotypischen) Aussehens gelingt es ihr, eine große Sängerin zu werden.

für den Erfolg einer jüdisch-amerikanischen Schauspielerin, die gerade wegen ihrer Abstammung so erfolgreich war.

Marge streift ihr jüdisches Aussehen mit der Nasenoperation ab, doch auf die ersehnten Zukunftsperspektiven der Mutter hört sie letztendlich nicht. Ihren Freundinnen wirft sie jedoch vor, ihr von dieser Operation nicht abgeraten zu haben:

> Anneliese lamentiert, Marge habe so ein schönes Gesicht gehabt, jetzt sei es ein Dutzendgesicht geworden [=transponierte indirekte Figurenrede]. Das ist übertrieben, Gesichter sind eine Charakter- und keine Nasenfrage. Aber besser war es schon mit der angeborenen Nase [=zitierter autonomer innerer Monolog]. Marge ihrerseits behauptet, niemand hätte ihr was von ihrem schönen Gesicht gesagt, auch Anneliese nicht. Auf die hätte sie nämlich gehört, wie wir alle, sagt sie, und sich nicht das Nasenbein brechen lassen [=transponierte indirekte Figurenrede]. Achselzuckend gibt sie heute zu, sie wäre einer katholischen Lehrerin zuliebe konvertiert [=transponierte indirekte Figurenrede]. (wl, 252.)

In dieser durch die indirekten Figurenreden rekonstruierten Aussprache spiegelt sich die äußerliche Veränderung in der Negierung des Judentums und der Abwendung davon wider. Es ist die Entsagung des Jüdischen, mit dem Marge nicht vorbehaltlos und ohne Gewissensbisse leben kann. Die mit Sicherheit verletzenden Meinungsäußerungen der Freundinnen – Klügers verteidigende Worte gehören nicht zu dem Gespräch, sondern sind als autonomer innerer Monolog erfasst – zielen auch auf den Verzicht auf ihre jüdische Herkunft und weniger auf ihr Äußeres. Durch die Veränderung des Gesichts wird die geistige Abwendung vom Judentum zum Ausdruck gebracht. Doch wie die Ich-Erzählerin konstatiert, ist dies nur ein oberflächlicher Hinweis. Der Zeitpunkt des Gesprächs bleibt ungewiss. Der einzige Hinweis liegt in der Resignation der Freundin. Das Achselzucken über eine Entscheidung, die schon sehr viele Jahre zurückliegt und die sie heute nicht mehr zurücknehmen will oder kann, scheint Marge später nichts mehr zu bedeuten.[461] Auch Klüger legt durch die späte Entfernung ihrer Tätowierung am Arm, die erst nach der Niederschrift von *weiter leben* erfolgte, einen Teil ihrer Identität durch diese unfreiwillig zugefügte körperliche Markierung ab. (Vgl. uv, 11-29.)

Klüger fand an der Sommeruniversität in Vermont, während sie mit der Mutter und den Verwandten ständig zusammenstieß, drei gleichaltrige Freundinnen, die ihr ein Leben lang erhalten blieben. Durch die vielen Gemeinsamkeiten – „Wir waren vaterlos, unsere Väter hatten wir nicht oder kaum gekannt, und die Mütter waren uns allen ein Problem.“ (wl, 251.) – und unterschiedlichen „Beschädigungen“ ersetzten sie sich gegenseitig die Eltern. Es entstand eine Art Wahlverwandtschaft, deren Ausgangspunkt Freundschaft, Ehrlich-

[461] In *Still Alive* ergänzt sie: „Later she returned to her liberal, agnostic beginnings, chaired a local ACLU chapter in Canada, was a successful Shakespeare scholar, and died of cancer before she was seventy, whispering in an exhausted voice on the phone: ‚I never left a party early, Ruth, but I guess this time I have to.'“ (SA, 197.)

keit und Toleranz war. Jedes selbstidentifikatorische Pseudonym, mit dem sie die Freundinnen identifiziert, öffnet einen neuen codierten Horizont, der nicht nur auf die eigene Identifikation hinweist, sondern auch auf die Ergänzung der eigenen Individualität der Autobiographin, die sich somit in ein Repräsentationsverhältnis setzt. Die Semantisierung der Namen ermöglicht einen literarischen Freiraum, in dem sie ihre Erinnerungen niederschreiben und gleichzeitig eine offene Selbstkritik üben kann.

Anneliese ist die Freundin, die sich spontan für den Namen des Mädchens entscheidet, das sie während ihres langen Aufenthaltes in der Schweiz nicht retten konnte und das den deutschen Nationalsozialisten in die Hände fiel. Selbst in diesem Kind spiegelt sich die Protagonistin, denn auch sie wäre beinahe von den Nazis ermordet worden. Die Freundin hingegen ergänzt Klüger besonders durch die Charaktereigenschaften, an denen es ihr selbst fehlt.

Simone ist die gutmütige Zionistin und konvertierte Christin. Sie vervollständigt die Ich-Erzählerin mit ihrer Reise und Mitarbeit in einer Hilfsorganisation in Israel, eine Tätigkeit, die Klüger selbst gerne ausgeführt hätte. Mit ihrer Mission kann die offene Wunde des unterlassenen Hilfewunsches verheilen.

Marge, die aus einem jüdisch-amerikanischen Elternhaus stammende Freundin, die trotz Nasenoperation und mütterlichen Abratens promovierte und als Anglistin in Kanada ihren beruflichen Erfolg verzeichnete, steht für die vielen Namensänderungen, die Klüger selbst erdulden musste. Die Namenswechsel sind eindeutige Anzeichen von Identitätswandlungen. Als jüdisches Mädchen „Ruth Sara" wurde sie deportiert und in Auschwitz-Birkenau durch die Tätowierung auf eine Nummer am Unterarm reduziert. Die Auslöschung ihrer Identität schritt im nächsten Lager fort, wo sie aufgrund ihrer körperlichen Veränderung einen männlichen Spitznamen erhielt. Nach ihrer Flucht, während der letzten Kriegsmonate, verwandelte sie sich in ein deutsches Flüchtlingskind mit deutschem (ehemaligen polnischen) Nachnamen.

Klüger kann ihre Identität mit Hilfe der Freundinnen zusammenfügen und formen. Sie sind es, die in ihr Lücken füllen, Wunden heilen und sie durch ihre eigenen „Beschädigungen" verstehen. Letztendlich hatte sie sich, über 40 Jahre nach ihrem Kennenlernen in Vermont, mit den dreien eine Wohnung für zwei Wochen in London gemietet. Ein Wunsch, der nach vielen Jahren nun doch in Erfüllung ging: „Ich denke stillvergnügt: Jetzt hab ich doch noch eine Wohnung mit ihnen zusammen. Ein Versäumnis nachgeholt, so leicht ist das manchmal, das befriedigt, die meisten lassen sich nicht nachholen [=zitiertes Gedankenzitat]." (wl, 250.) Auch dieser letzte Wunsch ist ein Verweis auf den Zusammenhalt von vier grundverschiedenen Charakteren.

4.6.2 Ditha: Adoptivschwester und Zeugin

> *In Christianstadt hatte ich nur eine Freundin, das war Ditha, die ich noch heute als meine Schwester bezeichne, denn anders läßt sich eine Beziehung nicht beschreiben, die auf wenig Interessengemeinschaft beruht und gleichzeitig etwas Absolutes hat. Das Absolute: 1944, 1945.* (wl, 155.)

Unter den zahlreichen Figuren, die in *weiter leben* zu Worte kommen und als sogenannte Ko-Autoren mit in das Werk hineinwirken, gibt es eine, die von der Rezeption fast vollständig ignoriert wurde. Es ist Ruths „Wahlverwandte" und „Pflegeschwester Ditha", die sie „flüchtig" noch aus Wien kannte und in Auschwitz wiedertraf. (wl, 155.) Die Mutter nahm Ditha „mit völliger Selbstverständlichkeit und ohne jegliches Aufheben" auf. Von nun an wurde sie „als zu uns gehörend betrachtet" und „mitversorgt". (wl, 155.) Mit ihr lernte die Erzählerin in den ersten Nachkriegsmonaten in Straubing Fahrrad fahren und in der Donau schwimmen. (Vgl. wl, 197.) Bis sich „ein Onkel aus St. Louis [...] nach dem Krieg melde[t] und Ditha" (wl, 155) nach Amerika auswanderte, blieben sie auch noch nach dem Krieg in Deutschland zusammen.

Auch Dithas Name ist, wie alle anderen Figuren in ihrem Buch, ein Pseudonym, das die Erzählerin vermutlich von einer Figur aus Adalbert Stifters (1805-1868) Erzählung *Abdias* aus dem Jahr 1842 übernahm. So wie die Figuren, die aus „einer versprengten jüdischen Gemeinschaft"[462] stammenden Abdias und seine blinde Tochter Ditha, aus einer Gegend kommen, in der die Bewohner in „sandigen Erdhöhlen" wohnen, stammt Klügers Adoptivschwester aus Wien. Der Ort, der sich fast hundert Jahre nach der Entstehung von Stifters Erzählung in eine naziverseuchte, „heimatlich unheimlich[e]", „judenkinderfeindlich[e]" und „[f]reudlose Stadt" (wl, 68) verwandelte und mit der Wüstenstadt Abdias' Parallelen aufweist. Franziska Frei-Gerlach beschreibt den Herkunftsort der Stifterschen Ditha folgendermaßen:

> Wüst, weit und gegenstandlos ist das Land, düster, dunkel und schmutzig sind seine Bewohner, oberflächlich und flatternd sind ihre Gedanken, Verschlossenheit, Besitzdenken und Gewaltbereitschaft prägen ihre Sozialstruktur, aus der Geschichte und der interkulturellen Wahrnehmung herausgefallen, im Zeitlosen versandet ist ihre Kultur. (Frei-Gerlach 2008: 112.)

Dass sich auch die österreichischen Städte nach dem Anschluss gegenüber Juden verschlossen und sie marginalisierten, muss an diesem Punkt nicht noch einmal erwähnt werden. In dieser und in anderen Erzählungen und Novellen Stifters „entstehen Konflikte dadurch, daß die Menschen oft eine Behausung

[462] Frei-Gerlach, Franziska: Die Macht der Körnlein. Stifters Sandformationen zwischen Materialität und Signifikation. In: Schneider, Sabine/Hunfeld, Barbara (Hrsg.): *Die Dinge und die Zeichen. Dimensionen des Realistischen in der Erzählliteratur des 19. Jahrhunderts.* Würzburg: Königshausen&Neumann, 2008, 109-122, hier: 112.

in der Fremde, im Ausland finden müssen"[463], so Klüger in ihrem Essay *Der eingerichtete Mensch: Innendekor bei Adalbert Stifter*. Diese Menschen leben, „wo sie nicht geboren wurden, oder Vergangenheit und Gegenwart sind durch einen Riß getrennt". (DM, 126.) Klüger lebte, wie die Romanheldin Ditha, seit dem „Riß" Holocaust auch nicht mehr in ihrer Heimatstadt. Das wichtigste Merkmal für die Namensentscheidung schien für Klüger jedoch zu sein, dass Abdias Tochter blind war, bis ein Blitzschlag sie traf und ihr das Augenlicht gab. Denn Klügers Ditha heißt im wirklichen Leben Susi. (Vgl. SA, 10.) Wie wir wissen, ist dies Klügers erster Name, den sie als Kind ablegte und seitdem nur noch Ruth genannt werden wollte. Bei diesen Kindern schlug der Blitz in Form des Nazismus ein, der ihr Todesurteil ausgesprochen hatte. Das Waisenkind Ditha, auf das Mutter und Tochter in Auschwitz trafen oder besser, das ihnen in Auschwitz „zugelaufen" war, wurde auch „sehend" (wl, 154): Sie wurde zur Zeugin von Ruth und ihrer Mutter, so wie Ruth auch für sie zur Zeugin wurde und Zeugnis für sie ablegt. So bezeugt sie, wie der Protagonistin ein SS-Mann in Christianstadt „mit voller Wucht ins Gesicht" (wl, 164) schlug. Sie war diejenige, die ihr danach aufhalf und sie vor ihrer Mutter verteidigte. Durch die starke Verbundenheit zwischen den Schwestern entstand eine tiefe Freundschaft, die sich ein Leben lang bewährte. Das „Allerbeste und das Allerungewöhnlichste" was Klüger über ihre Mutter erzählt, ist, dass sie ein Kind in Auschwitz „adoptierte". (wl, 155.) Dies unterstreicht sie sogar heute noch in Interviews: „Aber das Großartige war, dass meine Mutter diese wunderbare Freundin Susi gefunden hatte, die ich so sehr mochte. Die ist erst vor drei Jahren hier in Los Angeles gestorben."[464]

Die Verbindung der Schwestern beruht auf der traumatischen Erfahrung der Zwangsarbeit und der Gefangenschaft. Somit bewirkt der Sand aus dem Sandkasten, in dem Dithas Kinder spielen, eine epiphanische Rückblendung bei Ruth, die sie sofort an die Zeit im Steinbruch bei Christianstadt erinnert. Die geteilten Erinnerungen, die immer wieder an die Oberfläche kommen, verfolgen die beiden Frauen noch etliche Jahre nach dem Krieg. Der harmonische Besuch im Park lässt sich nicht mit dem Grauen im KZ vereinbaren:

> (Etwa zwölf Jahre später schau ich Ditha zu, wie sie mit ihren kleinen Kindern im Sand spielt. Die beschwichtigende, überlegene Stimme, mach dies oder jenes [=Erzählerbericht/ zitierte direkte Figurenrede]. Plötzlich sehe ich uns wie damals, wir hocken beieinander im Steinbruch in der Kälte, Ditha legt den Arm um mich. Ich wende mich ab von ihr und den Kindern, denn der Sand erstarrt zu schlesischem Granit, und das Kinderspiel ist düster geworden [=Erzählerbericht]. Warum geht sie nicht nach Hause mit den Kindern, es ist doch alles

[463] Klüger, Ruth: Der eingerichtete Mensch. Innendekor bei Adalbert Stifter. In: dies. 1997, 107-132, 126. Alle Zitate beziehen sich auf diese Ausgabe und werden fortan abgekürzt dargestellt mit (DM).

[464] Doerry, Martin: ‚Wien schreit nach Antisemitismus'. In: Doerry, Martin: *Nirgendwo und überall zu Haus. Gespräche mit Überlebenden des Holocaust*. München: Deutsche Verlagsanstalt, 2006, 99-108, hier: 107.

verlogen [=autonomer innerer Monolog].) Vom Steinbruch träum ich noch manchmal. Es ist ganz öde, ich möchte mich irgendwo wärmen, aber wo denn [=Erzählerbericht/autonomer innerer Monolog]? (wl, 152.)

Die Idylle des Parkbesuchs wird plötzlich unterbrochen. Doch was tatsächlich gestört wird, ist die Erzählung (die Binnenhandlung), die von der Gefangenschaft und Zwangsarbeit in Christianstadt berichtet. Klüger fügt diesen in Klammern gesetzten Teil in die narrative Struktur der Erinnerungen ein und versetzt den Leser in eine Situation, die zwölf Jahre später stattfindet. Der Chronotopos verschiebt sich, indem drei verschiedene Gegebenheiten wiedergegeben werden: Die Erinnerung an Christianstadt wird durch die zwölf Jahre später stattfindende Situation auf dem Spielplatz unterbrochen, die schließlich mit einem noch gegenwärtig anhaltenden Traum endet, der sie wieder in den Steinbruch zurückversetzt. Um dem Leser die Unmittelbarkeit der Situation zu vermitteln, wird die Zeit in die Gegenwart gesetzt und durch den Einsatz von autonomen Inneren Dialogen intensiviert. Auf diese Weise überschneiden sich die Zeitebenen, so dass die Überschattung der Konzentrationslager durch die emotionalen Verletzungen immer präsent zu sein scheint. Sie können jederzeit hervortreten und in die Gegenwart der Opfer interferieren. Mit Ditha teilt sie zwar ihre Erfahrungen der letzten Kriegsjahre, doch, so scheint es, werden nicht alle Erinnerungen von den zwei Frauen aufgerufen. Meist sind es erheiternde Anekdoten, die sich die zwei Frauen gerne ins Gedächtnis rufen. Zwar stammen beide aus Wien, das verbindende Element aber besetzt die Vergangenheit als Kinderhäftlinge. Doch auch die Zeit als Flüchtlinge verbindet sie. Gerne erinnern sie sich als „kichernde, alternde Frauen" an die Wochen nach der Flucht. Wie ein beschwörendes Ritual werden die gemeinsamen Erinnerungen durch das „,Weißt du noch?' von der Erzählerin im monologischen Dialog aufgerufen:

> Weißt du noch, wie ein Polizist uns scheel angeschaut hat, und während meine Mutter und ich ihm ausweichen und den Schritt beschleunigen wollen, bist du auf ihn zu und hast ihn, apfelkauend, nach dem Weg ins nächste Dorf gefragt? Woher hast du nur, instinktiv, so viel von Psychologie verstanden? Was hab ich gelacht und dich bewundert [=autonome direkte Figurenrede]! (wl, 175.)

Klüger spricht Ditha unvermittelt an. Sie eröffnet gewissermaßen die Beschwörung und versucht durch die Erinnerungssplitter, die sich in ihrem Gedächtnis nicht chronologisch zusammensetzen lassen, einen dramatischen Modus zu aufzubauen:

> Weißt du noch, wie uns die Leute gesagt haben, wir hätten Anspruch auf Hilfe von den Behörden [=autonome direkte Figurenrede/transponierte indirekte Figurenrede]. Und da bist du doch, sage und schreibe und ziemlich gegen den Willen meiner Mutter, in einem kleinen Dorf zum Bürgermeister gegangen, du mit deinen roten Haaren kamst ihm in die Dienststube gestürmt, sicher, daß die

nicht wissen, daß es rothaarige Juden gibt, das wissen sie nur in den Städten [=autonome direkte Figurenrede]. Und hast ihm gesagt, wir haben unseren Treck verloren, jetzt haben wir nichts, keinen Ausweis, nicht einmal Lebensmittelkarten, haben Sie eine Ahnung, wie schwer das alles für uns ist, noch dazu mit meiner kleinen kranken Schwester, und ist das deutsche Volksgemeinschaft? Das hab ich mir anders vorgestellt, als ich mein Pflichtjahr gemacht hab, hast du kühn drauflosgeschwindelt [=autonome direkte Figurenrede/zitierte direkte Figurenrede]. (Du mußt in Wien noch hellhöriger als ich für die Parolen der Hitlerjugend gewesen sein, denn du hast sie, wenn nötig, abgespult mit genießerischer Unverfrorenheit als hättest du dich von jeher gesehnt, sie auszuprobieren.) Wo du das nur aufgegabelt hast, das mit dem Pflichtjahr? Ich wäre so gern dabei gewesen, wie die Sekretärin dem Bürgermeister hörbar zugeflüstert hat: ‚Als wir in dem Alter waren, hätten wir uns nicht getraut, so mit älteren Leuten zu reden [=autonome direkte Figurenrede/zitierte direkte Figurenrede].' Und bist beladen zurückgekommen, Lebensmittelkarten hast du gebracht, und Kleider, sogar Schuhe [=autonome direkte Figurenrede]. (wl, 175f.)

Die Ich-Erzählerin wird, indem sie die gemeinsamen Erlebnisse wiederbelebt, zur Zeugin der Adoptivschwester. Die Erinnerungen richtet sie direkt im Präsens in einer autonomen direkten Figurenrede an Ditha. Zwar hat sie vorher den Rahmen präsentiert – „Ditha und ich erzählen einander noch heute von unseren damaligen Erfolgen, zwei kichernde, alternde Frauen" (wl, 175) –, doch Ditha kommt nur als zitierte direkte Figurenrede zu Wort. Das gemeinsame Aufrufen von Erinnerungen endet mit einer Rückblendung, die nicht mehr im Präsens stattfindet und in ihren üblichen narrativen Modus Schritt für Schritt zurückkehrt:

Und ich weiß noch, wie ich einmal allein von einer Meute Kinder ausgefragt wurde, wo mein Vater sei [=Erzählerbericht/transponierte indirekte Figurenrede]. Ich hab ganz brav geantwortet, der ist an der Front [=zitierte direkte Figurenrede]. Doch die bohrten weiter, wollten wissen, wie oft er denn schon auf Urlaub zu Haus gewesen sei [=Erzählerbericht/transponierte indirekte Figurenrede]. Da hab ich die falsche Antwort gegeben, das heißt, ich habe den erfundenen Vater zu oft nach Hause kommen lassen, weil ich es nicht besser wußte. Die Kinder, die mich ja aus Argwohn verhört hatten, zogen zufrieden ab, um den Erwachsenen Bericht zu erstatten [=Erzählerbericht]. Dann kamt ihr beiden zurück, von wo immer ihr gewesen wart, ich machte euch und mir selber Vorwürfe, ihr hättet mich nicht hier lassen sollen [=Erzählerbericht/transponierte indirekte Figurenrede], alles hab ich verpatzt [=autonome direkte Figurenrede]; und plötzlich war das Dorf hinter uns her, als ob wir Hexen und Dämonen wären, und wir natürlich nichts als auf und davon [=Erzählerbericht]. (wl, 176.)

Das Gedächtnis, das sie mit ihrer „Schwester" teilt, wie beispielsweise das „Decken wegwerfen", während sie aus dem Dorf rennen, ist zur Chiffre avanciert. Es hat für sie eine Bedeutung, die sie nur untereinander verwenden: Sie ist eine „Metapher für Entscheidungen, die zwar nicht preiswert, aber notwendig sind". Dies sei „[f]reilich", konstatiert die Ich-Erzählerin, „ein ganz privates Sinnbild, das gedeutet werden muß. Nur Ditha versteht mich auf Anhieb, wenn ich sage, ‚Ich hab schon wieder einmal die Decken weggeworfen.'" (wl, 176.)

„Ditha hat immer gemeint, meine Mutter habe ihr das Leben gerettet [=transponierte indirekte Figurenrede]" (wl, 155), erwähnt Klüger. Doch das Zusammengehörigkeitsgefühl, den die drei während der Gefangenschaft und in den letzten Kriegsmonaten aufbauten, war eng an die Konstellation von einer Erwachsenen und zwei Kindern für das Überleben in den letzten Kriegsmonaten geknüpft. Deshalb kann ihr die Protagonistin nur teilweise recht geben: „Gewiß hat sie ihr durch ihre Zuwendung einiges an seelischer Zerstörung erspart, sie vor der psychischen Verwahrlosung bewahrt, die einsetzt, wenn keinem Menschen daran gelegen ist, ob du da bist oder nicht." (wl, 155.) Doch war sie „auch wichtig, und so war sie auch für sich selber da, einfach weil meine Mutter zur Bezugsperson wurde, weil Ditha sich zu uns zählen konnte. Ohne uns wäre sie isoliert geblieben, mit uns war sie Familienmitglied, war wertvoll." (wl, 155f.) Die Mutter, die ihren Sohn nicht aus Prag holen konnte, so dass er dem Hitlerregime in die Hände fiel und ermordet wurde, kann durch die Aufnahme eines Kindes ein Leben retten. Klüger fungiert in dieser wichtigen Passage als Sprachrohr für Ditha, denn, so gibt sie zu, „[o]b sie ohne meine Mutter am Leben geblieben wäre, kann ich nicht sagen." (wl, 156.) Doch glaubt sie, dass auch sie sich gegenseitig als „Familieneinheit" das Leben retteten.

Seitdem hatte sich das Verhältnis zwischen ihrer Mutter und Ditha verändert. Während sie noch in Göttingen Ende der 80er Jahre ihre Erinnerungen niederschreibt, lamentiert sie: „Heute ist diese Beziehung versandet, ärger: meine Mutter lehnt die Frau, die sie einmal als ihre Pflegetochter behandelte und betrachtete, total ab." (wl, 156.) Denn der „Verfolgungswahn, der schon immer in ihr saß, hatte sich in den Hitlerjahren mit einer mörderischen Wirklichkeit gedeckt, die alle Phantasien übertraf, und seither hat sie es schwer, die Wirklichkeit richtig einzuschätzen." (wl, 156.)[465] Ditha leide darunter und fühle „sich entsprechend verstoßen." (wl, 157.) In ihrem Epilog „Göttingen", den sie 1991 in Irvine abschließt, wendet sich das Verhältnis zwischen ihrer Mutter und Ditha und die beiden Frauen söhnen sich aus:

---

465 Den Verfolgungswahn ihrer Mutter beschreibt sie detaillierter in ihrer amerikanischen Fassung: „I swore I would do everything in my power to prevent her from dying in a hospital, because to her all of them were concentration camps, and I found a helpful doctor and succeeded. Her paranoia caused her to dismiss cleaning women und caretakers. Once she put a new lock on the door because she feared a break-in from the capable and trustworthy household help she had just fired. She suspected her older grandson of wanting to turn her out of her house. (I would shout at her: „My children aren't criminals!") She mistrusted her neighbors, who liked her; her doctor, a native Pakistani, who treated her with his culture's respect for the old; and all authorities. She was afraid of being deported, because she had pretended to be six years younger." (SA, 212.)

Plötzlich trug sie mir auf, Ditha in ihr Haus einzuladen, mit der Begründung: ‚Es wird spät.' Sie meint den Tod [=erzählte Figurenrede als Gesprächsbericht/zitierte direkte Figurenrede]. […] Meine Mutter hat die Frau, die noch immer ‚Mama' zu ihr sagt [=zitierte direkte Figurenrede], so lange nicht gesehen, daß die beiden sich beim Wiedersehen lange mustern, um dann einander zu versichern, die andere habe sich gar nicht verändert [=Erzählerbericht/transponierte indirekte Figurenrede]: die typische Aussage von Menschen, die entsetzt sind darüber, wie sehr sich der oder die andere mit den Jahren verändert hat. Ich traue dem Frieden nicht, doch Ditha ist selig, fängt auch leider gleich an, meine Mutter herumzukommandieren. Ich misch mich ein, bin plötzlich wieder die Jüngere, die auch mitreden will. Alles ist, wie schon lange nicht. Alles ist wieder offen und unfertig, und ich muß Schluß machen, sonst stimmt morgen auch das nicht mehr [=Erzählerbericht]. (wl, 282.)

Klüger beschreibt in dieser Passage die späte Entscheidung der Mutter, sich mit ihrer „Pflegetochter" zu versöhnen, und das anschließende Wiedersehen. Die zeitlich voneinander getrennten Szenen fließen durch eine Ellipse geradewegs ineinander über, indem sie lediglich die Zeit ändert: vom Präteritum wechselt sie im nächsten Satz zum Präsens, wobei sie jedoch resümierend (im Perfekt) darauf hinweist, wie lange sich die Mutter und Ditha nicht mehr gesehen hatten. Wichtig in dieser Szene ist die Unmittelbarkeit der Situation. Die Versöhnung hat gerade erst stattgefunden, womit Ruth erneut die Rolle der jüngeren Schwester einnimmt. Während des Schreibvorganges haben sich demgemäß auch private Veränderungen ergeben, die linear festgehalten sind. Die von der Mutter erlittenen psychischen Folgen des Krieges, die bei ihr in einen extremen Verfolgungswahn ausarteten, scheinen in ihren letzten Lebensjahren überwunden worden zu sein. Darüber berichtet die Autorin jedoch erst nach dem Tod ihrer Mutter in der amerikanischen Fassung.[466]

Die Erinnerungen, die gemeinsam von den beiden Frauen aufgerufen werden, sind aufbauende, konstruktive Erinnerungen an die Zeit ihrer Flucht. Durch Dithas Gedächtnis kann die Ich-Erzählerin Leerstellen füllen. Als sie sich aber an traumatische und destruktive Erlebnisse wie an die Steinbrüche erinnert, die heute noch in Albträumen zurückkehren, wird Ditha ausgeschlossen. Eine gemeinsame Auseinandersetzung scheint nicht stattzufinden. Denn fraglich ist, ob sie mit Ditha noch über die Steinbrüche und die Zeit der Gefangenschaft spricht. Klüger erlangt durch Ditha, die einige Jahre älter als sie ist, die Rolle der „kleinen Schwester" wieder, die sie durch den Verlust des Bruders, der nicht mehr aus Prag aus den Ferien kam, verlor. (Vgl. wl, 23.) Ditha ist nach Ansichten der Erzählerin die bessere Tochter (vgl. SA, 212) und drückt

---

466 Beruhigt, dass sie die Erinnerungen an den Holocaust vergessen hat, schreibt Klüger: „As her mind became more unreliable, she mercifully returned to her childhood in the little Czech village she came from, where her father was the important director of the local sugar refinery. She would call me in a small child's voice by her older sister's name and ask me to help her with a zipper or some other item of clothing. […] During her last weeks and months, all memory of the Nazis seemed to be gone. She was back with her playmates on the Czech meadows of her first years." (wl, 212f.)

ihre Erleichterung aus, als die Mutter letztendlich doch noch entscheidet, sich mit ihr zu versöhnen. Die Erlebnisse während der Gefangenschaft haben den Verfolgungswahn der Mutter nur noch verstärkt, der bis ins Alter hinein negativ auf sie einwirkte. Ditha ist zwar kein Ersatz für Schorschis Verlust, sie besetzt jedoch die Rolle der großen Schwester und des zweiten Kindes, das der Mutter genommen und von den Nazis ermordet wurde. Sie unterscheiden sich zwar in vielen Dingen voneinander, doch hat sie die Extremsituation, das „Absolute" (wl, 155) im Dritten Reich zusammengeschweißt: Es waren die Jahre 1944, 1945.

5. Zusammenfassende Schlussworte

Während einer ersten Annäherung an die netzartige Textstruktur der im Mittelpunkt stehenden Autobiographie *weiter leben* und dem analytischen Versuch der Auflösung der Erzählstruktur, die Klüger für die Rekonstruktion ihrer Erinnerung zur Niederschrift entwickelte, verstärkte sich die Deutlichkeit der vielschichtigen Stimmen- und Intertextualitätsreferenzen. Dabei stellte sich heraus, dass sie sich in Kategorien erfassen ließen, eine entscheidende Funktion in Klügers Autobiographie einnehmen und die vielschichtige textinhärente Vernetzung von Assoziationen eine nicht-chronologische Erzählstruktur voraussetzt, die mindestens zwei Erzählstränge umfasst: die Erinnerungen an Kindheit und Jugend (die Binnenhandlung), die durch die Ortsnamen (oder „Stationen") chronologisch gegliedert sind, und die eingeschobenen Erinnerungen (die Rahmenhandlung), die meist in essayistischer Form oder als autonome innere Monologe auftreten, den chronologischen Aufbau durchbrechen und somit die topographischen Grenzen verwischen.

Im Zentrum der vorliegenden Untersuchung standen demzufolge die vielschichtigen Ko-Autorschaften und literarischen Intertextualitätsfunktionen von *weiter leben*, die es voneinander abzugrenzen und zu klassifizieren galt, um ihre Funktion determinieren zu können. *weiter leben* ist keine übliche Zeugnisablegung und hat deshalb die Erwartungen zahlreicher Leser durchbrochen. Das Buch erfasst den Diskurs um den Holocaust, indem die entstandenen Debatten über ihn thematisch angeschnitten werden. Die Debatten werden kritisiert, während die Stimme der Autorin als gleichwertig auftretender Blickpunkt positioniert und zugleich die Perspektive einer Frau konstruiert, die endlich das Wort ergreift, nachdem sie über 40 Jahre lang geschwiegen hat. Sie spricht, lässt sprechen, appelliert, provoziert und verkürzt mit der angewandten Erzählstrategie die Distanz zwischen Leser, Text und Autor. Klügers Priorität beruht auf einer gemeinsamen Sprachfindung durch gemeinsame Erinnerungs- und Identitätskonstrukte mit den Deutschen. Eine gemeinsame Sprache findet sie in der deutschsprachigen Literatur, die sie als Kommunikations-„Brücke" einsetzt. Der entstandene Text fungiert nicht, wie meist rezipiert wurde, als direktes Dialogangebot, der einen Raum zur Konstruktion einer gemeinsamen Erfahrungsbasis eröffnet, und weniger als Friedensangebot. Vielmehr handelt es sich um ein Buch über den Dialog einer Jüdin mit den deutschen Nichtjuden und die Aufforderung zur Auseinandersetzung zwischen Deutschen und Juden sowie Deutschen und Deutschen oder Frauen und Männern.

Klüger greift als Literaturwissenschaftlerin kontinuierlich auf ihr persönliches Bildungsgut zurück und lässt in ihrem Buch keine Diskussion aus, die in den letzten 50 Jahren stattgefunden hat. Sie wehrt sich gegen das Diktum Adornos und die daraus resultierende Debatte; kompromittiert und provoziert den deutschen Leser, der sich aufgrund seiner „Gnade der späten Geburt" zu entlasten versucht; und verwirft das Bilder- bzw. Repräsentationsverbot. Außerdem fordert sie die Leser auf, Vergleiche mit persönlichen Lebenserfahrungen zu ziehen. Die Aufforderung steht hinter dem *Historikerstreit* und der damit zusammenhängenden Auseinandersetzung über die Einmaligkeit des nationalsozialistischen Völkermordes, der deshalb mit keinem anderen Ereignis zu vergleichen sei. Die jüdische Religion wird angegriffen und die kulturellen und bildenden Aktivitäten der Juden in Theresienstadt verteidigt. Nicht in Wien, sondern erst in Theresienstadt wird sie zum sozialen Menschen. Klüger verzichtet auf die Beschreibung von Details in Auschwitz und auf mitleidheischende Darlegungen, denn es ist nicht das Ziel ihres Buches, Gefühlsregungen zu wecken. Sie versucht vielmehr durch identifikatorische Spiegelbilder die Deutschen zu demaskieren, überrascht sie und muntert sie auf, Vergleiche zu ziehen, denn „ohne Vergleiche kommt man nicht aus." (wl, 111.) Klüger exponiert, wie die deutsche und amerikanische Gesellschaft nach dem Holocaust auf die Opfer reagierten, und manifestiert, wie schwer es ist, zusätzlich als Frau und Jüdin gehört und respektiert zu werden. Als Frau sucht sie sich einen Platz und erkämpft sich eine Stimme in der deutschen Öffentlichkeit, die jedoch aufgrund der durch die Jahre hinweg vorwiegend positiven Resonanz ihres Buches nicht zu wirken scheint, da ihr Aufruf an die Leser, „sich reizen zu lassen" (wl, 142), „Vergleiche anzustellen" (wl, 75f.) und einen konstruktiven und kritischen Dialog über den Holocaust durch „Streitsüchtigkeit" (wl, 142) zu wagen, nicht gediehen ist, denn, so klagt sie, „[d]ie Autorität der schreibenden Frau wird angezweifelt, bewußt oder unbewußt." (Fla, 97.)

5.1 Intertextualität in *weiter leben*

Die Analyse der Intertextualität in *weiter leben* postulierte zunächst die theoretische Grundlage eines geeigneten Untersuchungsmodells, durch das sich die intertextuellen Verweise bewerten und qualitativ einstufen ließen und für die das Vermittlungsmodell von Broich und Pfister eine optimale Basis bot. Der paratextuelle Teil meiner Arbeit stützt sich auf Gérard Genettes Buch *Paratexte*. Es diente zur Orientierung und Strukturierung der im Buch vorhandenen Paratexte.

Aus der Untersuchung der Paratexte in *weiter leben* ließ sich folgendes Fazit ziehen: Nahezu jeder Paratext fungiert als Intertext. Allein schon durch den Namen der Autorin lassen sich bestimmte Informationen abrufen. „Ruth Klüger" kann im potentiellen Leser eine direkte Verbindung zum Holocaust hervorrufen, wenn er bereits etwas über das Buch erfahren hat. Wenn dies nicht der Fall ist, gibt der Name Auskunft, dass dieses Buch von einer Frau geschrieben wurde und sie einen deutschen Namen trägt. Auch dies wird in ihrem Buch thematisiert – „wer rechnet schon mit männlichen Lesern?" (wl, 82) –, indem sie sich explizit nur an eine weibliche Leserschaft richtet und die geringe Anzahl männlicher Leser bereits voraussehen möchte. Die Gestaltung des Einbandes kann ebenfalls entscheidend für den Kauf eines Buches sein.

weiter leben wurde aufgrund seines großen Erfolges mehrmals aufgelegt. Dabei veränderte der jeweilige Verlag die Umschlaggestaltung. Die Untersuchung von Titel und Untertitel offenbarte sich als der komplexere Teil, insofern sie zunächst in einem Spannungsverhältnis stehen. Simultan fassen sie die Erinnerungen Klügers zusammen, indem Reflexion, Essay und Autobiographie verwoben werden: Der Titel steht zwar im Verhältnis zu der Zeit, die nach dem Holocaust kommt, und scheint die Kindheits- und Jugenderinnerungen auszugrenzen. Dies sind Reflexionen und Gespräche mit Freunden, Studenten, Professoren oder Zuhörern während ihrer Vorträge. Dieser essayistische Teil ihres Buches fungiert als Rahmenhandlung zu ihrer Kindheits- und Jugendgeschichte, für die hingegen der Untertitel steht. Eine resignative Einstellung zum Leben und das Unvermögen des Weiterlebens werden durch die Trennung und Kleinschreibung des Wortes „weiterleben" markiert. Die Zäsur Auschwitz fordert ein Weitergehen des Lebens trotz des Zivilisationsbruches Auschwitz[467]. Der Untertitel *Eine Jugend* (die Binnenhandlung) kündigt die „Stationen" oder Erinnerungsräume an, die das Buch gliedern: Wien, Theresienstadt, Auschwitz, Christianstadt, Deutschland und New York. *weiter leben* steht an erster Stelle, denn nur durch das Weitergehen des Lebens kann eine Erinnerung an *Eine Jugend* erfolgen. Als Intertext lassen sich mehrere interpretative Verbindungen aufdecken, die aufgrund ihres hochgradigen literarischen Verständnisses und der beträchtlichen Rolle, die die Literatur in Klügers Leben spielt, vorausgesetzt werden können. Der resignative und unpathetische Charakter ihrer Erinnerungen und das Gespräch mit Christoph über *Das Prinzip Hoffnung*[468] rufen eine intertextuelle Verbindung zu Amérys Essay *Weiterleben –aber wie?* hervor. Der Untertitel steht in Verbindung mit einer gewissen Erwiderung oder Fortsetzung zu den Autobiographien *Jugend in Wien* von Arthur Schnitzler und *Jugend in einer österreichischen Stadt* von Ingeborg Bachmann.

Auch die Widmung – *„Den Göttinger Freunden...ein deutsches Buch"* –, die zweimal, am Anfang und am Ende, zu lesen ist, verbirgt eine intertextuelle Referenz, die zwar äußerst schwach und kaum nachzuweisen ist, doch sind die Autoren der angewandten Prätexte eine ausreichende Argumentationsstütze, die mögliche intertextuelle Referenz zu exponieren. Hinter der Widmung verbergen sich zwei Intertexte, deren Prätexte – Hölderlins Widmung an Susette Gontard – in seiner Dichtung „Diotima" – und ein Vers aus *Don Carlos* von Schiller – beide in Zusammenhang mit einer geliebten Person stehen. Die Widmung hebt die deutschen Freunde als Ko-Autoren hervor. Klügers Projekt, einen Dialog mit den Deutschen zu rekonstruieren, um gegen Missverständnisse und Fehlinterpretationen anzukämpfen, gelingt ihr jedoch

467 Dan Diner prägte das Wort „Zivilisationsbruch" mit seiner Studie: *Zivilisationsbruch. Denken nach Auschwitz*. Frankfurt/M.: Fischer, 1988.

468 Walser schrieb eine der ersten Rezensionen zu Blochs Werk: Walser, Martin: Prophet mit Marx- und Engelszungen. In: Walser, Martin: *Über Ernst Bloch*. Frankfurt/M.: Suhrkamp, 1971.

nur teilweise.[469] Die Motivation der Niederschrift entstand erst durch die Gespräche mit Deutschen, die sie in Göttingen kennenlernte und mit denen sie befreundet war. Infolge der Auseinandersetzung mit den Deutschen, denen sie ihr Buch widmet („Den deutschen Freunden"), trägt es die Bezeichnung „ein deutsches Buch". Das auf der ersten Seite zu findende Motto kündigt an und resümiert das, was das Buch zu erzielen versucht: der Tabuisierung des Holocausts durch Aussprache entgegenzuwirken und somit „die Grenzen des Sagbaren zu erweitern". (Siguan 2007: 147.) Einerseits erfasst es mit wenigen Worten die Schwierigkeiten, die Erinnerung literarisch zu erfassen, und andererseits wird die Verkündigung ihres Leidens als Aufforderung zum Gespräch aufgebaut: „Das Mißverhältnis zwischen der Einbildung und dem Sachverhalt ertragen. ‚Ich leide.' Das ist besser als: ‚Diese Landschaft ist häßlich.'" (wl, 7.) Heidelberger-Leonard fasst dies folgendermaßen zusammen:

> Was Klügers Bericht von allen anderen auszeichnet, ist ihre Kunst, das Syndrom Auschwitz in den Alltag ihres Lesers hineinzutragen, es nachvollziehbar zu machen. Dies tut sie nicht, indem sie Auschwitz banalisiert, sondern indem sie – ganz im Gegenteil – das Auge für den Alltag schärft. In ihrem dezidierten Ansatz, das Thema des Judeogenozids zu enttabuisieren, eignet sich dieses Buch besonders gut zu einer unbefangeneren Annährung an den Zeitraum 1933-1945. (Heidelberger-Leonard 1996: 10f.)

Der Epilog befasst sich mit der unmittelbaren Gegenwart: der Unfall in Göttingen, der Gedächtnisverlust und der lange Krankenhausaufenthalt bis hin zur Heimkehr nach Kalifornien. Die Aufzeichnung ihrer Erinnerungen, das Zeugnis ablegen, bewirken dennoch keine ersehnte Befreiung von ihren Gespenstern. Erst mit der amerikanischen Fassung wird eine Erlösung ersichtlich. Dass ihr Leben weiter geht und alles offen steht, vermittelt sie dem Leser mit der Aussöhnung zwischen Ditha und ihrer alten Mutter: „Alles ist, wie schon lange nicht. Alles ist wieder offen und unfertig, und ich muß Schluß machen, sonst stimmt morgen auch das nicht mehr." (wl, 282.)

Klüger wählt für die Anmerkungen[470] die Kursivschrift, um sie vom restlichen Text zu unterscheiden, da sie nicht, wie in anderen Texten, als Fußnoten auftauchen, sondern im fließenden Text. Mit einem Absatz markiert sie die Zusatzinformation, die zeitverschoben in den späteren Auflagen abgedruckt

---

469 Auf die Frage, warum sie trotz ihrer Verdrängung der Vergangenheit und der deutschen Sprache ein Buch über ihr Leben geschrieben habe, antwortet sie: „Meine Aufzeichnungen habe ich nicht als Selbsttherapie, sondern als Kommunikation gemeint, auch wenn dies vielleicht im nachhinein anders aussieht." (Pletter 1995: 67.)

470 *„Nachdem dieses Buch erschienen war, erhielt ich Nachricht von der auf S. 153 erwähnten Vera. Sie hatte eine Rezension gelesen und hoffte, ich sei's. Telephonate, Briefe, ein Besuch in Prag. Vera war mit den anderen Frauen von Christianstadt nach einem langen, qualvollen Marsch in überfüllte Züge verfrachtet und nach Bergen-Belsen transportiert worden. (Nicht Flossenbürg, wie ich, einem unverläßlichen Nachschlagewerk folgend, irrtümlich angenommen hatte, s. S. 76f.) Dort wurden die Überlebenden schließlich von den Engländern befreit."* (wl, 169. Kursivschrift: R.K.)

wurde. Wer aber diese Anmerkung zu ihrer Freundin „Vera" in *Still Alive* sucht, wird sie nicht finden. Dort taucht sie nicht auf. Dafür fügt sie in das Kapitel „Part One: Vienna" den Unterpunkt „6" hinzu, wo sie die Leserreaktion einer Französin aufnimmt, die die französische Übersetzung von *weiter leben* las. Sie schrieb ihr, dass sie die Information über den Transport von Klügers Vaters habe, der nicht nach Auschwitz ging, sondern nach Litauen und Estland. Mit der eingeschobenen Anmerkung drückt Klüger aus, wie unerledigt und gegenwärtig der Holocaust in ihrem Leben geblieben ist.

Um das eigene Familienbild zusammenzusetzen, an das sie lediglich einige Erinnerungsbrocken besitzt, funktionalisiert sie die Literatur der Jahrhundertwende, die charakteristisch für die gesellschaftlichen Verhältnisse jener Zeit ist. Dieses aus literarischen und realen Figuren zusammengefügte Bild, das ihre Verwandten zu neuem Leben zu erwecken scheint, ist äußerst wichtig für sie und offenbart sich in ihrem Schreibprozess als notwendig. Eine entscheidende Rolle übernimmt nun der Leser, der aktiv die Rekonstruktion der Vergangenheit ihrer Eltern mit Hilfe der Literatur der Wiener Jahrhundertwende antreten muss. Dies manifestiert sich insbesondere an der folgenden Textsequenz, die zweifellos den höchsten Grad an intertextuellen Referenzen konzentriert:

> Mein Bruder, das Kind dieser Schnitzlernovelle mit Werfelschem oder Zweigschem Einschlag, kam also von Prag nach Wien mit unserer Mutter, die nun endlich ein paar Jahre lang das haben sollte, was sie sich gewünscht hatte, den feschen Medizinstudenten aus armer Familie, diese eher von Joseph Roth, neun Kinder, die Mutter Witwe. (wl, 21.)

Das Werkzeug wird von der Autorin zur Verfügung gestellt: Aus Schnitzlers Novellen werden die Kindheitserinnerungen und -phantasien mosaikartig rekonstruiert. Franz Werfel, Stefan Zweig und Joseph Roth vervollständigen das Familienportrait. Es entsteht eine Familie, die gleichzeitig für viele andere Familiengeschichten jüdischer Österreicher repräsentativ ist und im Wien der 20er und 30er Jahre lebte, dort heimisch war und von den Nazis gewaltsam ausgelöscht wurde. Der neurotische Symptomkomplex ihrer Mutter, der bis in die Erzählgegenwart hineinreicht, und die Mutter-Tochter-Neurose werden mit der Freudschen Psychoanalyse expliziert[471] und mit dem charakteristischen Krankheitsbild von Frauen der Wiener Jahrhundertwende durch den Filter des Therapeuten Freud und des Dichters Schnitzler zusammengefügt. Das Schweigen über die Erlebnisse in Auschwitz trägt nach dem Krieg ebenfalls dazu bei, dass das schon zuvor konfliktive Zusammenleben zwischen Tochter und Mutter immer schwieriger wird. Klügers Familie entspricht nicht nur der idealen Familienkonstellation der Wiener Jahrhundertwende, es ge-

[471] „Diese Erziehung zur Abhängigkeit hat der psychiatrische Jargon bei Söhnen Kastration genannt, ein einseitiger und daher schädlicher Ausdruck, in dem nicht vorgesehen ist, daß Töchter durch dieselben Manöver genauso entmündigt und entmächtigt werden können." (wl, 60.)

lingt ihr sogar, sich hinter dem Intertextualitätskonstrukt teilweise zu verbergen, um eine Distanz zu bewirken, die dafür ihre Eltern und Verwandten gelegentlich ins Rampenlicht setzt.

So wie Klüger mit ihren Freundinnen Anneliese, Simone, Marge und ihrer Adoptivschwester Ditha in einem wahlverwandtschaftlichen Verhältnis steht, greift sie auf zwei Autorinnen zurück, zu denen sie eine literarische Wahlverwandtschaft verspürt. Meist greift sie während ihrer Vergangenheitsrekonstruktion auf Schriftsteller und viel weniger auf Schriftstellerinnen zurück, besonders wenn damit Erinnerungslücken oder schwer beschreibbare, „unsagbare" oder traumatische Momente geschildert werden sollen. Doch als es darum geht, den zweiten Wendepunkt ihres Buches zu beschreiben, greift sie auf Simone Weil, nach der sie ihre Freundin benannt hat, und Hannah Arendt zurück. Der Rückgriff auf zwei Philosophinnen für das wichtigste Moment des Buches hat eindeutige Beweggründe[472] und demonstriert, dass sie sich nicht nur mit Arendts Schriften auseinandergesetzt hat, sondern auch Weils Texte sehr gut kennt. Die Untersuchung hat ergeben, dass sich zwischen Klüger, Weil und Arendt in ihren frühen Jahren mehrere Parallelismen nachzeichnen lassen, auch wenn Weil als Mystikerin und konvertierte Christin ihrem Glauben näher stand als Arendt oder Klüger. Erst aufgrund des Krieges entwickeln sie sich unterschiedlich. Arendt tritt in New York eine politisch-philosophische Laufbahn an. Klüger, die wesentlich jünger ist und einige Monate in Deutschland Philosophie studiert hat, entscheidet sich nach ihrer Ankunft in New York für ein Anglistik-Studium. Weil ist zu diesem Zeitpunkt bereits tot. Arendt und Klüger werden von einem deutschen Freund enttäuscht: Arendts tiefe Freundschaft zu Martin Heidegger wird durch seine NSDAP-Zugehörigkeit getrübt, so dass der Kontakt über 20 Jahre unterbrochen bleibt. Die Freundschaft zu Martin Walser, der für Klüger über Jahre der einzige Kontakt zu Deutschland war, bricht mit ihrem offenen Brief in der *Frankfurter Allgemeinen Zeitung* bezüglich seines Buches *Tod eines Kritikers* vollkommen ab. Die Analyse der intertextuellen Referenzen zu Simone Weil und Hannah Arendt hat demonstriert, dass Klüger Weils und Arendts Schriften zunächst kondensiert und sie anschließend metatextualisiert, um ihren Wendepunkt einzuführen und ihn anschließend zu exponieren. Sie spricht als Literaturwissenschaftlerin, Auslandsgermanistin und Belesene der Weltliteratur. Das gleiche hohe intellektuelle Niveau fordert sie von ihren deutschen Lesern. Nur der, der mit ihr einen gemeinsamen Verständnishorizont konstruieren kann, wird das Buch dechiffrieren können. Den Schriften Weils stehen Arendts Texte über das Böse gegenüber, in deren Erklärungsmuster sie ihre Erfahrung in Auschwitz einbettet. Klügers zweiter Wendepunkt ist deshalb so außerordentlich, weil er in einer totalen Herrschaft, wie sie Arendt in ihrer Studie darstellt, statistisch gar nicht stattfinden konnte. Nur durch das Gute, ausgeführt in einer „radikal bösen" Umgebung, ist eine nichteinkalku-

472 Klüger setzt absichtlich zwei Denkerinnen für diesen wichtigen Teil ein. Sie vermutet: „Vielleicht wissen Frauen mehr über das Gute als Männer, die es so gern trivialisieren" und „Vielleicht wissen Frauen mehr über das Böse als Männer, die es so gerne dämonisieren." (wl, 132f.)

lierte „Panne" im nationalsozialistischen Terrorsystem möglich. Die „gute Tat" (wl, 133ff.) der Schreiberin konnte innerhalb des Terrorsystems nur in der zwischenmenschlichen Handlung der Häftlinge stattfinden: eine Tat, die von den Nazis nicht voraussehbar war, die spontane und unvorhergesehene Reaktion der Schreiberin. Für Klüger stellt genau dieser Punkt die Annäherung an die Freiheit dar. Sie konnte sich retten, weil sie zwei Schwachstellen im System ausnutzte. Sie täuschte zunächst die SS-Wache, konnte sich für die lebensrettende Selektion noch einmal anstellen und entkam der Gaskammer, weil sie den SS-Mann bezüglich ihres Alters belog. Klüger kennt die Auslegungen in Arendts Eichmann-Buch, die auf starke Ablehnung und Kritik stießen. Sie werden in *weiter leben* implizit und völlig unmarkiert intertextualisiert. Die Reaktion der männlichen Leserschaft auf die Banalisierung Eichmanns wird ironisch von Klüger als „Wutgeheul" bezeichnet. Der dritte Kritikpunkt Arendts, die Kollaboration der Judenräte mit den Nazis, wird von Klüger verteidigt, wobei sie mit Arendt in diesem Aspekt nicht übereinstimmt, da Arendt bemängelte, die Kollaboration der Judenräte sei während des Eichmann-Prozesses nicht zur Sprache gekommen.

Das Kapitel „3.4 Religion und Judentum" sollte veranschaulichen, wie Klüger mit intertextuellen Referenzen arbeitet, wann sie einen unmarkierten Intertext einsetzt und wie sie ihn mit literarischen oder kulturellen Verweisen thematisiert und metatextualisiert. Hierbei handelt es sich um eine literarische Verknüpfung von biblischen und jüdischen Themen, Figuren und Motiven, die in die Kindheitserinnerungen eingeflochten werden, um eine Identifikation und gleichzeitig aber auch die benötigte Distanz zu ihrem Text zu bewirken. Sie fordert zwar Bibelkenntnisse, die jüdische Kultur hingegen wird, wenn auch meist nur sehr kurz, dem deutschen Publikum ausgelegt. Für die Identitätskonstruktion des Kindes hat das intrafamiliäre jüdische sowie auch das öffentliche Netz eine markante Funktion: die gesellschaftlichen Wiener Verhältnisse und die spätere soziale Anpassung an die jüdischen Mitmenschen in den KZs, insbesondere im Konzentrationslager Theresienstadt. Zwar feierte auch ihre Familie die üblichen jüdischen Riten und Familienfeste, doch sah sie sich selbst als Österreicherin und erst dann als Jüdin. Erst mit dem Eintritt in die jüdische Kultur in Theresienstadt erfährt sie, was Jüdisch-sein bedeutet, und entdeckt ihre eigene Zugehörigkeit zum Judentum und Zionismus. Ihre Zugehörigkeit zu dieser „Schicksalsgemeinschaft" (Heidelberger-Leonard 1996: 58) erfolgt rückblickend während ihrer Haft in Theresienstadt und nicht in Wien, wo sie sich sogar in ihrer Familie als Außenseiterin fühlte. Klügers Bewusstsein über ihre eigene Identität als Jüdin ist sehr ausgereift und deshalb explizit abgegrenzt. Jüdische Riten und Feierlichkeiten werden zwar gewissenhaft beschrieben, doch immer aus einem weiblichen Blickwinkel, der ihr als Argument dient, warum sie sich zwar unmöglich mit einer männergesteuerten Religion vollständig identifizieren kann, aber sich dennoch als Jüdin sieht. Jüdin sei sie jedoch nicht aufgrund des erlittenen Antisemitismus und des Holocausts geworden. Besonders der Wechsel des Namens, von Susi zu Ruth, stellte sich im Nachhinein als die folgerechte Entscheidung heraus. Denn das „Buch Rut" ist, wie von einigen Exegeten vermutet wird, das von einer Frau geschriebene Buch der Bibel[473] über eine bedingungslose Freundschaft zwischen Frauen: implizit die Freundschaft zwischen ihrer Mutter und deren Schwiegermutter (ihrer Großmutter), explizit, weil es die Zeugenaussage einer Freundschaft zu ihren Freundinnen in Amerika, zu ihren spät entstandenen Freundschaften in Deutschland und letztendlich zu ihrer späten Aussöhnung mit der Mutter ist. Der alttestamentarische Bibelteil ist die Basis für Klügers Brückenschlag zu ihren deutschen Lesern, denn es ist der Teil der Bibel, den Juden und Christen teilen. Ihre Selbstwahrnehmung als Jüdin und Atheistin greift auf einen Verständnishorizont zurück, der einen gemeinsamen Nenner hat, um sich zugleich in zwei Religionen zu teilen. Während sie die jüdischen Bräuche und Feste ausführlicher erklärt als die alttestamentarischen Geschichten, kritisiert sie die Unterwerfung der Frau und ihre passive Rolle in der jüdischen Gemeinschaft und fordert eine aktive Rolle und Stimme im Judentum. Mit ihrer Autobiographie schreibt sie ein „Buch der Ruth im Holocaust", sagt als „Antigone" ihr eigenes „hausbackenes" Kaddisch für ihren Vater und Bruder und legt als überlebende Jüdin des Holocausts Zeugnis ab.[474] Die jüdische Kultur wird mit der literarischen Tradition verwoben, indem sie an unsagbaren Punkten auf literarische Figuren oder Geschichten zurückgreift. Ihre (jüdischen) Gedichte erläutert sie intratextuell und versieht sie mit einer Leseanleitung. Sie fungieren als Zeugnisse aus einer anderen Zeitdimension und lösen sich vom restlichen Text ab. Sie sind die ersten Versuche einer Trauerarbeit und der damit verbundenen Gespenstervertreibung. Doch das Gedichteschreiben oder Zeugnisablegen bewirken keine Erlösung, denn „unübersteigbarer Stacheldraht" trennt sie von den Toten.

Die „*Schneewittchen*-Episode" ist der erste Wendepunkt in Klügers Erinnerungsbuch. Das Kind erlitt zwar sehr früh die Schmähung ihrer naziverseuchten Umgebung, doch in welcher Gefahr sich die Familie befand, begriff es erst auf Grund des verbotenen Kinobesuchs. Die Erfahrung des Schocks und das Gefühl, „in tödlicher Gefahr zu schweben", das sich durch die Auseinandersetzung mit der unmittelbaren Realität in ihm entwickelte, begleitete es nach dem Kinobesuch und ließ es nicht mehr los, „bis es sich bewahrheitete." (wl, 48f.) Deshalb markiert dieses Erlebnis den ersten Wendepunkt in ihrer Geschichte. Von nun an war für das jüdische Kind alles anders. Durch die furchtbare Begegnung im Kino hatte es den Erwachsenen im Wissen etwas voraus. Das *Schneewittchen*-Märchen erwies sich in Auschwitz-Birkenau als prophetisch, insofern als ihr die Mutter noch am Tag der Ankunft den Vorschlag zum Selbstmord machte und sich die Gaskammern als unausweichliches Ende zu bewahrheiten schienen.

---

473 Vgl. hierzu: Fischer, Irmtraud: Das Buch Rut – eine ‚feministische' Auslegung der Tora? In: Gerstenberger, Erhard/Schoenborn, Ulrich (Hrsg.): *Hermeneutik, sozialgeschichtlich: Kontextualität in den Bibelwissenschaften aus der Sicht (latein)amerikanischer und europäischer Exegetinnen und Exegeten.* Münster: LIT, 1999, 39-58.

474 „Unsere Religion ist in allen Einzelheiten an unser Geschichtsbewußtsein gebunden, wir feiern und trauern um bestimmte historische Ereignisse […], und es ist diese kollektive Erinnerung, die uns überhaupt zu Juden macht." (ME, 52.)

Klügers Wahrnehmung ihrer Heimatstadt wird in ihrem Buch durch eine Zäsur gekennzeichnet. Das heutige Wien und ihre Identifikation mit ihrer Heimatstadt lassen sich mit den Kindheitserinnerungen nicht vereinen. Der „liebe Augustin", damals noch eine ihrer Lieblingsgeschichten, fungiert wie das *Schneewittchen*-Märchen als Vorausdeutung ihrer künftigen Erfahrungen im Dritten Reich. Das Kind verwandelt sich nun selbst in eine literarische Figur, die aber nicht mehr „liebenswert", sondern das zum Sterben verurteilte Geschöpf ist: das „Symbol der Lebensbejahung im großen Sterben" (wl, 70). Denn nie habe sie das Leben „so geliebt wie im Sommer 1944, in Birkenau, im Lager B 2 B." (wl, 115.) Doch transformiert es sich nicht gänzlich zur literarischen Figur. Das Leben des „Augustin-Kindes", das die „Pestgrube Auschwitz" überlebt hat, ist getrübt von den traumatischen Erfahrungen, die in seiner Heimatstadt Wien ihren Anfang genommen haben. Eine weitere Identifikationsfigur, die von Klüger funktionalisiert wird, ist Shakespeares Jessica aus dem *Kaufmann von Venedig*. Klüger ist, wie Jessica, die Flüchtende, die ihren Vater durch die Freundschaft mit seinen Feinden, den Deutschen, verrät.[475] Auch ein intertextueller unmarkierter und nur sehr schwacher Rückgriff auf das Stück *Nathan der Weise* von Gotthold Ephraim von Lessing lässt sich in *weiter leben* verzeichnen. Wie im Drama, wo der Tempelherr und Nathan durch Aussprache ihre Differenzen abbauen und Freunde werden, unternimmt Klüger den Versuch, durch die Erhellung von Engstirnigkeiten der Deutschen „trennende Barrieren" abzubauen.

Klügers Identität spiegelt sich, wie die verschiedenen Beispiele gezeigt haben, in mehreren literarischen Figuren wider: eine österreichische, die sie mit dem „lieben Augustin" gleichsetzt; eine jüdische, die durch Jessicas Verrat an den Vater repräsentiert wird; und schließlich eine deutsche, die durch das Gespräch mit den Deutschen entstand und durch deren Zusammenarbeit ihr „deutsches Buch" entstehen konnte. Die Geschichte des Nathans ermöglicht ihr, Vorurteile aufzuzeigen und für den Dialog zwischen den Religionen zu plädieren.

Franz Kafka und seine Literatur fungieren als Raum für Interpretationsfenster, wie beispielsweise ihr zwiespältiges Verhältnis zu New York, das Klüger mit Kafkas Hass-Liebe zu seiner Geburtsstadt Prag vergleicht. Sie greift Paul Celans Lyrik an, indem sie gegen eine Hochstilisierung und Sakralisierung solcher hermetischer Literatur anzukämpfen versucht. Seine Dichtung allein könne den Holocaust nicht beschreiben. Auch die „Sprachkrise" wird in ihrem Werk thematisiert. Als Referenz hierfür knüpft sie an den *Chandos-Brief* von Hugo von Hofmannsthal an. Besonders während der Aufzeichnung von schwierigen Erinnerungsprozessen greift sie auf ihn zurück. Dabei intertextualisiert sie die Figur der „Elektra", die sich als Mensch – das Humane – vom Vieh – das Animalische – unterscheidet und infolgedessen nicht vergessen kann.

---

[475] Besonders in der amerikanischen Fassung schält sie den identifkatorischen Bezug zur literarischen Figur der Jessica noch einmal heraus: „At the end there was my betrayel: I had become Shylock's Jessica, abandoning an unloved parent." (SA, 202.)

Um noch einmal zusammenzufassen: Literatur manifestiert sich in Klügers Werk als tragende Grundlage für die Rekonstruktion von Erinnerung. Schon als kleines Mädchen besitzt sie die Gabe, Verse, Gedichte oder Texte auswendig zu lernen. Diese Fähigkeit wird ihr später als Kinderhäftling im KZ zunutze sein, um Todesnähe und -angst bewältigen zu können. Nach ihrer Gefangenschaft wird die Literatur, insbesondere die Lyrik, dazu dienen, das Trauma zu verarbeiten und den Verlust ihres Vaters und ihres Bruders zu betrauern. Auch wenn die Trauerarbeit für Klüger nach so vielen Jahren nicht vollständig abgeschlossen ist, ermöglicht ihr das Instrument „Literatur", einen Weg einzuschlagen, mit ihrer traumatischen Vergangenheit leben zu können, sie durch das Gespräch aufzuarbeiten und sich eine Identität als Frau und Jüdin, als Auslandsgermanistin in Amerika und als Feministin aufzubauen. Literatur und Erlebtes verschmelzen in ihrer Autobiographie, so dass manche Grenzen geradezu (absichtlich) verwischt werden. Auch der hohe Anspruch ihres Textes, der sich durch die knappen Intertextualitätsmarkierungen manifestiert, konnte mit diesem Modell und mit Hilfe der Markierungsskala von Helbig herausgehoben und belegt werden.

Das literarische Gewebe der intertextuellen Assoziationen wird von der Autorin über die gesamte Textstruktur gezogen. Hierbei muss nochmals darauf hingewiesen werden, dass es sich um die Erinnerungen einer äußerst belesenen Literaturwissenschaftlerin handelt. Die Anwendung einer literarischen Intertextualität ermöglicht ihr nicht nur, Leerstellen – das nicht Sagbare – zu füllen, indem ein Prätext die Öffnung neuer Horizontfenster gestattet. Intertextualität erprobt sich auch als Instrument zur Stellungnahme und für die (Re-)Konstruktion einer verlorenen Identität. Somit kreiert Klüger durch das intertextuelle Netz ihres Textes einen dreidimensionalen Fokussierungshorizont. Leser mit einem geringen literarischen Hintergrundwissen werden das Buch leider nur zweidimensional rezipieren können.

5.2 Ko-Autorschaft in *weiter leben*

Im zweiten Teil der Arbeit wurden die auftretenden Stimmen klassifiziert und getrennt voneinander eingestuft. Dazu war das Bachtinsche Dialogizitätskonzept Ausgangspunkt und Grundsatz. Durch das Erzählmodusmodell von Matías Martínez und Michael Scheffel konnten die Stimmen und die Stimmenwechsel hervorgehoben und definiert werden. Dies mag zwar die Lektüre der Fragmente erschweren, doch erst dadurch konnte das Stimmenmosaik hervorgehoben werden. Meist zitiert Klüger in direkter Figurenrede ohne den Einsatz von Anführungsstrichen, so dass Hybridisierungen, durch die in eckigen Klammern definierten Präsentationen von Figurenreden, übersichtlicher untersucht und klassifiziert werden konnten.

Für die Verwandten, Freunde, Studenten, Bekannten, Zuhörer, Kollegen, deren Kommentare und Standpunkte sie in ihrem Buch aufnimmt, fungiert Klüger als Sprachrohr. Zum Teil handelt es sich hierbei um fragmentarische Gespräche, an die sie sich noch genauestens erinnert, Beurteilungen von Menschen und bis zur Ironie rekonstruierte Dialoge, zu denen sie sich im Nachhinein positionieren kann. Tauchen diese oft unerwartet entstandenen Gespräche auf, unterbrechen sie die Kindheitserinnerungen, die in dieser Arbeit genannte Binnenhandlung, und ziehen sich wie ein roter Faden durch den ganzen Text. Auch wenn Klüger als Sprachrohr agiert, treten die Stimmen in den meisten Fällen gleichberechtigt zur Autorenstimme auf. Auf diese Weise erreicht sie eine effektive Stimmenidentifikation beim Leser, der sich in diesen Gesprächen mehrmals wiederzuerkennen vermag.

In ihren Jugenderinnerungen lässt Klüger ihre Verwandten zu Worte kommen. Sie werden abwechselnd aus einer Kinder- und Erwachsenenperspektive zitiert und kommentiert, indem gegensätzliche Standpunkte eingeschoben werden. Dadurch kann sie als jüdisches Mädchen, als Frau und Opfer sowie als Literaturwissenschaftlerin und Auslandsgermanistin die Familienmitglieder beurteilen und wirkt trotzdem nicht bestimmend. Durch die „Nicht-Dominanz" ihrer Erzählerstimme entstehen hybride Konstruktionen, die sich vielförmig zusammensetzen. Die einander widersprechenden Figurenstimmen formen ein offenes Interpretationsfeld, das erst durch die Lektüre des Lesers seine Vollendung findet. In den analysierten Familienszenen im Kapitel „4.1, Erinnerungen an frühe Familienszenen", wird deutlich, welche komplexe Position die Protagonistin in ihrer Familie einnimmt. Aufgrund ihrer frühzeitigen Trennung vom verwandtschaftlichen Kreis kann sich keine Identifikation mit den Familienmitgliedern entwickeln. Besonders in diesem Teil vermischen sich Tochter- und Mutterstimme. Erst durch die analytische Trennung lassen sie sich identifizieren und werden sichtbar. Die Verwebung wird besonders deutlich, wenn die eigenen Erinnerungen versagen und sie auf das Gedächtnis der Mutter zurückgreifen muss. Im folgenden Beispiel verwendet sie keine Anführungszeichen und verwischt somit die Stimmenabgrenzungen. Die eigene Meinung und die der Mutter scheinen sich zu vereinen. Nur durch die Klassifizierung der Figurenreden wird deutlich, wie Klüger als Sprachrohr hervor- und als Erzählerin zurücktritt:

> Er hat damals mehreren Frauen die Schwangerschaft unterbrochen. Wer wollte schon Kinder zu solcher Zeit [=zitierter autonomer innerer Monolog]? Auch meiner Mutter, also sein eigenes Kind [Erzählerbericht]. Das wäre ein Bub geworden [=erlebte Figurenrede], ‚und er war tagelang traurig [=zitierte direkte Figurenrede]', sagt sie. Die SS hat ihn verhaftet, sagt sie, nicht die Polizei, und er war in keinem Lager, sondern im Gefängnis [=zitierte Figurenrede]. Meine Mutter wurde aktiv. Sie fand einen Anwalt [=Erzählerbericht], ‚der äußerlich ein Nazi war, aber innerlich nicht. Geld hat er auch genommen [=zitierte autonome direkte Figurenrede].' Ein Parteimitglied aus Opportunismus [=zitierter autonomer innerer Monolog]. (wl, 30.)

Übrig bleiben sowohl die Gespenster von Vater und Bruder, die in ihrem Leben meist unerwartet auftauchen und von der Ich-Erzählerin Rituale einfordern, als auch die neurotische Mutter, durch die die Tochter baustein- und scherbenartig ihre Familie rekonstruieren kann, um ihren früh verlorenen Platz in der ermordeten Familie zu finden. Klüger fungiert als Sprachrohr für ihre Familie, für ihre Mutter, für Ditha und für Liesel, das Mädchen, das mit seinem Vater in Auschwitz in den Tod ging. Letztendlich wird sie auch zur indirekten Zeugin von Anneliese, die ihrer Freundin nicht helfen konnte. Nur an einem Punkt verlässt sie ihr Zeugentum und beruft sich auf eine eingesehene Zusammenstellung von Dokumenten über die Auflösung des Lagers in Birkenau und die Vernichtung der nichtselektierten Häftlinge: „Am 7. Juli 1944 wurden die noch vorhandenen Häftlinge des Theresienstädter Familienlagers in Birkenau vergast. Das steht in Büchern, ich hab's nachgeschlagen." (wl, 139.)[476]

Mit der Figur der Gisela entwickelt Klüger eine stereotypische Figur der Deutschen, die „Bewältiger der Vergangenheit": Sie verkörpert die gegenwärtigen Deutschen, die die nationalsozialistischen Verbrechen herunterzuspielen versuchen und behaupten, hinreichend über den Holocaust zu wissen, und deshalb der Meinung sind, es sei nun der Zeitpunkt für sie gekommen, in die Zukunft zu blicken, anstatt sich fortwährend mit den deutschen Verbrechen zu beschäftigen. Durch abgeschmackte „Sprachklischees, die trotz gegenteiliger Intention weit eher der Abwehr als der Erinnerung dienen"[477], versucht eine ignorante Gisela den Holocaust am Beispiel der Protagonistin und ihrer Mutter (denen es schließlich gut gegangen sei) abzuschwächen. (Vgl. wl, 93.) Sie wird von Klüger als rechthaberisch und leichtfertig, eindimensional und unerträglich gezeichnet, die sich auch noch der „Gnade der späten Geburt erfreut" (wl, 85). Weitere Einzelheiten über diese Bekannte erfährt der Leser nicht. Sie taucht unerwartet im Text auf, unterbricht die Kindheitserinnerungen und simplifiziert die Erfahrungen der Protagonistin mit ihrer aggressiven „Besserwisserei": „Theresienstadt sei ja nicht so schlimm gewesen, informierte mich die deutsche Frau eines Kollegen in Princeton [=transponierte indirekte Figurenrede], die sich der Gnade der späten Geburt erfreute [=Erzählerbericht]." (wl, 85.) Dieses Fragment zeigt, wie die Bemerkung Giselas in eine transponierte indirekte Figurenrede eingebettet wird, die Wörtlichkeit entfällt, sodass der „individuelle Stil der Figurenrede" auf diese Weise verdeckt wird. Es entsteht ein ironischer Unterton, und die Aufgabe des Lesers ist es nun, ihre Anspielung kohärent zu dekodieren. Drei Stimmen erscheinen vernetzt in einem einzigen Satz. Das Zitat des ehemaligen Bundeskanzlers Helmut Kohl

476 Die Häftlinge wurden nicht am 7. sondern am 10.07.1944 ermordet: „Im Familienlager-Theresienstadt im Lagerabschnitt BIIb in Birkenau wird eine Lagersperre angeordnet, in deren Verlauf 3000 Frauen und Kinder in das Krematorium überstellt und in den Gaskammern getötet werden." (Czech 1989: 820.)

477 Lezzi, Eva: Ruth Klüger. Literarische Authentizität durch Reflexion. Weiter leben – Still alive. In: Eke, Norbert Otto/Steinecke, Hartmut: *Shoah in der deutschsprachigen Literatur.* Berlin: Erich Schmidt, 2006, 286-292, hier: 288.

wird durch das Beiwort „informiert“ mit Giselas Äußerung verbunden. Diese Äußerung wird durch die Vermeidung einer direkten Figurenrede aus der Perspektive der Erzählerin vorgetragen. Mit dieser außerordentlich gewichtigen Figur gelingt es der Autorin, leere und argumentationslose Floskeln der Deutschen anzugreifen und zu demaskieren, die für einen Dialog zwischen Juden und Deutschen untauglich sind, weil sie sich nur kurzfristig als entlastend herausstellen. Durch die stereotypisierte „Urdeutsche“ und schlechte Vergangenheitsbewältigerin Gisela ruft Klüger die Deutschen auf, endlich stimmige Vergleiche mit ihrer Vergangenheit zu stellen und nicht durch wohlklingende Worte den Blick wegzudrehen.

Die Figur ihres Freundes Christoph fungiert ebenso als beharrlicher Appell an die Deutschen; denn auch er entspricht einem Stereotyp: Christoph repräsentiert den deutschen Nachkriegsintellektuellen, der sich zwar in der Öffentlichkeit mit dem Holocaust auseinandersetzt, doch nicht zuzuhören scheint. Er hört zu oft weg, so dass der Dialog zu scheitern droht. Sein Überlegenheitsgefühl lässt es nicht zu, Fragen zu stellen, auch wenn er mehr wissen will, so dass die Autorin mit ihm aufgrund ihrer so unterschiedlichen Standpunkte in Gesprächen ständig zusammenstößt. Ihre divergierenden Auffassungen zur deutsch-jüdischen Vergangenheit haben ihren Ursprung in den ungleich erlebten Kindheiten. Wie sehr ihre Lebenswelten auseinander driften, versucht sie durch eine Szene während ihrer Deportation von Auschwitz nach Groß-Rosen zu verdeutlichen. Während sie im fahrenden Zug sitzt, sieht sie einen Jungen, der ihr von außen zuwinkt. Dieser Junge ist für sie Christoph, der deutsche „Nachkriegsintellektuelle“. Durch die nachgespielten Gespräche in ihrem Buch baut sie eine Diskussion mit der deutschen Öffentlichkeit über den Holocaust auf, um die unzureichende Aussprache zwischen Juden und Deutschen zu beklagen, indem sie sie exemplarisch darstellt. Die polyphone Verknüpfung von Stimmen und den entsprechenden Ereignissen erfolgt im narrativen Modus, wie das folgende Beispiel zeigt:

> Später, als auch Christoph, wie alle deutschen Intellektuellen unserer Jahrgänge, sein Wort zu Auschwitz gesagt hatte, nahm ich es ihm übel, daß er mich nicht vorher ausgefragt hatte [=Erzählerbericht/Gesprächsbericht in erzählter Figurenrede]. Er war erstaunt: Er habe nicht gewußt, ich sei dort inhaftiert gewesen. Theresienstadt ja, Auschwitz nicht [=transponierte indirekte Figurenrede]. Das ist unwahrscheinlich und glaubwürdig zugleich [=Erzählerbericht]. (wl, 217.)

Indem sie seine Ansichten zu Auschwitz in der Öffentlichkeit lediglich anspricht und den Inhalt nicht wiedergibt, macht sie deutlich, worauf es ihr hierbei ankommt. Sie klagt über den Ausschluss der Opfergruppe in der Diskussion über die deutsche Vergangenheit. Die anfangs schwache Markierung des Verweises auf Walsers Aufsatz und auf andere Texte der deutschen intellektuellen Gesellschaft, die zu diesem Zeitpunkt entstanden, sind meist Essays, in denen es sich insbesondere um den Kampf gegen das Vergessen der deutschen Vergangenheit handelt. Zahlreiche Intellektuelle wie Günter Grass oder Hans Magnus Enzensberger hatten sich in ihren Schriften zu Auschwitz positioniert. Durch die Gespräche mit ihm versucht sie eine neue Identität als Frau und Jüdin in der deutschen Öffentlichkeit zu erlangen, aus der sie sich ausgeschlossen fühlt. Sie braucht dafür eine starke und bekannte Figur, die Christoph in der deutschen Öffentlichkeit zu diesem Zeitpunkt repräsentiert. Durch die fast diskontinuierlich wirkenden Dialoge macht sie deutlich, wie wenig einheimisch sie sich während ihrer ersten Besuche in Deutschland unter den Deutschen fühlte. So wie die oft ausgelassenen Anführungsstriche, die Überschneidung von Stimmen und die Wechsel der Tempora ein Hinweis auf die Nervosität sind, die die deutsche Umgebung in ihr bewirkt.

Christoph und Gisela sind nicht die einzigen Figuren, die in *weiter leben* zu Worte kommen. Es tauchen noch weitere Stimmen auf, die den Aufruf ergänzen. Sie gehören zu Freunden, Lesern oder einfach Menschen, denen Klüger in Deutschland begegnete. Auch sie haben eine gewichtige Funktion in ihrem Text, da auch sie einen Teil des polyphonen Stimmen-Mosaiks bilden, das für die Rekonstruktion ihrer Erinnerungen eine außerordentlich bedeutsame Aufgabe einnimmt. Zeit- oder Ortsbestimmungen der Gespräche werden sehr selten konkretisiert, da sie keine entscheidende Rolle spielen, so dass der zeitliche Kontext der Dialoge meist fehlt. Klüger richtet sich an diesem Punkt besonders an die vielen Menschen, die aufgrund ihrer Lebensbedingungen in ein fremdes Land emigrieren mussten, und an die vielen Ostdeutschen, die nach der Vereinigung Deutschlands die Orientierung verloren hatten. Mit ihnen identifiziert sie sich, da sie selbst 1947 von Deutschland nach New York ausreiste. Mittels der anonym gebliebenen Stimmen fordert sie den Rezipienten bei seiner Lektüre heraus, Stellung zu beziehen, und lenkt ihn mit Hilfe ihres polyphonen Diskurses durch das ganze Buch. An manchen Stellen werden anonyme Stimmen eingefügt, wenn sich die Erfahrungen den Worten entziehen. An dem Punkt, wo sie ihre Erinnerungen an Auschwitz niederschreibt, setzt sie diese Stimmen ein, um Unwissenheit und Verharmlosung von manchen Deutschen anzuklagen. Dadurch bleibt das erlebte Grauen zwar ungesagt, doch kann sie durch den Einsatz einer anonymen Zuhörer- oder Leserstimme die erlittenen Angstzustände und die physischen und psychischen Qualen von Auschwitz beschreiben:

> ‚Was habt ihr Kinder in Auschwitz gemacht?' hat mich neulich jemand gefragt. ‚Habt ihr gespielt [=zitierte direkte Figurenrede]?' Gespielt! Appell gestanden sind wir. In Birkenau bin ich Appell gestanden und hab Durst und Todesangst gehabt. Das war alles, das war es schon [=zitierte autonome direkte Figurenrede]. (wl, 119.)

Akkurater als eine detaillierte Beschreibung der Zustände im KZ ist ihr Entsetzen über die Frage, ob sie als Kinderhäftling in Auschwitz gespielt habe. Auch wenn Klüger die Leserschaft durch strikte Regieanweisungen zu lenken versucht, überlässt sie ihr die Wahl der (richtigen) Vergleiche zur Auseinandersetzung. Klüger demonstriert, wie leichtfertig in Deutschland mit dem Holocaust umgegangen wird. SS-Wachen tauchen in ihrem Buch so gut wie nicht auf. Für sie waren es „Drahtpuppen mit Stiefeln", wichtig sind ihr die Nachkommen, mit denen sie gesprochen hat und an die sie appelliert. Durch die verspätete Zeugnisablegung ist *weiter leben* das erste Buch, das Zeugnis ablegt und gleichzeitig die literarische und intellektuelle Auseinandersetzung mit dem Holocaust in Deutschland und in den USA in seinen Text aufnimmt. Das ist das Einzigartige an ihrem Buch. Bei Heidelberger-Leonard heißt es deshalb:

> Warum schreibt sie? Wir fänden Zusammenhänge (wo vorhanden) und stifteten sie (wenn erdacht). Hinter der übernatürlichen Metaphorik verbirgt sich ein höchst diesseitiges Anliegen: das Anliegen des Buches überhaupt, das nichts weniger anstrebt, als eine neue Sprache, einen neuen Ton für einen Auschwitz-Diskurs zu erfinden, in dem Juden und Deutsche einander zuhören und bereit sind, voneinander zu lernen, indem sie sich beide in ihrer Differenz an- und wiedererkennen können. Juden und Deutsche werden in diesem waghalsigen Projekt zu Ko-Autoren ernannt. (Heidelberger-Leonard 1996: 42.)

Die Autobiographin wendet sich auch an die „Experten in Sachen Ethik, Literatur und Wirklichkeit". Sie wehrt sich gegen jegliche Vorschriften, die besagen, wie und wodurch man sich am besten dem Holocaust nähern soll. Klüger greift die Diskussion über eine „Dichtung nach Auschwitz" auf und stellt sie in Frage. Für sie birgt die Ausgrenzung oder das Verschweigen die Gefahr einer Mystifizierung und Gettoisierung des Genozids. Für viele Opfer waren Gedichte, Lieder, Verse oder einfach Reime während der Verfolgung, Ausgrenzung sowie der Inhaftierung im KZ überlebensnotwendig. Auch später, als sie ihre traumatischen Erinnerungen schriftlich festzuhalten versuchten, um Zeugnis abzulegen, griffen viele auf die Dichtung zurück. Die Protagonistin las Goethe erstmals in Christianstadt in einem abgenutzten Kinderbuch. Der „Osterspaziergang" erwies sich bei ihr als ein besonders wirksames Mittel, um neue Hoffnung zu schöpfen und durchhalten zu können. Deshalb wird das „Wort an die Experten" immer wieder von ihr aufgegriffen und thematisiert. Insbesondere spricht sie diejenigen an, die nach dem historischen Satz Adornos Stellung bezogen und zu wissen meinten, wie Literatur nach Auschwitz geschrieben werden muss und wie man sich als ein „Nachgeborener", Jude oder Nicht-Jude, aufklären sollte.

> Statt zu dichten möge man sich nur informieren, heißt es, also Dokumente lesen und ansehen – und das gefaßten, wenn auch betroffenen Mutes [=transponierte erlebte Figurenrede]. Und was sollen sich Leser oder Betrachter solcher Dokumente dabei denken? Gedichte sind eine bestimmte Art von Kritik am Leben und könnten ihnen beim Verstehen helfen [=autonomer innerer Monolog]." (wl, 127.)

An diesem Punkt spricht eindeutig die Literaturwissenschaftlerin. Sie positioniert sich, tritt aber auch zurück und lässt sprechen. Damit fasst sie einerseits zusammen und appelliert andererseits an ihr Publikum. Sie richtet das Augenmerk auf die Interpretation des Holocausts, auf die „Deutungen des Geschehens" (wl, 129), da sonst sein Zugang durch einen hohen „Stacheldrahtzaun" verschlossen zu bleiben droht. Klüger fordert Vergleiche, die die persönliche Einsicht der Opfer erleichtern sollen, und indem sie über die Fahrt von Theresienstadt nach Auschwitz berichtet, die die längste Fahrt für sie gewesen sein soll, auch wenn sie nicht mehr weiß, „wie lange die Reise gedauert hat" (wl, 109), macht sie es dem Rezipienten sogar vor, wenn sie sich vorzustellen versucht, „wie es in den Gaskammern gewesen sein muß": „Das Gefühl verlassen zu sein, und damit meine ich nicht, vergessen zu sein" (wl, 109). Der deutsche Leser soll mit persönlichen Erfahrungen die eigenen Vergleiche ziehen können. So fragt sie ihre Leser: „Ist denn das Nachdenken über menschliche Zustände jemals etwas anderes als ein Ableiten von dem, was man kennt, zu dem, was man erkennen, als verwandt erkennen kann" (wl, 111) und schließt nochmals mit ihrem Motto ab: „Ohne Vergleiche kommt man nicht aus." (wl, 111.)

Das Kapitel „4.5 Unverständnisse und Missverständnisse in der ‚Neuen Welt'" beleuchtet, wie Klüger den Neuanfang in den USA thematisiert und von den „neuen Amerikanern" verurteilt und herabgesetzt wird. Dafür baut sie ein dialogisches Stimmenkonstrukt auf, das sie explizit zwischen Juden und Nicht-Juden differenziert. Bereits in Straubing und nicht erst in New York treffen Mutter und Tochter auf ihren „ersten Amerikaner", der nichts von ihrer Geschichte wissen will und sich „die Ohren zuhält". So werden die Amerikaner von Klüger hauptsächlich als desinteressiertes Volk dargestellt, das lediglich versucht, sich die Neuankömmlinge auf Distanz zu halten. In diesem Teil ihres Buches überwiegen die hybriden Konstruktionen, die meist aus einer originalgetreuen amerikanischen Wiedergabe und Übersetzungen von der Autorin zusammengesetzt sind. Zwar haben die Amerikaner in den letzten Jahrzehnten viel zur Aufarbeitung der Vergangenheit und zum Holocaust-Gedächtnis beigesteuert, doch hatten sie sich, besonders im ersten Jahrzehnt nach dem Zweiten Weltkrieg, in Schweigen gehüllt.[478] Somit war die Aufbrin-

---

478 Nach Aleida Assmann stelle sich die „öffentliche Erinnerungskultur" eines Landes „nach beschämenden oder traumatischen Ereignissen in der Regel erst nach einem zeitlichen Intervall von fünfzehn bis dreißig Jahren ein." (Assmann 2006: 28.) In Deutschland habe besonders der Generationswechsel von 1968 dazu verholfen, das Schweigen über die deutschen Verbrechen endgültig zu brechen und für den Anstoß der „Thematisierung der deutschen Schuld in Gang" zu setzen. Sie war „führend […] bei der Errichtung von Monumenten, der Konzeption von Ausstellungen in den Museen, der Produktion von Filmen und anderen Formen öffentlicher Erinnerungskultur". (Assmann 2006: 27.) Der Historiker Jörn Rüsen teilt die Auseinandersetzung in Westdeutschland mit dem Dritten Reich und dem Holocaust „in der historischen Selbstverständigung der Deutschen" in drei Phasen oder „Generationen" ein, die sich „in einem komplexen Überlappungsverhältnis" gegenüberstehen: 1. die „Kriegs- und Wiederaufbaugeneration" (1945 bis 1968) des „*kollektiven Beschweigens der Naziverbrechen*"; 2. die Nachkriegsgeneration (von 1968-1989), die sich von der Tätergeneration entfernte und die eine „*Gegenidentifizierung*" bewirkte: Mit ihr wurde der „*Nationalsozialismus* […] *durch bewußte*

gung von Verständnis für die Opfer in den USA von Anfang an kein Selbstverständnis.

Auch die längst in den USA etablierten Juden waren voller Misstrauen. Sie erwarteten von den europäischen Glaubensgenossen das Verschweigen der traumatischen Erinnerungen, womit sich latent die eigene Ablehnung der Ereignisse manifestierte. Das zurückhaltende Verhalten und das geringe Einfühlungsvermögen erschwerten den Neuankömmlingen in vielerlei Aspekten die Integration in die amerikanische Gesellschaft. Klüger berichtet, dass selbst die Verwandtschaft wenig Verständnis aufbrachte. Aus diesen Gründen verlief die Integration für Mutter und Tochter nicht von vornherein reibungslos. Der Besuch des Kindes beim Psychiater, der bei dem Versuch, die Vaterrolle und die eines Therapeuten zu trennen, scheiterte und von dem das Kind als unsoziale, respektlose Person beschimpft wurde, drängte sie noch weiter in eine Außenseiterposition, die in ihr Selbstmordabsichten wach werden ließ. Nur das Lesen erprobte sich als befreiend und als geistige Erlösung. Die jüdischen Amerikaner waren von ihrer Amerikanisierung so stark besessen, dass die Überlebenden des Holocausts auf taube Ohren stießen oder auf falsche Beschuldigungen. Klüger prangert Vorurteile und Klischees durch die Wiedergabe von Dialogen an. Die zwei Pole zwischen den jüdischen Amerikanern und den beiden Ausländerinnen werden durch die selbstverständliche Übernahme der neuen Gewohnheiten der amerikanischen Lebensart und das Beharren auf individueller Erinnerung und Geschichtlichkeit des Mädchens offensichtlich. Eine Integrierung erfolgte infolgedessen nur sehr langsam, da es immer wieder zu Zusammenstößen kam. Dies wird am Beispiel der eintätowierten Auschwitz-Nummer deutlich: Klüger besteht auf Individualität und dem Recht zur freien Selbstentscheidung. Doch traf sie auf Juden, die sich mit der unverdeckten Tätowierung provoziert fühlten und der Meinung waren, die Auschwitz-Nummer müsse kaschiert oder entfernt werden. Während der Exposition von divergierenden Meinungen besteht Klüger auf ihren persönlichen Standpunkt zur Tätowierung. Mindestens drei Figurenstimmen in unterschiedlichen Erzählmodi treffen aufeinander. Die Definition der verschiedenen Figurenreden verdeutlicht, wie sie von der Autorin miteinander verwoben werden:

> Hierher gehört auch, daß man die KZ-Nummer nicht gerne sah[479] [=Erzählerbericht]. Symbol der Erniedrigung, sagen die Leute, laß sie wegmachen

---

negative Abgrenzung zum konstitutiven Element der eigenen Identität"; 3. die anbrechende „*Epoche*" „der Kinder" (ab 1989), die „sich selbst als Ergebnis einer historischen Transformation […] verstehen, in der die Täter, Nutznießer und Zuschauer des Holocaust integrale Teile der historischen Erfahrung werden, die als Spiegel der Selbstreflexion die Züge der deutschen Besonderheit erscheinen läßt." (Rüsen, Jörn: Holocaust, Erinnerung, Identität. Drei Formen generationeller Praktiken des Erinnerns. In: Welzer, Harald (Hrsg.): *Das soziale Gedächtnis*. Hamburg: Hamburger Edition, 2001, 243-259, hier: 258.)

479 Klüger stieß oft auf „Unannehmlichkeiten" (uv, 24) aufgrund ihrer unverdeckten Auschwitznummer. In ihrem Folgebuch *unterwegs verloren* wird eine solche Szene beschrieben: „In Virginia ist es warm, ich habe kurze Ärmel getragen und bekam diesen

[=zitierte direkte Figurenrede]. Symbol der Lebensfähigkeit, sage ich, denn als ich nicht mehr mich und meinen Namen verleugnen mußte, da gehörte es mit zur Befreiung, die Auschwitznummer nicht verdecken zu müssen [=zitierte direkte Figurenrede/Erzählerbericht]. Aber heute ist es leichter geworden, sagt ihr, es gibt da jetzt die verschiedensten Methoden, sagt ihr. Laser empfiehlt sich [=zitierte direkte Figurenrede]. Vielleicht tu ich's auch noch einmal, es ist noch nicht aller Tage Abend, den Spielraum hab ich [=zitiertes Gedankenzitat]. (wl, 237.)

Klüger enttabuisiert das Mal an ihrem Körper, indem sie es zur Sprache bringt, und reklamiert Entscheidungsfreiheit für das Tragen ihrer nicht selbsterwählten Tätowierung. Als charakteristisch für ihren Erzählmodus manifestiert sich der Verzicht auf jegliche Markierungen durch Anführungszeichen für die direkten Figurenreden. Die Begründung liegt auf der Hand: Resümierend und dennoch dialogisch, werden die hybriden Szenen präzise aufgebaut. Damit kann sich Klüger kritisch mit der amerikanischen Gesellschaft auseinandersetzen. Doch auch sie entsagte ihrer deutschsprachigen Herkunft, indem sie ihren amerikanischen Söhnen einen englischen Namen gab und mit ihnen kein Deutsch sprach. Sie wuchsen in einem amerikanischen Umfeld auf, in einer amerikanischen Tradition und über die Vergangenheit der Mutter erfuhren sie nur sehr wenig.

Klüger unterstreicht mehrmals, dass sie in ihrer Kindheit überwiegend unter Frauen aufwuchs. Dies sollte auch in ihrer neuen Heimat Amerika so bleiben. Durch ihre schwierige Einlebungszeit in einem fremden Land und die ständigen Zusammenstöße mit der Mutter und Verwandten fällt sie in den ersten Jahren nach ihrer Ankunft in eine Außenseiterposition, die sich erst änderte, als sie in Vermont drei gleichaltrige Studentinnen aus ihrem Hunter College kennenlernte, mit denen sie sich schnell identifizierte und eine tiefe Freund-

---

anonymen Brief in Großbuchstaben, der mir gehässige Vorwürfe machte. Der Schreiber war beleidigt, weil ich offen zur Schau trüge, was die Nazis mir angetan hätten. Das wollte er in der Deutschklasse ausgeklammert haben. Wie das geschehen sollte, hätte ich gerne gewußt. Langärmelige Wollkleider im Sommer?" (uv, 20) Nicht nur einige Studenten fühlen sich durch die Auschwitznummer angegriffen, sondern auch im Kreis der Professoren erfährt sie, wie sich ihre physische Markierung von der eines Kriegsverletzten unterscheidet: „Ich bin ja nicht mit offenen Wunden in die Klasse gekommen, sondern mit Narben. Die Kriegsveteranen verdecken ihre Narben auch nicht. In Berkeley war ein Gastprofessor aus England, der hatte bei seinem Einsatz in der Royal Air Force ein paar Finger verloren und gestikulierte ganz unbefangen mit den übrigen. Der soll auch einmal was Negatives über mein angebliches ‚Zurschaustellen' der Nummer gesagt haben. Worin lag der Unterschied? Daß er ein Held war, ich als Zwölfjährige aber nur Pech gehabt hatte". (uv, 20f.) Auch die nähere Kollegenschaft verhält sich vorwurfsvoll: „Die anderen Kollegen taten, als ob ich meine schmutzige Wäsche vor ihnen ausbreitete. Dahinter lauerte immer der Vorwurf: Warum hast du eine sichtbare Nummer? Warum?" (uv, 24) Sogar die Germanisten reagieren verstört: „Und trotzdem fragte mich einer eines Abends, als man kollegial zusammensaß, voller Erstaunen: ‚Was, du hast einmal den Judenstern getragen?' Ja, ich bin doch aus Wien, das weißt du doch, aus dem Wien, das der Hitler angeschlossen hat. Und denk mir: Und du willst Germanist sein?" (uv, 24.)

schaft aufbaute, die gewissermaßen ihre Familien ersetzte. Es entstand eine Wahlverwandtschaft, die aus Freundschaft, Ehrlichkeit und Toleranz hervorging. Den Freundinnen gab sie andere Namen, wobei jedes selbstidentifikatorische Pseudonym eine Metapher offenbart, die nicht nur auf die eigene Identifikation hinweist, sondern auch die Individualität der Autobiographin ergänzt. Die Metaphorisierung der Namen wird von der Autorin als Stilmittel verwendet, das ihr gestattet, ihr beschränktes Erinnerungsvermögen in eine literarische Form einzubetten. Das Literarische wird in ihrer Autobiographie auf diese Weise hervorgehoben und gewährt ihr als Autobiographin wiederum einen gewissen Freiraum, den sie für die Überbrückung ihrer Gedächtnislücken benötigt. Anneliese repräsentiert durch ihren fiktiven Namen das Mädchen, das sie aufgrund des langen Klinikaufenthaltes in der Schweiz nicht retten konnte und das von den Nationalsozialisten ermordet wurde. Klüger identifiziert sich mit diesem Kind, das sie nicht kannte, denn auch sie wäre fast von den Nazis ermordet worden. Die Freundin Anneliese ergänzt Klüger hauptsächlich in ihrer tadelnswerten Gemütsart. Wie sie durch die Perspektive der Freundin ihre eigenen Schwächen beschreibt, zeigt das folgende Textfragment, in dem sich Erzählerstimme und Figurenstimme nur schwerlich abgrenzen lassen und miteinander verschmelzen:

> Anneliese ist aus Manchester gekommen, selbstverständlich, ist sie nicht immer da, wenn es mir schlecht geht [=Erzählerbericht/transponierte erlebte Figurenrede]? Ich weine vor Rührung. […] Nie wieder werde ich richtig gehen können, klage ich, wenn ich hier überhaupt herauskomm, werde ich hinken [=zitierte direkte Figurenrede]. ‚Auch nicht das Schlimmste', sagt Anneliese kühl, ‚wem jammerst du was vor [=zitierte direkte Figurenrede]?' ‚Wirst du mir helfen', bettle ich kindisch, ‚einen Stock auszusuchen, und mir zeigen, wie man damit geht [=zitierte direkte Figurenrede]?' (wl, 278.)

Schon im ersten Satz fallen die Stimmen der zwei Frauen zusammen: Die Stimme der im Bett liegenden Ich-Erzählerin vernetzt sich mit der Stimme der Freundin aus Manchester. Bemerkenswert ist außerdem, dass es Anneliese ist, die die Freundin im Krankenhaus besucht. Anneliese geht selbst seit vielen Jahren am Stock und spielt die Folgen des Unfalls durch ihre kühlen Antworten herunter. Von nun an teilt die Protagonistin mit der Freundin auch eine physische Eigenschaft, auch wenn Anneliese ihr nicht nur geistig, sondern auch körperlich überlegen ist. Der gesamte Dialog wird durch visuelle Markierungen (Doppelpunkt und Anführungszeichen) gekennzeichnet, doch darf hierbei nicht außer Acht gelassen werden, dass sie sich auf Englisch unterhalten und nicht auf Deutsch.

Die zweite Freundin, Simone, symbolisiert hingegen die hilfsbereite Zionistin und die später konvertierte Christin. Simone ist die Freundin, die die Protagonistin durch die Kollaboration in einer Hilfsorganisation in Israel ergänzt. Eine Tätigkeit, die für Klüger unerfüllt geblieben ist. Marge repräsentiert die amerikanische Freundin, die trotz Nasenoperation und mütterlichem Bedenken promovierte und Anglistin wurde. Im Laufe der Jahre hat sie, so wie Klüger, ihren Namen häufig geändert. Die Namenswechsel sind bei Klüger eindeutige Anhaltspunkte für einen von außen hervorgerufenen Identitätswandel. Als jüdisches Mädchen im annektierten Österreich änderte sie ihren Rufnamen von Susi auf Ruth. Kurze Zeit später erhielt sie den Pflichtnamen „Sara", so dass sie ab 1939 „Ruth Sara" hieß. (Vgl. Friedländer 1997: 254.) In Auschwitz-Birkenau wurde sie mit der Tätowierung zu einer Nummer am Unterarm degradiert und blieb in dieser Zeit namenlos. Die Auslöschung ihrer Identität schritt im nächsten Lager fort, wo sie aufgrund ihrer körperlichen Veränderung (kurze Haare und Unterernährung) einen männlichen Spitznamen erhielt: „Schwarzer Peter". Nach ihrer Flucht, während der letzten Kriegsmonate, verwandelte sie sich in ein deutsches Flüchtlingskind mit dem deutschen Nachnamen „Kalisch". Ihre Identität konnte sie durch die ergänzenden Eigenschaften der drei Freundinnen zusammenfügen und ausbilden. Ihre Lücken wurden gefüllt und seelische Frakturen heilten langsam ab, da sie von den Freundinnen aufgrund ihrer eigenen „Beschädigungen" verstanden wurde.

Eine weitere Wahlverwandte und Adoptiv- oder, wie sie selbst nennt, „Pflegeschwester" ist Ditha, die sie „flüchtig" noch aus Wien kannte und in Birkenau kurz vor der Deportation nach Christianstadt wiedertraf. (Vgl. wl, 155.) Ditha wurde von Klügers Mutter aufgenommen und von nun an „als zu uns gehörend betrachtet" und „mitversorgt". (wl, 155.) Der Blick in die Vergangenheit, der von beiden Frauen aufgerufen wird, ist zunächst konstruktiv, da auch Ditha als Gedächtnisstütze fungiert. Als sich die Protagonistin jedoch an traumatische und destruktive Erlebnisse wie an die Steinbrüche in Christianstadt erinnert, die albtraumartig zurückkehren, wird Ditha ausgeschlossen. Der Sand aus dem Sandkasten, in dem Dithas Kinder spielen, während beide Frauen auf einer Parkbank auf einem Spielplatz sitzen, bewirkt eine epiphanische Rückblendung bei Ruth, die sie sofort an die Zwangsarbeit als Frauenhäftlinge erinnert. Die gemeinsame Vergangenheit und die Gegenwärtigkeit des Horrors verfolgen sie auch noch etliche Jahre nach dem Krieg. Jederzeit kann die Erinnerung daran erscheinen, wie der friedliche Parkbesuch beweist, den sie mit dem Grauen im KZ nicht vereinbaren kann:

> (Etwa zwölf Jahre später schau ich Ditha zu, wie sie mit ihren kleinen Kindern im Sand spielt. Die beschwichtigende, überlegene Stimme, mach dies oder jenes [=Erzählerbericht/zitierte direkte Figurenrede]. Plötzlich sehe ich uns wie damals, wir hocken beieinander im Steinbruch in der Kälte, Ditha legt den Arm um mich. Ich wende mich ab von ihr und den Kindern, denn der Sand erstarrt zu schlesischem Granit, und das Kinderspiel ist düster geworden [=Erzählerbericht]. Warum geht sie nicht nach Hause mit den Kindern, es ist doch alles verlogen [=autonomer innerer Monolog].) Vom Steinbruch träum ich noch manchmal. Es ist ganz öde, ich möchte mich irgendwo wärmen, aber wo denn [=Erzählerbericht/autonomer innerer Monolog]? (wl, 152.)

Die Idylle auf dem Kinderspielplatz wird unterbrochen. Doch was tatsächlich gestört wurde, ist die Kontinuität der Erzählung (die Binnenhandlung), die von Gefangenschaft und Zwangsarbeit in Christianstadt berichtete. Klüger fügt diesen in Klammern gesetzten Teil in die narrative Struktur der Erinnerungen und versetzt den Leser in eine Situation, die zwölf Jahre später stattfindet. Das Raum-Zeit-Gefüge verändert sich durch die Wiedergabe dreier Gegebenheiten: Die Erinnerung an Christianstadt, die von der zwölf Jahre später stattfindenden Situation auf dem Spielplatz unterbrochen wird, die schließlich mit einem Traum endet, der sie wieder in den Steinbruch zurückversetzt. Um dem Leser die Unmittelbarkeit der Situation nahe zu legen, wählt sie als Erzähltempus die unmittelbare Gegenwart, die durch den Einsatz von autonomen inneren Monologen intensiviert wird. Auf diese Weise überschneiden sich die Zeitebenen, so dass das KZ als emotionale Wunde immer präsent zu sein scheint. Ob eine gemeinsame Auseinandersetzung über die traumatischen Erlebnisse stattfindet und sie mit Ditha über die Steinbrüche und die Zeit der Gefangenschaft sprechen kann, oder ob im Bezug auf diese Erinnerung Schweigen herrscht, bleibt ungewiss. Ditha, die einige Jahre älter ist als sie, verleiht ihr wieder die Rolle der „kleinen Schwester", die sie durch den Tod des Bruders verloren hatte. Sie wirkt, wie die anderen Freundinnen, nicht nur wegen der gemeinsamen Vergangenheit „ergänzend" auf Klüger – „Freunde ergänzen einander" (wl, 251) –, sondern auch weil Ditha die „bessere Tochter" ist. Ditha ist zwar kein Ersatz für Schorschis Verlust, doch besetzt sie die Rolle der großen Schwester und des anderen Kindes, das der Mutter genommen und von den Nazis ermordet wurde. Obwohl sie sich in vielen Dingen voneinander unterscheiden, hat sie das Extremerlebnis Auschwitz zusammengeschweißt.

Die detaillierte Analyse der Figurenreden belegt meine Argumentation über die Vielstimmigkeit in Ruth Klügers Autobiographie. Die ausgewählten und analysierten Textfragmente offenbarten durch die Sezierung der Dialoge ihre polyphone Grundstruktur, die zum Teil eine hybride Konstruktion manifestierte. Es war möglich, in einigen Fällen verschiedene Zeitebenen aufzudecken, da Klüger die Vernetzung von Stimmen nicht immer in einem Erzähltempus vornimmt und sich die Stimmen aus mehreren Gesprächen zusammensetzen.[480]

[480] Siehe in Kapitel „4.1 Erinnerungen an frühe Familienszenen" das erste analysierte Textfragment oder in „4.6.1 Ruth Klügers Freundinnen in Amerika" den Besuch von Anneliese im Krankenhaus.

6. Literaturverzeichnis

Werke von Ruth Klüger:

Was Frauen schreiben. München: Zsolnay, 2010.

Żyć Dalej... Ins Polnische von Mariusz Lubyk. Warschau: Ossolineum, 2009.

[uv] *unterwegs verloren. Erinnerungen*. Wien: Zsolnay, 2008.

[GF] *Gemalte Fensterscheiben. Über Lyrik*. Göttingen: Wallstein, 2007.

Gelesene Wirklichkeit. Fakten und Fiktionen in der Literatur. Göttingen: Wallstein, 2006.

[LS] Lanzmanns Shoah in New York. In: dies.: *Gelesene Wirklichkeit. Fakten und Fiktionen in der Literatur*. Göttingen: Wallstein, 2006, 9-28.

[GG] Von hoher und niedriger Literatur. I. Der Gartenzwerg und das Goldene Kalb. In: dies.: *Gelesene Wirklichkeit. Fakten und Fiktionen in der Literatur*. Göttingen: Wallstein, 2006, 29-51.

[ME] Klüger, Ruth: Von hoher und niedriger Literatur. II. Mißbrauch der Erinnerung: KZ-Kitsch. In: dies.: *Gelesene Wirklichkeit. Fakten und Fiktionen in der Literatur*. Göttingen: Wallstein, 2006, 52-67.

[FF] Fakten und Fiktionen. In: dies.: *Gelesene Wirklichkeit. Fakten und Fiktionen in der Literatur*. Göttingen: Wallstein, 2006, 68-93.

[EW] Klüger, Ruth: Erlesenes Wien: wie seine Dichter es sahen und sehen. In: dies.: *Gelesene Wirklichkeit. Fakten und Fiktionen in der Literatur*. Göttingen: Wallstein, 2006, 104-135.

—/van Tuyl, Gijs/Welzel, Dieter/Zenck, Martin: *Vom Eigensinn der Kunst*. Bamberg: Universitätsverlag Bamberg, 2005.

Grenzüberschreitungen in der Literatur. In: dies./van Tuyl, Gijs/Welzel, Dieter/Zenck, Martin: *Vom Eigensinn der Kunst*. Bamberg: Universitätsverlag Bamberg, 2005.

Antigone und Kreon in Stadelheim. In: *Der Standard*, 19.03.2005, 39.

Holocaust unterrichten, wie? In: Stadler, Friedrich (Hrsg.): *Österreichs Umgang mit dem Nationalsozialismus. Die Folgen für die wissenschaftliche und humanistische Lehre*. Wien: Springer, 2004, 193-196.

Meine Toten sind zahlreich und gesprächig'. Zur Neuausgabe von Fred Wanders ‚Der siebente Brunnen'. In: *Zwischenwelten*, Jg. 21, 2 (Dez.), 2004.

Leva Vidare. En sann berättelse. Ins Schwedische von Ulrika Jannert Kallenberg. Stockholm: Wahlström & Widstrand, 2002.

Frauen lesen anders. München: DTV, 2002 (1. Aufl. 1996).

Vorwort. In: dies.: *Frauen lesen anders*. München: DTV, 2002 (1. Aufl. 1996), 7-8.

[Fla] *Frauen lesen anders*. In: dies.: *Frauen lesen anders*. München: DTV, 2002 (1. Aufl. 1996), 83-104.

[SdD] Siehe doch Deutschland. Martin Walser ‚Tod eines Kritikers'. In: *Frankfurter Rundschau*, 27.6.2002.

Tabu für Gedichte? Zu Paul Celans ‚Todesfuge'. In: *Der Standard*, 14.09.2002, Album, 7.

[SDWMF] *Schnitzlers Damen, Weiber, Mädeln, Frauen*. Wien: Wiener Vorlesungen, Picus, 2001.

Nachwort. In: Aichinger, Ilse: *Die größere Hoffnung*. Frankfurt/M.: Fischer, 2000 (1. Aufl. 1948).

[wl] *weiter leben. Eine Jugend*. Göttingen: Wallstein, 1992. Hier zitierte Ausgabe: München: DTV, 1999.

Mein Schiller. In: Bernhofer, Martin (Hrsg.): *Das Buch meines Lebens. Erinnerungen an das Lesen*. Wien: Sonderzahl, 1999.

Die Autorität des Wortes. Marcel Reich-Ranickis Lebensbuch. In: *Frankfurter Allgemeine Zeitung*, Beil., 02.10.1999, V.

Mitsingen verboten! Dankesrede. In: *Literatur + Kritik*, Juni 1998, 24-28.

Erich Hackl – Von einem, der die Wahrheit dichtet Literatur und Geschichte in fester Umarmung. In: *Literatur+Kritik*, Juni 1998, 37-42.

Kitsch ist immer plausibel. Was man aus den erfundenen Erinnerungen des Binjamin Wilkomirski lernen kann. In: *Süddeutsche Zeitung*. 30.09.1998, 17.

Katastrophen. Über deutsche Literatur. München: DTV, 1997 (1. Aufl. 1994).

[GJ] Gibt es ein ‚Judenproblem' in der deutschen Nachkriegsliteratur? In: dies.: *Katastrophen. Über deutsche Literatur*. München: DTV, 1997 (1. Aufl. 1994), 9-39.

Die Leiche unterm Tisch. Jüdische Gestalten aus der deutschen Literatur des neunzehnten Jahrhunderts. In: dies.: *Katastrophen. Über deutsche Literatur*. München: DTV, 1997 (1. Aufl. 1994), 83-106.

[DM] Der eingerichtete Mensch. Innendekor bei Adalbert Stifter. In: dies.: *Katastrophen. Über deutsche Literatur*. München: DTV, 1997 (1. Aufl. 1994), 107-132.

Refus de témoigner. Une jeunesse. Ins Französische von Jeanne Étoré. Paris: Viviane Hamy, 1997.

Seguir viviendo. Ins Spanische von Carmen Gauger. Barcelona: Galaxia Gutenberg, 1997.

Was ist wahr? In: *Die Zeit*, Nr. 38, 12.09.1997.

Vortrag. In: *Theodor-Herzl-Symposium, Wien: 100 Jahre ‚Der Judenstaat'*, 17.-21. März 1996, 16-23.

[ZWA] Zum Wahrheitsbegriff in der Autobiographie. In: Heuser, Magdalena (Hrsg.): *Autobiographien von Frauen: Beiträge zu ihrer Geschichte*. Tübingen: Niemeyer, 1996, 405-410.

Nichts für die gutgeölte Empörung. Ruth Klüger über Imre Kertész ‚Roman eines Schicksallosen'– Die radikale Fremdheit des KZ. In: *Weltwoche*, Nr. 17, 25.04.1996, 76.

Vivere ancora. Ins Italienische von A. Lavagetto. Torino: Einaudi, 1995.

Kitsch, Kunst und Grauen. Die Hintertüren des Erinnerns: Darf man den Holocaust deuten? In: *Frankfurter Allgemeine Zeitung*. Nr. 281, 02.12.1995.

Die Normalität der Lüge. Louis Begleys beeindruckende Kindheitserinnerungen aus Polen. In: *Die Zeit*, Nr. 41, 07.10.1994.

Ruth Klüger über Werke der Literatur: Frauen lesen anders. In: *Die Zeit*, Nr. 48, 25.11.1994.

Fabulierlust zum Tode. Edgar Hilsenrath und das Unmögliche. In. *Frankfurter Allgemeine Zeitung*, 01.06.1993.

Als Ruth Kluger:

Halloween and a Ghost. In: Fishman, Charles Adés (Hrsg.): *Blood to Remember: American Poets on the Holocaust*. St. Louis, Missouri: Time Being Books, 2007 (1. Aufl. 1991), 249-250.

Paisagens da Memória: Autobiografia de uma Sobrevivente do Holocausto. Ins Brasilianische von Irene Aron, São Paolo: Editora 34, 2005.

Die Pforte entriegeln: Goethes ‚Urworte Orphisch'. In: Richter, Simon J./Helfer, Marta B. (Hrsg.): *Goethe Yearbook, Volume 12*. New York: Boydell & Brewer, 2004, 185-188.

Landscapes of Memory. A Holocaust Girlhood Remembered. London: Bloomsburry Publishing PLC, 2003.

[SA] *Still Alive. A Holocaust Girlhood Remembered*. New York: The Feminist Press, 2001.

Kitsch and Art: Broch's Essay ‚Das Böse im Wertsystem der Kunst'. In: Lützeler, Paul Michael: *Hermann Broch, Visionary in Exile. the 2001 Yale Symposium*. New York: Candem House, 2003, 13-20.

Growing Up in the Eye of the Firestorm: A Jewish Childhood under the Nazis. In: Frederiksen, Elke P./Kaarsberg Wallach, Martha (Hrsg.): *Facing fascism and confronting the past*. German Women Writers from Weimar to the Present. New York: State University of New York Press, 2000, 3-19.

Als Ruth Kluger Angress:

Afterword. In: Ilona Karmel: *An Estate of Memory*, New York: Feminist Press, 1986, 445-457.

Kleist's Treatment of Imperialism: Die Hermannsschlacht and Die Verlobung in St. Domingo. In: *Monatshefte*, Vol. 69, 1977, 16-33.

The Early German Epigram: A Study in Baroque Poetry. Lexington: University Press of Kentucky, 1971.

Sekundärliteratur

Adler, H. G./Langbein, Hermann/Lingens-Reiner (Hrsg.): *Auschwitz. Zeugnisse und Berichte*. Hamburg: Europäische Verlagsanstalt, 1994.

— Theresienstadt 1941–1945. *Das Antlitz einer Zwangsgemeinschaft*. Göttingen: Wallstein, 2005 (1. Aufl. 1955).

Adorno, T. W.: *Gesammelte Schriften, Band 10.1. Kulturkritik und Gesellschaft I. Prismen – Ohne Leitbild*. Frankfurt/M.: Suhrkamp, 1977.

— Kulturkritik und Gesellschaft. In: ders.: *Gesammelte Schriften, Band 10.1. Kulturkritik und Gesellschaft I. Prismen. Ohne Leitbild*. Frankfurt/M.: Suhrkamp, 1977a.

— *Gesammelte Schriften, Band 10.2. Kulturkritik und Gesellschaft II. Eingriffe – Stichworte – Anhang*. Frankfurt/M.: Suhrkamp, 1977b.

— Jene zwanziger Jahre. In: ders.: *Gesammelte Schriften, Bd. 10.2. Kulturkritik und Gesellschaft II: Eingriffe–Stichworte–Anhang*. Frankfurt/M.: Suhrkamp, 1977c, 499-506.

— Engagement. In: ders.: *Gesammelte Werke. Bd. 11. Noten zur Literatur III*. Frankfurt/M.: Suhrkamp, 1974, 409-430.

Adunka, Evelyn: Weiter leben. Eine Jugend. In: *Illustrierte neue Welt*. Febr. 1993, 12.

Agamben, Giorgio: *Was von Auschwitz bleibt. Das Archiv und der Zeuge*. Frankfurt/M.: Suhrkamp, 2003.

Aichinger, Ilse: *Die größere Hoffnung*. Frankfurt/M.: Fischer, 2000 (1. Aufl. 1948).

Alfers, Sandra: Vergessene Verse. Untersuchungen zur deutschsprachigen Lyrik aus Theresienstadt. In: *Theresienstädter Studien und Dokumente 2004*, Prag: Institut Terezínské iniciativy, 2004, 136-158.

— Voices from a Haunting Past: Ghosts, Memory, and Poetry in Ruth Klüger's ‚weiter leben. Eine Jugend' (1992). In: *Monatshefte für deutschsprachige Literatur und Kunst*. Vol. 100, No. 4, 2008, 519-533.

Alighieri, Dante: *Die Göttliche Komödie*. Übersetzt von Hermann Gmelin. Stuttgart: Reclam, 2000.

Allen, Graham: *Intertextuality*. London/New York: Routledge, 2002.

Aly, Götz et. al. (Hrsg.): *Die Verfolgung und Ermordung der europäischen Juden durch das nationalsozialistische Deutschland: 1933-1945. Band 1: Deutsches Reich 1933-1937*. München: Oldenbourg, 2008.

Améry, Jean: Weiterleben – aber wie? In: Heidelberger-Leonard, Irene/Scheit, Gerhard (Hrsg.): *Werke. Band 6, Aufsätze zur Philosophie*. Stuttgart: Klett-Cotta, 2004, 511-525.

— Örtlichkeiten. In: Heidelberger-Leonard (Hrsg.): *Werke, Bd. 2*. Stuttgart: Klett-Cotta, 2002, 351-489.

— *Jenseits von Schuld und Sühne. Bewältigungsversuche eines Überwältigten*. Stuttgart: Klett-Cotta, 2000 (1. Aufl. 1966).

— An den Grenzen des Geistes. In: ders.: *Jenseits von Schuld und Sühne. Bewältigungsversuche eines Überwältigten*. Stuttgart: Klett-Cotta, 2000a (1. Aufl. 1966), 18-45.

— Die Tortur. In: ders.: *Jenseits von Schuld und Sühne. Bewältigungsversuche eines Überwältigten*. Stuttgart: Klett-Cotta, 2000b (1. Aufl. 1966). 46-73.

— Über Zwang und Unmöglichkeit, Jude zu sein. In: ders.: *Jenseits von Schuld und Sühne. Bewältigungsversuche eines Überwältigten*. Stuttgart: Klett-Cotta, 2000c (1. Aufl. 1966), 130-156.

Andersch, Alfred: Rede auf einem Empfang bei Arnoldo Mondadori am 9. November 1959. In: Kiedaisch, Petra (Hrsg.): *Lyrik nach Auschwitz? Adorno und die Dichter*. Stuttgart: Reclam, 2001, 76-78.

Angerer, Christian: ‚Wir haben im Grunde nichts als die Erinnerung.' Ruth Klügers ‚weiter leben' im Kontext der neueren KZ-Literatur. In: *Sprachkunst*, Jg. 29, 1. Halbband, 1998, 61-83.

Apel, Friedmar: Der zerbrochene Kamm. Zurück zur Wirklichkeit: Ruth Klügers Aufsätze zur Literatur. In: *Frankfurter Allgemeine Zeitung*, 15.05.2006, 38.

Appelfeld, Aharon: *Geschichte eines Lebens*. Aus dem Hebräischen von Anne Birkenhauer. Reinbek bei Hamburg: Rowohlt, 2006 (1. Aufl. 1999).

Arendt, Hannah: *Eichmann in Jerusalem. Ein Bericht von der Banalität des Bösen*. Aus dem Amerikanischen von Brigitte Granzos. München: Piper, 2007 (1. dt. Aufl. 1964).

— *Elemente und Ursprünge totaler Herrschaft. Antisemitismus, Imperialismus, totale Herrschaft*. München: Piper, 2005 (1. dt. Aufl. 1955).

— *Ich will verstehen. Selbstauskünfte zu Leben und Werk*. Hrsg. v. Ursula Ludz. München: Piper, 2005a.

— *Denktagebuch: 1950 bis 1973*. Hrsg. v. Ursula Ludz und Ingeborg Nordmann. München: Piper, 2002.

— /Jaspers, Karl: *Briefwechsel 1926-1969*. Hrsg. v. Lotte Köhler und Hans Saner. München: Piper, 2001 (1. Aufl. 1993).

— ‚Ansprache von Hannah Arendt anläßlich der öffentlichen Gedenkfeier [für Karl Jaspers] der Universität Basel am 04.03.1969. In: Arendt, Hannah/Jaspers, Karl: *Briefwechsel 1926-1969*. Hrsg. v. Lotte Köhler und Hans Saner. München: Piper, 2001 (1. Aufl. 1993), 719-720.

— /Heidegger, Martin: *Briefe 1925-1975 und andere Zeugnisse*. Hrsg v. Ursula Ludz. Frankfurt/M.: Klostermann, 1998.

— /Blücher, Heinrich: *Briefe: 1936-1968*. Hrsg. v. von Lotte Köhler. München: Piper, 1996.

Arens, Detlev: *Prag. Kultur und Geschichte der ‚Goldenen Stadt'*. Köln: DuMont, 2003.

Arnold, Heinz Ludwig/Detering, Heinrich: *Grundzüge der Literaturwissenschaft*. München: DTV, 1996.

— *Kritisches Lexikon zur deutschsprachigen Gegenwartsliteratur*. München: Text+Kritik, 1978.

Assmann, Aleida: *Der lange Schatten der Vergangenheit. Erinnerungskultur und Geschichtspolitik*. München: Beck, 2006.

— *Erinnerungsräume: Formen und Wandlungen des kulturellen Gedächtnisses*. München: Beck, 2006a.

— *Wir wahr sind Erinnerungen?* In: Welzer, Harald (Hrsg.): Das soziale Gedächtnis. Hamburg: Hamburger Edition, 2001, 103-122.

— /Harth, Dietrich (Hrsg.): *Mnemosyne. Formen und Funktionen der kulturellen Erinnerung*. Frankfurt/M.: Fischer, 1991.

Assmann, Jan: *Das kulturelle Gedächtnis: Schrift, Erinnerung und politische Identität in frühen Hochkulturen*. München: Beck, 2005.

August, Jochen: Geschichte und Topographie von Auschwitz-Birkenau. In: *Die Auschwitz-Hefte, Band 2*. Weinheim und Basel: Hamburger Institut für Sozialforschung, Beltz, 1987, 268-272.

Bachmann, Ingeborg: Frankfurter Vorlesungen: Probleme zeitgenössischer Dichtung. V Literatur als Utopie. In: dies.: *Gedichte, Erzählungen, Hörspiel, Essays*. München/Zürich: Piper, 1997 (1. Aufl. 1995), 334-350.

— Jugend in einer österreichischen Stadt. In: dies.: *Werke 2: Erzählungen*. Hrsg. v. Christine Koschel, Inge Weidenbaum, Clemens Münster. München: Piper, 1993 (1. Aufl. 1978), 84-93.

Bachtin, Michail M.: *Die Ästhetik des Wortes*. Hrsg u. eingeleitet v. Rainer Grübel. Aus dem Russischen von Rainer Grübel und Sabine Reese. Frankfurt/M.: Suhrkamp, 2005 (1. Aufl. 1979).

— *Literatur und Karneval. Zur Romantheorie und Lachkultur*. München: Hanser, 1969.

Baer, Elisabeth: Nachwort. In: Eichengreen, Lucille: *Frauen und Holocaust. Erlebnisse, Erinnerungen und Erzähltes*. Bremen: Donat, 2004, 81-88.

Baer, Ulrich: *Niemand zeugt für den Zeugen. Erinnerungskultur nach der Shoah*. Frankfurt/M.: Suhrkamp, 2000.

Barkai, Avraham u.a.: *Deutsch-jüdische Geschichte in der Neuzeit. Vierter Band. 1918-1945*. München: Beck, 1997.

Bascoy, Montserrat u.a. (Hrsg.): *Gender und Macht in der deutschsprachigen Literatur*. Frankfurt/M.: Peter Lang, 2007.

Bauer, Arnold: *Stefan Zweig*. Berlin: Morgenbuch, 1996.

Bauer, Barbara/Strickhausen, Waltraud (Hrsg.): *‚Für ein Kind war das anders. Traumatische Erfahrungen jüdischer Kinder und Jugendlicher im nationalsozialistischen Deutschland*. Berlin: Metropol, 1999.

— Einleitung und Tagungsprotokoll. In: dies. u.a. (Hrsg.): *‚Für ein Kind war das anders. Traumatische Erfahrungen jüdischer Kinder und Jugendlicher im nationalsozialistischen Deutschland.* Berlin: Metropol, 1999, 14-63.

Baumer, Franz: *Arthur Schnitzler.* Berlin: Colloquium, 1992.

Becker, Barbara von: Jeder von uns liest anders. Ruth Klügers offensiv weiblicher Blick auf Literatur. In: *Süddeutsche Zeitung*, Beil., 02/03.11.1996, 5.

Bekas, Bozena u.a. (Hrsg.): *Erinnerung, Gedächtnis, Geschichtsbewältigung.* Fernwald: Litblockín, 2002.

Behre, Kerstin/Metz, Petra (Hrsg.): Ruth Klüger: Entretien avec Jorge Semprún. In: dies. (Hrsg.): *Jetzt-Autoren. Ils écrivent en allemand.* Paris: Jean Jacques Pauvert, 2001.

Benz, Wolfgang u.a.: Konzentrationslager Auschwitz. In: ders./Distel, Barbara (Hrsg.): *Der Ort des Terrors. Geschichte des nationalsozialistischen Konzentrationslager, Band 5: Hinzert, Auschwitz, Neuengamme.* München: Beck, 2007, 75-312.

Berger, Albert/Moser, Elisabeth (Hrsg.): *Jenseits des Diskurses. Literatur und Sprache in der Postmoderne.* Wien: Passagen, 1994.

Berghahn, Klaus J.: Ringelblums Milchkanne. Über Möglichkeiten und Grenzen der dokumentarischen Repräsentation des Holocaust. In: ders. u.a. (Hrsg.): *Kulturelle Repräsentationen des Holocaust in Deutschland und den Vereinigten Staaten.* New York: Peter Lang, 2002, 147-165.

— u.a. (Hrsg.): *Kulturelle Repräsentationen des Holocaust in Deutschland und den Vereinigten Staaten.* New York: Peter Lang, 2002.

Bial, Henry: *Acting Jewish. Negotiating Ethnicity on the American Stage and Screen.* Michigan: University of Michigan Press, 2005.

Bichsel, Peter: Der Leser. Das Erzählen. Frankfurter Poetik-Vorlesungen. In: Kiedaisch, Petra (Hrsg.): *Lyrik nach Auschwitz? Adorno und die Dichter.* Stuttgart: Reclam, 2001, 132-133.

Biermann, Wolf: Deutschland verrät Israel. In: *Die Zeit*, Nr. 44, 26.10.2006, 63.

— *Alle Lieder.* Köln: Kiepenheuer & Witsch, 1991.

— Ballade vom gut Kirschenessen (1990). In: ders.: *Alle Lieder.* Köln: Kiepenheuer & Witsch, 1991, 421-423.

Binder, Gerda: Zur Frage der Identität in Ruth Klügers ‚weiter leben'. In: Bekas, Bozena u.a. (Hrsg.): *Erinnerung, Gedächtnis, Geschichtsbewältigung.* Fernwald: Litblockín, 2002, 9-16.

Binder, Hartmut: *Kafka Kommentar zu den Romanen, Rezensionen, Aphorismen und zum Brief an den Vater.* München: Winkler, 1976.

Blanke, Tobias: *Das Böse in der politischen Theorie.* Bielefeld: Transcript, 2006.

Blodig, Vojtech (Museum Theresienstadt): „Kinder aus dem Ghetto Theresienstadt." In: Bamberger, Edgar/Ehmann, Annegret (Hrsg.): *Kinder und Jugendliche als Opfer des Holocaust.* Heidelberg: Dokumentations- und Kulturzentrum deutscher Sinti und Roma/Gedenkstätte Haus der Wannseekonferenz, 1995, 165-169.

Bloom, Harold: *The Western Canon. The books and School of the Ages*. New York: Riverhead Books, 1995 (1. Aufl. 1994).

Blum, Eve Line: *Nous sommes 900 Français*, [Texte imprimé] : à la mémoire des déportés du convoi n° 73 ayant quitté Drancy le 15 mai 1944. V, É. L. Blum-Cherchevsky Besançon, 2003.

Bock, Gisela (Hrsg.): *Genozid und Geschlecht. Jüdische Frauen im nationalsozialistischen Lagersystem*. Frankfurt/M.: Campus, 2005.

Bodenheimer, Alfred: ‚Ich hab den Verstand nicht verloren, ich hab Reime gemacht.' Ruth Klügers Jugendautobiographie ‚weiter leben'. In: Gillis-Carlebach, Miriam/Vogel, Barbara (Hrsg.): *‚So spricht der Ewige: ...Und die Straßen der Stadt Jerusalem werden voll sein mit Knaben und Mädchen, die in ihren Straßen spielen' (gemäß Sacharjah 8, 4-5). Die Siebte Joseph Carlebach-Konferenz. Das jüdische Kind zwischen hoffnungsloser Vergangenheit und hoffnungsvoller Zukunft*. Hamburg: Dölling und Galitz, 2008, 278-291.

Borchmeyer, Dieter: Literatur als Tauziehen. In: *Frankfurter Allgemeine Zeitung*, 30.10.2001, 49.

Borowski, Tadeusz: *Bei uns in Auschwitz. Erzählungen*. Aus dem Polnischen von Friedrich Griese. Frankfurt/M.: Schöffling & Co., 2007 (1. Aufl. 1963).

— *This way to the gas, ladies and gentlemen*. Ins Englische von Barbara Vedder. New York: Penguin Books, 1976.

Bos, Pascale R.: *German-Jewish Literature in the Wake of the Holocaust: Grete Weil, Ruth Klüger, and the Politics of Address*. New York: Palgrave Macmillan, 2005.

— Positionality und Postmemory in Scholarship on the Holocaust. In: Boetcher Joeres, Ruth Ellen/Gelus, Marjorie (Hrsg.): Women *in German Yearbook*. Vol. 19, 2003, 50-73.

— Women and the Holocaust. Analyzing Gender Difference. In: Baer, Elisabeth R./Goldenberg, Myrna (Hrsg.): *Experience and Expression. Women, the Nazis and the Holocaust*. Detroit: Wayne State University, 2003, 23-50.

Boyne, John: *The Boy in the Striped Pyjamas*. New York: David Fickling Books, 2006.

Braese, Stephan u.a. (Hrsg.): *Deutsche Nachkriegsliteratur und der Holocaust*. Frankfurt/M.: Campus, 1998.

— /Gehle, Holger: Ruth Klüger in Deutschland. In: *Kassiber, Texte zur politischen Philologie 1*, Bonn: Selbstverlag, 1994.

Brandstetter, Gabriele: *Tanz-Lektüren. Körperbilder und Raumfiguren der Avantgarde*. Frankfurt/M.: Fischer, 1995.

Brecht, Bertold: *Mutter Courage und ihre Kinder*. Frankfurt/M.: Suhrkamp, 1964.

— *Gedichte 4. Gedichte und Gedichtfragmente 1928-1939. Band 14*. Frankfurt/M.: Suhrkamp, 1993.

Brisac, Geneviève: Le fil précaire du sentiment juste. In: *Le Monde des Livres*, Paris, 17.10.1997, XI.

Broich, Ulrich/Pfister, Manfred (Hrsg.): *Intertextualität. Formen, Funktionen, anglistische Fallstudien*. Tübingen: Niemeyer, 1985.

— Formen der Markierung von Intertextualität. In: ders./Pfister, Manfred (Hrsg.): *Intertextualität. Formen, Funktionen, anglistische Fallstudien*. Tübingen: Niemeyer, 1985, 31-47.

Bronsen, David: *Joseph Roth. Eine Biographie*. Köln: Kiepenheuer & Witsch, 1993 (1. Aufl. 1974).

Broszat, Martin: Nationalsozialistische Konzentrationslager 1933-1945. In: Buchheim, Han u.a.: *Anatomie des SS-Staates Band 2*. München: DTV, 1999 (1. Aufl. 1965).

Brunkhorst, Hauke: *Hannah Arendt*. München: Beck, 1999.

Bubis, Ignatz u.a.: Wir brauchen eine neue Sprache für die Erinnerung. Ein Gespräch. ‚Frankfurter Allgemeine Zeitung', 14.12.1998. In: Schirrmacher, Frank (Hrsg.): *Die Walser-Bubis-Debatte. Eine Dokumentation*. Frankfurt/M.: Suhrkamp, 1999, 438-465.

Buchheim, Hans u.a.: *Anatomie des SS-Staates Band 2*. München: DTV, 1999 (1. Aufl. 1965).

Bührke, Thomas: *Albert Einstein*. München: DTV, 2005 (1. Aufl. 2003).

Butzer, Günter: Topographie und Topik. Zur Beziehung von Narration und Argumentation in der autobiographischen Holocaust-Literatur. In. Günter, Manuela (Hrsg.): *Überleben schreiben. Zur Autobiographik der Shoah*. Würzburg: Königshausen&Neumann, 2002, 51-75.

Callenholm, Anna: Die Mutter-Tochter-Beziehung in Ruth Klügers ‚weiter leben. Eine Jugend'. In: Bareis, J. Alexander (Hrsg.): *Text im Kontext 6. Arbeitstagung Schwedischer Germanisten*. Göteborg: Acta Univ. Gothoburgensis, 2004, 233-240.

Celan, Paul: *Mohn und Gedächtnis: Gedichte*. Stuttgart: DVA, 1994 (1. Aufl. 1952).

— *Die Gedichte*. Hrsg. und kommentiert v. Barbara Wiedemann. Frankfurt/M.: Suhrkamp. 2003.

Cernyak-Spatz, Susan E.: *German Holocaust Literature*. Frankfurt/M.: Peter Lang, 1985.

Clausen-Stolzenburg, Maren: *Märchen und mittelalterliche Literaturtradition*. Heidelberg: Winter, 1995.

Czech, Danuta: *Kalendarium der Ereignisse im Konzentrationslager Auschwitz-Birkenau 1939-1945*. Reinbek bei Hamburg: Rowohlt, 1989.

Debus, Friedhelm: Identitätsstiftende Funktion von Personennamen. In: Janich, Nina/Thim-Mabrey, Christiane (Hrsg.): *Sprachidentität. Identität durch Sprache*. Tübingen: Gunter Narr, 2003, 77-90.

Demmer, Erich: Ort des Geschehens: Auschwitz. ‚weiter leben': Ruth Klügers Protokoll einer zertrümmerten Jugend. In: *Die Presse*, 30.04/1./2.5.1993.

Des Pres, Terrence: *The Survivor. An Anatomy of Life in the Death Camps*. New York: Oxford University Press, 1976.

Detering, Heinrich: Stigma, Stift, Schrift. Autorschaft und Authentizität bei Ruth Klüger, Jakob Littner und Wolfgang Koeppen. In: Martínez, Matias (Hrsg.): *Der Holocaust und die Künste*. Bielefeld: Aisthesis, 2004.

Deutschkron, Inge: *Ich trug den gelben Stern*. München: DTV, 1995 (1. Aufl. 1978).

Die Bibel*. Einheitsübersetzung. Altes und Neues Testament*. Hrsg. i. A. der Bischöfe Deutschlands, Österreichs, der Schweiz, des Bischofs von Luxemburg, des Bischofs von Lüttich, des Bischofs von Bozen-Brixen. Für die Psalmen und das Neue Testament auch im Auftrag des Rates des Evangelischen Bibelwerks in der Bundesrepublik Deutschland. Freiburg: Herder, 2008 (1. Aufl. 1980).

Die Staatspreisträgerin Ruth Klüger: Irgendwo muß jeder leben dürfen. In: *Die Furche*, Nr. 44, 30.10.1997, 7.

Diekmann, Irene/Schoeps, Julius H. (Hrsg.): *Das Wilkomirski-Syndrom. Eingebildete Erinnerungen oder Von der Sehnsucht, Opfer zu sein*. Zürich und München: Pendo, 2002.

Diem, Peter: *Die Symbole Österreichs. Zeit und Geschichte in Zeichen*. Wien: Kremayr & Scheriau, 1995.

Diner, Dan: *Das Jahrhundert verstehen*. Frankfurt/M.: Fischer, 2000.

— (Hrsg.): *Zivilisationsbruch. Denken nach Auschwitz*. Frankfurt/M.: Fischer, 1988.

Deutschkron, Inge: *Ich trug den gelben Stern*, München: DTV, 1995 (1. Aufl. 1978).

— Erinnerung als Rettung. In: *Die Tageszeitung*, 20.02.1993.

Doerry, Martin: ‚Wien schreit nach Antisemitismus'. In: ders.: *Nirgendwo und überall zu Haus. Gespräche mit Überlebenden des Holocaust*. München: Deutsche Verlagsanstalt, 2006, 99-108.

Domin, Hilde: Wozu Lyrik heute? Lyrik und Gesellschaft. In: Kiedaisch, Petra (Hrsg.): *Lyrik nach Auschwitz? Adorno und die Dichter*, Stuttgart: Reclam, 2001, 85-90.

Dresden, Sem: *Holocaust und Literatur*. Aus dem Niederländischen von Gregor Seferens und Andreas Ecke. Frankfurt/M.: Jüdischer Verlag, 1997.

Drosdowsky, Günther: *Duden Lexikon der Vornamen. Herkunft, Bedeutung und Gebrauch*. Mannheim: Dudenverlag, 1974.

Ducrot, Oswald: *Le dire et le dit*. Paris: Minuit, 1984.

Edvardson, Cordelia: *Die Welt zusammenfügen*. München: DTV, 1991 (1. Aufl. 1989).

— *Gebranntes Kind sucht das Feuer*. München: DTV, 1990 (1. Aufl. 1986).

Ehalt, Hubert Christian: Arthur Schnitzler und sein Tagebuch. Vorwort. In: Klüger, Ruth: *Schnitzlers Damen, Weiber, Mädeln, Frauen*. Wien: Picus, 2001, 11-21.

Ehlers, Hella: Erinnerte Geschichte in autobiographischen Texten deutscher jüdischer Schriftsteller nach der Shoah. In: Platen, Edgar (Hrsg.): *Erinnerte und erfundene Erfahrung*. München: Iudicium, 2000, 9-30.

Eich, Günter: Das Wort ‚Maulwürfe' ist ein Wort aus der Familiensprache. Interview von Johannes Poethen. Aufnahme des SDR, Stuttgart. November 1968. In: Kiedaisch, Petra (Hrsg.): *Lyrik nach Auschwitz? Adorno und die Dichter*, Stuttgart: Reclam, 2001, 106-107.

Eichengreen, Lucille: *Rumkowski, der Judenälteste von Lodz*. Hamburg: Europäische Verlagsanstalt, 2000.

— *Frauen und Holocaust. Erlebnisse, Erinnerungen und Erzähltes*. Bremen: Donat, 2004.

Eigler, Friederike: Zur Repräsentation traumatischer Orte in Texten von Dieter Forte, Ruth Klüger und Stephan Wackwitz. In: Rectanus, Mark W.: *Über Gegenwartsliteratur. Interpretationen und Interventionen. Festschrift für Paul Michael Lützeler zum 65. Geburtstag von ehemaligen StudentInnen*. Bielefeld: Aisthesis, 2008, 156-173.

Eke, Norbert Otto/Steinecke, Hartmut: *Shoah in der deutschsprachigen Literatur*. Berlin: Erich Schmidt, 2006.

Elias, Ruth: *Die Hoffnung erhielt mich am Leben. Mein Weg von Theresienstadt und Auschwitz nach Israel*. München: Piper, 2006 (1. Aufl. 1988).

Engelmann, Peter u.a. (Hrsg.): *Weimarer Beiträge. Zeitschrift für Literaturwissenschaft, Ästhetik und Kulturwissenschaften*. Nr. 4, 42. Jahrgang, Berlin: Passagen, 1996.

Enzensberger, Hans Magnus: Die Steine der Freiheit. In: Kiedaisch, Petra (Hrsg.): *Lyrik nach Auschwitz? Adorno und die Dichter*, Stuttgart: Reclam, 2001, 73-76.

Erll, Astrid/Nünning, Ansgar: *Gedächtniskonzepte der Literaturwissenschaft: Theoretische Grundlegung und Anwendungsperspektiven*. Berlin: de Gruyter, 2005.

Eschebach, Insa u.a. (Hrsg.): *Gedächtnis und Geschlecht. Deutungsmuster in Darstellungen des nationalsozialistischen Genozids*. Frankfurt/M.: Campus, 2002.

Esposito, Roberto: *El origen de la pólitica. ¿Hannah Arendt o Simone Weil?* Aus dem Italienischen von Rosa Rius Gatell. Barcelona: Paídos, 1999.

Estébanez Calderón, Demetrio: *Diccionario de términos literarios*. Madrid: Alianza, 1999.

Ewertowski, Ruth: *Das Außermoralische: Friedrich Nietzsche – Simone Weil – Heinrich von Kleist – Frank Kafka.* Heidelberg: Universitätsverlag Ch. Winter, 1994.

Feldhay Brenner, Rachel: *Writing as Resistance. Four Women confronting the Holocaust: Edith Stein, Simone Weil, Anne Frank and Etty Hillesum.* Pennsylvania: Penn State Press, 2003.

Fénelon, Fania: *Das Mädchenorchester in Auschwitz.* Aus dem Französischen von Sigi Loritz. München: DTV, 2005 (1. Aufl. 1981).

Feuchert, Sascha: *Ruth Klüger. weiter leben. Erläuterungen und Dokumente.* Stuttgart: Reclam, 2004.

— (Hrsg.): *Arbeitstexte für den Unterricht. Holocaust-Literatur Auschwitz.* Stuttgart: Reclam, 2000.

Finkelstein, Norman: *Die Holocaust-Industrie. Wie das Leiden der Juden ausgebeutet wird.* Aus dem Amerikanischen von Helmut Reuter. München: Piper, 2005 (1. Aufl. 2001).

Finnan, Carmel: ‚Ein Leben in Scherben': Geschlechterdifferenz als Erinnerungsform bei Cordelia Edvardson und Ruth Klüger. In: Günter, Manuela (Hrsg.): *Überleben schreiben. Zur Autobiographik der Shoah.* Würzburg: Königshausen&Neumann, 2002, 155-175.

Finne, Rainer: Im Kopf ging alles drunter und drüber. Ruth Klüger, die beispielhaft eine jüdische Kindheit beschrieben hat, erhält den ‚Marie-Luise-Kaschnitz-Preis' der evangelischen Buchhandlung. In: *Deutsches Allgemeines Sonntagsblatt*, Nr. 47, 25.11.1994, 21.

— ‚Leute wie ich führen ein gespaltenes Leben'. In: *Allgemeines Sonntagsblatt*, 11.09.1992, 28.

Fischer, Irmtraud: *Women who wrestled with God.* Aus dem Deutschen von Linda M. Maloney. Collegeville, Minnesota: Liturgical Press, 2005.

— Das Buch Rut – eine ‚feministische' Auslegung der Tora? In: Gerstenberger, Erhard/Schoenborn, Ulrich (Hrsg.): *Hermeneutik, sozialgeschichtlich: Kontextualität in den Bibelwissenschaften aus der Sicht (latein)amerikanischer und europäischer Exegetinnen und Exegeten.* Münster: LIT, 1999, 39-58.

Fischer, Pascal: *Yidishkeyt und Jewishness.* Heidelberg: Winter, 2003.

Fischer, Torben/Lorenz, Matthias N. (Hrsg.): *Lexikon der „Vergangenheitsbewältigung" in Deutschland: Debatten- und Diskursgeschichte des Nationalsozialismus nach 1945.* Bielefeld: Transcript, 2007.

Fisher, David James u.a.: *Psychoanalytische Kulturkritik und die Seele des Menschen. Essays über Bruno Bettelheim.* Gießen: Psychozial, 2003.

Fishman, Charles Adés (Hrsg.): *Blood to Remember: American Poets on the Holocaust.* St. Louis, Missouri: Time Being Books, 2007 (1. Aufl. 1991).

Fohlmann, Jürgen: Der Aufschub des Erzählens. Überlegungen zu *Holocaust* und *Schindlers Liste.* In: Berghahn, Klaus u.a. (Hrsg.): *Kulturelle Repräsen-*

tation des Holocaust in Deutschland und den Vereinigten Staaten. New York: Peter Lang, 2002, 43-58.

Foltin, Lore B.: *Franz Werfel*. Stuttgart: Metzler, 1972.

François, Étienne/Schulze Hagen (Hrsg.): *Deutsche Erinnerungsorte. Band 1*. München: Beck, 2001.

Frankl, Viktor E.: *...trotzdem ja zum Leben sagen. Ein Psychologe überlebt das Konzentrationslager*. München: DTV, 2002.

Frederiksen, Elke P./Kaarsberg Wallach, Martha (Hrsg.): *Facing fascism and confronting the past. German Women Writers from Weimar to the Present*. New York: State University of New York Press, 2000.

Frei-Gerlach, Franziska: Die Macht der Körnlein. Stifters Sandformationen zwischen Materialität und Signifikation. In: Schneider, Sabine/Hunfeld, Barbara (Hrsg.): *Die Dinge und die Zeichen. Dimensionen des Realistischen in der Erzählliteratur des 19. Jahrhunderts*. Würzburg: Königshausen&Neumann, 2008, 109-122.

Freinschlag, Andreas: Gattungstheoretische und poetologische Anmerkungen zu Ruth Klügers Autobiographie ‚weiter leben'. In: Bekas, Bozena u.a. (Hrsg.): *Erinnerung, Gedächtnis, Geschichtsbewältigung*. Fernwald: Litblockín, 2002, 23-36.

Freud, Sigmund. *Vorlesungen zur Einführung in die Psychoanalyse. Und Neue Folge*. Hrsg. v. Alexander Mitscherlich u.a.. Studienausgabe. Bd. 1. Frankfurt/M.: Fischer, 2000 (1. Aufl. 1969).

— *Briefe 1873-1939*. Hrsg. von Ernst und Lucie Freud. Frankfurt/M.: Fischer, 1980.

Friedländer, Saul: *Wenn die Erinnerung kommt*. Aus dem Französischen von Helgard Oestreich. München: Beck, 2007 (1. Aufl. 1979).

— *Das Dritte Reich und die Juden: die Jahre der Verfolgung 1933-1939; die Jahre der Vernichtung 1939-1945*. Aus dem Englischen von Martin Pfeiffer. München: Beck, 2007.

— *Nazi Germany and the Jews. Volume 1: The Years of Persecution, 1933-1939*. London: Phoenix, 1997.

— *Probing the Limits of Representation: Nazism and the „Final Solution"*. Harvard: Harvard University Press 1992.

— *Kitsch und Tod. Der Widerschein des Nazismus*. Aus dem Französischen von Michael Grendacher. München: DTV, 1986 (1. Aufl. 1984).

Friedrich, Gerhard: Der Realismus des biblischen Menschenbildes. In: Temporini, Hildegard/Haase, Wolfgang (Hrsg.): *Aufstieg und Niedergang der Römischen Welt: Geschichte und Kultur Roms im Spiegel der neuren Forschung*. Berlin: de Gruyter, 1996, 2715-2735.

Frindte, Wolfgang: *Inszenierter Antisemitismus. Eine Streitschrift*. Wiesbaden: Verlag für Sozialwissenschaften, 2006.

Fritz, Elisabeth Th./Kretschmer, Helmut (Hrsg.): *Wien Musikgeschichte: Teil 1.Volksmusik und Wienerlied*. Freiburg: LIT, 2006.

Galley, Susanne: *Das jüdische Jahr. Feste, Gedenk- und Feiertage*. München: Beck, 2003.

Garbe, Joachim: *Deutsche Geschichte in deutschen Geschichten der neunziger Jahre*. Würzburg: Königshausen&Neumann, 2002.

Gaus, Günter: *Zur Person. Portraits in Frage und Antwort*. München: DTV, 1965.

Gay, Peter: *Schnitzler y su tiempo. Retrato cultural de la Viena del siglo XIX*. Barcelona: Paidós, 2002.

Gebauer, Mirjam: Wendekrisen: *Der Pikaro im deutschen Roman der 1990er Jahre*. Trier: WVT, 2006.

Geber, Eva: Lesen, was Klüger macht. In: *AUFacts*, Nr. 87, März 1995, 27-28.

Geier, Manfred: *Die Schrift und die Tradition. Studien zur Intertextualität*. München: Wilhelm Fink, 1985.

Genette, Gérard: *Palimpseste. Die Literatur auf zweiter Stufe*. Aus dem Französischem von Wolfram Bayer und Dieter Hornig. Frankfurt/M.: Suhrkamp, 2008 (1. Aufl. 1993.).

— *Paratexte*: *Das Buch vom Beiwerk des Buches*. Aus dem Französischem von Dieter Hornig. Frankfurt/M.: Campus, 1989.

Gerlach, Stefanie/Weber, Frank: *‚...es geschah am hellichten Tag!' Die Deportation der badischen, pfälzer und saarländischen Juden in das Lager Gurs/Pyrenäen*. Stuttgart: Landeszentrale für politische Bildung, 2005.

Gerstenberger, Erhard/Schoenborn, Ulrich: *Hermeneutik, sozialgeschichtlich: Kontextualität in den Bibelwissenschaften aus der Sicht (latein)amerikanischer und europäischer Exegetinnen und Exegeten*. Berlin/Hamburg/Münster: LIT, 1999.

Gillis-Carlebach, Miriam/Vogel, Barbara (Hrsg.): *‚So spricht der Ewige: ...Und die Straßen der Stadt Jerusalem werden voll sein mit Knaben und Mädchen, die in ihren Straßen spielen' (gemäß Sacharjah 8, 4-5). Die Siebte Joseph Carlebach-Konferenz. Das jüdische Kind zwischen hoffnungsloser Vergangenheit und hoffnungsvoller Zukunft*. Hamburg: Dölling und Galitz, 2008.

Gleichauf, Ingeborg: *Hannah Arendt*. München: DTV, 2000.

Glöckel, Katharina: *Erinnern, Zeugen, Fortschreiben: zu Ruth Klügers weiter leben*. Saarbrücken: VDM, 2009.

Gmünder, Stefan: Über den Umgang mit Gespenstern. In: *Der Standard*, 06.10.2009.

Gnauck, Gerhard: Marcel Reich-Ranicki ist dafür mitverantwortlich. In: *Die Welt*, 08.07.2002.

Goethals, George R. u.a.: *Encyclopedia of Leadership*. Thousand Oaks: Sage, 2004.

Goethe, Johan Wolfgang: *Die Leiden des jungen Werther*. Stuttgart: Reclam, 2000.

— *Faust. Erster Teil*. Frankfurt/M.: Insel, 2004.

Goetschel, Willi: Die Wahrheit, ungeschminkt. In: *Aufbau*, New York, 21.01.1994, 9.

Goldhagen, Daniel Jonah: *Hitlers willige Vollstrecker. Ganz gewöhnliche Deutsche und der Holocaust*. Aus dem Amerikanischen von Klaus Kochmann. Berlin: Siedler, 1998 (1. Aufl. 1996).

Goldsmith-Reber, Trudis E.: ‚Most beautiful pagan, most sweet Jew': The Changing Literary Image of the Beautiful Jewess in Twentieth-Century Literature. In: Kleist, Jürgen/Butterfield, Bruce (Hrsg.): *Fin de siècle: 19th and 20th Century and Perspectives*. New York/Wien: Peter Lang, 1996, 95-107.

Grass, Günter: *Schreiben nach Auschwitz. Frankfurter Poetik-Vorlesung*. Frankfurt/M.: Luchterhand, 1990.

Greiner, Bernard: ‚Die Tränen versiegten vor der Unheimlichkeit'. Ruth Klüger über ihre Kindheit in deutschen Ghettos. In: *Frankfurter Rundschau*, Nr. 95, 24.04.1993.

Grimm, Jacob und Wilhelm: Schneewittchen. In: Reich-Ranicki, Marcel: Der *Kanon. Die deutsche Literatur. Erzählungen. Band. 2. Clemens Brentano bis Jeremias Gotthelf*. Frankfurt/M./Leipzig: Insel, 2003, 168-176.

Grimm, Gunter E./Max, Frank Reiner: *Deutsche Dichter: Realismus, Naturalismus und Jugendstil. Band 6*. Stuttgart: Reclam, 1989.

Grotendiek, Sven: Ironie des Absturzes. Camus' literarisches Konzept einer vor-rechtlichen Voraussetzung für die Lebensfähigkeit demokratisch verfasster Gesellschaften. In: Camus, Albert: *Der Fall: Roman (1956)*. Berlin: Berliner Wissenschafts-Verlag, 2008, 89-105.

Grundmann, Heike: *Mein Leben zu erleben wie ein Buch*. Würzburg: Königshausen&Neumann, 2003.

Günter, Manuela (Hrsg.): *Überleben schreiben. Zur Autobiographik der Shoah*. Würzburg: Königshausen&Neumann, 2002.

Hammel, Andrea u.a.: *Writing after Hitler. The work of Jakov Lind*. Cardiff: University of Wales Press, 2001.

Hammel, Andrea: Gender, Individualism and Dialogue: Jakov Lind's ‚Counting my Steps' and Ruth Klüger's ‚weiter leben'. In: dies. u.a. (Hrsg.): *Writing after Hitler. The work of Jakov Lind*. Cardiff: University of Wales Press, 2001, 177-192.

Hanisch, Ernst: Wien, Heldenplatz. In: François, Étienne/Schulze Hagen (Hrsg.): *Deutsche Erinnerungsorte*, München: Beck, 2001, 105-121.

Härtling, Peter: Gegen rhetorische Ohnmacht. Kann man über Vietnam Gedichte schreiben? In: Kiedaisch, Petra (Hrsg.): *Lyrik nach Auschwitz? Adorno und die Dichter*. Stuttgart: Reclam, 2001, 102-106.

Hardtmann, Gertrud: Gespensterlogik im literarischen und psychoanalytischen Kontext und die offenen Fragen des Weiterlebens. In. Bauer, Barbara/Strickhausen, Waltraud (Hrsg.): *Für ein Kind war das anders*. Berlin: Metropol, 1999.

Hartman, Geoffrey: Intellektuelle Zeugenschaft und die Shoah. In: Baer, Ulrich: *Niemand zeugt für den Zeugen. Erinnerungskultur nach der Shoah*. Frankfurt/M.: Suhrkamp, 2000, 35-52.

Hart-Moxon, Kitty: *Wo die Hoffnung erfriert. Überleben in Auschwitz*. Aus dem Englischen von Gisela Bunge. Leipzig: Evangelische Verlagsanstalt, 2001.

Haslecker, Christian: Differenzierung und Stereotype. Zu Ruth Klügers Autobiographie ‚weiter leben'. In: Bekas, Bozena u.a. (Hrsg.): *Erinnerung, Gedächtnis, Geschichtsbewältigung*. Fernwald: Litblockín, 2002.

Haussig, Hans-Michael: Heilige Texte und Heilige Schriften. Einige Bemerkungen zu religiösen Überlieferungen. In: Hengel, Martin/Löhr, Helmut (Hrsg.): *Schriftauslegung im antiken Judentum und im Urchristentum*. Tübingen: Mohr Siebeck, 1994, 72-90.

Heenen-Wolff, Susann: Ruth Klüger: Weiter leben. Eine Jugend. In: *Frankfurter Jüdische Nachrichten*. September/Oktober 1992.

Heidelberger-Leonard, Irene: *Jean Améry. Revolte in der Resignation – Biographie*. Stuttgart: Klett-Cotta, 2004.

— Ruth Klüger weiter leben - ein Grundstein zu einem neuen Auschwitz-‚Kanon'? In: Braese, Stephan u.a. (Hrsg.): *Deutsche Nachkriegsliteratur und der Holocaust*. Frankfurt/M./New York: Campus, 1998, 157-169.

— Eine weibliche Autobiographie nach Auschwitz? Zu ‚weiter leben. Eine Jugend' von Ruth Klüger. In: Müller, Heidy Margrit (Hrsg.): *Das erdichtete Ich – eine echte Erfindung. Studien zu autobiographischer Literatur von Schriftstellerinnen*. Aarau: Sauerländer, 1998a, 187-200.

— *Ruth Klüger, weiter leben. Eine Jugend: Interpretationen*. München: Oldenbourg, 1996.

Hein, Kerstin: *Hybride Identitäten. Bastelbiographien im Spannungsverhältnis zwischen Lateinamerika und Europa*. Bielefeld: Transcript, 2006.

Heinemann, Marlene E.: *Gender and Destiny. Women writers and the Holocaust*. Westport, Connecticut: Greenwood Press, 1986.

Heinemann, Wolfgang: Zur Eingrenzung des Intertextualitätsbegriffs aus textlinguistischer Sicht. In: Klein, Josef/Fix, Ulla (Hrsg.): *Textbeziehungen. Linguistische und literaturwissenschaftliche Beiträge zur Intertextualität*. Tübingen: Stauffenburg, 1997, 21-37.

Heinritz, Charlotte et al. (Hrsg.): *BIOS Zeitschrift für Biographieforschung, Oral History und Lebensverlaufsanalysen 1988-2008*. Heft 1/1996.

Helbig, Jörg: *Intertextualität und Markierung: Untersuchungen zur Systematik und Funktion der Signalisierung von Intertextualität*. Heidelberg: Winter, 1996.

Helmreich, William B.: *Against All Odds: Holocaust Survivors and the Successful Lives They Made in America*. New Jersey: Transaction Publishers, 1995.

Hengel, Martin/Löhr, Helmut (Hrsg.): *Schriftauslegung im antiken Judentum und im Urchristentum*. Tübingen: Mohr Siebeck, 1994.

Herweg, Rachel Monika: *Die jüdische Mutter: Das verborgene Matriarchat*. Darmstadt: Wissenschaftliche Buchgesellschaft, 1995.

Heym, Stefan: Schreiben nach Auschwitz. Rede in der Paulskirche in Frankfurt/M. Oktober 1988. In: Kiedaisch, Petra (Hrsg.): *Lyrik nach Auschwitz? Adorno und die Dichter*. Stuttgart: Reclam, 2001, 136-138.

Hilberg, Raul: *Die Vernichtung der europäischen Juden. Band 2*. Aus dem Englischen von Christian Seeger u.a. Frankfurt/M.: Fischer, 2007 (1. Aufl. 1982).

Hildesheimer, Wolfgang: Die Wirklichkeit des Absurden. Frankfurter Poetik-Vorlesung. In: Kiedaisch, Petra (Hrsg.): *Lyrik nach Auschwitz? Adorno und die Dichter*. Stuttgart: Reclam, 2001, 98-101.

Hilsenrath, Edgar: *Der Nazi & der Friseur*. München: DTV, 2006 (1. dt. Aufl. 1977).

Hink, Walter: Selbstannäherungen, *Autobiographien im 20. Jahrhundert von Canetti bis Marcel Reich-Ranicki*. Düsseldorf: Artemis & Winkler, 2004.

Hirsch, Marianne: Täter-Fotografien in der Kunst nach dem Holocaust. Geschlecht als ein Idiom der Erinnerung. In: Eschebach, Insa u.a. (Hrsg.): *Gedächtnis und Geschlecht. Deutungsmuster in Darstellungen des nationalsozialistischen Genozids*. Frankfurt/M.: Campus, 2002, 203-226.

Hölderlin, Friedrich: *Hyperion oder der Eremit in Griechenland*. Frankfurt/M.: Fischer, 1962.

— *Sämtliche Werke. Zweiter Band*. Heruasgegeben von Friedrich Beissner. Stuttgarter Hölderlin Ausgabe. Stuttgart: Kohlhammer, 1951.

Hofmann, Michael: *Literaturgeschichte der Shoah*. Münster: Aschendorff, 2003.

Hofmannsthal, Hugo von: *Gesammelte Werke. Dramen II 1892-1905*. Hrsg. v. Bernd Schoeller. Frankfurt/M.: Fischer, 1979.

— *Gesammelte Werke. Band 7. Erzählungen, erfundene Gespräche und Briefe, Reisen*. Hrsg. v. Bernd Schoeller. Frankfurt/M.: Fischer 1979.

— Elektra. In: ders: *Gesammelte Werke. Dramen II 1892-1905*. Hrsg. v. Bernd Schoeller. Frankfurt/M.: Fischer, 1979, 185-234.

— Ein Brief. In: ders: *Gesammelte Werke. Band 7. Erzählungen, erfundene Gespräche und Briefe, Reisen*. Hrsg. v. Bernd Schoeller. Frankfurt/M.: Fischer 1979a, 461-472.

Holdenried, Michaela: *Autobiographie*. Stuttgart: Reclam, 2000.

Holthuis, Susanne: *Intertextualität. Aspekte einer rezeptionsorientierten Konzeption*. Tübingen: Stauffenburg, 1993.

Hoppe, Rainer Benjamin: ‚On the Crest of the Waves'. Zur Rolle der Mare Balticum in Uwe Johnsons Werk. In: Neumann, Bernd u.a.: *Literatur, Grenzen, Erinnerungsräume: Erkundungen des deutsch-polnisch-baltischen Ostseeraums als einer Literaturlandschaft*. Würzburg: Königshausen&Neumann, 2004, 57-70.

Huml, Ariane/Rappenecker, Monika (Hrsg.): *Jüdische Intellektuelle im 20. Jahrhundert*. Würzburg: Königshausen&Neumann, 2003.

Iser, Wolfgang: *Der Akt des Lesens. Theorie ästhetischer Wirkung*. München: Fink, 1990 (1. Aufl. 1976).

Jablkoswska, Joanna: Zwei Autobiographien auf zwei Polen ‚der Jahrhunderteerfahrung': Martin Walsers ‚Ein springender Brunnen' und Ruth Klügers ‚weiter leben'. In: Sellmer, Izabela (Hrsg.): *Die biographische Illusion im 20. Jahrhundert. (Auto-)Biographien unter Legitimierungszwang*. Frankfurt/M.: Peter Lang, 2003, 45-58.

Jandl, Ernst: Rede zur Verleihung des Georg-Trakl-Preises am 10. Dezember 1974. In: Kiedaisch, Petra (Hrsg.): *Lyrik nach Auschwitz? Adorno und die Dichter*. Stuttgart: Reclam, 2001, 120-123.

Jandl, Paul: Falschmeldung der Seele. ‚unterwegs verloren' – Ruth Klügers furioses Werk der Erinnerung. In: *Neue Zürcher Zeitung*, 13.11.2008.

Jannidis, Fotis u.a. (Hrsg.): *Texte zur Theorie der Autorschaft*. Stuttgart: Reclam, 2007.

Jeziorkowski, Klaus: Der Tod, ein deutsches Buch. Ruth Klügers liebevoll zorniger Lebensrückblick ‚weiter leben'. In: *Die Zeit*, Nr. 43, 16.10.1992.

Jost, Marlis: Ästhetik des Gedenkens. Ruth Klüger: ‚Von hoher und niedriger Literatur'. In: *Die Wochenzeitung*, Nr. 18, 3.05.1996, 21.

Jungk, Peter Stephan: *Franz Werfel. Eine Lebensgeschichte*. Frankfurt/M.: Fischer, 1992.

Kafka, Franz: *Der Proceß*. Stuttgart: Reclam, 1995 (1. Aufl. 1925).

Kaiser, Konstantin: Zwischen Einst und Jetzt läuft der Stacheldraht. Über Ruth Klüger und das ‚Judenproblem' in der deutschen Nachkriegsliteratur. In: *Die Presse*, Beil., 19.11.1994, VII,

Kanz, Christine/Nieberle, Sigrid (Hrsg.): *Gegenwelten*. Bamberg: Universität Bamberg, 1997.

Kaplan, Marion A.: 14. In: Rittner, Carol/Roth, John K.: *Different Voices. Women and the Holocaust*. New York: Paragon House, 1993, 187-212.

Karich, Christine: Eine starke Frau. In: *Sibylle* 4, 1993, 52-55.

Karmel, Ilona: *An Estate of Memory*. New York: Feminist Press, 1986.

Kárný, Miroslav/Kárná, Margita: Kinder in Theresienstadt. In: *Dachauer Hefte. Studien und Dokumente zur Geschichte der nationalsozialistischen Konzentrationslager*. 9. Jahrgang, Heft 9, 1993, 14-31.

Kaschnitz, Marie Luise: Rettung durch die Phantasie. In: Kiedaisch, Petra (Hrsg.): *Lyrik nach Auschwitz? Adorno und die Dichter*. Stuttgart: Reclam, 2001, 113-120.

Kasten, Christoph: ‚Das Leben ist eigentlich ein Graus'. Ruth Klüger über Martin Walser, Alt-Männer-Literatur und Erinnerung als Zumutung. In: *Jüdische Zeitung*. Nr. 9 (37), September 2008, 20.

Kastner, Hugo/Folkvord, Gerald Kador: *Die große Humboldt-Enzyklopädie der Kartenspiele*. Hannover: Schlütersche, 2005.

Katz, Esther/Ringelheim, Joan Miriam (Hrsg.): *Women Surviving: The Holocaust*. New York: Institute for Research in History, 1983.

Kertész, Imre: *Roman eines Schicksallosen*. Aus dem Ungarischen Reinbeck bei Hamburg: Rowohlt, 2005 (1. Aufl. 1990).

— *Eine Gedankenlänge Stille, während das Erschießungskommando neu lädt*. Reinbek bei Hamburg: Rowohlt, 1999.

— Wem gehört Auschwitz. In: *Die Zeit*, Nr. 48, 19.11.1998.

Kiedaisch, Petra: *Lyrik nach Auschwitz? Adorno und die Dichter*. Stuttgart: Reclam, 2001.

Kiesel, Helmuth: *Geschichte der literarischen Moderne: Sprache, Ästhetik, Dichtung im zwanzigsten Jahrhundert*. München: Beck, 2004.

Kinder, Hermann/Hilgemann, Werner: *dtv-Atlas Weltgeschichte. Band 2*. München: DTV, 2000.

Kittel, Susanne: 'Places for the displaced'. *Biographische Überwältigungsmuster von weiblichen jüdischen Konzentrationslager-Überlebenden in den USA*. Hildesheim: Georg Olms, 2006.

Klabacher, Heidemarie: So handeln, als käme es auf uns an. Streiflichter von den 23. Rauriser Literaturtagen, die vom 24. bis 28. März stattgefunden haben. In: *Die Furche*, Nr. 13, 1.04.1993, 12.

Kleinschmidt, Erich: Schreiben an Grenzen. Probleme der Autorschaft in Shoah-Autobiographik. In: Günter, Manuela (Hrsg.): *Überleben schreiben. Zur Autobiographik der Shoah*. Würzburg: Königshausen&Neumann, 2002, 77-95.

Kleist, Jürgen/Butterfield, Bruce (Hrsg.): *Fin de siècle: 19th and 20th Century and Perspectives*. New York/Wien: Peter Lang, 1996.

Klemperer, Victor: *The Language of the Third Reich: LTI – Lingua Tertii Imperii. A Philologist's Notebook*. London: Continuum International Publishing Group, 2006.

— *Ich will Zeugnis ablegen bis zum letzten. Tagebücher 1933-1945*. 8 Bde. Hrsg. v. Walter Nowojski. Berlin: Aufbau, 1999.

— *So sitze ich denn zwischen allen Stühlen. Tagebücher 1945 – 1959*. Hrsg. v. Walter Nowojski. Berlin: Aufbau, 1999a.

Klinggräff, Fritz v./Helbing, Michael: Zivilisation ist immer gefährdet. Ein Gespräch mit Ruth Klüger und Jutta Limbach zur Erinnerungskultur 60

Jahre nach der Befreiung von Auschwitz und Buchenwald. In: *Frankfurter Rundschau*, 09.04.2005.

Kluge, Friedrich/Seebold, Elmar: *Etymologisches Wörterbuch der deutschen Sprache*. Berlin: de Gruyter, 2002.

Kniesche, Thomas: *Projektionen von Amerika. Die USA in der deutsch-jüdischen Literatur des 20. Jahrhunderts*. Bielefeld: Aisthesis, 2008.

Knörrich, Otto: *Formen der Literatur: in Einzeldarstellungen*. Stuttgart: Kröner, 1991.

Königseder, Angelika: „Die Entstehung des Lagers und das 'Interessengebiet' Auschwitz." In: Benz, Wolfgang /Distel, Barbara: *Der Ort des Terrors. Geschichte der nationalsozialistischen Konzentrationslager. Band 5*. München: Beck, 2007, 80-87.

Köster, Juliane: Autobiographie aus literaturdidaktischer Fundus. Literaturerfahrung in: Ruth Klüger, weiter leben. Eine Jugend. In: *Deutschunterricht*, Berlin 50 (1997) 12, 574-584.

Köster, Rudolf: *Eigennamen im deutschen Wortschatz: Ein Lexikon*. Berlin: de Gruyter, 2003.

Kogon, Eugen: *Der SS-Staat. Das System der deutschen Konzentrationslager*. München: Heyne, 1988 (1. Aufl. 1946).

— /Metz, Johann Babtist: *Gott nach Auschwitz. Dimensionen des Massenmords am jüdischen Volk*. Freiburg im Breisgau u.a.: Herder, 1979.

Kohlheim, Rosa und Volker (Hrsg.): *Duden – Das große Vornamenlexikon*. Mannheim: Bibliographisches Institut, 2007.

Kospach, Julia: ‚Ein Brocken, der mir im Magen liegt'. Interview mit Autorin Ruth Klüger. In: *Frankfurter Rundschau*, 13.02.2009.

Krätzer, Jürgen: Schüler sind irgendwie ernsthaftere Menschen als ältere Leute... Ein Gespräch mit Ruth Klüger. In: *Deutschunterricht* 4/2000, 245-250.

Kraft, Thomas: Kann das Gute böse sein? Ruth Klüger über Kitsch und Kunst. In: *Süddeutsche Zeitung*, 27/28.04.1996, Beil., 4.

Kramer, Sven: Inszenierung und Erinnerung. Zur Darstellung der nationalsozialistischen Todeslager im Film. In: Engelmann, Peter u.a. (Hrsg.): *Weimarer Beiträge. Zeitschrift für Literaturwissenschaft, Ästhetik und Kulturwissenschaften*. Nr. 4, 42. Jg., Berlin: Passagen, 1996, 509-530.

Krankenhagen, Stefan: *Auschwitz darstellen. Ästhetische Positionen zwischen Adorno, Spielberg und Walser*. Köln: Böhlau, 2001.

Krause, Peter: *Der Eichmann-Prozess in der deutschen Presse*. Frankfurt/M.: Campus, 2002.

Krauß, Andrea: Dialog und Wörterbaum. Geschichtskonstruktion in Ruth Klügers ‚weiter leben. Eine Jugend' und Martin Walsers ‚Ein springender Brunnen'. In: Beßlich, Barbara u.a.: *Wende des Erinnerns? Geschichtskonstruktionen in der deutschen Literatur nach 1989*. Berlin: Erich Schmidt, 2006.

Krauss, Marita (Hrsg.): *Sie waren dabei. Mitläuferinnen, Nutznießerinnen, Täterinnen im Nationalsozialismus*. Göttingen: Wallstein, 2008.

Kreutzer, Hans Joachim: Die Auschwitznummer nicht verdecken. In: *Süddeutsche Zeitung*, 14./15.11.1992.

Kristeva, Julia: Bakhtine, le mot, le dialogue et le roman. In: *Critique 23*, 1967, 438-465.

— Bachtin, das Wort, der Dialog und der Roman. In: Kimmich, Dorothee u.a.: *Texte zur Literaturtheorie der Gegenwart*. Stuttgart: Reclam, 2004, 334-348.

Kröger, Margot: Konstruktion von Identität in autobiographischen Texten von Jüdinnen. Ruth Elias, Ruth Klüger, Grete Weil, Naomi Bubis, Sharon Mehler, Laura Waco. In: Nagelschmidt, Ilse u.a. (Hrsg.): *Zwischen Trivialität und Postmoderne. Literatur von Frauen in den 90er Jahren*. Frankfurt/M.: Peter Lang, 2002, 69-93.

Kühn, Stefanie: KZ-Haft und Erinnerung – Ruth Klüger: weiter leben. In: *Exil 1933 bis 1945: Forschung – Erkenntnisse – Ergebnisse.* Hrsg. v. Edita Koch und Frithjof Trapp. Nr. 2, 2007.

Küng, Hans: *Das Judentum. Die religiöse Situation der Zeit*. München: Piper, 1991.

Kuner, Günter: Das Bewußtsein des Gedichts. In: Kiedaisch, Petra (Hrsg.): *Lyrik nach Auschwitz? Adorno und die Dichter*. Stuttgart: Reclam, 2001, 107 -113.

LaCapra, Dominick: Representing the Holocaust: Reflections on the Historian's Debate. In: Friedländer, Saul: *Probing the Limits of Representation: Nazism and the „Final Solution"*. Harvard: Harvard University Press 1992, 108-127.

Lachmann, Renate: *Dialogizität*. München: Fink, 1982.

— Vorwort. In: dies.: *Dialogizität*. München: Fink, 1982.

Lamb-Faffelberger, Margarete (Hrsg.): *Out of the Shadows: Essays on Contemporary Austrian Women Writers und Filmmakers*. Riverside: Ariadne, 1997.

Langer, Lawrence L.: *Preempting the Holocaust*. New Haven and London: Yale University, 1998.

— *Admitting the Holocaust*. New York: Oxford University Press, 1995.

— „Suffer the little children." In: ders.: *The Holocaust and the literary imagination*. New Haven, Connecticut: Yale University, 1977.

Langer, Phil C.: *Schreiben gegen die Erinnerung? Autobiographien von Überlebenden der Shoah*. Hamburg: Krämer, 2002.

Lanzmann, Claude: Ihr sollt nicht weinen. Einspruch gegen Schindlers Liste'. Aus dem Französischen von Grete Osterwald. In: *Frankfurter Allgemeine Zeitung*, 05.03.1994, 27.

Lasker-Wallfisch, Anita: *Ihr sollt die Wahrheit erben. Die Cellistin von Auschwitz. Erinnerungen*. Reinbek bei Hamburg: Rowohlt, 2005 (1. Aufl. 1996).

Leiser, Erwin: *Die Kunst ist das Leben. Begegnungen*. Köln: Kiepenheuer & Witsch, 1995.

Lejeune, Philippe: *Der autobiographische Pakt*. Aus dem Französischen von Wolfram Bayer und Dieter Hornig. Frankfurt/M.: Suhrkamp, 1994 (1. franz. Aufl. 1975).

Less, Avner W.: *Schuldig: das Urteil gegen Adolf Eichmann*. Frankfurt/M.: Athenäum, 1987.

Lessing, Gotthold Ephraim: Nathan der Weise. In: ders.: *Dramen*. Hrsg. von Walther Killy. Hamburg: Fischer, 1962.

Levi, Primo: Vanadium. In: ders.: *Das periodische System*. München: DTV, 2007 (1. dt. Aufl. 1979), 227-240.

— Vorwort. In: Millu, Liana: *Der Rauch über Birkenau*, Frankfurt/M.: Fischer, 2005, 78.

— *Ist das ein Mensch?* Aus dem Italienischen von Heinz Riedt. München: DTV, 2004 (1. dt. Aufl. 1961).

— *Die Atempause*. München: DTV, 1999(1. dt. Aufl. 1964).

— *Die Untergegangenen und die Geretteten*. München: DTV, 1993 (1. dt. Aufl. 1990).

Levinson, Pnina Navè: *Was wurde aus Saras Töchtern? Frauen im Judentum*. Gütersloh: Gütersloher Verlag, 1993.

Levinson, Nathan Peter/Büchner, Frauke: *77 Fragen zwischen Juden und Christen*. Göttingen: Vandenhoeck&Ruprecht, 2001.

Levy, Daniel/Sznaider, Natan: *Erinnerung im globalen Zeitalter: Der Holocaust*. Frankfurt/M.: Suhrkamp, 2001.

Lezzi, Eva: Ruth Klüger. Literarische Authentizität durch Reflexion. Weiter leben – Still alive. In: Eke, Norbert Otto/Steinecke, Hartmut: *Shoah in der deutschsprachigen Literatur*. Berlin: Erich Schmidt, 2006, 286-292.

— *Zerstörte Kindheit: Literarische Autobiographien zur Shoah*. Köln: Böhlau, 2001.

Liebrand, Claudia: ‚Das Trauma der Auschwitzer Wochen in ein Versmaß stülpen' oder: Gedichte als Exorzismus. Ruth Klügers ‚weiter leben'. In: Huml, Ariane/Rappenecker, Monika (Hrsg.): *Jüdische Intellektuelle im 20. Jahrhundert*. Würzburg: Königshausen&Neumann, 2003.

Liepach, Martin: *Das Wahlverhalten der jüdischen Bevölkerung zur politischen Orientierung der Juden in der Weimarer Republik*. Tübingen: JCB Mohr (Siebeck), 1996.

Lindken, Ulrich: *Erläuterungen zu Gotthold Ephraim Lessing. Nathan der Weise*. Hollfeld: Bange, 1979.

Littell, Jonathan: *Die Wohlgesinnten*. Aus dem Französischen von Hainer Kober. Berlin: Berlin-Verlag, 2008.

Löffler, Sigrid: Ruth Klüger, die Vertriebene. In: dies.: *Kritiken, Portraits, Glossen*. Wien: Deuticke, 1995.

— Die Empörung der Nachzüglerin. Zu Ruth Klügers ‚Katastrophen – Über deutsche Literatur'. In: *Wochenpost*, Nr. 12, 17.03.1994.

— Davongekommen. Jetzt noch über Auschwitz schreiben? Ruth Klüger ist es mit ‚weiter leben. Eine Jugend' gelungen, ohne Pathos und gefühlsgenau. In: *Die Zeit*, Nr. 32, 06.08.1993.

— Durst und Todesangst. In: *Profil*, Nr. 51, 14.12.1992, 80.

Loew, Camila: La tradición literaria del dolor en los testimonios de Marguerite Duras y Ruth Klüger. In: Siguan, Marisa u.a.: *‚Erzählen müssen, um zu überwinden'. Literatura y Supervivencia*. Barcelona: Sociedad Goethe en España, 2009, 85-96.

Löwenthal, Leo: Individuum und Terror, In: Diner, Dan (Hrsg.): *Zivilisationsbruch. Denken nach Auschwitz*. Frankfurt/M.: Fischer, 1988, 15-25.

Lorenz, Dagmar: *Wiener Moderne*. Stuttgart/Weimar: Metzler, 1995.

— *Keepers of the motherland. German Texts by Jewish Women Writers*. Lincoln and London: University of Nebraska Press, 1997.

— Memory and Criticism: Ruth Klüger's ‚weiter leben'. In: *Women in German Yearbook: Feminist Studies in German Literature & Culture*. Heft 9, 207-224.

Lorenz, Matthias N.: *Auschwitz drängt uns auf einen Fleck. Judendarstellung und Auschwitzdiskurs bei Martin Walser*. Stuttgart: Metzler, 2005.

Lühe, Irmela von der: Das Gefängnis der Erinnerung. Erzählstrategien gegen den Konsum des Schreckens in Ruth Klügers weiter leben. In: Köppen. Manuel/Scherpe Klaus R. (Hrsg.): *Bilder des Holocaust: Literatur-Film-Bildende Kunst*. Köln/Weimar/Wien: Böhlau, 1997, 29-45.

Lüthi, Max: *Märchen*. Stuttgart: Metzler, 1990.

Lützeler, Paul Michael/Schindler, Stephan K. (Hrsg.): *Gegenwartsliteratur. Ein germanistisches Jahrbuch*. 3/2004. Tübingen: Stauffenburg.

— *Hermann Broch, Visionary in Exile. the 2001 Yale Symposium*. New York. Candem House, 2003.

— Dichten nach Auschwitz. Lebensbericht von Ruth Klüger. In. *Neue Zürcher Zeitung*. 2.10.1992, 31.

Machtans, Karolin: *Zwischen Wissenschaft und autobiographischem Projekt: Saul Friedländer und Ruth Klüger*. Tübingen: Conditio Judaica, Niemeyer, 2009.

März, Ursula: Nur Unversöhnlichkeit hilft weiter. Ein Hausbesuch bei Ruth Klüger in Kalifornien. In: *Die Zeit*, Nr. 42, 09.10.2008.

Magele, Gudrun: Wie ein Fremdkörper in der Seele. In: *Der Standard*, Beil. 26.02.1993.

Mahlmann-Bauer, Barbara: „Die Shoah aus weiblicher Sicht." In: Feilchenfeldt, Konrad/dies.: *Autobiographische Zeugnisse der Verfolgung. Hommage für Guy Stern*. Heidelberg: Synchron, 2005.

Mahr, Cordula: *Kriegsliteratur von Frauen? Zur Darstellung des Zweiten Weltkriegs in Autobiographien von Frauen nach 1960*. Herbolzheim: Centaurus, 2006.

Martínez, Matías/Scheffel, Michael: *Einführung in die Erzähltheorie*. München: Beck, 2003.

— Dialogizität, Intertextualität, Gedächtnis. In: Arnold, Heinz Ludwig/ Detering, Heinrich: *Grundzüge der Literaturwissenschaft*. München: DTV, 1996, 430-445.

Mattl, Siegfried: Melancholische Giganten: Die Wiener Flaktürme. In: Wenk, Silke (Hrsg.): *Erinnerungsorte aus Beton. Bunker in Städten und Landschaften*. Berlin: Links, 2001, 71-88.

May, Markus/Rudtke, Tanja: *Bachtin im Dialog*. Heidelberg: Winter, 2006.

Mayer, Thomas: Der unerwartete Kassenfüller. Ruth Klügers Buch ‚weiter leben'. In: *Leipziger Volkszeitung*, 05.02.1993.

McGlothlin, Erin: Autobiographical Re-vision: Ruth Klüger's weiter leben and Still Alive. In: Lützeler, Paul Michael/Schindler, Stephan K. (Hrsg.): *Gegenwartsliteratur. Ein germanistisches Jahrbuch*. 3/2004. Tübingen: Stauffenburg, 46-70.

Mettler, Dieter: Das Volkslied. In: Knörrich, Otto: *Formen der Literatur: in Einzeldarstellungen*. Stuttgart: Kröner, 1991, 420-429.

Meyer, Herman: *Das Zitat in der Erzählkunst*. Stuttgart: Metzler, 1967.

Millu, Liana: *Der Rauch über Birkenau*. Aus dem Italienischen von Hinrich Schmidt-Henkel. Frankfurt/M.: Fischer, 2005 (1. Aufl. 1997).

Milton, Sybil: 15. In: Rittner, Carol/Roth, John K.: *Different Voices. Women and the Holocaust*. New York: Paragon House, 1993, 213-249.

Mitgutsch, Anna: Das autobiographische Ich im literarischen Text. In: Hinderer, W. u.a. (Hrsg.): Erich *Fried Symposium 1999. Altes Land, Neues Land*. Wien: Zirkular. Sondernummer 56, 1999.

Mitscherlich, Alexander: Über mögliche Missverständnisse bei der Lektüre der Werke Sigmund Freuds. In: Freud, Sigmund: *Vorlesungen zur Einführung in die Psychoanalyse. Und Neue Folge*. Hrsg. v. drs. u.a.. Studienausgabe. Bd. 1. Frankfurt/M.: Fischer, 2000 (1. Aufl. 1969), 19-25.

Mittenzwei, Werner/Girnus, Wilhelm: Gespräch mit Peter Weiss. In: *Sinn und Form 17*, 5/1965, 678-688.

Moll, Heinz: Zwischen Aufklärung und Endlösung. In: *Aufbau*, New York, 16.09.1994.

Monopol für die Engel? In: *Der Spiegel*, 1.02.1993, 189.

Müller, Christine: *Zur Bedeutung von Religion für jüdische Jugendliche in Deutschland*. Münster u.a.: Waxmann, 2007.

Müller, Heidy Margrit (Hrsg.): *Das erdichtete Ich – eine echte Erfindung. Studien zu autobiographischer Literatur von Schriftstellerinnen*. Aarau: Sauerländer, 1998.

Müller, Herta: *Die blassen Herren mit den Mokkatassen*. München: Hanser, 2005.

— *In der Falle*. Göttingen: Wallstein, 1996.

Müller-Kampel, Beatrix: ‚Man lernt sich irgendwie ausbreiten in der eigenen Sprache'. Interview mit Ruth Klüger am 10. Juni 1997. In: dies.: *Lebenswege und Lektüren. Österreichische NS-Vertriebene in den USA und Kanada*. Tübingen: Niemeyer, 2000, 276-301.

Muschg, Adolf: *Wenn Auschwitz in der Schweiz liegt. Fünf Reden eines Schweizers an seine und keine Nation*. Frankfurt/M.: Suhrkamp, 1997.

Nagelschmidt, Ilse u.a. (Hrsg.): *Zwischen Trivialität und Postmoderne. Literatur von Frauen in den 90er Jahren*. Frankfurt/M.: Peter Lang, 2002.

Naumann, Klaus: *Ich komm nicht von Auschwitz her, ich stamm aus Wien*. In: *Mittelweg* 36, 6/1993, 37-45.

Neumann, Bernd u.a.: *Literatur, Grenzen, Erinnerungsräume: Erkundungen des deutsch-polnisch-baltischen Ostseeraums als einer Literaturlandschaft*. Würzburg: Königshausen&Neumann, 2004.

Novick, Peter: *The Holocaust and Collective Memory. The American Experience*. London: Bloomsbury, 2000.

Nüchtern, Klaus/Omasta, Michael: Wurschtigkeit ist mir sympathisch. Ruth Klüger spricht über ihr Verhältnis zu Wien, über Ohrfeigen und kinderwagenschiebende Väter. In: *Falter* 42/2008, 15.10.2008, 28.

Nünning, Ansgar (Hrsg.): *Grundbegriffe der Literaturtheorie*. Stuttgart: Metzler, 2004.

Nürnberger, Helmuth: Arthur Schnitzler. In: Grimm, Gunter E./Max, Frank Reiner: *Deutsche Dichter: Realismus, Naturalismus und Jugendstil. Band 6*. Stuttgart: Reclam, 1989, 318-336.

Papst, Manfred: ‚Es gibt auch Holocaust-Kitsch' Mit ihrem autobiografischen Buch ‚Weiter leben' machte die amerikanische Germanistin Ruth Klüger 1992 Furore. Jetzt will sie wissen, was echte Literatur von trivialer unterscheidet. In: *Neue Zürcher Zeitung*, Nr. 4, 23.01.2005, 57.

Pérez Zancas, Rosa: Springbrunnen und Teufelskreis: Die Autobiographien von Ruth Klüger und Martin Walser als entgegensetzt erlebte Kindheiten. In: Seidler, Miriam: *Wörter für die Katz. Martin Walser im Kontext der Literatur nach 1945* (Reihe Ästhetische Signaturen – Band 1). Frankfurt/M. u.a. 2012, 103-118.

— ... und jedes Gedicht wird zum Zauberspruch.' Literatur im Konzentrationslager am Beispiel von Ruth Klügers *weiter leben. Eine Jugend*. In: Siguan, Marisa u.a.: *‚Erzählen müssen, um zu überwinden'. Literatura y Supervivencia*. Barcelona: Sociedad Goethe en España, 2009, 111-118.

— Von weiter leben' zu Still Alive': Ruth Klügers fortgesetzte Unvollständigkeit. In: *Revista de Filología Alemana*, 16 (3-4), 2008, 211-228.

Pfister, Manfred: Konzepte der Intertextualität. In: Broich, Ulrich/ders.: *Intertextualität. Formen, Funktionen, anglistische Fallstudien*. Tübingen: Max Niemeyer, 1985, 1-30.

Pfohlmann, Oliver: Wahrheit und Dichtung. In: *Die Tageszeitung*, 27.05.2006, VI.

Pinkerneil, Beate (Hrsg.): *Das grosse deutsche Balladenbuch*. Königstein im Taunus: Athenäum, 1978.

Platen, Edgar (Hrsg.): *Erinnerte und erfundene Erfahrung*. München: Iudicium, 2000.

Platthaus, Andreas: Zuversicht. Klaus von Dohnanyi spricht in Dresden statt Ruth Klüger. In: *Frankfurter Allgemeine Zeitung*, 12.02.2004, 40.

Pletter, Marita: Der Pazifik hat die richtige Farbe. Ein Gespräch mit der Schriftstellerin Ruth Klüger über Auschwitz, über das Judentum, über das Schreiben. In: *Die Zeit*, 10.03.1995, 67.

Ploner, Josef Eduard: *Hellau – Liederbuch für Front und Heimat des Gaues Tirol-Voralberg*. Potsdam: Ludwig Voggenreiter, 1942.

Pollak, Anita: ‚Ich bin damit fertig'. Ruth Klüger und ihr ‚Weiter leben'. In: *Der Kurier*, 11.06.2003, 30.

Polubojarinova, Larissa N.: Intertextualität und Dialogizität. Michail Bachtins Theorien zwischen Sprachwissenschaft und Literaturwissenschaft. In: May, Markus/Rudtke, Tanja: *Bachtin im Dialog*. Heidelberg: Universitätsverlag Winter, 2006, 55-63.

Poser, Therese: Das Märchen. In: Knörrich, Otto: *Formen der Literatur: in Einzeldarstellungen*. Stuttgart: Kröner, 1991.

Rabinovici, Doron: *Suche nach M.: Roman in zwölf Episoden*. Frankfurt/M.: Suhrkamp, 1999 (1. Aufl. 1997).

Rahe, Thomas: *‚Höre Israel'. Jüdische Religiosität in nationalsozialistischen Konzentrationslagern*. Göttingen: Vandenhoeck & Ruprecht, 1999.

Ralf-Kana, Wiebke: Rezeptionsverhalten und Geschlechterdifferenz. Ein Beitrag zur Diskussion ‚Lesen Frauen anders?'. In: Kanz, Christine/Nieberle, Sigrid (Hrsg.): *Gegenwelten*. Bamberg: Universität Bamberg 1997.

Rectanus, Mark W.: *Über Gegenwartsliteratur. Interpretationen und Interventionen. Festschrift für Paul Michael Lützeler zum 65. Geburtstag von ehemaligen StudentInnen*. Bielefeld: Aisthesis, 2008.

Reich-Ranicki, Marcel: *Sieben Wegbereiter. Schriftsteller des Zwanzigsten Jahrhunderts*. München: DTV, 2004.

— *Der Kanon. Die deutsche Literatur. Erzählungen. Bd. 2, Clemens Brentano bis Jeremias Gotthelf*. Frankfurt/M./Leipzig: Insel, 2003.

— *Frauen dichten anders*. Frankfurt/M./Leipzig: Insel, 1998.

— Vom Trotz getrieben, vom Stil beglaubigt. Rede auf Ruth Klüger aus Anlaß der Verleihung des Grimmelshausen-Preises. In: *Frankfurter Allgemeine Zeitung*, 16.10.1993.

Reichenberger, Stephan/Heyne, Wilhelm: Ruth Klüger, Weiter leben. In: *‚... und alle Fragen offen.' Das Beste aus dem Literarischen Quartett.* München: Heyne, 2000, 248-251.

Reichensperger, Richard: Wien – bis ins Mark hinein judenkinderfeindlich. Ruth Klüger, die Autorin von ‚weiter leben', auf Besuch in ihrer Geburtsstadt. In: *Der Standard*, 21.11.1994, 15.

Reiter, Andrea: ‚Ich wollte, es wäre ein Roman.' Ruth Klüger's feminist survival report. In: *Forum for Modern Language Studies*, Bd. xxxviii, Nr. 3, 2002, 326-340.

— ‚Ich wollte, es wäre ein Roman'. Ruth Klügers Entwurf vom Überleben. In: *Literatur für Leser*, 22, Nr. 4, 2000, 214-230.

Richter, Simon J./Helfer, Marta B. (Hrsg.): *Goethe Yearbook*, Volume 12. New York: Boydell & Brewer, 2004.

Riffaterre, Michael: *Semiotics of Poetry*. Bloomington, USA: Indiana University Press, 1978.

Ringelheim, Joan: 26. In: Rittner, Carol/Roth, John K.: *Different Voices. Women and the Holocaust*. New York: Paragon House, 1993, 373-405.

Rittner, Carol/Roth, John K.: *Different Voices. Women and the Holocaust*. New York: Paragon House, 1993.

Rohr, Barbara: *Verwurzelt im ortlosen. Einblicke in Leben und Werk von Simone Weil*. Berlin/Hamburg/Münster: Lit, 2000.

Rost, Nico: *Goethe in Dachau. Ein Tagebuch*. München: List, 2001.

Roth, Joseph: *Radetzkymarsch*. Hamburg: Rowohlt, 1975 (1. Aufl. 1932).

— *Hiob. Roman eines einfachen Mannes*. Frankfurt/M.: Fischer, 1969 (1. Aufl. 1930).

— *Hotel Savoy*. München: DTV, 1980 (1. Aufl. 1924).

— *Die Kapuzinergruft*. München: DTV, 1979 (1. Aufl. 1938).

Rothberg, Michael: *Traumatic Realism: The demands of Holocaust Representation*. Minneapolis: University of Minnesota Press, 2000.

Rüsen, Jörn: Holcoaust, Erinnerung, Identität. Drei Formen generationeller Praktiken des Erinnerns. In: Welzer, Harald (Hrsg.): *Das soziale Gedächtnis*. Hamburg: Hamburger Edition, 2001, 243-259.

Rybarski, Ruth: Ruth Klüger. Laudatio zum Staatspreis für Literaturkritik. In: *Literatur + Kritik*, Juni 1998, 21-23.

Saar, Ferdinand von: *Ginevra und andere Novellen*. Berlin: Ullstein, 1983.

Sager, Sven F.: Intertextualität und Interaktivität von Hypertexten. In: Klein, Josef/Fix, Ulla (Hrsg.): *Textbeziehungen. Linguistische und literaturwissen-*

schaftliche Beiträge zur Intertextualität. Tübingen: Stauffenburg, 1997, 109-123.

Sajak, Clatra: Erst mit dem letzten Juden wird unsere Hoffnung erlöschen. Zu Friedrich Torbergs *Hebräischen Melodien*. In: Thunecke, Jörg: *Deutschsprachige Exillyrik von 1933 bis zur Nachkriegszeit*. Amsterdamer Beiträge zur neueren Germanistik, Bd. 44. Amsterdam/Atlanta/Giorgia: Rodopi, 1998, 157-170.

Salomon, Charlotte: *Leben? Oder Theater*. Hrsg. v. Edward van Voolen. München: Prestel, 2004.

Sartre, Jean-Paul: Warum schreiben? In: Jannidis, Fotis u.a. (Hrsg.): *Texte zur Theorie der Autorschaft*. Stuttgart: Reclam, 2007, 106-123.

Schachereiter, Christian: Das Wort ist verlässlich. In: *Oberösterreichische Nachrichten*. 09.10.2008, 24.

Schäfer-Richter, Uta u.a. (Hrsg.): *Die jüdischen Bürger im Kreis Göttingen, 1933-1945. Ein Gedenkbuch*. Göttingen: Wallstein, 1992.

Schaller-Pressler, Gertraud: O, Du lieber Augustin ... oder: Ende einer Legende? In: Fritz, Elisabeth Th./Kretschmer, Helmut (Hrsg.): *Wien Musikgeschichte: Teil 1. Volksmusik und Wienerlied*. Freiburg: Lit, 2006, 3-10.

Schaumann, Caroline: From ‚weiter leben' (1992) to ‚Still Alive' (2001): Ruth Klüger's Cultural Translation of Her „German Book" for an American Audience. In: *The German Quarterly* 77.3 (Summer 2004), 324-339.

Scheiding, Oliver: Intertextualität. In: Erll, Astrid/Nünning, Ansgar: *Gedächtniskonzepte der Literaturwissenschaft: Theoretische Grundlegung und Anwendungsperspektiven*. Berlin: de Gruyter, 2005, 53-72.

Schiller, Friedrich: *Don Carlos. Infant von Spanien, ein dramatisches Gedicht*. Stuttgart: Reclam, 1962.

Schirrmacher, Frank (Hrsg.): *Die Walser-Bubis-Debatte. Eine Dokumentation*. Frankfurt/M.: Suhrkamp, 2000.

— Lieber Martin Walser, Ihr Buch werden wir nicht drucken. In: *Frankfurter Allgemeine Zeitung*, 29.05.2002, Nr. 122, 49.

Schlant, Ernestine: *Die Sprache des Schweigens: die deutsche Literatur und der Holocaust*. München: Beck 2001.

Schlink, Bernhard: *Der Vorleser*. Zürich: Diogenes, 2002 (1. Aufl. 1995).

Schlösser, Manfred (Hrsg.): *An den Wind geschrieben*. Darmstadt: Agora, 1960.

Schmidtkunz, Renata: *Im Gespräch. Ruth Klüger*. Wien: Mandelbaum, 2008.

Schmitz-Berning, Cornelia: *Vokabular des Nationalsozialismus*. Berlin: Walter de Gruyter, 2000.

Schmitz-Emans, Monika: Erzählen als Selbstbehauptung und Gespensterbeschwörung. Ruth Klügers autobiographisches Buch ‚weiter leben'. In. Heinritz, Charlotte et al. (Hrsg.): *BIOS Zeitschrift für Biographieforschung, Oral History und Lebensverlaufsanalysen 1988-2008*. Heft 1/1996, 1-29.

Schn.: Die Zeugen sind ‚lebende Dokumente'. Die Autorin Ruth Klüger sprach in Wien über den Umgang mit NS-Verbrechen. In: *Salzburger Nachrichten*, 24.11.1994, 8.

Schneider, Helmut J.: Den Toten ein Gesicht geben? Zum Problem der ästhetischen Individualisierung in ‚Schindlers Liste' und der ‚Holocaust'-Serie. In: Berghahn, Klaus J. u.a. (Hrsg.): *Kulturelle Repräsentationen des Holocaust in Deutschland und den Vereinigten Staaten*. New York: Peter Lang, 2002, 69-82.

— Reflexion oder Evokation: Erinnerungskonstruktion in Ruth Klügers ‚Weiter leben' und Martin Walsers ‚Der springende Brunnen'. In: Allkemper, Alo/Eke, Otto (Hrsg.): *Zeitschrift für Deutsche Philologie*. 125. Band 200 – Sonderheft: Das Gedächtnis der Literatur. Konstitutionsformen des Vergangenen in der Literatur des 20. Jahrhunderts, 160-175.

Schneider, Sabine/Hunfeld, Barbara (Hrsg.): *Die Dinge und die Zeichen. Dimensionen des Realistischen in der Erzählliteratur des 19. Jahrhunderts*. Würzburg: Königshausen&Neumann, 2008.

Schneider, Ursula: Das ganze Buch als Dialog. In: *INN, Zeitschrift für Literatur*, 10. Jg., Nr. 31, Nov. 1993, 25-27.

Schnitzler, Arthur: *Jugend in Wien. Eine Autobiographie*. Hrsg. Nickl, Therese/Schnitzler, Heinrich. Frankfurt/M.: Fischer, 1981 (1. Aufl. 1968).

— *Tagebuch: 1917-1919*. Wien: Österreichische Akademie des Wissenschaften, 1985.

— *Das weite Land. Professor Bernhardi. Zwei Stücke*. Frankfurt: Fischer, 1972.

— *Die Erzählenden Schriften. 1. Band*. Frankfurt/M.: Fischer, 1970.

— Der Andere. Aus dem Tagebuch eines Hinterbliebenen (1889). In: ders.: *Die Erzählenden Schriften. Band 1*. Frankfurt/M.: Fischer, 1970a, 40-46.

— Leutnant Gustl. In: ders.: *Die Erzählenden Schriften. Band 1*. Frankfurt/M.: Fischer, 1970b, 337-366.

Schoene, Anja E.: *‚Ach, wäre fern, was ich liebe!' Studien zur Inzestthematik in der Literatur der Jahrhundertwende (von Ibsen bis Musil)*. Würzburg: Königshausen&Neumann, 1997.

Schönherr-Mann, Hans-Martin: *Hannah Arendt: Wahrheit, Macht, Moral*. München: Beck, 2006.

Scholem, Gershom Gerhard: *Briefe. Band II. 1948-1970*. München: Beck, 1995.

Schubert, Katja: Vom Zeugnis nach der Zeugenschaft. Die Klagelieder und Ruth Klügers ‚weiter leben'. In: Kellenbach, Katharina von u.a. (Hrsg.): *Von Gott reden im Land der Täter*. Darmstadt: Wissenschaftliche Buchgesellschaft, 2001, 227-241.

Schuchalter, Jerry: *Poetry und Truth. Variations on Holocaust Testimony*. Bern: Peter Lang, 2009.

— ,Zeitschaften': Ruth Klüger's ,weiter leben' (1999) and Other Writings. In: ders.: *Poetry und Truth. Variations on Holocaust Testimony*. Bern: Peter Lang, 2009, 75-110.

Schulte, Christoph: *Die jüdische Aufklärung: Philosophie, Religion, Geschichte*. München: Beck, 2002.

Schwarz, Egon: Ruth Klüger: weiter leben .Eine Jugend. In: *Archiv für die Geschichte der Soziologie in Österreich*. Newsletter, Nr. 10, Juni 1994.

Schweikle, Günther und Irmgard: *Metzler-Literatur-Lexikon: Stichwörter zur Weltliteratur*. Stuttgart: Metzler, 1984.

Seeger, Daniel Marc: Die historischen Wurzeln des Begriffs „Verbrechen gegen die Menschlichkeit". In: Vormbaum, Thomas/Institut f. Juristische Zeitgeschichte Hagen (Hrsg.): *Jahrbuch der Juristischen Zeitgeschichte Band 8* 2006/2007, Berlin: BWV, 2007, 75-101.

Segal, Lore: Foreword. Going on Living. In: Kluger, Ruth: *Still Alive. A Holocaust Girlhood Remembered*. New York: Feminist Press, 2001, 9-12.

Seghers, Jan: *Partitur des Todes*. Reinbek bei Hamburg: Wunderlich, 2008.

Semprún, Jorge: Prólogo. In: Klüger, Ruth: *Seguir viviendo*. Ins Spanische von Carmen Gauger. Barcelona: Galaxia Gutenberg, 1997, 5-8.

Seydel, Heinz (Hrsg.): *Welch Wort in die Kälte gerufen*. Berlin: Verlag der Nation Berlin, 1968.

Shakespeare, William: *Der Kaufmann von Venedig*. Ditzingen: Reclam 1998.

Shelliem, Jochanan: Der kindlich klare Blick. Ein Gespräch mit Ruth Klüger über ihr Buch ,weiter leben'. In: *Frankfurter Rundschau*. Nr. 148, 30.06.1993, 21.

Siguan, Marisa/Jané, Jordi/Vilar, Loreto/ Pérez Zancas, Rosa: *,Erzählen müssen, um zu überwinden'. Literatura y Supervivencia*. Barcelona: Sociedad Goethe en España, 2009.

— Literatur als Lebenshilfe. Ruth Klügers Beschwörungsformeln. In: Bascoy, Montserrat u.a. (Hrsg.): *Gender und Macht in der deutschsprachigen Literatur*. Frankfurt/M.: Peter Lang, 2007, 139-156.

— „Bethsaïda, la piscine des cinq galeries: Literarische Tradition und Schweigen im Werk von Jorge Semprún und Jean Améry". In: dies./Wagner, Karl (Hrsg.): *Transkulturelle Beziehungen. Spanien und Österreich im 19. und 20. Jahrhundert*. Amsterdam: Rodopi, 2004, 215-232.

Simon, Anne-Catherine: Papstbuch als *,doppelte* Ohrfeige'. In: *Die Presse*, 2.03.2005, 30.

Simon, Tina: *Rezeptionstheorie. Einführungs- und Arbeitsbuch*. Frankfurt/M.: Peter Lang, 2003 (Leipziger Skripten. Einführungs- und Übungsbücher , 3).

Šlibar, Neva: Anschreiben gegen das Schweigen. Robert Schindel, Ruth Klüger, die Postmoderne und Vergangenheitsbewältigung. In: Berger, Albert/Moser, Elisabeth (Hrsg.): *Jenseits des Diskurses. Literatur und Sprache in der Postmoderne.* Wien: Passagen, 1994, 337-356.

Sørensen, Bengt Algot (Hrsg.): *Geschichte der deutschen Literatur 2. Vom 19. Jahrhundert bis zur Gegenwart. Band II.* München: Beck, 2002.

Spiegelman, Art: *Maus: A Survivor's Tale: My Father Bleeds History.* New York: Pantheon Books, 1986.

Spinnen, Burkhard: Kehrseiten. Ruth Klügers literarische Lehren. In: *Frankfurter Allgemeine Zeitung.* Nr. 111, 14.05.1994.

Stadler, Friedrich (Hrsg.): *Österreichs Umgang mit dem Nationalsozialismus. Die Folgen für die wissenschaftliche und humanistische Lehre.* Wien: Springer, 2004.

Starman Hessel, Carolyn: *Blessed is the Daughter.* Rockville, MD: Shengold Books, 1999.

Stein, Hannes: Ruth Klüger schreckt nicht einmal vor Anekdoten zurück. In: *Die Welt,* 19.01.2007.

— Genauigkeit und Skrupel. ‚weiter leben', ein Debüt: Die Lehr- und Wanderjahre der Ruth Klüger. In: *Frankfurter Allgemeine Zeitung,* 02.10.1992.

Stein, Peter: ‚Darum mag falsch gewesen sein, nach Auschwitz ließe kein Gedicht mehr sich schreiben.' (Adorno). Widerruf eines Verdikts? Ein Zitat und seine Verkürzung. In: Engelmann, Peter u.a. (Hrsg.): *Weimarer Beiträge. Zeitschrift für Literaturwissenschaft, Ästhetik und Kulturwissenschaften.* Nr. 4, 42. Jg., Berlin: Passagen, 1996, 485-508.

Steiner, Stephan: Über Auschwitz schreiben. Gespräch. In: *Falter* 5,1993, 18-19.

Steinfeld, Thomas: Von der Hexenküche. Preis der Frankfurter Anthologie: Lobrede auf Ruth Klüger, die herbe Meisterin des mittleren Maßes. In: *Frankfurter Allgemeine Zeitung,* 15.05.1999, Beil., IV.

Sternberger, Günter: *Der Talmud: Einführung, Texte, Erläuterungen.* München: Beck, 1982.

Stierle, Karlheinz: Werk und Intertextualität. In: Kimmich, Dorothee u.a.: *Texte zur Literaturtheorie der Gegenwart.* Stuttgart: Reclam, 2004, 349-359.

Stifter, Adalbert: *Abdias.* Frankfurt/M.: Fischer, 2005.

Stötzel, Georg/Wengeler, Martin: *Kontroverse Begriffe: Geschichte des öffentlichen Sprachgebrauchs in der Bundesrepublik Deutschland.* Berlin: de Gruyter, 1995.

— Der Nazi-Komplex. In: ders./Wengeler, Martin: Kontroverse Begriffe: *Geschichte des öffentlichen Sprachgebrauchs in der Bundesrepublik Deutschland.* Berlin: de Gruyter, 1995, 355-382.

Strachey, James: Sigmund Freud – Eine Skizze seines Lebens und Denkens. In: Mitscherlich, Alexander u.a. (Hrsg.): *Freud, Sigmund. Vorlesungen zur Einführung in die Psychoanalyse. Und Neue Folge. Studienausgabe. Band 1.* Frankfurt/M.: Fischer, 2000 (1. Aufl. 1969), 7-18.

Strümpel, Jan: Im Sog der Erinnerungskultur. Holocaust und Literatur – ‚Normalität' und ihre Grenzen. In: *Text + Kritik 144: Literatur und Holocaust*. X/1999, 9-17.

Szondi, Peter: *Schriften. Essays: Satz und Gegensatz. Lektüren und Lektionen. Celan-Studien*. Frankfurt/M.: Suhrkamp, 1978.

Szymanski, Tadeusz/Piekutolsa, Maria: Die jüngsten Häftlinge des Konzentrationslagers Auschwitz. In: *Hauptkommission zur Untersuchung der Naziverbrechen in Polen: Verbrechen an polnischen Kindern 1939–1945*. München: Anton Pustet, 1973, 125-132.

Taterka, Thomas: *Dante Deutsch. Studien zur Lagerliteratur*. Berlin: Erich Schmidt, 1999.

Taylor, Jennifer: Ruth Klüger's ‚weiter leben: eine Jugend': A Jewish Woman's "Letter to Her Mother". In: Lamb-Faffelberger, Margarete (Hrsg.): *Out of the Shadows: Essays on Contemporary Austrian Women Writers und Filmmakers*. Riverside: Ariadne, 1997, 77-87.

— Ruth Klügers ‚Weiter leben' als weibliche Rekonstruktion der Holocaust-Erfahrung. In: Schreier, Helmut/Heyl, Matthias (Hrsg.): *Die Gegenwart der Schoah. Zur Aktualität des Mordes an den europäischen Juden*. Hamburg: Krämer, 1994, 33-49.

Tegtmeyer, Henning: Der Begriff der Intertextualität und seine Fassungen. In: Klein, Josef/Fix, Ulla (Hrsg.): *Textbeziehungen. Linguistische und literaturwissenschaftliche Beiträge zur Intertextualität*. Tübingen: Stauffenburg, 1997, 49-81.

Temporini, Hildegard/Haase, Wolfgang (Hrsg.): *Aufstieg und Niedergang der Römischen Welt: Geschichte und Kultur Roms im Spiegel der neuren Forschung*. Berlin: de Gruyter, 1996.

Thunecke, Jörg: *Deutschsprachige Exillyrik von 1933 bis zur Nachkriegszeit. Amsterdamer Beiträge zur neueren Germanistik, Band 44*. Amsterdam/Atlanta: Rodopi, 1998.

Thuswaldner, Anton: Literatur und ihr Kontext. Ruth Klüger im Gespräch mit Salz. In: *Salz*, April, Jg. 25, 2000, 1999.

Tilly, Michael: *Das Judentum*. Wiesbaden: Marix, 2007.

Todorov, Tzvetan: *Mikhaïl Bakhtine. Le principe dialogique*. Paris: Seuil, 1981.

Torberg, Friedrich: *Lebenslied. Gedichte aus 25 Jahren*. München: Langen/Müller, 1958.

Tworuschka, Monika und Udo: *Die Welt der Religionen. Geschichte, Glaubenssätze, Gegenwart*. Gütersloh/München: Chronik, 2006.

Uhland, Ludwig: *Lieder und Balladen*. Hrsg. von Hans Mattern. Crailsheim: Baier, 2006.

Vetlesen, Arne Johan: Über das Gewissen und das Böse bei Hannah Arendt. In: Neumann, Bernd u.a. (Hrsg.): *‚The Angel of History is looking back': Hannah Arendts Werk unter politischen, ästhetischem und historischem As-*

pekt. Texte des Trondheimer Arendt-Symposiums vom Herbst 2000. Würzburg: Königshausen&Neumann, 2001, 225-254.

Vietor-Engländer, Deborah: The Americanization of Günther für die Bühne. In: Feilchenfeldt, Konrad/Mahlmann-Bauer, Barbara: *Autobiographische Zeugnisse der Verfolgung. Hommage für Guy Stern.* Heidelberg: Synchron, 2005.

Villa, Dana R.: *Politics, Philosophy, Terror: Essays on the Thought of Hannah Arendt.* Princeton: Princeton University Press, 1999.

Vinardell Puig, Teresa: Ungetrennt. Zur Mutter-Tochter-Beziehung in Ruth Klügers *weiter leben.* In: Siguan, Marisa u.a. (Hrsg.): *,Erzählen müssen, um zu überwinden'. Literatura y Supervivencia.* Barcelona: Sociedad Goethe en España, 2009, 97-110.

Volkov, Shulamit: Die *Juden in Deutschland 1780-1918.* Aus dem Englischen von Simone Gundi. München: Oldenbourg, 2000.

Vollrath, Ernst: Hannah Arendt. In: Ballestrem, Karl/Ottmann, Henning (Hrsg.): *Politische Philosophie des 20. Jahrhunderts.* München: Oldenburg, 1990, 13-32.

Vormbaum, Thomas/Institut f. Juristische Zeitgeschichte Hagen (Hrsg.): *Jahrbuch der Juristischen Zeitgeschichte.* Bd. 8, 2006/2007. Berlin: BWV, 2007.

Wagner-Egelhaaf, Martina: *Autobiographie.* Stuttgart: Metzler, 2005.

Waldmann, Günter: *Autobiografisches als literarisches Schreiben: Kritische Theorie, moderne Erzählformen und –modelle, literarische Möglichkeiten eigenen autobiografischen Schreibens.* Hohengehren: Schneider, 2000.

Walkenhorst, Peter: *Nation–Volk–Rasse. Radikaler Nationalismus im Deutschen Kaiserreich 1890-1914.* Göttingen: Vandenhoeck&Ruprecht, 2007.

Walser, Martin: *Tod eines Kritikers.* Frankfurt/M.: Suhrkamp 2002.

— Friedenspreis des Deutschen Buchhandels 1998. Erfahrungen beim Verfassen einer Sonntagsrede. In: Schirrmacher, Frank: *Die Walser-Bubis-Debatte.* Frankfurt/M.: Suhrkamp, 2000, 7-17.

— *Ein springender Brunnen.* Frankfurt/M.: Suhrkamp, 1998.

— *Deutsche Sorgen*, Frankfurt/M.: Suhrkamp, 1997.

— Unser Auschwitz. In: ders.: *Deutsche Sorgen.* Frankfurt/M.: Suhrkamp, 1997a, 187-202.

— Auschwitz und kein Ende. In: ders.: *Deutsche Sorgen.* Frankfurt/M.: Suhrkamp, 1997b, 228-234.

— Prophet mit Marx- und Engelszungen. In: ders.: *Über Ernst Bloch.* Frankfurt/M.: Suhrkamp, 1971.

Weber, Antje: ,Es war eine ehrliche Wahrheitssuche'. Kaschnitz-Preisträgerin Ruth Klüger über ihr Buch ,weiter leben'. In: *Süddeutsche Zeitung*, 25.11.1994, 15.

Weigel, Sigrid: Der Ort von Frauen im Gedächtnis des Holocaust. Symbolisierungen, Zeugenschaft und kollektive Identität. In: *Sprache im technischen Zeitalter* Nr. 135, 1995, 260-268.

Weil, Grete: *Leb ich denn, wenn andere leben*. Frankfurt/M.: Fischer, 2001.

— *Spätfolgen. Erzählungen*. Frankfurt/M.: Fischer, 1995 (1. Aufl. 1992).

— *Tramhalte Beethovenstraat*. Freiburg im Breisgau: Herder, 1995 (1. Aufl. 1963).

— *Generationen*. Frankfurt/M.: Fischer, 1989 (1. Aufl. 1983).

— *Meine Schwester Antigone*. Frankfurt/M.: Fischer, 1982 (1. Aufl. 1980).

— *Ans Ende der Welt*. Berlin: Volk und Welt, 1949.

Weil, Simone: *Ecrits de Londres et dernieres lettres*. Paris: Gallimard, 1957.

— *La pesanteur et la grâce*. Paris: Plon, 1951.

Weinzierl, Ulrich: Präzise, beharrlich, beflügelt. Die Autorin Ruth Klüger legt Essays vor – über die Holocaust-Serie im Fernsehen, über die Schriftsteller Wolfgang Koeppen, Adalbert Stifter und ihren Geburtsort Wien. In: *Die Welt*, 18.11.2006.

Weise, Günter: Zur Spezifik der Intertextualität in literarischen Texten. In: Klein, Josef/Fix, Ulla (Hrsg.): *Textbeziehungen. Linguistische und literaturwissenschaftliche Beiträge zur Intertextualität*. Tübingen: Stauffenburg, 1997.

Weiß, Christoph: ‚... eine gesamtdeutsche Angelegenheit im äußersten Sinne...' Zur Diskussion um Peter Weiss' Ermittlung im Jahre 1965. In: Braese, Stephan u.a. (Hrsg.): *Deutsche Nachkriegsliteratur und der Holocaust*. Frankfurt/M.: Campus, 1998, 53-70.

Weiss, Peter: *Die Ermittlung*. Frankfurt/M.: Suhrkamp, 1991 (1. Aufl. 1965).

— Meine Ortschaft. In: ders.: *Rapporte*. Frankfurt/M.: Suhrkamp, 1968, 113-124.

Weisse, Ina: Beitrag aus dem Off: Grass' SS-Geständnis – ist da nicht alles gesagt? Es gibt einen, der etwas hinzuzufügen hat. In: *Der Tagesspiegel*, „Die dritte Seite", 05.09.2006.

Welzer, Harald (Hrsg.): *Das soziale Gedächtnis*. Hamburg: Hamburger Edition, 2001.

Wengeler, Martin (Hrsg.): *Sprachgeschichte als Zeitgeschichte. Germanistische Linguistik H. 180-181*. Hildesheim: Olms, 2005.

Wenk, Silke (Hrsg.): *Erinnerungsorte aus Beton. Bunker in Städten und Landschaften*. Berlin: Links, 2001.

Werfel, Franz: *Jacobwsky und der Oberst*. Frankfurt/M.: Fischer, 1979 (1. Aufl. 1959).

Wichmann, Dominik: Sorry, aber wir machen hier Literatur. Schreibschulen nach amerikanischem Vorbild – in Deutschland sind sie verpönt. In: *Süddeutsche Zeitung*, 23/24.03.1996, 15.

Wiegmann, Hermann: *Die deutsche Literatur des 20. Jahrhunderts*. Würzburg: Königshausen&Neumann, 2005.

Wiesel, Elie: *Die Nacht. Erinnerung und Zeugnis*. Aus dem Französischen von Curt Meyer-Clason. Freiburg im Breisgau: Herder, 2008.

— *Gesang der Toten*. Wien: Hannibal, 1987, 183-216.

— Plädoyer für die Überlebenden. In: ders.: *Gesang der Toten*. Wien: Hannibal, 1987, 183-216.

— Die Massenvernichtung als literarische Inspiration. In: Kogon, Eugen/Metz, Johann Babtist: *Gott nach Auschwitz. Dimensionen des Massenmords am jüdischen Volk*. Freiburg u.a.: Herder, 1979, 21-50.

— TV-View; Trivializing the Holocaust: Semi-Fact and Semi-Fiction TV View The Trivializing of the Holocaust. In: *New York Times*. April 16. 1978, 75.

Wilkomirski, Binjamin: *Bruchstücke. Aus einer Kindheit 1939-1948*. Frankfurt/M.: Jüdischer Verlag, 1995.

Wimmer, Reiner: *Vier jüdische Philosophinnen: Rosa Luxemburg, Simone Weil, Edith Stein, Hannah Arendt*. Tübingen: Attempto, 1990.

Wisocki, Gisela von: *Die Fröste der Freiheit. Aufbruchphantasien*. Hamburg: Europäische Verlagsanstalt/Rotbuch, 2000.

Wittgenstein, Ludwig: *Philosophische Untersuchungen*. Wissenschaftliche Sonderausgabe. Frankfurt/M.: Suhrkamp 1967.

— *Tractatus logico-philosophicus. Logisch-philosophische Abhandlung*. Frankfurt/M.: Suhrkamp, 1963 (1. Aufl. 1921).

Wojak, Irmtrud: *Auschwitz-Prozeß 4 Ks 2/63 Frankfurt am Main*. I.A. des Fritz Bauer Instituts. Köln: Snoeck, 2004.

Wolf, Christa: *Kindheitsmuster*. München: DTV, 1995 (1. Aufl. 1976).

Wulf, Jan-Hendrik: ‚Manchmal schiere Wut'. Eine Gespräch mit der Germanistin und Auschwitz-Überlebenden Ruth Klüger über Erinnerungskitsch, Gespenster und die Schwierigkeiten, emotionale Beziehungen zu Gedenkstätten zu entwickeln. In: *Die Tageszeitung*, 27.04.2005, 15.

Wuliger, Michael: ‚Eine ganz eigene Stimme'. Ein Gespräch mit der amerikanischen Germanistin Ruth Klüger über die deutschsprachige jüdische Gegenwartsliteratur. In: *Jüdische Allgemeine*, 8/05, 24.02.2005, 9.

Wunberg, Gotthart/Brankenburg, Johannes J.: Die *Wiener Moderne. Literatur, Kunst und Musik zwischen 1890 und 1910*. Stuttgart: Reclam, 1981.

Yeats, William Butler: *The Collected Poems of W. B. Yeats, Vol. I: The Poems*. Hrsg. v. Richard J. Finneran. New York: Scribner Paperback Poetry, 1996.

Young, James E.: Zwischen Geschichte und Erinnerung. Über die Wiedereinführung der Stimme der Erinnerung in die historische Erzählung. In: Welzer, Harald (Hrsg.): *Das soziale Gedächtnis*. Hamburg: Hamburger Edition, 2001, 41-62.

— *Beschreiben des Holocaust*. Aus dem Amerikanischen von Christa Schuenke. Frankfurt/M.: Suhrkamp, 1997.

Young-Bruehl, Elisabeth: *Hannah Arendt. Leben, Werk und Zeit.* Frankfurt/M.: Fischer, 1991.

Zahlmann, Christel: Die einheimische Ausländerin. Ruth Klüger erhielt für ihr literarisches Debüt ‚weiter leben' den Rauriser Literaturpreis. In: *Frankfurter Rundschau.* Nr. 76, 31.03.93, 7.

Ziegler, Sandra: *Gedächtnis und Identität der KZ-Erfahrung. Niederländische und deutsche Augenzeugenberichte des Holocaust.* Würzburg: Königshausen& Neumann, 2006.

Zier, O. P.: weiter leben. Eine Jugend. Ruth Klügers erste literarische Veröffentlichung. In: *Literatur und Kritik,* Nr. 275, 276, Juni 1993, 90-92.

Zimmermann, Rolf: *Philosophie nach Auschwitz. Eine Neubestimmung von Moral in Politik und Gesellschaft.* Reinbeck bei Hamburg: Rowohlt, 2005.

Žmegač, Viktor: Die Wiener Moderne. In: ders. (Hrsg.): *Geschichte der deutschen Literatur vom 18. Jahrhundert bis zur Gegenwart. Bd. 2.* Königstein am Taunus: Athenäum, 1985, 256-302.

— (Hrsg.): *Geschichte der deutschen Literatur vom 18. Jahrhundert bis zur Gegenwart. Bd. 2.* Königstein am Taunus: Athenäum, 1985.

Zubke, Friedhelm: *Motive moralischen Handelns in Lessings ‚Nathan der Weise'.* Göttingen: Universitätsverlag, 2008.

Zühlsdorff, Volkmar: *Hitler's Exiles. The German Cultural Resistence in America and Europe.* London, Großbritannien: Continuum International, 2005.

Quellen aus dem Internet:

Balke, Florian: In Reich-Ranickis Namen. Ruth Klüger erste Reich-Ranicki-Professorin. In: *Frankfurter Allgemeine Zeitung*: www.faz.net/s/Rub117C535CDF414415BB243B181B8B60AE/Doc~E95B024A5772C4D8489CCD9D6B41DE0E3~ATpl~Ecommon~Scontent.html, abgerufen am: 24. Juli 2012.

Benning-Creanga, Corinna: Prof. Dr. Ruth Klüger, Literaturwissenschaftlerin und Autorin im Gespräch. In: *Alpha Forum,* Sendetag: 13.05.1998: www.br-online.de/download/pdf/alpha/k/klueger.pdf, abgerufen am 24. Juli 2012.

Datenbank zur deutschen Sprache in Österreich: oewb.retti.info/oewb-public/show.cgi?lexnr=eQJujweolAWfyv8Gbee3e3/K%5CHuNN115qvpoxHLdQ5k45oejnr6bBw==&pgm_stat=show, abgerufen am 24. Juli 2012.

Die hebräische Bibel – Der Tanach: In: www.talmud.de/cms/Die_hebraeische_Bibel_Ta.273.0.html, abgerufen am 24. Juli 2012.

Die Ritchie Boys: Werner Angress. In: www.ritchieboys.com/DE/boys_angress.html, abgerufen am 24. Juli 2012.

Gesellschaft für deutsche Sprache: *Wort des Jahres 1979*. In: www.gfds.de/index.php?id=11, abgerufen am 24. Juli 2012.

Ghetto-Theresienstadt: Baeck, Leo. In: www.ghetto-theresienstadt.de/pages/b/baeckl.htm, abgerufen am 24. Juli 2012.

Haas, Daniel: Barbra Streisand in Berlin. ‚Ich bin gleich bei dir, Schatz!' In: *Spiegel Online*: www.spiegel.de/kultur/musik/0,1518,druck-491670,00.html, abgerufen am 24. Juli 2012.

Heidenreich, Elke: Glück ist Sonne auf der Hoteltapete. In: *Weltonline*, 4.11.2006: www.welt.de/print-welt/article92041/Glueck_ist_Sonne_auf_der_Hoteltapete.html, abgerufen am 24.07.2012.

Köpcke, Monika: Helmut Kohl trifft in Israel ein und spricht von der ‚Gnade der späten Geburt'. In: *Deutschlandradio Berlin*, 24.01.2004: www.dradio.de/dlr/sendungen/kalender/227514/, abgerufen am 24. Juli 2012.

Kuehs, Wilhelm (2002), Universität Salzburg: www.literaturepochen.at/exil/a5284.html, abgerufen am 24. Juli 2012.

Lehrhaus für Psychologie und Spiritualität. Institut Simone Weil. In: www.khg-wuerzburg.de/bwo/dcms/sites/bistum/extern/lehrhaus/simoneweil/index.html, abgerufen am 24. Juli 2012.

Pommerenke, Horst: Interview mit Ruth Klüger. In: *Aviva. Online Magazin für Frauen*. 13.04.2009: www.aviva-berlin.de/aviva/content_Interviews.php?id=14694, abgerufen am 24. Juli 2012.

Ruth Klüger im Gespräch mit Tina Mendelsohn am 17.10.2008 auf der Buchmesse Frankfurt. In: Buchmesse 2008: Ruth Klüger: www.3sat.de/mediathek/mediathek.php?obj=10012&mode=play, abgerufen am 24. Juli 2012.

Schmidt-Dengler, Wendelin: Die Gespenster weichen zurück. In: *Die Presse*: diepresse.com/home/spectrum/literatur/413980/index.do?from=suche.intern.portal, abgerufen am 24. Juli 2012.

Seo, Yujung: *Aspekte der Kindheit-Autobiographik deutschsprachiger Autorinnen im 20. Jahrhundert*. Universität, Diss., Bonn 2008: hss.ulb.uni-bonn.de/2008/1504/1504.pdf, abgerufen am 24. Juli 2012.

Simon, Anne-Catherine: Ruth Klüger: ‚Ressentiments sind etwas sehr Gutes'. In: *Die Presse*, 06.10.2008: diepresse.com/home/kultur/literatur/420369/index.do, Stand: abgerufen am 24. Juli 2012.

Was sollen Schüler lesen? Prominente beantworten die ZEIT-Umfrage nach einem neuen Literatur-Kanon. In: *Die Zeit*, 1997, Nr. 21: www.zeit.de/1997/21/kanon1.txt.19970516.xml, abgerufen am 24. Juli 2012.

Weber, Mario Alexander: Geschichte wird gemacht. Ruth Klügers Sicht auf das Verhältnis von Dichtung und Geschichtswissenschaft. In: Literaturkritik.de, Nr. 6, Juni 2001: www.literaturkritik.de/public/rezension.php?rez_id=3766, abgerufen am 24. Juli 2012.

Filme, Fernsehserien oder -sendungen:

Benigni, Roberto: *Das Leben ist schön* (Originaltitel: *La vita è bella*). Italien 1998. 116 Minuten.

Chomsky, Marvin J.: Holocaust. *Die Geschichte der Familie Weiß* (Originaltitel: *Holocaust. The story of man's inhumanity to man*). USA 1978. 419 Minuten.

Lanzmann, Claude: *Shoah*. Frankreich 1985. 540 Minuten.

Wyler, William: *Funny Girl*. USA 1968. 151 Minuten.

„Das literarische Quartett" vom 14. Januar 1993. Zweites Deutsches Fernsehen. Eingeführt von Marcel Reich-Ranicki, an der anschließenden Diskussion beteiligten sich Hellmuth Karasek, Sigrid Löffler und Barbara Sichtermann.

Zeitfracht Medien GmbH
Ferdinand-Jühlke-Straße 7
99095 Erfurt, Deutschland
produktsicherheit@kolibri360.de